DESENVOLVIMENTO PSICOLÓGICO E EDUCAÇÃO

D451 Desenvolvimento psicológico e educação / organizado por César Coll, Álvaro Marchesi e Jesús Palacios; tradução Fátima Murad. – 2. ed. – Porto Alegre : Artmed, 2004.
3v.(472p.) : il. ; 25 cm.

ISBN 978-85-363-0228-7

(Psicologia da educação escolar; 2)

1. Psicologia – Educação escolar. I. Coll, César. II. Marchesi, Álvaro. III. Palacios, Jesús. IV. Título.

CDU 159.922/.8:37.013.77

Catalogação na publicação: Mônica Ballejo Canto – CRB 10/1023

Desenvolvimento psicológico e educação

2.

Psicologia da educação escolar

2ª edição

César COLL
Álvaro MARCHESI
Jesús PALACIOS
& colaboradores

Tradução:
Fátima Murad

Consultoria, supervisão e revisão técnica desta edição:
Maria da Graça Souza Horn
Pedagoga. Doutora em Educação pela Universidade Federal do Rio Grande do Sul

Reimpressão 2017

artmed®

2004

Obra originalmente publicada sob o título
Desarollo psicológico y educación
2. Psicología de la educación escolar

ISBN 84-206-8685-9

Capa
Gustavo Macri

Preparação do original
Maria Lúcia Barbará

Leitura Final
Magda Schwartzhaupt Chaves

Supervisão editorial
Mônica Ballejo Canto

Projeto e editoração
Armazém Digital Editoração Eletrônica – Roberto Vieira

ARTMED® EDITORA S.A.
Av. Jerônimo de Ornelas, 670 - Santana
90040-340 Porto Alegre RS
Fone (51) 3027-7000 Fax (51) 3027-7070

SÃO PAULO
Av. Angélica, 1091 - Higienópolis
01227-100 São Paulo SP
Fone (11) 3665-1100 Fax (11) 3667-1333

SAC 0800 703-3444

IMPRESSO NO BRASIL
PRINTED IN BRAZIL

Autores

César Coll (org.)
Universidade de Barcelona

Álvaro Marchesi (org.)
Universidade Complutense de Madri

Jesús Palacios (org.)
Universidade de Sevilha

Alfonso Luque
Universidade de Sevilha

Ana Teberosky
Universidade de Barcelona

Carles Monereo
Universidade Autônoma de Barcelona

Eduardo Martí
Universidade de Barcelona

Elena Barberà
Universidade Aberta da Catalunha

Elena Martín
Universidade Autônoma de Madri

Enric Valls
Universidade Rovira i Virgili

Ignacio Montero García-Celay
Universidade Autônoma de Madri

Isabel Solé
Universidade de Barcelona

Javier Onrubia
Universidade de Barcelona

Jesús Alonso Tapia
Universidade Autônoma de Madri

Juan Ignacio Pozo
Universidade Autônoma de Madri

María José Rochera
Universidade de Barcelona

María José Rodrigo
Universidade de La Laguna

María Luisa Pérez Cabaní
Universidade de Girona

Mariana Miras
Universidade de Barcelona

Mercé Garcia-Milà
Universidade de Barcelona

Montserrat Castelló
Universidade Ramon Llull

Nieves Correa
Universidade de La Laguna

Pilar Lacasa
Universidade de Córdoba

Rosa Colomina
Universidade de Barcelona

Rosario Cubero
Universidade de Sevilha

Teresa Mauri
Universidade de Barcelona

Apresentação

Psicologia da educação escolar é a segunda edição do volume 2 de *Desenvolvimento psicológico e educação*, que foi publicado em 1990 com o título *Psicologia da educação*. Os três volumes dessa obra (1. Psicologia evolutiva; 2. Psicologia da educação escolar; 3. Transtornos de desenvolvimento e necessidades educativas especiais) procuram oferecer uma visão coerente de conjunto dos processos de desenvolvimento e de aprendizagem, dando atenção aos fatores e às variáveis que os condicionam. As mudanças ocorridas no conhecimento psicológico e psicoeducacional ao longo da década de 1990 aconselham uma nova edição, que, no caso deste volume, se distancia do que se poderia considerar uma simples atualização para tornar-se, de fato, em uma nova elaboração. Preservando vínculos evidentes com opções que já existiam na edição original, aproveitou-se a oportunidade não só para apresentar os avanços mais importantes alcançados durante estes anos na compreensão dos processos psicológicos envolvidos no ensino e na aprendizagem escolar, como também para dar conta das formulações e dos enfoques teóricos e metodológicos emergentes nesse âmbito de estudo e de indagação.

A seleção e a organização dos conteúdos de *Psicologia da educação escolar* respondem a determinadas considerações e a alguns critérios, estreitamente relacionados entre si, dos quais vale destacar basicamente três: os relativos às coordenadas epistemológicas e disciplinares da psicologia da educação, os relativos ao tipo de práticas educacionais que constituem o foco do volume e, por último, os que especificam o âmbito teórico e conceitual a partir do qual se aborda a explicação dos fatores e dos processos envolvidos na aprendizagem escolar e no ensino. A conjunção de tais critérios, que comentaremos brevemente a seguir, levou-nos a priorizar alguns conteúdos da psicologia da educação, a conceder um certo destaque a alguns enfoques em seu tratamento e, em suma, a adotar uma determinada estrutura para a sua apresentação.

A PSICOLOGIA DA EDUCAÇÃO: UMA DISCIPLINA PSICOLÓGICA E EDUCACIONAL DE NATUREZA APLICADA

Em *Psicologia da educação escolar* subjaz um posicionamento claro com relação à epistemologia interna da psicologia da educação e suas coordenadas disciplinares, particularmente no que diz respeito à sua localização no âmbito das disciplinas psicológicas e educacionais. Essa postura, que é apresentada no Capítulo 1 (Concepções e tendências atuais em psicologia da educação), leva a considerar a psicologia da educação como *uma disciplina-ponte, de natureza aplicada, entre a psicologia e a educação*, cujo objeto de estudo são os processos de mudança – basicamente identificados com o desenvolvimento, com a aprendizagem e com a socialização – que ocorrem nas pessoas em conseqüência de sua participação em uma ampla gama de situações ou atividades educacionais. Isso acontece independentemente da idade e de outras características concretas das pessoas e dos traços específicos das situações e das atividades educacionais, que não se limitam às que ocorrem no âmbito escolar.

Da tripla dimensão teórica ou explicativa, tecnológica ou projetiva e técnica ou prática que lhe confere o seu caráter aplicado, a psicologia da educação é impelida a elaborar explicações fundamentadas e coerentes sobre esses processos de mudança. Sua tarefa, porém, não termina aqui: inclui igualmente a elaboração de planos de pesquisa e de intervenção que irão incidir sobre tais processos de mudança e orientar a atividade profissional de educadores e de outros profissionais – particularmente psicólogos, pedagogos e psicopedagogos – que convergem no âmbito educacional. Em outras palavras, surge uma série de atividades acadêmicas e profissionais vinculadas à psicologia da educação e orientadas à pesquisa e à elaboração conceitual, à proposta de programas e planos de intervenção e à própria intervenção, atividades essas que refletem as três dimensões mencionadas, constitutivas de sua identidade disciplinar.

O FOCO: AS PRÁTICAS EDUCACIONAIS ESCOLARES

As opções assumidas delimitam um amplo espaço disciplinar. De fato, a psicologia da educação não se circunscreve à intervenção prática ou à elaboração conceitual exclusivamente, nem limita seus interesses e suas contribuições às atividades educacionais escolares. Isso não significa, no entanto, pelo menos por ora, que suas contribuições sejam igualmente significativas, quantitativa e qualitativamente, em relação a todos os tipos de situações e práticas educacionais que fazem parte, em princípio, de seu espaço de indagação. Nesse sentido, um segundo tipo de considerações que foram levadas em conta na configuração deste volume diz respeito à delimitação dos conteúdos que pretende abordar no contexto mais amplo das coordenadas epistemológicas e disciplinares mencionadas. A opção adotada nesse caso consiste em estabelecer como foco de atenção *os processos educacionais escolares em sentido amplo*. Em outras palavras, os diferentes capítulos estão centrados nos processos educacionais que ocorrem em instituições pensadas, criadas e organizadas especificamente para desenvolver atividades de formação e que possuem, entre outras, as características de intencionalidade, de sistematicidade e de planejamento. Tal opção se reflete na estrutura do livro, nos conteúdos concretos que inclui e em seu próprio título (*Psicologia da educação escolar*). Deixando para mais tarde o comentário sobre as mudanças estruturais – que se traduzem na reorganização de partes presentes na primeira edição e na inclusão de novas seções –, convém começar assinalando suas implicações no que se refere aos critérios gerais de seleção dos conteúdos.

Este volume pretende não só oferecer uma visão razoavelmente detalhada do conhecimento atual acerca dos fatores e dos processos instrapsicológicos e interpsicológicos relevantes para compreender e explicar os processos de mudança que se produzem nas pessoas – fundamentalmente nos alunos – como conseqüência de sua implicação e participação em processos educacionais escolares, mas também proporcionar coordenadas conceituais à intervenção. Essa formulação leva a estudar detalhadamente aquilo que ocorre no sistema sala de aula, cuja compreensão obriga a levar em conta também os contextos nos quais se insere ou com os quais esse sistema interage mais diretamente (fundamentalmente a escola e a família).

Com relação à seleção dos conteúdos, priorizou-se a dimensão teórica ou conceitual da psicologia da educação. Os avanços experimentados pelo conhecimento psicológico e psicoeducacional nos últimos anos foram muitos e de ordem bastante diversa. Embora, sem dúvida, isso responda a inúmeros fatores, é evidente que tanto a consolidação e a extensão de determinados enfoques – construtivista, contextual, lingüístico, etc. – quanto a relativa abertura da psicologia e da psicologia da educação para outras disciplinas – lingüística, antropologia, etnografia, sociolingüística, etc. – e áreas de conhecimento – análise do discurso, novas tecnologias, contextos multiculturais, etc. – tiveram uma significativa responsabilidade nos avanços mencionados. Podemos afirmar, com certeza, que não houve apenas um incremento de nossos conhecimentos sobre o ensino e a aprendizagem; além disso, contamos agora com novas perspectivas para compreendê-los e analisá-los em sua complexidade. Aprofundar-se na dimensão teórica responde, nesse caso, à vontade de proporcionar instrumentos de análise e compreensão imprescindíveis, a nosso ver, tanto para a adequada formação de psicólogos, de pedagogos, de psicopedagogos e de professores quanto para a intervenção psicológica, educacional e psicopedagógica.

O CONTEXTO TEÓRICO DE REFERÊNCIA: A VISÃO CONSTRUTIVISTA DO PSIQUISMO HUMANO

Finalmente, o terceiro tipo de considerações remete ao enfoque teórico de referência escolhido como eixo estruturante para a análise e a explicação das variáveis, dos fatores e dos processos envolvidos no ensino e na aprendizagem em situações educacionais escolares. A opção genérica compartilhada por todos os autores remete a uma *visão construtivista do psiquismo humano* como paradigma de referência para abordar a explicação e a compreensão de tais processos e de fatores e variáveis envolvidos. A idéia original do construtivismo estabelece que o conhecimento e a aprendizagem não se depreendem de uma leitura direta da realidade ou da experiência; ambos são conseqüência da atividade mental construtiva do indivíduo. Tal princípio construtivista, em torno do qual existe um amplo consenso, foi enriquecido progressivamente pela contribuição e pela confluência de diversas perspectivas teóricas; simultaneamente, produziu-se também uma diversificação que se traduz de fato na coexistência de diferentes versões do construtivismo.

Além dos matizes e das diferenças, sem dúvida importantes, os autores dos diversos capítulos compartilham em boa medida o princípio construtivista mencionado, sem que isso signifique que não se destaquem lacunas, imprecisões ou críticas relativas a esse enfoque, ou que não se incluam contribuições de interesse que têm origem em outras perspectivas teóricas. Seja como for, o fato de compartilhar um ponto de vista construtivista confere coerência ao conjunto de colaborações e contribui – junto com os outros critérios assinalados – para justificar a seleção dos conteúdos, a sua organização nos sucessivos capítulos e a estrutura geral do volume.

OS CAPÍTULOS E SUA ORGANIZAÇÃO

O volume é organizado em seis partes. A primeira – *Psicologia, educação e psicologia da educação* – compreende um único capítulo de caráter introdutório, no qual se apresentam as coordenadas epistemológicas e disciplinares dessa área de conhecimento no contexto mais amplo das disciplinas psicológicas e educacionais. Construído em torno do eixo argumentativo das complexas relações existentes entre o conhecimento psicológico e a teoria e a prática educacionais, nele são revisadas e analisadas as duas grandes concepções da psicologia da educação – *a psicologia aplicada à educação* e *a psicologia da educação como disciplina-ponte de natureza aplicada* –, explicitam-se seu objeto de estudo, seus conteúdos e sua vinculação com alguns espaços de atividade científica e profissional. O capítulo se completa com a revisão e o comentário de alguns enfoques, conceitos e tendências que se destacam no panorama atual da psicologia da educação.

Na segunda parte – *A explicação dos processos educacionais de uma perspectiva psicológica* – abordam-se algumas teorias globais do desenvolvimento ou da aprendizagem que foram amplamente utilizadas como referente teórico para a explicação e a elaboração de propostas no âmbito da educação escolar. Além disso, tais teorias constituem fontes teóricas privilegiadas da concepção construtivista do ensino e da aprendizagem escolar. Sem intenção de apresentar os contextos teóricos em seu conjunto – o que, por outro lado, ultrapassaria amplamente as finalidades do livro –, os capítulos que se incluem nesta seção aprofundam-se em alguns aspectos de cada uma das teorias selecionadas que têm um interesse particular para a educação escolar, situando-os e interpretando-os em suas próprias coordenadas teóricas e epistemológicas. Desse modo, apresenta-se um conhecimento rigoroso acerca das implicações que se depreendem dessas teorias, seja para explicar determinados aspectos dos processos escolares de ensino e aprendizagem, seja para formular propostas pedagógicas ou didáticas de alcance diverso. Para completar, tais capítulos oferecem um marco teórico indispensável para a melhor compreensão dos fatores e dos processos interpsicológicos e intrapsicológicos envolvidos no ensino e na aprendizagem abordados em outros capítulos do livro.

A segunda parte termina com o Capítulo 6, dedicado a uma apresentação sistemática dos princípios básicos e das idéias orientadoras da concepção construtivista do ensino e da aprendizagem. Nele, são apresentadas as idéias-chave da concepção construtivista a partir da reelaboração e da ressignificação de alguns conceitos e elementos explicativos das principais fontes teóricas de referência apresentadas nos capítulos precedentes. Tais elementos se articulam em um esquema hierárquico, baseado em um posicionamento sobre a natureza e as funções da educação escolar e as características próprias e específicas das situações escolares de ensino e aprendizagem. O capítulo termina com a apresentação do triângulo interativo (professor/aluno/conteúdos) como esquema básico de aproximação do estudo dos processos de construção do conhecimento na sala de aula.

A escolha do triângulo interativo como esquema básico de análise aconselha tratar de forma conjunta e articulada os fatores e os processos instrapsicológicos e interpsicológicos envolvidos na atividade escolar. Na terceira parte do livro – *Fatores e processos psicológicos envolvidos na aprendizagem escolar* – aborda-se um conjunto de constructos – inteligência, capacidade de aprendizagem, habilidades, estratégias, metacognição, motivação, enfoques de aprendizagem, afetos, emoções, autoconceito – tradicionalmente considerados pela pesquisa psicológica e psicoeducacional de uma ótica individual, ou seja, como fatores e processos imputáveis ao aluno e, portanto, de natureza basicamente intrapsicológica. A perspectiva construtivista adotada, porém, implica alguns compromissos: obriga a considerar simultaneamente o professor, o aluno e os conteúdos de ensino, exige estar atento às relações que se estabelecem entre esses três elementos, como também à função mediadora que cada um deles cumpre em relação aos outros dois.

Os capítulos desta parte do volume apresentam um balanço da questão acerca dos fatores e dos processos que abordam. A perspectiva adotada transcende uma atribuição exclusiva desses processos ao aluno; considera-se em todos os casos como o professor incide neles, como são modulados pela natureza dos conteúdos da aprendizagem e, enfim, como tudo isso se conjuga em uma explicação que leva em conta o caráter específico das situações escolares de ensino e aprendizagem. Em outras palavras, os capítulos desta seção permitem aprofundar, em cada um dos fatores e dos processos considerados, a função que têm na aprendizagem escolar e que incorporam a perspectiva do ensino.

A quarta parte do livro aborda *A dinâmica dos processos de ensino e aprendizagem: a sala de aula como contexto*. Os quatro capítulos que a integram compartilham um mesmo foco: a dinâmica dos processos de construção que ocorrem na sala de aula. A análise da sala de aula como contexto de aprendizagem e de ensino é um campo de trabalho relativamente recente em psicologia da educação e emerge como tal na segunda metade do século XX. Nas últimas décadas, a pesquisa sobre o que ocorre nas salas de aula evoluiu paralelamente às profundas transformações experimentadas pela disciplina, tanto no que se refere aos paradigmas teóricos a partir dos quais se explicou a aprendizagem quanto no que diz respeito aos métodos de pesquisa utilizados para aproximar-se de seu objeto de estudo.

Boa parte da pesquisa atual sobre a dinâmica da sala de aula orienta-se para a análise dos complexos fenômenos de interação entre alunos e de interação entre professores e alunos ao longo dos quais se exerce a influência educacional e se produz a aprendizagem. Nesse sentido, a sala de aula transforma-se em um contexto – mais mental do que físico – compartilhado por professores e alunos e indissoluvelmente vinculado aos processos de construção do conhecimento que nela ocorrem. Além disso, no que se refere a estes, e em boa medida como conseqüência do auge das formulações socioconstrutivistas, assistimos nos últimos anos a uma revalorização do papel da linguagem na explicação das funções psicológicas superiores e dos processos de construção do conhecimento. Tudo isso contribuiu para perfilar uma nova maneira de aproximar-se do estudo da dinâmica dos processos escolares de ensino e aprendizagem, pela qual professores e alunos aparecem envolvidos em um duplo processo de construção: construção da atividade conjunta em torno das tarefas e dos conteúdos escolares e construção de sistemas de significados compartilhados sobre tais conteúdos. Para entender tal dinâmica, é necessária a compreensão das dimensões envolvidas nos dois processos construtivos e sua interconexão, como também a articulação entre atividade conjunta e atividade discursiva dos participantes – professor e alunos –, crucial na negociação e na construção conjunta de significados na sala de aula. Os capítulos deste bloco traduzem tal perspectiva, oferecendo uma revisão de recentes trabalhos e pesquisas realizados a partir de diferentes enfoques teóricos sobre os processos de interação na sala de aula, a consideração desta como contexto de ensino e aprendizagem e a função privilegiada do uso da linguagem – o discurso educacional – nas situações educacionais.

A quinta parte do livro – *A psicologia do ensino e a aprendizagem dos conteúdos escolares* – é totalmente inédita com relação à edição anterior. São duas as razões principais que justificam a novidade. Em primeiro lugar, as exigências teóricas derivadas da própria concepção construtivista – e, mais concretamente, da escolha do triângulo interativo como esquema básico de análise – obrigam a levar em conta a natureza e as características específicas dos conteúdos na explicação. Considerar sua natureza, sua estrutura interna, sua filiação disciplinar e as exigências de sua compreensão são requisito inelutável para dar conta dos processos de construção do conhecimento na sala de aula e dos esforços dos professores para promovê-los, impulsioná-los e orientá-los na direção que o currículo estabelece. Em segundo lugar, a tendência generalizada no conjunto da psicologia da educação a concretizar os programas de pesquisa e a reflexão conceitual sobre seus constructos fundamentais em áreas específicas de conhecimento. A essas duas razões soma-se outra de ordem bem mais formativa: o interesse indubitável desses conteúdos para a formação de psicólogos, pedagogos, psicopedagogos, professores e outros profissionais da qualificação escolar.

Embora o objetivo não seja tornar o leitor um *especialista* nas áreas curriculares correspondentes, deseja-se oferecer uma visão atualizada das temáticas e dos enfoques mais relevantes em cada uma delas. Destacando grandes tendências, linhas de trabalho e conclusões principais, pretende-se pôr a seu alcance uma visão de conjunto bastante abrangente para facilitar um aprofundamento posterior. Cada um dos capítulos desta parte se dedica a uma área curricular ou a uma área de conhecimento – alfabetização e língua escrita, matemática, geografia, história e ciências sociais e ciências físicas e naturais – cuja importância para a formação e o desenvolvimento dos alunos não deixa dúvidas. Entre os conteúdos selecionados, alguns têm uma dimensão essencialmente conceitual, enquanto em outros casos destaca-se o caráter procedimental e estratégico; desse modo, a reflexão sobre os processos psicológicos subjacentes à aprendizagem diversifica-se e enriquece. Os capítulos apresentam as linhas diretrizes da pesquisa psicoeducacional realizada nas áreas de conhecimento e nos âmbitos correspondentes e oferecem um balanço, da perspectiva construtivista adotada, tanto dos processos suscetíveis de explicar a aprendizagem dos conteúdos curriculares como dos meios e dos mecanismos por meio dos quais é possível influir, a partir do ensino, em tal aprendizagem. Esta parte é finalizada com um capítulo dedicado à avaliação, considerada como um elemento fundamental dos processos educacionais pela função reguladora do ensino e da aprendizagem que pode cumprir, no qual se destacam as implicações da concepção construtivista para a análise e o plano de atividades de avaliação na sala de aula e a interpretação de seus resultados.

A sexta e última parte do livro compartilha com a anterior a sua novidade em relação à primeira edição e é dedicada, com indica seu título, a explorar as relações entre *Os contextos da sala de aula e a aprendizagem escolar*. Vale destacar que o foco continua sendo a aprendizagem escolar, como não poderia deixar de ser, tendo em vista a decisão de ajustar os conteúdos do livro à psicologia da educação escolar. A sala de aula, porém, não é um espaço isolado e completamente autônomo; boa parte do que ocorre nela é modulado por decisões e fatores cuja origem está em outros sistemas – como é o caso da própria escola, que se configura como um supra-sistema do qual a sala de aula faz parte. Além disso, as trocas que mantêm com sistemas paralelos –

como a família – também incidem na dinâmica interna da sala de aula.

Os capítulos desta parte indagam as inter-relações do contexto aula com outros contextos (escola, família) e como estas incidem nos processos escolares de ensino e aprendizagem. Mais que uma descrição das características dos contextos estudados, trata-se de identificar alguns aspectos próprios e específicos de cada um deles, cuja influência não pode ser ignorada. No caso da escola, esse propósito orienta a análise de determinadas manifestações da dinâmica institucional (vinculada à organização da escola, ao seu funcionamento, à gestão das relações interpessoais e das relações de poder entre outros aspectos) e das vias pelas quais se exerce uma verdadeira influência educacional, direta ou indireta, como o quê e como os alunos efetivamente aprendem, e sobre os processos de ensino e aprendizagem realizados por professores e alunos nas salas de aula. No caso do contexto familiar, o objetivo é indagar como determinadas características da família e de algumas práticas educacionais familiares interagem com características específicas da escola e das práticas educacionais escolares, proporcionando, desse modo, algumas chaves essenciais para explicar a aprendizagem escolar.

Finalmente, pareceu-nos imprescindível no atual contexto social, econômico e cultural, marcado pela chamada sociedade da informação e do conhecimento, dar uma atenção específica aos desafios impostos à educação escolar com o surgimento e a utilização educacionais das novas tecnologias da informação e da comunicação. Embora a situação não seja inédita – outras tecnologias da informação e da comunicação, como, por exemplo, a escrita, o rádio e a televisão, têm igualmente uma enorme influência sobre a formação das pessoas e continuam sendo objeto de estudo e pesquisa –, o desenvolvimento espetacular e a implantação progressiva e generalizada dessas tecnologias no transcurso das últimas décadas supõem uma mudança qualitativa de conseqüências ainda incalculáveis. Por um lado, sua onipresença leva ao surgimento de novos cenários educacionais que vêm se somar aos cenários tradicionais – a família e a escola –, ao mesmo tempo em que introduzem neles modificações visíveis, que obrigam a rever suas funções, suas finalidades e suas práticas. Por outro lado, são cada vez mais freqüentes as propostas e as iniciativas orientadas a incorporálas à educação escolar, chegando, às vezes, a modificar substancialmente seus parâmetros tradicionais. O capítulo que finaliza esta parte, e com ela o volume, é dedicado a explorar tais questões e suas implicações para o ensino e a aprendizagem escolar.

César Coll,
Álvaro Marchesi, e
Jesús Palacios

Sumário

SEXTA PARTE

Os contextos da sala de aula e a aprendizagem escolar

PRIMEIRA PARTE

Psicologia, Educação e Psicologia da Educação

1 Concepções e tendências atuais em psicologia da educação

CÉSAR COLL

INTRODUÇÃO

A existência da psicologia da educação como uma área de conhecimento e de saberes teóricos e práticos claramente identificável, relacionado com outros ramos e outras especialidades da psicologia e das ciências da educação, mas ao mesmo tempo distintos delas, tem sua origem na crença racional e na convicção profunda de que a educação e o ensino podem melhorar sensivelmente com a utilização adequada dos conhecimentos psicológicos. Tal convicção, que tem suas raízes nos grandes sistemas de pensamento e nas teorias filosóficas anteriores ao surgimento da psicologia científica, foi objeto de múltiplas interpretações. De fato, por trás do acordo generalizado de que o ensino pode melhorar sensivelmente, se forem aplicados corretamente os princípios da psicologia, existem profundas discrepâncias quanto aos princípios que devem ser aplicados, em que aspecto ou aspectos da educação devem ser usados e, de maneira muito particular, o que significa exatamente aplicar de maneira correta à educação os princípios da psicologia.

Um olhar histórico à psicologia da educação mostra com clareza que essas diferentes interpretações balizaram sua evolução ao longo do século XX, contribuindo de forma decisiva para sua configuração atual. Nas formulações de muitos de seus precursores e primeiros impulsores (William James, G. Stanley Hall, J. McKeen Cattel, John Dewey, Charles H. Hudd, Eduard Claparède, Alfred Binet, etc.), a psicologia da educação era o resultado da convergência de dois âmbitos de discurso e dois tipos de problemáticas: o estudo do desenvolvimento, da aprendizagem e das diferenças individuais, da área da incipiente psicologia científica; e o reformismo social e a preocupação pelo bem-estar humano, do âmbito da política, da economia, da religião e da filosofia. Como destaca Grinder (1989), as formulações iniciais, em boa medida, são abandonadas nos anos seguintes, nos quais se vai afirmando, sob a liderança indiscutível de Edward L. Thorndike, uma fé inquebrantável na ciência psicológica e na potencialidade das pesquisas de laboratório para estabelecer as leis gerais da aprendizagem. Desse modo, muito rapidamente, desde as primeiras décadas do século XX, o discurso do reformismo social perde relevância, e a psicologia da educação adota uma orientação fundamentalmente acadêmica, dirigindo seus esforços ao estabelecimento dos "parâmetros fundamentais da aprendizagem", ao "refinamento de suas elaborações teóricas" e à sua promoção como "disciplina de engenharia aplicada" (*applied engineering discipline*) (Grinder, 1989, p. 13).

Essa visão da psicologia da educação como engenharia psicológica aplicada à educação é preponderante durante a primeira metade do século XX. Pelo menos até finais dos anos de 1950, e com base em uma fé inquebrantável na nova psicologia científica, a psicologia da educação aparece como a disciplina com maior peso na pesquisa educacional, como a disciplina "mestra" (Grinder, 1989), como a "rainha das ciências da educação" (Wall, 1979). Tal protagonismo, porém, começa a atenuar-se a partir dos anos de 1960. Múltiplas razões explicam o fato: a perda de unidade e coerência interna como conseqüência de seu próprio êxito e de sua expansão incontrolada, que a leva a ocupar-se de praticamente qualquer tema ou aspecto relacionado com a educação e a procurar resolver qualquer problema educacional; a coexistência de diversas escolas de pensamento e de teorias explicativas da aprendizagem, do desenvolvimento e do psiquismo humano em geral, que põem em questão a capacidade da psicologia científica para chegar a um conhecimento objetivo, unificado, empiricamente contrastado e amplamente aceito; a tomada de consciência da complexidade da educação como área de aplicação do conhecimento psicológico e da infinidade de fatores e processos heterogêneos presentes em qualquer atividade educacional; o surgimento e o desenvolvimento de outras ciências sociais e a evidência do interesse e da relevância de suas contribuições para a educação e o ensino; etc. O que começa a se manifestar nos anos de 1960 é uma "rachadura" da fé na capacidade da psicologia para fundamentar cientificamente a educação e o ensino, o que leva, por sua vez, a questionar a visão da psicologia da educação como engenharia psicológica aplicada vigente desde os tempos de Thorndike, isto é, como disciplina encarregada de *transferir* os conhecimentos psicológicos à educação e ao ensino a fim de proporcionar-lhes fundamentação e caráter científicos.

Essa mudança terá enormes repercussões para o desenvolvimento posterior da psicologia da educação. Por um lado, significará, a médio prazo, a perda definitiva de um protagonismo absoluto no campo da educação. Como assinalam Casanova e Berliner (1997), a psicologia da educação, que entra no século XX ocupando uma posição predominante no panorama da pesquisa educacional, chega ao seu final compartilhando esse espaço com outras ciências sociais e da educação que, muitas vezes, são tanto ou mais valorizadas que ela para abordar os problemas educacionais e melhorar a educação. Por outro lado, obriga-a a questionar seus pressupostos básicos, seus princípios fundamentais, sua maneira tradicional de abordar as questões e os problemas educacionais, seu alcance e sua limitação para proporcionar uma base científica à educação e ao ensino, em suma, sua missão como área de conhecimento claramente identificável, ao mesmo tempo estreitamente relacionada com outras, mas distinta delas.

Os olhares críticos e autocríticos se multiplicam, assim como as propostas programáticas sobre como enfrentar uma crise de identidade, latente desde seu início, que já não é possível continuar ignorando. Desse modo, por trás da unidade de propósitos de contribuir para uma melhor compreensão da educação e do ensino e para uma melhoria das práticas educacionais com a ajuda da psicologia, o que aparece na realidade é uma diversidade de formulações, de propostas e, inclusive, de maneiras de conceber a natureza, os objetivos e as prioridades da psicologia da educação como área de conhecimento. Todos os autores que trataram da história e da epistemologia da psicologia da educação ao longo das últimas décadas (ver, por exemplo, Glover e Ronning, 1987; Grinder, 1989; Sheurman e outros, 1993; Salomon, 1995; Calfee e Berliner, 1996; Hilgard, 1996) coincidem em um mesmo ponto: a diversidade de formulações e critérios, e não a unidade, é uma de suas características mais evidentes. A título de ilustração, podem ser úteis as impressões formuladas há pouco apenas pelos editores de um livro dedicado a revisar sua história e a traçar suas perspectivas de futuro de forma monográfica:

> Retrospectivamente, parece que tínhamos feito uma leitura incorreta do campo [da psicologia da educação] quando começamos a trabalhar neste volume. Isto é, presumíamos que a psicologia da educação era um campo muito mais coerente e que estava definido com muito maior precisão do que realmente é. Na realidade, é escasso o acordo sobre o que é a psicologia da educação e quem ou o que são os psicólogos da educação (Glover e Ronning, 1987, p. vii).

Nesse contexto geral de diversidade de formulações e critérios, o estado atual da psicologia da educação está fortemente marcado, a meu ver, por três fatores. Em primeiro lugar, a reconsideração em profundidade, a que estamos assistindo há alguns anos, das funções e das finalidades da educação em geral, e da educação escolar em particular, assim como a revisão crítica da velha aspiração de construir uma teoria e uma prática educacionais sobre bases científicas. Em segundo lugar, a emergência e a aceitação crescente de novos conceitos e enfoques teóricos em psicologia do desenvolvimento, em psicologia da aprendizagem e, muito particularmente, em psicologia da educação e do ensino. E, em terceiro lugar, a mudança de perspectiva adotada progressivamente no transcurso das últimas décadas, a partir do final dos anos de 1960 aproximadamente, com relação à própria natureza das relações entre psicologia e educação e ao tipo de contribuições ou de aportes que a primeira pode fazer legitimamente à segunda.

Neste capítulo, passarei em revista as concepções e as tendências atuais da psicologia da educação, dando atenção fundamentalmente aos dois últimos fatores, e só se fará menção ao primeiro, de forma colateral, quando parecer adequado para facilitar e reforçar a compreensão dos argumentos apresentados. No seguinte, começo destacando algumas tensões subjacentes à configuração da psicologia da educação e se verá como se concretizam, em boa medida, em pontos de vista distintos sobre as relações entre o conhecimento psicológico e a teoria e a prática educacionais. Tomando como base dois pontos de vista contrários sobre tais relações, dedicarei o restante do segundo item a apresentar, com algum detalhe, as duas grandes concepções atuais da psicologia da educação: a que a concebe como um mero campo de aplicação da psicologia; e a que a vê como uma disciplina-ponte de natureza aplicada que se encontra no meio do caminho entre a psicologia e a educação. As duas concepções coincidem em afirmar que a psicologia da educação tem a ver com a utilização e a aplicação do conhecimento psicológico à educação e ao ensino, mas diferem radicalmente na maneira de conceber e formular essa utilização e essa aplicação. Dedicarei o terceiro item a comentar tais diferenças. Já situados na alternativa da psicologia da educação como disciplina-ponte de natureza aplicada, o quarto item especifica seu objeto de estudo, seus conteúdos e sua vinculação com algumas áreas de atividade científica e profissional. Por último, e a fim de completar a aproximação dos itens precedentes, orientados sobretudo a especificar suas coordenadas epistemológicas no contexto mais amplo das disciplinas psicológicas e educacionais, concluirei o capítulo com um breve inventário de enfoques, de conceitos e de tendências que exercem, a meu ver, uma influência destacada no panorama atual da psicologia da educação.

OPOSIÇÕES E ALTERNATIVAS EM PSICOLOGIA DA EDUCAÇÃO: AS RELAÇÕES ENTRE O CONHECIMENTO PSICOLÓGICO E A TEORIA E A PRÁTICA EDUCACIONAIS

> Ao longo dos últimos anos produziu-se um debate substancial entre a disciplina mais ampla da psicologia e a disciplina da psicologia da educação. Alguns autores argumentaram que a psicologia da educação representa uma especialização dentro da psicologia, similar à que representa a psicologia cognitiva ou a psicologia social. Outros argumentaram que a psicologia da educação é uma disciplina encarregada de aplicar a teoria e os princípios psicológicos a uma classe particular de comportamento, principalmente aqueles relacionados com o ensino e a aprendizagem, geralmente em ambientes educacionais formais. E outros, ainda, argumentaram que a psicologia da educação é uma disciplina com suas próprias bases teóricas, relacionada com a psicologia, mas independente dela (Sheurman e outros, 1993, p. 111-112).

Nesse fragmento, que ilustra a diversidade de alternativas na maneira de entender a psicologia da educação, refletem-se também algumas das oposições que subjazem a essa área de conhecimento: a maior ou menor dependência ou independência da psicologia da educação do âmbito mais amplo da psicologia; a visão da educação como um mero campo de aplicação do conhecimento psicológico ou como uma área de estudo e de atividade com características próprias e específicas, não-redutíveis à simples aplicação do conhecimento psicológico; o caráter mais ou menos teórico ou aplicado da psicologia da educação e maior ou menor ênfase nos componentes teóricos e de pesquisa ou nos componentes práticos e profissionais. Essas oposições, ou melhor, as diferentes reações e posturas adotadas diante delas, desembocaram em um amplo leque de visões, às vezes claramente contrapostas, sobre o que é e do que trata, e especialmente sobre o que deve ser e do que deve tratar, a psicologia da educação, como ilustra a série de definições correspondentes a diferentes autores e momentos históricos reunidas no Quadro 1.1.

Embora cada uma dessas oposições tenha sua própria história e matizes singulares, todas contribuem, em maior ou menor medida, conforme os casos, para perfilar as diferentes concepções da psicologia da educação, de certo modo acabam confluindo no que constitui o ponto crucial em torno do qual tal diferença se concretiza e mostra seu verdadeiro alcance e sua significação (Coll, 1988a; 1990a; 1998a; 1998b): a importância relativa atribuída aos componentes psicológicos no esforço para explicar e compreender os fenômenos educacionais. De fato, as concepções da psicologia da educação oscilam desde formulações abertamente reducionistas, para as quais o estudo das variáveis e dos processos psicológicos é a única via adequada para proporcionar uma fundamentação científica à teoria e à prática educacionais, até formulações que questionam de forma mais ou menos radical o papel e a importância dos componentes psicológicos, passando logicamente por toda uma gama de formulações intermediárias.

QUADRO 1.1 Algumas definições de psicologia da educação

• A eficiência de qualquer profissão depende amplamente do grau em que se torne em científica. A profissão do ensino melhorará (1) à medida que o trabalho de seus membros seja presidido por espírito e métodos científicos, isto é, pela consideração honesta e aberta dos fatos, pelo abandono de superstições, suposições e conjeturas não-verificadas e (2) à medida que os responsáveis pela educação passem a escolher os métodos em função dos resultados da pesquisa científica, em vez de fazê-lo em função da opinião geral. (E. L. Thorndike [1906]. *The principles of teaching based on psychology.* Nova York: Mason-Henry Press. Citado em Mayer, 1999, p. 10-11.)

• [...] O termo "Psicologia da Educação" será interpretado, para nossos propósitos, em um sentido amplo que cobre todas as fases do estudo da vida mental relacionadas com a educação. Desse modo, considerar-se-á que a psicologia da educação inclui não apenas o conhecido campo coberto pelo livro-texto habitual – a psicologia da sensação, do instinto, da atenção, do hábito, da memória, da técnica e da economia da aprendizagem, os processos conceituais, etc. –, mas também temas de desenvolvimento mental – herança, adolescência e o inesgotável campo de estudo da criança –, o estudo das diferenças individuais, dos atrasos de desenvolvimento e de desenvolvimento precoce, a psicologia da "classe especial", a natureza dos dotes mentais, a medida da capacidade mental, a psicologia dos testes mentais, a correlação das habilidades mentais, a psicologia dos métodos especiais nas diversas matérias escolares, os importantes problemas de higiene mental; todos eles, quer sejam tratados de um ponto de vista experimental ou literário, são temas e problemas que nos parecem apropriados considerar em um *Journal of Educational Psychology.* (W. C. Bagley, J. C. Bell. C. E. Seashore e G. M. Whipple [1910]. Editorial do primeiro número do *Journal of Educational Psychology*, Citado em Glover e Ronning, 1987, p.5.)

• A psicologia da educação é a aplicação dos métodos e dos fatos conhecidos pela psicologia às questões que surgem na pedagogia. (K. Gordon, [1917]. *Educational Psychology.* Nova York: Holt. Citado em Glover e Ronning, 1987, p.5.)

• Para concluir, portanto, a psicologia da educação é inequivocamente uma disciplina aplicada, mas *não* é uma psicologia geral aplicada a problemas de educação – do mesmo modo que a engenharia mecânica não é física geral aplicada a problemas de projeto de máquinas, ou a medicina não é biologia geral aplicada a problemas de diagnóstico, de cura e de prevenção de doenças humanas. Nestas últimas disciplinas aplicadas, as leis gerais que têm sua origem na disciplina-mãe não se aplicam ao âmbito dos problemas práticos; existem ramos separados com teorias aplicadas que são tão básicas como as teorias existentes nas disciplinas de origem, mas que são formuladas em um nível inferior de generalidade e têm mais relevância direta e mais aplicabilidade aos problemas práticos em seus respectivos campos. (D. P. Ausubel [1969]. "Is there a discipline of Educational Psychology?". *Psychology in the Schools, 6*, 232-244. Extraído do original.)

(continua)

QUADRO 1.1 (*continuação*)

• As relações entre a disciplina-mãe e a disciplina aplicada à educação podem apresentar-se sob duas formas diferentes: ou o campo da educação é considerado apenas como um campo de aplicação dos métodos ou das técnicas da disciplina-mãe (exemplo: psicologia aplicada à educação), ou ao campo da educação, analisado com os instrumentos habituais da disciplina-mãe, revelará, em função de sua especificidade própria, problemas novos para o especialista, problemas cuja solução constituirá uma contribuição original para o conjunto da disciplina. (G. Mialaret [1976]. *Les Sciences de l'Éducation.* Paris: Presses Universitaires de France, p. 78.)

• Ocorreu algo interessante com a psicologia do ensino. Ela chegou a fazer parte da principal corrente de pesquisa sobre a cognição humana, a aprendizagem e o desenvolvimento. Durante cerca de 20 anos foi aumentando de forma gradual o número de psicólogos que dedicam sua atenção a questões relevantes para o ensino. Nos últimos anos, esse aumento se acelerou, de forma que agora é difícil traçar uma linha clara de separação entre a psicologia do ensino e o corpo principal de pesquisa básica sobre processos cognitivos complexos. A psicologia do ensino já não é psicologia básica *aplicada* à educação. É fundamentalmente pesquisa sobre os processos do ensino e aprendizagem. (L. B. Resnick [1981]. Instructional Psychologie. *Annual Review of Psychology, 32*, 659-704. Extraído do original.)

• A psicologia da educação é o campo apropriado para unir a pesquisa e a teoria psicológica ao estudo científico da educação. [...] A ciência e a profissão da psicologia da educação é o ramo da psicologia comprometido com o desenvolvimento, a avaliação e a aplicação de: (a) teorias e princípios da aprendizagem humana, do ensino e da instrução; e (b) materiais, programas, estratégias e técnicas baseadas nessas teorias e nos princípios que podem contribuir para melhorar as atividades e os processos educacionais ao longo da vida. [...] A psicologia da educação tem um papel recíproco em psicologia e em educação, visto que contribui para o desenvolvimento da teoria, da pesquisa e do conhecimento nos dois campos. (M. C. Wittrock e F. Farley [1989]. "Toward a blueprint for educational psychology". Em M. C. Wittrock e F. Farley (Eds.), *The future of educational psychology* (p. 193-199). Hillsdale, N. J.: L. Erlbaum.)

• A psicologia da educação é algo mais que sua prudente definição convencional como "a aplicação de todos os campos da psicologia à educação". A psicologia da educação é "o estudo científico da psicologia *na* educação". [...] A principal razão para conceber a psicologia da educação como "o estudo científico da psicologia *na* educação" reside nas acentuadas vantagens dessa concepção para concentrar a pesquisa nos problemas significativos da educação. [...] A psicologia da educação distingue-se de outros campos da psicologia porque seu objetivo principal é a compreensão e a melhoria da educação. Mas a psicologia da educação também se distingue das outras áreas da pesquisa educacional por causa de sua fundamentação psicológica, de sua ênfase nos alunos e nos professores e de sua responsabilidade de contribuir para o desenvolvimento do conhecimento e da teoria em psicologia. (Wittrock, M. C. [1992]. "An empowering Conception of Educational Psychology". *Educational Psychologist, 27*, 129-141. Extraído do original.)

• Parece que a meta da psicologia da educação para o seu segundo século é conhecer os educadores tal como são, no contexto em que trabalham, mediante as múltiplas lentes proporcionadas até agora pela ciência psicológica. Se tem êxito, os psicólogos da educação aumentarão sua compreensão sobre os professores e os estudantes, o ensino e a aprendizagem, o contexto social e o currículo nos ambientes escolares reais. Essa seria uma conquista pouco ambiciosa. (U. Casanova e D. Berliner (1997). "La investigación educativa en Estados Unidos: último cuarto de siglo". *Revista de Educación, 312*, 43-80.)

Nessa mesma linha de argumentação, Mayer (1999a, p. 9-13) identifica em um trabalho recente três formas diferentes de conceber as relações entre a psicologia – à qual atribui a responsabilidade de estudar como as pessoas aprendem e se desenvolvem – e a educação – cuja essência consistiria, segundo esse autor, em ajudar as pessoas a aprender e a desenvolver-se. A primeira concebe tais relações operando em uma única direção – *a one-way street* – que vai da psicologia à educação, de maneira que os psicólogos devem ocupar-se fundamentalmente em pesquisar os processos de desenvolvimento e de aprendizagem e de pôr os resultado obtidos ao alcance dos educadores, sendo estes os responsáveis por aplicá-los à sua atividade docente. A segunda equivale de fato a uma ausência de relações – *a dead-end street* – entre os dois campos. Nesse caso, pensa-se que os psicólogos devem ocupar-se do estudo dos processos de desenvolvimento e de aprendizagem à margem das preocupações dos educadores e dos problemas da educação, enquanto os educadores têm a responsabilidade de desenvolver um ensino capaz de responder às necessidades de seus alunos à margem das contribuições da psicologia. A terceira, por último, postula uma relação bidirecional – *a two-way street* – entre a psicologia e a educação, de maneira que os psicólogos devem estudar como as pessoas aprendem e se desenvolvem em ambientes educacionais, definindo os temas de suas pesquisas a partir das preocupações e dos desafios dos educadores, enquanto os segundos devem fundamentar suas decisões de ensino nas contribuições da psicologia sobre como os alunos aprendem e se desenvolvem nesses ambientes.

Deixando de lado a segunda opção assinalada por Mayer – cuja consideração detalhada nos obrigaria a entrar em uma problemática que ultrapassa os objetivos deste capítulo e inclusive do volume do qual faz parte –, vamos centrar-nos a seguir nas duas outras por serem as que correspondem a duas concepções extremas, mas ainda plenamente vigentes, da psicologia da educação: a psicologia da educação entendida como um campo de aplicação do conhecimento psicológico e a psicologia da educação entendida como uma disciplina-ponte de natureza aplicada. No Quadro 1.2. reúnem-se, de forma contrastante, os traços característicos das duas concepções.

QUADRO 1.2 Duas visões nitidamente contrastantes da psicologia da educação

A psicologia da educação entendida como um âmbito de aplicação da psicologia

- O conhecimento psicológico é o único que permite abordar e resolver de maneira científica as questões e os problemas educacionais.
- O comportamento humano responde a leis universais que, uma vez estabelecidas pela pesquisa psicológica, podem ser utilizadas para compreender e explicar o comportamento humano em qualquer ambiente, incluídos os ambientes educacionais.
- A psicologia da educação não se distingue das outras especialidades da psicologia pela natureza dos conhecimentos que proporciona – que são conhecimentos psicológicos e, portanto, próprios da psicologia científica –, mas pela área ao qual se aplicam tais conhecimentos: a educação.
- A principal tarefa da psicologia da educação consiste em selecionar, entre os conhecimentos proporcionados pela psicologia científica, aqueles que em princípio podem ser mais úteis e relevantes para explicar e compreender o comportamento humano nos ambientes educacionais e poder intervir neles.
- A psicologia da educação não é uma disciplina ou subdisciplina em sentido estrito – visto que não tem um objeto de estudo próprio e nem pretende gerar conhecimentos novos –, mas simplesmente um campo de aplicação da psicologia.

A psicologia da educação entendida como uma disciplina-ponte entre a psicologia e a educação

- A abordagem e o tratamento das questões e dos problemas educacionais exige uma aproximação multidisciplinar.
- O estudo e a explicação do comportamento humano nos ambientes educacionais deve ser feito nesses ambientes e devem levar em conta suas características próprias e específicas.
- A psicologia da educação distingue-se das outras especialidades da psicologia, porque proporciona conhecimentos específicos sobre o comportamento humano em situações educacionais.
- A principal tarefa da psicologia da educação consiste em elaborar, tomando como ponto de partida as contribuições da psicologia científica, instrumentos teóricos, conceituais e metodológicos úteis e relevantes, para explicar e compreender o comportamento humano nos ambientes educacionais e poder intervir neles.
- A psicologia da educação é uma disciplina ou subdisciplina em sentido estrito – visto que tem um objeto de estudo próprio e aspira à geração de conhecimentos novos sobre ele – que se encontra no meio do caminho entre os âmbitos disciplinares da psicologia e das ciências da educação.

A psicologia aplicada à educação

Incluem-se sob tal denominação um conjunto de formulações – predominantes até finais da década de 1950, mas que continuam gozando de uma certa aceitação atualmente, sobretudo em suas versões menos radicais – que concebem a psicologia da educação como um mero campo de aplicação do conhecimento psicológico, isto é, como *psicologia aplicada à educação*. Para além dos matizes diferenciais, alguns deles de indubitáveis alcance e significação, essas formulações compartilham os mesmos princípios e iguais pressupostos básicos quanto à forma de abordar as relações entre o conhecimento psicológico e a teoria e a prática educacionais. Em primeiro lugar, a crença de que o conhecimento psicológico é o único que permite abordar de uma maneira científica e racional as questões educacionais. Em segundo lugar, o postulado de que o comportamento humano responde a uma série de leis gerais que, uma vez estabelecidas pela pesquisa psicológica, podem ser utilizadas para compreender e explicar qualquer âmbito da atividade das pessoas. Em terceiro lugar, e como conseqüência do anterior, o que caracteriza a psicologia da educação não é o tipo ou a natureza do conhecimento que maneja – um conhecimento relativo às leis gerais que regem o comportamento humano e, portanto, compartilhado com as demais áreas ou parcelas da psicologia –, mas o campo ou a área de aplicação no qual se pretende utilizar tal conhecimento, isto é, a educação. Em quarto lugar, a tarefa da psicologia da educação, assim entendida, não é outra senão a de selecionar, entre os conhecimentos proporcionados pela psicologia científica em um momento histórico determinado, aqueles que podem ter mais utilidade para compreender e explicar o comportamento das pessoas em situações educacionais.

Vale advertir, no entanto, que essas formulações, em que pese compartilharem os princípios e pressupostos mencionados, estão longe de constituir uma orientação homogênea e compacta no panorama atual da psicologia da educação. Por um lado, existem diferenças significativas quanto às dimensões ou aos aspectos do comportamento humano considerados potencialmente úteis e relevantes para a educação; assim, conforme a dimensão escolhida, pode-se encontrar, por exemplo, uma psicologia evolutiva ou do desenvolvimento aplicada à educação, uma psicologia da aprendizagem aplicada à educação, uma psicologia social aplicada à educação, uma psicologia das diferenças individuais aplicada à educação, ou ainda, uma psicologia geral aplicada à educação. Por outro lado, e como reflexo da persistência das escolas de psicologia que oferecem explicações globais e distintas, e geralmente opostas, do comportamento humano, pode-se encontrar, para citar de novo apenas alguns exemplos, uma psicologia genética aplicada à educação, uma psicanálise aplicada à educação, uma psicologia behaviorista aplicada à educação, uma psicologia humanista aplicada à educação ou uma psicologia cognitiva aplicada à educação.

Considerando essas diferenças, do ponto de vista da epistemologia interna em que me situo neste item – isto é, do ponto de vista da natureza do conhecimento psicoeducacional e de suas vias de construção –, é evidente que todas as formulações mencionadas têm um traço comum: não cabe, a partir delas, considerar a psicologia da educação como uma disciplina ou subdisciplina científica em sentido estrito, já que não existe um objeto de estudo próprio e, sobretudo, não existe o propósito de produzir conhecimentos novos, mas apenas aplicar conhecimentos já existentes ou produzidos em outras áreas ou parcelas da pesquisa psicológica, em suma, o único tipo de conhecimento novo que a psicologia aplicada à educação pode legitimamente aspirar produzir é o que se refere às estratégias ou aos procedimentos de aplicação.

A relação unidirecional entre o conhecimento psicológico e a teoria e a prática educacionais que caracteriza a psicologia aplicada à educação apresenta alguns problemas evidentes. Como assinalou Wittrock (1992), essa relação unidirecional freqüentemente leva a selecionar como objeto de estudo e de aplicação problemas e questões já pesquisados, ou em início de uma pesquisa, muitas vezes deixando de lado os problemas e as questões relevantes do ponto de vista educacional que ainda não foram objeto de atenção na pesquisa e na teoria psicológica. Essa concepção, na realidade, limita a missão e o alcance da psicologia da educação à tarefa de reunir aplicações educacionais que têm sua origem em um amplo leque de pesquisas psicológicas sobre um espectro não menos amplo de problemáticas e questões geralmente estudadas em contextos distintos dos educacionais.

Por outro lado, embora seja certo que a estratégia de aplicação direta e unilateral facilita a utilização potencial em educação dos avanços produzidos em todos os campos e especialidades da pesquisa psicológica, de forma curiosa e paradoxal leva a ignorar, e inclusive a mascarar, as contribuições recíprocas que fizeram e continuam fazendo a partir da própria psicologia da educação ao desenvolvimento de outros campos da psicologia. Os exemplos nesse sentido são abundantes: os aportes de E. L. Torndike, considerado o pai da psicologia da educação, à psicologia da aprendizagem; as contribuições de J. Dewey, realizadas em boa medida no contexto da incipiente psicologia da educação de princípios do século XX, ao estudo da aprendizagem e do pensamento, como também ao desenvolvimento do funcionalismo; as importantes contribuições de outros psicólogos educacionais, como G. Stanley Hall, J. M. Cattell, Charles Judd, Alfred Binet, L. Cronbach e outros, à psicologia da criança, ao movimento dos testes, à psicologia diferencial e à psicologia da aprendizagem; os aportes de B. F. Skinner e R. Glaser à psicologia da aprendizagem; as de D. P. Ausubel e J. S. Bruner aos modelos cognitivos da aprendizagem e à psicologia do pensamento; as de B. Weiner à psicologia da motivação e da emoção, etc.

A psicologia da educação como disciplina-ponte

Como conseqüência dessas e de outras críticas – em particular aquelas dirigidas a destacar as limitações e os erros derivados do reducionismo psicológico próprio das relações unilaterais entre conhecimento psicológico e teoria e prática educacionais –, a psicologia da educação, no transcurso da segunda metade do século XX, foi renunciando progressivamente boa parte dos postulados e dos princípios que caracterizam as formulações da psicologia aplicada à educação. Surgiu, assim, embora sem chegar a substituí-los plenamente, uma série de formulações alternativas que se submetem a uma concepção distinta da psicologia da educação: a que tende a considerá-la como *disciplina-ponte entre a psicologia e a educação*, com um objeto de estudo próprio e, sobretudo, com a finalidade de gerar um conhecimento novo acerca desse objeto de estudo.

Conceber a psicologia da educação como disciplina-ponte implica mudanças profundas na maneira tradicional de entender as relações entre o conhecimento psicológico e a teoria e a prática educacionais. Por um lado, tais relações já não podem ser consideradas em uma única direção; o conhecimento psicológico pode contribuir para melhorar a compreensão e a explicação dos fenômenos educacionais, mas o estudo destes pode, por sua vez, contribuir também para ampliar a aprofundar os conhecimentos psicológicos. Por outro lado, para que possa haver essa reciprocidade nas contribuições, será necessário levar em conta as características próprias das situações educacionais muito mais do que se costumava fazer no passado. Os fenômenos educacionais deixam de ser unicamente um campo de aplicação do conhecimento psicológico para se tornar um âmbito da atividade humana suscetível de ser estudado com os instrumentos conceituais e metodológicos próprios da psicologia. A psicologia da educação como disciplina-ponte significa, em suma, uma renúncia expressa ao reducionismo psicológico que caracteriza as formulações de psicologia aplicada à educação.

Segundo Mayer, as diferentes maneiras de conceber as relações entre a psicologia e a educação correspondem, em linhas gerais, a outras tantas fases no desenvolvimento da psicologia da educação. Durante a primeira fase, que iria aproximadamente até meados do século XX, predomina a visão de uma relação unidirecional como conseqüência do otimismo depositado no valor dos aportes da psicologia científica para orientar, guiar e melhorar a educação. É a fase em que domina a concepção de psicologia aplicada à educação (ver as definições de Thorndike, Bagley e outros, e Gordon mostradas no Quadro 1.1). A partir de meados do século XX torna-se cada vez mais evidente que o otimismo da fase anterior era excessivo. Os educadores e os psicólogos começam a subordinar-se a um certo pessimismo quanto à capacidade da psicologia de guiar, de orientar e de melhorar a educação, de modo que os segundos tendem a refugiar-se nos laboratórios, concentrando-se em comparar os resultados de suas pesquisas e em refinar suas teorias à margem das preocupações dos educadores, enquanto que os primeiros se centram nos problemas práticos de sua profissão buscando soluções à margem das teorias psicológicas sobre a aprendizagem e o desenvolvimento. A psicologia e a educação entram em uma fase de desconexão. Finalmente, por volta da década de 1960, inicia-se uma terceira fase, na qual ainda estaríamos instalados nos dias atuais, em que as relações entre a psicologia e a educação começam a ser formuladas em uma dupla direção: os desafios e os problemas educacionais estabelecem a agenda de pesquisa da psicologia impulsionando-a a elaborar teorias e explicações do comportamento de pessoas reais em ambientes reais; e, reciprocamente, mediante o desenvolvimento de teorias úteis e relevantes do ponto de vista educacional, a psicologia proporciona à educação as bases necessárias para adotar decisões fundamentais no campo da prática. É a fase que corresponde à concepção da psicologia da educação como disciplina-ponte (ver as definições de Ausubel, Mialaret, Resnick, Farley e Wittrock, Wittrock e Casanova e Berliner mostradas no Quadro 1.1.).

Seria um erro, porém, interpretar a linha histórica proposta por Mayer como a simples substituição de uma concepção por outra. É certo que a primeira maneira de entender as relações entre a psicologia e a educação é predominante até a década de 1950, que a segunda se manifesta sobretudo nas décadas de 1940 e 1950 e que a terceira começa a ganhar terreno progressivamente a partir da década de 1960. Mas existem ainda hoje numerosos educadores, planejadores da educação, responsáveis por políticas educacionais, pedagogos e psicólogos instalados na segunda e, sobretudo, na primeira (De Corte, 2000).

Como destacam Fenstermacher e Richarson (1994), a psicologia da educação atual continua sendo marcada pela coexistência da duas visões claramente opostas da disciplina: a primeira – semelhante à psicologia aplicada à educação – responde a uma orientação psicológica decididamente disciplinar e entende que sua primeira e mais importante missão é contribuir para o desenvolvimento do conhecimento psicológico por meio do estudo da educação; a segunda – semelhante à psicologia da educação como disciplina-ponte – responde a uma orientação psicológica decididamente educacional e propõe como missão primeira e mais importante contribuir para uma melhor compreensão da educação e para sua melhoria. Olhando para o futuro, a alternativa, segundo Fenstermacher Richarson (1994, p.53), consiste em saber

> [...] se a psicologia da educação desdobrará seus instrumentos e técnicas disciplinares na perspectiva de uma busca moralmente fundamentada de melhores maneiras de educar, ou se, ao contrário, continuará se esforçando para aperfeiçoar seus instrumentos e técnicas dentro de seus próprios contextos disciplinares [psicológicos] com o objetivo de propor resolutamente, a seguir, como a educação deve conformar-se aos conceitos, às teorias e aos resultados empíricos assim gerados. Estas duas opções não [...] podem acomodar-se facilmente tomando de forma seletiva o melhor de cada uma delas; ao contrário, trata-se de duas aproximações radicalmente distintas de um campo de conhecimento no interior de uma comunidade profissional.

O deslocamento de uma psicologia da educação orientada fundamentalmente ao discurso e às exigências internas da comunidade científica da psicologia para uma psicologia da educação orientada essencialmente para o discurso e as preocupações da comunidade dos profissionais da educação requer, na opinião de Fenstermacher e Richarson, algumas mudanças profundas nas formulações tradicionais que ainda estão longe de terem sido assumidas em caráter geral pelos psicólogos da educação. Entre essas mudanças, vale destacar as seguintes:

- Os temas e as questões que são objeto de atenção e de estudo devem ser escolhidos a partir dos problemas que surgem na prática e das preocupações dos profissionais da educação, em vez de fazê-lo principalmente, como ainda é costume, em função de seu interesse e sua relevância psicológica ou da disponibilidade de métodos de pesquisa canônicos e aceitos pela psicologia científica.

- A proposição e a formulação dos temas estudados deveria adotar uma forma de discurso próxima à prática educacional e às preocupações dos profissionais da educação, evitando, na medida do possível, o discurso disciplinar e especializado da psicologia, muitas vezes pouco apropriado para descrever com precisão e fidelidade os aspectos mais relevantes das situações e das práticas educacionais.
- As elaborações e os aportes da psicologia da educação deveriam ser valorizados como um meio para obter um fim, isto é, em função de sua capacidade para contribuir para uma melhor compreensão e a melhoria da prática em contextos educativos concretos, em vez de serem julgados e valorizados como um fim em si mesmos, isto é, em função de sua maior ou menor adequação aos cânones do conhecimento científico em psicologia.
- A psicologia da educação deveria aceitar, com todas as suas conseqüências, que seus aportes, sem dúvida nenhuma de enorme interesse e relevância para a educação, só podem dar conta de alguns aspectos e dimensões desta, e que é quase certo que sempre será assim, o que exige uma enorme prudência no momento de formular recomendações e propostas concretas para a prática baseadas única e exclusivamente em sua visão; em outras palavras, a psicologia da educação deveria aceitar, de uma vez por todas, a necessidade de inserir sua aproximação dos fenômenos e dos processos educacionais em uma aproximação multidisciplinar, em vez de continuar atuando de forma mais ou menos explícita como se fosse a única visão disciplinar capaz de orientar e guiar a educação e melhorar as práticas educacionais.
- Os psicólogos da educação deveriam tomar consciência de que o conhecimento dos profissionais da educação é um conhecimento situado, contextualizado e muitas vezes fragmentado e tácito, mas que este é precisamente o conhecimento que funciona na prática; os psicólogos da educação deveriam tender a utilizar seu conhecimento disciplinar para enriquecer o conhecimento prático dos profissionais da educação, em vez de pretender substituí-lo.
- Por último, e talvez o mais importante, os psicólogos da educação deveriam assumir que a educação é uma prática social e que envolver-se em uma prática social significa necessariamente adotar determinadas opções ideológicas e morais, em vez de refugiar-se em uma suposta e enganosa neutralidade de um enfoque científico e disciplinar. Recuperando e assumindo, com todas as suas conseqüências, o discurso e as preocupações do reformismo social dos pioneiros e primeiros impulsionadores da disciplina, os psicólogos da educação devem aceitar que não podem orientar seu trabalho para a compreensão e a melhoria das práticas educacionais sem formular-se e responder a algumas perguntas fundamentais sobre a educação que não são de natureza psicológica em sentido estrito: quais devem ser as finalidades da educação?; que tipo de pessoa se pretende contribuir para formar com as práticas educacionais?; que tipo de sociedade se pretende contribuir para engendrar com a educação das novas gerações?; como a educação deve atender à diversidade das necessidades educacionais das pessoas?; que papel a educação deve desempenhar na compensação das desigualdades econômicas, sociais e culturais da pessoas?; o que é uma educação de qualidade?, etc.

A NATUREZA APLICADA DA PSICOLOGIA DA EDUCAÇÃO

A passagem de uma concepção de psicologia aplicada à educação para uma concepção da psicologia da educação como disciplina-ponte obriga a rever o próprio conceito de aplicação do conhecimento psicológico. As duas concepções compartilham a idéia de que a psicologia da educação tem a ver fundamentalmente com a utilização ou a aplicação do conhecimento psicológico para enriquecer e melhorar a teoria e a prática educacionais, mas partem de esquemas epistemológicos que respondem a duas lógicas de aplicação radicalmente distintas. Visto que esse ponto costuma estar na base de não poucas confusões sobre o alcance e as limitações da psicologia da educação como disciplina de natureza aplicada, convém deter-se brevemente nessas duas lógicas.

A lógica do esquema A (ver Figura 1.1) é tributária de três princípios que já foram identificados e comentados nas páginas precedentes como característicos da psicologia aplicada à educação: a unidirecionalidade dos esforços e das operações de aplicação, que vão sempre do conhecimento psicológico à teoria e à prática educacionais; a hierarquia epistemológica entre o conhecimento psicológico, considerado como verdadeiro e autêntico conhecimento científico básico de referência, e a teoria e a prática educacionais, que seriam compostas antes por um conjunto de saberes práticos e profissionais; e o reducionismo psicológico que supõe a pretensão de explicar e melhorar a educação e o ensino unicamente a partir dos aportes da psicologia.

Nenhum desses princípios está presente no esquema B (ver Figura 1.1), que representa a lógica da aplicação no caso da psicologia da

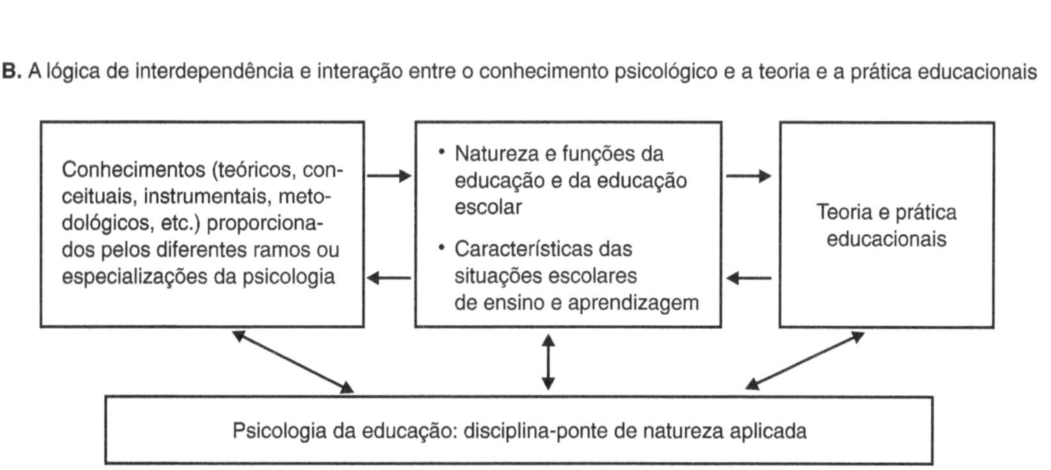

FIGURA 1.1 Duas lógicas distintas de aplicação do conhecimento psicológico à teoria e à prática educacionais.

educação como disciplina-ponte. A flecha unidirecional do esquema A foi substituída no esquema B por flechas bidirecionais que têm sua origem e seu destino em um novo elemento relativo à natureza e às funções da educação escolar e às características das situações escolares de ensino e aprendizagem. No esquema B, o ponto de partida da aplicação não se encontra na psicologia – ao contrário do que ocorre no esquema A –, mas nas questões e preocupações que ocorrem na educação escolar, a partir da qual se interpela a psicologia – do mesmo modo que se interpelam outras disciplinas educacionais e a própria prática – de modo a chegar a compreendê-las melhor e poder atuar. Conseqüentemente, essa interpelação tem efeitos positivos tanto sobre a teoria e a prática educacionais, visto que permite compreender melhor os fenômenos estudados, como também, e reciprocamente, sobre a própria psicologia, à medida que obriga a abordar questões novas e induz a elaborar novos conhecimentos. No esquema B, não é, portanto, ou não é apenas, a utilização de um conhecimento já elaborado; é sobretudo, e em primeiro lugar, um procedimento mediante o qual se constrói e se enriquece esse conhecimento. É justamente nesse ponto, no caráter constitutivo e gerador de novo conhecimento que tem a aplicação, que se deve situar, a meu ver, o verdadeiro alcance da caracterização da psicologia da educação como uma disciplina de natureza aplicada.

A lógica da aplicação a que responde o esquema B também pode ajudar a entender melhor por que à sua caracterização como disciplina de natureza aplicada se acrescenta a de ser uma disciplina-ponte entre a psicologia e a educação, isto é, uma disciplina que mantém estreitas relações com o conjunto de áreas e especializações da psicologia e com o conjunto das disciplinas educacionais, mas sem chegar a identificar-se ou confundir-se plenamente com umas, nem com outras. De fato, a psicologia da educação é de pleno direito, nessa perspectiva, uma disciplina psicológica, já que se nutre de aportes de outras áreas e especialização da pesquisa psicológica e utiliza muitas vezes os mesmos métodos e procedimentos de análise que estas. Não é possível, porém, reduzi-la a uma seleção de seus aportes, nem entendê-la como uma área de conhecimento subordinado a elas. Como assinala Ausubel (ver Quadro 1.1), "as leis gerais que têm sua origem nas disciplinas básicas não se aplicam ao domínio dos problemas práticos". Essa impossibilidade de aplicar – mecanicamente, acrescentaríamos nós – as leis gerais do comportamento humano ao domínio da educação obriga a empreender um tipo de pesquisa aplicada na qual os problemas, as variáveis e as características das situações educacionais devem ser particularmente levados em conta.

A pesquisa psicopedagógica é uma pesquisa aplicada no sentido de que a pertinência dos problemas estudados tem sua origem, como assinala o esquema B, no campo educacional, e seu objetivo é proporcionar conhecimento útil para melhorar a educação. Também seus resultados, assim como as explicações e as teorias elaboradas a partir deles, são de caráter aplicado, pois se referem ao campo da educação, e têm, por isso, um alcance e uma generalidade menor do que aqueles proporcionados pela pesquisa básica. No entanto, como assinala também Ausubel, não se deve entender a diferença e as relações entre pesquisa básica e pesquisa aplicada, e portanto a diferença e as relações entre conhecimento psicológico e conhecimento psicopedagógico, em termos de uma hierarquia entre os dois tipos de conhecimento, mas sim em termos de alcance e nível de generalidade dos resultados e das explicações que proporcionam. Feita essa ressalva, as teorias aplicadas da psicologia da educação podem ser consideradas tão fundamentais do ponto de vista de seu interesse e de suas repercussões para os progressos científicos quanto as teorias básicas de outras áreas ou campos da psicologia.

Resumindo, a psicologia da educação se enriquece com as leis, os princípios, as explicações, os métodos, os conceitos e os resultados empíricos que têm sua origem na pesquisa psicológica básica, mas, por sua vez, contribui para enriquecer esta última com seus aportes sobre os fenômenos educacionais e, mais especificamente, com suas explicações sobre o comportamento humano em situações educacionais. As relações entre a psicologia e a psicologia da educação não são, portanto, de dependência nem unilaterais, mas de interdependência e bidirecionais. Algo similar ocorre com suas relações com as demais disciplinas educacionais. Como mostra o esquema B, a psicologia da educação contribui para o enriquecimento da teoria e a melhoria da prática educacional à medida que ajuda a definir e compreender melhor problemas e questões educativas, mas é enriquecida ao mesmo tempo pelos aportes da teoria e da prática educacional à medida que estas contribuem para uma melhor definição e para a compreensão dos problemas e das questões estudadas pela psicologia da educação.

As dimensões da psicologia da educação

A psicologia da educação, como disciplina educacional de natureza aplicada, trata do estudo dos fenômenos e dos processos educacionais com uma tripla finalidade: contribuir para a elaboração de uma teoria que permita compreender e explicar melhor tais processos; ajudar na elaboração de procedimentos, estratégias e modelos de planejamento e intervenção que ajudem a orientá-los em uma direção determinada e ajudar na instauração de práticas educacionais mais eficazes, mais satisfatórias e mais enriquecedoras para as pessoas que participam delas. Essas três finalidades originam outras tantas dimensões ou vertentes – teórica ou explicativa, projetiva ou tecnológica e prática – em torno das quais se articulam os conteúdos da psicologia da educação como disciplina-ponte de natureza aplicada (Coll, 1983; 1988b).

A psicologia da educação é também fundamentalmente uma disciplina psicológica, o que significa que sua aproximação do estudo dos fenômenos educacionais se orienta para o estudo dos componentes psicológicos de tais fenômenos – isto é, da análise da atividade e dos comportamentos dos participantes, das mudanças que se produzem neles, dos fatores responsáveis por essas mudanças e dos processos envolvidos – e utiliza instrumentos conceituais, teóricos, metodológicos e técnicos igualmente psicológicos. Isso confere às três dimensões mencionadas – dimensões compartilhadas por todas as disciplinas que conformam o núcleo específico das ciências da educação –[1] um caráter próprio. Assim, a *dimensão teórica ou explicativa* da psicologia da educação inclui uma série de conhecimentos conceitualmente organizados – generalizações empíricas, leis, princípios, modelos, teorias, etc. – sobre os componentes psicológicos dos fenômenos educacionais. A *dimensão projetiva ou tecnológica*, por sua vez, inclui um conjunto de conhecimentos de natureza essencialmente procedimental sobre o planejamento e o desenho dos processos educacionais ou de alguns aspectos deles – por exemplo, atividades de ensino e aprendizagem, procedimentos de avaliação das aprendizagens, escolha de materiais didáticos ou curriculares, estratégias de atenção à diversidade, etc. –, que têm sua origem ou, pelo menos, são fortemente inspirados na análise dos componentes psicológicos presentes neles. Por último, a *dimensão prática* inclui uma série de conhecimentos, nesse caso de natureza essencialmente técnica e instrumental, orientados à intervenção direta no desenvolvimento dos processos educacionais, seja da perspectiva do desempenho da função docente, seja da perspectiva da intervenção psicopedagógica.

A PSICOLOGIA DA EDUCAÇÃO COMO DISCIPLINA-PONTE DE NATUREZA APLICADA: OBJETO DE ESTUDO, CONTEÚDOS E ESPAÇOS PROFISSIONAIS

As considerações e os argumentos precedentes oferecem uma base adequada para tentar definir, com maior precisão do que foi feito até agora, em que consiste esse olhar específico da psicologia da educação sobre os fenômenos educacionais, o que significa exatamente, utilizando as palavras de Wittrock (ver Quadro 1.1), "o estudo científico da psicologia *na* educação", em suma, o que é e do que trata a psicologia da educação entendida como disciplina-ponte de natureza aplicada.

O objeto de estudo da psicologia da educação

De acordo com os argumentos expostos até aqui, pode-se dizer que a finalidade da psicologia da educação é estudar os processos de mudança que se produzem nas pessoas como conseqüência de sua participação em atividades educacionais. Essa afirmação sucinta requer, no entanto, alguns comentários adicionais que ajudam a compreender e a valorizar melhor seu alcance e suas implicações.

Em primeiro lugar, a definição se ajusta às exigências formuladas por uma concepção da psicologia da educação como disciplina-ponte. Por um lado, seu interesse está voltado ao estudo dos processos de mudança que ocorrem nas pessoas, isto é, ao estudo de processos psicológicos. Não obstante, e diferentemente de outras áreas ou domínios da psicologia, interessa-se por um tipo muito especial de mudanças: aquelas que têm sua origem na, ou que possam relacionar-se com a participação das pessoas em atividades ou situações educacionais. Assim, a psicologia da educação é, de pleno direito, uma disciplina psicológica, já que seu foco é o estudo de processos psicológicos; mas é também, e ao mesmo tempo, uma disciplina educacional, pois os processos psicológicos aos quais volta sua atenção são inseparáveis das situações educacionais que estão em sua origem, o que significa que é imprescindível levar em conta as características destas últimas para poder estudar cabalmente aqueles.

Em segundo lugar, a definição proposta não deixa margem para dúvidas sobre a necessidade de uma aproximação multidisciplinar do estudo dos fenômenos educativos. A complexidade intrínseca desses fenômenos, a multiplicidade de dimensões e aspectos presentes neles faz com que seu estudo exija o concurso de diferentes perspectivas disciplinares. Não se trata, naturalmente, de decompor os fenômenos educacionais em suas partes constitutivas com a finalidade de atribuir a análise de cada uma delas a uma disciplina distinta. Adotar uma aproximação multidisciplinar do estudo dos fenômenos educacionais significa abordá-los como um todo, sem que percam sua identidade como fenômenos desse tipo, explorando-os sucessiva ou simultaneamente com a ajuda dos instrumentos metodológicos e conceituais que as diferentes disciplinas educacionais proporcionam, procurando articular e integrar os resultados dessas indagações em explicações de conjunto. No contexto dessa tarefa global, a psicologia da educação tem como responsabilidade específica o estudo das mudanças – incluindo os processos psicológicos subjacentes – que se produzem nas pessoas como conseqüência de sua participação em atividades educacionais, de sua natureza e de suas características, dos fatores que os facilitam, dificultam e obstaculizam, e das conseqüências que têm para elas.

Em terceiro lugar, a psicologia da educação está comprometida, junto com outras disciplinas educacionais e em estreita coordenação com elas, na elaboração de uma teoria educacional de base científica e na configuração de uma prática de acordo com ela. Esse compromisso lhe confere o caráter de disciplina aplicada e a induz a abordar seu objeto de estudo com uma tripla finalidade, ou uma tripla dimensão, como se assinalou no item anterior: uma dimensão teórica ou explicativa, que persegue a elaboração de modelos interpretativos dos processos de mudança estudados; uma dimensão tecnológica ou projetiva, cuja meta é contribuir para a descrição de situações ou atividades educacionais capazes de induzir ou provocar determinados tipos de mudança nos que participem delas e uma dimensão técnica ou prática, orientada à intervenção e à resolução de problemas concretos surgidos na preparação ou no desenvolvimento de atividades educacionais.

Em quarto e último lugar, essa caracterização do objeto de estudo permite situar a *psicologia da educação escolar*, também chamada às vezes de *psicologia do ensino*, no contexto mais amplo da psicologia da educação.[2] Visto que esta última trata do estudo dos processos de mudança que se produzem nas pessoas como conseqüência de sua participação em *diferentes tipos de situações ou atividades educacionais*, seu campo de trabalho e de atuação é mais vasto que o da psicologia da educação escolar, que se centra nas mudanças relacionadas com *situações ou atividades escolares de ensino e aprendizagem*. A psicologia da educação historicamente orientou seus esforço sobretudo ao estudo dos processos de mudança relacionados com os processos escolares de ensino e aprendizagem e, conseqüentemente, a maioria de seus aportes situa-se nesse campo. Essa tendência, porém, foi corrigida no transcurso das últimas décadas, e a psicologia da educação abriu-se progressivamente para o estudo de outros tipos de práticas educacionais não-escolares, como, por exemplo, as que ocorrem em ambientes familiares, de trabalho, de lazer, ou ainda que utilizam os meios de comunicação de massas (rádio, televisão) ou as tecnologias da informação e da comunicação como canal e como apoio.

Os conteúdos da psicologia da educação

Tomando como ponto de partida o objeto de estudo proposto, pode-se identificar os dois grandes blocos de conteúdos dos quais a psicologia da educação trata: de um lado, aqueles relativos aos processos de mudança que ocorrem nas pessoas como resultado de sua participação em situações e atividades educacionais; por outro, os fatores, as variáveis ou as dimensões das situações e atividades educativas que se relacionam direta ou indiretamente com esses processos de mudança e que contribuem para explicar sua orientação, características e resultados. Quanto aos primeiros, a psicologia da educação ocupa-se fundamentalmente de mudanças vinculadas aos *processos de aprendizagem, de desenvolvimento e de socialização*. A natureza desses processos de mudança, as teorias e os modelos que os explicam ou tentam explicá-los, e sobretudo as relações que mantêm entre si as diferentes dimensões e os aspectos implicados – cultura, desenvolvimento, aprendizagem, educação, socialização, etc. –, configuram um dos núcleos mais importantes da psicologia da educação. No que diz respeito ao segundo bloco, o panorama é sensivelmente mais complexo, já que existem diferenças importantes em função do tipo de situações ou atividades educacionais que consideremos. Os fatores, as variáveis ou as dimensões, relacionados direta ou indiretamente com os processos de mudança dos quais se ocupa a psicologia da educação não são os mesmos, para mencionar apenas dois exemplos óbvios, no caso das situações e das atividades escolares de ensino e aprendizagem que no caso das situações e das atividades educativas que ocorrem na família.

Mesmo limitando-se ao caso das situações e das atividades educativas escolares, é complexo estabelecer com precisão os grandes núcleos de conteúdos do segundo bloco à margem das opções teóricas escolhidas para identificar, caracterizar e organizar os fatores, as variáveis e as dimensões aos quais se atribui uma relevância especial na explicação dos processos de mudança. Assim, por exemplo, a distinção clássica entre, por um lado, fatores interpessoais ou internos aos alunos – por exemplo, nível de desenvolvimento cognitivo, afetivo e social, maturidade emocional, experiências e conhecimentos prévios, capacidades intelectuais, motivação, interesses, autoconceito, etc. – e, por outro lado, fatores externos que têm sua origem no contexto – por exemplo, características do professor, materiais didáticos e meios de ensinar em geral, metodologia de ensino, organização do trabalho na sala de aula, dinâmicas grupais e institucionais, etc. –, responde a uma orientação teórica em psicologia fortemente questionada hoje. Algo similar deve ser dito da proposta que consiste em estabelecer duas grandes categorias relativas aos fatores cognoscitivos e afetivo-sociais, respectivamente, incluindo em cada uma delas tanto os que têm sua origem nos alunos quanto os que correspondem às características do contexto escolar.

Talvez a melhor maneira de dar conta da diversidade e da heterogeneidade dos conteúdos que conformam esse segundo bloco sem necessidade de subordinação a um enfoque teórico particular seja apresentá-los, na linha de Calfee e Berliner (1996, p. 2), como outros tantos capítulos relacionados ao fato de que a educação comporta sempre e necessariamente que *alguém* (professores, pais, instrutores, monitores, meios de comunicação, etc.) *ensina* (atua com a intenção de influenciar) *algo* (as matérias do currículo, os hábitos, as habilidades, as normas de conduta, os valores, etc.) a *alguém* (alunos, filhos, empregados, espectadores, visitantes em um museu, etc.), em um *contexto institucional* (escola, família, comunidade, museu, etc.) *com um propósito* (desenvolver capacidades, adquirir conhecimentos, habilidades, hábitos, assimilar valores, etc.) e *esperando resultados* (nos destinatários da situação educativa) *que geralmente são avaliados* (a fim de verificar que se alcançaram os propósitos perseguidos e se obtiveram os resultados esperados).

As atividades científicas e profissionais relacionadas com a psicologia da educação

Até bem avançada a década de 1960, as atividades científicas e profissionais relacionadas com a psicologia da educação aparecem circunscritas fundamentalmente a três áreas de trabalho, que também são aquelas em torno das quais se produz seu desenvolvimento e sua evolução; a formação dos professores, a pesquisa psicológica aplicada à educação e a intervenção psicológica sobre problemas e dificuldades do desenvolvimento, da aprendizagem e da conduta, fundamentalmente no caso de crianças e adolescentes. Os dois primeiros se consolidaram e se ampliaram nas décadas seguintes, até configurar atualmente dois espaços de trabalho usais dos psicólogos da educação. Também o terceiro se ampliou e diversificou-se de forma considerável como conseqüência do desenvolvimento tanto da vertente prática da própria psicologia da educação quanto de outras áreas e especialidades psicológicas orientadas à intervenção. Além disso, nos últimos anos, apareceram novos espaços de atividade profissional da educação. Embora o tratamento adequado da questão vá além das pretensões deste capítulo (ver, por exemplo, Mauri e Solé, 1990; Martín e Solé, 1990; Monereo e Solé, 1996; Solé, 1998a), pode ser oportuno um breve comentário sobre os espaços profissionais mais diretamente vinculados a atividades de intervenção.

A intervenção direta a partir da psicologia da educação na detecção e na resolução de problemas concretos aparece estreitamente vinculada em suas origens à educação especial e à psicologia clínica infantil. A partir da primeira década do século XX, e paralelamente ao desenvolvimento que vai se produzindo nas outras duas áreas mencionadas de atividade científica e profissional, começam a ser criados serviços que, no geral, têm como objetivo prioritário a atenção aos distúrbios evolutivos e comportamentais das crianças escolarizadas. Na maioria das vezes, esses serviços fazem parte de instituições de tipo clínico ou psiquiátrico – o exemplo mais representativo são as *Child Guidance Clinics* que entram em funcionamento nos Estados Unidos e no Reino Unidos mais ou menos nessa época – e realizam tarefas de diagnóstico e de tratamento.

Entretanto, apenas nos anos imediatamente posteriores à Segunda Guerra Mundial, na segunda metade da década de 1950, é que começa a generalizar-se nos países ocidentais mais desenvolvidos a presença de psicólogos da educação nas escolas, trabalhando em contato direto com os professores. A mudança que se opera nestes anos não é apenas quantitativa, mas afeta também o tipo de situação ou de intervenção que os psicólogos realizam e as funções que são chamados a cumprir. Paralelamente ao deslocamento progressivo de uma concepção de psicologia aplicada à educação para uma concepção de psicologia da educação como disciplina-ponte, junto à intervenção de tipo mais clínico, centrada sobretudo no diagnóstico e no tratamento dos distúrbios de desenvolvimento, de aprendizagem e de conduta, aparece uma intervenção de tipo educacional, orientada a melhorar o ensino e a aprendizagem no contexto escolar. Surge assim um novo campo de atividade profissional da psicologia da educação que, com o nome de *psicologia escolar*, conhecerá um desenvolvimento considerável nas décadas seguintes. Com um ou outro nome,[3] entre o final dos anos 1950 e o princípio dos anos 1980 criam-se serviços de psicologia escolar em praticamente todos os países com um certo nível de desenvolvimento econômico. O contato direto da psicologia da educação com os problemas cotidianos da prática educacional, assim como o fato de ser continuamente chamada a contribuir para sua solução, constituem, sem sombra de dúvida, alguns dos fatores que mais contribuíram nestas últimas décadas para assegurar a concepção da psicologia da educação como disciplina-ponte e a tomar consciência da importância das dimensões tecnológica ou projetiva e técnica ou prática que comporta seu caráter de disciplina aplicada.

As formulações clínicas que estão na origem da intervenção psicoeducativa, porém, não desapareceram do horizonte da psicologia da educação. Por um lado, em muitas ocasiões, a extensão da psicologia escolar como espaço profissional não supôs a substituição de um enfoque clínico por um enfoque educacional, mas sim que as funções e as tarefas clássicas de diagnóstico e tratamento de distúrbios do desenvolvimento, da aprendizagem e da conduta vieram somar-se às funções derivadas dos esforços para contribuir para a melhoria dos processos de ensino e aprendizagem da escola. Por outro lado, os serviços de psicologia clínica infantil e juvenil começaram a dar uma atenção crescente à dimensão educacional em suas formulações de intervenção, o que levou os profissionais desse campo a dar maior atenção aos aportes da psicologia da educação e a estabelecer novas e frutíferas formas de colaboração com os psicólogos da educação.

Em suma, a ampliação e a diversificação dos espaços de intervenção, juntamente com a já mencionada abertura ao estudo de práticas educativas não-escolares, produzida ao longo dos últimos anos, contribuíram para conformar uma densa e complexa rede de relações da psicologia da educação com diversos espaços de atividade profissional, da qual se apresenta uma amostra no Quadro 1.3.

ENFOQUES, CONCEITOS E TENDÊNCIAS EMERGENTES EM PSICOLOGIA DA EDUCAÇÃO

Chegou o momento de completar a aproximação realizada nos itens anteriores, orientada basicamente a analisar e a valorizar as alternativas sobre a natureza, os objetivos e os conteúdos da psicologia da educação, com a apresentação de alguns conceitos, enfoques e tendências que, a meu ver, também têm um reflexo importante em suas formulações atuais. Algumas das idéias e das propostas a que me referi estão diretamente relacionadas com a mudança de orientação na maneira de entender as relações entre psicologia e educação analisada nas páginas anteriores. Outras, em compensação, estão mais vinculadas a novos enfoques teóricos em psicologia do desenvolvimento, em psicologia da aprendizagem e, muito particularmente, em psicologia da edu-

QUADRO 1.3 Espaços de atividade científica e profissional relacionados com a psicologia da educação

A. Relacionados com as práticas educacionais escolares.

- Serviços especializados de orientação educacional e psicopedagógica.
- Centros específicos e serviços de educação especial.
- Elaboração de materiais didáticos e curriculares.
- Formação dos professores.
- Avaliação de programas, escolas e materiais educacionais.
- Planejamento e gestão educacional.
- Pesquisa educacional.

B. Relacionados com outros tipos de práticas educacionais

- Serviços e programas de atenção educacional à infância, à adolescência e à juventude, em contextos não-escolares (família, centros de acolhimento, centros de adoção, etc.).
- Educação de adultos.
- Programas de formação profissional e trabalhista.
- Programas educativos/recreativos.
- Televisão educacional e programas educativos multimídia.
- Campanhas e programas educativos em meios de comunicação.

C. Relacionados com a psicologia e a pedagogia clínica infantil.

- Centros de saúde mental, hospitais, serviços de atenção precoce, etc.
- Centros de diagnóstico e tratamento de dificuldades de aprendizagem.

Fonte: Coll, 1996d.

cação e do ensino, surgidos no transcurso das últimas décadas[4]. Todas elas, de resto, estão em maior ou menor medida presentes em diversos capítulos deste volume e, por isso, se limitará a apontá-las e a comentá-las brevemente, em cada caso remetendo os leitores às fontes correspondentes e aos capítulos nos quais são objeto de um maior desenvolvimento.

As relações entre desenvolvimento, aprendizagem, cultura e educação

A psicologia da educação esteve dividida tradicionalmente em duas posturas irreconciliáveis em torno dos conceitos de desenvolvimento e de aprendizagem. Simplificando ao máximo, uma postura sustenta que o crescimento pessoal deve ser entendido basicamente como o resultado de um processo de desenvolvimento em boa medida interno às pessoas, de maneira que a principal meta da educação deve ser acompanhar, promover, facilitar e, em todo caso, acelerar os processos naturais do desenvolvimento, que são um patrimônio genético da espécie humana. A outra postura, ao contrário, afirma que o crescimento pessoal é antes o resultado de um processo de aprendizagem em boa medida externo às pessoas, de maneira que a educação deve ser orientada a promover e facilitar a realização de aprendizagens culturais específicas.

Ocorre, no entanto, que a separação entre os processos de desenvolvimento e os processos de aprendizagem não é absolutamente tão nítida como essas duas posturas dão a entender. Certamente, os processos de desenvolvimento têm uma dinâmica interna e respondem a diretrizes até certo ponto universais, como destacaram os trabalhos de Piaget e da escola de Genebra (ver Capítulo 1 do Volume 1 desta obra e o Capítulo 2 deste volume). Entretanto, como também destacaram numerosos trabalhos e pesquisas realizados no transcurso das últimas décadas da perspectiva sociocultural de orientação vygotskiana e neovygotskiana (ver Capítulo 1 do Volume 1 desta obra e o Capítulo 5 deste volume), a forma e inclusive a orientação tomada por essa dinâmica interna é inseparável do contexto cultural em que a pessoa em desenvolvimento está inserida e da aquisição de saberes culturais específicos.

Desse modo, organiza-se um esquema explicativo de conjunto no qual os conceitos de cultura, de desenvolvimento e de aprendizagem aparecem estreitamente relacionados, e em que a educação em geral e a educação escolar em particular são as peças essenciais para compreender a natureza de tais relações (ver, por exemplo, Coll, 1987; Miras e Onrubia, 1998; Capítulo 6 deste volume). De acordo com esse esquema, os grupos humanos promovem o desenvolvimento pessoal de seus membros, fazendo-os participar de diferentes tipos de atividades educacionais e facilitando-lhes, mediante essa participação, o acesso a uma parte da experiência coletiva culturalmente organizada, isto é, ao conhecimento cuja apropriação por parte das novas gerações era considerado relevante e necessário em um modelo histórico determinado.

A natureza construtiva do psiquismo humano

De maneira progressiva, mas sem interrupção desde finais da década de 1950, foi-se impondo no campo da psicologia, e também nos da pedagogia e da didática, uma série de formulações e enfoques que, para além das diferenças que mantêm entre si, compartilham uma visão do psiquismo humano conhecida genericamente como "construtivismo". O construtivismo, como explicação psicológica, tem suas raízes na psicologia e na epistemologia genética e nos trabalhos de Piaget e seus colaboradores (Coll, 1996), e se expande de forma considerável como resultado, em boa medida, da aparição "da nova ciência da mente" (Gardner, 1983) e da adoção quase generalizada dos enfoques cognitivos a partir de finais da década de 1970. Do ponto de vista da psicologia da educação, a idéia principal talvez mais forte e também a mais amplamente compartilhada é a que se refere à importância da atividade mental construtiva das pessoas nos processos de aquisição do conhecimento, o que leva a pôr a ênfase no aporte que sempre e necessariamente a pessoa que aprende proporciona ao próprio processo de aprendizagem.

A visão construtivista do psiquismo humano é compartilhada atualmente por numerosas teorias do desenvolvimento, da aprendizagem e de outros procedimentos psicológicos que estão dentro do foco de interesse da psicologia da educação. Ao mesmo tempo, o recurso aos princípios construtivistas com o objetivo de compreender e explicar melhor os processos educacionais, e sobretudo com a finalidade de fundamentar e justificar propostas curriculares, pedagógicas e didáticas de caráter geral ou relativas a conteúdos escolares específicos – matemática, leitura, escrita, geografia, história, etc. – transformou-se em um procedimento habitual entre os profissionais da educação. O construtivismo, em suas diferentes versões, impregna a psicologia da educação nos dias de hoje e é uma das referências teóricas fundamentais de todos os capítulos deste volume (ver, em particular, os Capítulos 6, 14 e 17).

A natureza social e cultural dos processos de construção do conhecimento

A generalização dos enfoques construtivistas em educação levou a uma visão da aprendizagem escolar como um processo que, além de ser ativo e construtivo, é de natureza essencialmente individual e interno. Individual porque os alunos devem realizar seu próprio processo de construção de significados e de atribuição de sentido sobre os conteúdos escolares sem que ninguém possa substituí-los nessa tarefa; e interno, porque a aprendizagem não é o resultado da leitura pura e simples da experiência, mas que é sim o fruto de um complexo e intrincado processo de construção, de modificação e de reorganização dos instrumentos cognitivos e dos esquemas de interpretação da realidade.

O fato, porém, de considerar a aprendizagem como um processo de construção do conhecimento essencialmente individual e interno não implica necessariamente que deva ser considerado também como um processo solitário. Nesse ponto, situa-se, a meu ver, a linha divisória entre as diferentes versões do construtivismo, com maior presença e influência atualmente em psicologia da educação (ver, por exemplo, Shuell, 1996; Nuthall, 1997; Capítulos 6 e 14 deste volume): enquanto o *construtivismo cognitivo* situa o processo de construção no aluno e tende a ser considerado como um processo individual, interno e basicamente solitário, o *socioconstrutivismo* vê antes o grupo social, a comunidade de aprendizagem da qual o aluno faz parte – isto é, a sala de aula com todos os seus membros –, como o verdadeiro sujeito do processo de construção. Não faltam tampouco os enfoques construtivistas que, embora aceitem o caráter individual e fundamentalmente interno do processo de construção, negam o caráter solitário e postulam que os alunos aprendem sempre de outros e com outros, ao mesmo tempo que assinalam que a aprendizagem é fortemente mediada por instrumentos culturais e se dirige basicamente à assimilação de saberes que também têm uma origem cultural. Sem querer entrar a fundo no debate, o que interessa destacar aqui é a permeabilidade crescente dos enfoques construtivistas em educação às formulações e propostas socioconstrutivistas, seja em sua versão mais radical, que consiste em situar o processo de construção no grupo ou na comunidade de aprendizagem da qual o aluno faz parte – isto é, a aula – ou em sua versão mais matizada, que consiste em postular a complementaridade do caráter individual e interno do processo de construção do conhecimento sobre os conteúdos escolares que o aluno realiza com o fato de que esse processo é inseparável do contexto social e cultural no qual ocorre (Goodenow, 1992; Salomon e Perkins, 1998).

Os enfoques e os modelos contextuais e culturais dos processos psicológicos

Em parte como resultado da influência cada vez maior das formulações e das propostas socioconstrutivistas, e em parte também coincidindo com elas e reforçando-as, é preciso destacar a aceitação crescente de enfoques e modelos contextuais na explicação dos processos psicológicos. Tais enfoques e modelos têm origens muito diversas (a ecologia do desenvolvimento humano de Bronfenbrenner; a teoria sociocultural de orientação vygotskiana ou neovygotskiana; a teoria histórico-cultural da atividade inspirada nas formulações de Leontiev, de Vygotsky e de Luria; a psicologia cultural de influência antropológica; etc.) e diferem entre si em múltiplos e importantes aspectos, mas coincidem em atribuir uma importância decisiva, na compreensão e na explicação dos processos psicológicos, à interação entre as pessoas e os ambientes em que vivem, incluindo nesses ambientes as práticas sociais e culturais. Os enfoques contextuais e culturais deram lugar a uma série de conceitos e metáforas (Pintrich, 1994) sobre o ensino e a aprendizagem, entre os quais destacarei, por sua presença e seu impacto na psicologia da educação atual, aqueles relacionados com o caráter situado e distribuído dos processos cognitivos (ver Anderson, Reder e Simon, 1996; Hedegaard, 198; Putnam e Borko, 2000; Capítulo 24 deste volume).

Contrariamente ao que ocorre nos enfoques computacionais e representacionais da psicologia cognitiva, que situam os processos cognitivos na mente, a cognição situada postula que esses processos fazem parte das atividades que são realizadas pelas pessoas. Da perspectiva da cognição situada, a mente já não é algo que esteja na cabeça das pessoas, mas é um aspecto da interação entre a pessoa e o ambiente, de tal maneira que, no ato de conhecer algo, nem o objeto conhecido e nem sua descrição simbólica podem ser especificados à margem do próprio processo de conhecer e das conclusões que se tiram de tal processo (Bredo, 1994). A diferenciação entre o interno e o externo se enfraquece até chegar a desaparecer quase por completo. Nas palavras de Lave (1991, p. 1), "A 'cognição' observada nas atividades cotidianas distribui-se – desdobrando-se, não dividindo-se – entre a mente, o corpo, a atividade e os ambientes organizados culturalmente (que incluem outros autores)".

Essa citação, além do mais, destaca a proximidade conceitual dos enfoques de cognição situada e *cognição distribuída*. A idéia fundamental nesse caso (Salomon, 1993) é que o conhecimento não é possuído simplesmente por um indivíduo, mas é distribuído entre os que se encontram em um contexto determinado. A inteligência é distribuída "entre as mentes, as pessoas e os ambientes físicos e simbólicos, naturais e artificiais" (Pea, 1993, p. 47; ver também Coob, 1998; Coob e Bowers, 1999). Não apenas a cognição, ou a inteligência, encontra-se distribuída entre os membros do grupo e os materiais e os instrumentos presentes, mas todos e cada um dos membros, assim como os materiais e os instrumentos, devem ser considerados para todos os efeitos como uma fonte de recursos cognitivos para os demais.

A unidade do ensino e da aprendizagem

Tradicionalmente, a psicologia da educação abordou o estudo do ensino e da aprendizagem como se fossem duas entidades separadas, originando duas linhas de trabalho com escassas vinculações entre si (Shuell, 1993; Vermunt e Verloop, 1999; Capítulo 14 deste volume). Nos contextos educacionais, e muito particularmente nos escolares, entretanto, os processos de ensinar e aprender estão indissoluvelmente relacionados, de tal maneira que "poucos negarão que a aprendizagem (ou algum conceito estreitamente relacionado com ela) é o primeiro propósito da educação e que o ensino (sob uma ou outra forma) é o principal meio pelo qual se alcança tal propósito" (Shuell, 1993, p. 291). É impossível chegar a compreender e a explicar como os alunos aprendem se não se leva em conta, ao mesmo tempo, como os professores formulam e geram o ensino. E, inversamente, é impossível entender e valorizar o ensino e a atividade educacional e de ensino dos professores à margem de sua incidência sobre os processos de aprendizagem dos alunos.

A tomada de consciência das limitações derivadas da dissociação entre o ensino e a aprendizagem fez com que se corrigisse, progressivamente, essa situação ao longo das últimas décadas, de maneira que os esforços por aproximar-se do estudo dos processos de ensino e aprendizagem em conjunto é outra das tendências emergentes que se manifestam com maior força e clareza no panorama atual da psicologia da educação. Essa tendência, em geral visível no conjunto da psicologia da educação, torna-se ainda mais patente, se isso é possível, no caso dos enfoques construtivistas que concebem a aprendizagem como um processo essencialmente social, cultural e interpessoal. De fato, as informações sobre como os alunos constroem significados e atribuem sentido aos conteúdos escolares precisam ser completados, nessa perspectiva, com informações precisas sobre como os professores conseguem ajudar os alunos, mediante sua atividade educacional e de ensino, no processo de construção que realizam.

A psicologia dos conteúdos escolares

O interesse pelo ensino e pela aprendizagem dos conteúdos escolares específicos – leitura, escrita, matemática, geografia, história, etc. – é, sem dúvida nenhuma, outra das tendências que marcam o desenvolvimento recente da psicologia da educação (Calfee, 1992; Pintrich, 1994). Abandonado, ou pelo menos fortemente questionado, o objetivo de estabelecer uma série de princípios gerais de aprendizagem universalmente válidos, e paralelamente à influência crescente dos enfoques contextuais e culturais, os esforços para compreender o ensino e a aprendizagem tendem a reportar-se cada vez mais para âmbitos específicos do conhecimento escolar. Se há apenas algumas décadas a preocupação com os conteúdos concretizava-se de forma majoritária na aplicação dos princípios gerais do desenvolvimento e da aprendizagem às áreas de conteúdo específicos, agora o objetivo é, antes, compreender a inter-relação entre o pensamento do aluno, a estrutura interna e outras características desses conteúdos, e a maneira como se procura promover sua aprendizagem mediante o ensino.

A relevância adquirida pelos conteúdos específicos levou alguns autores (Shulman e Quinlan, 1996; Mayer, 1999a) a identificarem as "psicologias dos conteúdos escolares" ou "psicologias das matérias escolares" como uma área de trabalho emergente e em rápido desenvolvimento dentro da psicologia da educação atual. Assim, por exemplo, Mayer (1999a, p. 21) identifica as "psicologias dos conteúdos escolares" como uma das áreas de pesquisa mais promissoras da psicologia da educação. Segundo o autor, essas "psicologias" teriam como foco o estudo dos processos cognitivos, de desenvolvimento, de aprendizagem e de ensino em áreas específicas de conteúdos (ver os Capítulos 18, 19, 20 e 21 deste volume).

O interesse pelos problemas do ensino e as práticas educacionais no mundo real

O ressurgimento da pesquisa psicológica dos conteúdos específicos é um expoente do envolvimento crescente da psicologia da educação atual nos problemas que surgem e se formulam na prática do ensino. Mediante o estudo dos processos de aprendizagem no contexto de tarefas e atividades acadêmicas na sala de aula – em vez de fazê-lo no contexto do laboratório –, é possível desenvolver teorias mais realistas e relevantes para guiar e orientar o ensino (ver o Capítulo 14 deste volume). Atender aos problemas da prática, estudar o ensino e a aprendizagem nos contextos reais e concretos nos quais ocorrem obriga, além disso, a adotar uma perspectiva multidisciplinar que atenda também aos aspectos sociais e institucionais (Calfee, 1992).

Como já se comentou, a maioria dos pioneiros da psicologia da educação (William James, John Dewey, G. Stanley Hall, Charles H. Judd, Eduard Claparède, Alfred Binet, etc.) situou o foco da atenção no campo da prática. Essa formulação inicial, porém, foi abandonada em boa medida nas primeiras décadas do século XX, quando a psicologia da educação se configura como uma disciplina com orientação nitidamente acadêmica, preocupada sobretudo em estabelecer os princípios psicológicos cujo conhecimento e cuja utilização pelos professores levaria necessariamente à melhoria "científica" do ensino. Essa situação, contudo, começa a mudar paulatinamente a partir da década de 1950 como conseqüência de uma série de fatores, entre os quais vale destacar o envolvimento de numerosos psicólogos educacionais em programas de formação militar durante a Segunda Guerra Mundial, assim como nos programas educacionais e sociais realizados nas décadas de 1960 e 1970, sob a égide da ideologia igualitarista da época, com o objetivo de compensar as carências sociais, econômicas e culturais de amplas camadas da população e melhorar sua qualidade de vida. Desse modo, e sob a pressão de demandas sociais e políticas cada vez mais fortes, os psicólogos da educação deixam de se ver como cientistas e acadêmicos comprometidos exclusivamente com o desenvolvimento e sua disciplina e começam a perceber-se também como cientistas sociais com a responsabilidade de colaborar na busca de soluções para os problemas educacionais que se formulam na prática. Essa tendência não faz senão incrementar-se nas últimas décadas do século XX, de tal maneira que a atenção crescente aos problemas da prática é atualmente outro traço característico da psicologia da educação (ver, a esse respeito, as previsões de futuro para a psicologia da educação coletadas por Casanova e Berliner coletadas no Quadro 1.1).

Um vínculo maior entre a pesquisa e o desenvolvimento teórico e a melhoria das práticas educacionais concretas

A dissociação – ou pelo menos a distância excessiva – entre, por um lado, a pesquisa, as elaborações teóricas e as propostas de mudança e inovação e, por outro, as práticas educativas reais – escolares, familiares ou de qualquer tipo – foi uma das críticas que se fez com mais insistência à psicologia da educação ao longo de sua história. Como assinala De Corte (2000), as razões devem ser buscadas, pelo menos em parte, nas formulações dominantes da psicologia aplicada à educação ao longo do século XX e cuja vigência se mantém ainda com força em alguns círculos, sobretudo acadêmicos; da mesma maneira que os avanços obtidos na aproximação entre teoria e prática ao longo das últimas décadas do século XX também devem ser atribuídos em boa medida, e de forma correlata, à aceitação crescente, que, no entanto, ainda está longe de ser geral, da visão da psicologia da educação como disciplina-ponte.

De qualquer forma, a distância ainda é excessiva, como demonstra o fato de que muitos professores, e inclusive muitos psicólogos da educação que desempenham uma atividade profissional, pensem que a pesquisa e a teoria são de pouca utilidade para abordar e resolver os problemas que se encontram no exercício da profissão. A realidade é que as tentativas de inovação e de melhoria das práticas escolares nem sempre incorporam os avanços e os progressos da pesquisa e da teoria em psicologia da educação. Provavelmente, a mudança de orientação da psicologia aplicada à educação para a psicologia da educação como disciplina-ponte não seja suficiente para superar definitivamente o hiato. Não basta gerar princípios mais úteis e relevantes para a educação e transpô-los para os profissionais da educação. Numerosos estudos demonstram (ver, por exemplo, Kennedy, 1997) que a receptividade dos professores e de outros profissionais da educação às idéias novas é fortemente determinada por suas crenças prévias e seu valores, e que geralmente se mostram mais inclinados a adaptar as primeiras às segundas que o contrário.

Por isso, e com o objetivo de avançar na superação do hiato entre os avanços da psicologia da educação e os esforços de inovação e melhoria das práticas educacionais, alguns autores (ver, por exemplo, Weiner e De Corte, 1996; Wagner, 1997) propõem acompanhar a mudança de orientação disciplinar – da psicologia aplicada à educação à disciplina-ponte – com o desenvolvimento de estratégias e de modelos que reforçam a relação entre os dois aspectos. Nesse contexto, de Corte (2000, p. 255) enunciou três critérios básicos que, a seu ver, deveriam ser levados em conta para superar a distância entre os avanços teóricos e os esforços de inovação e melhoria das práticas educativas: adotar um enfoque holístico do ambiente de aprendizagem que leve em conta tanto as variáveis relativas ao aluno e ao professor como ao próprio contexto; assegurar uma boa comunicação recíproca utilizando um formato acessível, aceitável e utilizável pelos professores para transmitir os objetivos, os enfoques e os resultados da pesquisa, além de induzir uma mudança nos sistemas de valores e nas crenças dos professores com respeito às finalidades da educação escolar, do ensino eficaz e da aprendizagem significativa. Uma estratégia para a utilização combinada desses três critérios poderia consistir, segundo De Corte, na inserção de atividades de pesquisa e de elaboração teórica da psicologia da educação nos esforços de inovação e de melhoria das práticas educacionais concretas.

O interesse por diferentes tipos de práticas educacionais formais e informais e por suas relações e interconexões

O protagonismo adquirido pela educação escolar em face de outros tipos de práticas educacionais ao longo do século XX – fruto sem dúvida da generalização da educação básica e obrigatória para toda a população em idade escolar e de sua ampliação progressiva até alcançar 8, 9, 10 ou inclusive mais anos nos países desenvolvidos – levou a uma redução progressiva do conceito de educação. A educação passou a ser assimilada à educação escolar, e esta com o que fazem professores e alunos nas escolas e nas salas de aula. Independentemente das repercussões desse fato sobre a evolução das práticas educacionais – algumas certamente positivas, outras bem mais preocupantes (Coll, 1999a) – do ponto de vista deste capítulo, o que interessa destacar é que o protagonismo da educação escolar levou à identificação da psicologia da educação com a psicologia da educação escolar e desta com o estudo das atividades de ensino e aprendizagem nas salas de aula.

Também nesse ponto se assiste a uma mudança de tendência. São cada vez mais freqüentes as vozes que reivindicam a volta a um conceito mais amplo de educação que leve em conta o conjunto das atividades e das práticas sociais – entre as quais se encontram as práticas educativas escolares, mas não apenas elas – mediante as quais os grupos sociais promovam o desenvolvimento pessoal e a socialização de seus membros. O interesse por outro tipos de práticas educacionais não-escolares, como as que ocorrem no âmbito da família (ver, por exemplo, Rodrigo e Palacios, 1998; Solé, 1998b) e em outros ambientes sociais e institucionais (de trabalho, de lazer, meios de comunicação, etc.), aumentou espetacularmente ao longos das últimas décadas. Os esforços para compreender as relações e as interconexões entre a prática educativa escolar e outros tipos de práticas se multiplicaram (ver, por exemplo, Lacasa, 1997; Vila, 1998; Capítulo 24 deste volume). Em suma, embora seja certo que a psicologia da educação continua sendo basicamente uma psicologia da educação escolar, tudo sugere que essa situação está perto de ser corrigida e que a abertura a outros tipos de práticas educacionais, formais e não-formais, vai continuar e aumentar, se possível, nos próximos anos.

Encerro este capítulo introdutório sobre concepções e tendências atuais da psicologia da educação com três anotações finais. A primeira é que, como se mencionou na introdução, o panorama descrito mostra que efetivamente a diversidade – de formulações epistemológicas, de enfoques e de alternativas teóricas, de conceitos e de critérios e de estratégias de pesquisa –, e não a unidade, é a característica mais destacada da psicologia da educação. A segunda é que essa diversidade, a meu ver, apenas reflete a diversidade e as encruzilhadas em que se encontra imersa a psicologia científica depois de um longo século de existência. A terceira e última é uma rememoração e uma reivindicação de caráter bifronte da psicologia da educação: por um lado, é uma área ou uma especialidade da psicologia, comprometida com o desenvolvimento do conhecimento psicológico a partir de seu âmbito específico de trabalho e de indagação, o que o obriga a respeitar as exigências e os critérios de atuação e de validação próprios da disciplina; por outro, está diretamente comprometida com a melhoria da educação e, por meio dela, com a melhoria da qualidade de vida das pessoas, o que a leva inevitavelmente a adquirir compromissos ideológicos e morais. Mais uma vez, porém, talvez essa não seja, afinal, uma característica específica da psicologia da educação, mas sim da psicologia geral e inclusive do conjunto das ciências sociais.

NOTAS

1. De acordo com Pérez (1978), é preciso distinguir entre as disciplinas cuja finalidade específica é estudar os processos educacionais, e que constituem um núcleo específico das ciências da educação, daquelas outras que, sem ter essa finalidade, realizam aportes e propostas que muitas vezes são úteis e pertinentes para uma melhor compreensão e explicação dos fenômenos educacionais. O conjunto das ciências humanas e sociais, incluída a psicologia, pertencem à segunda categoria: a didática, a sociologia da educação e a psicologia da educação integram a primeira. Embora, a nosso ver, seja

conveniente rever as disciplinas que configuram o núcleo específico das ciências da educação – incluindo, por exemplo, além daquelas mencionadas pelo autor, outras como a filosofia da educação, a política da educação, a sociolingüística da educação, a antropologia da educação ou a organização escolar –, a proposta tem indubitável interesse para os argumentos expostos neste capítulo. De fato, não haveria contradição nenhuma, se tal distinção é aceita, entre o fato de caracterizar a psicologia da educação como disciplina-ponte com uma identidade própria e aceitar, ao mesmo tempo, o inegável interesse e a utilidade que tiveram, têm e, sem dúvida, continuarão tendo no futuro muitos aportes e propostas que surgem da pesquisa psicológica básica.

2. A identificação da psicologia da educação escolar com a psicologia do ensino foi e continua sendo objeto de polêmica entre os especialistas. Algumas vezes, recusa-se à identificação, alegando que o conceito de ensino se centra exclusivamente nos aspectos relacionados a ensinar e a aprender conteúdos escolares, sendo, como conseqüência, muito mais restritivo que o conceito de educação, mesmo no caso da educação que tem como cenário a escola. Outras vezes, ao contrário (ver, por exemplo, a definição de Resnick incluída no Quadro 1.1), a recusa tem sua origem na associação que se produziu historicamente entre a psicologia cognitiva e a psicologia do ensino, na realidade interpretando esta última como "psicologia cognitiva do ensino", isto é, como o estudo dos processos cognitivos complexos associados ao ensino e à aprendizagem dos conteúdos escolares. Em nossa opinião, no entanto, as duas expressões – psicologia do ensino e psicologia da educação escolar – podem ser utilizadas como sinônimos, interpretando, por um lado, que o termo "ensino" designa qualquer tipo de mudança que se produz nos alunos como resultante da influência educacional exercida no ou a partir do contexto escolar, e, por outro, que a natureza dessas mudanças não é apenas cognitiva, nem que elas possam ser explicadas unicamente a partir de um enfoque cognitivo.
3. A psicologia escolar é concebida atualmente como um dos ingredientes fundamentais da intervenção psicopedagógica nas instituições educacionais escolares, expressão utilizada para designar um espaço de atividade profissional no qual confluem especialistas diversos (psicólogos, pedagogos, assistentes sociais, etc.) e que incorpora aportes de diferentes disciplinas (psicologia da educação, psicologia clínica infantil, psicologia social, didática, organização escolar, etc.).
4. Ver Olson e Torrance (1996) para uma apresentação geral desses novos enfoques e formulações e de seu impacto no pensamento psicológico atual sobre a educação.

SEGUNDA PARTE

A explicação dos processos educacionais a partir de uma perspectiva psicológica

2 Aprendizagem e desenvolvimento: a concepção genético-cognitiva da aprendizagem

CÉSAR COLL E EDUARDO MARTÍ

CONTEXTO TEÓRICO E EPISTEMOLÓGICO

A teoria genética aborda o estudo da aprendizagem de maneira extremamente peculiar. Como veremos em seguida, os problemas, a metodologia das pesquisas, os conteúdos de aprendizagem propostos aos sujeitos, a própria medida da aprendizagem e, sobretudo, a formulação teórica são diferentes da problemática, da metodologia e do enfoque dos estudos clássicos da aprendizagem. Essas características só são compreensíveis se situarmos os estudos da aprendizagem no contexto da psicologia genética e esta, por sua vez, no contexto mais amplo da epistemologia genética. Evocaremos, brevemente, os aspectos da teoria genética que nos parecem imprescindíveis para compreender a formulação das pesquisas sobre a aprendizagem, antes de abordar as principais teses e os resultados desses estudos[1].

O problema do conhecimento

É sabido que Piaget, biólogo de formação, torna-se em psicólogo com o objetivo de estudar questões epistemológicas (Piaget, 1971, p. 25). Para responder a estas questões epistemológicas – O que é o conhecimento? O que conhecemos? Como conseguimos conhecer o que conhecemos? Como alcançamos o conhecimento válido? O que compreende o sujeito e o que compreende o objeto ao ato de conhecer?, etc. –, Piaget recorre à psicologia, em vez de limitar-se a utilizar os métodos históricos, analíticos, especulativos e formalizantes como faz a maioria dos epistemólogos. Quando inicia sua tarefa, por volta da década de 1920, constata que a psicologia da época não compreende elementos teóricos e empíricos suficientes para fundamentar uma epistemologia, o que o leva a elaborar uma teoria psicológica que possa cumprir tal função, a teoria psicogenética. Mas por que "genética"?

Para Piaget, o conhecimento é um processo e, como tal, deve ser estudado em seu devir, de maneira histórica. Por isso, sua epistemologia não se contenta em responder à pergunta: como é possível o conhecimento?; procura, além disso e sobretudo, estudar como muda e evolui o conhecimento. Piaget define a *epistemologia genética* como a disciplina que estuda os mecanismos e os processos mediante os quais se passa "dos estados de menor conhecimento aos estados de conhecimento mais avançados" (Piaget, 1979, p. 16), sendo critério para julgar se um estado de conhecimento é mais ou menos avançado ou de sua maior ou menor proximidade com o conhecimento científico. A *psicologia genética*, junto com a análise formalizante – que se ocupa do estudo do conhecimento do ponto de vista de sua validade formal – e a análise histórico-crítica – que estuda a evolução do conhecimento científico em seus aspectos históricos e culturais –, torna-se um dos métodos, talvez o mais característico, da epistemologia genética. O método psicogenético complementa os outros dois no plano do desenvolvimento individual: estuda como os seres humanos passam de um estado de menor conhecimento a um estado de maior conhecimento ao longo de seu desenvolvimento. Portanto, qualquer questão epistemológica, e conseqüentemente qualquer questão psicológica, deverá ser formulada em uma perspectiva genética.

Aprendizagem e desenvolvimento cognitivo

O tema da aprendizagem não escapa a essa exigência. Piaget e seus colaboradores o abordam em íntima conexão com o desenvolvimento cognitivo. O nível de competência intelectual de uma pessoa em um determinado momento de seu desenvolvimento depende da natureza de seus esquemas, do número deles e da maneira como se combinam e se coordenam entre si (Coll, 1985, p. 35). Levando em conta tais critérios, Piaget concebe o desenvolvimento cognitivo como uma sucessão de estágios e subestágios caracterizados pela forma particular de como os esquemas – de ação ou conceituais – se organizam e se combinam entre si formando estruturas. Desse modo, a descrição que nos é oferecida do desenvolvimento cognitivo em termos de estágios é uma visão estrutural e inseparável da análise formalizante.

Como se descreveu no Capítulo 1 do Volume 1 desta obra, a psicologia genética identificou três grande estágios ou períodos evolutivos no desenvolvimento cognitivo: um estágio sensório-motor, que vai do nascimento até os 18 ou 24 meses aproximadamente e que culmina com a construção da primeira estrutura intelectual, o grupo dos deslocamentos; um estágio de inteligência representativa ou conceitual, que vai dos 2 anos até os 10 ou 11 anos aproximadamente e que culmina com a construção das estruturas operatórias concretas; finalmente, um estágio de operações formais, que dirige-se para a construção das estruturas intelectuais próprias do raciocínio hipotético-dedutivo aos 15 ou 16 anos.[2]

Cada estágio marca o aparecimento de uma etapa de equilíbrio, uma etapa de organização das ações e das operações do sujeito, descrita mediante uma estrutura lógico-matemática. O equilíbrio próprio de cada uma dessas etapas não é alcançado de súbito, mas precedido de uma etapa de preparação. Para que possamos falar de "estágios" é necessário, segundo Piaget, que se cumpram três condições: a ordem de sucessão dos estágios deve ser constante para todos os sujeitos, embora as idades médias correspondentes a cada estágio possam variar de uma população para outra; um estágio tem de ser caracterizado por uma forma de organização (estrutura de conjunto) e as estruturas que correspondem a um estágio integram-se nas estruturas do estágio seguinte como caso particular (Piaget, 1956). Ainda que a ordem de sucessão dos estágios seja sempre a mesma, pode ocorrer que noções que se baseiam em estruturas operatórias idênticas, mas que se aplicam a conteúdos diferentes, não sejam adquiridas simultaneamente. Sabe-se, por exemplo, que os sujeitos adquirem a conservação de conjuntos discretos dois anos antes, em média, que a conservação da longitude. Esses fenômenos, que Piaget qualifica de "defasagens horizontais", indicam que as transições de um estágio para outro são mais complexas do que se poderia pensar em uma primeira aproximação.

A visão do desenvolvimento organizado em estágios sucessivos cujos níveis de equilíbrio podem ser descritos mediante estruturas lógicas também determina, em grande medida, a problemática das pesquisas sobre a aprendizagem. Qualquer aprendizagem terá de ser medida em relação às competências cognitivas próprias de cada estágio, já que estes indicam, segundo Piaget, as possibilidades que os sujeitos têm de aprender e, por isso, será necessário identificar seu nível cognitivo antes de iniciar as sessões de aprendizagem. Será preciso ver também em que condições é possível que os sujeitos adquiram, depois de um treinamento adequado, um nível cognitivo superior ao que possuíam antes das sessões de aprendizagem. De todas as aprendizagens, será necessário estudar as que se aplicam a estruturas lógico-sistemáticas (seriação, inclusão de classes, correspondência numérica, conservação, etc.), chamadas também de "aprendizagens operatórias". Será possível, então, analisar se a lógica que rege essas aprendizagens é a mesma que rege as outras aprendizagens (de fatos, de ações, de leis físicas, de procedimentos práticos, etc.).

Dizer que toda questão epistemológica deve ser abordada geneticamente não é suficiente para os papéis desempenhados pelo sujeito e pelo objeto no processo de conhecimento. Para Piaget, esse processo é fundamentalmente *interativo*. O objeto existe – ao contrário do que postulam as teses idealistas extremas –, mas só pode ser conhecido mediante aproximações sucessivas que dependem dos esquemas mentais dos sujeitos – em oposição ao que defenderia uma postura realista também extrema – que mudam, como vimos, ao longo do desenvolvimento. Portanto, a objetividade, para Piaget, não é um dado imediato, mas exige um trabalho de elaboração por parte do sujeito. A experiência não é suficiente para explicar o conhecimento e seu desenvolvimento. A herança e a maturação também não são: determinam zonas de possibilidades e impossibilidades, mas requerem o aporte da experiência. O interacionismo de Piaget é uma alternativa tanto às teses empiristas quanto às inatistas.

Além disso, se o conhecimento é fruto de uma interação entre sujeito e objeto, será essencialmente uma *construção*. É certo que a criança encontra objetos em seu ambiente físico e noções transmitidas por seu ambiente social; porém, segundo Piaget, não os adota tal e qual, mas os transforma e os assimila a suas estruturas mentais (Piaget, 1978a, p. 35). Esses fatos nos permitem compreender outra característica dos estudos de Piaget e seus colaboradores sobre a aprendizagem: a importância dada, tanto nas sessões de aprendizagem como em sua medida, à atividade estruturante do sujeito que aprende e à lógica que rege suas aquisições. A ênfase é dada ao estudo da forma da aprendizagem mais do que ao seu conteúdo, ao processo que o preside mais do que ao resultado.

Os fatores do desenvolvimento

Vimos que Piaget concebe o desenvolvimento como uma sucessão de três grandes períodos caracterizados cada um por suas estruturas, cada uma das quais surge da precedente, integra-a e prepara a seguinte. Que mecanismos explicam essa evolução tão peculiar (Piaget e Inhelder, 1969, p. 152)? Os três fatores invocados classicamente para explicar o desenvolvimento – a maturação, a experiência com os objetos e a experiência com as pessoas – são, para Piaget, fatores imprescindíveis para explicar o desenvolvimento. Dessa forma, Piaget descarta tanto as posições inatistas ou maturacionistas, que concebem o desenvolvimento como uma sucessão de atualizações de estruturas preexistentes sem que a experiência desempenhe qualquer papel, como as posições empiristas, que explicam o desenvolvimento evocando a experiência e a aprendizagem como se o desenvolvimento fosse um registro cumulativo de dados. Os três fatores, porém, não são suficientes, segundo ele, para explicar a direcionalidade e o caráter integrador do desenvolvimento mental. Piaget evoca um quarto fator, endógeno, a *equilibração*. Tal fator não se acresce por adição aos outros três. Atua a título de coordenação: dá conta de uma tendência presente em qualquer desenvolvimento, visto que todo comportamento pretende assegurar um equilíbrio das trocas entre sujeito e ambiente.

A equilibração é um fator interno, mas não geneticamente programado. É, segundo Piaget, um processo de auto-regulação, ou seja, uma série de compensações ativas do sujeito em reação a perturbações externas. O processo de equilibração é, na realidade, uma propriedade intrínseca e constitutiva da vida orgânica e mental: todos os organismos vivos mantêm um certo estado de equilíbrio nas trocas com o meio, tendo em vista a conservação de sua organização interna dentro de limites que marcam a fronteira entre a vida e a morte. Para manter o equilíbrio ou, melhor dizendo, para compensar as perturbações externas que rompem momentaneamente o equilíbrio, o organismo possui mecanismos reguladores. As formas de pensamento que se constroem no transcurso do desenvolvimento – as estruturas cognitivas que caracterizam cada um dos três estágios mencionados – são, para Piaget, verdadeiros mecanismos de regulação, encarregados de manter um certo estado de equilíbrio nas trocas funcionais ou comportamentais que se produzem entre a pessoa e seu meio físico e social. Por isso, a equilibração não é simplesmente um fator a mais do desenvolvimento, mas um fator que coordena e torna possível a influência dos outros três: a maturação, a experiência com os objetos e a experiência com as pessoas.

Os mecanismos reguladores encarregados de manter e de restabelecer o equilíbrio nas trocas funcionais entre o ser humano e seu meio variam no transcurso do desenvolvimento. Nos níveis inferiores do desenvolvimento intelectual só permitem compensações pontuais diante das perturbações externas: portanto, têm uma capacidade muito limitada, que se traduz em equilíbrios pouco estáveis, de tal maneira que é muito fácil que qualquer nova perturbação produza um novo estado de desequilíbrio. O desenvolvimento intelectual consistirá precisamente na construção de mecanismos reguladores que assegurem formas de equilíbrio cada vez mais móveis, estáveis e capazes de compensar um número crescente de perturbações (Piaget, 1983, p. 61). Nos níveis superiores do desenvolvimento intelectual – no estágio das operações formais –, os mecanismos reguladores são de tal natureza que permitem não apenas compensar as perturbações reais, mas também, inclusive, antecipar e compensar perturbações possíveis, o que se traduz obviamente em equilíbrios muito mais estáveis.

A equilibração atua, pois, segundo Piaget, como um verdadeiro motor do desenvolvimento. O sistema cognitivo dos seres humanos participa da tendência de todos o organismos vivos de restabelecer o equilíbrio perdido – *equilibração simples*. Mas, além disso, e isso explica seu papel crucial na explicação do desenvolvimento proporcionada pela psicologia genética, o sistema cognitivo humano mostra uma tendência a reagir diante das perturbações externas, introduzindo modificações em sua organização que assegurem um equilíbrio melhor, isto é, que lhe permita antecipar e compensar um número cada vez maior de perturbações possíveis – *equilibração majorante*. Essa equilibração majorante explica a construção das estruturas cognitivas que caracterizam os sucessivos estágios do desenvolvimento intelectual, já que "a equilibração, mais cedo ou mais tarde, é necessariamente majorante e constitui um processo de superação e de estabilização, reunindo de forma indissociável as construções e as compensações" (Piaget, 1978b, p. 460).

Essa explicação da evolução mental pela necessidade interna de tender ao equilíbrio determina totalmente a formulação dos estudos da aprendizagem: se o conhecimento e sua evolução repousam em última instância no processo de equilibração, não será necessário explicar também as aprendizagens – aprendizagens de qualquer tipo, mas sobretudo a das estruturas lógicas – pela intervenção do processo de equilibração?

EQUILIBRAÇÃO, DESENVOLVIMENTO E APRENDIZAGEM

No final dos anos 1950, Piaget e seus colaboradores do Centro Internacional de Epistemologia Genética abordam o estudo da aprendizagem de uma perspectiva epistemológica. Dez anos mais tarde, Inhelder, Sinclair e Bovet voltam a estudar a aprendizagem de uma perspectiva mais psicológica. Embora as formulações sejam diferentes, os resultados de Inhelder, Sinclair e Bovet prolongam e especificam os de Piaget. Apresentaremos a problemática e a metodologia dos dois estudos e exporemos em seguida os principais resultados.

Problemática e metodologia

Em um momento no qual dominam os enfoques empiristas, que tendem a identificar o desenvolvimento com um acúmulo de aprendizagens sucessivas, Piaget e seus colaboradores tentam demonstrar que sem a intervenção de mecanismos reguladores endógenos – a equilibração – é impossível explicar satisfatoriamente as novas aquisições e o desenvolvimento do pensamento racional. Daí as duas questões de natureza essencialmente epistemológica que presidem os primeiros estudos sobre a aprendizagem:

- No caso de ser possível uma aprendizagem das estruturas lógicas, os mecanismos que intervêm nela são redutíveis aos mecanismos subjacentes à aprendizagem de fatos, de ações, de procedimentos práticos ou de leis físicas, ou é preciso antes postular que para aprender uma estrutura lógica deve-se partir de outra estrutura lógica (e, de maneira geral, de aquisições não-aprendidas em sua totalidade)?
- Uma aprendizagem qualquer consiste simplesmente em acumular novas aquisições que provenham da experiência

ou necessita da intervenção de instrumentos lógicos para ser concretizada (Goustard, Gréco, Matalon e Piaget, 1959, p. 15)?

Se é possível demonstrar que as estruturas lógicas podem ser aprendidas, a tese "apriorista" – para a qual o aparecimento das estruturas lógicas é o resultado de uma atualização de estruturas herdadas sem o aporte da experiência – terá de ser descartada. Se, além disso, os resultados mostram que a aprendizagem das estruturas lógicas deve basear-se em estruturas lógicas anteriores e que, portanto, os mecanismos responsáveis por tais aprendizagens são diferentes daqueles de outros conteúdos, então a tese empirista também poderá ser descartada. Por último, se os resultados mostram que nenhuma aprendizagem consiste apenas em aquisições extraídas da experiência física, mas supõe a intervenção de instrumentos lógicos, existirá um segundo argumento contra a tese empirista. Então se poderá aceitar a posição interacionista, defendida por Piaget, segundo a qual a intervenção necessária do sujeito e dos objetos em qualquer aprendizagem é modulada por fatores internos de equilibração.

Todas as pesquisas sobre a aprendizagem de estruturas lógicas adotam, em linhas gerais, o mesmo paradigma experimental (ver Quadro 2.1). Em todas elas, a variedade de tarefas e de questões propostas aos sujeito (seguindo o método clínico de exploração crítica) servem para seguir o próprio processo de aprendizagem, e não apenas o resultado em termos de rendimento, de rapidez ou de eficácia, como ocorre nas pesquisas clássicas sobre a aprendizagem (Morf, Smedslund, Vinh-Bang e Wohlwill, 1959, p. 17; Vonèche e Bovet, 1982, p. 89-90).

A formulação teórica de Inhelder, Sinclair e Bovet é diferente daquela desses primeiros estudos: seu objetivo é estudar o processo de estruturação do conhecimento ao longo de várias sessões de aprendizagem. A aprendizagem é antes de tudo, nesse caso, um método para o estudo dos mecanismos de construção cognitiva, especialmente nos momentos cruciais de transição entre um estágio e o seguinte (Inhelder, 1987, p. 667; Vinh-Bang, 1987, p. 30). Dois aspectos, nesses mecanismos, são objeto de particular atenção.

O primeiro refere-se às filiações entre estágios e às conexões entre diferentes tipos de estruturação. Essa formulação vai além da des-

QUADRO 2.1 Paradigma experimental das pesquisas

a) Elege-se uma noção ou uma operação que esteja relacionada com uma das estruturas lógicas que aparecem ao longo do desenvolvimento. Todas as pesquisas situam-se em torno do período das operações concretas. Smedslund estuda a conservação do peso e a transitividade de relações relativas ao peso; Morf, a inclusão de classes; Wohlwill, a conservação de conjuntos discretos; e Gréco, a inversão da ordem.

b) Uma série de provas preliminares (pré-teste) servem para escolher os sujeitos e estabelecer seu nível cognitivo inicial em relação à aquisição da operação que se elegeu para a aprendizagem. Podem-se estabelecer, assim, vários grupos que se distinguem por sua maior ou menor proximidade da aquisição operatória em questão.

c) Uma série de tarefas diferentes são propostas aos sujeitos com o objetivo de comparar sua eficácia relativa para a aprendizagem. Algumas dessas tarefas consistem em simples constatações repetidas (por exemplo, para a aprendizagem da inclusão, constatar que uma subclasse tem menos elementos que uma classe), outras em manipulações livres, outras em exercícios operatórios (exercícios aparentados logicamente com a operação elegida), como a soma e a subtração de unidades no caso da aprendizagem da conservação de conjuntos discretos.

d) Uma série de provas (pós-teste) serve para avaliar se a noção foi aprendida.

e) Além disso, em algumas pesquisas constituem-se grupos de controle, que não participam das sessões de aprendizagem, com o objetivo de avaliar os progressos espontâneos e compará-los com os progressos eventuais dos grupos experimentais.

crição do desenvolvimento que propõe Piaget em termos de estágios, pois se interessa pelo porquê e pelo como das transições entre estágios. Uma primeira maneira de estudar tais transições consiste em analisar em detalhe as defasagens horizontais: em ver, por exemplo, se a aprendizagem da conservação de conjuntos discretos favorece a conservação da distância, em geral adquirida mais tarde. Dessa maneira, é possível mostrar, segundo as autoras, quais são as relações de filiação entre conteúdos cujas estruturações não são simultâneas (o que chamam de conexões "oblíquas"). Outra maneira de abordá-las é analisar as conexões "laterais" entre diferentes tipos de estruturação dentro de um mesmo estágio. Por exemplo, estuda-se se a aprendizagem da conservação física tem repercussões sobre a aprendizagem da conservação geométrica ou aritmética, para compreender, assim, o papel desempenhado por este tipo de transferências no desenvolvimento cognitivo (Inhelder, Sinclair e Bovet, 1975, p. 35). Tal formulação permite precisar os resultados dos primeiros estudos, que tinham mostrado o papel desempenhado por estruturas prévias na aprendizagem de novas estruturas sem estudar com detalhe as conexões entre ambas.

O segundo aspecto refere-se ao estudo dos processos dinâmicos responsáveis pela aprendizagem e, portanto, pelo desenvolvimento. De maneira geral, esses processos dinâmicos podem ser estudados analisando as condições em que o exercício e a experiência permitem acelerar a aquisição de noções operatórias: um exercício operatório tem as mesmas repercussões quando se apresenta em sujeitos com níveis cognitivos diferentes? De maneira mais detalhada, a análise dos erros, dos conflitos e de sua resolução pelo sujeitos nas diferentes tarefas de aprendizagem poderão ser indicadores importantes dos aspectos dinâmicos que fazem os sujeitos avançarem. Esse segundo aspecto da problemática formulada por Inhelder, Sinclair e Bovet permite abordar de maneira mais precisa o papel dinâmico desempenhado pelo fator de equilibração no desenvolvimento e na aprendizagem.

A metodologia adotada por essas pesquisas é semelhante às dos estudos precedentes. As questões mais precisas ligadas às defasagens, às conexões e aos conflitos exigem, no entanto, uma formulação experimental mais matizada (por exemplo, na identificação do nível operatório inicial dos sujeitos), uma escolha de tarefas de aprendizagem que façam intervir determinados esquemas (por exemplo, confrontar exercícios de conservação de conjuntos discretos com exercícios de conservação da distância para estudar a relação entre os dois tipos de esquemas e, sobretudo, uma análise mais detalhada dos procedimentos afetivos dos sujeitos com seus erros, seus conflitos e suas oscilações. Inclui-se além disso um segundo pós-teste, que permite observar a maior ou a menor estabilidade das aquisições avaliadas no primeiro pré-teste.

Principais resultados

A aprendizagem operatória é possível

Tanto as pesquisas de Piaget e seus colaboradores quanto as de Inhelder, Sinclair e Bovet mostram que se pode facilitar a aquisição de noções ou operações mediante as sessões de aprendizagem. Esses progressos indicam que é possível conseguir acelerações[3] da construção operatória: alguns sujeitos com um certo nível cognitivo adquirem, depois das sessões de aprendizagem, as competências do nível superior. Esse resultado global contradiz as teses "hereditárias" e "maturacionistas" que postulam que o conhecimento e seu desenvolvimento se devem exclusivamente a mecanismos internos. A possibilidade de modificar a rapidez de aquisição de certas noções operatórias com a ajuda da experiência demonstra que o conhecimento e seu desenvolvimento não são redutíveis a fatores hereditários ou à maturação (Inhelder, Sinclair e Bovet, 1975, p. 295).

A aprendizagem operatória depende do tipo de atividades realizadas pelo sujeito

Quando se comparam as aprendizagens baseadas em constatações empíricas (experiência física) com as que se baseiam em atividades que supõem uma coordenação de ações (experiência lógico-matemática), nas quais o sujeito se exercita em uma tarefa próxima logicamente com a noção que tem de aprender, os resultados indicam que a experiência física é ineficaz para a aprendizagem das estruturas lógicas. Por exemplo, Smedslund não constata progressos na aquisição da transmissividade de pesos (prever que se o peso de um primeiro objeto é igual a um segundo e este, igual a um terceiro, o primeiro é necessariamente igual ao terceiro) quando os sujeitos participam de sessões de treinamento que consistem em repetidas constatações de igualdade ou desigualdade de pesos em uma balança. Morf também não consegue acelerar a aquisição da inclusão de classes (prever que uma subclasse é necessariamente menos extensa que uma classe) quando propõe aos sujeitos repetidas constatações de desigualdade entre uma subclasse e uma classe (comparações, por exemplo, da quantidade de líquido vertida em copos amarelos comparada com a mesma quantidade de líquido vertida em copos amarelos e azuis). Em compensação, obtém melhores resultados quando submete os sujeitos a um exercício operatório relativo à interseção. Do mesmo modo, Wohlwill consegue acelerar a aquisição da conservação de conjuntos discretos (aceitar que o número de elementos de dois conjuntos continua sendo o mesmo, embora se modifiquem suas disposições) mediante exercícios relativos à soma e à subtração de elementos.

Os resultados parecem responder a uma das questões formuladas por Piaget: para aprender uma estrutura lógica é preciso ativar outras estruturas lógicas, ou seja, utilizar estruturações que não foram aprendidas no transcurso das sessões experimentais (Goustard, Gréco, Malaton e Piaget, 1959, p. 181-182). Isso não quer dizer que os exercícios baseados na experiência física não desempenham nenhum papel na aquisição de novos conhecimentos, pois os resultados das pesquisas de Smedslund e Morf mostram que podem favorecer a aprendizagem de conteúdos físicos (fatos, ações, regularidades, etc.). Apenas a experiência física é insuficiente para a aquisição de estruturas operacionais, que requer a intervenção de uma atividade lógico-matemática baseada na coordenação de esquemas e de ações, e não apenas na leitura das propriedades físicas dos objetos. Somente dessa maneira, mediante a abstração reflexiva, que permite extrair informação das coordenações das ações, e não apenas dos objetos, o sujeito pode chegar à construção das estruturas lógicas (Ibidem, p. 179-183).

A aprendizagem depende do nível cognitivo inicial do sujeito

As aprendizagens necessitam, portanto, recorrer à coordenação de ações não-aprendidas diretamente nas sessões experimentais. Como as possibilidades de coordenação mudam ao longo do desenvolvimento, a aprendizagem se fará em função do nível de desenvolvimento cognitivo do sujeito. Todos os resultados das pesquisas confirmam tal fato. De maneira geral, apenas avançam os sujeitos que se encontram em um nível operatório próximo ao da aquisição da noção que vão aprender (nível chamado "intermediário", pois está a meio caminho entre a ausência da noção e sua aquisição completa). Por exemplo, na aprendizagem da noção de conservação de quantidades contínuas (afirmar que a quantidade do líquido permanece a mesma embora mude a forma do recipiente), os sujeitos que se encontram em um nível de não-conservação antes das sessões de aprendizagem avançam pouco, diferentemente da maioria dos que se situam em um nível intermediário (Ibidem, p. 74).

A ordem hierárquica das condutas que aparecem nos pré-testes volta a ser encontrada depois das sessões de aprendizagem: se um sujeito encontra-se em um nível superior a outro no pré-teste, tenderá também a situar-se em um nível superior dos pós-testes, ainda que ambos avancem (Ibidem, p. 76). Ao final das sessões de aprendizagem, a distância que separa os níveis dos sujeitos é maior que nos pré-testes, fenômeno que mostra que as situações experimentais atuam de maneiras diferentes segundo os níveis cognitivos dos sujeitos (Ibidem, p. 295-296). Por último, os sujeitos que, graças à aprendizagem, alcançam o nível operatório mostram maior estabilidade em sua aquisição que os sujeitos que só conseguem alcançar o nível intermediário; estes últimos manifestam uma certa oscilação entre o primeiro e o segundo pós-teste; alguns retornam a seu nível anterior, outros avançam espontaneamente (Ibidem, p. 296-297).

Ao mesmo tempo, e do mesmo modo que as aprendizagem operatórias que acabamos de descrever, os resultados mostram que a aprendizagem de fatos, de ações, de procedimentos práticos ou de leis físicas também depende do nível cognitivo dos sujeitos. Por exemplo, quando se trata de aprender como reunir ordenadamente uma série de pérolas percorrendo um labirinto com várias ramificações, os sujeitos de 5 anos, apesar de suas múltiplas tentativas, não conseguem aprender, os de 6 conseguem o objetivo progressivamente, os de 11 rapidamente e, a partir dos 12 anos, a compreensão é imediata (Goustard, Gréco, Matalon e Piaget, 1959, p. 161).

Em suma, à medida que mostram que a aprendizagem depende do nível cognitivo dos sujeitos, esses resultados apóiam a tese fundamental de Piaget, segundo a qual a aprendizagem faz com que intervenham elementos lógicos que provêm dos mecanismos gerais do desenvolvimento e que não foram apreendidos apenas em função da experiência.

Os conflitos desempenham um papel importante na aprendizagem

Ao analisar em detalhe quais as relações entre esquemas que se estruturam em momentos diferentes – conexões oblíquas – (pensemos nos esquemas relativos à conservação de conjuntos discretos comparados com os esquemas da conservação da distância) e entre esquemas diferentes, mas contemporâneos – conexões laterais – (por exemplo, os da inclusão de classes com os da conservação de quantidades contínuas), Inhelder, Sinclair e Bovet mostram o papel dinâmico que desempenham as coordenações progressivas entre subsistemas operatórios. O que o sujeito aprende em um desses subsistemas (por exemplo, no da inclusão lógica) serve para fazer progressos em outros subsistemas (por exemplo, da conservação da substância), mas tais progressos não consistem em simples generalizações. Produz-se uma verdadeira reconstrução dos conhecimentos adquiridos em um domínio no novo domínio, reconstrução que requer novas coordenações entre esquemas.

Muitas vezes, essas novas coordenações provocam desequilíbrios momentâneos na conduta dos sujeitos. Tais desequilíbrios são percebidos pelos sujeitos como conflitos e, inclusive, como contradições. Os resultados mostram que, em geral, esses conflitos desempenham um papel positivo na aquisição de novos conhecimentos (Inhelder, Sinclair e Bovet, 1975, p. 312). Por exemplo, em uma das pesquisas, os sujeitos devem construir um caminho reto, da mesma distância que um caminho composto por cinco segmentos (o modelo pode ser um caminho retilíneo ou um caminho em ziguezague). Os sujeitos, porém, só dispõem de segmentos mais curtos que os do modelo: se escolhem sete segmentos conseguem a mesma longitude que o modelo, mas com isso não respeitam a correspondência numérica termo a termo, e se escolhem cinco elementos a distância é mais curta. Essa incompatibilidade entre os esquemas de correspondência ordinal (construir um caminho que não ultrapasse os limites do caminho modelo) e os de correspondência numérica (construir um caminho com o mesmo número de elementos) não perturba alguns sujeitos que, conforme as situações, oscilam entre as duas soluções sem notar a contradição. Outros sentem a incompatibilidade como um conflito e tentam superá-lo, propondo soluções de compromisso que mostram as tentativas de coordenar os dois tipos de esquemas, em princípio irreconciliáveis. Por exemplo, alguns sujeitos quebram um dos segmentos para obter uma unidade suplementar e não ultrapassar o limite do modelo. Tais conflitos aparecem antes que os sujeitos descubram a compensação operatória ("é preciso escolher mais elementos porque são menores") e desempenham um papel importante na aprendizagem: os sujeitos que não mostram conflito nenhum avançam menos que os que tomam consciência das contradições entre os dois esquemas e buscam soluções de compromisso (Ibidem, p. 163-204).

A importância dos erros, dos conflitos e de sua resolução na aprendizagem mostra mais uma vez a existência de um processo de equilibração – processo que consiste em considerar uma série de compensações em face de desequilíbrios momentâneos até conseguir um novo equilíbrio graças a uma coordenação e a uma integração mais completa entre esquemas. A importância que Piaget atribui ao processo de equilibração na aprendizagem operatória é patente quando, no prefácio do livro, comentando os resultados obtidos por Inhelder, Sinclair e Bovet, evoca três problemas, a seu ver, resolvidos não-completamente: são estáveis as aquisições obtidas graças à aprendizagem ou desaparecem depois de algum tempo?; os avanços obtidos mediante a aprendizagem, mesmo que sejam estáveis, são acompanhados de desvios se os comparamos com as aquisições espontâneas?; será que as aquisições obtidas pela aprendizagem podem servir de ponto de partida para novas aquisições espontâneas (Ibidem, p. 15)? Pressente-se nessas perguntas a desconfiança de Piaget quanto às aprendizagens operatórias "artificiais" e seu ceticismo diante das tentativas de acelerar o desenvolvimento cognitivo das crianças mediante atividades de aprendizagem.

A riqueza e variedade desses resultados não nos devem fazer esquecer suas limitações. É certo que, em coerência com as preocupações basicamente epistemológicas que estão em sua origem, os trabalhos de Piaget e seus colaboradores mostram com clareza que não é possível explicar a aprendizagem apelando para fatores exclusivamente exteriores ou endógenos, mas em compensação não oferecem uma visão precisa do processo de aprendizagem entendido como interação entre o sujeito, o conteúdo da aprendizagem, os seus esquemas cognitivos e o próprio método de aprendizagem, muitas vezes mediado por outras pessoas. Por sua vez, as pesquisas de Inhelder, Sinclair e Bovet especificam alguns desses pontos ao se centrarem na dinâmica da mudança (conflitos, erros e contradições) e ao mostrarem a importância dos conteúdos na estruturação de qualquer aprendizagem. Ainda estamos longe, porém, das situações didáticas concretas nas quais a aprendizagem não depende apenas da competência do sujeito, mas também da maneira como este atualiza sua competência de maneira efetiva e do papel desempenhado pelo professor, em todo o processo que tenta exercer uma influência educativa.

A PERSPECTIVA PEDAGÓGICA

Recordávamos, no início deste capítulo, que Piaget é um biólogo de formação que se torna psicólogo com o objetivo de estudar questões epistemológicas. Vale acrescentar, agora, que seu interesse pelos problemas educacionais ou pelas aplicações da teoria genética à educação foi secundário, como atesta o fato de que entre sua imensa obra – centenas de livros e de artigos de natureza teórica experimental – apenas dois livros (Piaget, 1969; 1972) e alguns artigos versem sobre temas estritamente educacionais. Isso é tanto mais surpreendente porque Piaget é, sem dúvida, um dos pensadores do século XX que mais contribuiu com sua obra intelectual para enriquecer e renovar o pensamento pedagógico contemporâneo. Para entender a aparente contradição, é necessário considerar dois tipos de fatores. Em primeiro lugar, a coincidência histórica entre a ampla difusão das obras de Piaget nos anos 1950 e 1960, por um lado, e a preocupação dominante de conseguir uma melhoria dos sistemas educacionais, por outro, preocupação promovida pelo desafio científico e tecnológico e favorecida por um período de prosperidade econômica. Em segundo lugar, a própria natureza da psicologia genética, que lhe confere um atrativo considerável como ponto de referência para empreender uma reforma do sistema educacional sobre bases científicas.

De fato, como vimos, a obra de Piaget proporciona uma ampla e elaborada resposta, respaldada além disso por um considerável apoio empírico, ao problema de como se constrói o conhecimento científico; ao ser formulada em termos de como se passa de um estado de menos conhecimento a um estado de mais conhecimento, parece diretamente pertinente para a compreensão da aprendizagem escolar; descreve a evolução das competências intelectuais desde o nascimento até a adolescência analisando a gênese de noções e conceitos – espaço, tempo, causalidade, movimento, acaso, lógica das classes, lógica das relações, etc. – que têm uma relação evidente com alguns conteúdos escolares, especialmente de matemática e de ciências; e, sobretudo, proporciona uma explicação dos mecanismos e dos processos que intervêm na aquisição de conhecimentos novos. Se a tudo isso acrescentamos os estudos sobre a aprendizagem cujos resultados resumimos anteriormente, poderemos entender sem dificuldade o enorme interesse que desperta a psicologia genética no contexto dessas tentativas de reforma da educação escolar. Dessa maneira, e de forma um tanto afastada dos interesses mais diretos de Piaget – epistemológicos em primeiro lugar e psicológicos de forma subsidiária –, produz-se muitas vezes uma aproximação da psicologia genética motivada essencialmente por problemas educacionais.

As aplicações educacionais da psicologia genética caracterizam-se por seu volume e também por sua diversidade: diversidade de contextos educacionais (educação familiar, educação escolar, educação extra-escolar, etc.); diversidade de níveis de ensino (pré-escolar, ensinos fundamental e médio, ensino superior, etc.); diversidade de conteúdos (matemática, ciências naturais, ciências sociais, linguagem oral, leitura, escrita, etc.); diversidade de problemáticas (diferenças individuais, educação especial, elaboração de materiais didáticos, formação dos professores, etc.) e diversidade dos aspectos do processo educacional em questão (objetivos, conteúdos, avaliação, método de ensino, etc.). A seguir, descreveremos brevemente os três tipos de aplicações diretas da psicologia genética que, a nosso ver, tiveram maior impacto na teoria e na prática educacionais, o que nos permitirá identificar, junto com as repercussões altamente positivas de todas elas, os problemas mais estimulantes com os quais se deparam as tentativas de utilizar a psicologia genética no âmbito educacional.[4]

O desenvolvimento cognitivo e os objetivos da educação escolar

Como mencionamos, para a psicologia genética, o desenvolvimento consiste na construção de uma série ordenada de estruturas intelectuais que regulam as trocas funcionais ou comportamentais da pessoa com seu meio. Ao mesmo tempo, a ordem de construção dessas estruturas tem um certo caráter universal – repete-se em todos os indivíduos da espécie humana, embora possa apresentar certas defasagens temporais entre um e outro – e responde ao princípio de equilibração majorante: cada estrutura assegura um equilíbrio mais móvel, mas estável e capaz de compensar mais perturbações que a anterior. Cada estrutura permite maior riqueza de trocas e, portanto, maior capacidade de aprendizagem que a anterior. Se é assim, isto é, se o desenvolvimento consiste na construção de uma série de estruturas que determinam a natureza e a amplitude das trocas da pessoa com seu meio e que, além disso, sucedem-se invariavelmente respeitando a tendência a um equilíbrio melhor, podemos concluir, então, que o objetivo último da educação deve ser estimular e favorecer a construção de tais estruturas.

No caso da educação pré-escolar, por exemplo, a ação pedagógica será então dirigida fundamentalmente a estimular e a favorecer a construção das estruturas operatórias concretas e as competências que as caracterizam: reversibilidade, juízo moral autônomo, reciprocidade nas relações, coordenação dos pontos de vista, etc. Do mesmo modo, no ensino fundamental, o principal objetivo consistirá em estimular e favorecer a construção progressiva das estruturas operatórias formais e as competências cognitivas, afetivas e relacionais que as caracterizam. Em geral, qualquer que seja o nível de ensino em que nos situemos, a educação escolar terá como meta contribuir para que os alunos progridam por meio dos sucessivos estágios ou níveis que configuram o desenvolvimento. Desse modo, todas as decisões didáticas – desde a seleção de conteúdos e a organização de atividades de aprendizagem até as intervenções do professor ou os procedimentos de avaliação – estão subordinadas ao êxito deste objetivo.

O fato de recolocar as aprendizagens escolares no marco mais amplo dos processos de desenvolvimento e de conceber a educação como uma contribuição a esses processos constituiu, sem dúvida nenhuma, um dos aportes mais importantes da psicologia genética à teoria e à prática educacionais contemporâneas. A proposta de nomear o desenvolvimento – e mais especificamente o desenvolvimento entendido como um processo de construção de estruturas progressivamente mais móveis, mais estáveis e mais capazes de compensar possíveis perturbações – como o principal objetivo da educação escolar tem, porém, alguns perigos óbvios e pode conduzir facilmente a formulações errôneas.

Assim, por exemplo, pode-se chegar a esquecer que a educação escolar, como todo tipo de educação, é essencialmente uma prática social e entre suas funções ocupa um papel de relevo: a transmissão dos saberes historicamente construídos e culturalmente organizados. É totalmente incorreto extrapolar a tendência natural à equilibração majorante que caracteriza a construção das estruturas cognitivas à construção dos saberes culturais que os alunos devem realizar no transcurso de sua escolaridade. A realização de determinadas aprendizagens específicas – por exemplo, o conhecimento dos valores ou das normas que regem no grupo social, o conhecimento do ambiente físico ou o domínio da língua escrita – podem ser tão determinantes da natureza e da amplitude das trocas reais que a criança pode ter com seu meio quanto as competências cognitivas que lhe confere o fato de ter alcançado um certo nível de desenvolvimento.

O nível de desenvolvimento e a capacidade de aprendizagem

Um dos resultados mais contundentes das pesquisas de Piaget e seus colaboradores é, como vimos, que a capacidade de aprendizagem depende do nível de desenvolvimento cognitivo do sujeito. A possibilidade de que o aluno consiga realizar uma determinada aprendizagem obviamente é limitada por seu nível de competência cognitiva. Assim, por exemplo, sabemos que as crianças de nível pré-operatório não podem aprender as operações aritméticas elementares porque não possuem ainda os instrumentos intelectuais que essa aprendizagem requer; ou que as crianças que se situam em um nível de desenvolvimento operatório concreto são incapazes de raciocinar sobre o possível e que, como conseqüência disso, dificilmente conseguem realizar aprendizagens específicas que impliquem, suponhamos, os conceitos de probabilidade ou de acaso.

É aconselhável, portanto, analisar os conteúdos da aprendizagem escolar com o objetivo de determinar as competências cognitivas necessárias para poder assimilá-los corretamente. Quando se força um aluno a aprender um conteúdo que vai além de suas capacidades, muito provavelmente o resultado, se é que se obtém um resultado, será a pura memorização mecânica ou a compreensão incorreta. Os níveis do desenvolvimento identificados pela psicologia genética, porque definem níveis de competência cognitiva que determinam o que o sujeito pode compreender, fazer ou aprender em um determinado momento, são úteis como ponto de referência para selecionar os conteúdos de ensino. Ao mesmo tempo, oferecem critérios sobre a ordem ou a seqüência a seguir na apresentação dos conteúdos em função da hierarquia de competências cognitivas que sua aprendizagem pressupõe. Um exemplo típico disso é a hierarquia de competências cognitivas que aparece na construção do espaço representativo. As pesquisas psicogenéticas mostram que a criança compreende e utiliza em primeiro lugar as propriedades topológicas e só depois é capaz de dominar as propriedades projetivas e euclidianas. Essa descoberta pode servir, então, de ponto de partida para um seqüenciamento dos conteúdos do ensino da geometria que leve em conta tanto as idades médias de compreensão dos diferentes tipos de relações especiais como a ordem psicogenética observada.

Durante as últimas décadas, os programas escolares adaptaram, progressivamente, a complexidade conceitual dos conteúdos propostos e sua ordem de apresentação ao nível de desenvolvimento médio dos alunos e, portanto, à sua capacidade de aprendizagem. Ainda que uma análise minuciosa dos programas atuais permitisse detectar a persistência de alguns desajustes, em termos gerais o grau de adequação que se conseguiu é bastante alto. O papel desempenhado pela psicologia genética na conquista desse êxito foi, sem qualquer tipo de dúvida, de primeira importância.

A adequação dos conteúdos às competências cognitivas dos alunos, porém, é um recurso didático que apresenta algumas limitações claras. A primeira limitação tem sua origem no fato de que as idades médias em que se alcançam os níveis sucessivos de competência cognitiva têm apenas um valor indicativo. Embora a ordem seja constante para qualquer sujeito, não é estranho encontrar variações – atrasos ou antecipações com relação à idade média – de até três ou quatro anos, dependendo do meio sociocultural e da história pessoal dos sujeitos. Assim, o seqüenciamento dos conteúdos com base nas idades médias em que os alunos alcançam as competências cognitivas necessárias para sua aprendizagem pode dar lugar a desajustes importantes quando se aplica a casos particulares. Uma alternativa a tal dificuldade consiste em avaliar, antes de se começar o ensino, as competências cognitivas dos alunos, de maneira que seja possível determinar com precisão os conteúdos que podem assimilar e os que escapam às suas possibilidades reais de compreensão. Tal avaliação é realizada fazendo com que os alunos resolvam um conjunto de tarefas ou provas operatórias, que não são senão uma versão padronizada ou semipadronizada das tarefas experimentais utilizadas originalmente por Piaget e seus colaboradores para estudar a gênese da competência intelectual. O diagnóstico operatório, como se costuma denominar esse tipo de avaliação, porém, apresenta alguns inconvenientes teóricos, metodológicos e práticos que dificultam extremamente sua utilização generalizada.[5]

Uma segunda limitação, até mais importante que a anterior, é que muitas vezes não é fácil determinar com exatidão as competências cognitivas que atuam como requisitos na aprendizagem de conteúdos escolares concretos. Em geral, pode-se dizer que o nível de desenvolvimento cognitivo atua como uma condição necessária, mas não suficiente, para a aprendizagem dos conteúdos escolares. Assim, por exemplo, a aprendizagem que um aluno conseguiu realizar sobre o funcionamento do sistema respiratório ou o funcionamento das instituições que regulam a vida municipal é obviamente condicionada por sua capacidade cognitiva; se estiver em um nível de desenvolvimento pré-operatório, sua compreensão desses conteúdos será naturalmente muito mais elementar do que se estiver em um nível de desenvolvimento operatório concreto, e neste segundo caso, por sua vez, será mais elementar do que se for capaz de manejar operações formais. Não é fácil determinar, unicamente a partir dessa constatação, o momento mais adequado para a introdução dos conteúdos mencionados no currículo escolar. A decisão terá de levar em conta também outros aspectos, como, por exemplo, as atividades prévias necessárias – tão necessárias como um certo nível de competência cognitiva – para alcançar uma compreensão mínima do funcionamento do sistema respiratório ou do funcionamento das instituições municipais. Em resumo, a análise dos conteúdos escolares em termos de componentes operatórios – não esqueçamos que Piaget define a competência cognitiva em termos de estruturas operatórias – permite determinar em linhas gerais o momento a partir do qual os alunos têm a capacidade intelectual mínima necessária para iniciar sua aprendizagem, mas não pode proporcionar por si só os critérios para decidir sua localização precisa no currículo.

A tomada de consciência de que os conteúdos escolares têm um alto grau de especificidade e de que, conseqüentemente, sua construção não pode ser entendida como um reflexo puro e simples do processo geral de construção das estruturas intelectuais – que são, por definição, não-específicas e relativamente universais – levou alguns pesquisadores a formularem de maneira inovadora o tema da adequação entre conteúdos escolares e níveis de construção psicogenética. Basicamente, tal enfoque consiste em analisar como se constroem os conhecimentos relativos a determinados conteúdos escolares típicos. A hipótese inicial é que, do mesmo modo que Piaget e seus colaboradores traçaram uma gênese das categorias básicas do pensamento que regulam as trocas entre o sujeito e o meio, é possível traçar a gênese de noções muito menos universais que, no entanto, ocupam um lugar de destaque no currículo escolar. Assim, por exemplo, se conseguimos saber com detalhe como os alunos constroem progressivamente o sistema da língua escrita (Ferreiro e Teberosky, 1979) ou as estruturas aditivas elementares (Vergnaud, 1981), estaremos em condições não apenas de conseguir um ajuste mais preciso entre esses conteúdos e os níveis respectivos de construção psicogenética, mas também de intervir mais eficazmente para favorecer sua aquisição. Essa linha de trabalho abriu uma perspectiva promissora no panorama de aplicações da psicologia genética à educação escolar, cujo alcance prático ainda é difícil de precisar.

O funcionamento cognitivo e a metodologia do ensino

Já vimos que, segundo Piaget, o conhecimento é sempre o resultado de um processo de construção. Afirmar que o conhecimento é construído equivale a contemplar o ato do conhecimento como uma apropriação progressiva do objeto pelo sujeito, de tal maneira que a assimilação do primeiro às estruturas do segundo é indissociável da acomodação destas últimas às características do objeto. O construtivismo genético é inseparável da adoção de um ponto de vista relativista – o conhecimento é sempre relativo a um momento determinado do processo de construção – e de um ponto de vista interacionista – o conhecimento surge da interação entre os esquemas de assimilação e as propriedades do objeto – na explicação do funcionamento cognitivo.

A explicação de Piaget de como se passa de um estado de menos conhecimento para um estado de conhecimento mais avançado oferece múltiplas sugestões para o ensino: a aprendizagem escolar não consiste em uma recepção passiva do conhecimento, mas de um processo ativo de elaboração; os erros de compreensão provocados pelas assimilações incompletas ou incorretas do conteúdo são degraus necessários e muitas vezes úteis desse processo ativo de elaboração; o ensino deve favorecer as interações múltiplas entre o aluno e os conteúdos que tem de aprender; o aluno constrói o conhecimento por meio das ações efetivas ou mentais que realiza sobre o conteúdo de aprendizagem, etc. Junto a esses princípios, que algumas vezes significaram um respaldo e um aprofundamento de formulações pedagógicas inovadoras presentes no panorama educacional desde princípios do século, o construtivismo genético deu lugar a duas interpretações globais do ensino que tiveram uma ampla difusão e que, na linha de D. Kuhn (1981), chamaremos respectivamente de "interpretação construtivista em sentido estrito" e "interpretação do desajuste ótimo".

A interpretação construtivista em sentido estrito dá ênfase aos processos individuais e endógenos de construção do conhecimento e apresenta a atividade auto-estruturante do aluno – atividade cuja origem, organização e planejamento correspondem ao aluno – como o caminho melhor, se não único, para que este possa realizar uma verdadeira aprendizagem. Desse modo, a ação pedagógica terá como finalidade criar um ambiente rico e estimulante no qual ele possa se desenvolver sem limitações à sua atividade auto-estruturante. Parafraseando Duckworth (1981), as intervenções do professor deverão dirigir-se fundamentalmente para criar situações pedagógicas de tal natureza que os alunos possam produzir "idéias maravilhosas" e possam explorá-las até onde sejam capazes. A interpretação construtivista em sentido estrito da aprendizagem escolar inspirou programas pedagógicos dirigidos fundamentalmente à educação pré-escolar e aos primeiros anos do ensino fundamental. Em compensação, sua implementação nos níveis de ensino nos quais a aprendizagem de conteúdo específicos têm um peso maior foi menos freqüente, talvez por problemas específicos que se colocam nesse caso. De fato, como todo professor sabe, muitas vezes não basta pôr o aluno em contato com o objeto de conhecimento e criar as condições necessárias para que possa explorá-lo. A maioria dos conteúdos que se trabalham na escola, sobretudo a partir de um certo nível de escolaridade, possuem um nível de complexidade tal que é muito difícil sua assimilação sem um tipo de ajuda muito mais direta e focalizada que aquela que parece sugerir a formulação exposta.

A interpretação do desajuste ótimo, por sua vez, dá ênfase à natureza interativa do processo de construção do conhecimento. A idéia essencial é que, se o conteúdo que o aluno deve aprender está excessivamente distante de suas possibilidades de compreensão não se produzirá desequilíbrio nenhum em seus esquemas ou se produzirá um desequilíbrio de tal natureza que qualquer possibilidade de mudança ficará bloqueada. Em ambos os casos, a aprendizagem será nula ou puramente repetitiva. Mas se o conteúdo que o aluno deve aprender está totalmente ajustado às suas possibilidades de compreensão, também não se produzirá desequilíbrio nenhum e a aprendizagem será de novo nula ou muito limitada. Nos dois extremos existe uma zona na qual os conteúdos ou as atividades de aprendizagem são suscetíveis de provocar uma defasagem ótima, isto é, um desequilíbrio manejável pelas possibilidades de compreensão do aluno. É nesta zona que deve situar-se a ação pedagógica.

A interpretação do desajuste ótimo apresenta pontos de contato com outros enfoques da aprendizagem escolar – por exemplo, com a teoria da aprendizagem verbal significativa de Ausubel e seus colaboradores e com as teorias dos esquemas que são expostos em outros capítulos deste mesmo volume – e proporcionam uma diretriz útil para o projeto do ensino. Além disso, tal interpretação, ao dar ênfase à natureza interativa do processo de aprendizagem, conduz inevitavelmente a pôr em primeiro plano o papel do professor como agente mediador entre os conteúdos do currículo escolar, por um lado, e o aluno que constrói o conhecimento relativo a esses conteúdos, por outro. Mas a tomada de consciência do papel essencial do professor no marco dos postulados construtivistas da psicologia genética abre novas perspectivas de pesquisa e de aplicação pedagógica que já escapam ao objetivo deste capítulo.[6]

Em resumo, a psicologia genética, e mais especificamente sua concepção dos processos de aprendizagem e de desenvolvimento, tiveram amplas repercussões sobre a teoria e a prática educacionais. Alguns de seus aportes significaram êxitos importantes e conheceram um grau de difusão tal que passaram a fazer parte da bagagem pedagógica contemporânea. As limitações que mencionamos, e que impedem que possa proporcionar uma visão de conjunto da aprendizagem escolar, não são em sua maioria limitações intrínsecas, mas antes limitações derivadas do fato de que os problemas que estuda e as formulações que adota são presididos por preocupações essencialmente epistemológicas um tanto distantes da problemática educacional (Coll, 1996a, 1998c). Esse distanciamento manifesta-se particularmente nos seguintes pontos: enquanto a psicologia genética estudou a construção das estruturas do pensamento mais gerais e universais, que são até certo ponto independentes das características concretas do contexto no qual se produz o desenvolvimento, a aprendizagem escolar consiste na construção de conhecimentos que têm uma natureza basicamente social e cultural; enquanto a psicologia genética concebe o desenvolvimento e a aprendizagem como o resultado de uma interação constante entre o sujeito e o objeto, na aprendizagem escolar o problema reside em saber como o professor pode exercer uma influência sobre o processo de construção do conhecimento ao aluno atuando como mediador entre este e o conteúdo da aprendizagem; enquanto a psicologia genética proporciona uma descrição e uma explicação dos processos individuais de desenvolvimento e de aprendizagem, a educação é uma atividade essencialmente social, relacional e comunicativa que torna possível que os membros da espécie humana se desenvolvam como pessoas no contexto de uma cultura, isto é, com outras pessoas e graças à ajuda que recebem de outras pessoas. Contudo, feita essa ressalva, o construtivismo genético, e muito particularmente sua explicação do funcionamento intelectual, continua sendo ainda hoje uma das principais fontes de referência dos enfoques construtivistas em pedagogia e em educação.

NOTAS

1. Junto com a consulta dos títulos originais de Piaget, remetemos o leitor interessado em aprofundar-se em suas idéias e formulações a uma seleção de textos de Piaget para educadores (Coll, 1985) e a uma recopilação de trabalhos editados pela revista *Substratum* (Martí, 1996) por ocasião dos atos comemorativos do centenário de seu nascimento.
2. Para uma descrição detalhada de cada um desses estágios, assim como das estruturas lógico-matemáticas que os caracterizam, podem ser consultados os Capítulos 3, 7, 12 e 17 do Volume 1 desta obra.
3. O termo "aceleração", como assinala Vinh-Bang (1985), é ambíguo e costuma ser utilizado em diferentes contextos. Aqui nós o utilizamos como sinônimo de qualquer progresso observado em uma aquisição operatória graças à aprendizagem.
4. A literatura sobre as aplicações pedagógicas da psicologia genética é muito extensa. Entre as publicações em língua castelhana, sugerimos a consulta às compilações de Coll (1983), Moreno 1983) e Castorina e outros (1998), como também os trabalhos de Delval (1983, 2000).
5. Entre as dificuldades que tornam praticamente impossível a utilização generalizada dos procedimentos de diagnóstico operatório como instrumento para determinar as competências operatórias dos alunos previamente ao ato de ensino, vale citar as seguintes: elevado custo de tempo devido à necessidade de aplicação individual; ausência de uma padronização das provas e de uma tipificação das condutas; existência de defasagens entre provas que teoricamente apresentam o mesmo nível de complexidade; domínio do método clínico-crítico de

perguntas como requisito para sua aplicação; necessidade de um conhecimento profundo da teoria genética para poder interpretar corretamente as condutas dos sujeitos e, por último, ausência de uma correspondência estrita entre os conteúdos escolares e as noções exploradas mediante as provas operatórias.

6. A teoria da aprendizagem verbal significativa de Ausubel é exposta no Capítulo 3 deste volume, e as teorias dos esquemas, no Capítulo 4. Além disso, no Capítulo 17, analisa-se com certo detalhe a interação professor-aluno e sua incidência sobre a aprendizagem escolar e a construção do conhecimento na sala de aula.

A aprendizagem significativa e a teoria da assimilação

3

ELENA MARTÍN E ISABEL SOLÉ

INTRODUÇÃO

Se quiséssemos buscar uma expressão que, em poucas palavras, caracterizasse a teoria da aprendizagem verbal significativa, provavelmente o binômio "elegante e transgressora" seria um candidato a cumprir tal função. A elegância procede simultaneamente da simplicidade e da precisão com que se explicam os fenômenos que constituem seu objeto. Poucos conceitos, em psicologia e em educação, têm tanta capacidade explicativa como o de "aprendizagem significativa". O caráter transgressor, ou pelo menos arriscado, deve-se a que, no momento em que foram publicados, os postulados da teoria se opunham tanto ao behaviorismo, tradição dominante em psicologia, quanto às posições que no âmbito educativo reivindicavam – em clara contraposição à hegemonia behaviorista – a não-diretividade e a aprendizagem por descoberta. Talvez por isso é que tenha sido necessário esperar o auge do cognitivismo para que se reconhecesse seu valor e pudesse enriquecer-se progressivamente.

David P. Ausubel, criador da teoria da aprendizagem verbal significativa,[1] e seus colaboradores em seu desenvolvimento posterior e aprofundamento – J. D. Novak, D. B. Gowin, H. Hanesian e outros – compartilham, entre muitas outras, duas idéias que conferem sentido e coerência às suas elaborações. Uma se refere à especificidade da aprendizagem que ocorre nas salas de aula, em situações de ensino formais, sistemáticas, intencionais e planejadas, a outra, na complexidade da educação e na dificuldade de melhorá-la em sentido construtivo. A primeira idéia, a da especificidade da aprendizagem escolar, leva a rechaçar de forma contundente a extrapolação de princípios de aprendizagem elaborados a partir da pesquisa experimental para explicar o quê e como os alunos aprendem na escola, e a reivindicar a elaboração de teorias específicas sobre essa aprendizagem. A descrição que é feita no primeiro item deste capítulo mostra, por meio dos conceitos fundamentais da teoria da aprendizagem verbal significativa, os êxitos obtidos na aprendizagem escolar ao reconhecer sua idiossincrasia. A segunda idéia, que está vinculada à complexidade do fenômeno educacional, reclama uma teoria da educação capaz de orientar a prática docente e a pesquisa aplicada na direção de uma permanente melhora que evite mudanças não-substanciais ou simplesmente nocivas na educação. Ausubel, Novak e Hanesian (1983) sempre consideraram que as teorias da aprendizagem e do ensino são interdependentes e ao mesmo tempo reciprocamente irredutíveis; as segundas devem basear-se nas primeiras, embora devam ter um caráter mais aplicado. A preocupação em elaborar uma teoria do ensino enraizado em uma teoria da aprendizagem sólida e contrastada é uma constante nos trabalhos desse grupo de pesquisadores (ver Novak, 1982; 1998). Alguns dos aportes da teoria de maior repercussão na prática do ensino são descritos no segundo item deste capítulo. Este se encerra com uma breve análise de seus aportes e limitações, à luz dos avanços da psicologia cognitiva, e de sua contribuição para uma explicação construtivista da aprendizagem escolar e do ensino.

A TEORIA DA APRENDIZAGEM VERBAL SIGNIFICATIVA DE D. P. AUSUBEL

A síntese dos principais elementos da teoria da aprendizagem verbal significativa, que é feita a seguir, recolhe os que já estavam presentes nas duas obras básicas para sua compreensão, a de Ausubel de 1963, *The psychology of meaningful verbal learning*, e *Psicologia educacional: um ponto de vista cognitivo*, da qual o autor fez uma primeira edição em 1968 e uma revisão, junto com Joseph Novak e Hellen Hanesian, em 1978. Apresentam-se ainda alguns aspectos que Novak introduziu em seu livro de 1998, *Conhecimento e aprendizagem*, no qual se propõe rever a teoria incorporando novos conhecimentos gerados pela psicologia nos últimos anos.

Tipos de aprendizagem no contexto escolar

A preocupação que leva Ausubel a elaborar sua proposta é a pouca capacidade que se havia mostrado até então para propor teorias do ensino que se baseassem nos conhecimentos gerados pelas teorias da aprendizagem. Assim, seu interesse centra-se na análise das características dos diversos tipos de aprendizagem que se produzem especificamente no contexto escolar a partir de sua potencialidade para construir conhecimentos com significado para os alunos. Com esse objetivo, Ausubel postula duas dimensões de análise: aprendizagem significativa *versus* aprendizagem por recepção.

Por *aprendizagem significativa* entende-se aquela na qual a nova informação se relaciona de maneira significativa, isto é, não-arbitrária, não ao pé da letra, com os conhecimentos que o aluno já tem, produzindo-se uma transformação, tanto no conteúdo assimilado quanto naquele que o estudante já sabia. No extremo oposto, a *aprendizagem repetitiva* refere-se a situações nas quais simplesmente se estabelecem associações arbitrárias, literais e não-substantivas entre os conhecimentos prévios do aluno e o novo conteúdo apresentado. Essas definições devem ser entendidas como os pólos de uma mesma dimensão, e não como categorias dicotômicas. As aprendizagens serão mais ou menos significativas ou memorísticas, terão alcançado maior ou menor grau de significatividade que, além disso, sempre poderá aumentar. À medida que se produz uma inter-relação substantiva entre o novo e o já presente na estrutura cognitiva do aluno, se terá a chave para explicar o nível de significatividade alcançado no processo de aprendizagem.

As aprendizagens, além de poderem ser analisadas em função do grau de significado adquirido, podem diferenciar-se de acordo com o outro eixo vinculado à forma como se apresentam os conteúdos. Nesse caso, nos extremos, situam-se a aprendizagem por descoberta e a aprendizagem por recepção. O traço definidor da *aprendizagem por descoberta* é que o conteúdo a ser aprendido não se apresenta ao aluno, mas tem de ser descoberto por este antes de poder ser assimilado à estrutura cognitiva. Na *aprendizagem por recepção*, em contrapartida, o conteúdo que se vai aprender é apresentado ao aluno em sua forma final, acabado, sem que se exija uma descoberta prévia à compreensão. Mais uma vez, esses tipos de aprendizagem fazem parte de um contínuo, desde conhecimentos que se expõem a processos guiados de descobertas até aprendizagens por descoberta autônoma. Nas primeiras obras de Ausubel (1963; 1968; Ausubel, Novak e Hanesian, 1978), analisam-se tais processos como tipos de aprendizagem, mas na realidade referem-se, ao mesmo tempo, à maneira de ensinar. Essa posição foi-se consolidando progressivamente e chegou a falar-se de estratégias de ensino mais que de processos de aprendizagem, como de fato Novak faz recentemente (1998). A relação entre tipos de aprendizagem e de ensino pode ser observada na Figura 3.1.

Ausubel chama a atenção para um erro que se produz em muitos casos quando se considera que as aprendizagens significativas só podem ocorrer em situações de descoberta e que uma tarefa organizada mediante a exposição ao aluno de uma informação nova conduzirá necessariamente a uma aprendizagem mecânica ou repetitiva. Como se mostra na Figura 3.1, as duas dimensões são ortogonais e podem modificar-se entre si. Por isso, há tarefas escolares nas quais

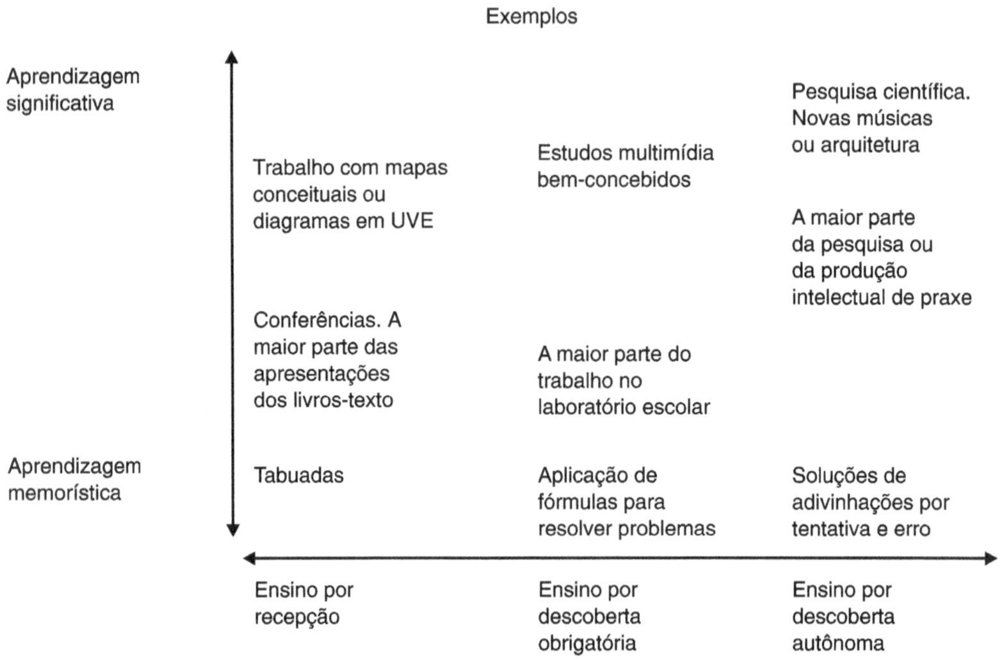

FIGURA 3.1 O contínuo aprendizagem memorística-significativa e o contínuo recepção-descoberta no ensino.

o aluno recebe uma informação que só pode ser relacionada de maneira memorística com seus conhecimentos prévios, como pode ser o caso de determinadas maneiras de aprender as tabuadas de multiplicar, mas também podem favorecer-se aprendizagens claramente significativas por meio de uma exposição do professor, na qual se destaquem as relações entre determinados conceitos ou princípios. Ao mesmo tempo, podem ocorrer situações de descoberta por tentativa e erro que não gerem relações substanciais com elementos da estrutura cognitiva do aluno. Assim, não é a dimensão recepção-descoberta que por si só pode garantir *a priori* um nível adequado de significatividade na aprendizagem escolar. Essa posição, como se verá no item seguinte, tem importantes repercussões, já que nos contextos escolares uma grande parte das tarefas responde a uma estrutura receptivo-expositiva. Se não é este, porém, o eixo de análise que explica o grau de compreensão e de assimilação dos conteúdos escolares, quais são, então, os requisitos de uma aprendizagem significativa?

O que já se sabe e o desejo de aprender: condições para construir significados

Na teoria da assimilação identificam-se três condições imprescindíveis para que o aluno possa realizar aprendizagens significativas. A primeira refere-se à necessidade de que o material novo a ser aprendido seja potencialmente significativo do ponto de vista lógico; que tenha estrutura e organização internas, que não seja arbitrário. Em segundo lugar, o aluno deve contar com conhecimentos prévios pertinentes que possa relacionar de forma substancial com o novo que tem de aprender. Ou seja, a informação nova deve ser relevante para outros conhecimentos já existentes, ou, o que dá no mesmo, o conteúdo da aprendizagem deve ser também potencialmente significativo do ponto de vista psicológico. Por último, é necessário que o aluno queira aprender de modo significativo. Nas palavras de Novak (1988), "que tenha decidido de forma consciente e deliberada estabelecer uma relação não-trivial entre os novos conhecimentos e os que já possui". Mais uma vez, é importante entender tais requisitos como um contínuo, já que em seus extremos são pouco freqüentes. De fato, as aprendizagens significativas em seu valor máximo supõem, como assinala Novak, processos de criação muito pouco usuais. À medida que se organiza o material para destacar seus elementos de conexão com os conhecimentos prévios, à medida que estes são ativados no processo porque o aluno se esforça para estabelecer relações entre ambos, a aprendizagem será mais significativa. É um problema de grau, como é lógico, já que o nível de significatividade também o é.

A chave da aprendizagem significativa encontra-se, portanto, na medida em que se produz uma interação entre os novos conteúdos simbolicamente expressados e alguns aspectos relevantes da estrutura de conhecimento que o aluno já possui com um conceito ou uma proposição que já seja significativo para ele, que esteja definido de forma clara e estável em sua estrutura cognitiva que é adequado para interagir com a nova informação. Dessa interação surge a significatividade psicológica do que até esse momento era apenas uma significatividade potencial; por essa razão, os autores dão muita ênfase ao fator mais importante para explicar a aprendizagem: aquilo que o aluno já sabe. A não-arbitrariedade e a substância das relações, características básicas da aprendizagem significativa, dependem de fato da disponibilidade de idéias pertinentes na estrutura cognitiva de cada aluno em particular. As relações das novas idéias, novos conceitos ou proposições com a estrutura cognitiva do sujeito serão não-arbitrárias à medida que outras idéias, outros conceitos ou proposições especificamente relevantes estejam adequadamente claros e disponíveis nesta e funcionem como ponto de ancoragem para os primeiros. Essa inter-relação será, por sua vez, capaz de permitir a substância da nova informação, e não as palavras que se usaram até esse momento para expressá-la, que seja incorporada como novo conhecimento.

Essa explicação, de como ocorre um processo de aprendizagem significativa, destaca o papel do aluno. Sendo importantes as condições relativas ao material que é objeto de conhecimento, a possibilidade de atribuir-lhe significado depende da presença e da ativação de conhecimentos já presentes na estrutura cognitiva do aluno. Assim, não se podem entender separadamente a lógica do material e os conhecimentos prévios; a aprendizagem significativa se produzirá na proporção em que esses dois aspectos se ajustem entre si. O *significado lógico* do material é apenas potencialmente significativo. De fato, para transformar-se em *significado psicológico* tem de se produzir um encaixe particular, diferente em cada aluno, com seus conhecimentos prévios, transformando-se, ambos – o conhecimento prévio e o novo material –, em processo de aprendizagem. O significado psicológico é, como conseqüência, uma experiência idiossincrática do aluno, o que não impede que tenha elementos comuns com os significados de outras pessoas para permitir a comunicação.

O papel nuclear do aluno, porém, não se limita a tais requisitos cognoscitivos. A atribuição de significados requer também uma disposição, uma atitude propensa a aprender de maneira significativa. O aluno deve querer compreender, isto é, estabelecer relações substanciais entre os novos conteúdos de aprendizagem e o que já sabe. Essa idéia teve cada vez mais força dentro da teoria, como assinala Novak em seu último livro (Novak, 1988), embora não tenha uma clara tradução em seus postulados.

Os processos de assimilação dos novos conhecimentos

Como se destacou, a aprendizagem significativa supõe vincular a nova informação com conceitos ou proposições já existentes na estrutura cognitiva do aluno. Ausubel chama tais conceitos de *inclusores*. Como menciona Novak (1998, p. 84),

> Um conceito inclusor não é uma espécie de "mata-moscas" mental ao qual a informação adere, mas desempenha uma função interativa na aprendizagem significativa, facilitando a passagem da informação relevante pelas barreiras perceptivas e servindo de base de união da nova informação percebida e do conhecimento previamente adquirido.

Nesse processo interativo transforma-se tanto o novo conhecimento quanto o conceito inclusor, produzindo-se um novo significado, fruto da interação entre ambos. O inclusor muda pela incorporação do novo material, e esse, por sua vez, se modifica pelo efeito do inclusor que lhe serve de ancoragem, no que constitui uma verdadeira assimilação entre os significados novos e os prévios, ocorrendo a aprendizagem significativa e o fenômeno da *inclusão obliterativa*. Tal fenômeno explica, pelo processo de interação e de significação ocorrido, que depois de um certo tempo seja impossível recordar a informação tal como foi aprendida, pois as novas idéias assimilaram-se aos significados mais estáveis dos inclusores e, pouco a pouco, tendem a tornar-se indissociáveis destes. Explica, também, a *funcionalidade* das aprendizagens realizadas com um elevado grau de significatividade: a modificação que provocam nos inclusores, enriquecendo-os e diferenciando-os, aumenta a potencialidade da estrutura cognitiva para incorporar novas informações similares, isto é, para continuar aprendendo em diversas situações e em outras circunstâncias.

Há, portanto, dois tipos de esquecimento, segundo Ausubel. Um que se produz pelo fato de ter realizado uma aprendizagem de tipo repetitivo e memorísico (por exemplo, repetir definições lidas que não se chega a compreender). Nesse caso, a lembrança da informação – se não se repassa, nem repete – em pouco tempo se desvanece, pois não foram estabelecidas relações substanciais com os conhecimentos prévios do aluno. E outro, o esquecimento provocado pela inclusão obliterativa, que é de natureza muito distinta, pois segue uma aprendizagem significativa em algum grau. Embora impeça da recuperação da informação no estado em que a aprendeu, com a mesma forma e as mesmas palavras, seu vestígio persiste na estrutura cognitiva do aluno, incrementando sua capacidade de aprendizagem. Entende-se, assim, que muitas vezes se consiga explicar com as "próprias palavras" um conceito bem-aprendido, ao passo que é difícil reproduzir exatamente os termos em que se expressava a fonte que serviu de base para a aprendizagem.

A teoria de Ausubel postula que a estrutura cognitiva do sujeito responde a uma organização hierárquica na qual os conceitos se conectam entre si mediante relações de subordinação, dos mais gerais aos mais específicos. A incorporação do novo conteúdo ao inclusor faz com que este se desenvolva e se amplie. Os conceitos e as proposições da estrutura cognitiva do aluno se explicitam e se tornam mais específicos em um processo que Ausubel chama de *diferenciação progressiva*. Tal processo se observa sobretudo nas aprendizagens que na teoria se consideram *subordinados*, isto é, aqueles que seriam casos ou extensões de um conceito ou de uma proposição mais geral existente na estrutura cognitiva. Mas, além da diferenciação progressiva, produzem-se outros processos de transformação do conhecimento que geram novos significados quando se observam relações entre conceitos que até aquele momento não tinham sido compreendidos. A nova informação pode levar a reconhecer similitudes e a reorganizar os elementos da estrutura hierárquica de maneira que estes recubram outro significado. Tal reestruturação da hierarquia é chamada de *reconciliação integradora*. As aprendizagens *supra-ordenadas*, aquelas nas quais se aprende um conceito ou uma proposição inclusiva que abarca várias idéias já presentes, e as aprendizagens *combinatórias*, nas quais se aprendem novos conceitos do mesmo nível na hierarquia, são exemplos de processos de reconciliação integradora. Para um aluno que já tem o conceito de "mamífero", aprender o de "ave" ou de "réptil" seriam aprendizagens combinatórias. Compreender que as três categorias estão incluídas em uma mais ampla, "vertebrados", seria em contrapartida um exemplo de aprendizagem supraordenada (Del Carmen, 1996a), enquanto que a distinção entre mamíferos "carnívoros" e "herbívoros" constituiria um caso de aprendizagem subordinada. Os dois mecanismos – diferenciação progressiva e reconciliação integradora – devem ser entendidos como complementares e inseparáveis. A reorganização da hierarquia pela integração de novos conhecimentos supõe, por sua vez, uma melhoria e uma progressiva diferenciação da estrutura cognitiva.

Em última análise, o que se observa são processos de interação entre os novos conhecimentos e aqueles já adquiridos pelo aluno, que dotam de novo significado tanto o conteúdo aprendido como o que o aluno já sabia. Quanto mais substanciais são as relações entre o novo e o dado, quanto maior for a transformação que suponha a aprendizagem, mais difícil será que seja esquecida.

Uma revisão da teoria trinta anos depois

Em 1998, 30 anos depois da publicação do primeiro livro de Ausubel, Novak escreve uma obra, *Conhecimento e aprendizagem*, cuja intenção é oferecer idéias e ferramentas que "... possam ajudar com maior eficácia a aprender, a criar e a empregar o conhecimento" (1998, p. 17). Neste texto, enfatizando certos aspectos e introduzindo novos elementos, volta-se a apresentar a teoria de Ausubel, revisada à luz de recentes e relevantes contextos teóricos em psicologia da aprendizagem e do ensino. Sem disposição de entrar em profundidade no conteúdo do livro, vale a pena destacar dois de seus aportes antes de encerrar esta sintética exposição da teoria da assimilação.

A primeira se refere à visão mais ampla que se oferece da natureza das aprendizagens. Novak (1998, p. 28-29) insiste particularmente na idéia de que construir significados implica pensar, sentir a agir, três elementos que é preciso integrar para conseguir aprendizagens significativas, para gerar novos conhecimentos. Segundo o autor:

> Uma educação acertada deve centrar-se em algo mais que o pensamento do aluno; os sentimentos e as ações também são importantes e é preciso levar em conta estas três formas de aprendizagem a saber: a aquisição de conhecimentos (aprendizagem cognitiva), a modificação das emoções e dos sentimentos (aprendizagem afetiva) e a melhoria da atuação ou das ações físicas ou motoras (aprendizagem psicomotora), que incrementa a capacidade da pessoa para entender suas experiências. [...] Os seres humanos pensam, sentem e atuam, e as três coisas se combinam para constituir o significado da experiência.

Tal ampliação dos conteúdos da aprendizagem é sem dúvida interessante, já que uma das limitações da versão original da teoria reside precisamente em centrar-se de forma quase exclusiva na aprendizagem conceitual. A idéia, porém, não está concretizada. Fala-se muito dessa tripla dimensão, mas não se vai a fundo na especificidade que os processos de aprendizagem previstos na teoria podem adquirir para cada um dos casos. É razoável pensar que muitos aspectos serão comuns, mas também que a natureza peculiar do cognitivo, do afetivo e do psicomotor se traduza, ao mesmo tempo, em aspectos diferentes em sua gênese (ver o Capítulo 12 deste volume). Essa tricotomia, além do mais, tem a desvantagem de aprofundar uma dissociação dos processos psicológicos que se sabe inadequada.

O segundo aporte que desejamos destacar diz respeito à importância do contexto da aprendizagem. Na versão original da teoria já se destacava o significado distinto que um mesmo conceito poderia assumir dependendo do lugar que ocupasse em uma determinada estrutura cognitiva hierárquica. Assim, o significado do conceito "geografia" variará dependendo de seu uso em um contexto de análise histórica ou ambiental. Na linha teórica da cognição situada, Novak insiste agora em entender o significado indissociavelmente ligado ao contexto no qual foi construído: um conceito adquire sentido dependendo das diferentes proposições que o incluem, e estas são geradas em contextos específicos. Assim, a riqueza do significado do conceito dependerá da variedade de contextos nos quais se tenha aprendido e da capacidade de conectar os diferentes significados dentro desse mesmo conceito. Embora essa ênfase no contexto seja muito interessante, a proposta fica incompleta se não se adotar uma posição acerca dos processos de generalização, algo que não se encontra no livro de Novak que estamos comentando.

DA APRENDIZAGEM AO ENSINO: IMPLICAÇÕES DO ENSINO DA TEORIA DA APRENDIZAGEM VERBAL SIGNIFICATIVA

> [...] *A Theory of Education* não influi de forma significativa na educação, nos Estados Unidos nem em outros países. [...] Porém me parece evidente que os educadores não estavam preparados nem necessitavam desesperadamente de uma teoria da educação. As práticas educacionais antigas, derivadas em boa medida da psico-

> logia behaviorista [...], eram consideradas suficientemente boas para prosseguir a tarefa da educação (Novak, 1998, p. 256).

Embora a apreciação feita retrospectivamente por Novak sobre o impacto no ensino seja mais desalentadora, muitos dos conceitos e princípios da teoria da aprendizagem verbal significativa e da "teoria da educação" elaborados com base em seus pressupostos gozam de uma popularidade apreciável e pode-se dizer que fazem parte do saber educacional compartilhado. A seguir, vamos nos aprofundar em alguns desses aspectos, dando atenção tanto a princípios gerais como a conceitos ou instrumentos específicos de indubitável repercussão prática.

Superando concepções errôneas em educação: a aprendizagem significativa por recepção e a construção de significados

A distinção das duas dimensões da educação a que nos referimos no item anterior – dimensão recepção/descoberta e dimensão significativa/receptiva – constitui algo mais que o necessário esclarecimento conceitual sobre a aprendizagem escolar. Ao reivindicar a aprendizagem significativa por recepção como um processo cognitivo de natureza ativa, esses autores seguem a tradição inaugurada por Claparède, com sua defesa da "atividade funcional" de tipo cognitivo em face da "atividade de execução", e seguida por Piaget e outros representantes do paradigma construtivista, com a "atividade auto-estruturante" ou atividade mental construtiva.

Para Ausubel, a exposição verbal correta e bem-organizada é a forma mais eficiente de ensinar e promover a aprendizagem de conteúdos amplos e complexos; daí que o planejamento e a prática do ensino devam preocupar-se com a apresentação correta da informação para que os alunos possam construir significados precisos e estáveis, que possam ser retidos como corpos organizados de conhecimento. Na obra na qual apresentaram sua teoria (1983, p. 117), Ausubel, Novak e Hanesian destacavam condições estimuladoras da compreensão significativa:

1. [Se] As idéias centrais e unificadoras de uma disciplina são aprendidas antes que se introduzam os conceitos e informações periféricos.
2. Se se observam as concepções limitantes da aptidão de desenvolvimento geral.
3. Se se enfatizam definições exatas, e se destacam as similitudes e as diferenças entre conceitos relacionados.
4. Se se pede aos alunos que reformulem com suas próprias palavras as novas proposições.

O problema com os métodos expositivos não é que, em si mesmos, incentivem a aprendizagem repetitiva, como se sustenta a partir de determinadas posturas progressistas em educação, mas sim que sua inadequada concretização leve o aluno a "enganar-se", a acreditar que captou os conceitos quando na verdade está apenas manejando um conjunto de rótulos verbais. Para afastar tal perigo, é necessário estimular os alunos a adotarem uma postura crítica diante da aprendizagem. Isso significa encorajá-los a analisar os postulados em que se baseiam os conhecimentos, a distinguir entre fatos e hipóteses, a buscar os dados em que se apóiam as inferências. O uso, por parte do professor, da indagação e da maiêutica socrática pode contribuir para assegurar uma compreensão mais ajustada dos conceitos.

Nesse sentido, as reformulações recentes da teoria acentuam a importância da interação educacional. Isso leva a considerar o fato educacional como ação dirigida à troca de significados e sentimentos entre professor e aluno (Novak, 1998, p. 34 e ss); a aprendizagem significativa se produz quando o aluno e o professor negociam e compartilham com êxito uma unidade de significado. A exposição do conhecimento, portanto, não deve ser semelhante a um relato de fatos e de conceitos que por si mesmo produz uma aprendizagem repetitiva, carente de significados, mas como um componente necessário – ainda que insuficiente – para a construção de significados por parte do aluno. A este resta ainda uma tarefa enorme: persistir em compreender e em reter, integrando as novas idéias com seus conhecimentos anteriores, analisando similitudes e diferenças, formulando as novas proposições em suas próprias palavras, formulando perguntas-chave e assumindo conscientemente a resolução dos problemas que aparecem ao longo da aprendizagem.

Em síntese, o fato de que os professores selecionem, estruturem e seqüenciem adequadamente os conteúdos das matérias de estudo não constitui um impedimento para a atividade mental dos alunos; ao contrário, da perspectiva da teoria, facilita-a e orienta-a. Desse modo, contribui-se não apenas para a construção de significados, mas também para a compreensão das ações que permitem aprender de forma autônoma, para o conhecimento sobre como aprender de modo significativo. Para que isso ocorra mediante a aprendizagem por recepção, é necessário cumprir determinadas condições: apresentar em primeiro lugar as idéias mais gerais de um âmbito de conhecimento, utilizar definições claras e precisas, formular de maneira explícita as relações existentes entre os conceitos apresentados e pedir aos alunos que reformulem, com suas próprias palavras, a nova informação. À medida que tais condições se cumpram, e à medida que existam na estrutura cognitiva dos alunos conceitos inclusores pertinentes, assegura-se uma adequada integração dos novos conhecimentos, ou o que é o mesmo, consegue-se atribuir-lhes significado e aprendê-los significativamente. A ativação desses conceitos inclusores, capazes de assimilar a nova informação, aparece, então, como um fator determinante da aprendizagem.

A organização hierárquica do conhecimento e suas implicações educacionais

Ausubel e seus colaboradores – do mesmo modo que outras correntes da psicologia cognitiva atual – postulam que a estrutura cognitiva humana está configurada por redes de conceitos organizados hierarquicamente segundo um nível de abstração e generalidade. Essa representação do conhecimento na memória humana, ou *estrutura psicológica*, deve ser diferenciada de sua organização formal, tal como aparece nos livros-texto, nos manuais ou nas monografias elaborados pelos especialistas na área em questão, que representa mais sua *estrutura lógica*. As coincidências que existem entre elas, em decorrência de se referirem a um mesmo conteúdo, não nos devem fazer esquecer suas diferenças quanto aos princípios e às leis que regem sua organização e aos significados que veiculam. Como se sabe, a teoria da aprendizagem verbal significativa considera que o seqüenciamento dos conteúdos de aprendizagem encontra seu referente ideal na estrutura psicológica do conhecimento e nos princípios que regem sua organização. Tais idéias originaram a alguns dos conceitos e instrumentos mais conhecidos da teoria: os organizadores prévios, os mapas conceituais e o heurístico "UVE".

Seguindo esses princípios, o seqüenciamento dos conteúdos do ensino deve concretizar-se em uma *hierarquia conceitual* que segue uma ordem descendente: começa-se pelos conceitos mais gerais, importantes e inclusivos, apoiados em exemplos concretos que permitam ilustrá-los, e termina-se com a apresentação dos mais detalhados, passando pelos que têm um nível de generalidade intermediário. A apresentação cíclica de todos os conceitos promove tanto a diferenciação progressiva dos mais gerais quanto a reconciliação integradora para o conjunto da estrutura; adicionalmente, permite destacar as diversas relações – de subordinação, de supra-ordenação, de semelhança, etc. – que os conceitos apresentados mantêm entre si. As hierarquias conceituais são não só um claro expoente do caráter hierárquico que Ausubel atribui à estrutura cognitiva, mas também da importância que atribui à aprendizagem subordinada.

Um princípio importante da teoria da aprendizagem verbal significativa é que todos os alunos podem aprender significativamente um conteúdo se têm em sua estrutura cognoscitiva conceitos relevantes e inclusores (Novak, 1982); esses conceitos devem ser ativados para obter a adequada integração da nova informação na estrutura de conhecimento já existente. Os organizadores prévios são precisamente conteúdos introdutórios de maior nível de generalidade, de abstração e de inclusividade do que o novo material de aprendizagem, formulados em termos familiares para o aluno; sua função é a de "superar a distância" – ou lançar pontes – entre o conhecimento que se possui e o que se necessita para abordar com êxito o conteúdo que se trata de assimilar. Com sua apresentação, pretende-se ativar ou criar o inclusor pertinente. Quando se possui pouco conhecimento passível de ser relacionado com a nova informação, um *organizador expositivo* pode oferecer os conceitos inclusores necessários para integrá-la. Se há familiaridade com o conteúdo que se deve aprender, um organizador comparativo pode facilitar a discriminação entre o aprendido e o novo (Garcia Madruga, 1990).

Como se assinalou (Novak, 1998), a eficácia dos organizadores prévios depende de duas condições: de que seja possível identificar os conhecimentos existentes relevantes e específicos e de que os novos conteúdos sejam seqüenciados de tal modo que a capacidade do aluno para relacioná-los com o que já possui se incremente ao máximo. Assim, um organizador prévio da aprendizagem é considerado ou não como tal em função do que os alunos já sabem (e também, mas não só, em função do conteúdo que ensine). Em outras palavras, um determinado material não pode ser considerado em si mesmo como um organizador prévio adequado ou inadequado; seu papel de ligação ou "ponte cognitiva" vincula-o de forma ineludível ao conteúdo de aprendizagem em relação aos inclusores disponíveis em um aluno ou grupo de alunos (Martí e Onrubia, 1997). A dependência que têm os organizadores prévios do material específico e do conhecimento dos alunos – dos diversos alunos – confere certa dificuldade à tarefa de selecioná-los; contudo, é essencial observar tal dependência, pois de outra forma não se pode cumprir a função de promover a garantia da nova informação nos inclusores preexistentes.

A idéia dos organizadores prévios e sua contribuição para a consolidação de novos conceitos é uma das mais conhecidas e pesquisadas da teoria de Ausubel, e também das mais criticadas, pela pouca precisão em sua definição, que se deve, pelo menos em parte, à sua própria natureza e ao seu caráter necessariamente contextualizado. É provável que seja também uma das que tenha sido mal-interpretada com mais freqüência, ao se abordar a elaboração ou a seleção dos organizadores prévios de um ponto de vista externo, estritamente lógico, sem dar a necessária atenção aos conhecimentos dos alunos em seu planejamento. Os mapas conceituais e a UVE de Gowin são, precisamente, instrumentos que podem ajudar o professor a ajustar seu planejamento ao que o aluno já conhece. Como assinala Novak (1988, p. 99), tanto os mapas conceituais quanto os diagramas em UVE

> [...] constituem poderosos organizadores prévios e ajudam a projetar o ensino que se baseia nas estruturas do conhecimento do aluno. Se pedirmos aos alunos que construam o melhor mapa conceitual ou diagrama UVE para um tema ou uma atividade concreta, manifestarão tanto as idéias válidas que têm sobre estes como as não-válidas. [...] [Isso] faz com que o aluno perceba que possui certos conhecimentos relevantes para o novo tema, o que incrementa sua motivação para aprender de modo significativo.

O *mapa conceitual* é um instrumento que permite representar um conjunto de conceitos relacionados de forma significativa. A unidade básica do mapa conceitual é a proposição, constituída por dois ou mais conceitos unidos por um termo que manifesta a relação existente entre eles. Sua estrutura é hierárquica, de modo que se evidenciam as relações de subordinação e supra-ordenação entre conceitos – os que se incluem na parte superior são os mais gerais e, à medida que se desce, aparecem os conceitos mais específicos –, mas pode-se representar também relações não-hierárquicas. Na Figura 3.2, um exemplo de mapa conceitual.

Os mapas conceituais (Coll e Rochera, 1990; Del Carmen, 1996a) estabelecem um número reduzido de conceitos e de idéias importantes relacionados de forma substancial que permitem orientar o processo de ensino e aprendizagem. Por isso, além de constituir um instrumento muito útil para perguntar sobre as idéias dos alunos acerca de um corpo de conhecimento – para estabelecer a representação psicológica desse conhecimento –, eles podem ser utilizados como instrumento de avaliação alternativo às provas objetivas em

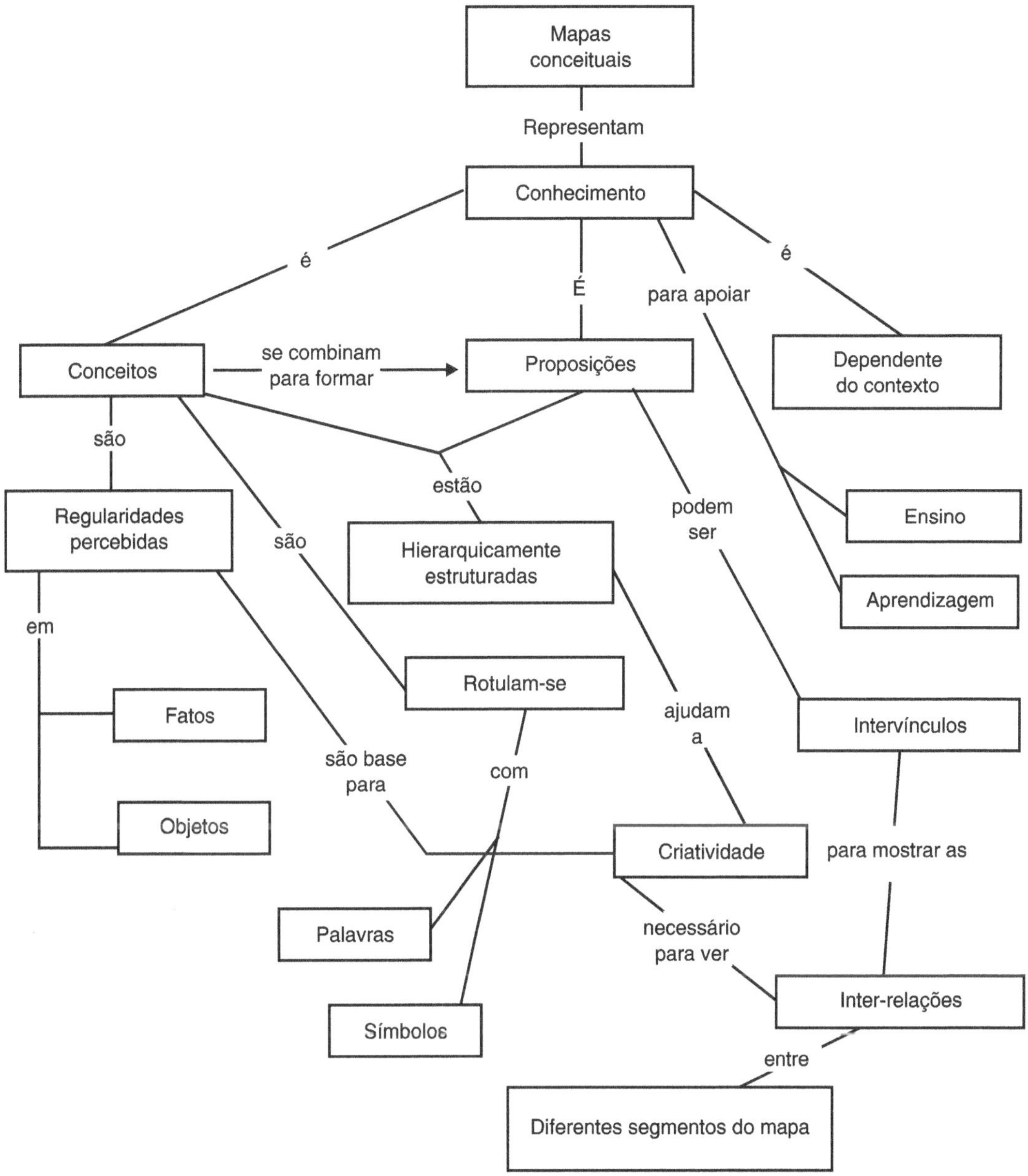

FIGURA 3.2 Mapa conceitual que mostra as idéias e os princípios fundamentais para obter-se um bom mapa conceitual.
Fonte: Novak, 1998, p. 54.

qualquer momento do processo de ensino e aprendizagem e também como ferramenta para a elaboração de seqüências de aprendizagem. Constituem um instrumento muito valioso para ensinar os alunos a representarem seu conhecimento sobre um determinado tema ou âmbito da realidade e para prover a reflexão sobre os conceitos que o integram e as relações que o aluno é capaz de estabelecer entre eles. Nessa perspectiva, que ressalta sua capacidade como ferramenta metacognitiva, são um poderoso aliado no ensino e na aprendizagem de estratégias de aprendizagem autônoma (Novak e Gowin, 1988).

Sua versatilidade e a relativa facilidade na aprendizagem e no uso dos mapas conceituais popularizaram esse instrumento que, no entanto, não deixa de ter limitações. Algumas delas inerentes à sua própria natureza (Coll e Rochera, 1990): a elaboração de um mapa conceitual está sempre sujeita a um certo grau de arbitrariedade (pois quem o elabora decide os conceitos e as relações a enfatizar), sem que existam diretrizes precisas que a orientem de maneira inequívoca. Além disso, constitui um instrumento adequado para representar a estrutura conceitual de um corpo de conhecimento, mas não se pode afirmar o mesmo dos conteúdos procedimentais e daqueles relativos às atitudes, aos valores e às normas. Do ponto de vista do ensino, isso constitui uma grave limitação, pois embora Ausubel e seus colaboradores tenham proporcionado múltiplas e sugestivas propostas para abordar o ensino dos conteúdos conceituais, o tratamento de outras categorias de conteúdos curriculares não foi objeto de seus trabalhos.[2]

Outra limitação dos mapas conceituais se deve tanto à sua natureza quanto ao uso que se faz deles; quando se torna rotineira sua elaboração e quando esta não promove a autêntica reflexão e a discussão dos conceitos e das relações representados, os mapas adquirem a condição de exercícios para resolver, perdendo uma parte considerável de seu poder como estratégia de aprendizagem (Monereo e Castelló, 1997). A elaboração de um mapa conceitual deve constituir uma situação complexa que não possa ser resolvida de forma repetitiva e que obrigue a pensar. Então, se transforma em um instrumento ideal para a negociação de significados: para que os alunos possam negociar mutuamente seus significados; para que possam fazer isso com o professor e, talvez o mais importante, para que cada um possa negociá-lo consigo mesmo por meio da negociação que estabelece com outros. Como assinalaram diversos autores (Monero e Castelló, 1997; Novak, 1998; Pozo, 1996), o uso estratégico (em oposição ao puramente técnico) dos mapas conceituais por parte dos alunos, e sua potencialidade como instrumento de aprendizagem autônoma, depende em boa medida de como o professor os utiliza na sala de aula.

O *diagrama* ou *heurístico em UVE* (o "V de Gowin", como é conhecido habitualmente) é outro dos instrumentos elaborados de acordo com essa teoria, embora por sua complexidade seja muito menos utilizado para indagar sobre os conhecimentos dos alunos, para a avaliação e, em geral, para o ensino. Em princípio, foi criado para ajudar os estudantes a compreenderem a geração de determinados conhecimentos mediante um processo de pesquisa, o que, sem dúvida, explica a complexidade referida e, ao mesmo tempo, informa sobre sua utilidade para interpretar determinados fatos e acontecimentos, planejar processos de construção do conhecimento e como instrumento de análise, de seleção e de organização dos conteúdos fundamentais de uma disciplina.

Recordemos que a proposta de seqüenciação de acordo com a estrutura hierárquica do conhecimento postulada pela teoria da aprendizagem verbal significativa obriga a detectar os elementos fundamentais nas disciplinas, áreas curriculares ou de conhecimento que se pretende ensinar – isto é, os conceitos mais gerais e integradores – e a organizá-los hierarquicamente, de modo que se evidenciem as relações substanciais que mantêm entre si. Naturalmente, tal organização hierárquica pode adquirir a forma de um mapa conceitual, mas antes é necessário decidir quais são os conceitos fundamentais e as relações que mantêm com outros conceitos mais particulares. Para isso, podem ser utilizadas as perguntas que Gowin (citado por Novak, 1992; 1998) idealizou para identificar os elementos fundamentais de uma disciplina, uma área ou um corpo de conhecimento:

Quais são as perguntas-chave ou determinantes a que pretende responder a disciplina em questão?

Quais são os conceitos-chave que utiliza?

Que métodos de pesquisa são empregados para gerar novos conhecimentos?

Que enunciados, afirmações e respostas são elaborados para as perguntas-chave?

Que enunciados e juízos de valor faz com que intervenham?

Em torno dessas perguntas articula-se o diagrama em UVE, cujo esquema básico, tomado de Novak (1998), é o da Figura 3.3.

CONCEITUAL/TEÓRICO
(pensar)

CONHECIMENTO EM UVE

METODOLÓGICO
(fazer)

CONCEPÇÃO DO MUNDO:
As crenças e os sistemas de conhecimentos gerais que motivam e guiam a pesquisa

FILOSOFIA/EPISTEMOLOGIA:
As crenças sobre a natureza do conhecimento e o saber que guiam a pesquisa.

TEORIA:
Os princípios gerais que guiam a pesquisa e que explicam por que os fatos ou os objetos se mostram como se observa.

PRINCÍPIOS:
Enunciados de relações entre conceitos que explicam como se espera que os fatos ou os objetos se mostrem ou se comportem.

CONSTRUCTOS:
Idéias que mostram relações específicas entre conceitos, sem origem direta nos fatos ou nos objetos.

CONCEITOS:
Regularidades percebidas nos fatos ou nos objetos.

PERGUNTAS DE ENFOQUE:
Perguntas que servem para centrar a pesquisa nos fatos ou nos objetos estudados.

ENUNCIADOS SOBRE OS VALORES:
Afirmações baseadas nos enunciados sobre o conhecimento que declaram o valor da pesquisa.

ENUNCIADOS SOBRE O CONHECIMENTO:
Afirmações que respondem à pergunta ou às perguntas de enfoque e são interpretações razoáveis dos registros e registros transformados (dados) obtidos.

TRANSFORMAÇÕES:
Tabelas, gráficos, mapas conceituais, estatísticas ou outras formas de organizar os registros efetuados.

REGISTROS:
As observações realizadas e registradas dos fatos/objetos estudados.

FATOS E/OU OBJETOS:
Descrição do fato, ou dos fatos, e do objeto, ou objetos, estudados para responder às perguntas de enfoque.

FIGURA 3.3 O conhecimento em UVE.

As vantagens de utilizar tal diagrama foram sintetizadas por Novak (1998, p. 110 e ss.). Segundo o autor, permite ilustrar que na construção ou na análise de um corpo de conhecimento intervêm aproximadamente uma dúzia de elementos epistemológicos, tanto teórico-conceituais como metodológicos, todos interagindo entre si. Ilustra, também, uma visão construtivista do conhecimento, que mostra a importância das perguntas que nos formulamos sobre a realidade, que orientam totalmente a geração das respostas; embora estas se refiram aos objetos e aos fatos observados, o conhecimento não emana dos registros, mas sim da interpretação destes mediante os elementos de tipo conceitual e teórico "da parte esquerda" do diagrama.

Tais propriedades fazem da UVE um instrumento útil para o traçado de projetos de pesquisa (Novak, 1998), para a análise da estrutura de conteúdos de uma matéria e seu seqüenciamento inter-relacionado (Del Carmen, 1996a) e, em geral, para "desempacotar" o conhecimento de uma disciplina (Gowin, citado por Novak, 1992). A maior complexidade com relação aos mapas conceituais explica que seu uso, particularmente no âmbito dos ensinos fundamental e médio, seja muito mais restrito.[3]

A TEORIA DA APRENDIZAGEM VERBAL SIGNIFICATIVA: CONTRIBUIÇÕES E DESAFIOS PENDENTES

Uma contribuição significativa da teoria da aprendizagem verbal significativa reside em sua forma de entender a aprendizagem humana, especificamente a que se realiza em situações estruturadas de ensino e aprendizagem em torno do conhecimento de fatos, de conceitos, de princípios e de explicações. De uma posição inequivocamente cognitivo-construtivista, Ausubel e seus colaboradores definem uma categoria de aprendizagem cujos traços correspondem ponto por ponto aos que se consideram prototípicos do "bom aprender" (Pozo, 1996): provoca mudanças duradouras; é utilizável em situações distintas daquela em que se aprendeu e constrói-se em contexto de prática reflexiva. O aluno torna-se o verdadeiro protagonista da aprendizagem à medida que, graças à sua atividade mental construtiva, recupera e mobiliza seus conhecimentos prévios para atribuir significado à nova informação.

Essa explicação da aprendizagem humana em situações de ensino constitui não só um referente para algumas conceituações posteriores da psicologia cognitiva, como também para teorias e explicações sobre o ensino e a aprendizagem. Sua contribuição para a proposta de uma concepção construtivista da aprendizagem escolar e do ensino de caráter integrador é decisiva (Coll, 1997a). Não é estranho, pois, que tanto a partir deste como de outros enfoques construtivistas em educação se destaquem aportes, extensões e limitações da teoria da aprendizagem verbal significativa, algumas das quais já parecem superadas em elaborações posteriores, enquanto outras ainda constituem desafios abertos.

A perspectiva cognitiva: aprendizagem significativa e mudança conceitual – A representação do conhecimento na memória

A vigência do conceito de aprendizagem significativa manifesta-se na possibilidade de utilizá-lo para interpretar um dos temas aos quais a psicologia cognitiva do ensino dedicou mais esforços nas últimas décadas: o das concepções alternativas e a mudança conceitual. A maioria dos autores que trabalharam nesse campo formulou a mudança como uma substituição na estrutura cognitiva da aprendizagem de uma concepção alternativa, gerada no contexto de aprendizagem cotidiana, pela concepção científica. Entretanto, determinados dados de pesquisa – como os que mostram que mesmo sujeitos especialistas em um domínio podem não utilizar seu conhecimento científico em determinadas situações e por outro lado resolvêlas mediante concepções alternativas – levaram a rever tais posições. Nos últimos anos surgiram explicações que entendem a mudança conceitual como uma construção de teorias científicas a partir daquilo que o aluno já sabe, teorias que conviverão com o conhecimento cotidiano em sua estrutura cognitiva e cuja utilização dependeria do contexto (Rodrigo, 1994; Pozo, 1996; Rodrígues Moneo, 1999; ver também o Capítulo 4 deste volume).

Essas posições, que se mostram muito mais ajustadas ao que se observa nas situações de aprendizagem escolar, podem perfeitamente ser interpretadas em termos da teoria da assimilação da aprendizagem (Moreira, 2000). As concepções alternativas foram aprendidas de um modo significativo, o que não quer dizer científico ou correto, mas por correto entende-se o aceito na comunidade científica. Embora seu significado denotativo não coincida com o científico, pode ser compartilhado com outras pessoas e revelar-se útil em situações cotidianas. Segundo a teoria da assimilação, tais noções significativamente aprendidas fazem parte da história cognitiva do sujeito e nunca chegam a desaparecer de todo, devido aos processos de inclusão obliterativa explicados anteriormente. São conhecimentos "não-suprimíveis", não podem desaparecer totalmente porque sempre restarão significados residuais – seu vestígio. Os exemplos da vida cotidiana pelos quais um aluno verifica a comprovação dessas concepções constituem aprendizagens subordinadas que continuam contribuindo para sua diferenciação e sua estabilidade; por isso, são tão resistentes à mudança. Como assinala Moreira (2000),

> [...] É uma ilusão pensar que um conflito cognitivo e/ou uma concepção plausível e frutífera levará à substituição de uma concepção alternativa significativa. Quando as estratégias de mudança conceitual têm êxito, em termos de aprendizagem significativa, o que fazem é agregar novos significados às concepções já existentes, sem suprimir ou substituir os significados que já tinham. Ou seja, a concepção torna-se mais elaborada, ou mais rica, em termos de significados agregados a ela.

Dessa perspectiva, a aprendizagem deveria produzir um processo de maior enriquecimento e discriminação, que permitisse ao aluno fazer a diferenciação, de maneira progressivamente mais consciente, entre os significados "aceitos" e os "não-aceitos" em cada situação particular. Os especialistas têm os dois tipos de significados – cotidiano e científico – e sabem utilizar o adequado em cada contexto. As estratégias de ensino deveriam levar em conta o que o aluno já sabe e ajudar para que se produzam sucessivas diferenciações progressivas e reconciliações integradoras que conduzem à reorganização da estrutura cognitiva do aluno, situando suas concepções implícitas no lugar adequado da nova hierarquia conceitual construída em conseqüência da aprendizagem dos conhecimentos cientificamente aceitos (Pozo, 1996). Assim, a mudança conceitual poderia ser reinterpretada em termos de processos de desenvolvimento e de enriquecimento conceitual que permitem uma discriminação contextual dos significados.

Nos parágrafos anteriores destacou-se um dos aportes mais relevantes da teoria da assimilação da ótica da psicologia cognitiva. Na mesma perspectiva, porém, os postulados referentes à natureza dos sistemas de representação do aluno parecem questionáveis. A teoria de Ausubel baseia sua concepção da aprendizagem nos conhecimentos prévios do aluno e em sua função de ancoragem das novas informações, o que implica tomar posição acerca do formato e da organização da estrutura cognitiva do sujeito. Ausubel considera que se trata de uma estrutura *hierárquica* composta de *conceitos, de princípios* e *de proposições*. Atualmente, a discussão sobre o que se entende por "representação mental'" continua em aberto: formato proposicional *versus* formato analógico; representações contínuas *versus* representações discretas; representações declarativas *versus* representações procedimentais (Rumelhart e Norman, 1988). Embora não se possa considerar resolvido o problema de como se representa o conhecimento, tudo parece apontar para uma diversidade de formatos que possam dar conta da complexidade que o caracteriza. Da perspectiva que proporcionam os conhecimentos atuais, a teoria de Ausubel representa uma visão uniforme demais da estrutura cognitiva do aluno, visão que não dá uma resposta clara à aprendizagem de outros conhecimentos de natureza distinta da conceitual. A revisão da teoria do ponto de vista da possível revisão de formatos representacionais analógicos – imagens mentais, modelos mentais ou mapas cognitivos –, ou da diferença entre conhecimento declarativo e conhecimento procedimental (Anderson, 1983), poderia torná-la muito mais explicativa e orientadora do ensino.[4]

Em um sentido similar, seria de grande importância reler a teoria do ponto de vista do interessante debate que vem ocorrendo nos últimos anos sobre os processos metacognitivos e a dimensão implícito-explícito no conhecimento (Marti, 1995). Até que ponto o aluno deve ter consciência da ativação do inclusor adequado? Se a mudança conceitual supõe, em uma teoria da aprendizagem significativa, a inclusão hierárquica de todas as teorias implícitas e científicas do aluno e seu uso dependendo do contexto, será que tais teorias devem ser explícitas? Em que nível de explicitação? A resposta a tais perguntas, de amplas repercussões do ensino, proporcionaria uma nova dimensão à teoria da assimilação.

A teoria da aprendizagem significativa e a elaboração de uma concepção construtivista da aprendizagem escolar e do ensino

A explicação da aprendizagem proporcionada pela teoria de Ausubel constitui um ingrediente fundamental na elaboração de uma concepção construtivista da aprendizagem e do ensino, entendida como marco explicativo de caráter integrador de tais processos (Coll, 1997c). Seria errôneo, contudo, assimilar essa concepção à teoria da assimilação. A noção de aprendizagem significativa é reinterpretada quando se integra na concepção construtivista e adquire um alcance diferente, como se verá no Capítulo 6 deste volume.

Assinalemos, aqui, unicamente que tal reinterpretação diz respeito, entre outros aspectos, às condições cuja presença determina a significatividade de uma aprendizagem: significatividade potencial do ponto de vista lógico, significatividade potencial do ponto de vista psicológico e disposição favorável do aluno para ativar e para revisar seus esquemas de conhecimento. A teoria de Ausubel sugere que, enquanto a primeira condição assinalada refere-se ao conteúdo ou ao material de aprendizagem, as outras duas vinculam-se exclusivamente ao aluno. A natureza social dos processos de ensino e aprendizagem – assim como o fato de que a concepção construtivista assume que a construção pessoal de significados que ocorre na escola insere-se em um contexto interpessoal que influi decisivamente na dinâmica construtiva interna – leva a atribuir à regulação exercida pelos outros um papel crucial na construção de significados. A maior ou menor significatividade da aprendizagem dependerá, portanto, das relações que se estabelecem entre o conteúdo, o aluno e a intervenção do professor, insubstituível não só para destacar a lógica interna da informação que se pretende aprender, como também para promover a ativação, a revisão e a modificação dos inclusores pertinentes no sentido que assinalam as intenções educacionais. O problema de como conseguir que as aprendizagens realizadas pelos alunos sejam tão significativas quanto possível transforma-se, na concepção construtivista, no problema de como conseguir, pela influência do professor, que as condições que subjazem à aprendizagem significativa se encontrem presentes em grau ótimo, facilitando ao aluno a construção do conhecimento. Resolver tal problema exige incorporar explicações e teorias que sejam compatíveis com a visão cognitiva e construtivista de Ausubel e que proporcionem indicações sobre a articulação da dinâmica interna dos processos de construção com a dinâmica da interação que se mantém com outros em torno dos conteúdos de aprendizagem (ver Capítulo 17 deste volume).

Em um sentido mais específico, embora a disposição favorável do aluno seja uma das três condições necessárias para atribuir significado à aprendizagem, avançou-se muito pouco, na própria teoria, na conceituação mais precisa do que se entende por essa atitude positiva diante da aprendizagem. Da perspectiva construtivista, assume-se que na construção de significados confluem representações, motivos, expectativas e atribuições em uma complexa trama de relações que, em última análise, determinam o *sentido* que os alunos acabam atribuindo ao próprio ato de aprender (Coll, 1998b; Miras, 1995; Solé, 1993). Nessa trama, intervêm componentes cognitivos, mas também aspectos vinculados ao emocional e ao afetivo, ao individual e ao social. Tudo isso influi tanto na possibilidade como na dificuldade de atribuir significado aos conteúdos que são objetivo de aprendizagem. Reciprocamente, os resultados mais ou menos satisfatórios da aprendizagem e a avaliação que recebem repercutem no conceito que o aprendiz constrói em suas representações sobre a escola e a atividade de aprender. Uma autêntica concepção construtivista da aprendizagem escolar e do ensino exige que se incorporem esses elementos constitutivos da construção do conhecimento e da própria identidade pessoal (ver os Capítulos 6 e 12 deste volume).

É preciso assinalar também que a teoria da aprendizagem significativa apresenta outra limitação quando se recorre a ela para explicar a aprendizagem que ocorre em situações escolares. Por seu próprio objeto de interesse, Ausubel centra-se na explicação da aprendizagem de conhecimentos declarativos (conceitos, princípios, fatos e explicações) e se manifesta apenas de forma muito superficial sobre a aprendizagem de conceitos procedimentais (técnicas, habilidades e estratégias) e sobre os processos envolvidos na aquisição de atitudes, de valores e de normas. Tais categorias de conteúdos são constitutivas do currículo escolar nas diversas etapas educacionais e, embora possam postular-se semelhanças na aprendizagem de todas elas, é evidente que suas características específicas exigem que sejam levadas em conta para uma correta compreensão de sua aprendizagem e, conseqüentemente, para organizar seu ensino. Determinados e importantes conteúdos, assim como objetivos irrenunciáveis do ensino, prestam-se mal para ser veiculados exclusivamente por meio da exposição; sua aprendizagem requer algo mais e algo diferente da recepção, como a prática reflexiva, a exercitação, os processos de tomada de decisões em grupo, etc. Ainda que alguns autores (por exemplo, Del Carmen, 1996a) considerem que não se explorou suficientemente o diagrama em UVE em sua dimensão facilitadora da análise inter-relacionada dos diversos tipos de conteúdo envolvidos em uma determinada área de conhecimento, e para orientar conseqüentemente o ensino, o estabelecimento de hierarquias conceituais aparece como um empreendimento de enorme complexidade quando se trata de ensinar atitudes, ou valores de tipo geral, não-vinculados especificamente a uma disciplina ou a uma área curricular. Algumas das alternativas assinaladas no item anterior, a propósito dos formatos representacionais, aparecem como promissoras vias de indagação suscetíveis de aportar conhecimentos sobre tais aspectos.

Para entendê-la adequadamente, é preciso levar em contra que a teoria de Ausubel é uma teoria da aprendizagem escolar, da qual derivam implicações para o ensino. Isso explica que a teoria tenha sido abordada essencialmente a partir de um de seus elementos fundamentais (o aluno, a construção de significados), em torno do qual fizeram girar os demais, o que apresenta insuficiências quando ela é interpelada de uma ótica educacional mais ampla e global. Recentemente, Novak (1998) destacou que todo fato educacional compreende cinco elementos: o professor, o aluno, o conhecimento, a avaliação e o contexto. Todos esses elementos se combinam entre si e devem ser levados em conta para planejar intervenções educacionais eficazes. Tais formulações aproximam-se da perspectiva sistêmica que há alguns anos se impôs em psicologia da educação para caracterizar os processos de ensino e de aprendizagem, perspectiva que permite dar conta de sua complexidade e da interdependência de seus componentes, ao mesmo tempo que é compatível com uma concepção construtivista (Ver Coll, 1980). Em que pese o interesse intrínseco dessa aproximação, cujos benefícios para a compreensão do ensino e para o planejamento de inovações e de propostas educacionais foram amplamente demonstrados, seu impacto na versão revisada da teoria feita por Novak é no momento pouco tangível, e sua incorporação traduz mais uma intenção que uma realidade satisfatória.

Entretanto, no que diz respeito a suas limitações, a teoria da aprendizagem verbal significativa continua sendo uma explicação convincente da aprendizagem de conceitos, fatos e princípios na sala de aula, explicação que pode ser extrapolada a processos de aprendizagem que se produzem em contextos educacionais distintos da escola. Embora o reconhecimento da teoria tenha sido tardio, muitas de suas idéias têm uma ampla repercussão prática e subjazem a elaborações que se inserem em diferentes tradições teóricas e de pesquisa, como também a uma boa parte do que poderia ser caracterizado como saber educacional compartilhado. A partir de uma concepção construtivista, enriquecida com a integração de outras perspectivas igualmente necessárias, podemos afirmar que tal teoria é um dos pilares fundamentais para explicar não só os significados construídos pelos alunos em relação aos conteúdos escolares, como também a maneira como eles os constroem.

NOTAS

1. Ainda que uma análise mais acurada talvez aconselhasse a estabelecer uma distinção entre ambas, ao longo deste capítulo utilizaremos indistintamente as expressões "teoria da

aprendizagem verbal significativa" e "teoria da assimilação", para referir-nos às explicações da aprendizagem escolar elaboradas por David P. Ausubel, seus colaboradores e seguidores.

2. Tal inconveniente é parcialmente resolvido na Teoria da Elaboração, que também propõe uma seqüência na apresentação dos conteúdos que enriquece a de Ausubel (ver, por exemplo, Reigeluth e Stein, 1983; Coll, 1987; Coll e Rochera, 1990).
3. Em anexos correspondentes ao capítulo inclui-se uma série de orientações elaboradas por Novak (1998, p. 283-286) para facilitar a elaboração de mapas conceituais e diagramas em UVE, respectivamente.
4. A compreensão em profundidade desta última diferença poderia levar à busca de ferramentas mais adequadas que os mapas conceituais para os procedimentos, como, por exemplo, as que propõem a teoria algorítmico-heurística de Landa, a teoria da aprendizagem estrutural de Scandura, ou a análise do caminho procedimental de Merrill (ver, por exemplo, Del Carmen, 1996a). Ao mesmo tempo, se fosse possível comprovar que alguns dos conhecimentos prévios que o aluno tem de ativar em um processo de aprendizagem significativa não respondem a uma representação na memória de longo prazo, mas à forma que o conhecimento adquire na memória de trabalho dependendo de elementos situacionais (ver Capítulo 4 deste volume), se prestaria mais atenção à importância dos contextos concretos que os professores deveriam utilizar na busca de contextos sociais de referência compartilhados. Um último exemplo das repercussões do ensino dos conhecimentos da psicologia cognitiva no âmbito de uma teoria da aprendizagem significativa seria o uso das imagens mentais e de outros códigos analógicos, que podem ser mais adequados para determinados conteúdos e para certos alunos do que um formato unicamente proposicional.

Anexo 1

Como Construir um Mapa Conceitual

1. Identificar uma pergunta de enfoque referente ao problema, ao tema ou ao campo de conhecimento que se deseja representar mediante o mapa. Baseando-se nessa pergunta, identificar de 10 a 20 conceitos pertinentes à pergunta e elaborar uma lista com eles. Para algumas pessoas, é útil escrever os rótullos conceituais em cartões individuais ou *Post-its*, para poder deslocá-los. Quando se trabalha com um programa de computador para construir mapas, é preciso introduzir nele a lista de conceitos. Os rótulos conceituais devem ser compostos de uma única palavra ou no máximo por duas ou três.
2. Ordenar os conceitos colocando o mais amplo e inclusivo no início da lista. Às vezes, é difícil identificá-lo. É útil refletir sobre a pergunta de enfoque para decidir a ordenação dos conceitos. Às vezes, esse processo leva a modificar a pergunta de enfoque ou a escrever outra diferente.
3. Revisar a lista e acrescentar mais conceitos, se forem necessários.
4. Começar a construir o mapa colocando os conceitos mais inclusivos e gerais na parte superior. Normalmente, costuma haver um, dois ou três conceitos mais gerais na parte superior do mapa.
5. Em seguida, selecionar um, dois, três ou quatro subconceitos e colocá-los debaixo de cada conceito geral. Não se devem colocar mais que três ou quatro. Se há seis ou oito conceitos que parece que vão abaixo de um conceito geral ou de um subconceito, há possibilidade de identificar um conceito intermediário adequado, criando-se, desse modo, um novo nível hierárquico no mapa.
6. Unir os conceitos por meio de linhas com uma ou várias palavras de união, que devem definir a relação entre os dois conceitos, de modo que se leia um enunciado ou uma proposição válidos. A união cria significado. Quando se une de forma hierárquica um amplo número de idéias relacionadas, observa-se a estrutura do significado de um tema determinado.
7. Modificar a estrutura do mapa, o que consiste em acrescentar, tirar ou mudar conceitos supra-ordenados. Talvez seja necessário realizar tal modificação várias vezes; de fato, é um processo que pode se repetir de forma indefinida, à medida que se adquirem novos conhecimentos ou idéias. Neste caso que são úteis os *Post-its*, ou melhor ainda, os programas informáticos para criar mapas.
8. Buscar intervínculos entre os conceitos de diversas partes do mapa e rotular as linhas. Os intervínculos costumam ajudar a descobrir novas relações criativas no campo dos conhecimentos em questão.
9. Podem-se incluir nos rótulos conceituais exemplos específicos de conceitos (por exemplo, *golden retriever* é um exemplo de raça canina).

10. Os mapas conceituais podem ser realizados de formas muitos distintas para um mesmo grupo de conceitos. Não há uma única forma de elaborá-los. À medida que se modifica a compreensão das relações entre os conceitos, os mapas também são modificados.

Fonte: Novak, 1998, p. 283-284.

Anexo 2

Procedimentos para Ensinar a Construir Diagramas em UVE

1. Selecionar um fato (ou objeto) de laboratório ou de campo que seja relativamente simples de observar e para o qual se possam identificar com facilidade uma ou várias perguntas de enfoque; ou se possa empregar um artigo de pesquisa com características similares, depois que todos os alunos (e o professor) o tenham lido.
2. Começar com uma exposição sobre o fato ou o objeto observado. Deve-se assegurar de que o que se identifica é o fato ou os fatos registrados. Ainda que seja surpreendente, às vezes é difícil.
3. Identificar e escrever o melhor enunciado possível da pergunta ou das perguntas de enfoque. Deve-se assegurar de que esta ou estas se relacionam com os fatos ou os objetos estudados e com os registros que serão feitos.
4. Discutir a forma como as perguntas servem para centrar a atenção em traços característicos dos fatos ou objetos e *exigem* que se obtenham determinados tipos de registro para respondê-las. Ilustrar a forma como uma pergunta diferente sobre os mesmos fatos ou objetos exigiriam efetuar registros diferentes (ou com um grau distinto de precisão).
5. Falar da origem das perguntas ou da escolha dos objetos ou dos fatos que serão estudados. Ajudar os alunos a perceberem que, em geral, os conceitos, os princípios e as teorias relevantes orientam a escolha do que se vai observar e das perguntas que se vão formular.
6. Discutir a confiabilidade e a validade dos registros. São fatos (isto é, registros) confiáveis válidos? Há conceitos, princípios e teorias que se relacionam com os artefatos para realizar registros e asseguram sua validade e confiabilidade? Há formas melhores de reunir registros de maior validade?
7. Discutir o modo de transformar os registros para responder às perguntas. Há gráficos, tabelas ou estatísticas concretos que constituam boas transformações?
8. Discutir a construção de enunciados sobre o conhecimento. Ajudar os alunos a ver que perguntas diferentes levam a reunir registros distintos e efetuar transformações distintas de registros. O resultado pode ser um novo conjunto de enunciados de conhecimento sobre a fonte dos fatos ou dos objetos.
9. Discutir os enunciados sobre os valores. São enunciados como X é melhor que Y, ou X é bom, ou temos de tentar conseguir X. Observe-se que os enunciados sobre os valores derivam dos enunciados sobre o conhecimento, mas não são os mesmos.
10. Mostrar que conceitos, princípios e teorias são empregados para dar forma aos enunciados sobre o conhecimento e podem influir nos dos valores.
11. Explorar formas de melhorar uma pesquisa concreta examinando que elemento da UVE parece o elo mais fraco de nossa cadeia de raciocínio; isto é, da construção

de enunciados sobre o conhecimento e os valores.

12. Ajudar os alunos a verem que operamos com uma epistemologia construtivista para construir enunciados sobre como vemos o funcionamento do mundo, não com uma epistemologia empirista ou positivista que demonstra uma verdade sobre como funciona o mundo.
13. Ajudar os alunos a perceberem que a concepção do mundo do pesquisador é o que o motiva ou orienta na escolha do que pretende compreender e o que controla a energia com que pesquisa. Os cientistas preocupam-se em avaliar e buscar formas melhores de explicar racionalmente como funciona o mundo. Os astrólogos, os místicos, os criacionistas, etc. não fazem o mesmo esforço construtivista.
14. Comparar, contrastar e discutir diagramas em UVE realizados por diferentes alunos para os mesmos fatos ou objetos. Discutir como a variedade contribui para ilustrar a natureza construída do conhecimento.

Fonte: Novak, 1998, p. 285-286

4 Representação e Processos Cognitivos: Esquemas e Modelos Mentais

MARÍA JOSÉ RODRIGO E NIEVES CORREA

INTRODUÇÃO

A psicologia cognitiva fez, durante décadas, um grande esforço para entender como se representa o conhecimento sobre o mundo e como operam os processos cognitivos que se baseiam nele. Não pretendemos, neste capítulo, contar essa longa história, mas nos propomos um objetivo mais modesto; familiarizar o leitor com aspectos das teorias sobre a representação do conhecimento e dos processos cognitivos que são particularmente relevantes da perspectiva da educação escolar. Repassemos brevemente algumas razões que justificam o interesse de seu estudo para a aprendizagem escolar.

Por um lado, processos tais como a aprendizagem, a compreensão e a memória compõem uma parte essencial do mecanismo construtivista, conferindo sentido ao mundo que nos rodeia e permitindo relacionar todo o novo com o conhecimento existente. Por isso, tais processos têm um protagonismo indiscutível nos cenários educacionais, onde as pessoas utilizam essas capacidades mentais para construir seu conhecimento sobre o mundo. Além disso, o funcionamento de tais processos depende dos conteúdos aos quais ele se aplica. Por exemplo, não é a mesma coisa memorizar listas de palavras sem sentido e textos significativos. Por isso, o cenário escolar é o adequado para preparar e praticar esses processos em uma grande variedade de situações de aprendizagem e de conteúdos de ensino.

Por outro lado, esses processos estão muito envolvidos na modificação e na transformação do conhecimento produzido em conseqüência da participação das pessoas em situações de ensino e aprendizagem. Embora a atividade de construção não seja privativa apenas de cenários propriamente escolares, é nesses ambientes que se exige das pessoas um maior esforço transformador para harmonizar uma boa parte de seu conhecimento cotidiano com o conhecimento acadêmico ou escolar. Por último, e muito ligado ao anterior, as demandas construtivas dos cenários escolares superam amplamente as demandas dos cenários cotidianos, porque ali os processos de aprendizagem, de compreensão e de memória devem alcançar um funcionamento ótimo. É imprescindível, portanto, que grande parte da atividade acadêmica tenha de ser dirigida a otimizar a eficiência de uso das ferramentas mentais. Nessa linha, estão as propostas pedagógicas e didáticas cujo objetivo é que o aluno "aprenda a aprender" (ver os Capítulos 8 e 9). Por tudo isso, faz sentido que, neste capítulo, analisemos os processos cognitivos mais significativos na aprendizagem escolar e que se faça uma aposta decisiva em contextualizar seu estudo no próprio cenário educacional.

A importância dos modelos de representação do conhecimento e dos processos cognitivos no cenário escolar também não passaram despercebidos aos inúmeros pesquisadores que foram além da análise crítica das teorias cognitivas para conseguir vislumbrar as aplicações e as implicações destas no âmbito da educação escolar. Faremos eco disso nestas páginas para ilustrar a tradição e pujança atual desse campo de estudo. Como fio condutor deste capítulo, escolhemos dois marcos explicativos sobre a representação do conhecimento com grande repercussão no mundo educacional: a teoria dos *esquemas* e a dos *modelos mentais*. A primeira começou há mais de duas décadas e nesse tempo desenvolveu-se amplamente em suas vertentes de ensino, enquanto que a segunda é muito mais recente e encontra-se em plena fase de elaboração e, por isso, sua projeção educacional ainda é tênue. Existe, contudo, uma certa similitude entre ambas, já que postulam modelos de representação do conhecimento que proporcionam uma visão integrada do funcionamento dos processos de aprendizagem, de compreensão e de memória. Por exemplo, as duas teorias os caracterizam como processos construtivos que operam a partir dos dados atuais (processos "de baixo para cima" ou guiados conceitualmente), oferecendo pontos de vista privilegiados sobre a concepção construtivista do ensino e da aprendizagem escolar, que inspira grande parte das formulações deste volume (ver especialmente os Capítulos 3 e 6).

Como os dois contextos explicativos oferecem uma visão bastante diferenciada do funcionamento dos processos, descreveremos a teoria dos esquemas e a dos modelos mentais a título de contraste, para não ocultar do leitor a tensão dialética existente entre ambas e que, às vezes, revela grandes lacunas em nosso conhecimento sobre os processos de construção do conhecimento. Essa mesma tensão dialética reflete-se no campo do ensino, em que convivem atualmente, como veremos, propostas baseadas na teoria dos esquemas e outras inspiradas nos modelos mentais.

OS ESQUEMAS

A noção de esquema tem precedentes na obra de Piaget (1926) e na de Bartlett (1932) e foi redescoberta no âmbito da inteligência artificial na década de 1970. A partir desse momento, diversificam-se as propostas teóricas, mas todas elas compartilham alguns traços gerais (Rumelhart, 1980; Brewer e Nakamura, 1984). Os esquemas são estruturas complexas de dados que representam os conceitos genéricos armazenados na memória. Por exemplo, o esquema de COMPRAR inclui uma série de personagens (COMPRADOR, VENDEDOR), de objetos (DINHEIRO, MERCADORIA, ESTABELECIMENTO), de ações (VENDER, PAGAR, COBRAR) e de metas (OBTER BENEFÍCIOS, SERVIR O COMPRADOR). A organização interna de tal conhecimento na memória semântica segue princípios de tipicidade, isto é, organiza-se em torno de protótipos, permitindo que se ajustem a uma grande variedade de situações a partir de uma série de elementos fixos, com o que se obtém uma grande economia cognitiva. Por exemplo, no esquema de COMPRAR as variáveis anteriores se *instanciam* ou preenchem com valores ausentes quando se trata de uma situação concreta como comprar selos: o VENDEDOR é um estanqueiro, a MERCADORIA é um selo, etc. Embora não se preencham todos os valores possíveis, as pessoas os inferem e podem entender, por exemplo, que o comprador se sentisse contrariado por não ter dinheiro (porque pagar é um dos componentes implícitos do esquema de comprar). Além dessa organização horizontal em torno de protótipos, existe uma organização vertical ou hierárquica, de modo que os esquemas de alto nível servem para criar outros esquemas e assim sucessivamente. Por exemplo, o esquema de COMPRAR inclui o subesquema de PAGAR e está incluído por sua vez no supra-esquema IR AO MERCADO.

O conteúdo dos esquemas é muito variado, já que a grande diversidade de conhecimentos armazenados na memória semântica é representada por meio de esquemas. Assim, existem esquemas *visuais* ou cenários físicos, como, por exemplo, o de uma habitação: esquemas *situacionais* ou roteiros como o que acabamos de mencionar (de ir às compras, ao restaurante, etc.); esquemas *sociais* de pessoas (como o de mãe superprotetora, de papéis como o de garçom, de instituições como a família ou de relações interpessoais como a amizade); esquemas de *autoconceito* (sobre o conhecimento de si mesmo e das próprias capacidades e habilidades); esquemas de *gênero*; etc. Também existem esquemas mais abstratos, como o esquema de uma *narração*, de uma *conversa*, ou os chamados esquemas de *domínio* ou teorias implícitas. Estes últimos, particularmente, são muito importantes no cenário educacional porque uma boa parte do conhecimento prévio dos alunos é de natureza conceitual e estrutura-se conformando teorias ou conjunto de conhecimentos que seguem os princípios de tipicidade e de estruturação hierárquica a que nos referíamos antes (Rodrigo, Rodríguez e Marrero, 1993). As pessoas elaboram teorias sobre uma grande variedade de domínios da realidade, tanto físicos como sociais. Assim, os pais têm teorias sobre o desenvolvimento e a educação de seus filhos, sobre o que é uma família, as pessoas têm concepções sobre o meio ambiente – para citar alguns domínios em que as autoras deste capítulo trabalharam.

Os esquemas são construídos graças a um poderoso mecanismo indutivo especializado em captar regularidades nas situações, nos comportamentos e nas idéias que as pessoas percebem em seu ambiente. Tal mecanismo opera seguindo os princípios da aprendizagem implícita, a forma mais comum de cognição humana pela qual detectamos e processamos inconscientemente informação sobre co-variações entre características ou acontecimentos do mundo circundante. É por isso que os esquemas se constroem inadvertidamente e seu conteúdo é difícil de verbalizar. Basta a exposição intensa a acontecimentos do mundo físico e social, garantida pela própria atividade humana, para que esse mecanismo de processamento paralelamente vá induzindo protótipos que são o esqueleto estruturante dos esquemas (Rumelhart e outros, 1986). Tal processo começa muito cedo, e por volta dos três anos já oferece seus primeiros frutos, dando lugar a uma primeira geração de esquemas de domínio cada vez mais complexos e articulados (sobre gênero, papéis, relações interpessoais e, por último, sobre instituições).

Os esquemas são imprescindíveis, pois graças a eles os estímulos físicos e sociais transformam-se em experiências significativas que nos ajudam a conferir sentido, aparência de racionalidade e possibilidade ao mundo que nos rodeia. Geram o que se pode esperar e prever das pessoas e das situações, configurando o mundo do normativo e do pactuado. Não é de estranhar que essa poderosa ferramenta mental desempenhe um papel-chave nos processos tipicamente construtivos, como a aprendizagem, a compreensão e a memória. Por exemplo, na teoria dos esquemas, a compreensão é um processo construtivo mediante o qual: a) realizam-se inferências e previsões a partir da informação esquemática; b) integra-se a informação presente nas situações ou nas tarefas com a informação esquemática; e c) estabelecem-se metas que orientam a escolha da informação relevante no ambiente (Kintsch e van Dijk, 1978). Em geral, compreende-se melhor um conteúdo quando as pessoas contam com esquema prévios relativos a este, ou quando a informação que se apresenta está bem-estruturada e mantém uma boa coerência causal (ver, por exemplo, van den Broek, 1990). Essa é a razão pela qual é menos difícil compreender textos com conteúdos familiares e que apresentem, em geral, uma boa organização das idéias.

Por sua vez, a memória é concebida como um processo reconstrutivo por meio do qual se recupera a informação já construída, que foi se integrando aos esquemas prévios na fase de aprendizagem. Em geral, *recorda-se* muito bem aquela informação congruente com o esquema ("pagar" em um restaurante), enquanto se *reconhece* melhor aquela que é incongruente ("uma gaiola de papagaios" em um restaurante) (Graesser, Goldon e Sawyer, 1979). Além disso, recorda-se melhor a informação respaldada por esquemas ricos e bem-articulados de conhecimento, já que os esquemas proporcionam um marco para organizar a nova informação, servindo como um elemento de contraste para decidir se são ou não possíveis os elementos que se recordam e facilitando a produção de inferências para além da informação recebida. Finalmente, contar com bons esquemas de conhecimento relaciona-se a uma melhor produção e mais acertada utilização de estratégias de compreensão e de memória, capazes de tornar mais eficientes os processos com conteúdos familiares, como se mostrou no Capítulo 7 do Volume 1 desta obra. Em suma, os esquemas apóiam todos os processos construtivos e reconstrutivos de nossa mente.

Na década de 1980, a emergência do paradigma conexionista deu mais flexibilidade à noção de esquemas ao postular que estes não se armazenam na MLP (memória de longo prazo) como tais. Não existe nada parecido com o esquema do restaurante ou com o conceito de piano armazenado em nosso cérebro. O que existem são diretrizes de ativação de redes de unidades subsimbólicas, funcionalmente análogas aos neurônios do cérebro, que correspondem, ao mesmo tempo, à representação do restaurante ou do piano (Rumelhart e outros, 1986). Em resposta a uma demanda específica (por exemplo, fazer uma lista com as características de um piano como objeto para transportar), ativa-se uma parte da rede para produzir um protótipo de piano (volumoso, pesado, de forma irregular), mas isso não significa que ele seja armazenado como tal. Diante de outro tipo de demanda (por exemplo, fazer uma lista com as propriedades de um piano como instrumento musical), surgiria um protótipo com características muito distintas (harmônico, vibrante, sonoro). Em todo caso, a diretriz de ativação que se repete um maior número de vezes terá conexões mais fortes e exigirá menos esforço para reinstalar-se. Com tudo isso, o sistema conexionista é muito flexível e garante um maior ajuste do conhecimento construído às variações situacionais. Reportamo-nos ao Quadro 4.1, baseado em Rodrigo, Rodríguez e Marrero (1993) para um contraste mais amplo entre a noção tradicional de esquema e a que surge desse paradigma. Mais adiante, continuaremos elaborando essas idéias para captar suas implicações no campo educacional.

OS MODELOS MENTAIS

Nem tudo o que as pessoas fazem se reduz a um processo de aprendizagem de padrões de co-variação das situações. Também construímos representações singulares de acontecimentos e de episódios específicos como o do restaurante em que se comemorou nosso casamento, por exemplo. Nesses casos, representamos um cenário no qual especificamos o lugar, o momento, nossos estados anímicos, nossas intenções e metas, assim como os estados e as intenções das pessoas significativas que estavam conosco e a seqüência de acontecimentos particulares que configuraram a experiência. Portanto, um modelo mental é uma representação episódica que inclui pessoas, objetos e acontecimentos enquadrados em parâmetros espaciais, temporais, intencionais e causais muito semelhantes aos utilizados para codificar situações reais: "quem disse o quê", "a quem", "onde se disse", "quando" e "como se disse" (Johnson-Laird, 1983; de Vega, Díaz e León, 1999).

A estrutura do modelo mental, diferentemente daquela de um esquema, *mimetiza* a estrutura dos parâmetros espaciais, temporais, intencionais e causais do episódio (Morrow, Greenspan e Bower, 1987; Glenberg, Meyer e Lindem, 1987). Por exemplo, Morrow e seus colaboradores comprovaram que, assim como os objetos de uma habitação estão mais à vista de uma pessoa quando esta entra do que quando sai dela, no modelo mental espacial do leitor os objetos da habitação também estavam mais acessíveis quando o personagem entrava do que quando saía. Do mesmo modo, Gleberg e seus colaboradores constataram que, no modelo mental do leitor, uma determinada peça de roupa estava mais acessível quando o personagem a vestia do que quando a tirava. Em outros estudos, demonstrou-se que o modelo mental preserva a ordem em série dos acontecimentos, por exemplo, mantendo ativada no modelo a meta de um personagem até que esta seja alcançada.

Antes de prosseguir, é útil contrastar de maneira sistemática os esquemas e os modelos mentais como unidades representacionais (ver o Quadro 4.2). Já vimos a primeira diferença: o esquema tem um caráter genérico e prototípico, enquanto o modelo mental é a emulação de uma experiência particular e única. Como tal, o modelo geral é criado nesse momento na MCP (memória de curto prazo), enquanto o esquema é armazenado na MLP. O modelo mental tem de ajustar-se às limitações da MCP, apesar de consumir muitos recursos cognitivos. De fato, demora-se menos para elaborar a informação superficial de um texto (o tamanho das letras ou se são ou não maiúsculas) do que para elaborar um modelo mental sobre a situação a que o texto refere. Por isso, embora o modelo preserve muita informação sobre a situação, também estiliza alguns dados para não sobrecarregar a memória. Atualmente, tem-se sustentado que a redução de dados não se faz arbitrariamente, mas reflete nossa experiência *corporalizada* sobre o mundo. Por exemplo, em um modelo espacial, os objetos situam-se mentalmente em um eixo coordenado em torno do personagem, mas nem todas as posições são igualmente acessíveis. Assim como em um espaço real estão mais à vista do personagem os

QUADRO 4.1 Resumo comparativo entre a noção clássica de esquema e a noção moderna de conexionismo

	Noção clássica	Noção conexionista
Unidade de Análise	Unidades significativas ou simbólicas (teorias, roteiros, categorias, etc.).	Unidades não-significativas ou sub-simbólicas (traços).
Armazenagem/recuperação	Estrutural, semântico, de flexibilidade muito limitada e recuperação passiva não-sensível a demandas.	Não-estrutural, distribuído, de flexibilidade muito variada e recuperação ativa em função de demandas.
Funcionamento	Instanciação de esquemas ou de preenchimento de valores ausentes com os dados da situação.	Diretrizes de ativação paralelas de conjuntos de unidades até chegar ao estado de ajuste.
Aprendizagem	Mudanças em exemplares armazenados, preenchimento de valores ausentes, acrescentando ou eliminando uma variável para reestruturar uma parte.	Mudanças na intensidade das conexões entre traços, reinstalação de padrões de ativação a partir de pesos de conexões anteriores.

QUADRO 4.2 Contraste entre esquemas e modelos mentais como unidades representacionais

Esquemas	Modelos mentais
Representações semânticas	Representações episódicas
Genéricas e prototípicas	Particulares e singulares
Armazenam-se em MLP	Armazenam-se em MCP
Caráter estático e fixo	Caráter dinâmico e incremental
Inferências esquemáticas ("pré-elaboradas")	Inferências episódicas ("inteligentes")

objetos situados em seu campo visual e no sentido de sua marcha, também no espaço representacional do modelo estão mais acessíveis os objetos situados à frente e dos lados do personagem do que os situados atrás (de Vega, Rodrigo e Zimmer,1996).

A representação esquemática é estática e fixa, enquanto a do modelo mental é dinâmica e incremental. Uma vez ativado, um esquema admite poucas variações mediante o mecanismo de *instanciação* (preenchimento de valores ausentes), já que as mudanças mais substanciais exigiriam a ativação de outros esquemas. Por exemplo, os componentes do esquema do restaurante, quando se tem a intenção de ir comer (garçom, mesas, cardápio, etc.), já não são os mesmos que quando se procura trabalho como garçom (chefe, empregados, horários, etc.). Em um modelo mental elaborado na MCP, porém, atualiza-se a informação a cada momento, o que permite variar as metas dos personagens ou seu estado de ânimo. Por último, os esquemas só permitem a realização de inferências esquemáticas ou "pré-elaboradas" que derivam automaticamente da lógica interna dos esquemas, enquanto que os modelos mentais permitem a elaboração de inferências episódicas "inteligentes" construídas nesse momento a partir da emulação da situação. Por exemplo, quando os leitores lêem: "Felipe está comendo no vagão-restaurante de um trem. O garçom lhe serve um prato de sopa. Felipe prova-o com cuidado, porque está quente. Súbito, o trem freou em um *pare*", imediatamente inferem que "a sopa derramou" (Dufy, 1986). Essa inferência não se baseia na instanciação sucessiva dos esquemas do "restaurante", de "viajar de trem" ou de "tomar sopa" envolvidos na narração, já que não é típico do esquema de comer que a sopa derrame quando queima, não é típico de viajar de trem, tomar sopa, etc. O leitor realiza uma inferência nova a partir da emulação mental da situação em que integra dados parciais dos esquemas anteriores.

Os exemplos de modelos mentais que apresentamos até agora têm a peculiaridade de incluir conteúdos situacionais. De fato, os *modelos de situações* constituem uma categoria importante de modelos que, provavelmente, se constrói durante o primeiro ano de vida, antes que apareçam os primeiros esquemas sobre o mundo, por volta dos três anos (Rodrigo, 1993). Tais modelos baseiam-se em conhecimentos de física e de psicologia intuitiva: a intencionalidade dos agentes, a causalidade física entre objeto ou entre pessoas e objetos, o comportamento das substâncias materiais (líquidos, gases, etc.), as relações de apego entre pessoas, a posse de objetos, etc. A partir destes, cria-se o crivo no qual se tecem os modelos situacionais coerentes e plausíveis, de modo que quando se ofende algum desses pressupostos – que a mamadeira "traga" a mãe, que os líquidos não caiam quando se voltam, que os objetos se movam sozinhos sem empurrá-los, que as pessoas fiquem alegres antes de receber uma boa notícia, que as metas se cumpram sem fazer nada para isso, etc. – é impossível de elaborar o modelo mental.

Porém, existem *modelos conceituais* nos quais os clássicos ingredientes episódicos do modelo mental se enriquecem com conteúdos mais abstratos. Por exemplo, o modelo mental que um aluno constrói quando ouve a explicação de um professor sobre o funcionamento de um aparelho, o que um pai constrói para interpretar a reação de um filho diante de seu comportamento, o que ele constrói para entender e replicar os argumentos do vizinho sobre o problema do lixo no bairro apóiam-se provavelmente em conhecimentos prévios adquiridos em situações anteriores (o funcionamento de outros aparelhos, as reações do filho em outras situações ou as opiniões do vizinho sobre os problemas ambientais). Nos três casos, a representação se nutriria com ingredientes esquemáticos, mas continua sendo episódica, já que os personagens, o lugar, o momento ou o clima interpessoal criado são elementos importantes do processo de modelagem e tornam essa experiência única. Por exemplo, na pesquisa de Voss e outros (1996) analisou-se o efeito das crenças racistas dos leitores na representação de uma situação em que se deveria julgar a culpabilidade de um personagem que, em uma situação, era de raça branca e, em outra, de raça negra. Com os resultados, observaram que as crenças dos participantes criavam uma certa disposição no leitor para interpretar os resultados de acordo com elas (a favor do personagem branco quando eram racistas ou vice-versa), mas tal interpretação era também modulada pela situação (acontecimentos a favor ou contra a culpabilidade do personagem). Portanto, embora os leitores ativem elementos esquemáticos, integram tais elementos com os dados das situações ou das tarefas.

Os modelos situacionais e convencionais irromperam com força também nos estudos de compreensão e memória. Nos estudos sobre compreensão de textos, desde as primeiras formulações de Johnson-Laird (1983) e de Van Dijk e Kintsch (1983), vem-se formulando a existência de três níveis de representação: a) uma representação *superficial* do texto (identificação das palavras e o reconhecimento das relações sintáticas e semânticas entre elas); b) uma representação *proposicional* dos enunciados do texto (relações lógicas entre os significados das palavras que formam os enunciados); e, como novidade; c) uma representação *situacional* do mundo a que o texto se refere. Segundo Graesser, Millis e Zwaan (1997), a representação situacional é a que nos fornece dados sobre os estados mentais dos personagens ou suas mudanças de perspectiva, imprescindíveis para avaliar a coerência das reações emocionais do personagem, para incluir as metas e as intenções dos personagens e as do próprio leitor no processo de compreensão, para integrar facilmente as mudanças de perspectivas diferentes que se produzem ao adotar, por exemplo, o papel de comprador ou de ladrão quando se descrevem as características de uma casa. Em suma, o modelo mental proporciona todos os ingredientes fundamentais para compreender uma narração.

Alguns autores como Graessner, Singer e Trabasso (1994) consideram que os três tipos de representações (superficiais, proposicionais e situacionais) são geradas opcionalmente, dependendo do tipo de texto (narrativo, expositivo, descritivo), da tarefa a realizar com ele (detectar erros ortográficos, compreender o sentido, fazer um resumo) ou das motivações e dos propósitos do leitor (distrair-se, estudar). O certo, porém, é que cada tipo de representação tem uma persistência diferente na memória. A forma superficial é retida por muito pouco tempo, já que se desvanece tão logo se ultrapassa o limite da frase. A forma proposicional é mais consistente e independente da anterior, de modo que se recorda o sentido do texto durante muito tempo, embora não recordemos as palavras exatas. Finalmente, o modelo situacional recebe um processamento mais elaborado e duradouro que proporciona uma representação muito rica da situação, sobretudo quando se trata de modelos conceituais baseados em informação prévia. Em suma, a representação situacional de um texto é a que implica um nível mais alto de compreensão e de memória alcançado no processamento desse texto.

A INTEGRAÇÃO DE ESQUEMAS E MODELOS MENTAIS

Ao chegar a este ponto, temos de nos questionar se a noção de esquemas é compatível com a de modelos mentais, já que, como vimos, ambas têm bastante aprovação psicológica. Contudo, a mera intuição psicológica também nos diz que nenhuma delas é suficiente. Se tivéssemos apenas esquemas, o processamento da realidade seria um contínuo *dejà vu*, pois, segundo o princípio construtivista, só se aprende, se compreende e se memoriza aquilo que já se conhece. Por outro lado, se apenas tivéssemos modelos mentais, nosso conhecimento do mundo seria um contínuo *jamais vu*, isto é, uma sucessão de construções episódicas sem um fio condutor que as relacione. Por isso, é necessário postular uma teoria representacional que admita a existência dos dois tipos de representações. Além disso, essa teoria deve conceber o modelo mental como um espaço operativo no qual se integram os traços esquemáticos (quando os faça) com os dados episódicos provenientes da situação ou da tarefa.

A integração entre traços esquemáticos e episódicos já era sugerida pelos estudos sobre modelos mentais conceituais em que, como recordará o leitor, integravam-se os dados esquemáticos do conhecimento prévio na trama episódica dos personagens, objetos e acontecimentos. Também era sugerida pela versão conexionista dos esquemas segundo a qual estes não se armazenam como tais na memória de longo prazo, mas como redes de traços que se ativam e sintetizam em resposta a uma demanda em um contexto situacional determinado. De fato, a síntese de traços esquemáticos se integraria na memória operativa com os traços episódicos do modelo mental (Rodrigo, 1997; Rodríguez e corre, 1999). Assim, os modelos mentais são uma instância representacional que medeia entre o conhecimento prévio do mundo (por exemplo, as teorias implícitas) e as situações.

Na realidade, as modernas teorias representacionais deslocaram a ênfase do estrutural e estático para o funcional e dinâmico. Os processos de cima para baixo não são concebidos como uma recuperação de esquemas passiva (realizada automaticamente), completa (do esquema em bloco) e estática (sem ajustar-se às demandas). Consistem em uma recuperação ativa, parcial e flexível dos traços esquemáticos *guiada* pelas condições da situação e das demandas da tarefa. Isso garantirá o ajuste máximo de nossas representações do mundo às condições situacionais.

Visto que as condições situacionais desempenham um papel importante na formação dos modelos mentais, está sendo feito um grande esforço para pesquisá-las. Selecionamos três tipos de condições, para ilustrá-las com alguns estudos, que se referem ao contexto situacional de ativação de esquemas, às características pragmáticas do cenário comunicativo criado e às demandas das tarefas que se realizam nesse cenário. Com relação ao contexto de ativação de esquemas prévios, são coisas diferentes que o contexto situacional propicie a ativação de um esquema prévio em solitário (uma teoria) e que propicie a ativação deste em contraste com outro oposto (duas teorias). No segundo caso, é muito provável que se ativem seletivamente aqueles traços do esquema que correspondem a características distintivas que não se sobrepõem às do outro esquema, enquanto que no segundo caso se ativariam traços tanto dos aspectos distintivos como não-distintivos do esquema. Segundo Spiro e outros (1991), a possibilidade de ativar várias perspectivas ou de criar representações múltiplas sobre um mesmo conteúdo favoreceria a discriminação de idéias nesse conteúdo.

Esse foi o caso em uma pesquisa com adultos no âmbito das concepções sobre o meio ambiente (Correa e Rodrigo, no prelo). Os participantes (que eram partidários de uma teoria ecologista) tinham de verificar e reconhecer as idéias de dois personagens sobre o meio ambiente, depois de ouvir seus comentários sobre uma notícia sobre a escassez de água. Em uma condição, os dois personagens tinham a mesma teoria (*contexto de ativação de uma teoria*, ecologista ou desenvolvimentista), enquanto na outra condição, os personagens tinham duas teorias opostas (*contexto de ativação de duas teorias*, uma ecologista e a outra desenvolvimentista). Os resultados indicam que os participantes verificaram as idéias dos dois personagens e as reconheceram mais rapidamente e com maior precisão quando haviam ativado duas teorias do que quando ativaram apenas uma. A mesma vantagem do contexto de suas teorias foi obtida em outro estudo, no qual se tratava de verificar e de reconhecer comportamentos dos personagens com relação ao meio ambiente. Esses resultados vão na linha de algumas propostas de ensino, para que os contextos de aprendizagem mais apropriados para favorecer a mudança conceitual são aqueles que possibilitam o uso de diferentes perspectivas e permitem a elaboração de múltiplas representações da realidade (ver, por exemplo, Pozo e Gómez-Crespo, 1998). Em nossa opinião, o modo como se ativam os esquemas prévios é crucial para alcançar as condições de ensino favoráveis à mudança.

Com relação às características do cenário, algumas convenções da comunicação influem nos produtos cognitivos ou nos modelos mentais que se geram nestes. Vejamos como o *status* social dos personagens de uma narração chega a produzir efeitos sutis na compreensão de ordens ou pedidos (Holtgraves, 1994). No estudo, os participantes liam frases incluídas em pequenas histórias nas quais um personagem (um chefe falando com uma secretária ou uma secretária falando com sua colega) utilizava um pedido direto (Você poderia fechar a janela? Está frio") ou um indireto ("Entra frio pela janela"). Os pedidos diretos foram compreendidos com a mesma rapidez, qualquer que fosse o *status* do falante. Contudo, os pedidos indiretos foram entendidos mais rapidamente quando eram feitos por um personagem de *status* elevado do que quando se tratava de um personagem do mesmo *status*. A explicação é que o modelo mental da situação tem de ser coerente com as convenções pragmáticas que regem a comunicação entre pessoas segundo seu *status* social. Uma das convenções reza que apenas as pessoas de *status* elevado podem empregar formas indiretas de dar ordens ou fazer pedidos.

Outro exemplo da influência do contexto comunicativo na elaboração de modelos encontra-se quando se compara o caráter participativo ou de observadores dos falantes em uma conversação. As pessoas compreendem o conteúdo da conversação de modo distinto, conforme seu papel no discurso. Na prática, o modelo mental da situação elaborada por um participante direto é muito mais completo e elaborado que o de um observador da conversa. Em uma pesquisa realizada por Schober e Clark (1989), uma pessoa *A* tinha de comunicar a outra pessoa *B* (oculta por um painel) como tinha de dispor as peças de um quebra-cabeça TRANGRAM para compor uma figura abstrata que só *A* conhecia. Os dois podiam falar livremente, mas não sabiam que a conversa estava sendo ouvida por outra pessoa *C*, que tinha de realizar a mesma tarefa que *B* sem poder intervir. Os resultados mostraram que *C* cometeu muito mais erros que *B* na composição da figura final. A explicação é que *A* desenhava suas explicações em função do conhecimento de *B* e de seu nível de execução, enquanto que *C* não podia beneficiar-se do ajuste interativo que essas duas pessoas realizavam. Nem sempre, porém, o papel do observador representa uma desvantagem. Em uma situação muito mais natural, consistindo em um debate aberto entre pessoas que defendiam posições contrárias, Santos e Santos (1999) comprovaram, ao analisarem o conteúdo das argumentações, que os observadores elaboraram modelos mentais mais perspectivistas ou centrados alternativamente nas diferentes posições. Contudo, os participantes diretos no debate enclausuraram-se mais em suas próprias posições, mostrando-se menos capazes de entender as dos outros dois. Em conjunto, essas pesquisas indicam que o "jogo" comunicativo que se cria em um cenário molda os produtos cognitivos que se constroem em tal cenário.

O último exemplo sobre a influência do contexto na construção de modelos mentais refere-se às demandas cognitivas das tarefas que se formulam no cenário. Em uma pesquisa sobre as concepções infantis da forma da Terra, Vosniadou (1994) formulou a meninos e meninas de diversas idades tarefas *factuais*: Que forma tem a Terra?" e tarefas *generativas*: "Onde chegaríamos se caminhássemos em linha reta durante muitos dias?". As primeiras podem ser resolvidas recorrendo ao conhecimento inerte aprendido de memória na aula e desligado do conhecimento prévio, enquanto que as segundas requerem a elaboração de um modelo mental novo baseado nesse conhecimento. A autora observou que muitas crianças davam a resposta correta com a pergunta factual, mas mostravam idéias muito diferentes com a pergunta generativa (ver o Quadro 4.3).

Na mesma linha, Triana, Simón e Camacho (no prelo), pesquisando o conceito de família, encontraram grandes diferenças entre as respostas dadas pelos meninos e pelas meninas diante da tarefa de *definir* – "O que é uma família?" – e a tarefa de *reconhecer* – "Diga-me se são ou não uma família" – diferentes grupos de pessoas que aparecem em uma série de episódios contando acontecimentos da vida cotidiana. A primeira tarefa demanda um nível avançado de construção do conceito centrado na descrição do protótipo de família, enquanto que a segunda pode ser resolvida sem verbalizar, a partir da elaboração de modelos mentais baseados nos casos particulares que viram. As autoras observaram que as crianças pequenas, diante da tarefa de definir, conseguiam verbalizar apenas uma dimensão de família (enumeração de membros, cuidado, afeto, etc.), mas eram capazes de reconhecer mais dimensões (ver o Quadro 4.3). Com a idade, as respostas tendiam a ser mais coincidentes entre as tarefas. Portanto, as demandas das tarefas permitem chegar a estados de conhecimento muito diversos em uma mesma pessoa que, em cada caso, procura ajustar-se àquelas. Nos itens seguintes, analisaremos as repercussões da teoria dos esquemas e dos modelos mentais nas propostas de ensino que se propõem no contexto escolar e faremos uma avaliação delas.

A APRENDIZAGEM ESCOLAR COMO MUDANÇA DE ESQUEMAS DE CONHECIMENTO

No âmbito da aprendizagem escolar, as aplicações do ensino da teoria dos esquemas foram maiores que as da teoria dos modelos mentais. Isso se deve, em parte, ao fato de que

QUADRO 4.3 Diferentes tipos de respostas sobre a forma da Terra (Vosniadou, 1994) e o conceito da família (Simón, Triana e Camacho, no prelo) segundo a demanda da tarefa

A forma da Terra	Conceito de família
Kristie (6 anos) E: Que forma tem a Terra? K: Redonda. E: Você pode fazer um desenho da Terra que mostre sua forma? K: (A menina desenha um círculo) E: Se você caminhar sem parar por vários dias em linha reta, onde chegará? K: Em uma cidade diferente. E: E se você continuar caminhando sem parar? K: Em diferentes cidades, Estados e então se você estivesse aqui (a menina assinala a borda do círculo) sairia da Terra.	Juan (5:5 anos) E: O que é uma família? J: Um pai, uma mãe e um filho (dimensão, enumeração, membros). E: Miguel tem uma amiga chamada Petra. Quando Miguel está doente, Petra vai à sua casa e cuida dele. Quando Petra fica doente, Miguel vai à sua casa e cuida dela. Eles são uma família? Por quê? J: Sim, porque cuidam muito um do outro (dimensão cuidado). E: Jacinto e Verônica se gostam muito. Eles são uma família. Por quê? J: Sim, porque se gostam (dimensão afeto).

a segunda é muito mais recente e está menos elaborada que a primeira. Além disso, porém, existem outras razões mais substanciais que explicam a defasagem entre a projeção do ensino de uma e de outra. A própria psicologia cognitiva marginalizou o estudo do processamento episódico em favor do processamento semântico, considerando o primeiro como um mero processo de reconhecimento de padrões guiado pelas representações semânticas (por exemplo, reconhece-se uma mesa porque se ativa a categoria mesa). Vimos, porém, em itens anteriores, que codificar situações é mais do que recuperar informação da memória semântica. Por outro lado, as teses construtivistas sobre a construção do conhecimento escolar também concordaram com a idéia de que a aprendizagem consiste essencialmente em uma construção esquemática de conhecimento, e não em uma construção episódica ou situacional. Nesse sentido, considera-se que tanto as teorias dos alunos como as teorias acadêmicas teriam uma organização representacional comum baseada em esquemas, ainda que as primeiras comportassem versões mais simplificadas e menos precisas que as segundas. Assim, a aprendizagem escolar implicaria uma mudança dos esquemas cotidianos aos esquemas escolares. No fim das contas, as idéias dos alunos podem ser imperfeitas, mas se os professores sabem transmitir-lhes as idéias da ciência não deveria haver problemas, já que ambas são compatíveis.

A suposta compatibilidade ou continuidade natural entre o conhecimento cotidiano e o escolar ficou nas entrelinhas em várias ocasiões (ver, por exemplo, Rodrigo e outros, 1993; Rodrigo, 1997; Pozo e Gómez-Crespo, 1998). Não está nada claro que os alunos, nem mesmo na adolescência, estejam preparados, do ponto de vista cognitivo, para assumir as categorias e as estratégias do pensamento do cientista e que, portanto, só necessitem preencher suas mentes com conhecimentos adequados. Por outro lado, a dura realidade, que muitos professores aprenderam com sua própria prática e que os pesquisadores constataram vez ou outra em seus estudos, é que essas idéias ou concepções cotidianas não são tão facilmente abandonadas pelas da ciência. A partir dessa evidência, o conhecimento cotidiano dos alunos foi percebido com tinturas negativas aplicando-lhe qualificativos como "prévio", "preconceitual", "errôneo" ou "alternativo", e a mudança conceitual, concebida como uma mudança drástica dos esquemas cotidianos por parte dos da ciência, esteve na direção dos esforços do ensino.

Por que é tão difícil conseguir a mudança conceitual concebida nesses termos na mente dos alunos? Porque o conhecimento cotidiano e o científico não se distinguem necessariamente por seu conteúdo, mas sobretudo e muito particularmente por sua epistemologia construtiva e pelo tipo de cenário sociocultural em que são gerados. Antes, durante e depois de vir à escola os alunos são pessoas comuns, dirigidas a construir representações ou teorias implícitas sobre o mundo que os rodeia para poder interagir eficazmente nele. O substrato epistemológico que orienta a construção de tais teorias, porém, não é o mesmo que orienta a construção das teorias científicas. Basta assinalar que na epistemologia cotidiana a construção de teorias não é um exercício intelectual de aproximação da exatidão ou da verdade, mas é um modo de contar com interpretações eficazes e úteis (mas não necessariamente certas) para gerar explicações e previsões sobre os fenômenos cotidianos de nosso ambiente e poder orquestrar planos de ação em torno de nossas metas vitais. Do mesmo modo, os esquemas do conhecimento cotidiano forjam-se, como vimos anteriormente, a partir do mecanismo indutivo que opera em nossa mente, o que implica que seus produtos estejam implícitos, isto é, não sejam facilmente acessíveis à nossa consciência e, menos ainda, verbalizáveis espontaneamente. Em outras palavras, os alunos não sabem que possuem tais concepções alternativas ou prévias, embora se sirvam continuamente delas em suas interpretações do mundo. Por isso mesmo, as teorias implícitas não mudam mediante processos de comprovação de hipóteses como fazem as teorias científicas. De fato, os cientistas, como pessoas comuns que são, devem treinar intensivamente para não utilizar os heurísticos ou procedimentos simplificados que empregam em sua vida diária para coletar experiências com que alimentar suas teorias implícitas. Por último, as teorias implícitas são geradas em cenários socioculturais em que as pessoas praticam determinadas atividades e perseguem determinadas metas significativas negociadas entre elas. Assim, por exemplo, no cenário cotidiano não há exames, não se fazem ditados, não se avaliam os resultados e as metas de aprendizagem são muito variadas e seguem motivações muito distintas às de um cenários escolar. Tudo isso marca a natureza do processo construtivo e faz com este seja realizado em situações contextuais muito diversas.

Por tudo isso, não parece muito razoável defender a continuidade entre o conhecimento cotidiano e o escolar nem postular a total substituição de um pelo outro. No Quadro 4.4, apresentam-se diferentes tipos de mudança, qualificadas como adequadas ou inadequadas conforme correspondam a um processo de construção mais ou menos ótimo. Entre as mudanças inadequadas estaria a mudança, entendida como uma total *substituição* ou erradicação dos esquemas do aluno pelos da ciência, como acabamos de ver. Entenda-se que não apenas consideramos tal mudança difícil de conseguir, mas que pode ser absurdo e perigoso pretender isso se consideramos a funcionalidade e o sentido do conhecimento cotidiano. Tradicionalmente, essa dissociação levou o aluno a *compartimentalizar* os dois tipos de conhecimento, de modo que não haja contato entre um e outro. O conhecimento escolar seria um conhecimento inerte, que só se recupera utilizando exclusivamente as chaves com que se aprendeu, enquanto que o conhecimento humano estaria muito mais ativo e pronto para ser aplicado em uma grande variedade de situações. Por último, outro tipo de mudança totalmente inadequada consistiria na *fusão* dos dois tipos de conhecimento. De fato, costuma ocorrer em muitas salas de aula que os alunos justaponham ou assimilem erroneamente novos conceitos expostos pelo professor a sistemas de conhecimento anteriores incompatíveis com estes.

Entre os tipos de mudança que seriam adequados por estarem associados a um processo de construção ótimo, cabe mencionar a reestruturação do conhecimento cotidiano. Tal reestruturação implica a construção de uma nova forma, compatível com as estruturas anteriores, de organizar o conhecimento, formulando-o a partir de novos pressupostos de partida. Em sua forma mais simples, a mudança suporia um *enriquecimento* dos esquemas dos alunos incorporando nova informação, mas sem mudar a estrutura de conceitos existente. Um passo adiante implicaria um processo de *ajuste*, que suporia modificar ligeiramente essa estrutura por meio da discriminação entre conceitos que antes estavam unidos ou generalizando sua aplicação a casos novos. Na *reestruturação*, em contrapartida, seria preciso superar totalmente algumas formas de organização do conhecimento cotidiano, passando, por exemplo, da constatação de relações causais simples e unidirecionais entre conceitos à contemplação de relações causais complexas e sistêmicas. Um último tipo válido de mudança propiciaria a coexistência de vários esquemas na mente dos alunos, tanto cotidianos quanto científicos. Nesse caso, os esforços do ensino estariam voltados para conseguir que os alunos diferenciem entre várias interpretações de um mesmo fenômeno ou de uma mesma situação e aprendam a usá-las de forma discriminada em função do contexto de uso. Segundo essa perspectiva, os esquemas dos alunos não apenas são "outros" esquemas diversos daqueles da ciência, como também são acompanhados de uma "práxis" de utilização e de "ambientes" de problemas a resolver que são distintos daqueles da escola. Por isso, seria adequado fomentar a flexibilidade do aluno para mudar de perspectiva conceitual e ajudá-lo a tomar consciência das relações entre os diversos esquemas interpretativos da realidade.

QUADRO 4.4 Tipos de mudança na aprendizagem escolar

Inadequados	Adequados
Substituição Compartimentalização Fusão	Enriquecimento/ajuste Reestruturação Coexistência

Tudo o que foi dito nos leva a refletir sobre como alcançar o objetivo prioritário do ensino escolar, centrado em propiciar transformações nos esquemas dos alunos para adequá-los aos da ciência. Ingenuamente, até há pouco tempo se pensava que a mudança de esquema podia ser total e que era possível conseguir com intervenções a curto prazo. Daí o estado de frustração que presidiu as primeiras tentativas de alcançar essa meta de ensino. Como vimos, há outras possibilidades de mudança muito mais realistas e de acordo com a função adaptativa do conhecimento cotidiano antes, durante e depois da escolaridade. Além disso, começa-se a tomar mais consciência de que as mudanças de caráter esquemático são, de qualquer modo, o objetivo final a alcançar. À medida que se conhece um pouco melhor o processo de integração entre esquemas e modelos mentais que analisamos no item anterior, fica mais claro que as mudanças a curto prazo não se produziriam nos esquemas, mas nos modelos mentais que se nutrem destes. Por isso, consideramos que o caminho para alcançar o objetivo final da mudança de esquemas passaria por propiciar mudanças situadas nos modelos mentais dos alunos.

CONSIDERAÇÕES FINAIS: ALGUMAS FALÁCIAS SOBRE A CONSTRUÇÃO DO CONHECIMENTO

Como vimos, a onipresença da teoria tradicional dos esquemas nas propostas de ensino no âmbito escolar foi a norma até muito recentemente. Esse êxito algumas vezes veio acompanhado de pressupostos ou de interpretações errôneas sobre o funcionamento dos processos construtivos no cenário da aprendizagem escolar. Neste item, revisaremos criticamente, à luz do que foi exposto antes, algumas das falácias que desorientaram mais do que guiaram a prática educacional.

Em numerosos modelos de ensino inspirados na teoria dos esquemas, tem-se a idéia de que o professor deve levar em conta os conhecimentos prévios dos alunos para relacioná-los com o conhecimento escolar. Não se faz menção, todavia, ao tipo de cenário de aprendizagem capaz de ativar o conhecimento prévio em condições que favoreçam a integração. Como vimos, os esquemas que organizam o conhecimento prévio se recuperam de modo distinto conforme as condições do cenário da construção. Quais são essas condições? Em primeiro lugar, costuma-se assumir implicitamente que, nesse cenário, deve-se ouvir de forma alternada a voz do aluno e a do professor, ou vice-versa. Na moderna teoria dos esquemas e dos modelos mentais não está claro como os estudantes, com uma aprendizagem baseada em "monólogos", poderiam conseguir integrar as duas vozes e avaliar dialeticamente seus respectivos conteúdos. Por outro lado, tais teorias assumem que, para que isso ocorresse, o cenário deveria permitir a ativação de perspectivas múltiplas (a do aluno, a do professor ou inclusive a de outros colegas) no próprio modelo mental dos alunos, com o objetivo de que este reflita uma pluralidade de "vozes" sobre o mesmo conteúdo.

Em segundo lugar, em muitos modelos de ensino costuma-se conceber o cenário da construção de conhecimento como um cenário despersonalizado e imerso em um vazio comunicativo. Os modelos mentais, porém, assumem que o conhecimento episódico sempre inclui um ponto de vista (seja o nosso ou o de outros) e está imerso em coordenadas espaço-temporais e em um contexto de trocas comunicativas que seguem suas próprias regras pragmáticas. Assim, o papel das pessoas nas situações de prática discursiva é um ingrediente fundamental que amolda a qualidade dos produtos cognitivos gerados nesses cenários. O professor deve saber que com seu traçado do cenário interpessoal impulsiona ou impede a qualidade das aprendizagens de seus alunos.

Em terceiro lugar, outra falácia muito difundida consiste em supor que as tarefas acadêmicas colocadas aos alunos são neutras com relação aos produtos cognitivos que estes elaboram. A teoria dos modelos mentais, porém, assume que a exigência da tarefa modifica os produtos, já que, em cada caso, os alunos constroem um modelo da situação ajustado a essas exigências. Os produtos da aprendizagem, ainda que sejam gestados na mente dos alunos, estão sob o controle do professor quando este projeta as tarefas acadêmicas no cenário.

Em suma, nas propostas construtivistas, seria preciso mudar a ênfase *estruturalista* que é dada tradicionalmente à substituição do conhecimento prévio por uma ênfase *funcionalista* na tarefa de projetar cuidadosamente seus contextos de utilização. Segundo esse ponto de vista, o problema não está nos conhecimentos prévios errôneos dos alunos segundo a ciência, mas na ativação de tais conhecimentos em contextos que não foram projetados adequadamente para permitir a construção do conhecimento escolar. Algumas propostas de ensino já estão no bom caminho de pôr a ênfase no contextual, como, por exemplo, as teorias da cognição situada e compartilhada socialmente (ver, por exemplo, Brown, Collins e Duguid, 1989; Resnick, Levine e Teasley, 1991). Essas propostas destacam o caráter eventual e determinado contextualmente do conhecimento gerado nos cenários socioculturais. É uma pena que, apesar da grande coincidência entre as formulações das teorias da cognição situada e compartilhada e os da moderna teoria dos modelos mentais, os partidários das primeiras continuem lutando contra o fantasma "mentalista e solipsista" que, segundo eles, ronda as teorias cognitivas dos esquemas e dos modelos mentais. Em nossa opinião, embora esta fosse uma crítica justa até alguns anos, atualmente se caminha, a passo firme, como pudemos comprovar, no sentido de uma teoria dos modelos mentais sensível às variáveis contextuais e pragmáticas do cenário da construção.

Embora não devamos ocultar que ainda resta muito a conhecer sobre os processos integrativos na construção episódica do conhecimento, ousamos formular uma conclusão final: todo conhecimento, por mais abstrato e conceitual que seja, constrói-se em um cenário espaço-temporal, com pessoas que o ativam sob determinadas condições e formas de troca comunicativa, enquanto realizam tarefas. Todos esses ingredientes situacionais amoldam o processo construtivo. Assim, saímos do enfoque "intrapsíquico" no qual os processos de construção do conhecimento são basicamente imputáveis ao aluno, para analisar como o professor pode influir sobre eles para desenhar o cenário de sua construção. A moderna teoria dos modelos mentais assim o sugere ao postular que, para mudar as concepções "na mente", é preciso intervir no cenário situacional em que estas se constroem.

5 Desenvolvimento, educação e educação escolar: a teoria sociocultural do desenvolvimento e da aprendizagem

ROSARIO CUBERO E ALFONSO LUQUE

INTRODUÇÃO

Nas primeiras décadas do século XX, a psicologia já era uma disciplina científica reconhecida e em crescente processo de institucionalização na América do Norte e em muitos países europeus. Tinham sido publicados importantes estudos sobre o desenvolvimento das capacidades durante a infância e gozava de grande prestígio a pesquisa experimental sobre a aprendizagem animal e a humana. Produzira-se, inclusive, uma notável literatura sobre a aplicação de tais descobertas da psicologia evolutiva e da psicologia da aprendizagem na educação das crianças. Entretanto, nenhum dos sistemas teóricos construídos antes de 1925 tinham considerado a educação como processo decisivo na gênese das capacidades psicológicas que nos caracterizam como seres humanos.

Por isso, pode parecer um tanto surpreendente que um jovem e desconhecido professor de psicologia na Escola de Magistério de uma pequena capital de província da Rússia ousasse propor e desenvolver uma teoria revolucionária na qual a natureza humana é o resultado da interiorização, socialmente guiada, da experiência cultural transmitida de geração em geração. Mas aquele ousado Lev Semionovitch Vygotsky (1896-1934) era um intelectual excepcional em circunstâncias igualmente excepcionais. Tivera uma educação muito cuidadosa e abrangente em sua infância. Desde adolescente, mostrara um vivo interesse pela literatura, como também por muitas outras manifestações artísticas e culturais e uma inusitada capacidade para compartilhar esses interesses e envolver os que estavam à sua volta em seus projetos. Na universidade estudara direito, mas igualmente fisolofia e história. Sem dar mostras de submissão ao marxismo como ideologia, foi desde muito jovem um ativo pensador marxista. Viveu com entusiasmo a revolução soviética de 1917, compartilhou com outros eminentes autores de sua geração a intensidade intelectual e a efervescência criativa dos anos imediatamente posteriores e envolveu-se ativamente na tarefa revolucionária de construir uma nova sociedade, uma nova cultura, uma nova ciência e um novo homem.

Esse ambicioso projeto de transformação tinha de apoiar-se necessariamente em uma teoria científica sobre a natureza humana e sua mudança; uma teoria que só podia ser o resultado da aplicação da análise materialista dialética às funções psicológicas humanas e às produções artísticas e culturais. Daí emergem todos os temas de pesquisa que foram tratados sucessivamente por Vygotsky: a necessidade de encontrar um método (o método genético experimental) e uma unidade de análise (a atividade instrumental e a interação) para o estudo científico da psicologia, a origem sócio-histórica das funções psicológicas superiores, a importância dos instrumentos de mediação na gênese e na variabilidade cultural da consciência, as relações entre aprendizagem e desenvolvimento, a organização semiótica do pensamento, etc.

Vygotsky viveu apenas o suficiente para traçar com rigor as linhas mestras desse ingente processo de reconstrução da psicologia. Seus muitos colaboradores e discípulos, entre os quais se destacam principalmente Luria, Leontiev, Zaporozhets, Levina, Elkonin e Galperin, deram continuidade à sua obra inacabada. Esses desenvolvimentos das concepções e das instituições vygotskianas constituem atualmente o mais estimulante da produção da chamada "escola de psicologia soviética". Os trabalhos de Vygotsky ficaram praticamente desconhecidos no Ocidente, até que, em 1962, publicou-se em inglês uma versão resumida de *Pensamento e linguagem*, uma de suas obras capitais. Entre 1979 e 1984 recupera-se seu legado intelectual e científico. Desde então, sua influência não parou de crescer e hoje sua teoria sociocultural é uma referência inegável no desenvolvimento histórico da psicologia.

Desde que concluiu seus estudos, Vygotsky sempre trabalhou como professor. Embora tenha multiplicado suas atividades e dedicado muitas energias à pesquisa e à escrita, sua principal ocupação sempre foi a docência. Foi mais educador que psicólogo e chegou à psicologia por seu interesse pela educação. Em sua concepção psicológica, a educação é o processo central da humanização, e a escola, o principal "laboratório" para estudar a dimensão cultural, especificamente humana, do desenvolvimento. Ao mesmo tempo, durante toda sua vida científica sustentou que o objetivo prático da psicologia é a melhoria da sociedade por meio do aperfeiçoamento da educação.

A teoria sociocultural foi um remédio para a psicologia individualista tradicional e serviu não só para redefinir muitas perguntas da pesquisa, como também para formular questões de uma perspectiva em que a dimensão social adquire um caráter fundamental na explicação da natureza humana. A perspectiva cultural conta hoje com um extenso corpo de pesquisadores, tanto em psicologia básica como evolutiva ou em psicologia da educação; especificamente relacionada com a escola como instituição cultural na qual se produzem aprendizagens. A diversidade de aplicações que resultaram de tal perspectiva e das diferentes formas como os pesquisadores assumiram e integraram os princípios da escola soviética são impossíveis de rever de modo detalhado, diferenciado e sistemático em um capítulo de um texto com essas características e, por isso, optamos por ajustar-nos aos pressupostos centrais da teoria e complementá-los brevemente com os aportes recentes dos autores ou das autoras mais influentes no âmbito internacional e no espanhol.

O MÉTODO GENÉTICO: A CONDUTA COMO A HISTÓRIA DA CONDUTA

O estudo dos processos psicológicos de uma perspectiva histórico-cultural necessitou do desenvolvimento de uma metodologia consistente com seus princípios teóricos. Para Vygotsky (Vygotsky, 1978), diferentemente dos métodos utilizados para as teorias associacionistas, que se sustentam em um esquema unidirecional "estímulo-resposta", a chave da compreensão da conduta residia nas relações dialéticas que esta mantém com seu meio. Assim, não apenas a natureza influi na conduta humana, como também as pessoas modificam e criam suas próprias condições de desenvolvimento.

A crítica aos modelos teóricos dominantes significava também desmantelar a maneira como os dados chegavam a se constituir como tais. Vygotsky rechaçava a concepção positivista dos métodos como ferramentas neutras que podiam ser utilizadas por qualquer orientação com pretensões científicas, independentemente do enfoque teórico de que se tratasse (Rivière, 1984). O método, por sua vez, mantinha uma estreita relação com a argumentação teórica, e foi precisamente essa necessidade de novas formas de pesquisa concordantes com a psicologia que estava construindo que o levou ao desenvolvimento do método *genético-experimental*.

Segundo Vygotsky, o estudo do desenvolvimento de qualquer processo psicológico permite descobrir sua essência ou sua natureza; é somente pela análise de sua evolução que é possível entender o que significa. "Estudar algo do ponto de vista histórico", segundo o autor, não consiste em analisar acontecimentos passados, mas significa "estudá-lo em seu processo de mudança" (Vygotsky, 1978). Tais idéias estão fundadas nos aportes de Blonski, para quem "a conduta só pode ser compreendida como a história da conduta" (cit. por Vygotsky, 1978). Entender o comportamento humano requer, portanto, a análise do próprio desenvolvimento, de suas origens e das transformações genéticas (Wetsch, 1991). O contrário consistiria em estudar condutas que Vygotsky (1978) chamava de "fossilizadas", isto é, processos que se desenvolveram historicamente e cujos produtos apresentam-se diante de nós sem que possamos ter acesso à sua origem.

Além disso, centrar-se no processo mais que no produto permitiria não apenas uma descrição do funcionamento psicológico, mas sim, o que é muito mais importante de acordo com os interesses de Vygotsky, permitiria uma *explicação* deles. Vygotsky (1978, p. 105) resumiu como segue os elementos básicos de sua proposta metodológica.

> Em poucas palavras, o objetivo da análise psicológica e seus fatores essenciais são os seguintes: 1) a análise do processo em oposição à análise do objeto; 2) a análise que revela relações causais, reais ou dinâmicas em oposição à enumeração dos traços externos de um processo, ou seja, a análise deve ser explicativa, não descritiva; 3) a análise evolutiva que retorna à fonte principal e reconstrói todos os pontos do desenvolvimento de uma determinada estrutura.

Temos, portanto, como elementos indispensáveis a análise dos processos, a explicação *genotípica* – que leva em conta a história, a gênese e o desenvolvimento da conduta, mais do que a mera descrição de um estado particular dessa conduta (Vygotsky, 1978). Entretanto, uma proposta com tais características ficaria incompleta sem uma redefinição do que se entende por desenvolvimento. Em outras palavras, a exigência de uma reconstrução do processo de desenvolvimento dos fenômenos psicológicos implica, por sua vez, uma noção específica da própria natureza do desenvolvimento. De acordo com Wertsch (1985), tal noção pode concretizar-se em três pontos.

Em primeiro lugar, o desenvolvimento não é definido como um incremento quantitativo e cumulativo constante nas capacidades dos indivíduos, mas como um processo no qual se dão saltos "revolucionários", capazes de mudar a própria natureza do desenvolvimento. O conjunto de transformações não obedeceria a uma acumulação progressiva de traços independentes. Por outro lado, em determinados momentos do desenvolvimento, novas forças e novos princípios educacionais entrariam em jogo (princípios biológicos ou fisiológicos, como a maturação sexual, por exemplo, ou relativos a fatores sociais). Um único princípio não pode dar conta da mudança; mas as forças que controlam o desenvolvimento se relacionariam de forma diferente em momentos distintos, o que originaria a mudanças qualitativas. A nova reorganização resultante seria explicada, então, por um conjunto diferente de princípios.

Em segundo lugar, essas reorganizações estão relacionadas com o surgimento de novas formas de mediação dos processos psicológicos ao longo do desenvolvimento (por exemplo, no desenvolvimento do indivíduo surgiriam novos instrumentos de mediação, como a escrita, e novas estratégias de resolução de problemas; se nos referimos ao desenvolvimento da espécie, o surgimento dos signos psicológicos na história implicaria um desenvolvimento não exclusivamente governado pelos princípios evolutivos darwinianos). Não se trata de que as novas formas de mediação substituam as anteriores, mas de que as relações entre os diferentes fatores devam ser reformulados para que se integrem.

Por último, o terceiro dos aspectos relativos à noção de desenvolvimento em Vygotsky refere-se à inexistência de uma única classe de desenvolvimento relevante para a explicação do funcionamento intelectual humano, mas há diferentes *tipos* de desenvolvimento ou *domínios genéticos*. Vygotsky referiu-se a quatro domínios genéticos necessários para entender a conduta humana e os processos psicológicos, a saber, o *filogenético*, o *sociogenético*, o *ontogenético* e o chamado *microgenético*. Desse modo, o uso do método genético não se circunscreve ao domínio ontogenético, embora os trabalhos empíricos de Vygotsky estejam mais relacionados com esse nível (Wertsch, 1991).

Em relação à filogênese, ou seja, a história evolutiva da espécie, Vygotsky centrou-se na comparação entre os símios superiores e os seres humanos e aceitou o princípio darwiniano da adaptação como fator explicativo das transformações (Leontiev, 1959/1983). De acordo com o autor, o abismo qualitativo que separa os símios e os seres humanos é explicado não só pelas transformações biológicas, como também pelo uso de ferramentas, que desempenharam um papel fundamental na emergência das funções psicológicas superiores (voltaremos a tratar do assunto mais adiante). O domínio sociogenético ou histórico-cultural refere-se à evolução do indivíduo não como sujeito biológico, mas como participante em um grupo cultural. Nesse caso, Vygotsky estava interessado no desenvolvimento de diferentes formas de funcionamento intelectual, dependendo de diferentes épocas históricas e associadas a diferentes estruturas socioeconômicas. Chegava a tais comparações por meio do estudo de diferentes culturas que correspondiam, de acordo com esse enfoque, a diferentes momentos históricos, mas a maioria dos argumentos relativos a esse domínio – como no caso do domínio anterior – era baseada em conclusões teóricas ou contribuições da obra de outros autores (Wertsch, 1985).

No domínio ontogenético, que se refere ao desenvolvimento pessoal, podem-se distinguir dois planos de desenvolvimento: a linha natural e a linha cultural do desenvolvimento. A *linha natural do desenvolvimento* é determinada pelas características biológicas da espécie, transmitidas geneticamente e que em determinados aspectos fazem sua aparição de acordo com um calendário maturativo comum. Tais características configuram e possibilitam o funcionamento mental elementar, os chamados processos psicológicos inferiores. Esses processos, resultantes da evolução filogenética da espécie, aproximam-nos das demais espécies animais; contudo, ao longo do desenvolvimento humano são modificados pela herança socialmente transmitida. Na concepção vygotskiana, a evolução histórico-cultural da espécie cria e define outro repertório de funções psicológicas que supõem um salto qualitativo em relação aos processos psicológicos inferiores. Assim, funções psicológicas como a atenção, a percepção, o pensamento ou a memória aparecem primeiro como processos elementares para mais tarde se transformarem em processos superiores. A influência da *linha cultural do desenvolvimento*, por meio da linguagem e de outros sistemas simbólicos, traduz-se, portanto, na aquisição das funções psicológicas superiores, genuinamente humanas. A esse domínio ontogenético correspondem os estudos sobre a interiorização: a gênese e a transformação de um processo psicológico desde suas formas sociais e compartilhadas até suas formas privadas ou individuais (Vygotsky, 1978).

Por último, o domínio microgenético refere-se a dois tipos de processos que interessavam a Vygotsky. Por um lado, a gênese de um ato mental singular, e, por outro, as transformações ocorridas durante uma sessão experimental como as que utilizava nos projetos de suas pesquisas. Em qualquer caso, trata-se das mudanças ocorridas em um período delimitado e não muito extenso de tempo. Embora Vygotsky não tenha feito uma referência direta a um domínio microgenético como tal, alguns autores assinalaram que o interesse por esse nível de análise pode ser encontrado em seus trabalhos, razão pela qual parece adequado incluí-lo como mais um domínio (Wertsch, 1985).

Para a reformulação de uma proposta desse estilo sobre a análise genética, Vygotsky utilizou referências e teve influência de pensadores como Marx, Engels e Hegel, assim como de psicólogos como Blonski, Piaget e Werner; contudo, reelaborou tais influências de acordo com seu próprio discurso e atribuiu ao método genético um caráter essencial em sua teoria.

A ORIGEM SOCIAL DO FUNCIONAMENTO MENTAL NO INDIVÍDUO

Como se mostrou no Capítulo 1 do primeiro Volume desta obra, a idéia de que os processos psicológicos superiores têm sua origem na vida social, nas interações que se mantêm com outras pessoas e na participação em atividades reguladas culturalmente talvez seja o postulado emblemático da teoria histórico-cultural. No domínio ontogenético, encontramos, na obra de Vygotsky, uma expressão mais clara das origens sociais do psiquismo humano.

Vygotsky (1978) formulou a relação entre o grupo social e o desenvolvimento pessoal em sua *Lei genética do desenvolvimento cultural*:

> Qualquer função no desenvolvimento cultural do menino ou da menina aparece duas vezes, ou em dois planos. Primeiro aparece no plano social e depois no plano psicológico. Em primeiro lugar, aparece entre as pessoas como uma categoria interpsicológica e depois aparece no menino ou na menina como uma categoria intrapsicológica. Isso também é certo com relação à atenção voluntária, à memória lógica, à formação de conceitos e ao desenvolvimento da volição [...] As relações sociais ou as relações entre as pessoas subjazem geneticamente a todas as funções e às suas relações.

Podemos nos perguntar, pelo menos, como ocorre essa transição do social para o individual, em que ela consiste e como os dois planos se relacionam. Os conceitos de *interiorização* (ou internalização), *zona de desenvolvimento proximal* e *apropriação* são alguma das ferramentas que serviram à teoria sociocultural para responder a essas perguntas.

O processo envolvido na transformação das atividades ou dos fenômenos sociais em fenômenos psicológicos é o de interiorização. A interiorização é a reconstrução em nível interpsicológico de uma operação intrapsicológica, graças às ações com signos (Vygotsky, 1978). Esse processo converte uma operação realizada no plano externo ou social em uma que se realiza no plano interno ou psicológico. A interiorização não deve ser entendida como uma cópia ou uma transferência, mas sim como um processo de transformação que implica mudanças nas estruturas e nas funções interiorizadas. Longe de ser uma transmissão de propriedades, é definido como o processo pelo qual o mesmo plano interpsicológico se forma (Leontiev, 1981; Vygotsky, 1978; Wertsch, 1985).

Vygotsky concebe a internalização como "um processo em que certos aspectos da estrutura da atividade realizada em um plano externo passam a ser executados em um plano interno" (Wertsch, 1985); como um processo de controle dos signos que em sua origem faziam parte de uma atividade social. Tal idéia também está presente em outros autores, mas, para Vygotsky, diferentemente deles, é na qualidade da atividade externa, considerada social e semioticamente mediada, que se encontra o germe do que depois constituirá a dinâmica intrapsicológica; por exemplo, propriedades estruturais do funcionamento intrapsicológico como o da organização dialética pergunta-resposta passariam a fazer parte, por meio da internalização, do funcionamento interno. Vygotsky (1978) resume em três pontos as transformações que ocorrem em tal processo:

> a) Uma operação que inicialmente representa uma atividade externa se reconstrói e começa a ocorrer internamente.
> b) Um processo interpessoal é transformado em outro intrapessoal.
> c) A transformação de um processo interpessoal em um processo intrapessoal é o resultado de uma prolongada série de acontecimentos evolutivos. O processo, mesmo sendo transformado, continua existindo e muda como uma forma externa de atividade durante certo tempo antes de internalizar-se definitivamente (p. 93-94 da ed. esp.)

Vygotsky e posteriormente Leontiev utilizam o termo *apropriação* para referir-se à reconstrução feita pelos sujeitos das ferramentas psicológicas em seu desenvolvimento histórico. Segundo Leontiev (1959-1983), Vygotsky interpretava tal aquisição como o resultado da apropriação, por parte do homem, dos produtos da cultura humana no curso de seus contatos com os semelhantes. Nesse sentido, os seres humanos, mais do que adaptar-se aos fenômenos à sua volta, os fazem seus ou, o que é o mesmo, apropriam-se deles. Enquanto a adaptação implica um processo de modificação das faculdades e das características dos indivíduos por exigências do meio – ou assim pode ser definido o conceito clássico de adaptação na lógica do determinismo darwiniano –, a apropriação tem como resultado a reconstrução, por parte dos indivíduos, de faculdades e modos de comportamento desenvolvidos historicamente. A apropriação é um processo ativo, de interação com os objetos e os indivíduos e de reconstrução pessoal. Um processo ativo em que o sujeito tem distintas opções semióticas, ou seja, pode recorrer a diferentes linguagens para resolver os problemas. Em cada momento, as pessoas conferem significado às situações das quais participam e à sua própria atividade em função de suas características pessoais idiossincráticas, de suas idéias, de seus conhecimentos, de sua experiência, de seus interesses, etc.

Existem dois níveis de análise dos processos biológicos superiores. Não apenas o indivíduo como nível de análise pode pensar ou recordar. Também as duplas ou os grupos de pessoas podem fazê-lo. A memória, a atenção ou o pensamento podem ser predicados do social além de formas individuais de ação (Rivière, 1984). O pensamento e a recordação nunca pertencem ao sujeito, mas ao indivíduo, atuando com outros indivíduos, por meio dos instrumentos de mediação. Afinados com tais formulações, alguns autores, como Middleton e Edwards, estudaram processos que chamaram de memória coletiva ou recordação compartilhada (Edwards e Middleton, 1986). Em seus trabalhos, descrevem dinâmicas sociais em que a engrenagem de turnos em uma conversa constrói uma versão do que aconteceu ou do que vale como certo. Não se trata apenas de compartilhar memórias de fatos e de objetos que são sociais na origem. Recordar juntos não significa unicamente, por exemplo, compartilhar um conteúdo de memória que pode ser social, situando a própria memória como um processo essencialmente individual. Recordar juntos é construir coletivamente uma narração na qual os diversos participantes são elementos de um sistema comum, em que a memória pode ser compreendida como uma ação social organizada (Edwards e Middleton, 1986). Assim, as atividades no plano intrapsicológico são sociais porque se realizam com outras pessoas dentro de uma cultura e com ferramentas que a própria cultura proporciona, mas são também sociais, porque são compartilhadas ou concebidas como funções distribuídas no grupo. De forma complementar, o funcionamento no plano intrapsicológico reflete seus precursores interpsicológicos ou, o que é o mesmo, retém sua natureza *quase social* (Vygotsky, 1998) e retém as funções da interação social.

A ZONA DE DESENVOLVIMENTO PROXIMAL

Seguindo nessa linha, podemos nos perguntar como uma pessoa pode interiorizar os conteúdos e as ferramentas psicológicas de sua cultura, como ocorre essa transição do interpessoal ao intrapessoal. O conceito de *zona de desenvolvimento proximal* formulado por Vygotsky responde à pergunta ao definir uma zona na qual funciona um sistema interativo, uma estrutura de apoio criada por outras pessoas e pelas ferramentas culturais apropriadas para uma situação (Cole, 1984; Newman, Griffin e Cole, 1989), que permite ao indivíduo ir além de suas competências atuais. Vygotsky (1978, p. 133 da edição castelhana) diz a respeito dela que

> Não é senão a distância entre o nível real de desenvolvimento, determinado pela capacidade de resolver independentemente um problema, e o nível de desenvolvimento potencial, determinado através da resolução de um problema sob a orientação de um adulto ou em colaboração com outro companheiro mais capaz.

Para Vygotsky, como vimos, a participação dos meninos e das meninas nas atividades culturais, em que compartilham com colegas mais capazes os conhecimentos e instrumentos desenvolvidos por sua cultura, permite que interiorizem os instrumentos necessários para pensar e atuar. Os agentes ativos na zona de desenvolvimento proximal (ZDP daqui em diante) não incluem apenas pessoas, como crianças e adultos com grau diverso de experiência, mas também artefatos, como livros, vídeos, suporte informático, etc. Gostaríamos de destacar algumas características dessa zona de desenvolvimento *mais próxima* ou *mais imediata* (Wertsch, 1985) que nos parecem relevantes por suas implicações para a compreensão da intervenção educacional em contextos formais como a escola. Ao mesmo tempo, podemos inserir os trabalhos desenvolvidos hoje por outros autores que, da perspectiva sociocultural, permitem-nos definir e enriquecer tal conceito (Álvarez e del Río, 1990).

Em primeiro lugar, a ZDP não é uma propriedade do indivíduo nem do domínio interpsicológico, mas de ambos: é determinada, ao mesmo tempo, pelo nível de desenvolvimento da criança e pelas formas de ensino envolvidos no desenvolvimento da atividade (Wertsch, 1985). De acordo com essa determinação, são as atividades educacionais – no caso da escola, podemos dizer os processos de ensino e aprendizagem – que criam a zona de desenvolvimento proximal.

A ZDP, em segundo lugar, não é uma zona estática, mas dinâmica, em que cada passo é uma construção interativa específica desse momento, que, por sua vez, abre diversos canais de evolução futuros. O adulto ou a criança mais competente realiza ações para que o participante menos competente possa fazer de forma compartilhada o que não é capaz de realizar sozinho. Em tais ações, as pessoas adultas controlam o centro de atenção e mantêm os segmentos da tarefa nos quais participam, sempre em um nível de complexidade adequado às possibilidades de meninos e meninas (Bruner, 1996). Estamos falando de um processo de "ajuste" a que Bruner (1986, p. 86 da ed. cast.) se referiu afirmando que o adulto "permanece sempre no limite crescente da competência da criança". Nas palavras de Wertsch (1985, p. 84 da ed. cast.), a ZDP é "a região dinâmica da sensibilidade na qual se pode realizar a transição do funcionamento interpsicológico para o funcionamento intrapsicológico.

Trabalhando de acordo com essa tradição teórica, Wood, Bruner e Ross (1976) formularam o conceito de *andaime* que também reflete, a nosso ver, o caráter dinâmico a que temos nos referido. O conceito sugere que o apoio eficaz proporcionado à criança pelo adulto é aquele que se ajusta a suas competências em cada momento e que varia à medida que esta pode ter mais responsabilidade na atividade. A resposta do adulto em função da criança tem, então, a condição complementar de ser um apoio ajustado, mas de forma transitória; a retirada da ajuda e a cessão progressiva do controle à criança, de forma contingente a seu progresso na tarefa, asseguram a transferência da responsabilidade, que é em si a meta da atividade.

O terceiro e último aspecto que queremos destacar é que o papel ativo dos alunos desempenha um papel importante no caráter dinâmico da ZDP. As pesquisas de Newman, Griffin e Cole (1989), realizadas no contexto educacional, mostraram que as intervenções de todos os participantes em uma atividade, e não apenas as dos mais especializados, é fundamental para o rumo que tais atividades tomam. Ainda que a *definição da tarefa* predominante seja a do professor, isto é, o professor ou a professora, na maioria dos casos, orienta as trocas e dá sentido ou situa as intervenções dos participantes, os alunos podem apropriar-se da situação em sentidos não-previstos pelo professor. Portanto, as compreensões de meninos e meninas desepenham um papel importante no sistema funcional. Todos os pontos de vista envolvidos em uma ZDP são decisivos para sua evolução. Essa qualidade está estreitamente relacionada com a natureza dinâmica da ZDP, a que nos referimos no parágrafo anterior. Rogoff (1990) também destacou a interdependência das ações de crianças e de adultos no desenvolvimento das atividades, acentuando o caráter ativo de meninos e meninas, que se esforçam em participar e compartilhar de tais atividades.

A discussão sobre a noção de ZDP leva-nos a uma breve reflexão sobre suas relações com os processos de desenvolvimento. Um estudo detalhado dos conceitos de desenvolvimento e de aprendizagem em Vygotsky nos permitirá avaliar a complexidade das relações entre ambos e a dificuldade de dar uma resposta simples ou concludente (Vygotsky, 1978). Talvez Vygotsky não tenha tido tempo para perfilar e polir sua obra; o que podemos encontrar são diferentes *versões* da maneira como ensino e aprendizagem estão relacionados em seus textos (para uma discussão sobre esse aspecto, ver Ramírez e Wertsch, 1997; Wertsch, 1985). Aqui, nos interessa apenas assinalar brevemente que, para Vygotsky, os processos evolutivos e os de aprendizagem não coincidem, nem são idênticos, ainda que constituam uma unidade (Vygotsky, 1978). O desenvolvimento é encorajado pelos processos de aprendizagem e, em grande medida, é conseqüência deles. "O processo evolutivo vai "a reboque" do processo de aprendizagem; é nessa seqüência que se torna ZDP", ainda que "o desenvolvimento nunca siga a aprendizagem escolar do mesmo modo que uma sombra segue o objeto que a projeta" (Vygotsky, p. 140 da ed. cast.).

PARTICIPAÇÃO GUIADA, APROPRIAÇÃO E INTERSUBJETIVIDADE

Barbara Rogoff retomou e ampliou em suas pesquisas o conceito de ZDP, integrando-o na chamada *participação guiada*, que nos parece um conceito de especial interesse para o contexto escolar. De acordo com a autora, a aprendizagem pode ser compreendida como a *apropriação* dos recursos da cultura mediante a participação em atividades conjuntas (Rogoff, 1990). A aprendizagem escolar é um fenômeno comunitário, no qual alunos e alunas aprendem graças à sua participação nas atividades desenvolvidas em comunidades de alunos, atividades que estão conectadas com as práticas de sua comunidade e com a sua história. Nos processos que ocorrem quando crianças e adultos realizam juntos tais atividades, as crianças adquirem formas mais maduras de participação na sociedade graças à assistência direta que recebem dos adultos ou de outras crianças.

Segundo Rogoff (1990), são dois os processos que ocorrem na participação guiada. Em primeiro lugar, os adultos e os companheiros apóiam, estimulam e organizam as atividades de forma que as crianças possam realizar a parte que é acessível a elas. O que fazem é construir pontes do nível de compreensão e de habilidade do menino ou da menina até outros níveis mais complexos. Tornando o aluno responsável por parte da atividade que se compartilha, possibilita-se que ele controle metas ao mesmo tempo exeqüíveis e desafiadoras, metas que aumentam sua complexidade à medida que crescem o conhecimento e as habilidades de meninos e meninas. Em segundo lugar, os adultos e os companheiros estruturam a participação das crianças de forma dinâmica, ajustando-se às condições do momento. À medida que a responsabilidade e a autonomia dos alunos for progressivamente maior, o controle da atividade será transferido do adulto para a própria criança.

Como expusemos, mediante a participação guiada, as crianças podem apropriar-se dos conhecimentos e das ferramentas culturais que fazem parte da atividade. O conceito de apropriação, mais uma vez, acentua o fato de que esse *fazer seu* supõe uma reconstrução e uma transformação dos conhecimentos e dos instrumentos que são objeto de apropriação (Leontiev, 1981; Rogoff, 1990). Uma reconstrução na qual são determinantes fatores pessoais, como a compreensão dos participantes ou a representação que construíram da situação. Os conhecimentos e os instrumentos assim adquiridos serão ainda utilizados em situações futuras de forma contextualizada, o que pode significar usos diferentes aos do contexto no qual se aprendeu (Rogoff, 1990).

Newman, Griffin e Cole (1989) utilizam também o conceito de apropriação para compreender as situações educacionais que se dão no contexto escolar. De acordo com esses autores, o professor, que estrutura as interações na ZDP inclui as ações dos alunos no curso das atividades que ele desenvolve e controla. Poderíamos dizer que, procedendo dessa maneira, insere as ações das crianças em significados concretos estabelecidos por ele. O professor opera com o que os autores chamam de "ficção estratégica", isto é, tornam possível que os alunos realizem uma determinada parte da tarefa – e que a façam bem – mesmo quando não a compreendam em sua globalidade e a interpretem de acordo com seus próprios objetivos. Por outro lado, "o processo de apropriação mostra à criança como a tarefa e sua resposta a ela são vistas do ponto de vista da análise do professor" (Newman, Griffin e Cole, 1989, p. 150 da ed. cast.). A construção de situações educacionais e a comunicação que se dá nelas torna possível, dessa maneira, um *diálogo com o futuro da criança.*

Ao longo da discussão sobre a ZDP e o contexto educacional, parece que a idéia de *ajuste* se repete como um elemento essencial para o projeto da intervenção. Gostaríamos de fazer duas observações sobre esse aspecto. A primeira é que, situados na perspectiva construtivista dos processos de ensino e aprendizagem, parece que todo o processo de construção do conhecimento na escola nos leva a "entender a influência educacional em termos de ajuda prestada à atividade construtiva do aluno; e a influência educacional eficaz em termos de um ajuste constante e sustentado dessa ajuda às vicissitudes do processo de construção realizado pelo aluno" (Coll, 1990b, p. 448).

A segunda consideração, que é uma reflexão compartilhada com muitos outros autores, refere-se à necessária reserva que devemos ter quando transferimos os conceitos formulados para outros contextos de atividade ao contexto escolar, já que podem ter uma validade limitada. No caso da escola, a compreensão dos mecanismos pelos quais se dá o ajuste da ajuda educacional ao processo de construção do conhecimento dos alunos ainda é muito limitada e provém, em sua maior parte, do estudo das relações didáticas mãe/filho ou adulto/criança em situações educacionais estruturadas (Coll, 1990b).Visto que se trata de conceitos elaborados sobre a análise de interações didáticas ou muito controladas dentro e fora do contexto escolar (fundamentalmente fora), parece necessário um trabalho de pesquisa no contexto natural da sala de aula que ponha à prova, confirme e amplie ou redefina a utilidade de tais significados para a explicação dos processos de construção de conhecimento (ver Capítulo 17 deste volume).

Por último, e em relação ao conceito de ZDP, para que a comunicação seja possível, e com ela a atividade conjunta, é necessário que os participantes da interação possam compartilhar perspectivas; essa compreensão mútua foi chamada de intersubjetividade (Rommetveit, 1979). Podemos nos entender à medida que compartilhamos um ponto de vista, uma referência comum à qual se chega na comunicação modificando o próprio ponto de vista, se necessário, para aproximá-lo do de outro. Wertsch (1985), em uma discussão mais ampla sobre o conceito de ZDP, assinalou que o ajuste mútuo que deve se produzir em tais situações para que se dê a comunicação depende, em grande medida, de que os participantes compartilhem uma certa representação da situação, isto é, uma mesma definição da situação. Edwards e Mercer (1987) chamaram-na de *compreensão conjunta* ou *conhecimento compartilhado*. Essa definição intersubjetiva da situação pode ser alcançada graças a um processo de negociação das diferentes definições intra-subjetivas dos participantes das interações. Tanto a definição da situação a partir dos significados subjetivos como o estabelecimento de uma perspectiva comum de significados compartilhados dependem do uso de formas apropriadas de mediação semiótica (Wertsch, 1985). Na opinião de Coll e outros (1992), há duas características novas da análise que Wertsch realiza em relação a esse ponto: a valorização do contexto de construção de significados compartilhados e a importância da linguagem para a compreensão dos processos de influência educacional. Este último aspecto será referido a seguir.

OS PROCESSOS DE MEDIAÇÃO SEMIÓTICA

As contribuições mais importantes, e inclusive mais originais, de Vygotsky referem-se à atividade humana como um fenômeno mediado por signos e ferramentas. É precisamente essa função mediadora que torna possível a analogia entre ambos no desenvolvimento psicológico humano (Vygotsky, 1978). A filosofia marxista, pelo discurso de Engels, influenciou em muitos aspectos do desenvolvimento teórico das teses vygotskianas e, particularmente, na mediação instrumental. O argumento de Vygotsky era que nas relações entre as pessoas e seu meio, nas quais estão envolvidas as formas superiores de comportamento humano, os indivíduos modificam ativamente a situação ambiental. Por meio do uso de ferramentas, as pessoas regulam e transformam a natureza e, com isso, a si mesmas (Leontiev, 1959, 1983). Especificamente, o uso de um sistema de signos, produzido socialmente e encontrado pelo indivíduo em sua vida social, transforma a fala, o pensamento e, em geral, a ação humana; signos estes que se caracterizam por serem significativos – o significado do signo como elemento instrumental – e cuja natureza primordial é comunicativa (Wertsch, 1985).

As ferramentas psicológicas incluem diversos sistemas de signos: sistemas de numeração, sistemas de símbolos algébricos, trabalhos de arte, esquemas, diagramas, mapas, desenhos e todo tipo de símbolos convencionais, mas é a linguagem que se torna, ao longo do desenvolvimento humano, o instrumento mediador fundamental da ação psicológica (Vygotsky, 1978, 1982). Segundo Vygotsky, do mesmo modo que as ferramentas materiais medeiam a relação com o ambiente físico, transformando-o, as ferramentas psicológicas medeiam as funções psicológicas, mudando a sua natureza. Por exemplo, se a linguagem introduz-se em uma função psicológica como a memória, essa função é transformada. Não se trata apenas de que os signos facilitem formas mais eficazes de intervenção. A explicação de Vygotsky levava em conta que os instrumentos de mediação dão forma à atividade humana, tanto no plano intrapsicológico como no interpsicológico (Vygotsky, 1978).

Essa concepção instrumental está indissoluvelmente ligada à tese da gênese sócio-histórica das funções psicológicas. Os signos têm um caráter social, são produto das práticas culturais. O acesso a eles por parte dos indivíduos é assegurado por sua vinculação a uma cultura específica. A ação mediada é sempre uma ação situada, dependente do meio no qual ocorre (Wertsch, 1991). Assim, os signos, produto da evolução sócio-histórica dos grupos culturais, são adquiridos mediante as práticas dessas culturas em atividades de interação social próxima. Não se trata, segundo Wertsch, de que todas as ferramentas e os signos sejam adquiridos mediante um ensino direto que pretenda esse objetivo, mas que os ambientes de interação proporcionam oportunidades suficientes para sua descoberta (Wertsch, 1985).

Como dizíamos, segundo Vygotsky, a linguagem tranforma-se no sistema de signos privilegiado pelo desenvolvimento psicológico humano. A linguagem medeia a relação com os outros e, além disso, a relação da pessoa consigo mesma, isto é, de acordo com a lei genética do desenvolvimento cultural, a linguagem nos seres humanos, assim como nas demais funções psicológicas superiores, é primeiro uma ferramenta compartilhada com outros participantes em atividades sociais, para depois tornar-se em uma ferramenta de diálogo interior. No princípio, a linguagem tem uma função essencialmente comunicativa e de regulação da relação com o mundo externo; mais adiante, a linguagem se torna um regulador da própria ação. Um signo sempre é, em primeiro lugar, um instrumento para influir nos demais, e só depois se torna uma ferramenta que influi no próprio indivíduo (Vygotsky, 1978). A tal ponto é importante na explicação vygotskiana que, como argumentávamos anteriormente, os saltos qualitativos no desenvolvimento psicológico estão associados a novas formas de mediação semiótica. O desenvolvimento não obedece a um incremento quantitativo, mas a transformações qualitativas associadas às mudanças que se produzem no uso das ferramentas psicológicas.

O interesse primordial de Vygotsky ao estudar os sistemas de signos utilizados na comunicação humana centrava-se não na linguagem como sistema abstrato, mas na fala, particularmente na relação da fala com a atividade social e a atividade individual (Wertsch, 1990). Conectando suas idéias com outros desenvolvimentos psicológicos atuais, poderíamos dizer que Vygotsky estava interessado na análise do discurso nas interações sociais, isto é, nas formas e nos usos pragmáticos da linguagem. As implicações desse conceito chegam à própria dimensão da unidade de análise da atividade psicológica, que, para Vygotsky, era o *significado da palavra* (Vygotsky, 1982).

Wertsch (1991), estendendo a tese de Vygotsky e orientando o trabalho futuro na perspectiva sociocultural, oferece muitas idéias interessantes, que mencionaremos a seguir. Ainda que Vygotsky, no nível da formulação teórica da nova psicologia que estava criando, desse atenção aos fatores históricos e culturais, parece que em seus estudos empíricos estes receberam menos atenção. Vygotsky centrou-se mais no estudos de díadas ou pequenos grupos, nos quais o tratamento do funcionamento *individual* era compatível com uma perspectiva mais ampla em termos de processos sociais (Wertsch, 1990). Baseando-se no estudo da evolução dos trabalhos do próprio Vygotsky, Wertsch, junto com outros autores (Kozulin, 1994; Ramírez e Cubero, 1995), aponta uma mudança nos interesses deste autor no final da vida.

De acordo com a análise desses autores, parece que no início Vygotsky enfocava o estudo do desenvolvimento intelectual nas crianças – o desenvolvimento dos conceitos científicos – a partir de um tratamento intrapsicológico, mais centrado nos processos que ocorrem no indivíduo e também da perspectiva de uma psicologia mais individual. No final de sua vida, entretanto, o tratamento do tema sofreu uma mudança. Sem abandonar seu interesse pela análise intrapsicológica, interessou-se igualmente pelo ensino dos conceitos no contexto de atividades situadas e compartilhadas, ocorridas em um contexto institucional, como é a escola. Especificamente, "estava interessado em como as formas de discurso encontradas na instituição social da escolarização formal proporcionam o contexto subjacente no qual se dá o desenvolvimento conceitual" (Wertsch, 1990, p. 116). Ou seja, estava interessado em situações concretas de atividade professor/alunos:

> A tendência no pensamento de Vygotsky até o fim de sua vida é clara. Ele estava buscando uma forma de relacionar o funcionamento psicológico do indivíduo a contextos socioculturais concretos, especificamente ao contexto de ensino formal. Os mecanismos teóricos que utilizou para esclarecer essa relação estavam fundamentados em seu tema da mediação semiótica; sua linha de raciocínio era identificar as formas de fala ou características do discurso de contextos socioculturais concretos e examinar o impacto que seu domínio tinha no funcionamento mental (nos dois planos, o interpsicológico e o intrapsicológico).

Assim, o próprio Vygotsky estava interessado na análise do discurso educacional característico dos contextos formais. Esse aspecto tem, entre outras, uma implicação muito importante, que é de reconhecer as formas de funcionamento interpsicológico como atividades socioculturais situadas. Atualmente, é um dos aspectos que mais interessa aos pesquisadores que, a partir dessa orientação, tentam compreender a atividade escolar. Os trabalhos de Michael Cole e seus colaboradores, a que já nos referimos em relação aos conceitos de apropriação e ZDP, são particularmente relevantes para a caracterização do contexto escolar e das atividades que ocorrem ali.

Entre os elementos que Cole (1990) considera fundamentais para uma definição sócio-histórica da escola, encontram-se alguns aspectos sobre os quais já nos estendemos, como o fato de que a mediação cultural muda a estrutura das funções psicológicas humanas ou que as funções psicológicas humanas são fenômenos históricos; por isso, não nos deteremos mais sobre eles. Entretanto, interessa-nos trazer a este momento de discussão outro postulado básico que o autor destaca: o do estudo dos processos psicológicos por meio da análise da atividade prática. Isso está relacionado com a especificidade de contexto dos processos mentais. O funcionamento psicológico humano tem sentido dentro de um fluxo de interação social em que diferentes participantes compartilham uma atividade *prática*; são esses indivíduos concretos em contextos de relação concretos, cujo sistema social é a garantia da existência da atividade humana (Leontiev, 1981, citado por Cole, 1990, p. 92). Além disso, o conjunto de capacidades postas em prática em uma interação social são capacidades específicas que se relacionam com tais contextos práticos de ação (Vygotsky, 1978).

A escola, como instituição presente nas sociedades avançadas, caracteriza-se por uma série de traços e por uma organização peculiar do comportamento (Cole, 1990). A estrutura social e o conjunto de atividades que se realizam são específicas desse contexto. As unidades são formadas por grupos amplos, nos quais uma pessoa adulta, que não pertence ao contexto familiar próximo de desenvolvimento dos alunos, é responsável por um grupo grande de meninos e meninas. As atividades realizadas nesses grupos sociais estão deslocadas dos contextos práticos de atividade em si: nelas se desenvolverão, em grande medida, habilidades julgadas necessárias para contextos sociais futuros. Os meios utilizados no contexto educacional são, além disso, característicos do tipo de atividades que se desenvolvem ali, como é o caso dos sistemas simbólicos de escrita.

A estrutura de participação e as formas de discurso também são específicas. É esse aspecto de seu trabalho que mais nos interessa para a discussão do valor dos signos como mediadores do desenvolvimento psicológico e, mais especificamente, dos instrumentos de mediação no contexto da educação formal. Os estudos sobre as formas como a linguagem é utilizada nas escolas revelam padrões que podem ser chamados de *discurso do ensino* (Cole, 1990). Tal discurso, diferente, na forma e no conteúdo, de outras interações verbais, revela turnos de interação dirigidos a proporcionar informação específica, controlar as execuções dos participantes e avaliar o progresso dos alunos, caracterizando-se por estruturas interativas específicas do discurso escolar (Mehan, 1979; Rogoff, 1990). O estudo das formas discursivas oferece algumas respostas sobre a maneira como os instrumentos de mediação semiótica modificam o funcionamento cognitivo graças à participação dos indivíduos em contextos de atividade específicos. Por sua vez, e nesse mesmo sentido, Wertsch (1990) propõe o estudo dos próprios instrumentos de mediação que refletem aspectos fundamentais do contexto sociocultural e que às vezes *importam* estruturas *alheias* ao próprio funcionamento psicológico.

A TEORIA SOCIOCULTURAL E A EDUCAÇÃO ESCOLAR

O processo de construção de conhecimentos não é mais entendido como uma realização individual, mas como um processo de *co-construção* ou de construção conjunta (Driver e outros, 1994; Edwards e Mercer, 1987; Valsiner, 1988) realizado com a ajuda de outras pessoas, que, no contexto escolar, são o professor e os colegas de sala de aula. A sala de aula é definida, assim, como uma comunidade de alunos, em que o professor ou a professora orquestra as atividades (Bruner, 197). A ajuda educacional, ou seja, os mecanismos mediante os quais se tenta influir no desenvolvimento e na aprendizagem da criança, é realizada mediante uma série de *procedimentos de regulação da atividade conjunta* (Coll e outros, 1992). Essa ajuda é possível graças à negociação dos significados e ao estabelecimento de um contexto discursivo que torna factíveis a comunicação e a expressão.

A construção do conhecimento na sala de aula é um processo social e compartilhado. A interação se dá em um contexto socialmente pautado, no qual o sujeito participa de práticas culturalmente organizadas com ferramentas e conteúdos culturais. As perspectivas socioculturais enfatizam a interdependência entre os processos individuais e os sociais na construção do conhecimento. Sua interpretação dos processos de aprendizagem fundamenta-se na idéia de que as atividades humanas estão posicionadas em contextos culturais e são mediadas pela linguagem e por outros sistemas simbólicos. A teoria sociocultural entende a aprendizagem como *um processo distribuído, interativo, contextual e que é resultado da participação dos alunos em uma comunidade de prática*. Aprender, de acordo com essa concepção, não significa interiorizar um conjunto de fatos ou de entidades objetivas, mas sim participar de uma série de atividades humanas que implicam processos em contínua mudança (Lave, 1996).

Os processos de troca e de negociação no cenário (Rodrigo e Cuberto, 1998) realizam-se por meio da participação guiada. Esta supõe o professor como guia para a aprendizagem dos alunos, ao mesmo tempo em que participa, junto com eles e lhes oferece vários tipos de ajuda:

1. constrói pontes do nível de compreensão e de habilidade do menino e da menina até outros níveis mais complexos;
2. estrutura a participação das crianças, manipulando a apresentação da tarefa de forma dinâmica, ajustando-se às condições do momento;
3. transfere gradualmente o controle da atividade até que o próprio aluno seja capaz de controlar por si mesmo a execução da tarefa.

Com tudo isso, a meta educacional a ser alcançada é que o aluno se aproprie dos recursos da cultura, pela sua participação com outros mais experientes em atividades conjuntas também definidas pela cultura (Rogoff, 1990). A apropriação de objetos de conhecimento e de ferramentas culturais mediada pela ajuda de outros supõe:

a) incorporar o objeto de conhecimento ou a nova ferramenta cultural aos recursos mentais disponíveis até esse momento por parte do aluno;
b) fazer seu o conhecimento e a ferramenta cultural aprendidos, dando-lhes um sentido e um significado;
c) incluí-los no repertório de práticas utilizadas;
d) compartilhar seu uso com os demais.

Conceitos elaborados a partir de diferentes orientações – por exemplo, os de conhecimento compartilhado, "andaime" ou participação – confluem em uma explicação da aprendizagem como *colaboração ou coordenação conjunta*, em que a influência educacional não se restringe à interação professor e aluno. A interação entre alunos também é reconhecida como contexto social de construção de significados, em que se põem em prática mecanismos como os de expressão e de reconhecimento de pontos de vista contrapostos, criação e resolução de conflitos, que se mostrarão relevantes para a aprendizagem (Cazden, 1988). Entre os trabalhos que estudaram a interação entre iguais a partir da teoria sociocultural, são muito conhecidos aqueles realizados por Forman (1992) sobre a resolução de problemas em situações de colaboração entre iguais. Dois aspectos podem ser destacados dos trabalhos da autora (Lacasa e Herrans Ybarra, 1995): seu interesse pelas relações entre iguais como contexto de construção conjunta de significados e a análise que realiza de como os meninos e as meninas aprendem a utilizar diferentes tipos de discursos em função do contexto do qual participam (ver Capítulo 16 deste volume).

Os estudos socioculturais da aprendizagem na sala de aula interessaram-se particularmente pela análise do discurso escolar. Na sala de aula, a comunicação e a construção de novos conceitos ocorrem em práticas nas quais o discurso educacional desempenha um papel primordial. É por meio do discurso que as versões sobre o conhecimento se constroem e é também por meio dele que podemos analisar como se constroem (ver os Capítulos 15 e 17 deste volume). A linguagem e o estabelecimento de um consenso na sala de aula são o repertório coletivo de conhecimento que uma comunidade compartilha, como é, em nosso caso, a comunidade educacional. Com relação a este último aspecto, a aprendizagem escolar é concebida por grande parte das propostas construtivistas como a socialização dos alunos e das alunas em formas de fala e em modos de discurso, que são específicos de contextos cultural e historicamente situados.

6 Construtivismo e educação: a concepção construtivista do ensino e da aprendizagem

CÉSAR COLL

INTRODUÇÃO

Se tivesse de identificar um ponto de confluência no amplo leque de enfoques e de propostas que constituem atualmente a psicologia da educação ou têm sua origem nela, é certo que em sua formulação apareceriam, de uma maneira ou de outra, sozinhos ou combinados com outros, os termos "construtivismo" e "construtivista". Como já foi mencionado no Capítulo 1, a visão construtivista do psiquismo humano em suas diferentes versões impregna por completo a psicologia da educação atualmente. Recorrer aos princípios construtivistas do funcionamento psicológico a fim de compreender e explicar melhor os processos de desenvolvimento e de aprendizagem e os processos educacionais, como também para elaborar e fundamentar propostas de inovação e de melhoria na educação, é uma prática generalizada em nossos dias.

A idéia original do construtivismo é que o conhecimento e a aprendizagem são, em boa medida, o resultado de uma dinâmica na qual os aportes do sujeito ao ato de conhecer e de aprender desempenham um papel decisivo. O objeto torna-se conhecido quando é posto em relação com os contextos interpretativos que o sujeito aplica a ele, de maneira que no conhecimento não contam apenas as características do objeto, mas também e particularmente os significados que têm sua origem nos contextos de interpretação utilizados pelo sujeito. O conhecimento e a aprendizagem nunca são, portanto, o resultado de uma leitura direta da experiência, mas fruto da atividade mental construtiva mediante a qual, e pela qual, as pessoas lêem e interpretam a experiência. Essa idéia original, cuja primeira formulação articulada e precisa encontra-se nos trabalhos desenvolvidos por Piaget e seus colaboradores sobre psicologia e epistemologia genética durante as décadas de 1940 e 1950 (Coll, 1996a), expande-se e enriquece de forma considerável a partir de década de 1960 como conseqüência da substituição paulatina do behaviorismo pelos enfoques cognitivos e pela adoção praticamente generalizada destes últimos nas décadas seguintes.

A partir desta idéia nuclear, entretanto, a aceitação crescente dos princípios construtivistas em psicologia e em educação originou, nos últimos anos, um enriquecimento e uma diversificação também crescentes de tais princípios, de maneira que, sob o rótulo genérico do "construtivismo", encontram-se atualmente enfoques teóricos e propostas de atuação muito diversos, quando não abertamente contraditórios. Por isso, embora seja verdade que a psicologia da educação atual está totalmente impregnada pelo construtivismo, também é verdade que tem cada vez menos sentido falar do construtivismo em geral sem outro tipo de especificações. O construtivismo é sem dúvida a orientação dominante atualmente em psicologia da educação – assim como em outras áreas ou especialidades da psicologia –, mas dentro dessa orientação geral compartilhada existem versões do construtivismo sensivelmente diferentes entre si. Não há um único construtivismo, mas diferentes tipos de construtivismo, e ignorar tal fato pode dar lugar a ambigüidades e confusões. As quatro teorias globais do desenvolvimento e da aprendizagem revistas em outros tantos capítulos da primeira parte deste volume – a psicologia e a epistemologia genética, a teoria da assimilação, a teoria dos esquemas e dos modelos mentais, a teoria sociocultural – podem ser qualificadas com toda propriedade como construtivistas, o que, como se pôde comprovar, não impede que se diferenciem em muitos e importantes aspectos; por isso, seria preciso falar das explicações de outros processos psicológicos – inteligência, habilidades, estratégias de aprendizagem, memória, motivação, expectativas, autoconceito, enfoques de aprendizagem, diferenças individuais, etc. – analisados nos capítulos da segunda parte.

Uma primeira especificação a esse respeito é a necessidade de distinguir claramente entre construtivismo – ou construtivismos –, teorias construtivistas do desenvolvimento, da aprendizagem e de outros processos psicológicos, e enfoques construtivistas em educação (Coll, 1997b). De acordo com tal distinção, convém reservar o termo *construtivismo* para referir-se a um determinado paradigma do psiquismo humano de que é tributária uma ampla gama de teorias psicológicas, entre as quais se encontram as *teorias construtivistas do desenvolvimento, da aprendizagem e de outros processos psicológicos*. Os *enfoques construtivistas em educação*, por sua vez, são propostas especificamente orientadas a compreender e a explicar os processos educacionais, ou propostas de atuação pedagógica e didática, que têm sua origem em uma ou várias teorias construtivistas do desenvolvimento, da aprendizagem e de outros processos psicológicos.

O objetivo deste capítulo é apresentar as linhas mestras de um enfoque construtivista particular em educação, gestado no transcurso das últimas décadas no contexto de uma série de processos de reforma educacional e de inovação curricular, pedagógica e didática, com a denominação *concepção construtivista do ensino e da aprendizagem escolar*.[1] Os dois primeiros itens têm como finalidade situar esse enfoque em relação ao paradigma construtivista – ou, para ser mais preciso, com as versões do construtivismo mais difundidas atualmente – e a outros enfoques construtivistas em educação, respectivamente. A seguir, apresentarei, no que constitui o núcleo deste capítulo, as idéias ou os princípios básicos da concepção construtivista do ensino e da aprendizagem escolar, para concluir, no último item, com uma breve avaliação de seu alcance, suas limitações e suas perspectivas de futuro.

CONSTRUTIVISMO E ENFOQUES CONSTRUTIVISTAS EM EDUCAÇÃO

Embora seja certamente difícil traçar uma linha divisória nítida entre as muitas versões do construtivismo que subjazem às formulações e aos enfoques atuais do desenvolvimento, da aprendizagem e de outros aspectos psicológicos, há um certo acordo (ver, por exemplo, Prawat e Robert, 1994; Coob e Yackel, 1996; Marshall, 1996; Prawat, 1996; Shuell, 1996; Nuthall, 1997; Prawat, 1999a) quanto à necessidade de distinguir entre, pelo menos, três tipos de explicações que, embora possam ser qualificadas como construtivistas, oferecem outras tantas visões alternativas do funcionamento psicológico: o *construtivismo cognitivo* ou construtivismo psicológico, sem dúvida nenhuma a versão mais difundida e conhecida do construtivismo, que finca suas raízes na psicologia e na epistemologia genéticas e cujo desenvolvimento, como mencionado, está estreitamente vinculado à aceitação crescente dos enfoques cognitivos a partir dos anos 1960; o *construtivismo de orientação sociocultural*, também chamado às vezes de socioconstrutivismo ou construtivismo social, fortemente inspirado nas idéias e nas formulações de Vygotsky, que conheceu um desenvolvimento espetacular no transcurso das últimas décadas; e o *construtivismo vinculado ao construtivismo social* (Gergen, 1985; Harré, 1986) e ao surgimento dos enfoques pós-modernos em psicologia, que situam o conhecimento, e os processos psicológicos em geral, no uso da linguagem e nas práticas lingüísticas e discursivas (Edwards e Potter, 1992; Edwards, 1997; Potter, 1998).

Embora essas três versões do construtivismo estejam longe de constituir compartimentos estanques, e cada uma delas inclua variantes múltiplas e diversas, diferem entre si em alguns pressupostos básicos quanto à natureza individual ou social da construção do conhecimento e, conseqüentemente, quanto à explicação das mudanças que se produzem nos alunos como resultado do ensino.[2] Em um extremo, e seguindo a tradição dominante em psicologia, o construtivismo cognitivo concebe o pensamento, a aprendizagem e os processos psicológicos, em geral, como fenômenos que têm lugar *na mente das pessoas*. Na mente dos alunos estão armazenadas suas representações – esquemas ou modelos mentais – do mundo físico e social, de maneira que a aprendizagem consiste fundamentalmente em relacionar as informações ou as experiências novas com as representações já existentes, o que pode dar lugar, sob determinadas circunstâncias, a um processo *interno* de revisão e de modificação de tais representações, ou à construção de outras novas mediante a reorganização e a diferenciação *interna* das representações já existentes. Daí que, no caso do construtivismo cognitivo, os esforços dirijam-se fundamentalmente a:

1. analisar a dinâmica interna do processo de construção do conhecimento;
2. elucidar como essa dinâmica é afetada pela incorporação, pelo encaixe ou pela relação da informação nova com as representações já existentes na mente dos alunos;
3. indagar as condições do ensino sob as quais o "encontro cognitivo" entre a informação nova e as representações do aluno pode orientar a dinâmica interna de revisão, a modificação, a reorganização ou a diferenciação destas últimas na direção desejada. Em suma, a mente – e com ela as representações que abriga e os processos psicológicos dos quais é o cenário – é uma propriedade exclusiva do aluno.

No outro extremo, com teses radicalmente opostas sobre a natureza da construção do conhecimento e das mudanças que se produzem nos alunos como resultado do ensino, encontra-se uma versão do construtivismo compartilhada, essencialmente, por alguns enfoques lingüísticos e sociolingüísticos da cognição e da aprendizagem, pelo chamado construtivismo social, e também por alguns desenvolvimentos dos enfoques socioculturais. Em síntese, e simplificando ao máximo, a idéia fundamental, nesse caso, é a negação dos processos mentais e da mente como propriedades individuais, como fenômenos que ocorrem na mente das pessoas. Se tem sentido falar da mente e dos processos mentais como "entidades psicológicas" – o que é negado por muitos autores que adotam tal perspectiva –, sua natureza não é individual, mas social, e o lugar onde se desdobram e se manifestam e, portanto, onde é preciso estudá-los não é a "cabeça" das pessoas, mas sim a interação entre elas, nas relações sociais, nas práticas socioculturais, nas "comunidades de prática", no uso da linguagem, nas práticas lingüísticas da comunidade ou no mundo social, conforme os casos. Embora as alternativas à natureza individual dos processos psicológicos e à sua localização na mente das pessoas sejam muito diversas e, em sua formulação atual, algumas delas sofram ainda, a meu ver, de uma falta de concreção e de clareza, todas têm em comum a recusa a "igualar o conhecimento à atividade mental individual" e "a destacar as práticas sociais que dão origem à linguagem" (Prawat, 1999, p. 63).

Entre essas duas versões extremas marcadas pela dissociação entre o individual e o social, entre o interno e o externo, entre pensamento e linguagem, há uma ampla gama de propostas e de enfoques cuja finalidade é mostrar que "se incorporamos as perspectivas sociocultural e lingüística ao modelo construtivista cognitivo dos processos mentais, é possível ver como a linguagem e os processos sociais da sala de aula constituem as vias pelas quais os alunos adquirem e retêm o conhecimento" (Nuthall, 1997, p. 758). Desse ponto de vista, a aprendizagem dos alunos e o que ocorre na sala de aula é fruto tanto dos aportes individuais dos alunos como da dinâmica das relações sociais que se estabelecem entre os participantes, professor e alunos, no seio da classe. Como assinala Salomon (1993), é útil considerar os processos mentais como uma propriedade das pessoas que atuam juntas em ambientes organizados culturalmente. Mas, ao mesmo tempo, convém não perder de vista que, embora seja certo que os ambientes organizados culturalmente, como, por exemplo, as salas de aula, têm uma identidade própria, também os alunos e os professores que as integram têm sua própria identidade, que se mantém quando transitam de um ambiente a outro – de uma sala para outra, da escola para a família, da família nuclear para a família ampla, do grupo de amigos da escola ao grupo de amigos do bairro, etc. – garantindo sua continuidade como indivíduos. A mente individual do aluno, ou seja, o conjunto de representações mentais que constrói a partir de suas experiências, proporciona a continuidade requerida pela preservação da sua identidade pessoal.

> Um indivíduo pode participar de muitas comunidades diferentes e nelas desempenhar diferentes papéis [...] pode ser em parte uma pessoa diferente em cada uma dessas comunidades, mas será também em parte a mesma pessoa [à medida que] traz consigo as representações de suas experiências de um ambiente para outro e essas representações influem no desempenho individual dos papéis sociais nos diferentes ambientes (Nunthall, 1997, p. 734).

As representações individuais e as atividades sociais culturalmente organizadas estão intimamente interconectadas e influenciam-se mutuamente, mantendo, nas palavras de Salomon (1993, p. 192), uma relação fluida e "transacional". Por isso, ambas devem ser levadas em contra para compreender os processos de construção do conhecimento realizados pelos alunos nas escolas e nas salas de aula.

Em uma linha de raciocínio similar, Prawat insistiu repetidas vezes (Prawat e Robert, 1994; Prawat, 1996; 1999a; 1999b) nas vantagens de uma perspectiva epistemológica sobre a mente e os processos mentais, que se situaria a meio caminho entre as duas alternativas representadas pelo construtivismo cognitivo e as formulações pós-modernas do construtivismo social e da orientação lingüística ou sociolingüística. Para Prawat, as bases dessa alternativa epistemológica encontram-se nos trabalhos de Dewey e nas contribuições feitas por Vygotsky nos últimos anos de sua vida. Segundo o autor, os trabalhos realizados por Vygotsky a partir de 1930 significam uma mudança radical de orientação em seu pensamento, centrado até então no papel mediador dos signos e, em especial da linguagem, na atividade das pessoas e nos processos psicológicos superiores. A partir de 1930, ainda de acordo com Prawat, Vygotsky abandona em boa medida essa orientação para adotar um enfoque que situa em primeiro plano a importância do significado. A construção de significados – *meaning-making* – em toda sua complexidade torna-se, a partir desse momento o foco de preocupação e de indagação de Vygotsky. O fato interessante que vale destacar aqui é que, nesse empenho de construção de significados, Vygotsky – como Dewey – atribui um papel importante e destacado aos fatores individuais e aos fatores sociais, o que leva a dar uma atenção prioritária aos "mecanismos mentais" da pessoa, que intervêm na construção de significados, aspecto praticamente ausente em obras anteriores. Em suma, tanto Dewey como Vygotsky em seus últimos trabalhos aceitam a existência da mente como propriedade dos indivíduos, ainda que isso não implique que sejam os "prioritários exclusivos dos pensamentos e das emoções que lhes permitem realizar suas transações com o mundo" (Prawat, 1999a, p. 73). As representações individuais e os processos mentais que intervêm em sua construção estão sob influência direta das comunidades ou dos ambientes culturalmente organizados dos quais as pessoas participam, ao mesmo tempo que influem sobre eles; assim, as relações entre ambos – mentes individuais e ambientes culturais – são vistas também nesse caso como fluidas e "transacionais".

Um último exemplo ilustrativo desses esforços por incorporar as perspectivas sociocultural e lingüística ao modelo construtivista cognitivo dos processos mentais a que gostaria de referir, e que nos aproxima ainda mais da versão do construtivismo subjacente ao enfoque construtivista em educação, do qual se tratará nas páginas seguintes, encontram-se nos trabalhos realizados por Coob e seus colaboradores (Coob e Yackel, 1996; Coob, 1998; Coob e Bowers, 1999) no âmbito do ensino e da aprendizagem da matemática. Com uma orientação resolutamente presidida por preocupações práticas, e distante, em princípio, das análises mais epistemológicas como as que foram feitas por Prawat nos trabalhos citados anteriormente, Coob e seus colaboradores chegam a conclusões muito similares. Para esses autores, o ponto de contato entre o construtivismo cognitivo, o construtivismo de orientação sociocultural e sua própria formulação é dado pela importância que tem nos três casos a *atividade* como conceito nuclear da explicação da aprendizagem, enquanto que as diferenças residem na maneira como se caracteriza e se estuda a atividade. Assim, enquanto o construtivismo cognitivo tenta explicar a atividade da matemática e a aprendizagem dos alunos como fenômenos exclusivamente psicológicos de natureza individual, o construtivismo de orientação sociocultural busca as chaves de tal atividade e da aprendizagem na participação dos alunos em práticas socioculturais mais amplas, que tem sua origem em ambientes e em comunidades de prática alheios, em princípio, à sala de aula e à classe. Sem negar o interesse e a relevância dos enfoques socioculturais para dar conta de determinados aspectos das práticas educacionais que se situam em planos e em níveis distintos da sala de aula, como a instituição escolar, o sistema educacional ou a valorização social do conhecimento – ver os Capítulos 14 e 23 deste volume –, os autores defendem a complementaridade da aproximação sociocultural, que identificam como uma variante do construtivismo social, a fim de dar conta da atividade matemática e da aprendizagem dos alunos "tal como corre no contexto social da sala de aula" (Coob e Yackel, 1996, p. 176). Esse enfoque emergente seria resultado, segundo os autores, da coordenação explícita de duas perspectivas teóricas distintas da atividade: uma "perspectiva social", que consiste em "uma visão interagente dos processos coletivos e compartilhados que ocorrem na sala de aula", e uma "perspectiva psicológica", que consiste em "uma visão construtivista psicológica [ou construtivista cognitiva, na terminologia utilizada anteriormente] da atividade individual dos alunos (ou do professor) enquanto participam nesses processos compartilhados e contribuem para seu desenvolvimento".

Como se verá mais adiante, a concepção construtivista do ensino e da aprendizagem escolar localiza-se claramente no contexto desses esforços de incorporação dos enfoques socioculturais e lingüísticos ao construtivismo cognitivo. Por um lado, situa na atividade mental construtiva dos alunos, e portanto na dinâmica interna dos processos de construção do conhecimento, a chave da aprendizagem escolar. Os alunos são os agentes e os principais responsáveis pela construção de significados sobre os conteúdos escolares, que constitui a essência da aprendizagem escolar. Tal processo de construção, de natureza individual, é inseparável, porém, da atividade que professores e alunos desenvolvem juntos na sala de aula enquanto empreendem as tarefas escolares, ou se aproxima do estudo dos conteúdos escolares. Em outros termos, a construção individual do conhecimento que os alunos realizam está inserida, e dela é inseparável, na construção coletiva que professores e alunos realizam juntos nesse ambiente específico e culturalmente organizado que é a sala de aula. Mas vou deixar, nesse ponto, as considerações relativas às diferentes versões do construtivismo como parâmetro explicativo do funcionamento psicológico, para situar brevemente a concepção construtivista do ensino e da aprendizagem escolar em relação a outros enfoques construtivistas em educação.

A CONCEPÇÃO CONSTRUTIVISTA DO ENSINO E DA APRENDIZAGEM: UM CONTEXTO PSICOLÓGICO GLOBAL DE REFERÊNCIA PARA A EDUCAÇÃO ESCOLAR

A concepção construtivista do ensino e da aprendizagem escolar apresenta quatro características que, tomadas em conjunto, permitem situá-la no amplo leque de enfoques construtivistas em educação vigentes atualmente: uma visão construtivista do funcionamento psicológico de que já se tratou no item anterior e sobre a qual não voltarei a insistir; uma orientação nitidamente educacional, que se concretiza no fato de tomar como ponto de partida as preocupações e os problemas da educação e das práticas educativas escolares e na vontade de elaborar um contexto global de referência útil e relevante para abordar tais problemas e preocupações; uma visão bidirecional e não-hierárquica das relações entre o conhecimento psicológico e a teoria e a prática educacional que foram identificados no Capítulo 1 deste volume como própria da psicologia da educação entendida como disciplina-ponte; e uma vontade integradora de aportes que, apesar de terem sua origem em teorias construtivistas do desenvolvimento, da aprendizagem e de outros processos psicológicos que diferem entre si em muitos e importantes aspectos, aparecem como complementares ao integrar-se – e reinterpretar-se – em um esquema de conjunto presidido pela consideração da natureza social e socializadora da educação e das características próprias e específicas das práticas educacionais escolares.

Orientação decididamente educacional

Nas conclusões de um trabalho cujo objetivo fundamental é avaliar a eficácia do construtivismo social – isto é, das versões do construtivismo que concedem uma importância particular aos fatores sociais – para a prática educacional, O'Connor (1998) destaca duas dificuldades fundamentais: por um lado, as incompatibilidades que se detectam entre as diferentes variantes ou versões do construtivismo social; por outro, a complexidade que supõe a tentativa de contemplar em um único contexto teórico os múltiplos e complexos aspectos que qualquer prática educacional comporta, mesmo aquela aparentemente mais comum (ver o Capítulo 14 deste volume). Diante dessa situação, O'Connor sugere a conveniência de buscar pontos de diálogo e de conexão entre as diferentes versões do construtivismo, tendo presente que o objetivo não é, ou não é apenas, aperfeiçoar e afinar um contexto teórico psicológico, mas também e muito particularmente construir *um contexto teórico unificado capaz de adaptar-se às necessidades da educação e de proporcionar uma ferramenta poderosa e útil para analisar e guiar a prática educacional.*

Longe de ser uma exceção, a idéia de articular os esforços de integração em torno de uma orientação educacional é compartilhada atualmente por outros autores. É o caso, por exemplo, de Coob e seus colaboradores, cujos trabalhos se mencionou anteriormente, que apresentam suas propostas teóricas para a análise da atividade e a aprendizagem matemática na sala de aula como resultado de interpelar diferentes perspectivas teóricas a partir de sua preocupação fundamental: compreender o que ocorre em uma série de situações concretas e específicas de ensino e aprendizagem. Assim, sua proposta teórica – de caráter integrador, como também já tive oportunidade de mencionar – tem como ponto de partida práticas educacionais concretas, ao mesmo tempo que retroalimenta tais práticas proporcionando elementos que ajudam a entendê-las melhor e a orientá-las em uma determinada direção. O alcance dessa mudança de orientação fica claramente manifesto nas seguintes palavras de Cobb e Yackel (1996, p. 176):

> Esta aproximação pode ser contrastada com os estilos mais tradicionais de apresentação, em que se começa com a formulação dos princípios teóricos básicos para deduzir, em seguida, implicações práticas. Como assinalou Schön (1983), esse estilo retórico situa a teoria acima da prática e reflete uma epistemologia positivista da prática, com isso desvalorizando as relações entre a teoria e a prática tal como são percebidas pelos práticos reflexivos. Mais ainda, as caracterizações desse tipo tendem a situar os pesquisadores e os práticos em posições superiores e subordinadas como produtores de teoria e consumidores de implicações, respectivamente. Ao contrário, os estilos alternativos de apresentação que tentam fundamentar a teoria na prática sugerem um tipo de relação mais colaborativa entre professores e pesquisadores, na qual suas respectivas áreas de competências aparecem como complementares, em vez de responder a uma estrutura hierárquica.

A concepção construtivista do ensino e da aprendizagem está voltada essencialmente às preocupações da educação e dos profissionais da educação e, nesse sentido, distancia-se de outros enfoques construtivistas que, como evidenciaram Fenstermarcher e Richardson (1994), são antes tributários de uma orientação disciplinar e têm como finalidade prioritária contribuir para o desenvolvimento e o aperfeiçoamento das teorias psicológicas de referência (ver o Capítulo 1 deste volume). Portanto, a finalidade da concepção construtivista não é oferecer uma explicação alternativa àquela que proporcionam as teorias construtivistas do desenvolvimento, da aprendizagem ou de outros processos psicológicos, nem tampouco proporcionar uma teoria unificada e superadora das diferenças que estas têm entre si, mas antes proporcionar um contexto global de referência, inspirado em uma determinada visão construtivista do funcionamento psicológico, que guie e oriente os profissionais da educação – incluídos naturalmente os psicólogos da educação – em sua aproximação do estudo dos processos educacionais e em seus esforços por compreendê-los, revisá-los e melhorá-los. Nesse sentido, pode-se dizer que os objetivos da concepção construtivista são fundamentalmente:

- integrar em um todo coerente e articulado aportes relativos a diversos aspectos ou a dimensões psicológicas relevantes que intervêm nos processos escolares de ensino e aprendizagem;
- pôr ao alcance dos professores e de outros profissionais da educação conhecimentos psicológicos aos quais, de outro modo, dificilmente teriam acesso e que, em qualquer caso, perderiam grande parte de sua potencial utilidade ao serem considerados de forma isolada;
- proporcionar um esquema organizador suscetível de ser enriquecido progressivamente com os resultados de pesquisas psicológicas, educacionais e psicoeducacionais, e que ao mesmo tempo ajude a avaliar o alcance, as limitações e a utilidade potencial de tais resultados;
- oferecer um contexto de referência que possa ser utilizado como plataforma para a elaboração de propostas pedagógicas e de intervenção psicopedagógica mais ou menos globais, referentes a determinadas áreas curriculares ou a determinados tipos de conteúdos, para a formação dos professores, a elaboração de materiais didáticos, o planejamento do ensino e para a análise de práticas educacionais escolares concretas ou de alguns componentes delas;
- ajudar a identificar problemas novos, a rever crenças e postulados relativos à educação escolar, às vezes aceitos como óbvios de uma forma um tanto quanto acrítica, e a estabelecer prioridades para a pesquisa dos fenômenos e processos educacionais.

As relações bidirecionais entre o conhecimento psicológico e a teoria e a prática educacionais

Praticamente todas as teorias compreensivas do psiquismo humano que marcam a história da psicologia do século XX deram lugar, em um momento ou em outro de sua generalização e difusão, a utilizações educacionais que respondem a uma lógica das relações entre o conhecimento psicológico e a teoria e a prática educacionais próprias da psicologia aplicada à educação (ver o Capítulo 1 deste volume, Figura 1.1 [A]). As teorias do desenvolvimento, da aprendizagem ou de outros processos psicológicos inspiradas ou compatíveis com os princípios construtivistas não foram uma exceção. Ao contrário, a maioria das formulações construtivistas que encontramos no discurso pedagógico das últimas décadas respondem a essa lógica. Basta recordar, a esse respeito, as propostas de fundamentar a pedagogia e a didática na psicologia e na epistemologia genética de Piaget, propostas que gozaram de considerável aceitação e popularidade até meados dos anos 1980 (Delval, 1983; Moreno, 1983); as tentativas similares realizadas a partir dos enfoques do processamento humano da informação, cuja vigência continua sendo plenamente atual (Bruer, 1995); ou as propostas construtivistas em educação que buscam a complementaridade entre a teoria genética de Piaget e os enfoques do processamento humano da informação, ou entre a teoria de Piaget e a teoria sociocultural do desenvolvimento e da aprendizagem de Vygosty, ou entre essas teorias e os enfoques de processamento humano da informação.

É forçoso reconhecer, pois, que o fato de que o conhecimento psicológico de referência seja tributário de formulações construtivistas não implica necessariamente o abandono do reducionismo psicologizante nem a hierarquia epistemológica entre conhecimento psicológico e teoria e prática educacionais característicos da psicologia aplicada à educação. No entanto, cabe o recurso às formulações construtivistas de uma perspectiva radicalmente distinta dessas relações, que também são identificadas no Capítulo 1 como própria da psicologia da educação como disciplina-ponte de natureza aplicada. E é precisamente isso o que postula a concepção construtivista do ensino e da aprendizagem.

A Figura 6.1 – que na realidade constitui uma concretização da lógica geral de relações entre conhecimento psicológico e teoria e prática educacionais representada na Figura 1.1 (B) do Capítulo 1 – mostra tal mudança de perspectiva. Em primeiro lugar, o conhecimento psicológico de referência já não é uma teoria determinada que se apresenta com caráter único e excludente; tampouco é um aglomerado ou um "catálogo" de fragmentos de explicações que têm sua origem em diferentes teorias psicológicas. Nesse caso, o conhecimento psicológico é configurado por uma série de princípios explicativos do desenvolvimento, da aprendizagem e de outros processos psicológicos inspirados em, ou compatíveis com, uma visão construtivista do psiquismo humano que, embora tenham sua origem em teorias e enfoques diferentes com discrepâncias mais ou menos acentuadas entre si em outros aspectos, complementam-se ao integrarem-se em um esquema de conjunto orientado a analisar, a compreender e a explicar os processos escolares de ensino e de aprendizagem.

Em segundo lugar, as relações entre o conhecimento psicológico e a teoria e a prática educacionais já não são diretas e unidirecionais, mas bidirecionais e mediadas por um novo elemento: a natureza e as funções da educação escolar e as características próprias e específicas das situações escolares de ensino e de aprendizagem. As teorias construtivistas do desenvolvimento, da aprendizagem e de outros processos psicológicos são interpeladas, são interrogadas, a partir da problemática e das características próprias e específicas da educação escolar, exatamente da mesma maneira como são interpeladas e interrogadas outras disciplinas educacionais e a própria prática. Tal interpelação leva a identificar uma série de princípios explicativos que, além de oferecerem uma resposta às questões, contribuem para aprofundar e compreender melhor a natureza da educação escolar, as funções que cumpre no desenvolvimento e na socialização dos seres humanos e os traços que diferenciam as atividades educacionais escolares de outros tipos de práticas educacionais. Assim, mediante um processo de ida e volta continuamente repeti-

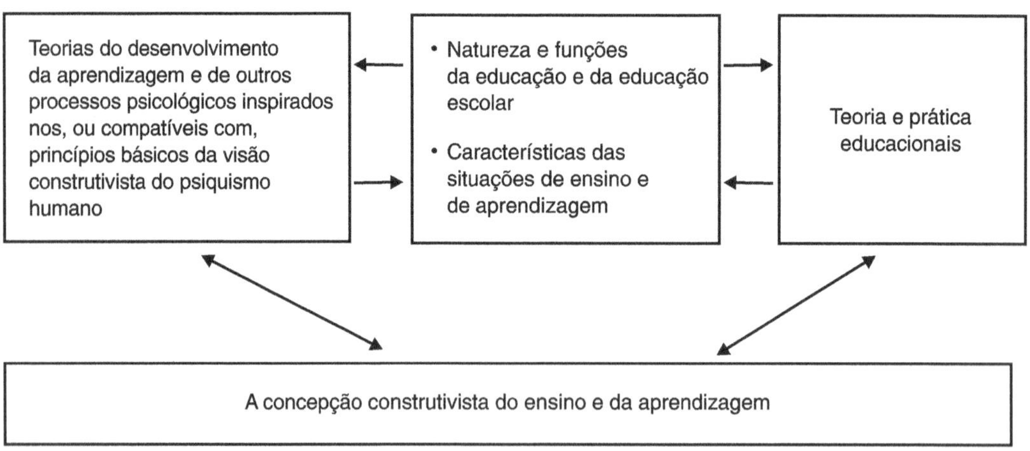

FIGURA 6.1 A concepção construtivista e as relações entre o conhecimento psicológico e a teoria e a prática educacionais.
Fonte: Coll, 1998a.

do, abre-se a possibilidade de configurar, de forma progressiva, um contexto psicológico global de referência em torno de uma série de princípios explicativos integrados em um esquema de conjunto orientado a analisar, a compreender e a explicar os procedimentos escolares de ensino e de aprendizagem. Ou seja, abre-se a possibilidade de avançar no sentido de uma explicação construtivista *genuína* dos processos educativos escolares que já não é uma pura e simples transposição ou extrapolação ao âmbito educacional de uma teoria ou de um conjunto de teorias construtivistas do desenvolvimento, da aprendizagem e de outros processos psicológicos, como acontece no caso dos enfoques tributários da lógica da psicologia aplicada à educação.

Em resumo, um dos traços distintivos da concepção construtivista do ensino e da aprendizagem reside no fato de que adota uma formulação epistemológica radicalmente distinta da tradicional no que diz respeito à maneira de entender as relações entre o conhecimento psicológico e a teoria e a prática educacionais: uma formulação que, em face da hierarquização dessas relações postula a bidirecionalidade; em face do reducionismo psicologizante obriga a situar as contribuições da psicologia no âmbito de uma aproximação multidisciplinar dos fenômenos educacionais; e que, em vez de outorgar-se ou assumir a tarefa de formular prescrições sobre como devem desenvolver-se os processos educacionais, tem antes como finalidade proporcionar elementos teóricos, conceituais e metodológicos que ajudem a compreendê-los e contribuam para melhorálos, orientando sua análise e guiando a ação.

Os referentes teóricos da concepção construtivista do ensino e da aprendizagem

No que diz respeito à vontade integradora, a concepção construtivista é tributária, como mostra a Figura 6.2, de quatro grandes teorias explicativas do desenvolvimento e da aprendizagem, assim como de uma série de elaborações teóricas de menor amplitude relativas a outros processos psicológicos relevantes dos processos educacionais – motivação, representações mútuas professor/alunos, habilidades de aprendizagem, atribuições, autoconceito, etc. Tais referentes teóricos estão na base dos conceitos e dos princípios que a concepção construtivista utiliza em sua aproximação do estudo das mudanças que se produzem nas pessoas como conseqüência da participação em situações educacionais. Alguns desses referentes têm maior potencialidade explicativa para o ensino e a aprendizagem escolar e estão reunidos também na Figura 6.2.

Mais do que deter-se na apresentação de tais elaborações teóricas – apresentadas detalhadamente nos Capítulos 2 a 5 deste volume, no que diz respeito aos processos de desenvolvimento e de aprendizagem, e nos Capítulos 7 a 13, no que diz respeito a outros processos psicológicos –, o que interessa destacar aqui é a mencionada vontade integradora e o procedimento seguido para que tal aspiração não caia em um puro e simples amálgama eclético de aportes diversos. De fato, a revisão sistemática dessas teorias em função de sua maior ou menor utilidade para a educação proporcionaria, sem dúvida, um catálogo de conceitos e de princípios explicativos ainda mais extenso e complexo do que mostra a Figura 6.2. Assim, e para limitar-me às quatro grandes teorias de referência, estas mostraram amplamente sua potencialidade para gerar implicações e aplicações não apenas úteis, mas também extremamente valiosas, para a educação escolar. Em tal catálogo se encontrariam, por exemplo, referências à relação entre a capacidade de aprendizagem e o nível de desenvolvimento cognitivo, à importância do conflito cognitivo e sociocognitivo como fator de progresso intelectual, ao significado dos erros no processo de aprendizagem, à atividade auto-estruturante dos alunos e das alunas, à conveniência de criar ou de provocar, por meio do ensino, defasagens ou desajustes óticos entre a competência cognitiva e as exigências do conteúdo da aprendizagem, ao conceito de aprendizagem significativa, à significatividade lógica e psicológica do material de aprendizagem, à necessidade de promover uma disposição favorável nos alunos para realizar aprendizagens significativas, às hierarquias conceituais, à organização do material de aprendizagem mediante seqüências elaborativas, aos esquemas de conhecimento e aos modelos mentais, às diferenças entre iniciantes e experientes, às concepções prévias

FIGURA 6.2 Os referentes teóricos da concepção construtivista.
Fonte: Coll, 1997b.

e às teorias implícitas, à mudança conceitual, à diferença entre conhecimento declarativo e conhecimento procedural, à estrutura associativa da memória, à zona de desenvolvimento proximal, à passagem da regulação intrapsicológica, à importância do discurso na construção e na negociação de significados na sala de aula, aos padrões de interação entre professor e alunos, à estrutura social das atividades de aprendizagem, aos padrões de interação entre alunos, etc.

Não há dúvida de que, tomado em seu conjunto, esse catálogo merece ser qualificado como "construtivista", no sentido de que todos os seus elementos têm sua origem em *teorias construtivistas do desenvolvimento e da aprendizagem*, isto é, em explicações desses processos que compartilham uma visão construtivista do psiquismo humano para além das diferenças que têm entre si. Não há dúvida, também, de que esse catálogo é útil e eficaz para compreender determinados aspectos da aprendizagem escolar, além de uma ajuda inestimável para tomar decisões de planejamento ou de intervenção educacionais. O que o catálogo nos oferece, entretanto, é uma visão articulada e coerente dos processos escolares de ensino e de aprendizagem. Um catálogo com tais características não pode, nem nunca poderá, por mais que se amplie e se enriqueça, proporcionar uma visão ou um esboço de explicação articulada e coerente dos processos escolares de ensino e de aprendizagem. Em primeiro lugar, porque, como é amplamente conhecido, alguns dos princípios e conceitos explicativos que figuram nele são dificilmente compatíveis entre si. E, em segundo lugar, porque a articulação e a coerência buscadas requerem dotar-se de um instrumento conceitual que as torne possíveis, e isso não é contemplado no procedimento seguido. Tal instrumento não pode ser oferecido pelas teorias do desenvolvimento e da aprendizagem de que se partiu para elaborar o catálogo – nem tampouco, a meu ver, quaisquer outras teorias psicológicas que fossem incluídas –, mas é preciso ser, até certo ponto, externo a elas.[3] Só com um instrumento dessa natureza é possível enfrentar o problema da articulação entre os princípios e os conceitos explicativos selecionados, estabelecendo entre eles uma hierarquia que ajude a resolver as incompatibilidades e as discrepâncias.

Como se pode constatar na Figura 6.2, a solução proposta pela concepção construtivista consiste em introduzir um novo elemento, que atua como crivo entre o conhecimento psicológico e a teoria da prática educacional e que, em princípio, não tem a ver com as teorias psicológicas de referência, mas antes com uma tomada de posição sobre a natureza, as funções e as características da educação escolar. Esse elemento é que proporciona não apenas os critérios para a seleção dos princípios e dos conceitos explicativos, mas também a estrutura que permite sua organização e sua articulação em um todo coerente, e eventualmente a reinterpretação e a ressignificação de tais princípios e conceitos explicativos em função da estrutura de conjunto.[4]

Mas, em que consiste exatamente essa reflexão e essa tomada de posição sobre a natureza, as funções e as características da educação escolar? Obviamente, não há uma resposta única à pergunta. Entre outras razões, porque qualquer tentativa de resposta faz com que intervenham, necessariamente, tanto a análise *do que é* quanto *do que se pensa que deveria ser*. A educação escolar, como evidenciaram vez ou outra os sociólogos da educação, pelo menos desde a década de 1960, cumpriu e continua cumprindo múltiplas funções em nossa sociedade, muitas vezes contraditórias entre si, diante das quais não cabe a neutralidade ideológica. Pronunciar-se sobre a natureza, as funções e as características da educação escolar em nossa sociedade supõe pronunciar-se, de forma explícita ou implícita, sobre o modelo de sociedade que se quer contribuir para configurar por meio da educação escolar e sobre o modelo de pessoa e de cidadão que deve fazer parte dela; supõe, em suma, adotar um compromisso ideológico, ético e moral que pode tomar orientações distintas, mas que em qualquer caso é ineludível (Fenstermacher e Richardson, 1994; ver também o Capítulo 1 deste volume).

No que se refere à resposta concreta apresentada a esse respeito pela concepção construtivista – uma entre muitas outras possíveis, e conseqüentemente aberta à discussão e ao debate – a educação escolar é concebida antes de tudo e sobretudo como uma prática social, exatamente da mesma maneira como se concebem os outros tipos de práticas educacionais (as práticas educacionais familiares, as que têm a televisão ou outros meios de comunicação como ingrediente fundamental, as práticas educacionais extra-escolares de lazer e tempo livre, etc.). Mas, além disso, e do mesmo modo que ocorre também com outros tipos de práticas educacionais, a educação escolar tem entre, outras, uma evidente função socializadora. Dessa dupla tomada de posição, que está no ponto de partida da concepção construtivista do ensino e da aprendizagem, segue-se toda uma série de tomadas de posição que, como indica a Figura 6.2, constituem o pano de fundo a partir do qual se questionam as teorias construtivistas do desenvolvimento, da aprendizagem e de outros processos psicológicos.

IDÉIAS-FORÇA DA CONCEPÇÃO CONSTRUTIVISTA: A INTEGRAÇÃO HIERÁRQUICA DOS PRINCÍPIOS

Chegou o momento de apresentar as idéias-força da concepção construtivista do ensino e da aprendizagem escolar que, como conseqüência das opções comentadas no item anterior, integram-se em um esquema de conjunto caracterizado, entre outras coisas, por possuir uma estrutura hierárquica. Tal estrutura hierárquica permite à concepção construtivista do ensino e da aprendizagem superar o ecletismo próprio de outros enfoques construtivistas inspirados total ou parcialmente nas mesmas fontes teóricas, ao mesmo tempo que lhe proporciona uma forte coerência interna e transforma-se em um instrumento particularmente apropriado para extrair dela tanto implicações para a prática como desafios para a elaboração e a pesquisa teórica. A Figura 6.3 mostra a estrutura hierárquica na qual se inscrevem os princípios explicativos que são a “coluna vertebral” da concepção construtivista.

A educação escolar: uma prática social e socializadora

No nível mais alto da hierarquia, e demarcando os níveis inferiores, encontram-se uma série de tomadas de posição relacionadas com a natureza e as funções da educação escolar. A visão desta como uma prática social e com uma função socializadora a que já se referiu no item anterior define, para a concepção construtivista, o contexto e as coordenadas em que se inserem a aprendizagem escolar e os processos de construção do conhecimento na escola, proporcionando, desse modo, a plataforma a partir da qual se indagam as teorias construtivistas do desenvolvimento, da aprendizagem e de outros processos psicológicos representados na Figura 6.2. Conseqüentemente, as idéias básicas desse primeiro nível são as que permitem integrar, atuando como filtros interpretativos e como critérios orientadores, uma série de conceitos e de princípios explicativos sobre os processos de construção do conhecimento que têm sua origem em teorias diversas e às vezes inclusive claramente divergentes entre si em muitos aspectos.

Destacar a natureza social da educação e sua função socializadora obriga a enfocar as relações entre o desenvolvimento humano e o contexto social e cultural em que, sempre e necessariamente, tal desenvolvimento ocorre. O processo de desenvolvimento pessoal, isto é, o processo pelo qual os seres humanos chegam a se construir como pessoas iguais às outras pessoas, mas ao mesmo tempo diferentes de todas elas, é inseparável do processo de socialização, isto é, do processo pelo o qual nos incorporamos a uma sociedade e a uma cultura. Chegamos a ser quem somos, cada qual com seus traços idiossincráticos e diferenciais, graças ao que podemos incorporar a uma matriz social e cultural que nos permite fazer parte de um grupo humano e compartilhar com os outros membros do grupo um conjunto de saberes e de formas culturais. Não há desenvolvimento pessoal possível à margem de uma sociedade e de uma cultura. Os processos de individualização – isto é, de construção da identidade pessoal – e de socialização – isto é, de incorporação a uma sociedade e a uma cultura – são as duas vertentes de um mesmo processo: aquele pelo qual nos desenvolvemos como pessoas. A partir daqui, segue-se toda uma série de princípios sobre a educação escolar que podem ser resumidos, como segue, em uma série de enunciados fundamentais:

A educação escolar

- A natureza da função socializadora da educação escolar.
- A educação escolar e os processos de socialização e de construção da identidade pessoal.
- Atividade construtiva, socialização e individualização.

A construção do conhecimento na escola: o triângulo interativo

- O papel mediador da atividade mental construtiva do aluno.
- Os conteúdos escolares: saberes preexistentes socialmente construídos e culturalmente organizados.
- O papel do professor: guiar e orientar a atividade mental construtiva dos alunos para a assimilação significativa dos conteúdos escolares.

Os processos de construção do conhecimento	Os mecanismos de influência educacional
• Os processos de construção de significados e de atribuição de sentido às experiências e aos conteúdos escolares. • A revisão, a modificação e a construção de esquemas de conhecimento.	• A influência educativa do professor e o ajuste da ajuda pedagógica. • A influência educativa dos colegas. • A influência educativa da instituição escolar.

FIGURA 6.3 A concepção construtivista do ensino e da aprendizagem escolar: a integração hierárquica dos princípios.
Fonte: Coll, 1998a.

1. A educação escolar é um dos instrumentos que os grupos humanos utilizam para promover o desenvolvimento e a socialização de seus membros mais jovens. O que a distingue de outros tipos de práticas educacionais é a convicção de que, no âmbito de nossa sociedade e de nossa cultura, há determinados aspectos do desenvolvimento e da socialização das crianças e dos jovens que requerem uma ajuda sistemática, planejada e continuada durante um longo período de tempo. Para a maior parte dos jovens, tal ajuda não pode ser proporcionada, nem garantida na sociedade atual mediante sua participação em outro tipo de práticas educacionais, o que explica e justifica, pelo menos em parte, sua institucionalização e sua generalização a partir de um momento histórico determinado.
2. Obviamente, além da função de ajudar a promover determinados aspectos do processo de desenvolvimento e de socialização dos membros mais jovens da sociedade, a

educação escolar, como prática social que é, cumpre muitas outras funções relacionadas com a dinâmica e o funcionamento da sociedade em seu conjunto: a função de conservar, reproduzir e legitimar determinados aspectos da ordem social e econômica estabelecida, a função de controle ideológico, a função de formar as pessoas de acordo com as necessidades do sistema de produção, etc. A concepção construtivista não nega, nem ignora que, de fato, a educação escolar muitas vezes cumpre tais funções, mas entende que a única função que pode justificar plenamente sua institucionalização, sua generalização e sua obrigatoriedade é a de ajudar o desenvolvimento e a socialização das crianças e dos jovens.

3. A educação escolar procura cumprir essa função de ajuda ao processo de desenvolvimento e de socialização dos membros mais jovens, facilitando-lhes o acesso a um conjunto de saberes e de formas culturais, cujas aprendizagem e assimilação são essenciais para que eles possam tornar-se pessoas adultas e desenvolvidas, com plenitude de direitos e de deveres, na sociedade de que fazem parte.
4. A aprendizagem dos saberes e das formas culturais incluídos no currículo escolar só pode ser fonte de desenvolvimento pessoal dos alunos e das alunas à medida que potencialize simultaneamente o processo de construção da identidade pessoal e o processo de socialização; ou seja, quando os ajuda a se situarem individualmente de uma maneira ativa, construtiva e crítica no, e diante do, contexto social e cultural de que faz parte.
5. A natureza construtiva do psiquismo humano é o que explica que a aprendizagem dos saberes e das formas culturais cuja aprendizagem a escola promove possa ser uma fonte de desenvolvimento pessoal. De fato, a aprendizagem dos conteúdos escolares – assim como a aprendizagem de qualquer tipo de conteúdos – implica sempre um processo de construção ou de reconstrução no qual os aportes do aluno são fundamentais. É precisamente esse fator de construção ou de reconstrução subjacente a todo ato de aprendizagem, e mais especificamente o aporte pessoal que dela se obtém, que permite entender por que a aprendizagem dos mesmos saberes ou de iguais formas culturais – os conteúdos escolares, em princípio, são os mesmos para todos os alunos – não dá lugar a uma uniformidade nos significados que ao final se constroem na escola. Para poder cumprir a função de ajuda ao processo de desenvolvimento e de socialização dos alunos, a educação escolar deve levar em conta a natureza intrinsecamente construtiva do psiquismo humano e nela apoiar-se.

A construção do conhecimento no contexto escolar: o triângulo interativo

No segundo nível da hierarquia encontram-se uma série de princípios e de idéias norteadoras relativos às características próprias e específicas dos processos de construção do conhecimento no contexto escolar. O ponto de partida, no caso, é a existência de instituições especificamente pensadas, planejadas, construídas e organizadas para acolher a educação escolar: as escolas, os colégios, os institutos e, de maneira geral, os centros educacionais. Tal fato confere à educação escolar uma série de traços distintivos, entre os quais interessa destacar aqui sobretudo dois.[5] Em primeiro lugar, ao ser realizada em instituições especificamente criadas para esse fim, a educação escolar se desliga das demais atividades e práticas sociais, contrariamente ao que ocorre com a maioria dos outros tipos de atividades educacionais. De fato, a educação escolar consiste em descrever, planejar e realizar uma série de atividades mediante as quais determinados saberes ou formas culturais se desligam de seu contexto natural de elaboração e uso, e se recriam, sob a forma de conteúdos escolares, em um contexto específico com o objetivo de facilitar sua aprendizagem pelos alunos. Esse fato inevitavelmente confere à educação escolar um certo caráter de atividade simulada e artificial. Em oposição ao que ocorre com outros tipos de práticas educacionais, o conhecimento escolar é quase sempre, inclusive nos níveis mais elementares, um conhecimento adiado e até certo ponto descontextualizado: ensinam-se e aprendem-se saberes e formas culturais com a pretensão de que, uma vez aprendidos, os alunos possam utilizá-los em um contexto diferente do escolar.

Em segundo lugar, a peculiaridade da educação escolar reflete-se também no papel desempenhado pelos diferentes agentes envolvidos e na natureza das relações que se estabelecem entre eles. O surgimento da figura do professor como agente educacional especializado – isto é, como "mestre" na educação e no ensino – talvez seja o traço distintivo por excelência da educação escolar quando se compara com outros tipos de práticas educacionais. Assim como a mãe, o pai, o monitor de um centro recreativo ou desportivo, o responsável por um programa de televisão ou de rádio, o mestre artesão ou qualquer outra pessoa que exerça uma influência educacional, o professor é um agente mediador entre os destinatários de sua ação educacional – os alunos – e os conhecimentos que pretende que aprendam. Entretanto, ao contrário de todos eles, o professor não exerce tal função mediadora na seqüência das atividades cotidianas reais nas quais se utilizam e se aplicam os conhecimentos que são objeto do ensino e da aprendizagem; o que o caracteriza sobretudo é justamente sua perícia, sua maestria em atuar como mediador, razão pela qual sua função consiste fundamentalmente em criar – ou recriar, quando for o caso – situações e atividades particularmente pensadas para promover a aquisição de determinados saberes e formas culturais por parte dos alunos.

Em suma, as atividades educacionais escolares se diferenciam nitidamente de outros tipos de atividades educacionais pelo fato de se tratarem de atividades especialmente pensadas, planejadas e executadas com uma intencionalidade educacional. Naturalmente, a intencionalidade não é uma característica exclusiva da educação escolar: as atuações e as decisões de uma mãe ou de um pai em relação a seus filhos, as do mestre artesão em relação ao aprendiz, as do responsável pela programação de um canal de televisão em relação aos espectadores, as de um monitor de uma atividade de lazer em relação aos participantes nela, etc. muitas vezes também respondem de forma mais ou menos consciente e explícita a intenções educacionais concretas. O que é uma característica diferencial da educação escolar é que a intencionalidade educacional, assim como a vontade de pôr em prática as ações necessárias para que se cumpra, é a própria razão de sua existência. Daí que, entre os traços característicos da educação escolar, destaquem-se muitas vezes os de ser uma atividade intencional, sistemática e planejada, já que, embora todos possam ser encontrados em uma certa medida em praticamente todos os tipos de atividade educacional, apenas no caso da educação escolar sua ausência é inimaginável.

Considerada tal especificidade, a concepção construtivista dá ênfase a três características da aprendizagem escolar:

1. Em primeiro lugar, o princípio da atividade mental construtiva dos alunos e das alunas como elemento mediador do ensino e de sua incidência sobre a aprendizagem, a que já se referiu em itens anteriores deste capítulo.
2. Em segundo lugar, o fato de que essa atividade mental construtiva se aplica a formas e saberes culturais – os conteúdos escolares – que têm um nível considerável de elaboração; ou seja, os conteúdos que professores e alunos encontram já em boa medida elaborados e definidos no momento em que deles se aproximam. Para a concepção construtivista, essa é uma característica fundamental do processo de construção do conhecimento na escola. Por um lado, os alunos só podem aprender os conteúdos escolares à medida que se desenvolvem diante dele uma atividade mental construtiva geradora de significados e de sentido. Por um

lado, o desencadeamento dessa atividade mental construtiva não é suficiente para que a educação escolar alcance os objetivos a que se propõe: que o sentido e os significados construídos pelos alunos sejam compatíveis com o que significam e representam os conteúdos escolares como saberes culturais e elaborados.

3. Em terceiro lugar, e como conseqüência do que foi dito, o papel proeminente do professor no processo de construção de significados e de atribuição de sentido que os alunos realizam. De fato, além de favorecer em seus alunos o aparecimento e o desdobramento de uma atividade mental construtiva, o professor tem a missão e a responsabilidade de orientá-la e de guiá-la na direção marcada pelos saberes e pelas formas culturais incluídas no currículo como conteúdos de aprendizagem. Em outras palavras, a função do professor consiste em assegurar um engate adequado entre a atividade mental construtiva dos alunos e os significados sociais e culturais que refletem os conteúdos escolares.

Em síntese, os princípios explicativos da concepção construtivista que se situam nesse segundo nível da hierarquia apresentam a aprendizagem escolar como o resultado de um complexo processo de relações que se estabelecem entre três elementos: os alunos que aprendem, os conteúdos que são objeto de ensino e de aprendizagem e o professor, que ajuda os alunos a construírem significados e a atribuir sentido ao que fazem e aprendem. O que os alunos trazem ao ato de aprender – sua atividade mental construtiva – é um elemento mediador entre o ensino do professor e as aprendizagem que realizam. Reciprocamente, a influência educacional que o professor exerce por meio do ensino é um elemento mediador entre a atividade mental construtiva dos alunos e os significados que os conteúdos escolares veiculam. Finalmente, natureza e as características destes últimos, por sua vez, medeiam totalmente a atividade que professor e aluno desenvolvem sobre eles. O *triângulo interativo*, cujos vértices são ocupados respectivamente por alunos, conteúdos e professor, aparece assim como o núcleo dos processos de ensino e de aprendizagem que ocorrem na escola.

Os processos de construção do conhecimento e os mecanismos de influência educacional

Finalmente, no terceiro nível da hierarquia, encontram-se os princípios explicativos sobre os processos intrapsicológicos e interpsicológicos implicados na aprendizagem escolar: tais princípios foram agrupados na Figura 6.3 em dois grandes blocos, conforme se refiram aos processos subjacentes à construção do conhecimento escolar ou aos mecanismos de influência educacional. A separação é artificial, já que na realidade os dois aspectos estão estreitamente inter-relacionados, mas tem a virtude de chamar a atenção para a necessidade de integrar o pólo da aprendizagem e o pólo do ensino na análise dos processos educacionais escolares.

Note-se também que esse nível é apenas um dos três que constituem a concepção construtivista. O que não é senão um reflexo de duas idéias repetidamente expostas nas páginas anteriores: a primeira é que a concepção construtivista não é um amálgama de princípios explicativos extraídos de diferentes teorias do desenvolvimento, da aprendizagem e de outros processos psicológicos; e a segunda, cujo eixo estruturante que permite integrar e dotar de coerência os princípios explicativos fundamentais que a configuram, é a consideração da natureza, das funções e das características da educação escolar. Vale destacar, portanto, que mesmo nesse nível se está longe de encontrar um simples catálogo de conceitos e de princípios selecionados a partir de algumas teorias psicológicas de corte construtivista, já que a maioria dos elementos retidos como conseqüência de interpelar tais teorias é objeto de uma reinterpretação e uma ressignificação no âmbito da estrutura hierárquica em que se inserem.

Os princípios explicativos sobre os processo psicológicos implicados na construção do conhecimento constituem, provavelmente, o capítulo mais farto e também o mais conhecido da concepção construtivista. Na Figura 6.3, tais princípios aparecem organizados em dois grandes blocos: aqueles relacionados com a construção de significados e a atribuição de sentido às experiências e aos conteúdos escolares e aqueles relacionados com a revisão, a modificação e a construção de esquemas de conhecimento nos quais se integram e aos quais ocorrem os significados e os sentidos elaborados pelos alunos. Sem chegar à exaustão, e da maneira mais sintética possível, os princípios explicativos que integram esse item da concepção construtivista podem ser enunciados como segue:

1. A repercussão das experiências educativas formais sobre o crescimento pessoal do aluno, isto é, a quantidade e qualidade das aprendizagens significativas que podem realizar mediante sua participação em atividades educacionais escolares, é condicionada, entre outros fatores, por seu nível de desenvolvimento cognitivo.
2. A repercussão das experiências educacionais formais sobre o crescimento pessoal do aluno é igualmente condicionada pelos conhecimentos prévios pertinentes, como também pelos interesses, pelas motivações, pelas atitudes e pelas expectativas com que inicia sua participação nelas.
3. Levar em conta o estado inicial do aluno no planejamento e no desenvolvimento das atividades escolares de ensino e aprendizagem exige dar a mesma atenção aos dois aspectos mencionados. O que o aluno é capaz de fazer e de aprender em um determinado momento depende tanto de seu nível de desenvolvimento cognitivo como do conjunto de conhecimentos, interesses, motivações, atitudes e expectativas que construiu no transcurso de suas experiências prévias de aprendizagem, tanto escolares quanto não-escolares.
4. É preciso estabelecer uma diferença entre o que o aluno é capaz de fazer e aprender por si só – fruto dos dois fatores assinalados – e o que é capaz de fazer e de aprender com a ajuda e o concurso de outras pessoas: observando-as, imitando-as, seguindo suas instruções ou atuando em conjunto com elas.
5. Para que uma aprendizagem seja significativa, devem cumprir-se as duas condições essenciais identificadas por Ausubel: o conteúdo da aprendizagem deve ser potencialmente significativo, tanto do ponto de vista lógico (o conteúdo deve ser portador de significados) como do ponto de vista psicológico (deve haver, na estrutura mental do aluno, elementos relacionáveis de forma substancial e não-arbitrária com o conteúdo); e o aluno deve ter uma disposição favorável para realizar aprendizagens significativas sobre o conteúdo em questão.
6. O fator-chave na aprendizagem escolar não reside na quantidade de conteúdos aprendidos, mas no grau de significatividade com que os alunos os aprendem e no sentido que lhes atribuem. O nível de significatividade de uma aprendizagem depende da quantidade e da natureza das relações que o aluno pode estabelecer entre o novo material de aprendizagem e seus conhecimentos e suas experiências prévias. Quanto mais substantivas e complexas sejam essas relações, maior será o grau de significatividade da aprendizagem realizada e maior sentido terá para ele.
7. A disposição mais ou menos favorável do aluno para realizar aprendizagens significativas está estreitamente relacionada com o sentido que pode atribuir aos conteúdos. A atribuição de sentido, por sua vez, está relacionada com os componentes motivacionais, emocionais e relacionais do ato de aprendizagem. A construção de significados e a atribuição de sentido são dois aspectos indissociáveis da aprendizagem escolar.

8. A significatividade da aprendizagem escolar está diretamente relacionada com sua funcionalidade, isto é, com a possibilidade de utilizar as aprendizagens realizadas quando as circunstâncias assim aconselharem ou exigirem. Quanto mais numerosas e complexas sejam as relações estabelecidas entre o novo conteúdo de aprendizagem e os elementos da estrutura cognoscitiva, tanto maior será também sua funcionalidade, pois poderá relacionar-se com um leque mais amplo de novas situações e de novos conteúdos.
9. O processo mediante o qual se produz a aprendizagem significativa requer uma intensa atividade mental construtiva por parte do aluno, que deve estabelecer relações substanciais e não-arbitrárias entre o novo conteúdo e os elementos já disponíveis em sua estrutura cognoscitiva. A atividade mental construtiva envolve psiquicamente o aluno em sua totalidade, colocando em funcionamento tanto os processos cognoscitivos como os afetivos e os emocionais.
10. Ao mesmo tempo que constrói significados e atribui sentido aos conteúdos escolares, o aluno aprende a situar-se diante do conhecimento escolar, isto é, constrói uma imagem de si mesmo como aprendiz, de sua capacidade de aprendizagem, de seus recursos e de suas limitações. O autoconceito acadêmico e seus ingredientes valorativos – a auto-estima – são ao mesmo tempo um condicionante e uma conseqüência da história escolar do aluno.
11. Convém estabelecer uma distância nítida e clara entre a memória mecânica e repetitiva, que tem pouco ou nenhum interesse para a aprendizagem significativa dos conteúdos escolares, e a memória compreensiva, que é, ao contrário, um ingrediente fundamental da aprendizagem. A memória não é apenas a lembrança do aprendido, mas a base a partir da qual se podem realizar novas aprendizagens. A memorização compreensiva e a funcionalidade da aprendizagem são ingredientes essenciais da aprendizagem significativa.
12. Aprender a aprender sem dúvida nenhuma é o objetivo mais ambicioso e ao mesmo tempo mais importante da educação escolar; significa fundamentalmente ser capaz de realizar aprendizagens significativas por si só em uma ampla gama de situações e circunstâncias.
13. A estrutura mental do aluno pode ser concebida como um conjunto de esquemas de conhecimento inter-relacionados. Nesse sentido, pode-se dizer que, por meio da educação escolar, pretende-se contribuir para a revisão, a modificação e a construção dos esquemas de conhecimento dos alunos.
14. Tomando como referência o modelo de equilibração das estruturas cognitivas formulado por Piaget, cabe caracterizar o processo de revisão, de modificação e de construção de esquemas de conhecimento na escola como um processo que inclui fases de equilíbrio, de desequilíbrio e de restabelecimento do equilíbrio.
15. As fases de desequilíbrio e de busca de um novo equilíbrio que necessariamente intervêm em todo processo de revisão, de modificação e de construção de novos esquemas de conhecimento – e, portanto, na realização de aprendizagens verdadeiramente significativas sobre os conteúdos escolares – muitas vezes provocam nos alunos confusões, incompreensões e erros que devem ser interpretados como momentos sumamente importantes, e mesmo necessários às vezes, dos processos de aprendizagem.
16. O processo de construção de significados e de atribuição de sentido é fruto das relações que se estabelecem entre o que os alunos trazem, o que o professor traz e as caracterís-

ticas do conteúdo. A chave para compreender o processo de construção do conhecimento na sala de aula reside nas trocas que se produzem entre professor e alunos em torno dos conteúdos de aprendizagem. No transcurso de tais trocas, atualizam-se e eventualmente modificam-se tanto os conhecimentos prévios dos alunos quanto suas atitudes, suas expectativas e suas motivações diante da aprendizagem. No transcurso dessas trocas, o professor realiza seu trabalho mediador entre a atividade mental construtiva dos alunos e o saber coletivo culturalmente organizado. No transcurso de tais trocas, em suma, exerce-se a influência educacional dirigida a conseguir um elo e uma sintonização entre os significados que o aluno constrói, por um lado, e os significados que os conteúdos escolares veiculam, por outro.

Em que pese seu caráter limitado e sua formulação concisa, esses princípios refletem as idéias essenciais da concepção construtivista do ensino e da aprendizagem sobre os processos psicológicos envolvidos na aprendizagem escolar e proporcionam, por assim dizer, a armação ou a estrutura conceitual básica a partir da qual vale tentar uma releitura, e eventualmente uma apropriação, de muitas outras contribuições da pesquisa psicológica recente.

De fato, sendo necessário contar com eles, os conceitos e os princípios anteriores não são suficientes para perfilar um enfoque construtivista em educação afinado com os critérios e os propósitos estabelecidos nos itens segundo e terceiro deste capítulo. Além disso, é necessário explicar como o ensino pode contribuir para que os alunos realizem aprendizagens sobre os conteúdos escolares com o maior grau possível de significatividade. Ou, em outras palavras, a tentativa de elaborar um contexto psicológico global de referência para a educação escolar não pode limitar-se a contemplar unicamente como se realiza a aprendizagem, mas deve esforçar-se também para dar conta de como, e sob que condições, o ensino é suscetível de promover e orientar a aprendizagem.

Os aportes teóricos sobre os mecanismos de influência educacional no contexto escolar ainda são insuficientes e em geral pouco elaborados, sobretudo se os compararmos com os relativos aos processos psicológicos envolvidos na aprendizagem, situação que não é alheia ao fato de que, como já se mencionou, as formulações construtivistas em educação consistiram tradicionalmente em extrapolar ou expandir as teorias do desenvolvimento e da aprendizagem ao âmbito educacional. Entretanto, do ponto de vista em que se situa aqui, a compreensão dos mecanismos de influência educacional é um elemento crucial para entender as relações entre os três elementos do triângulo interativo que, de acordo com os princípios contemplados no segundo nível da hierarquia, constituem o núcleo dos processos educacionais escolares.

Para a concepção construtivista do ensino e da aprendizagem, a influência educacional deve ser entendida em termos de ajuda prestada à atividade construtiva do aluno.[6] Além disso, tal conceito de ajuda é interpretado em um duplo sentido, já que, de acordo com a visão da aprendizagem escolar que refletem os princípios anteriormente expostos, por um lado é apenas uma ajuda, porque o verdadeiro artífice do processo de aprendizagem é o aluno, mas, por outro, é uma ajuda necessária, sem o concurso da qual dificilmente se produzirá a aproximação desejada entre os significados que o aluno constrói e os significados que os conteúdos escolares representam e veiculam. Ao mesmo tempo, vale destacar que, quando se contempla a construção do conhecimento como um processo, com seus avanços e retrocessos, então a ajuda deve ser contemplada também como um processo; ou seja, não pode permanecer constante nem em quantidade nem em qualidade, mas deve ajustar-se progressivamente em função dos avanços ou de retrocessos que o aluno experimenta no processo de construção de significados e de atribuição de sentido sobre os conteúdos de aprendizagem. Isso significa, entre outras coisas, que para a concepção construtivista do ensino e da aprendizagem, a metodologia didática eficaz é a regida pelo princípio de ajuste da ajuda pedagógica e que, de acordo com tal princípio, concretiza-se em métodos diferentes conforme os casos e as circunstâncias. Portanto, dessa perspectiva, os "métodos de ensino" não são, em princípio, aceitáveis ou recusáveis por si mesmos e em termos absolutos, mas devem ser valorizados em função de seu maior ou menor grau de ajuste às necessidades do processo de construção que os alunos realizam.

A concepção construtivista do ensino e da aprendizagem aponta para três principais fontes de influência educacional: a que tem sua origem no professor e é exercida pelas interações que este mantém com seus alunos; a que tem origem nos colegas e se exerce pelas integrações que os alunos mantêm entre si; e a que tem sua origem na organização e no funcionamento da instituição escolar. Essas três fontes são objeto de um tratamento detalhado em outros capítulos deste volume (os Capítulos 17, 16 e 23, respectivamente), e por isso paro aqui a apresentação dos princípios básicos da concepção construtivista para terminar com breves comentários, a título de conclusão, sobre seu alcance e suas limitações.

A CONCEPÇÃO CONSTRUTIVISTA: ALCANCE, LIMITAÇÕES E PERSPECTIVAS DE FUTURO

Na introdução deste capítulo propus distinguir entre construtivismo, teorias construtivistas dos processos psicológicos e enfoques construtivistas em educação. A concepção construtivista do ensino e da aprendizagem pertence claramente à terceira categoria. Por um lado, é tributária de uma visão dos processos psicológicos que trata de incorporar as formulações socioculturais e lingüísticas ao construtivismo cognitivo. Por outro, diferencia-se de outros enfoques construtivistas em educação por sua vontade integradora de aportes que têm sua origem em diversas teorias construtivistas dos processos psicológicos, por postular relações bidirecionais entre o conhecimento psicológico e a teoria e a prática educativas, por estar voltada às preocupações e aos problemas que surgem da prática e, muito particularmente, por seu propósito de proporcionar um contexto psicológico global de referência que guie e oriente os profissionais da educação em sua aproximação ao estudo dos processos educacionais e em seus esforços para compreendê-los, revisá-los e melhorá-los.

Como tive oportunidade de comprovar, os referentes teóricos fundamentais da concepção construtivista são de natureza psicológica, como também é fundamentalmente psicológica a visão que oferece dos processos escolares de ensino e aprendizagem. Entretanto, e sobretudo devido ao fato de situar o ponto de partida de sua aproximação nas funções e nas características da educação escolar, a concepção construtivista foi-se abrindo progressivamente – e tudo indica que terá de fazê-lo ainda mais no futuro – às visões de outras disciplinas, não estritamente psicológicas, cujos aportes são igualmente decisivos para compreender os fenômenos e os processos educacionais. Assim, por exemplo, a pesquisa dos mecanismos de influência educacional – um dos temas mais importantes da agenda de trabalho atual da concepção construtivista – exige incorporar e utilizar instrumentos conceituais e metodológicos que têm sua origem em outros campos disciplinares, como a microssociologia da educação, a sociolingüística da educação, a antropologia da educação, as didáticas específicas ou a análise institucional, para citar apenas os mais evidentes (Coll, 1993b). À medida que a evolução futura da concepção construtivista se oriente por esses rumos, e à medida que seja capaz de resistir à tentação do reducionismo psicologizante, o esquema integrador que proporciona atualmente talvez possa acabar tornando-se o germe de uma integração multidisciplinar muito mais rica e respeitosa com a complexidade intrínseca dos fenômenos e dos processos educacionais e com a multiplicidade de dimensões presentes neles.[7]

Entretanto, em seu estado atual de elaboração, a concepção construtivista já é um instrumento suficientemente potente para guiar a análise, a reflexão e a ação, e para dotar esta última da coerência necessária que toda atuação educacional requer. De fato, já existem exemplos que evidenciam sua utilidade para a elaboração de propostas curriculares e pedagógicas globais (Coll, 1987; Mauri, 1996) ou referentes a determinadas áreas curriculares ou a determinados tipos de conteúdos (Solé, 1987; 1992; Valls, 1993); para a formação dos professores (Mauri e Solé, 1990); para a elaboração de materiais didáticos e curriculares (Zabala, 1990); para o planejamento do ensino (del Carmen e Zabala, 1991; del Carmen,

1996a); para a análise de práticas educacionais escolares concretas ou de alguns de seus componentes (Coll e Martín, 1993; Onrubia, 1993; Zabala, 1995; Coll e Onrubia, 1999b; Coll, 1999b; Coll, Barberà e Onrubia, 2000); para entender e planejar a orientação e a intervenção psicopedagógica (Solé, 1998a); e para identificar problemas novos e estabelecer prioridades na pesquisa educacional e psicoeducacional (Coll e outros, 1995; Onrubia, 1995; Rochera, 2000).

No entanto, o seu desenvolvimento futuro está condicionado à adoção de três precauções básicas diante de alguns riscos que a espreitam. A primeira consiste em tomar consciência de que a concepção construtivista está aberta a matizações, a correções e a ampliações, e em dar atenção às precauções que derivam disso, evitando, particularmente, o seu uso dogmático e excludente. A segunda, em levar às últimas conseqüências a idéia de que é necessário inserir os princípios construtivistas da aprendizagem e do ensino no âmbito de uma reflexão mais ampla sobre a natureza e as funções da educação escolar. E a terceira, em ter presente que, no desenvolvimento dos processos educacionais escolares, intervêm múltiplos fatores cuja compreensão exige completar a perspectiva psicológica com as de outras disciplinas que proporcionam visões complementares, e igualmente necessárias, de tais processos.

NOTAS

1. Visto que o propósito deste capítulo é sintetizar e resumir um conjunto de idéias e de enfoques já apresentados parcialmente e separados em uma série de trabalhos anteriores (sobretudo em Coll, 1990b, 1996b, 1997b, 1997c, 1998a e 1999b), permito-me recuperar aqui por extenso, às vezes literalmente, fragmentos de texto de tais trabalhos sem necessariamente pôr entre aspas, como seria obrigatório fazer com trabalhos de outros autores.
2. Os leitores interessados em aprofundar os pressupostos epistemológicos e ontológicos dessas três versões do construtivismo e de seus principais pontos de conflito podem consultar os excelentes trabalhos de Nuthall (1997) e Prawat (1999a).
3. Tal afirmação deve ser matizada no caso da teoria sociocultural do desenvolvimento e da aprendizagem. Como se sabe, essa teoria postula que as práticas educacionais, escolares e não-escolares, desempenham um papel decisivo no desenvolvimento das pessoas e, nesse sentido, inclui uma tomada de posição sobre a natureza, as funções e as características da educação escolar. De fato, a caracterização da educação escolar como prática social que faz sua a concepção construtivista do ensino e da aprendizagem é tributária, em boa medida, dessa tomada de posição.
4. Ver Coll (1997c) para uma apresentação detalhada de como se reinterpretam e se ressignificam, no contexto da concepção construtivista, os conceitos e os princípios explicativos das diferentes teorias do desenvolvimento, da aprendizagem e de outros processos psicológicos incluídos na Figura 6.2.
5. Uma análise mais detalhada da especificidade das práticas educacionais com relação a outros tipos de práticas educacionais pode ser encontrada em Coll, 1997d; e Solé, 1998b. Ver, também, o Capítulo 14 deste volume.
6. Tanto o conceito de influência educacional que maneja a concepção construtivista do ensino e da aprendizagem quanto a identificação dos mecanismos concretos que se exercem por meio da interação professor alunos e da interação entre alunos são, em grande medida, tributários dos trabalhos de Vygotsky e de desenvolvimento posteriores a eles.
7. Uma proposta de desenvolvimento da concepção construtivista nessa direção pode ser encontrada em Coll (1994). Ver também os Capítulos 14 e 23 deste volume.

TERCEIRA PARTE

Fatores e Processos Psicológicos Envolvidos na Aprendizagem Escolar

7 Inteligência, inteligências e capacidade de aprendizagem

CÉSAR COLL E JAVIER ONRUBIA

INTRODUÇÃO

O recurso à "inteligência" ou à "capacidade intelectual" que tem supostamente um aluno é, sem dúvida, um dos argumentos que se utiliza mais freqüentemente para justificar ou explicar seu rendimento escolar. A freqüência e a contundência com que habitualmente se emprega tal argumento reflete o grau em que pais e professores (e também os próprios alunos) compartilham a idéia de uma relação linear e direta entre inteligência, capacidade de aprendizagem e rendimento escolar. A questão das relações entre inteligência, capacidade de aprendizagem e rendimento escolar, porém, está muito longe de ser resolvida e de ter uma resposta clara e empiricamente fundamentada: o que dizer, por exemplo, das pessoas com pontuações baixas em seus testes de inteligência e qualificações escolares que se tornaram, apesar disso, cientistas de renome, protagonistas de contribuições fundamentais às suas respectivas disciplinas?; ou dos alunos que apresentam perfis de rendimento muito diferenciados entre umas áreas curriculares e outras?; ou dos que, com um rendimento escolar muito baixo na maioria dos conteúdos, mostram, em compensação, capacidades que lhes permitem enfrentar e resolver com êxito as situações e os problemas de sua vida cotidiana além da escola?

Sem dúvida, um dos elementos-chave que está em jogo na resposta a essas perguntas, e à questão geral a que remetem, não é senão a própria caracterização do conceito de "inteligência" ou de "capacidade intelectual". Como pano de fundo da convicção tradicional, de uma relação direta entre inteligência, capacidade de aprendizagem e rendimento escolar encontra-se, de fato, uma certa maneira de entender o que é a inteligência, em que consiste e como se manifesta. O objetivo deste capítulo é, precisamente, revisar as principais contribuições que, a partir do conhecimento psicoeducacional, foram feitas na tentativa de compreender as relações entre inteligência, capacidade de aprendizagem e rendimento escolar. Nesta recapitulação, adotaremos como eixo as mudanças que se produziram na maneira de entender a "inteligência", dando especial atenção às perspectivas e às teorias sobre a inteligência desenvolvidas nas últimas décadas, que modificaram e ampliaram substancialmente a visão tradicional desta.

Por isso, organizaremos o capítulo em dois grandes itens. No primeiro, descreveremos as linhas mestras do que podemos qualificar como aproximações "clássicas" da caracterização da inteligência: a perspectiva diferencial-psicométrica e a perspectiva do processamento de informação. Como indica sua denominação, a perspectiva diferencial-psicométrica sobre a inteligência, predominante até os anos 1960 e com ampla difusão até nossos dias, centra-se particularmente no estudo das diferenças individuais no âmbito intelectual e na busca de instrumentos para a medida de tais diferenças, e está na base dos tradicionais testes de inteligência. Por sua vez, a aproximação da inteligência da perspectiva do processamento de informação, o paradigma dominante em psicologia desde a década de 1970 (ver o Capítulo 4 deste volume), centra-se na análise das diversas capacidades e dos muitos processos envolvidos na resolução inteligente de problemas e de tarefas em diversos domínios; tal perspectiva originou notáveis avanços em nossa compreensão da inteligência, assim como a propostas e critérios educacionais úteis para apoiar a aprendizagem das diversas capacidades envolvidas no comportamento inteligente.

No segundo item, apresentaremos algumas das teorias mais recentes que têm como traço distintivo a substituição do conceito de inteligência como uma capacidade única pelo de uma série de capacidades ou "inteligências" distintas, que remetem a diferentes aspectos e formas de atividade inteligente; à margem das diferenças que apresentam entre si, essas teorias não-unitárias da inteligência compartilham a tentativa de dar conta do comportamento inteligente em contextos cotidianos, não necessariamente escolares nem acadêmicos, e para além da limitada gama de tarefas empregadas tipicamente nos testes tradicionais de inteligência.

Em seu conjunto, a passagem por esses dois itens nos levará, a partir de diversas concepções consideradas, a partir de uma visão essencialmente direta, unidirecional e estáticas das relações entre inteligência, capacidade de aprendizagem e rendimento escolar, a uma concepção mais complexa, bidirecional e dinâmica dessas relações: uma concepção que enfatiza a multiplicidade de capacidades, de estruturas e de processos envolvidos no comportamento inteligente, que assinala o caráter social, contextual e cultural da atividade inteligente, e que destaca a possibilidade de incidir, por meio do ensino, na melhoria e na otimização das capacidades intelectuais e de aprendizagem de todos os alunos.

COMPETÊNCIA COGNITIVA, CAPACIDADE DE APRENDIZAGEM E RENDIMENTO ESCOLAR NAS APROXIMAÇÕES CLÁSSICAS DA INTELIGÊNCIA

A perspectiva diferencial-psicométrica

Como mencionamos, a perspectiva diferencial-psicométrica da inteligência centra-se no estudo das diferenças individuais no âmbito intelectual e na busca de instrumentos para a medida de tais diferenças. Três pontos básicos podem ser destacados como fundamento dessa aproximação (Andrés Pueyo, 1996):

1. A convicção de que a natureza da inteligência pode ser analisada pelo estudo das diferenças individuais no rendimento demonstrado na realização de determinadas tarefas cognitivas.
2. A utilização de diversas técnicas matemáticas baseadas na correlação, como a análise fatorial, para obter informação acerca da estrutura das capacidades intelectuais.
3. A adoção de uma aproximação essencialmente pragmática e empírica, que parte da coleta de dados a partir da aplicação de diversos instrumentos de medida do rendimento intelectual para, depois, desenvolver formulações ou modelos teóricos. A descrição de instrumentos de medida que permitam a quantificação das diferenças de rendimento entre pessoas é, portanto, essencial para essa perspectiva.

A perspectiva sobre a inteligência remonta a finais do século XIX e princípios do século XX e, desde suas origens, apresenta estreitas relações com as questões educacionais. O trabalho pioneiro de Binet é um bom exemplo disso. Em 1904, o ministério francês de Instrução Pública encarrega Binet da elaboração de um instrumento capaz de distinguir os alunos mentalmente atrasados, que não podem aproveitar o ensino escolar, daqueles cujas dificuldades escolares se devem a outros fatores. O resultado é a *Escala Métrica da Inteligência*, publicada por Binet e Simon em 1905, que será objeto de diversas revisões e versões posteriores, tanto na Europa como nos Estados Unidos.

O trabalho de Binet é de enorme importância na história da perspectiva diferencial-psicométrica sobre a inteligência. Em primeiro lugar, mostra que é possível medir diretamente traços psicológicos complexos (raciocínio verbal, raciocínio quantitativo, etc.) e que são esses traços complexos que dão conta das diferenças individuais no âmbito intelectual.

Em segundo lugar, aponta uma caracterização da inteligência como conjunto de faculdades, capacidades ou habilidades que inicialmente podem ser estudadas em separado, a fim de, posteriormente, compreender sua síntese. No caso da escala de Binet-Simon, tal síntese adota a forma de "idade mental" (EM), a idade média a que corresponde a pontuação obtida pela criança na escala (uma criança que resolve o teste no mesmo nível que uma criança média de sete anos teria uma idade mental de sete anos). Alguns anos mais tarde, em 1912, Stern introduz a noção de "quociente intelectual" (QI), como resultado da fórmula "(idade mental/idade cronológica) x 100", que rapidamente será adotada como unidade-padrão de comparação do rendimento intelectual e, em última análise, de medida de inteligência. Em terceiro lugar, os procedimentos de medida elaborados por Binet serão mantidos em sua essência, em que pese a multiplicidade de refinamentos e de adaptações posteriores, como a base de todos os testes padronizados de inteligência: criar um conjunto de itens que darão lugar a uma ampla variedade de rendimento entre crianças do mesmo nível de idade; selecionar itens que formam uma seqüência de menor a maior dificuldade, de maneira que, quanto maior for a criança, mais provável será que supere um certo item; assegurar a correspondência entre o rendimento no teste e o rendimento escolar. Por último, os interesses e os objetivos aplicados do trabalho de Binet permanecerão em boa parte nos testes de inteligência posteriores: obter uma medida que preveja o êxito escolar e, de maneira mais geral, oferecer medidas e pontuações que podem ser usadas para a tomada de decisões relacionadas com a orientação e com o futuro acadêmico e profissional das pessoas.

Ao longo do desenvolvimento, a perspectiva diferencial-psicométrica sobre a inteligência deu diversas respostas à questão sobre a estrutura das capacidades intelectuais. As duas principais alternativas formuladas encontram-se já nos trabalhos clássicos de Spearman e Thurstone. Spearman (1927), a partir da evidência de uma correlação positiva entre as pontuações obtidas em diversos testes de habilidades intelectual, propôs a idéia de que tais correlações se devem à existência de um fator geral (g) comum a todos os testes de inteligência e presente em todas as tarefas intelectuais, que atua junto com um fator específico (s), próprio de cada teste individual. A proposta reforça a idéia de que os testes de inteligência proporcionam, por meio de sua pontuação, uma medida unitária e absoluta da capacidade intelectual das pessoas. Quando tal idéia se vincula a uma concepção inatista da origem das diferenças individuais e a uma visão estática da inteligência (ver Capítulo 13 deste volume), o resultado é a concepção da inteligência e dos testes de inteligência que predominaram durante muito tempo entre os profissionais da psicologia e da educação e na sociedade em geral: a de que se é inteligente quando se obtém uma pontuação alta nos testes de inteligência, e se obtém uma pontuação alta nos testes porque se é inteligente. Assim, o que em princípio era uma medida de inteligência (o QI) se transforma em sua essência, e os instrumentos de previsão do rendimento escolar (os testes) transformam-se em instrumentos de explicação desse rendimento: um aluno obtém um determinado rendimento escolar, bom ou mau, porque tem um determinado QI, alto ou baixo.

Por sua vez, Thurstone (1938), apoiando-se no desenvolvimento de diversas técnicas de análise fatorial, identificou um conjunto de sete aptidões primárias que constituiriam a inteligência (numérica, espacial, compreensão verbal, fluidez verbal, velocidade perceptiva, memória e raciocínio dedutivo), de maneira que qualquer fator geral deve ser entendido como "de segunda ordem", isto é, existindo apenas em virtude das correlações entre as aptidões primárias. Essa caracterização multifatorial da inteligência encontra-se na origem da elaboração de baterias de aptidões específicas dirigidas à mediação das diferentes aptidões que formam a inteligência e motivou sucessivos e diversos modelos fatoriais da inteligência.

As propostas mais recentes da perspectiva diferencial-psicométrica integram, em certa medida, as duas alternativas assinaladas mediante os chamados "modelos hierárquicos da inteligência". De acordo com tais modelos, as aptidões intelectuais formariam uma hierarquia com um fator geral (g) no nível mais alto, um grupo mais ou menos amplo de fatores principais no segundo nível, e fatores específicos no(s) nível(eis) mais baixo(s) da hierarquia. Assim, por exemplo, o modelo de Cattell (1971, 1987) coloca no segundo nível da hierarquia, abaixo de (g), dois fatores: a inteligência fluida (GF) e a inteligência cristalizada (Gc). A inteligência fluida tem a ver com a capacidade da pessoa para pensar e raciocinar em termos de relações abstratas e muitas vezes novas, como nos testes de raciocínio indutivo baseados em problemas de séries ou de analogias. A inteligência cristalizada relaciona-se com a carga cultural, com o conhecimento e com as habilidades aprendidos, como os que medem os testes de vocabulário, de informação geral ou de compreensão leitora. Por sua vez, o modelo de Carroll (1993a) representa a estrutura da inteligência em três estratos hierárquicos: no primeiro encontra-se (g); no segundo, oito habilidades amplas (inteligência fluida, inteligência cristalizada, capacidade ampla de memória, percepção visual ampla, percepção auditiva ampla, capacidade ampla de recordação, velocidade mental, velocidade de resposta); e em terceiro, um amplo conjunto de habilidades específicas vinculadas a fatores do segundo estrato que resultam da experiência em tarefas particulares. A caracterização hierárquica da inteligência é coerente com a elaboração de testes ou de subtestes que meçam aptidões intelectuais específicas da pessoa e cujas pontuações possam, ao mesmo tempo, combinar-se em um índice global de inteligência geral.

Em síntese, é possível afirmar que a aproximação diferencial-psicométrica permitiu estabelecer alguns fatos específicos em torno da inteligência e sua relação com a aprendizagem escolar e, ao mesmo tempo, mostrou limitações importantes quanto à sua capacidade para proporcionar uma análise explicativa e detalhada desses fatos. Assim, um primeiro fato bem-estabelecido é a existência de correlações altas entre as pontuações dos testes elaborados a partir dessa tradição e do rendimento escolar, ou seja, a capacidade de previsão dos testes com relação ao rendimento escolar. As razões de tal valor de previsão, porém, são essencialmente desconhecidas. Um segundo fato relaciona-se com os fatores subjacentes às correlações entre testes de inteligência: tanto a caracterização hierárquica das aptidões intelectuais como alguns dos principais fatores presentes nessa estrutura hierárquica (por exemplo, a inteligência fluida ou a inteligência cristalizada) são apoiados, atualmente, por uma ampla evidência empírica; contudo, a compreensão do que são essas aptidões e quais são as estratégias, os conhecimentos e os processos nelas envolvidos, da perspectiva diferencial-psicométrica, é extremamente limitada. Em última análise, a perspectiva diferencial-psicométrica da inteligência aparentemente não pode explicar, para além da rotulação dos fatores que apareçam na análise fatorial, o funcionamento da inteligência, nem tampouco os processos cognitivos que sustentam a conduta inteligente.

Tais limitações são cruciais do ponto de vista educacional e explicam a crescente insatisfação com relação aos testes tradicionais de inteligência que, nas últimas décadas, se difundiram tanto entre os especialistas e os profissionais da educação quanto, em um sentido mais geral, no conjunto da sociedade. Por um lado, as pontuações dos testes talvez permitam selecionar as pessoas que possam beneficiar-se em maior medida de um certo tipo de ensino e, inclusive, possam proporcionar alguma pista sobre os tratamentos e os materiais educacionais supostamente mais adequados para diferentes alunos, mas não informam sobre aquilo que é mais decisivo de uma perspectiva educacional, ou seja, como potencializar e otimizar as capacidades intelectuais e de aprendizagem dos diferentes alunos; por outro, ganha cada vez mais força a idéia de que os testes tradicionais de inteligência apresentam vieses notáveis que atuam em prejuízo de determinadas minorias culturais e de alguns grupos sociais, e de que primam certos tipos de comportamento inteligente (o que poderíamos chamar de "inteligência acadêmica") enquanto ignoram outros (como a "inteligência prática" ou a "inteligência social"). Além disso, as finalidades essencialmente previsivas, classificatórias e seletivas dos testes dificilmente se encaixam com as aspirações sociais e educacionais em favor da igualdade de oportunidades e da prevenção e da compensação de desigualdades sociais que atualmente se assumem como princípios e objetivos básicos da educação escolar.

A perspectiva do processamento humano da informação

O programa de trabalho da perspectiva do processamento humano da informação sobre a inteligência enfrenta diretamente algumas das questões que, de acordo com o que acabamos de indicar, ficam pendentes de resposta na aproximação diferencial-psicométrica das aptidões intelectuais. Em particular, procura-se identificar e compreender dessa perspectiva os processos cognitivos de seleção, de organização e de processamento da informação envolvidos no comportamento inteligente, desenvolvendo modelos detalhados do funcionamento intelectual diante de determinadas tarefas. A elaboração de modelos processuais das tarefas habitualmente utilizadas para avaliar a inteligência passa a constituir, assim, o principal objetivo desse enfoque, enquanto que a análise das diferenças interindividuais se torna uma preocupação secundária.

Um dos procedimentos que responde mais diretamente a tal objetivo é a chamada "análise componencial". Em essência, a análise componencial visa a identificar experimentalmente, mediante estudos de laboratório ou programas informáticos de simulação apoiados na análise cognitiva de tarefas, os "componentes" ou as unidades elementares de processamento da informação envolvidos na resolução de tarefas que aparecem habitualmente nos testes de inteligência, como também na maneira como tais componentes intervêm na realização da tarefa (em que ordem se aplicam, sob que regras se combinam, que modalidade de processamento utilizam, etc.).

Utilizando esse método, Sternberg (1980, 1982) identifica cinco tipos de componentes de acordo com sua função na realização das tarefas: metacomponentes, componentes de execução, componentes de aquisição, componentes de retenção e componentes de transferência. Os metacomponentes são processos de controle utilizados para planejar as execuções e a tomada de decisões; suas funções são identificar o tipo de problema a resolver, selecionar os componentes de ordem inferior para combiná-los adequadamente, selecionar uma ou mais representações da informação sobre as quais estes operam, guiar o processo para a solução final e decidir o tempo a empregar e o nível de exigência e de qualidade na execução; por tudo isso, sua importância no processo é absolutamente fundamental. Os componentes de execução são os responsáveis diretos pela realização dos planos e das decisões ditados pelos metacomponentes. Os componentes de aquisição são aqueles envolvidos na aprendizagem de novas informações. Os componentes de retenção ocupam-se da recuperação de informação previamente apreendida. Por último, os componentes de transferência são os encarregados de passar ou de transferir a informação de um contexto situacional a outro. Os diferentes componentes devem atuar de maneira coordenada para a realização da tarefa; nessa coordenação, os metacomponentes desempenham um papel essencial, por serem os únicos que podem não só ativar diretamente, como também receber retroalimentação dos outros.

Outra estratégia empregada de maneira habitual pelos autores do processamento da informação cujos resultados mostraram-se relevantes para o estudo da inteligência é o estudo da maneira como os que têm experiência em um determinado campo ou domínio resolvem as tarefas de tal domínio. Os estudos que seguiram essa estratégia mostram de forma consistente que uma das diferenças básicas entre experientes e novatos é que aqueles dispõem de uma base de conhecimento específico mais ampla e, sobretudo, mais bem-organizada e de mais fácil acesso (Chi, Glaser e Farr, 1988; Ericson, 1996). As diferenças entre uns e outros, portanto, não apenas têm a ver com o fato de que os experientes sabem mais, como também de que dispõem de melhores estratégias para armazenar e recuperar a informação: além de dispor de mais conhecimento, os experientes podem ter acesso a ele facilmente e processá-lo de diversas maneiras, enquanto nos novatos o conhecimento existente muitas vezes fica inerte e não chega a ser utilizado na resolução das tarefas. De acordo com tais resultados, parece clara a necessidade de incorporar à caracterização e à análise da inteligência a estrutura de conhecimentos da pessoa, assim como as estratégias de organização, acesso e recuperação da informação.

Tomados em conjunto, os trabalhos realizados na perspectiva do processamento de informação desenham uma imagem da inteligência com três tipos de elementos básicos (Bruer, 1995): o conhecimento específico, as estratégias gerais de aprendizagem e de resolução de problemas e as capacidades metacognitivas. Essa caracterização assume a importância na atuação inteligente tanto do conhecimento específico, vinculado a domínios concretos, como das estratégias gerais, aplicáveis a uma ampla variedade de domínios distintos. De fato, assume-se que a possibilidade de dispor de uma ampla variedade de estratégias de aquisição, armazenamento e recuperação da informação e de empregá-las adequadamente é um dos traços distintivos dos "principiantes inteligentes", ou seja, dos novatos em uma matéria específica que aprendem mais rápido e mais eficientemente que outros. Ao mesmo tempo, a caracterização ressalta também a importância das capacidades metacognitivas, de controle e de supervisão consciente do uso das diferentes estratégias e de planejamento, acompanhamento e avaliação das próprias ações (ver os Capítulos 8 e 9 deste volume), outro traço típico dos principiantes inteligentes.

Com essa idéia global da inteligência como fundo, a perspectiva do processamento de informação traz algumas respostas às questões pendentes sobre o funcionamento intelectual e sobre as relações entre inteligência, capacidade de aprendizagem e rendimento escolar que assinalávamos ao avaliar os aportes da aproximação diferencial-psicométrica. Em primeiro lugar, tal perspectiva permitiu formular algumas hipóteses sobre os processos subjacentes aos fatores e às aptidões intelectuais mais consistentemente identificados a partir da pesquisa diferencial-psicométrica, e sobre o valor previsivo dos testes clássicos de inteligência com relação ao rendimento escolar. De fato, os testes que melhor prevêem o rendimento escolar são aqueles cujas tarefas põem em jogo essencialmente os mesmos tipos de componentes envolvidos na aprendizagem escolar. Isso explica, por exemplo, o fato de que os testes de vocabulário estejam entre os que melhor prevêem o rendimento escolar; esses testes enfatizam os componentes de aquisição, de retenção e de transferência, assim como os metacomponentes que controlam esse tipo de componentes, e o rendimento escolar depende, em grande medida, da aquisição de conhecimentos. Em geral, os testes saturados em inteligência cristalizada enfatizam os componentes de aquisição, de retenção e de transferência e, por isso, constituem bons previsores do rendimento acadêmico (Stenberg, 1985).

Em segundo lugar, a perspectiva do processamento da informação também oferece aportes relevantes no que tange à elaboração de instrumentos capazes de proporcionar informações diagnósticas para a seleção das intervenções educacionais ótimas em cada caso. Por um lado, a análise cognitiva dos itens dos testes de inteligência em termos de conhecimento especifico e das estratégias de processamento requeridos para sua resolução pode contribuir substancialmente para melhorar a utilidade diagnóstica dos testes. Por outro, a pesquisa cognitiva sugere a necessidade de que os instrumentos de diagnóstico que se utilizem a serviço do ensino sejam capazes de avaliar e de medir uma série de aspectos cruciais para a aprendizagem escolar pouco considerados nos testes tradicionais, como os conhecimentos ou as idéias prévios dos alunos em relação a domínios específicos, as estratégias de aprendizagem de que dispõem ou suas capacidades metacognitivas (Wittrock, 1998). Além disso, as formulações da perspectiva do processamento de informação sobre a inteligência abrem a porta para o que alguns autores chamaram de "avaliação cognitiva dinâmica" da inteligência (por exemplo, Feurstein, Rand e Hoffman, 1979; Campione e Brown, 1987). Esse tipo de avaliação, fortemente vinculado à perspectiva sociocultural de inspiração vygotskiana sobre a aprendizagem e o desenvolvimento humano (ver o Capítulo 5 deste volume), supõe, de fato, uma reformulação radical dos objetivos e das premissas da avaliação tradicional da inteligência: nela já não se trata de prever o rendimento futuro e de determinar o nível de aptidão da pessoa pela mediação de suas execuções independentes, mas o que se pretende é evidenciar o potencial de aprendizagem da pessoa, utilizando, para isso, uma avaliação interativa.

Em terceiro lugar, a perspectiva do processamento de informação sobre a inteligência permitiu avanços substanciais no que assinalamos em um momento anterior como o aspecto mais crucial da pesquisa sobre as capacidades intelectuais de uma perspectiva educacional: a busca de procedimentos que permitam modificar e otimizar tais capacidades. Por um lado, em um amplo número de trabalhos elaboraram-se modelos de ensino dirigidos a promover processos de mudança conceitual nos alunos, isto é, processos que permitam a melhoria da base de conhecimentos científicos dos alunos sobre diversos domínios na linha das características dessa base de conhecimentos que apresentam os experientes nesses domínios (por exemplo, Nussbaum e Novick, 1982; Driver, 1986; Pozo, 1994). Por outro lado, um amplo conjunto de pesquisadores centrou seus esforços no desenvolvimento de programas e de procedimentos para o ensino de estratégias gerais e específicas de aprendizagem, como também de capacidades cognitivas metacognitivas (ver Martín, 1999, para uma revisão geral de programas para "ensinar a pensar" e os Capítulos 8 e 9 deste volume).

Os diversos avanços mencionados supõem uma caracterização claramente dinâmica da inteligência que contrasta fortemente com as concepções desta em termos de uma capacidade ou de um conjunto de capacidade estáticas. Tal concepção supõe igualmente uma forma distinta de entender as relações entre aprendizagem e inteligência, que já não são concebidas de forma unidirecional (a inteligência como condicionante causal da aprendizagem e do rendimento escolar), mas antes em termos bidirecionais: a inteligência tem um papel na aprendizagem, mas também a aprendizagem desempenha um papel decisivo no desenvolvimento e melhoria da inteligência, e esta pode ser otimizada graças a determinadas formas de intervenção educacional.

As mudanças na maneira de entender a inteligência levaram alguns autores do processamento de informação a expor a necessidade de incorporar ao estudo das capacidades intelectuais aspectos que vão além dos tradicionalmente considerados por essa mesma aproximação. Em particular, esses autores apontam a necessidade de considerar a inteligência relacionada com ambientes do mundo real, relevantes para a vida cotidiana de tais ambientes de forma organizada e planejada por parte da pessoa. A proposta mais representativa dessas novas formulações é a "teoria triárquica da inteligência", apresentada por Sternberg (1985). A teoria retoma e amplia seus trabalhos anteriores sobre os componentes da inteligência, concedendo-as em uma teoria mais ampla. A teoria triárquica parte da premissa de que para entender a inteligência é necessário compreender sua relação com três aspectos: o mundo externo ao indivíduo, o mundo interno ao indivíduo e sua experiência, que medeia as relações entre os mundos externo e interno. As três subteorias que conformam a teoria dedicam-se à compreensão de tais relações.

Assim, a *subteoria contextual* ocupa-se das relações entre inteligência e mundo externo e trata de responder às perguntas sobre como a interação com o mundo afeta a inteligência das pessoas e como esta afeta a interação das pessoas com o mundo. De acordo com essa subteoria, a inteligência é sempre voltada a assegurar a adaptação dos indivíduos aos ambientes do mundo real que são relevantes para ele. Isso implica que o comportamento inteligente é ao menos parcialmente determinado pelas características desse ambiente: a inteligência relevante em um tipo de sociedade ou de cultura pode não sê-lo em outro, e vice-versa. Para essa subteoria, a atuação inteligente em relação ao meio pode implicar tanto a adaptação aos ambientes existentes como a modificação desses ambientes para torná-los mais ajustados às próprias habilidades, aos seus interesses ou aos seus valores, ou a seleção de novos ambientes que cumpram melhor essas condições. Por sua vez, a *subteoria componencial* ocupa-se das relações entre inteligência e mundo interno e procura responder à questão sobre o que ocorre na cabeça das pessoas quando atuam de forma inteligente. Para responder à questão, a subteoria retoma a distinção entre metacomponentes, componentes de aquisição e componentes de execução e sustenta que uma boa solução de problemas exige sempre o concurso e a inter-relação desses três tipos de componentes. Por último, a *subteoria experiencial* ocupa-se da relação da inteligência com sua experiência e trata de explicar como a experiência das pessoas afeta sua inteligência e vice-versa. De acordo com essa subteoria, a inteligência manifesta-se tanto na capacidade de enfrentar tarefas e situações novas como na automatização da atuação em face de tarefas conhecidas, e sua medida requer tarefas que exijam uma dessas capacidades (ou ambas). O grau de experiência da pessoa em relação à tarefa é, portanto, uma variável crucial para a avaliação de sua atuação.

A teoria triárquica, de fato, ultrapassa o âmbito tradicional do estudo da inteligência tanto da perspectiva diferencial-psicométrica quanto do processamento da informação. Em última análise, essa teoria aponta para uma concepção mais ampla e plural da inteligência que supre a centração, comum a ambas as perspectivas, no que podemos chamar de "inteligência acadêmica ou escolar" e explore em profundidade a diversidade de capacidades que podem estar envolvidas no comportamento inteligente. Esse tipo de concepção é precisamente o que subjaz às teorias não-unitárias da inteligência, de que trataremos a seguir.

AS EXPLICAÇÕES NÃO-UNITÁRIAS DA INTELIGÊNCIA

A teoria das inteligências múltiplas

A teoria das inteligências múltiplas, desenvolvida por Gardner e seus colaboradores no transcurso das últimas décadas do século XX (por exemplo, Gardner, 1983, 1993, 1995,1999a, 1999b), parte de uma crítica frontal à concepção unitária e unidimensional da inteligência que subjaz aos testes psicométricos tradicionais, assim como à restrição, típica das aproximações clássicas do estudo da inteligência e muito arraigada no conjunto do pensamento ocidental, do conceito de inteligência a um conjunto específico de habilidades, de aptidões ou capacidades de caráter essencialmente lógico-matemático. Diante dessa visão "uniforme", que, segundo Gardner, tem sua correspondência em uma concepção uniformizada da escola, do currículo e da medida do êxito escolar, a teoria formula uma concepção essencialmente pluralista da mente que reconhece muitas facetas distintas na cognição e que postula a existência de diferentes tipos de potenciais cognitivos nas pessoas.

De acordo com tal visão pluralista, a teoria das exigências múltiplas sustenta que a competência cognitiva dos seres humanos é mais adequadamente descrita em termos de um conjunto de habilidades, de talentos ou de capacidades mentais, chamados de "inteligências". Cada uma dessas inteligências é definida como "um potencial biopsicológico para processar informação que se pode ativar em um contexto cultural concreto para resolver problemas ou criar produtos que têm valor para uma cultura" (Gardner, 1999b). A expressão "inteligências múltiplas" pretende ressaltar que há um número elevado (e não-estabelecido *a priori*) de tais capacidades e que sua caracterização deve considerar e poder dar conta das habilidades muito diversas que as pessoas desenvolvem e que são relevantes para seu modo de vida nos ambientes reais em que atuam. Ao mesmo tempo, tal expressão quer assinalar que essas diversas capacidades são tão fundamentais como as detectadas pelos testes tradicionais de inteligência e pelas medidas de QI (Gardner, 1995).

Para identificar essas inteligências, a teoria se apóia em um conjunto amplo de informações empíricas procedentes de diferentes fontes: conhecimento acerca do desenvolvimento normal e do desenvolvimento em indivíduos superdotados, informação acerca da deterioração das capacidades cognitivas em condições de lesão cerebral; estudos de populações excepcionais, incluindo crianças-prodígio, *idiot savants* e autistas; dados acerca da evolução filogenética da cognição; estudos sobre a cognição em diferentes culturas; estudos psicométricos, incluindo análises de correlações entre testes; estudos psicológicos sobre a aprendizagem e a transferência. O exame de tais informações realiza-se de acordo com um conjunto de critérios que uma determinada faculdade deve cumprir para ser considerada como uma inteligência. Dois desses critérios procedem das ciências biológicas: a possibilidade de que a capacidade possa isolar-se em caso de dano cerebral e a existência de uma história evolutiva (filogenética) plausível para ela. Outros dois procedem da análise lógica: a existência de uma ou mais operações identificáveis que desempenhem uma função essencial ou central na capacidade e na possibilidade de codificação da capacidade em um sistema de símbolos. Outros dois procedem da psicologia evolutiva: um desenvolvimento bem diferenciado e um conjunto definível de atuações que indiquem um estado final para a capacidade e a existência de *idiot savants*, prodígios e outras pessoas excepcionais quanto à capacidade de que se trate. Os dois últimos critérios procedem da pesquisa psicológica tradicional: o respaldo da psicologia experimental e o apoio de dados psicométricos.

Partindo da aplicação de tais critérios, a versão clássica da teoria (Gardner, 1983) identifica sete inteligências distintas: musical, cinético-corporal, lógico-matemática, lingüística, espacial, interpessoal e intrapessoal. Mais recentemente, Gardner acrescentou à lista uma oitava inteligência, a que chamou de "naturalista" (Gardner, 1999b). Essas inteligências são descritas, a seguir, de forma muito sumária:

- *inteligência musical*: pode ser descrita em termos globais como a capacidade para resolver problemas ou gerar produtos utilizando o som e o silêncio; a operação nuclear que a caracteriza é a sensibilidade para entonar bem, e o sistema simbólico em que se codifica é a notação musical; compositores, músicos e bailarinos mostrariam, entre outros e tipicamente, tal inteligência em elevado grau;
- *inteligência cinético-corporal*: é a capacidade para resolver problemas ou gerar produtos utilizando o corpo ou partes dele; a operação nuclear que a caracteriza é o controle voluntário do movimento corporal, e o sistema simbólico em que se codifica, a linguagem corporal; tipicamente, bailarinos, atletas, cirurgiões e artesãos, entre outros, a apresentariam em grau elevado;
- *inteligência lógico-matemática*: é a capacidade para resolver problemas ou gerar produtos utilizando a lógica e a matemática; a operação nuclear que a caracteriza é o raciocínio dedutivo e indutivo e codifica-se simbolicamente na notação lógica e na notação matemática; cientistas e acadêmicos, entre outros, a apresentariam em grau elevado;
- *inteligência lingüística*: constitui a capacidade para resolver problemas ou gerar produtos utilizando a linguagem verbal; a operação nuclear dessa inteligência é a sensibilidade aos traços fonológicos e se codifica simbolicamente na linguagem verbal; tipicamente, seria apresentada em grau elevado, entre outros, por poetas e romancistas;
- *inteligência espacial*: remete à capacidade de resolver problemas ou gerar produtos utilizando modelos e representações espaciais; sua operação nuclear é a representação espacial e se codifica em representações cartográficas ou mapas; marinheiros, engenheiros, pintores, escultores e exploradores, entre outros, a apresentariam tipicamente em grau elevado;
- *inteligência interpessoal*: é a capacidade para entender as outras pessoas (o que as motiva, o que pensam, como se sentem, quais são suas intenções, como relacionar-se com elas, etc.); a operação nuclear dessa inteligência é a sensibilidade aos estados de ânimo e aos pensamentos dos outros; essa inteligência manifesta-se habitualmente mediante sistemas simbólicos próprios de outras inteligências, como a linguagem corporal e gestual e a linguagem verbal; entre as pessoas que apresentariam essa inteligência tipicamente e em grau elevado estariam professores, líderes religiosos e políticos, terapeutas, vendedores e médicos;
- *inteligência intrapessoal:* é a capacidade de formar uma imagem ou modelo sobre si mesmo e agir de forma coerente com este modelo; sua operação nuclear é o senso de autoconhecimento, o acesso aos próprios pensamentos, sentimentos e emoções; essa inteligência geralmente se manifesta por meio da linguagem verbal e outras linguagens expressivas;
- *inteligência naturalista:* é a capacidade para reconhecer e classificar as espécies e organismos, animais e plantas, do ambiente, como também para cuidar deles, domesticá-los e interagir com eles; sua operação nuclear é o reconhecimento de certas espécies próximas e o estabelecimento de relações entre umas espécies e outras; os diferentes sistemas linguísticos e taxonômicos para classificar plantas e animais codificariam simbolicamente esta inteligência, que seria apresentada em grau elevado, tipicamente e entre outros, por botânicos ou entomologistas.

A teoria afirma que todas as pessoas têm essas inteligências em algum grau: todos os membros da espécie humana, pelo fato de serem humanos, nascem com todas essas capacidades. Ao mesmo tempo, a teoria postula que todas as pessoas são diferentes no grau em que possuem essas inteligências e em sua combinação: não há duas pessoas que tenham exatamente as mesmas e em iguais condições. Uma afirmação básica da teoria, a esse respeito, é que as diferentes inteligências são independentes entre si em um grau significativo. Isso quer dizer que o fato de uma pessoa se destacar em uma área não supõe necessariamente que deva destacar-se em outras, e que o mesmo ocorre com as deficiências; na prática, as pessoas podem destacar-se, ou render abaixo do normal, em duas ou três inteligências. A independência das inteligências contrasta de forma radical não só com as correlações habitualmente observadas entre as pontuações das pessoas em diferentes testes de inteligência, como também com a evidência empírica que apóia a existência de um fator (g). A esse respeito, a teoria afirma que as correlações se explicam porque as tarefas dos testes medem no geral e de fato um mesmo tipo de habilidade: a habilidade para responder rapidamente a questões de tipo lógico-matemático e lingüístico. Portanto, não nega a existência de (g), mas questiona sua importância explicativa fora do âmbito relativamente estreito do tipo de tarefas que servem de referência e ressalta a distorção que significa adotá-lo como medida global de inteligência, visto que qualquer papel cultural com algum grau de complexidade requer uma combinação de inteligências.

A teoria das inteligências múltiplas gerou um notável interesse no âmbito educacional. De fato, Gardner participou no desenvolvimento de diversos programas educacionais que se apóiam, de diferentes maneiras, nas afirmações da teoria (ver Gardner, 1995, para uma apresentação de alguns desses programas) e dedicou uma atenção considerável em suas obras à reflexão sobre as implicações educacionais das inteligências múltiplas (por exemplo, Gardner, 1993, 1995, 1999a, 1999b). Pelo menos duas idéias básicas estruturam essas implicações. A primeira é a recusa frontal ao que chama de "ensino uniforme" e a aposta em um ensino "centrado no indivíduo", que assuma como eixo as diferenças individuais entre os alunos. A segunda é a necessidade de situar a compreensão como objetivo fundamental da educação e de levar em conta as diferentes inteligências dos alunos para promover uma compreensão em profundidade dos conteúdos escolares.

A recusa do ensino uniforme e a aposta em um ensino centrado no indivíduo são conseqüência direta das afirmações da teoria sobre a diversidade dos perfis de inteligência das pessoas. Para Gardner, o ensino uniforme, baseado na crença de que todas as pessoas devem estudar as mesmas matérias com os mesmos métodos e serem avaliadas da mesma maneira, apóia-se no pressuposto de que todas as pessoas são idênticas. Contudo, tal pressuposto é falso: não há duas pessoas idênticas, pois cada uma associa suas inteligências de maneiras distintas e com configurações distintas; nem todos temos as mesmas motivações e os mesmos interesses, nem aprendemos da mesma maneira. A alternativa é um ensino que leve a sério e assuma como eixo as diferenças individuais, desenvolvendo, na medida do possível, práticas que se adaptem a essa diversidade. Para Gardner, o ensino centrado no indivíduo não é necessariamente incompatível com a existência de um currículo obrigatório comum, mas requer que os diversos alunos possam estudar os conteúdos e serem avaliados de maneiras distintas.

Nesse sentido, o ingrediente essencial de uma escola centrada no indivíduo é a existência de um sistema de avaliação das capacidades e das tendências individuais que permita compreender, com a maior sensibilidade possível, as diversas habilidades e os interesses dos alunos. Obviamente, tal avaliação não pode apoiar-se nos instrumentos e nas práticas tradicionalmente empregados para esse efeito, mas requer um enfoque radicalmente distinto. A obtenção de informação de maneira contínua e no curso do trabalho habitual; o uso de instrumentos que observem diretamente as diversas inteligências e não sejam desviados em favor de alguma delas; a validade ecológica das observações realizadas e o uso de múltiplas medidas; a sensibilidade para as diferenças individuais, os níveis evolutivos e as diversas formas de habilidade; a utilização de materiais intrinsecamente motivadores e interessantes e o uso dos resultados da avaliação em benefício do aluno e como ajuda para ele são alguns dos traços que podem definir o novo enfoque da avaliação (Gardner, 1995). Ao mesmo tempo,

Gardner ressalta que a importância atribuída à avaliação nesse enfoque não deve de modo nenhum levar à rotulação prematura e/ou a uma determinação precoce do futuro acadêmico ou profissional dos alunos; trata-se, em contrapartida, de descobrir que tipos de experiências educacionais podem beneficiar em maior medida os diferentes alunos, apoiar e aproveitar seus pontos fortes e poder atender e compensar os pontos fracos que foram detectados.

O objetivo último a que deve servir um ensino desse tipo é, para Gardner, "proporcionar a base para potencializar a compreensão de nossos diversos mundos: o mundo físico, o mundo biológico, o mundo dos seres humanos, o mundo dos artefatos e o mundo pessoal" (Gardner, 1996b). A compreensão supõe que se aplique o conhecimento aprendido de forma apropriada a uma nova situação em que esse conhecimento é relevante e implica, portanto, a funcionalidade do aprendido, no duplo sentido de sua utilização em diversos contextos e variadas situações, e de integração da informação em contextos conceituais mais amplos.

A partir dessa formulação, Gardner propõe que o ensino da compreensão passe por ajudar os alunos a conhecer e empregar as formas de pensamento de determinadas disciplinas, como a ciência, a arte e as disciplinas humanísticas, permitindo-lhes explorar em profundidade alguns exemplos de como pensa e atua um cientista, um artista ou um humanista. A questão, contudo, não é fazer dos alunos especialistas em miniatura em uma determinada matéria, mas conseguir que utilizem tais formas de pensamento para compreender seu próprio mundo por meio da obtenção de compreensões básicas sobre a verdade, a beleza e a bondade (sobretudo o que em um determinado contexto cultural é considerado verdadeiro – ou falso, belo – ou desagradável – e bom – ou mau) (Gardner, 1999a). A proposta de centrar a ação educacional em um número mais ou menos pequeno de exemplos dessas formas de pensamento é, para Gardner, uma conseqüência do fato de que a compreensão é difícil e requer quantidades consideráveis de tempo e de trabalho. Dessa perspectiva, tratar de incluir "tudo" no currículo dos alunos é contraproducente.

Levar em consideração as inteligências múltiplas dos alunos é, nesse contexto, um apoio para chegar à compreensão. Tal consideração implica considerações de tipo diverso. Algumas são de caráter evolutivo: as inteligências se manifestam de diferentes formas nos diferentes níveis evolutivos, e isso deve ser levado em conta para oferecer, a cada momento, o tipo de apoios mais adequados. Por exemplo, nos primeiros anos da escolaridade, os alunos se beneficiarão de um contexto rico e diverso, com materiais e equipamentos que lhes permitam indagar e experimentar suas diferentes capacidades e habilidades; posteriormente, de um ensino orientado à aquisição dos diferentes sistemas notacionais e à relação desses sistemas com conhecimentos e atividades práticas; na adolescência e mais tarde, do ajuste entre inteligência e carreira profissional. Outras considerações têm a ver com a utilização das inteligências múltiplas para melhorar a compreensão. A esse respeito, Gardner assinala a importância de oferecer múltiplas vias de acesso (narrativas, numéricas, lógicas, existenciais, estéticas, práticas, interpessoais) aos conteúdos a trabalhar, múltiplas analogias e metáforas sobre eles e múltiplas representações das suas idéias essenciais. Um terceiro grupo de considerações tem a ver com a avaliação. Nesse ponto, Gardner aposta em uma avaliação contínua, que promova a auto-regulação do aluno e que esteja baseada na atuação, isto é, no comportamento do aluno diante de situações reais nas quais tenha de pôr em jogo e tornar funcional o conhecimento aprendido, resolvendo algum tipo de problema ou elaborando algum tipo de produto. As provas baseadas na atuação, a avaliação por itens, os projetos ou as demonstrações em público são alguns dos instrumentos em que se pode concentrar esse tipo de avaliação (Gardner, 1995).

A inteligência bem-sucedida

O criador da teoria triárquica, Sternberg, posteriormente ampliou ainda mais sua caracterização da inteligência mediante a noção de "inteligência bem-sucedida". A inteligência bem-sucedida, de acordo com Sternberg (1997), é a realmente importante na vida, a que se emprega para alcançar objetivos importantes e a que apresentam aqueles que tiveram êxito, seja segundo seus padrões pessoais, seja segundo os dos demais. Essa inteligência tem pouco a ver com a que é medida pelos testes tradicionais e pelas pontuações de QI. De acordo com

Sternberg, tais testes remetem unicamente a uma parte pequena e não muito importante – ainda que supervalorizada escolar e academicamente – de um espectro intelectual muito mais amplo e complexo, e medem essencialmente a "inteligência inerte", isto é, potencialidades que não levam necessariamente a um movimento ou a uma ação dirigida, que não têm por que saber usar para produzir mudanças reais na vida, para si mesmo ou para os demais. Segundo Sternberg, a noção de que há um fator geral de inteligência que se pode medir com o QI é falsa e se baseia no fato de que todos os testes de inteligência tradicional medem essencialmente o mesmo leque reduzido de habilidades.

Para Sternberg, a inteligência bem-sucedida implica três aspectos: um aspecto analítico, um aspecto criativo e um aspecto prático. O primeiro é usado para resolver problemas, o segundo para decidir que problemas resolver e o terceiro para pôr em prática as soluções. Os testes convencionais de inteligência medem unicamente o aspecto analítico da inteligência, e nem sequer por completo. Esses três aspectos são considerados relativamente independentes entre si, e de fato se conceituam, cada um deles, como uma inteligência específica. Com isso, Sternberg assinala o caráter múltiplo, não-unitário, da inteligência.

A *inteligência analítica* é a capacidade para analisar a avaliar idéias, resolver problemas e tomar decisões. Os testes tradicionais de inteligência medem habilidades analíticas, mas apenas parcialmente: a parte dessas habilidades mais pertinente ao rendimento escolar. A inteligência analítica, portanto, não equivale à inteligência acadêmica medida por esses testes, ainda que possa incluí-la. Globalmente, a inteligência analítica supõe capacidades de reconhecimento de problemas, de sua definição correta, de planejamento e de formulação de estratégias para sua resolução, de representação da informação, de designação de recursos para resolver os problemas e de controle e avaliação das decisões tomadas corrigindo erros à medida que são descobertos. Também implica poder pensar heuristicamente para resolver problemas, saber superar situações de bloqueio e analisar os problemas de maneira flexível reconhecendo os limites da racionalidade e as armadilhas em que pode cair o próprio pensamento.

A *inteligência criativa*, por sua vez, é a capacidade para ir além do dado e engendrar novas e interessantes idéias, para descobrir novos e bons problemas. A inteligência criativa está relacionada com o pensamento sintético, com a capacidade de perceber conexões que outras pessoas não vêem. As pessoas criativas com inteligência bem-sucedida questionam os pressupostos geralmente aceitos, permitem-se cometer erros, assumem riscos sensatos, buscam tarefas que permitam a criatividade, definem e redefinem ativamente os problemas, concedem-se tempo para pensar criativamente, toleram a ambigüidade, compreendem os obstáculos que supõe a criatividade, estão dispostas a sair das casinhas que elas próprias e os outros construíram e reconhecem a importância de adaptar-se ao meio social.

A *inteligência prática*, finalmente, é a capacidade para traduzir a teoria na prática e as teorias abstratas em realizações práticas; é a que habilita as pessoas a solucionarem problemas no mundo real. Diante dos problemas acadêmicos tradicionais, as situações da vida real colocam-se muitas vezes como problemas maldefinidos (que é necessário não apenas resolver, mas também formular), comportam importantes conseqüências pessoais e não têm uma única resposta correta. A pessoa com inteligência prática caracteriza-se por adquirir e usar com facilidade um tipo particular de conhecimento, o conhecimento tácito: um conhecimento orientado para a ação, que remete a usos particulares em situações particulares e que permite adaptar-se a um determinado meio, compreender como funciona e fazê-lo funcionar em benefício próprio. As pessoas com inteligência prática buscam ativamente o conhecimento tácito implícito e muitas vezes oculto em um meio determinado e o utilizam para selecionar o meio, adaptar-se a ele e amoldá-lo.

Sternberg afirma que a inteligência bem-sucedida é mais efetiva quando equilibra o aspecto analítico, o criativo e o prático: é mais importante saber como e quando usar os aspectos da inteligência bem-sucedida do que simplesmente tê-los. As pessoas com inteligência bem-sucedida não apenas têm habilidades, mas também refletem sobre quando e como usar essas habilidades de maneira efetiva. Assim, a inteligência não é essencialmente uma questão de quantidade, mas de equilíbrio. As pessoas com inteligência bem-sucedida assumem seus pontos fortes e fracos e buscam a maneira de explorar ao máximo os primeiros e corrigir ou reparar os segundos.

Em um trabalho recente, Sternberg (1998) propôs um conjunto de princípios básicos para transpor à prática educacional sua teoria sobre a inteligência bem-sucedida. Esses princípios incorporam, por sua vez, idéias provenientes da teoria triárquica da inteligência. Sternberg assinala que muitos desses princípios podem ter sido propostos previamente por outros autores, mas que sua compilação lhes confere singularidade. Muito esquematicamente, são os seguintes:

- o objetivo do ensino é a criação da habilidade mediante uma base de conhecimento bem organizada e facilmente acessível;
- a instrução deve implicar o ensino do pensamento analítico, criativo e prático, além da memorização; ensinar o pensamento analítico supõe ajudar os alunos a analisar, a comparar e a contrastar, a avaliar e a explicar; ensinar o pensamento criativo supõe ajudar os alunos a criar, a planejar, a imaginar e a conjeturar; ensinar o pensamento prático supõe ajudar os alunos a utilizar, a aplicar e a implementar;
- a avaliação deve implicar também componentes analíticos, criativos e práticos além de memorísticos;
- o ensino e a avaliação devem permitir aos alunos identificarem e capitalizarem seus pontos fortes, assim como identificar, corrigir e compensar seus pontos fracos;
- o ensino e a avaliação devem pôr em jogo os diversos metacomponenetes envolvidos na resolução de problemas (identificar e definir o problema, planejar estratégias para sua resolução, etc.);
- o ensino e a avaliação devem pôr em jogo componentes de execução relacionados com a codificação da informação, a inferência, a aplicação, a comparação de alternativas e a resposta;
- o ensino e a avaliação devem pôr em jogo componentes de aquisição relacionados com a codificação, a comparação e a combinação seletiva de informação;
- o ensino e a avaliação devem levar em conta as diferenças individuais quanto às modalidades preferidas de representação, entrada e saída de informação (verbal, numérica, gráfica, etc.);
- o ensino mais adequado é o que se situa em uma zona de "distância ótima" quanto à novidade da informação, como também o que aponta para a automatização;
- o ensino deve ajudar os alunos a se adaptarem a seus ambientes, selecioná-los e amoldá-los;
- o ensino e a avaliação devem integrar, mais do que separar, os diversos aspectos da inteligência.

Para além do indivíduo: a inteligência distribuída

As posições representadas pela teoria triárquica da inteligência, a teoria das inteligências múltiplas ou a inteligência bem-sucedida comportam um claro distanciamento dos pressupostos clássicos sobre a natureza da inteligência. Esse distanciamento se produz paralelamente ao esforço por estudar e compreender o comportamento inteligente para além das tarefas psicométricas clássicas ou de laboratório, interessando-se pelo funcionamento da inteligência em contextos naturais e diante de situações e de tarefas cotidianas. Alguns autores deram um passo a mais nesse processo adotando uma concepção da inteligência e da cognição que toma como ponto de partida sua natureza distribuída (ver, por exemplo, Resnick, Levine e Teasley, 1991; Salomon, 1993, Hutchins, 1995; Resnick e Collins, 1996).

O pressuposto básico de tal concepção, fortemente influenciada pelas formulações socioculturais do desenvolvimento da aprendizagem, é que a cognição, assim como as ferramentas, os artefatos e os sistemas simbólicos, é algo compartilhado pelos indivíduos, de maneira que o pensamento está situado em contextos particulares de intenções, colegas, instrumentos, além de distribuído socialmente. Os estudos da atuação cognitiva em situações reais e complexas de trabalho mostram que o pensamento é ampliado – e limitado – pelas ferramentas e pelos artefatos que compartilham a carga mental com as pessoas. Tais ferramentas, assim como os sistemas simbólicos, que se empregam no transcurso da atividade, permitem às pessoas perceber e pensar de um modo que não seria possível sem ajuda.

Uma premissa fundamental da caracterização distribuída da inteligência é que já não se considera o pensamento como situado unicamente no indivíduo nem como algo que acontece à margem ou de maneira separada da atividade que a pessoa realiza e dos instrumentos que medeiam essa atividade (ver o Capítulo 6 deste volume). A unidade de análise mais adequada para o estudo da inteligência já não é, dessa perspectiva, o indivíduo ou seus processos mentais à margem da atividade e do contexto, mas a pessoa envolvida em uma atividade que é, por natureza, social e contextualmente situada, além de medida por instrumentos. A comunicação entre os atores da situação é considerada, assim, como um processo interno ao sistema de atividade que os atores desenvolvam, e as formas e os códigos de representação empregados durante a atividade também são considerados internos a esse sistema. Tudo isso supõe um giro absolutamente radical com relação às concepções tradicionais da inteligência e às formas tradicionais de estudá-la.

As concepções distribuídas da inteligência têm importantes implicações educacionais, algumas das quais se entrelaçam com propostas e formulações desenvolvidas da perspectiva sociocultural do desenvolvimento e da aprendizagem (ver Capítulo 5 deste volume). Encontramos um exemplo concreto de tais repercussões na proposta de organizar as salas de aula como "comunidades de aprendizes" (por exemplo, Brown e Campioni, 1994; Rogoff, 1994). As comunidades de aprendizes se apresentam como contextos apropriados para facilitar a professores e alunos que aprendam uns com os outros. A perícia distribuída é um dos princípios básicos em que se apóiam tais contextos: a classe se organiza mediante uma estruturação de grupos cooperativos de tipo "quebra-cabeça", em que cada aluno é responsável por uma parte do trabalho, na qual se torna especialista, e precisa transmitir tal perícia aos seus companheiros. Outro dos princípios básicos é a aprendizagem contextualizada e situada: para isso, tenta-se deixar claras as metas das tarefas e reforçam-se as relações entre as atividades escolares e a realidade externa à escola. A importância atribuída às estratégias de aprendizagem e metacognitivas, a apropriação pessoal do conhecimento compartilhado, a estrutura dialógica da atividade na sala de aula, a valorização da diversidade e o respeito aos aportes de todos os participantes são, igualmente, princípios que regem esse tipo de salas de aula.

Não obstante suas diferenças óbvias e suas origens díspares, os princípios em que se apóiam as comunidade de aprendizes, os princípios educacionais derivados da teoria triárquica e da noção de inteligência bem-sucedida, e as implicações educativas da teoria das inteligências múltiplas também apresentam algumas coincidências que vale destacar. Em particular, previnem contra um ensino baseado em premissas seletivas, academicistas e uniformizadoras, apostando em contrapartida em um ensino a serviço da otimização e do aproveitamento das diversas capacidades intelectuais de todos os alunos. O futuro da pesquisa socioeducacional sobre a inteligência, a nosso ver, está indissoluvelmente vinculado à consolidação, ao aprofundamento e ao desenvolvimento de tal aposta.

8 O uso estratégico do conhecimento

JUAN IGNACIO POZO, CARLES MONEREO E MONTSERRAT CASTELLÓ

INTRODUÇÃO: O PROBLEMA É QUANDO APRENDER

Imagine o leitor que tem de enfrentar uma tarefa desagradável, que continua ocupando ainda muitos alunos, como aprender a tabela dos elementos químicos ou Tabela Periódica, da qual talvez o leitor guarde uma má lembrança de seus tempos de escola (ver Quadro 8.1). O que pode *fazer* para abordar a temida prova da próxima quarta-feira com maior probabilidade de êxito? Sem dúvida, a forma mais fácil e imediata, a que rotineiramente porá em prática a maioria desses alunos, será *repassar* essa longa lista de nomes, símbolos e números algumas vezes seguidas, oralmente ou por escrito, até conseguir reproduzi-la com exatidão. Mas talvez a lista de símbolos e características dos elementos seja muito longa para aprender pela simples repetição. Nesse caso, será necessário recorrer a algum truque ou sistema mnemotécnico que permita *elaborar* o material de aprendizagem, relacionando os elementos entre si mediante algum sistema externo à própria tabela, como, por exemplo, formando palavras (por ex., *chalina* para *Ch, Li, Na*; ou *baconiano* para *B, C, N, O*) ou inclusive frases com os símbolos químicos, o que sem dúvida ajudará a recordá-los mais facilmente no momento da prova. Mas não é fácil encontrar palavras para todos os símbolos, pelo menos respeitando a ordem da tabela, ou, mesmo que se encontrem, podem levar a erros ao recordar (por exemplo, depois de recordar *baconiano*, o símbolo de nitrogênio era N ou Ni?). Desse modo, o leitor pode recorrer a um procedimento ainda mais complexo, mas sem dúvida mais eficaz, para aprender a Tabela Periódica: buscar as relações dentro da própria tabela, isto é, tentar recordar os elementos a partir de sua própria organização. Assim, poderia ver que todos os elementos da primeira coluna da Tabela Periódica têm uma estrutura cuja série (não aparece nesta tabela) acaba com um 1, todos os da segunda coluna têm uma estrutura cuja série acaba em um 2..., etc. Se sabe o que isso significa – que têm um único elétron em sua última camada, dois no caso da segunda coluna, etc. – o ajudará a recordar melhor. De fato, a distribuição dos elementos na tabela não é aleatória, mas responde à sua organização interna. *Organizar* tais elementos, ou tentar descobrir sua própria organização, pode ser a forma mais eficaz de aprendê-los, já que possivelmente produzirá uma aprendizagem mais duradoura e transferível dos traços que devem definir toda boa aprendizagem (Pozo, 1996).

De fato, o leitor poderia fazer muitas coisas diferentes diante do problema de ter de aprender a Tabela Periódica. As que ilustramos – *repassar, elaborar* e *organizar* – são três maneiras de abordá-lo que, se respondem a um propósito deliberado, intencional, por parte do leitor, suporão o uso de outras *estratégias de aprendizagem* da Tabela Periódica. Quando um aluno ou um aprendiz reconhece um problema ou uma dificuldade de aprendizagem e planeja ou seleciona ações ou procedimentos específicos para enfrentar tal problema, podemos dizer que está fazendo um uso estratégico de seus conhecimentos.

Mas nem sempre é assim. De fato, com muita freqüência, os alunos limitam-se a se-

QUADRO 8.1 Sistema de períodos dos elementos químicos

Período	1 IA	2 IA	3 IIIB	4 IVB	5 VB	6 VIB	7 VIIB	8 VIIIB	9 VIIIB	10 VIIIB	11 IB	12 IIB	13 IIB	14 IIB	15 IIB	16 IIB	17 IIB	18 IIB
1º	H 1																	He 2
2º	Li 3	Be 4											B 5	C 6	N 7	O 8	F 9	Ne 10
3º	Na 11	Mg 12											Al 13	Si 14	P 15	S 16	Cl 17	Ar 18
4º	K 19	Ca 20	Sc 21	Ti 22	V 23	Cr 24	Mn 25	Fe 26	Co 27	Ni 28	Cu 29	Zn 30	Ga 31	Ge 32	As 33	Se 34	Br 35	Kr 36
5º	Rb 37	Sr 38	Y 39	Zr 40	Nb 41	Mo 42	Tc 43	Ru 44	Rh 45	Pd 46	Ag 47	Cd 48	In 49	Sn 50	Sb 51	Te 52	I 53	Xe 54
6º	Cs 55	Ba 56	La 57	Hf 72	Ta 73	W 74	Re 75	Os 76	Ir 77	Pt 78	Au 79	Hg 80	Tl 81	Pb 82	Bi 83	Po 84	At 85	Rn 86
7º	Fr 87	Ra 88	Ac 89	Rf 104	Db 105	Sg 106	Bh 107	Hs 108	Mt 109 ...									

Lantanídeos

6º	Ce 58	Pr 59	Nd 60	Pm 61	Sm 62	Eu 63	Gd 64	Tb 65	Dy 66	Ho 67	Er 68	Tm 69	Yb 70	Lu 71

Actinídeos

7º	Th 90	Pa 91	U 92	Np 92	Pu 94	Am 95	Cm 96	Bk 97	Cf 98	Es 99	Fm 100	Md 101	No 102	Lr 103

guir certas rotinas de aprendizagem, certos hábitos, seja porque as próprias situações de aprendizagem e ensino que enfrentam são, em si mesmas, rotineiras, seja porque não as percebem como um *problema*, ou uma situação nova, que mereça um tratamento estratégico. Assim, pode ser que muitos alunos, obrigados a recordar a Tabela Periódica completa, tal como aparece no Quadro 8.1, ou outros materiais de estudos similares, limitem-se a aplicar as rotinas habituais de repassar, sem estar conscientes de sua ineficácia nessas condições. Isso ocorre, por exemplo, em uma situação como a que se segue. Em uma aula de história contemporânea, o professor, como costuma fazer, apesar de ser um bom conhecedor e um entusiasta de sua matéria, ou talvez por isso, apresentou a seus alunos uma explicação um tanto quanto desordenada, em que as idéias aparentemente iam e vinham, misturando-se diferentes conceitos e aproximações historiográficas com a introdução inesperada de algum episódio anedótico, que geralmente faz com que os alunos percam o fio condutor da exposição. Depois da aula, Eduardo, Paloma e Daniel, três alunos que em algum momento perderam esse fio, querem completar suas anotações e, para isso, decidem cotejar o que uns e outros anotaram, dando margem ao seguinte diálogo:

Eduardo: Na verdade, eu tentei anotar quase tudo. Acho que é melhor fazer assim, dessa maneira tenho todo o material dado em aula e depois posso revisá-lo melhor.

Daniel: Não sei por que você anota tudo ao pé da letra, não tem sentido, pois o que cairá nas provas está no livro-texto. Eu prefiro anotar coisas interessantes; por exemplo, escrevi basicamente aquilo que explicou sobre a amante de Hitler, que tinha um médico judeu. Que cinismo!, não?

Paloma: Sim é curioso, mas para mim é pouco importante do ponto de vista da matéria em seu conjunto, não? Procurei captar a estrutura da aula, isto é, os itens fundamentais do que explicava e algumas idéias que me pareceram chave dentro desses itens. Depois, em casa e com o livro, posso completar meus esquemas.

Eduardo: Olha, Paloma, eu não consigo entender essas anotações esquemáticas que você faz. Você não fica com medo de não anotar alguma coisa importante? Além disso, não dá para anotar e pensar enquanto anota. É melhor pôr no "automático" e anotar tudo, depois "estudar".

Paloma: Sim, claro, e depois acontece que nem você, que não lembra nada do que se disse na aula e não entende muitas coisas que escreve. Além disso, lembra o que nos disse a Suzana, que fez esta matéria no ano passado: nem todas as perguntas que fazem na prova são de estudar muito, de ficar pensando, e do jeito que é o professor, do jeito que gosta de discutir conosco algumas de suas teorias, não estranharia nada de nada.

Daniel: Mas, Paloma, eu insisto que é absurdo anotar tanta informação havendo um texto básico. Além disso, às vezes as explicações são tão confusas que nem vale a pena esforçar-se tanto.

Paloma: Olha, em primeiro lugar o livrotexto deve ser estudado e aprendido e eu, quando seleciono a informação e anoto com minhas próprias palavras, sinto que vou retendo, que entendo à medida que anoto. O esforço por dar uma certa ordem acho que compensa. E mais cedo ou mais tarde vocês terão de fazer esse esforço, porque sem esforço não se aprende! Mas é que, além disso, na prova costumam cair algumas questões que só foram explicadas na aula.. é uma coisa que o professor também repete sempre.

A aprendizagem da Tabela Periódica requer uma aproximação estratégica, porque a quantidade de informação e a forma como deve ser recuperada para a prova de quarta-feira faz com que não sejam suficientes os procedimentos habituais de repassar, e o aluno que não perceber o *problema* pode pagar caro por seu erro. No caso dessa aula de história contemporânea é o discurso, apaixonado mas um tanto desordenado, do professor e sua possível distância dos formatos da prova que torna a tarefa de tomar notas em um problema, embora nem todos os alunos percebam isso (Monereo e outros, 2000). Assim, Eduardo limita-se a aplicar suas rotinas habituais, tomando notas literais e exaustivas sem se perguntar da utilidade dessas notas para estudar a matéria. Daniel é mais seletivo, mas tem dúvida se fez uma boa avaliação do problema que enfrenta e antepõe seus próprios interesses a uma das metas que deveriam orientar suas decisões: ter as máximas possibilidades de ser aprovado na prova. Paloma seria a que melhor compreendeu o problema de aprendizagem que enfrenta e, portanto, é a mais estratégica, com anotações seletivas e personalizadas em função do que sabe da prova e das características estruturantes da matéria.

O êxito do ensino, a obtenção de uma aprendizagem mais eficaz nessas e muitas outras situações depende, entre muitos outros fatores tratados em diferentes capítulos deste volume, de como o aluno administra ou usa seus conhecimentos e suas habilidades para fazer anotações melhores ou para lembrar melhor a estrutura da Tabela Periódica (ver Quadro 8.1). Esse uso deliberado e intencional dos próprios conhecimentos chamamos de *estratégias de aprendizagem*, noção que já em princípios do anos 1980 era definida por autores pioneiros como Nisbet e Shucksmith (1986) e Danserau (1985), considerando-as seqüências integradas de procedimentos ou atividades que se elegem com o propósito deliberado de facilitar a aquisição, o armazenamento e a utilização da informação.

Nos últimos anos, as estratégias de aprendizagem assumiram uma importância cada vez maior, tanto na pesquisa psicológica como na prática educacional, devido a um triplo impulso que veio transformar o *aprender a aprender* em uma das metas fundamentais de qualquer projeto educacional (Pozo e Monereu, 1999). Por um lado, as *teorias psicológicas da aprendizagem* abandonaram progressivamente os modelos segundo os quais o sujeito era um mero receptor passivo de informação, e o seu conhecimento uma simples réplica dos saberes que recebia, para aproximar-se de posições nas quais o aluno deve envolver-se ativamente na gestão de seu próprio conhecimento, que será gerido como conseqüência do processamento da nova informação a partir de outros conhecimentos anteriores. Embora tal fator seja muito importante para os que se dedicam à psicologia – e de fato no próximo item analisaremos em detalhe como as posições evoluíram –, a sua influência teria sido mínima se não houvesse coincidido um segundo fator, *as novas exigências sociais de formação*. Na sociedade da aprendizagem e do conhecimento na qual vivemos como conseqüência das novas tecnologias da informação (Pozo, 1996), há uma crescente exigência de capacidades de aprendizagem nos alunos e futuros cidadãos, tal como prevê o chamado *Informe Delors* elaborado por especialistas de países muito diversos para a Unesco (1996, p.95) com o título sugestivo de *A educação guarda um tesouro*:

> O século XXI, que oferecerá recursos sem precedentes tanto para a circulação e o armazenamento de informação como para a comunicação, imporá à educação uma dupla exigência que, à primeira vista, pode parecer quase contraditória: a educação deverá transmitir, de forma maciça e eficaz, um volume cada vez maior de conhecimentos teóricos e técnicos evolutivos, adaptados à civilização cognitiva, porque são as bases das competências do futuro. Simultaneamente, deverá descobrir e definir orientações que permitam não deixar-se submergir pelas correntes de informações mais ou menos efêmeras que invadem os espaços públicos e privados e manter o rumo em projetos de desenvolvimento individuais e coletivos. Em certo sentido, a educação se vê obrigada a oferecer as cartas náuticas de um mundo complexo e em perpétua agitação e, ao mesmo tempo, a bússola para poder navegar por ele.

As exigências se concentram em um terceiro fator, as mudanças educacionais que estão tornando necessária a renovação dos conteúdos das matérias escolares e a forma de ensiná-las, entre as quais ocupa uma posição cada vez mais relevante a necessidade de que os alunos aprendam não apenas os conhecimentos que tradicionalmente constituíram o conteúdo dessas matérias, geralmente de natureza conceitual, mas também os processos mediante os quais esses conhecimentos são elaborados. Assim, o ensino não deve ser dirigido a proporcionar conhecimentos e a assegurar certos produtos ou resultados de aprendizagem (por exemplo, o domínio da Tabela Periódica), mas deve fomentar também a análise dos processos mediante os quais esses produtos podem ser alcançados (ou seja, as estratégias de aprendizagem). Além disso, cada dia parece mais claro que os dois tipos de objetivos não apenas são compatíveis, mas que se requerem mutuamente. Dificilmente se pode compreender a química sem uma série de habilidades ou destrezas no estudo, mas, ao mesmo tempo, a aplicação das estratégias de aprendizagem mais complexas requer, para ser eficaz, um certo nível de conhecimentos específicos; nesse caso, de conhecimentos químicos.

O impulso conjunto desses três fatores transformou a pesquisa e o ensino em estratégias de aprendizagem em uma área de estudo muito produtiva, cujas principais tendências tentaremos sintetizar nas próximas páginas. Para isso, começaremos com uma breve excursão histórica, para que o leitor saiba como evoluiu o estudo das estratégias de aprendizagem. Nessa evolução, ocupa um lugar fundamental a forma como a psicologia evolutiva e a cognitiva analisaram a influência dos processos metacognitivos sobre o conhecimento e a aprendizagem e, por isso, trataremos especialmente das relações entre metacognição e aprendizagem. Com tal bagagem conceitual, estaremos em condições de precisar posteriormente em que consiste o uso estratégico do conhecimento e como pode vincular-se aos conteúdos do currículo e, em suma, como tais estratégias podem ser ensinadas, assunto do próximo capítulo.

AS ESTRATÉGIAS DE APRENDIZAGEM NA HISTÓRIA RECENTE DA PSICOLOGIA

A pesquisa psicológica sobre como as pessoas podem aprender a aprender esteve sujeita ao próprio devir histórico da psicologia. Assim, não é estranho que, durante o longo período daquilo que Herbert Simon chamou de "glaciação behaviorista" em psicologia, as estratégias de aprendizagem ficaram encerradas na "caixa-preta" dos processos cognitivos, aquele quarto escuro a que o objetivismo behaviorista relegou tudo o que aparentemente era não-observável diretamente e que por não ver a luz tornou-se ainda menos observável. Contudo, se o controle estratégico da aprendizagem não podia entrar nos estreitos âmbitos teóricos e metodológicos da pesquisa behavoriosta, isso não impediu que durante várias décadas o behaviorismo e os princípios da tecnologia do ensino baseados nas teorias de modificação de condutas ampararam e proporcionaram uma auréola ao cientificismo e à sistematização a um conjunto de receitas dispersas para melhorar a memorização e a aprendizagem de informação. Embora já encontremos alguns desses truques mnemônicos nos escritos de filósofos gregos, como Simônides de Ceos, e desde então as mnemotecnias tenham por trás de si uma longa história cultural (Boorstin, 1983; Pozo, 1996), o behaviorismo as tornará programas de treinamento individualizado, definidos por objetivos operativos, em que se ensinava os alunos, sob a epígrafe de técnicas e métodos de estudo, cadeias prescritas de operações, basicamente motoras, como reler, repetir, escrever resumos, fazer esquemas, etc. Tais programas podiam ser dados independentemente do currículo ou da escola, e inclusive auto-administrarem-se mediante "livros programados" que exercitavam os leitores na aplicação repetida de cada uma das técnicas e a correspondente correção, reforçadora ("continue assim!") ou reparadora ("tente de novo, fixando-se melhor!"). Tratava-se de que esses algoritmos acabassem se automatizando e convertendo-se em autênticos hábitos de estudo.

Tais programas de *técnicas de estudo*, cujas penúltimas manifestações ainda podem ser vistas de vez em quando em nossas salas de aula, mostravam-se, porém, pouco eficazes. Entre as razões da pouca eficácia estaria, por um lado, sua pretensão de ensinar essas habilidades de modo descontextualizado, sem levar em conta a influência dos conteúdos e dos contextos em que o aluno devia aplicá-las depois. Tratava-se, por exemplo, de ensinar a sublinhar *urbi et orbe* com a pretensão de que depois o aluno pudesse transferir a habilidade assim apreendida a qualquer novo contexto que enfrentasse. Mas o aluno dificilmente a transferia, já que não basta saber sublinhar, é preciso também saber *o que* assinalar e sobretudo *para quê*. Como veremos mais adiante, o uso estratégico do conhecimento não pode realizar-se à margem dos conteúdos e dos contextos de aprendizagem.

Um segundo problema desses programas, não menos sério, era a pretensão de reduzir sua aprendizagem ao domínio técnico de um conjunto de ações observáveis. O reducionismo behaviorista – os processos mentais, se é que existem, não governam a conduta, mas o contrário – tornava não apenas desnecessário, como também impossível, ocupar-se de como os aprendizes ou os estudantes podiam gerir ou controlar sua própria aprendizagem. Dessa forma, habilidades como analisar um texto eram reduzidas a sublinhar suas idéias principais simplesmente sublinhando essas supostas idéias, deixando-se de lado o essencial, que é ensinar a identificar as chaves textuais que permitem dizer quando uma ou várias proposições podem ser consideradas como "idéia principal". Reduzidas ao observável, as estratégias de aprendizagem acabavam se tornando um conjunto de receitas ou de habilidades práticas de utilidade duvidosa.

Será preciso esperar a chamada "revolução cognitiva" para que, em meados dos anos 1950, os processos cognitivos possam enfim sair do quarto escuro a que tinham sido relegados pelo behaviorismo. Isso, contudo, não colocará imediatamente as estratégias de aprendizagem na agenda de pesquisa da psicologia cognitiva, já que a metáfora computacional que essa nova psicologia cognitiva adota desde o início implicará uma maior continuidade com a corrente behaviorista do que se costuma supor, pelo menos no estudo dos processos de aprendizagem (Pozo, 1989). Assim, alguns processos cognitivos, como a percepção, a linguagem e sobretudo a memória, são estudados com paixão pela psicologia cognitiva do processamento da informação desde o primeiro momento. Outros processos, de natureza mais dinâmica, vinculados ao uso e à mudança dessas representações, e mais ainda ao uso consciente ou deliberado dos próprios recursos cognitivos, continuavam sendo desnecessários na nova psicologia baseada na analogia entre o funcionamento cognitivo humano e o do computador. Como se sabe, se há algo que dificilmente os computadores fazem é aprender e se há algo que definitivamente os computadores não sabem fazer é aprender estrategicamente (sobre as razões dessas incapacidades, ver, por exemplo, Pozo, 1989).

Por isso, não é estranho que, em um primeiro momento, a psicologia cognitiva não se ocupasse de estudar a aprendizagem estratégica. Teve de esperar que a própria evolução da pesquisa cognitiva tornasse necessário postular certos conceitos para que o estudo do conhecimento estratégico fosse ganhando interesse. Um desses conceitos é a distinção estabelecida por Shiffrin e Schneider (1977) entre processamento automático e controlado. Assim, haveria tarefas, geralmente simples (andar, falar, provavelmente dirigir ou fazer café) que podem ser realizadas quase sem consumir energia cognitiva, por meio de processos *automáticos*, que consistem em "operações rotineiras sobreaprendidas que se realizam sem controle voluntário do sujeito, não utilizam recursos de atenção e, em geral, o sujeito não tem consciência de sua realização" (de Vega, 1984, p.126). Em compensação, outras tarefas, habitualmente mais complexas (como ler este capítulo, decidir como preparar a próxima prova de química ou convencer um cliente das virtudes de um produto), requerem processos controlados, "operações realizadas sob controle voluntário do sujeito, que requerem gasto de recursos de atenção e que o sujeito percebe subjetivamente podendo dar conta deles" (de Veja, 1984, p. 126). O Quadro 8.2 destaca as principais diferenças entre os dois tipos de processamento.

Voltando aos alunos que deixamos discutindo, no início do capítulo, sobre tomar notas, uma aproximação mais estratégica do problema de aprendizagem, ou, se se preferir, menos rotineiro, exigirá um maior controle. Eduardo, que se limitava a tomar notas segundo suas rotinas habituais, agia essencialmente como "piloto automático" (como o behaviorismo supunha que todos sempre atuamos!). Já Paloma tinha acendido a luz no quarto escuro dos processos cognitivos e exercia um maior controle consciente sobre as notas que tomava. Como veremos mais adiante, o interessante de tal distinção é que permite entender as vantagens de cada um desses tipos de processamento em função das exigências da tarefa. Embora estejamos propondo a promoção de uma aprendizagem mais estratégica, sem dúvida a automatização de recursos tem importantes benefícios cognitivos para a aprendizagem, que de fato sem essa automatização seria muito limitada (Pozo, 1996). Embora possivelmente sempre fique um vestígio de controle, e com ele o consumo de recursos, quanto mais automatizada esteja uma conduta menos difícil será sua execução ou sua recuperação e, portanto, dentro de um sistema de recursos cognitivos limitados como é o nosso, isso permitirá dispor de recursos para executar outras tarefas. Paloma pode recordar a meta de suas anotações ao mesmo tempo em que regula sua execução, porque automatizou outras ações que são instrumentais (por exemplo, decodificar a explicação verbal de seu professor ou escrever). Em itens posteriores, voltaremos às relações entre o controle estratégico da aprendizagem e o uso de recursos técnicos automatizados.

Juntamente com a distinção entre processamento automático e controlado, outra contribuição relevante do enfoque do processamento da informação ao estudo das estratégias de aprendizagem tem sua origem nas pesquisas sobre os *níveis de processamento* (Craik e Tulving, 1975). Tentando ir além do enfoque estrutural que até então havia predominado nas pesquisas sobre a memória (ver, por exemplo, de Vega, 1984), os estudos se propunham a adotar um enfoque funcional, averiguando o que os sujeitos faziam efetivamente com a informação para lembrar-se dela e quais dessas atividades eram mais eficazes. A fim de controlar o que os sujeitos faziam, manipulava-se experimentalmente o nível em que se processava uma lista de palavras comuns (por exemplo,

QUADRO 8.2 Diferenças entre os processos controlados e automáticos a partir de Shiffrin e Schneider (1977)

Processos controlados	Processos automáticos
• Consomem atenção.	• Não consomem atenção.
• Não são rotinas aprendidas.	• Adquirem-se por aprendizagem.
• São flexíveis e adaptam-se a diferentes situações.	• Uma vez adquiridos, modificam-se com dificuldade.
• Requerem esforço consciente.	• Não requerem esforço consciente.
• Perdem eficácia em condições adversas.	• Executam-se eficazmente em condições adversas.
• Produzem interferência em situações de tarefa dupla.	• Não interferem na execução de uma segunda tarefa.

fazendo-os encontrar rimas entre essas palavras ou relações semânticas entre elas). Quando, posteriormente, se submetia os sujeitos a uma prova de lembrança acidental, isto é, sem que fossem advertidos durante a fase de aquisição que seriam submetidos a essa prova, observou-se que "as perguntas sobre o significado das palavras produziam um rendimento mnêmico maior que as questões referentes ao som das palavras ou às representações físicas de sua impressão" (Craik e Tulving, 1975, p. 138 da trad. cast.).

A eficácia da aprendizagem dependia da profundidade com que se tivesse processado a informação, sendo os níveis mais profundos – mais próximos ao semântico – os que produziam uma lembrança maior. Dessa forma, estabeleceu-se uma primeira classificação do uso dos processos de codificação que distinguia o processamento *superficial*, centrado nos traços físicos ou estruturais dos estímulos, do processamento *profundo*, essencialmente dirigido ao significado. Esse nível de profundidade estaria relacionado com a quantidade de processamento e com o grau de elaboração da codificação.

Embora os objetivos desses estudos não fossem especificamente as estratégias de aprendizagem, e sim os processos pelos quais os sujeitos codificam a informação, serviram para mostrar que um mesmo material de aprendizagem podia ser processado de diferentes maneiras em função das condições e das metas da situação de aprendizagem. Ainda que nesse caso o controle do processamento fosse exercido pelo experimentador, abria-se a possibilidade de que diferentes formas de processar ou apreender a informação conduzissem a tipos distintos de aprendizagem. De fato, a distinção entre enfoques de aprendizagem superficiais e profundos, em função da concepção que o próprio aluno tem da aprendizagem e, conseqüentemente, das atividades que realiza para conseguir isso, subjaz a algumas das classificações mais habituais das estratégias de aprendizagem (ver, a respeito, o Capítulo 11 deste volume). O enfoque superficial teria como objetivo um incremento no conhecimento e a memorização ou a repetição literal da informação. Em compensação, o enfoque profundo buscaria abstrair significados e, em última instância, compreender a realidade (p. ex., Entwistle, 1987; Marton e Booth, 1997).

Juntamente com a importância concedida ao controle dos próprios processos cognitivos e ao estudo das diferentes formas de processar a informação, uma terceira contribuição relevante do enfoque cognitivo para o estudo das estratégias de aprendizagem provém de estudos mais recentes, estes já dos anos 1980, sobre a forma distinta como as pessoas experientes e novatas enfrentam certas tarefas complexas. Nas primeiras décadas da revolução cognitiva predominou um enfoque generalista, continuísta também com o behaviorismo, que sustentava ser o funcionamento cognitivo regido por processos gerais, independentes do conteúdo. Uma das obras fundamentais da psicologia cognitiva foi, de fato, o *General Problem*

Solving ("Solucionador Geral de Problemas") de Newell e Simon (1972). Alguns anos mais tarde, porém, esses mesmos autores sustentavam que, para que um sistema cognitivo resolvesse qualquer problema, incluídos os de aprendizagem, precisava dispor de um amplo corpo de conhecimentos específicos no domínio a que correspondesse o problema. Os "solucionadores gerais de problemas", com suas regras e suas estratégias gerais, deram lugar aos especialistas, dotados de conhecimentos e de estratégias específicas (Chi, Glaser e Farr, 1988; Ericson, 1996). O novo enfoque mostrou que os especialistas têm um conjunto de conhecimentos conceituais mais bem-estruturados e hierarquizados, além de habilidades automatizadas que lhes permitem dar atenção aos aspectos mais relevantes do problema, planejar e regular adequadamente sua conduta, tomar decisões ajustadas às mudanças que se produzem em situações complexas e/ou ambíguas ou avaliar com maior precisão e realismo sua própria execução.

Dessa forma, as pesquisas sobre o uso que sujeitos especialistas e novatos em um determinado domínio (a matemática, a leitura, a ciência, o xadrez ou o teatro) faziam de seus conhecimentos proporcionaram à pesquisa em estratégias de aprendizagem não apenas um forte componente disciplinar, mas também um interesse crescente pelos mecanismos de controle, de supervisão e de monitorização que a própria psicologia cognitiva havia introduzido já em seus modelos. Esses dois aspectos serão recuperados e em boa medida reformulados por um novo enfoque no estudo das estratégias de aprendizagem que predominaram na última década do século XX, o que poderíamos chamar vagamente de enfoque *construtivista*, e que vai interpretar a aprendizagem e o ensino de tais estratégias em um contexto teórico no qual se destacam três componentes fundamentais:

1. A importância da metacognição.
2. A influência dos conhecimentos específicos.
3. A influência social, essencialmente dos cenários educacionais, na aprendizagem e no uso dessas estratégias.

Com relação à importância dos processos metacognitivos, as aproximações construtivistas acabaram com a última – ou penúltima? – proibição behaviorista e transformaram os processos de controle da psicologia cognitiva em *processos conscientes*, de forma que o papel da consciência e dos diversos tipos de consciência, ou dos diferentes tipos de metacognição (termo cunhado por Flavell em 1970), foi um dos tópicos que teve mais impacto, e continua tendo, na pesquisa e na intervenção psicopedagógicas, e muito particularmente em relação às estratégias de aprendizagem, razão pela qual trataremos dele especificamente no próximo item. Um dos debates essenciais sobre a influência dos processos metacognitivos será novamente sua natureza geral ou específica. Uma vez mais, as primeiras aproximações do estudo da metacognição sustentavam que se tratava de processos gerais, em boa medida independentes de domínio. Aceitou-se posteriormente, porém, que muitos desses processos metacognitivos, assim como os cognitivos, podem ser adquiridos e usados em âmbitos específicos de conhecimento. Mas diante da "*expertite*" que acometeu boa parte da pesquisa institucional na última década do século XX, começou-se a reclamar um maior equilíbrio entre os processos gerais e os específicos. Assim, questiona-se que os modelos de especialistas possam ser diretamente utilizados pelos estudantes novatos, argumenta-se a existência de habilidades de caráter geral (o planejamento de ações mentais, a supervisão da compreensão, etc.) e se coloca a possibilidade de existir um conhecimento estratégico que mantenha certa independência em relação ao conhecimento propriamente disciplinar, o que nos levaria a considerar a possibilidade de falar de principiantes inteligentes (Mateos, 1999) ou estratégicos (Castelló e Monereo, 1999).

Mas essa consciência dos próprios processos de aprendizagem dificilmente pode ser explicada a partir do sistema cognitivo individual; além disso, requer a participação de uma linguagem que permita, entre outras coisas, a auto-referência, e essa linguagem, como qualidade de sistema arbitrário de signos, só pode ser adquirida em um ambiente social, em que exista uma comunidade de falantes. A consideração das estratégias como sistemas conscientes de decisão mediados por instrumentos simbólicos nos aproxima indefectivelmente da aceitação de sua origem social e dos postulados de Vygotsky e da escola soviética que desde os anos 1980 vivem um esplendoroso renascimento. O mediador, por meio da cessão gradual de suas estratégias, isto é, das decisões que lhe permitem auto-regular o próprio processo de resolução ou de aprendizagem, favorece ao aluno a apropriação dessas decisões em relação a determinadas condições contextuais ou, o que é o mesmo, facilita a aprendizagem de tais estratégias.

Esse princípio de ensino, que se reflete em conceitos como o de zona de desenvolvimento proximal, "andaime", aprendizagem guiada, etc., tem importantes conseqüências para o planejamento de programas de ensino de estratégias, como se verá no próximo capítulo, mas também é necessário para compreender a própria natureza cognitiva e metacognitiva das estratégias de aprendizagem, que é o objetivo concreto deste capítulo. Em razão disso nos centramos a seguir na análise dos diferentes significados da metacognição, os quais, por meio dos diferentes enfoques desenvolvidos neste item, levam a conceitos diferentes do conhecimento estratégico.

METACOGNIÇÃO E ESTRATÉGIAS DE APRENDIZAGEM

Voltemos ao pobre aluno que tenta aprender a Tabela Periódica repassando-a seguidas vezes. Como pode saber que já sabe o símbolo químico do *laurêncio* suficientemente bem para se lembrar na prova do dia seguinte? Ou como Paloma pode saber que captou bem a estrutura global da explicação de seu professor de história contemporânea? Ou, inclusive, qualquer de nós, quando procura recordar o que fez no dia 23 de fevereiro de 1981 às 18h20min, como pode explicar o procedimento que seguiu para localizar tal dado em nossa memória? E o que é mais surpreendente, se alguém dissesse a palavra "traschoplijun", o que nos indicaria de maneira imediata que não temos um significado preestabelecido para essa palavra? Ou, inversamente, se alguém nos fala de "construtivismo", por que acreditamos saber o que é, quando na realidade não conseguiríamos explicá-lo?

Certamente, as experiências que acabamos de apresentar podem nos parecer simples, visto que nos ocorrem continuamente, sem reparar nelas. Podemos, porém, imaginar o que ocorreria se não soubéssemos reconhecer que uma informação já existe entre nossos conhecimentos prévios? Estaríamos condenados a aprender continuamente os mesmos conteúdos e, muito provavelmente, a humanidade mal avançaria (e o aluno confrontado com a Tabela Periódica menos ainda). Todo esse conjunto de competências só pode ser explicado se recorremos à existência de algum mecanismo de caráter intrapsicológico que nos permite ter consciência de alguns dos conhecimentos que manejamos e de alguns dos processos mentais que utilizamos para gerir tais conhecimentos. Esse mecanismo recebeu o nome de metacognição, isto é, "consciência da própria cognição", e é um dos tópicos que teve maior atenção nas duas últimas décadas do século XX, tanto da pesquisa em psicologia evolutiva quanto da psicologia cognitiva e, mais tardiamente, da psicologia educacional.

Este inusitado interesse pelo tema, entretanto, não nos parece ter contribuído para esclarecer sua natureza e para delimitar quais são exatamente suas funções; ao contrário, a própria polissemia do termo e a ausência de uma teoria capaz de unificar a prolixa pesquisa que se produz em seu nome, como assinalaram Martí [(1995) e no item 12 do Volume I], foram em boa medida responsáveis de que os limites conceituais que deveriam definir o tópico apareçam difusos e sumamente interpretáveis. Desse modo, dependendo da tradição ou da corrente a que nos filiemos, poderemos nos referir à metacognição como introspecção reflexiva (filosofia da mente), como habilidade de auto-observação (procedimental-cognitivismo), como qualidade de controle executivo (processamento da informação), como um tipo de reflexão em e sobre a própria ação ("pesquisa na ação") ou como um processo de internalização da regulação interpsicológica à intrapsicológica (enfoque sociocultural), entre outros possíveis termos que invocam um fenômeno parecido. Uma breve revisão das diferentes posições que os paradigmas dominantes adotaram sobre o tema pode nos ajudar a esclarecer do que falamos quando mencionamos a metacognição.

John Flavell (1970, 1987), discípulo de Piaget, foi um dos primeiros autores a interessar-se pela capacidade de que os seres humanos se vangloriam quando exercem um certo controle consciente sobre os próprios estados e processos mentais. De fato, foi ele quem cunhou pela primeira vez o termo "metacognição". Para Flavell, a capacidade metacognitiva desenvolve-se por meio de duas fontes primordiais: em primeiro lugar, mediante o conhecimento adquirido sobre algumas variáveis de caráter pessoal (conhecimentos e crenças sobre o próprio funcionamento cognitivo: "lembro-me melhor dos rostos que dos nomes", "a matemática não é meu forte", etc.), relativas à facilidade ou à dificuldade das tarefas a realizar (novidades, requisitos necessários, esforços que demandam, etc.), e com relação às estratégias de resolução disponíveis (por exemplo, para reter uma informação: repetir, ordenar por um atributo, classificar por categorias, etc.). A segunda fonte de desenvolvimento são as próprias experiências metacognitivas do sujeito ao aplicar tais conhecimentos e avaliar sua pertinência e sua eficácia.

Um de seus colaboradores mais próximos, Jenri Wellman (1990), dará mais um passo ao atribuir a essa capacidade metacognitiva o fato de que os meninos e as meninas elaborem cada um suas teorias sobre o funcionamento de sua mente a das dos outros; essas teorias da mente lhes permitirão distinguir aos quatro ou cinco anos, por exemplo, entre pensar, recordar, adivinhar, sonhar ou saber. Seguindo essa mesma linha, desenvolveram-se os meticulosos trabalhos de Anne M. Melot (Melot e Nguyen, 1987) sobre os conhecimentos das crianças sobre seu funcionamento mental, chegando a uma conclusão: as crianças, praticamente desde um ano de vida, têm um conhecimento implícito sobre características, requisitos e limitações de seu sistema cognitivo, conhecimento este utilizado para otimizar suas aprendizagens e que aumenta progressivamente com a idade.

O Quadro 8.3 mostra alguns dos âmbitos evolutivos que as crianças atingem em uma das áreas de competência mais estudadas por tais autores: a metamemória. Apesar de seu interesse, esse enfoque parecia reduzir toda a metacognição ao conhecimento sobre os próprios processos cognitivos, em detrimento de outros componentes igualmente importantes da aprendizagem, como os conteúdos ou os resultados e as próprias condições em que tal aprendizagem ocorre (Pozo, 1996). De fato, essa concepção da metacognição é muito simples e generalista, já que não leva em conta os conteúdos das tarefas de aprendizagem nem o contexto em que ela ocorre. Assim, Pramling (1996), em seus estudos sobre as concepções da aprendizagem em crianças pequenas, mostrou que essas concepções estão estreitamente ligadas ao conteúdo das tarefas que elas aprendem (ler, contar, desenhar, etc.), de forma que o metaconhecimento não é apenas o conhecimento dos processos psicológicos, mas também dos conteúdos que devem ser assimilados ou aprendidos. Igualmente, Scheuer e outros (2000) mostraram que as crianças de quatro e cinco anos têm modelos e teorias sobre como aprendem a desenhar que estão estreitamente conectados com as próprias dificuldades que o desenho, como sistema de representação externa e conteúdo de aprendizagem, coloca às próprias crianças. Em suma, as crianças não pensam sobre a aprendizagem, a memória ou a atenção, mas em aprender a desenhar, a ler ou a contar, e é nessa atividade de aprender a desenhar, ler ou contar que elaboram seus conhecimentos e teorias sobre a aprendizagem e, com elas, suas estratégias para aprender melhor.

Além disso, a aproximação tradicional da metacognição passava por alto o conhecimento sobre as *condições* mais adequadas para a ativação de diferentes processos. Não se trata apenas de que os alunos vão adquirindo um conhecimento maior sobre o que devem fazer para aprender, mas também *onde*, *quando*, *como* e *com quem* devem fazer isso. O conhecimento condicional foi definido como um dos traços fundamentais da aprendizagem estratégica (Monereo, 1994). Em suma, o uso das estratégias de aprendizagem deve ser sempre um uso *situado* em um determinado contexto, em função das condições reais de aprendizagem, dos recursos disponíveis e das metas estabelecidas. Diante do pressuposto, que víamos na tradição behaviorista, de que um conjunto de "receitas de aprendizagem" pode servir *urbi et orbe* para enfrentar qualquer situação, o enfoque da aprendizagem situada vai destacar a importância da adequação da estratégia às condições efetivas da situação. Dessa forma, como se verá no próximo item, o estudo das estratégias não poderá tampouco reduzir-se a um treinamento "metacognitivo" basea-

QUADRO 8.3 Desenvolvimento da capacidade de metamemória

Idade (anos)	Competência	Exemplo
0-1	Imitação direta e imediata de ações.	Repetir sons que o cuidador realiza.
1-2	Imitação diferida de ações.	Recordar um jogo e reproduzir gestos e sons produzidos durante o jogo.
3-4	Uso de mnemotécnicas não-verbais.	Olhar ou assinalar onde está escondido um objeto para não esquecê-lo.
	Uso de indícios diretamente observáveis.	Saber que na caixa com o desenho de um sapato estão os sapatos.
4-5	Conhecimento da reação entre quantidade de dados e eficácia da retenção.	Entre duas listas de itens a reter, uma maior e outra menor, escolher a menor.
5-6	Uso da repetição diante de uma demanda.	Repetir várias vezes uma palavra para lembrá-la posteriormente, quando lhe pedem que faça.
	Uso de indícios não-diretamente observáveis.	Saber que na caixa do meio do armário estão os sapatos.
6-7	Conhecimento dos dados armazenados.	Saber que possui o dado sobre qual é a capital da França, sem poder recordá-lo nesse exato momento.
8-9	Conhecimento da facilidade da reaprendizagem.	Saber que se retém com mais dificuldade uma nova lista de elementos do que uma lista de elementos familiares.
9-10	Retenção dos pontos-chave de um percurso.	Fixar-se em que, chegando ao quiosque, é preciso virar à direita.
10-11	Uso da associação de idéias.	Lembrar-se do sobrenome Gómez porque o nariz desse senhor parece uma goma.
11-12	Conhecimento da pouca duração da informação na Memória de Curto Prazo (MCP).	Evitar distrair-se enquanto repete um dado até encontrar um pedaço de papel para anotá-lo.
12-...	Auto-informes confiáveis sobre alguns produtos e processos que gerem mentalmente.	Explicar o que pensou e como e por que mudou seu pensamento, quando lhe pedirem.

do na tomada de consciência do aluno de seu próprio funcionamento cognitivo, já que muitas vezes isso tampouco se traduz em uma melhoria da ação diante de conteúdos e de contextos concretos.

Como mencionamos, parte da dificuldade de transformar a metacognição em cognição – ou se se preferir a metacognição como uso estratégico do conhecimento – provém da própria identificação da metacognição (Martí, 1995, 1999; Schraw e Moshman, 1995). Enquanto que, a partir da corrente que vínhamos analisando, tendia-se a interpretar a metacognição como aquilo que os "sujeitos dizem de sua própria cognição", para outros autores, mais próximos ao enfoque do processamento de informação, a metacognição corresponderia mais aos processos de controle e de regulação, de forma que seria mais o que os "sujeitos fazem de sua própria cognição". Para retomar uma distinção clássica, e neste caso esclarecedora, no primeiro sentido falaríamos de uma *metacognição declarativa* (a metacognição é um tipo de discurso), enquanto que, no segundo, estaríamos diante de uma *metacognição procedimental* (a metacognição é uma forma de ação).

Desta última formulação, mais próxima do processamento clássico de informação, a metacognição como discurso clássico é um epifenômeno, uma espécie de ilusão que os seres humanos têm de poder chegar a processos que estão encapsulados e têm um funcionamento basicamente autônomo e automatizado, impenetrável a suas consciências, de modo que se a metacognição existe é de fato um processo cognitivo mais do que explícito (Reder e Schunn, 1996). Diante dessa concepção rebelou-se um outro grupo de especialistas que, sem negar a parcial falta de clareza do sistema cognitivo no que se refere aos processos cognitivos básicos, defendeu a possibilidade de sermos conscientes pelo menos do conteúdo, das idéias que nossa mente gera no exato momento em que se estabelecem trocas com o exterior. Em outras palavras, uma parte das representações ou dos modelos mentais que utilizamos a cada momento para responder às contínuas demandas do contexto, e que estariam associadas à memória de curto prazo, poderiam ser acessíveis à consciência. Tal enfoque encontrou apoio parcialmente com o ressurgimento das idéias de Vygotsky e com o surgimento dos modelos de aprendizagem situada, defensores da indissolubilidade entre o que se aprende e o contexto em que se aprende. Trata-se, assim, de estabelecer uma aproximação integradora entre os postulados cognitivos e os socioculturais, por parte de autores como Brown, (1978), Pressley (1995) ou Bransford (Bransford e outros, 1990). Tais propostas, a maior parte originada em situações complexas de intervenção em contextos educacionais, apóiam-se em pelo menos três princípios comuns:

1. A convicção de que, embora a representação dos problemas e das tarefas enfrentados pelo aluno tenha uma natureza basicamente cognitivo-individual, os modos de interagir com eles – o *input* e o *output* – têm uma natureza eminentemente social e cultural e para sua correta compreensão é necessário munir-se de noções como zona de desenvolvimento, "andaime", negociação de significados ou emissão de ajudas pedagógicas.
2. Uma decisiva aposta em analisar a regulação em tarefas contextualmente situadas, nas quais as concepções prévias, as demandas do ensino e os conteúdos disciplinares têm um peso específico, diante da idéia de uma regulação geral e acontextual.
3. A certeza de que o acesso consciente a nossas produções mentais inclui tanto os produtos de nosso pensamento como alguns dos processos veiculados por tais conhecimentos, muito particularmente os que empregam procedimentos de gestão e de organização da informação que foram aprendidos formalmente e conscientemente em seu dia, e de que, em suma, os dois tipos de metacognição – como discurso e como regulação – constroem-se mutuamente, mas aceitando que essa aprendizagem deve partir de cenários concretos, das condições práticas de cada situação de aprendizagem.

Essa posição, a nosso ver, caracteriza atualmente o que chamamos de aproximação construtivista das estratégias de aprendizagem e, de fato, supõe um esforço de integração dos principais traços que, em diferentes enfoques, atribui-se ao uso estratégico do conhecimento, entre os quais, como assinalamos, destaca-se a necessidade de que esse conhecimento tenha um forte componente metacognitivo. O esforço de integração se traduziria não apenas em considerar simultaneamente a importância de processos, conteúdos e condições ao pôr em prática o conhecimento estratégico, mas também em entender que os aspectos da metacognição que estamos desenvolvendo – o que os alunos sabem dizer e fazer sobre seus processos cognitivos – estão estreitamente vinculados. Se queremos que os alunos administrem sua própria aprendizagem, devemos ajudá-los a regulá-la *on line* em contextos e cenários situados e com conteúdos concretos. Mas se queremos que tal regulação se converta em uma competência, em um conhecimento estratégico, que possa ser transferido – ou transcontextualizado – a outros problemas de aprendizagem, devemos ajudá-los a tomar consciência de sua experiência, a explicitar como realizam essa regulação; ou, se se preferir, utilizando a terminologia de Karmiloff-Smith (1992), a fazer uma *redescrição representacional* de seus próprios processos metacognitivos, de forma que, o que originalmente era uma regulação mais implícita, possa tornar-se uma regulação explícita sobre a qual o aluno pode refletir, em boa medida, como víamos no exemplo da tomada de notas no início do capítulo, por meio da comunicação e da troca social. Contar aos outros muitas vezes é também a primeira e a melhor forma de contar a nós mesmos.

Em suma, a complementaridade entre essas duas formas de entender a metacognição, sua necessidade mútua, ajuda-nos a ver que, de qualquer forma, o uso estratégico do conhecimento nunca é uma questão de tudo ou nada, mas uma questão de graus. Da mesma forma que a distinção entre conhecimento explícito e implícito, responde também a um contínuo que deve ser analisado sempre em função das relações entre o que se deve aprender (conteúdos), como se aprende (processos) e onde, quando, para que e com quem se aprende (condições).

De fato, alcançar o controle consciente de, por exemplo, um procedimento, não é uma tarefa simples e muito menos imediata. Se nos atemos a modelos evolutivos como o que nos propõe Karmiloff-Smith, unicamente a repetição com progressivo aumento de habilidade e êxito de um procedimento – o que ela chama de nível de *maestria procedimental* – pode convertê-lo em candidato para que produza sua redescrição representacional, isto é, sua representação em um nível superior de abstração que lhe permita ser acessível à consciência. Parece claro que ainda necessitamos de mais estudos para comprovar até que ponto a reflexão metacognitiva induzida por outros agentes sociais (inclusive por sistemas simbólicos interativos como o computador) pode permitir saltos qualitativos desse contínuo assinalado por Karmiloff-Smith. Uma proposta interessante nessa linha é aquele feita por Gavriel Salomon (1992) quando se refere a uma dupla via para chegar à automatização de um procedimento:

– Por um lado, existiria uma aprendizagem por "via baixa" de um procedimento, por meio de seu uso, baseado em uma regulamentação implícita, em situações de aprendizagem, que leva a uma maestria procedimental de uma ótica próxima à de Karmiloff-Smith, ou, se se preferir, a um domínio técnico. A partir da prévia automatização do processo poderia iniciar-se um processo de tomada de consciência e gradual explicitação do mesmo, que poderia culminar, em condições favoráveis, com sua utilização cada vez mais estratégica, isto é, deliberada e ajustada às condições de cada contexto.
– Por outro lado, poderia produzir-se uma aprendizagem do procedimento por "via alta" por meio de uma análise consciente, desde o primeiro momento, das variáveis e das condições que incidem em sua correta execução, desse modo favorecendo-se um percurso de regulação mais explícita que acabe, pelo próprio efeito da prática, conduzindo a uma regulação mais implícita, embora conservando sempre a possibilidade de redescrever ou de explicitar os conhecimentos que guiam essa execução. Nesse caso, é preciso esperar que, quando o aluno encontra alguma dificuldade na aplicação do procedimento, seja muito mais simples identificar o problema, elaborar um plano de solução e executá-lo satisfatoriamente.

Como assinalávamos, as duas vias de acesso ao controle estratégico seriam de fato complementares, de forma que qualquer programa de treinamento estratégico deveria tentar incentivá-las, mas sabendo sempre que a "via alta" produz resultados de aprendizagem mais duradouros e transferíveis e, portanto, mais desejáveis, já que permite enfrentar com certas garantias de êxito novos problemas ou situações, enquanto que a maestria procedimental só é eficaz em condições rotineiras ou repetidas. Devemos recordar, porém, que essa via alta só será possível pelo domínio de certas rotinas ou técnicas previamente automatizadas. Em suma, trata-se agora, para concluir este capítulo, de conhecer alguns critérios que nos permitam identificar um uso mais estratégico do conhecimento, para assim estar em condições de promovê-lo nos cenários educacionais.

DIMENSÕES DO CONHECIMENTO ESTRATÉGICO

Resumindo o que se viu no item anterior, podemos considerar que o uso de uma estratégia implica a ativação intencional e deliberada de conhecimentos (conceituais, procedimentais e/ou atitudinais) com o propósito de atingir certas metas de acordo com um plano estabelecido. Dessa forma, para pôr em prática uma estratégia será necessário que o sujeito controle o planejamento, a supervisão e a avaliação desse plano. Também vimos que esse controle pode, na realidade, ser mais ou menos explícito ou implícito, de forma que alguns componentes da estratégia possam estar automatizados ou regulados de forma implícita. De fato, este costuma ser o caso: costumamos pôr em prática estratégias que fazem um uso intencional de técnicas ou de recursos cognitivos automatizados. Pensemos no jogador de xadrez ou no treinador de uma equipe de basquetebol que traça um plano de ação apoiado em técnicas previamente dominadas e treinadas. O mesmo ocorre com o professor que decide organizar um debate em aula para trabalhar certas atitudes, ou com o aluno que se propõe a fazer um esquema para comprovar que compreendeu adequadamente o conteúdo de um tema.

Portanto, desse ponto de vista, as estratégias, embora implicassem o uso de diversos tipos de conhecimento (seguindo a classificação em uso, tanto conceituais como procedimentais ou atitudinais), teriam um forte componente *procedimental* à medida que consistem em um plano de ação para atingir certas metas. Do nosso ponto de vista, a distinção entre procedimentos técnicos e estratégicos (sublinhar é uma técnica ou uma estratégia? e fazer um esquema? e organizar a classe em grupos pequenos?) não tem sentido, mas todo procedimento (seja ler, sublinhar, tomar notas ou organizar grupos de classe) pode ser usado de forma mais ou menos rotineira ou estratégica. No primeiro caso, quando um procedimento é usado como uma mera técnica, não existiria metacognição de via alta ou explícita, seja porque a rotina está totalmente automatizada (como ocorre com os especialistas, que já não necessitam planejar o que tantas vezes fizeram com êxito), seja porque o controle desse plano é externo ao sujeito que o executa (por exemplo, o jogador de basquete que segue a orientação de seu treinador após um "tempo morto", ou o aluno que aplica certos procedimentos de cálculo, como a proporção inversa, quando o professor lhe pede ou sugere). Porque uma mesma ação tem vários componentes (planejamento, execução e avaliação), é sempre possível que alguns se apliquem tecnicamente, e outros, sob controle estratégico (por exemplo, o aluno decide um plano de ação, mas depois o executa de forma rotineira; ou ao contrário, lança-se diretamente à tarefa, sem planejá-la, mas à medida que a realiza, supervisiona sua ação, detecta dificuldades e corrige a seqüência previamente estabelecida). Como se verá no próximo capítulo, uma seqüência adequada para o ensino estratégico implica uma transferência progressiva do controle da tarefa do professor/treinador ao aluno/jogador, de forma que este tenha cada vez mais autonomia e responsabilidade em sua aprendizagem (ver também Monereo, 1994; Monereo e outros, 2000; Pozo, 1996; Pozo e Postigo, 2000).

Se não podemos diferenciar em termos absolutos entre procedimentos técnicos e estratégicos, mas entre o uso técnico e o uso estratégico que alguém faz desses procedimentos em um contexto ou uma situação concreta, é conveniente que tenhamos critérios para diferenciar quando tal uso é mais ou menos estratégico, o que de passagem nos servirá para assinalar alguns traços que devem reunir as situações de aprendizagem e ensino para demandar dos alunos uma aproximação mais estratégica, que, como assinalávamos, parece o mais desejável do ponto de vista educacional. Evidentemente, não devemos esquecer que isso exigirá a consolidação prévia de um domínio técnico que o aluno possa aproveitar; não se pode fazer um uso estratégico de uma técnica ou de um procedimento que não se domina.

Algumas dimensões que identificam e/ou favorecem um uso estratégico do conhecimento, não necessariamente independentes e muitas vezes inter-relacionadas, seriam (para mais detalhes, ver Monereo, no prelo; Pozo e Postigo, 2000):

1. As *metas* da aprendizagem: não se trata apenas de que assumam uma orientação cada vez mais interiorizada – o aluno é que deve fixá-la, e não apenas o professor –, mas da *profundidade* dessas metas, o *para que* da ativação ou do uso desses procedimentos. Quando a meta, utilizando uma terminologia já clássica (Entwistle, 1987), supõe uma aprendizagem reprodutiva, não se requer uma aproximação estratégica; são suficientes os mecanismos de aprendizagem associativos de que dispõem os alunos que se mostram eficazes para atingir tais metas (Pozo, 1996), que, por outro lado, estão fortemente condicionadas pelas exigências das tarefas propostas pelo professor, e muito particularmente pelos sistemas de educação estabelecidos. Em compensação, quando a meta é mais profunda, é mais dirigida à compreensão de novos significados ou à reconstrução de conhecimentos prévios, a aprendizagem – e com ela o ensino – costuma tornar-se um problema e requer do aluno – e do professor – uma maior reflexão estratégica.
2. O grau de *controle e regulação*, a consciência que precisa a tarefa de aprendizagem: como vimos no item anterior, o uso estratégico requer um controle explícito por parte do sujeito ou aluno. Neste item, também afirmamos que alguns componentes da ação (planejamento, execução, avaliação) podem estar sob controle estratégico, ou explícito, enquanto outros não. Como já é conhecido, o ensino estratégico deve basear-se em uma transferência progressiva desse controle do professor para o aluno e, por isso, dificilmente o aluno será estratégico em sua aprendizagem se antes o professor não o foi em seu ensino (Monereo, 1994; Monereo e Castelló, 1997).
3. O nível de incerteza da tarefa de aprendizagem, que está relacionado com sua novidade e seu caráter mais ou menos aberto: em geral, quanto mais inovadoras ou menos rotineiras sejam as *condições* de uma tarefa de aprendizagem, maior será a aproximação estratégica exigida. É a mudança dessas condições que torna necessário adotar um enfoque estratégico; se as condições são conhecidas, se é um simples *exercício*, podem aplicar-se as rotinas habituais; se algumas condições variam (contexto, recursos disponíveis, cenários de uso ou metas), a situação se tornará um *problema* e exigirá que se adotem decisões estratégicas para enfrentá-la. Além disso, quanto mais aberta se apresenta uma tarefa de aprendizagem, maior será o grau de incerteza sobre sua resolução e mais decisões o aluno terá de tomar para abordá-la e, por isso, sua demanda estratégica também será maior. Em compensação, as tarefas fechadas que não oferecem opção de respostas nem alternativas na forma de resolvê-las requerem simplesmente que se ponha em prática rotinas e/ou procedimento já automatizados. Novamente, a introdução de situações problemáticas, ou de componentes problemáticos nas situações, que impliquem novidade e incerteza, deverá ser progressiva. Se as condições de aplicação são totalmente conhecidas, bastará ao aluno aplicar uma técnica; mas se, no outro extremo, todas as condições são novas, dificilmente o aluno conseguirá adotar uma estratégia adequada. No âmbito da aprendizagem situada, as estratégias requerem "ressituar" de forma deliberada os conhecimentos adquiridos em novos contextos de uso. Para que o aluno aprenda de modo estratégico, o professor deve fazer com que esses conhecimentos sejam utilizados em problemas cada vez mais complexos e, por isso, inovadores e abertos.
4. A *complexidade* da seqüência de ações: quanto mais complexo for um procedimento, mais provável será que requeira um controle estraté-

gico. Embora obviamente os especialistas sejam especializados em executar automaticamente seqüências sumamente complexas (basta pensar em um pianista de jazz, como Oscar Paterson, ou no próprio Michael Jordan), em contextos escolares o aumento da complexidade, devido ao número de passos envolvidos na sua execução ou a exigência do domínio prévio de outros procedimentos, tornará mais necessários o planejamento, a supervisão e a avaliação deliberados. Embora tal complexidade também tenha uma dimensão conceitual, aqui nos referimos especificamente à complexidade da seqüência de ações. Assim, é fácil ver que multiplicar é mais complexo, tanto do ponto de vista conceitual como do procedimental, que somar. Em compensação, "somar transportando" não acrescenta tanta complexidade conceitual como procedimental: trata-se de acrescentar novos passos a uma seqüência já aprendida. Às vezes, de um ponto de vista didático, essa complexidade se traduz na exigência do professor de que o aluno, progressivamente, realize as partes da seqüência que no início já lhe eram entregues resolvidas. Por exemplo, ao ensinar-lhe a "pesquisar", seja um fenômeno natural ou social, é mais simples proporcionar aos alunos duas hipóteses já formuladas e pedir-lhes que as contrastem com dados do que pedir-lhes que eles próprios formulem as hipóteses e busquem dados para comprová-las.

Embora, sem dúvida, algumas tarefas reprodutivas também possam exigir muito e requerer um uso estratégico dos conhecimentos – pensemos uma vez mais nos alunos aos quais se pede que aprendam a Tabela Periódica –, freqüentemente o uso de estratégias está ligado a contextos e situações de aprendizagem construtiva que não requerem do aluno a repetição de conhecimentos preestabelecidos, mas a geração de novos conhecimentos em situações mais abertas e complexas, que tornam impossível a aprendizagem "como piloto automático" defendida por Eduardo, o aluno que tomava notas literais no começo do capítulo. É nesse sentido que o uso estratégico do conhecimento é um componente imprescindível em qualquer cenário de aprendizagem construtiva. E, portanto, ensinar essas estratégias, como se mostra no próximo capítulo, deve ser um dos eixos a partir dos quais se estrutura o currículo de qualquer disciplina.

9 O ensino de estratégias de aprendizagem no contexto escolar

CARLES MONEREO, JUAN IGNACIO POZO E MONTSERRAT CASTELLÓ

INTRODUÇÃO: O ENSINO DE ESTRATÉGIAS COMO NECESSIDADE

Poucos filósofos, educadores, cientistas e, inclusive, políticos – para não dizer *brookers* ou investidores – duvidariam que a energia que moverá o mundo nas próximas décadas, e de fato já o está movendo, é a informação, sobretudo aquela informação que possa transformar-se em conhecimento, isto é, que possa ser adquirida por alguém para resolver algum problema. Ao tornar-se moeda de troca, a informação obedece às leis do mercado, e a oferta, pelo menos a oferta "pública", de livre acesso, supera rapidamente a demanda. Diante da impossibilidade de manejar a informação disponível, surge todo tipo de empresas privadas cujo serviço consiste em selecionar para nós aquela informação que parece suscetível de converter-se em conhecimento, produzindo-se um acelerado fenômeno de privatização, que ainda não terminou, em que as grandes empresas financeiras e de comunicação se fundem justamente para "negociar" a informação.

Isso descreve um complexo panorama em que o "conhecimento relevante" será, cada vez mais, um bem precioso a que só terá acesso uma minoria exclusiva (informação privilegiada); a maior parte da população deverá conformar-se com a informação, em boa medida tendenciosa, oferecida pelos meios de comunicação social, além da informação indiscriminada e caótica que circula em redes abertas como a internet. Para poder orientar-se nessa paisagem cubista, de múltiplas perspectivas, imposta pela nova Sociedade do Conhecimento (Pozo e Monereo, 1999), o cidadão deve prover-se de um conjunto de recursos cognitivos que lhe permitam fazer frente pelo menos a três dos grandes desafios que o aguardam:

a) A saturação informativa e a "infoxicação" (aceitando o barbarismo empregado por alguns gurus da telemática). Ao que parece, a cada 10 anos aproximadamente duplicará a informação a que temos acesso. Pelo menos uma parte dessa avalanche informativa estará em "mau estado" devido à pouca confiabilidade ou aos interesses sectários da fonte de origem; outra parte, correspondente aos fatos considerados noticiáveis, será "vertida" para os diferentes meios de comunicação. Ainda um último bloco chegará sem nenhum critério de ordem ou de preferência, por meio de canais secundários marginalizados (e talvez marginais) que tenderiam a desaparecer. Uma das irrenunciáveis missões da educação será garantir que os futuros cidadãos adquiram habilidades e estratégias cognitivas que lhes permitam realizar uma seleção crítica, pensada e contrastada da informação que deverão transformar em conhecimento útil para si.
b) A validade do pensamento. Além da necessidade de dispor de "filtros cognitivos" para identificar a informação que nos chega em "mau estado", outro problema de aprendizagem na sociedade atual é que muito da informação, e inclusive do conhecimento,

que recebemos, tem "data de validade", como os iogurtes ou qualquer outro produto embalado. Se não está em mau estado, estará logo. Os conhecimentos mudam de forma tão vertiginosa que já não se pode aprender quase nada com a certeza de que servirá para a vida toda, sem que estejamos condenados a ser aprendizes permanentes, por toda a vida. Além disso, até pouco tempo as mudanças tecnológicas fundamentais eram tão espaçadas que transcorriam várias gerações até que se produzisse uma mudança. Cada geração tinha o tempo suficiente para compreender e dominar as tecnologias de sua época, em especial, para os interesses deste capítulo, aquelas relacionadas com o acesso e a gestão da informação. Agora, é necessário fazer atualizações e ajustes cada vez mais radicais, não apenas desses arquivos de conhecimento, mas inclusive dos procedimentos para ter acesso a eles. Conseqüentemente, para enfrentar a condição de "aprendizes por toda a vida", o mais eficaz será dominar um conjunto versátil de procedimentos, especializados na gestão de conhecimentos de natureza distinta; procedimentos de aprendizagem que podem ser empregados estrategicamente quando as circunstâncias exigirem.

c) A utilização de múltiplas linguagens comunicativas. Cabe esperar que os sistemas de registro, de transmissão e de reprodução digital sofram um enorme desenvolvimento e que os televisores, ou os celulares se transformem em verdadeiros centros de informação e documentação hipermídia, na qual se sobreponha informação textual, audiovisual (gráficos, animações, vídeos) e quem sabe sensorial (olfato, gosto, tato) e cinestésica (através do movimento). Torna-se necessária, portanto, uma autêntica *graphicacy*, isto é, uma alfabetização gráfica, baseada no ensino de estratégias de decodificação e interpretação de todo tipo de grafias (Postigo e Pozo, 1999).

Sem pretender simplificar o problema, e admitindo que as mudanças e as transformações que as escolas do século XXI deveriam adotar terão de ser profundas e estruturais, estamos convencidos, e assim o referenda a literatura especializada, de que a aquisição de habilidades, de destrezas e de competências que por sua vez favoreçam um uso estratégico do conhecimento, tal como foi conceituado no capítulo anterior, pode ser um antídoto eficaz para sobreviver às diferentes "picadas" que nos aguardam na selva informativa deste milênio.

Pois bem, aceita tal necessidade, e tendo em conta a natureza do conhecimento estratégico, tal como se analisou no Capítulo 8, como é possível integrar o ensino de estratégias no currículo escolar, tal como o conhecemos? Que relação existe entre o ensino dessas estratégias e a estrutura essencialmente disciplinar do currículo? Que procedimentos e/ou estratégias podem ser ensinados nas diferentes disciplinas e como podem relacionar-se entre si? E se tivéssemos claras as estratégias que devem ser ensinadas em cada disciplina, como devemos ensiná-las? Quais são os melhores métodos e recursos didáticos em cada caso? E, por último, que medidas de apoio aos diferentes agentes educacionais podem ser postos em funcionamento para melhorar o ensino dessas estratégias a partir do currículo? As respostas a estas perguntas constituem o conteúdo dos quatro itens fundamentais em torno do qual se estrutura o presente capítulo.

ENSINO DE HABILIDADES GERAIS OU ENSINO INTEGRADO

Como ficou patente no Capítulo 8, ao analisar a evolução histórica do conceito de estratégia de aprendizagem e sua conexão com a metacognição em diferentes enfoques psicológicos, perfilam-se duas posições dominantes: aqueles que consideram as estratégicas de aprendizagem como um conjunto de habilidades e de procedimentos de tipo geral (visão compartilhada tanto pelo behaviorismo como pela psicologia evolutiva de corte piagetiano e pela moderna psicologia cognitiva, vinculada ao processamento da informação) e aqueles outros que defendem uma visão "situada" da aprendizagem estratégica, correntes mais recentes e próximas da psicologia da educação e do ensino, que têm como denominador comum sua sensibilidade à influência do social-contextual sobre a estrutura cognitiva do aluno.

Uma e outra posição articularam, cada uma, suas propostas de ensino de acordo com suas concepções epistemológicas de base. Da ótica dos primeiros, os alunos e as alunas só serão capazes de transferir suas estratégias de aprendizagem às distintas disciplinas curriculares se seu ensino não for submetido a determinadas disciplinas, mas que se favorece seu caráter genérico e acontextual por meio de materiais e disciplinas especialmente planejados para isso e livres de conteúdo específico (*free curricula*). A questão seria treinar habilidades de pensamento e estratégias de resolução gerais, supostamente vinculadas a dispositivos cognitivos acontextuais e, até certo ponto, universais, com base em algum conteúdo inespecífico, abstrato (por exemplo, itens extraídos de testes de raciocínio abstrato), capaz de produzir conflito cognitivo, independentemente de o conflito ter relação com problemas funcionais e próximos à realidade cotidiana do aluno.

A semelhança com os programas de musculação realizadas pelos atletas é evidente. Do mesmo modo que o aumento da massa muscular pode ser igualmente positiva para um ciclista ou para um alpinista, para os defensores dos programas de habilidades gerais o desenvolvimento de competências gerais de pensamento pode beneficiar, indistintamente, a resolução de problemas de matemática ou de compreensão leitora. Como mostra Claxton (1994), de forma bastante eloqüente, para essa perspectiva as habilidades e as estratégias parecem deambular pela mente do sujeito cognitivo, escondidas em alerta vigilante, à espera, para lançarem-se sobre os primeiros conhecimentos que apareçam em seu horizonte.

Essa mesma contextualidade de que se vangloriam tais enfoques impulsionou propostas de ensino elaboradas por especialistas aplicáveis a praticamente qualquer contexto educacional, deixando de lado as características culturais, organizativas e curriculares de cada país, região ou instituição escolar. Além disso, são programas *para* a escola, visto que sua autoria é externa à instituição, e sua aplicação costuma requerer a criação de disciplinas ou matérias especiais. Entre os programas de ensino mais conhecidos e divulgados desse tipo, destacaríamos o projeto Harvard, o método CORT de De Bono e, muito particularmente por seu impacto na Espanha e em toda a área ibero-americana, o Programa de Enriquecimento Intelectual de R. Feuerstein. As críticas a essa posição podem ser estruturadas em três idéias básicas:

- Sempre que pensamos, nós o fazemos com base em algum conteúdo, e esse conteúdo, seja ou não curricular, é específico no sentido de que sempre responde a algum princípio de estruturação lógica e epistemológica. Quando os conteúdos que sustentam a aprendizagem de habilidades e estratégias não são curriculares, por exemplo, quando se baseiam em adivinhações lógico-verbais, o aluno pode melhorar sua competência em realizar esse tipo de inferências atentando a certos códigos que são próprios das diferentes tipologias de adivinhações, mas dificilmente será capaz de realizar uma inferência lógico-verbal a partir da leitura, vamos supor, do fragmento de um texto narrativo, em que os códigos têm uma natureza distinta (por exemplo, o tipo de relações que se estabelecem entre os personagens da história). Por que, então, não incidir diretamente nessas competências com base em matérias relacionadas com a linguagem, favorecendo desse modo uma aquisição mais funcional?
- Em relação ao ponto anterior, hoje é difícil sustentar a possibilidade de que se produza uma transferência imediata, automática, do aprendido em uma situação para outros domínios e contextos distintos, sem que se tenham disposto medidas concretas para isso durante um período de tempo prolongado. Tampouco o xadrez, o latim, a filosofia ou a informática demonstraram ter um benefício significativo sobre os progressos dos alunos em ou-

tras aprendizagens escolares. Igualmente, os programas para aprender a aprender ou a pensar *urbi et orbe* também não tiveram a incidência que prometiam (pode-se ler uma revisão em McClure e Davi, 1994 ou em Yuste, 1994).

- Por último, é preciso assinalar que quando as propostas de ensino foram feitas por especialistas externos à escola, a eficácia e a durabilidade da inovação introduzida costumam diminuir, a médio e longo prazos. Pelo menos duas razões podem explicar tal fato: 1) não levar em conta as crenças e as concepções dos professores da escola, nem partir de suas peculiares modalidades de organização e de ensino, as formas de interação que implicam as novas atividades e os materiais costumam ser pouco congruentes ou compatíveis com as práticas habituais da escola e acabam sendo abandonadas; 2) os professores se sentem menos comprometidos e responsáveis pelo projeto, visto que se consideram meros administradores dele, e não protagonistas de sua concepção e desenvolvimento.

Em contraposição ao enfoque que mencionamos, as correntes que se aproximam de uma visão situada da aprendizagem, defensoras da conexão inseparável entre o que aprendemos e os contextos em que os aprendemos (uma justificativa detalhada desses pressupostos pode ser encontrada no Capítulo 8), reivindicam a necessidade de que as estratégias de aprendizagem sejam ensinadas ao mesmo tempo que se ensinam os conteúdos pertinentes a cada disciplina; portanto, não se trata apenas de aprender história, matemática ou ciências, mas é preciso aprender também quando e por que utilizar procedimentos que permitam ordenar, representar ou interpretar dados históricos, matemáticos ou científicos para transformá-los em conhecimento útil.

Devido à sua vocação curricular, essas propostas receberam o qualificativo de fundidas ou integradas, tratando-se em muitas ocasiões de iniciativas ou de programas gerados *a partir* da escola, visto que nascem no interior das próprias instituições educacionais, muitas vezes apoiados por profissionais do assessoramento psicopedagógico. Em países como os Estados Unidos, esse tipo de proposições começa a ser uma realidade. Um exemplo paradigmático é a escola Benchmark, criada originalmente para ajudar alunos com dificuldade de leitura e transformada, durante seus 20 anos de existência, em uma instituição de ensino de estratégias de aprendizagem, integrada nas diversas áreas do currículo (Gaskins e Elliot, 1999). Na Espanha, embora o desenvolvimento de projetos similares seja ainda muito incipiente, começam a aparecer também propostas de ensino, em forma de unidades didáticas, que têm como objetivo prioritário promover um uso estratégico de alguns procedimentos selecionados (Monereo e outros, no prelo).

Em oposição ao enfoque anterior, a perspectiva integrada supõe vantagens evidentes quanto a propiciar maiores motivação, colaboração e compromisso por parte dos professores ao atribuir os resultados que possam ser obtidos às suas decisões e suas competências; por outro lado, a possibilidade de conectar os novos métodos e atividades com as práticas habituais dos professores e, em suma, com a própria cultura da escola, faz com que as mudanças se mostrem mais relevantes e significativas, visto que se produzem no que poderíamos chamar de *zona de desenvolvimento da instituição educacional* (Monereo e Solé, 1996).

A fusão do ensino de estratégias no currículo, porém, não está isenta de perigos. Em face das indubitáveis virtudes que tem a "cooperação e a colaboração entre iguais" no momento de impulsionar um projeto com essas características, também existe o risco de que algumas concepções errôneas ou simplificadoras, associadas à falta de recursos apropriados (estrutura organizacional, materiais, espaços, etc.), cheguem a desvirtuar o autêntico significado e o sentido do ensino estratégico: conseguir que (todos) os estudantes sejam mais reflexivos e autônomos aprendendo. A possibilidade de contar com a ajuda e com o assessoramento de profissionais em psicopedagogia, trate-se de assessores da própria escola ou pertencentes a equipes setoriais, pode minimizar esse risco e promover um avanço efetivo na mencionada zona de desenvolvimento institucional. Algumas das medidas gerais que poderiam se favorecer desse assessoramento, a fim da facilitar a inclusão do ensino de estratégias nas distintas áreas curriculares, seriam:

- Estabelecer quais são os problemas prototípicos que os alunos devem ser capazes de resolver em relação a cada área e fazer uma análise das estratégias de resolução que possam ser aplicadas em cada caso, com o propósito de ensiná-las posteriormente em aula, isto é, identificar a estrutura procedimental de cada área do currículo.
- Analisar as relações entre os procedimentos que devem ser usados estrategicamente em cada área do currículo, previamente identificados, a fim não apenas de destacar aqueles procedimentos de aprendizagem que tenham um caráter interdisciplinar (por exemplo: mapas de conceitos, diagramas de fluxo, compreensão leitora), mas sobretudo estabelecer os *eixos procedimentais* a partir dos quais se pode fomentar o uso estratégico do conhecimento em cada área do currículo e também entre áreas e etapas. Dessa forma, será mais provável que se ensinem de maneira coordenada em diferentes área curriculares, talvez levando, inclusive, a transferir-se para temas e cenários alheios ao currículo escolar.
- Empregar métodos de ensino que insistam em tornar transparente a tomada de decisões que se produz ao pôr em prática uma estratégia em cada uma de suas fases características – planejamento, regulação e avaliação –, a fim de modelar o processo e conseguir transferi-lo para os alunos.
- Ajudar os professores a identificar algumas unidades didáticas em que, certamente, já se ensinam procedimentos de aprendizagem, seja para representar dados numéricos, anotar as idéias de um documentário, comunicar de forma oral ou escrita um ponto de vista, sintetizar a informação de um texto, etc. Posteriormente, analisar tais unidades em conjunto, com a finalidade de introduzir mudanças orientadas a promover um ensino mais estratégico.

Nas próximas páginas, vamos tratar dos dois primeiros pontos (Que procedimentos ensinar para incentivar uma aprendizagem estratégica e como organizar tais procedimentos no contexto do currículo?), enquanto que dos outros trataremos nos dois últimos itens do capítulo.

AS ESTRATÉGIAS COMO CONTEÚDOS ESCOLARES: OS EIXOS PROCEDIMENTAIS

Se, como destacávamos, a melhor forma de fazer com que os alunos aprendam a usar estrategicamente seus conhecimentos é ensiná-los *desde* e *para* cada uma das disciplinas do currículo – já que é a única forma de poderem transferir as estratégias assim aprendidas também a outro tipo de cenários de aprendizagem não-escolares –, é necessário perguntar-se como incluir as estratégias como conteúdos de cada uma dessas disciplinas. Embora também requeira conhecimentos conceituais e atitudes determinados em relação à aprendizagem, a implementação de uma estratégia exigirá sobretudo, o ensino, em um contexto metacognitivo e reflexivo, de procedimentos eficazes de aprendizagem (Pozo e Postigo, 2000). Mas *que procedimentos* concretos devem ser ensinados para conseguir isso? E, sobretudo, como podem ser *organizados* para sua inclusão significativa no currículo? O certo é que as propostas curriculares costumam ajudar pouco nesse sentido, já que, em sua maior parte, organizam os conteúdos em torno de "blocos temáticos" de caráter exclusivamente conceitual/disciplinar, enquanto os conteúdos procedimentais (para não dizer os atitudinais) aparecem normalmente como uma listagem acrescentada quase sem organização interna, o que sem dúvida dificulta sua adequada inclusão no currículo. Visto que, como se sabe, compreender é organizar, estabelecer relações entre os diferentes elementos de uma estrutura (ver o Capítulo 3 deste mesmo volume), a mera justaposição de procedimento em uma listagem reflete o pouco significado existente nessa proposta de currículo.

Por sua vez, a precária organização dos conteúdos procedimentais não é casual ou arbitrária, mas reflete o próprio desenvolvimento epistemológico das disciplinas. Cada disciplina possuiu uma estrutura conceitual própria, que oferece uma estrutura-base para organizar e seqüenciar os conteúdos conceituais dessa matéria no currículo. Será que o mesmo ocorre com os conteúdos procedimentais? Existe alguma estruturação ou organização dos procedimentos de cada matéria que possa orientar sua inclusão no currículo? Podem-se estabelecer alguns critérios gerais para a organização tanto vertical (seqüenciamento dentro de uma mesma disciplina) como transversal (relações entre diversas disciplinas do currículo) dos procedimentos

A moderna psicologia cognitiva da aprendizagem gerou diferentes classificações e taxonomias que podem ser aplicadas, com maior ou menor êxito, como critérios capazes de organizar os procedimentos no currículo. As diversas classificações dos estilos ou dos enfoques de aprendizagem e de pensamento dos alunos (Entwistle, 1987, Selmes, 1987), das próprias estratégias de aprendizagem (Alonso Tapia, 1991; Pozo, 1990; Weinstein e Mayer, 1986) ou dos conteúdos procedimentais no currículo (Monereo, 1994; Pozo e Postigo, 1994, 2000) basearam-se em dois critérios diferentes: o tipo de aprendizagem envolvido e a função da aprendizagem realizada. Tomando o primeiro critério, algumas classificações, geralmente mais centradas na forma como o aluno aprende, apoiaram-se na natureza dos processos de aprendizagem envolvidos e/ou suas metas. Assim, identificaram-se dois extremos nas tipologias de aprendizagem, resumidos pelos enfoques como *superficial* e *profundo* (Entwistle, 1987, Selmes, 1987; ver também o Capítulo 11 deste volume) que corresponderia, por sua vez, a duas concepções ou "culturas" clássicas na psicologia da aprendizagem (Pozo, 1989): a da aprendizagem associativa, baseada na repetição, externamente definida e organizada; e a da aprendizagem construtiva, que busca um significado pessoal, baseia-se na integração, na comparação e na relação conceitual hierárquica e tem uma orientação interna. Em outras palavras, existiriam estratégias ou procedimentos diferentes para a aprendizagem repetitiva (chamada inadequadamente de memorística) e para a aprendizagem significativa ou construtiva.

Entretanto, em um cenário educacional, a distinção pode se revelar genérica demais ou ambígua, já que agrupa procedimentos baseados em técnicas muito diferentes e que servem para funções distintas. De fato, outro critério alternativo, senão complementar, usado para classificar e dar sentido aos procedimentos de aprendizagem foi a funcionalidade da atividade na qual se enquadram. Assim, alguns autores diferenciaram entre estratégias para compreender a informação e para recuperá-la (Danserau, 1985). Outros, de forma mais precisa, distinguiram entre estratégias para reter, compreender e comunicar a informação (Alonso Tapia, 1991), ou entre procedimentos para observar e comparar, ordenar e classificar, representar, reter e recuperar, interpretar, inferir e transferir, e avaliar (Monereo, 1994). A principal vantagem de aproximar-se das estratégias segundo sua função cognitiva (incorporar informação, traduzi-la para outro código, fazer inferências, comunicar o aprendido, etc.), em vez de fazê-lo segundo sua meta (compreender ou reter), é que vincula muito mais o ensino de procedimentos aos formatos práticos das atividades de sala de aula, ao que os alunos fazem realmente. Um professor pode *ver* se um aluno tem dificuldades ao transformar uma informação de um sistema de medida para outro (de quilômetros para milhas, por exemplo) ou ao fazer o esquema de um texto, mas é mais difícil que perceba se o aluno realmente *quer* compreender esse texto ou se enfrenta a tarefa de converter os dados por meio de processos associativos ou construtivos.

Por isso, utilizando tal critério, podemos estabelecer diferentes eixos procedimentais que atravessariam as diversas áreas e disciplinas, de forma que poderíamos encontrar nexos comuns entre elas. Assim como existem blocos temáticos que permitem organizar conceitualmente as matérias do currículo, sobretudo no ensino fundamental, podemos identificar certos eixos procedimentais para organizar os conteúdos relacionados ao uso e à aplicação eficazes do conhecimento. Entre as diferentes classificações que assinalamos antes, o Quadro 9.1

apresenta cinco tipos de procedimentos que poderiam servir como eixo para estruturar os conteúdos no currículo, segundo a função que cumprem no tratamento da informação (para mais detalhes, ver Pozo e Postigo, 1994, 1997, 2000).

Uma classificação desse tipo permite uma análise minuciosa dos procedimentos envolvidos na aprendizagem, o que facilita o ensino diferencial e específico. Assim, identificam-se procedimentos de *aquisição* voltados a incorporar nova informação à memória, muito importantes para as estratégias de transmissão e de elaboração simples, já que incluiriam a repetição e as mnemotecnias, mas também para outras formas de aprendizagem, que exigiriam técnicas de busca (manejo de bases de dados ou fontes bibliográficas) e seleção de informação (tomada de notas e de apontamentos, grifos, etc.). Boa parte dos cursos chamados de técnicas de estudo orientam-se a tais procedimentos, que, entretanto, não costumam ocupar um lugar relevante entre os conteúdos escolares. Outro tipo de procedimentos necessários para aprender de modo estratégico seriam os de interpretação, que consistiriam em traduzir a informação recebida em um código ou um formato (por exemplo, numérico ou verbal) para outro formato diferente (fazer um gráfico com os dados), mas também em interpretar situações a partir de modelos ou de metáforas. Também se exigiriam freqüentemente procedimentos de *análise* da informação, que implicam fazer inferências e tirar conclusões do material (por pesquisa, raciocínio dedutivo ou indutivo, contraste de dados com modelos, etc.). A compreensão de um material de aprendizagem é facilitada quando o aluno utiliza procedimentos de *compreensão e organização conceitual*, tanto no discurso oral como no escrito, voltados a estabelecer relações conceituais entre os elementos do material e entre estes e os conhecimentos prévios do aluno. Finalmente, em toda situação de aprendizagem requerem-se procedimentos de *comunicação* do aprendido, seja oral, escrita ou mediante outras técnicas (gráficos, imagens, etc.). Tal comunicação, longe de ser um processo mecânico de "dizer o que sabemos", pode ser mais eficiente quando planejada em função do interlocutor e quando forem analisados e utilizados vários recursos para atingir a meta fixada.

É evidente que muitas tarefas escolares requerem simultaneamente diferentes tipos de procedimentos. Os alunos devem tirar conclusões (procedimentos de *análise* segundo a classificação anterior) a partir de uma experiência

QUADRO 9.1 Eixos procedimentais para o ensino estratégico (a partir de Pozzo e Postigo, 2000)

Tipos de procedimentos	
Aquisição	– Observação. – Busca da informação. – Seleção da informação. – Transmissão e retenção.
Interpretação	– Decodificação ou tradução da informação. – Aplicação de modelos para interpretar situações. – Uso de analogias e de metáforas.
Análise e raciocínio	– Análise e comparação de modelos. – Raciocínio e realização de inferências. – Pesquisa e solução de problemas.
Compreensão e organização	– Compreensão do discurso oral e do escrito. – Estabelecimento de relações conceituais. – Organização conceitual.
Comunicação	– Expressão oral. – Expressão escrita. – Outros recursos expressivos (gráfico, numérico, mediante imagens, etc.).

que estão fazendo, vamos supor sobre a densidade relativa de diversas substâncias, como a água e o azeite, e para isso devem observar o que ocorre com essas substâncias (*aquisição*), relacionar as inferências com conhecimentos que já têm (*organização*) e informar sobre as conclusões obtidas (*comunicação*). De fato, os diferentes tipos de procedimentos, para serem usados de maneira eficaz, exigem-se mutuamente. Além disso, é óbvio que a classificação proposta não responde a uma seqüência didática (não é que cada atividade de ensino exija o uso de todos esses procedimentos e nessa ordem), mas sim a uma forma de organizar os tipos de ações que os alunos devem empreender para usar mais eficazmente seus conhecimentos. Para alcançar tais objetivos, porém, é necessário planejar atividades de ensino voltadas especificamente a ensinar o uso de cada um desses procedimentos. Para que o aluno possa informar sobre o que observa, ou para que possa inferir a partir de suas observações, será muito conveniente planejar atividades cuja meta seja melhorar a maneira como os alunos informam, inferem, observam, etc.

Por outro lado, esses diferentes tipos de procedimentos não têm o mesmo peso nas diferentes áreas do currículo. Assim, é claro que os procedimentos de compreensão do discurso ou de expressão escrita serão eixos em torno dos quais se estrutura o ensino de qualquer língua. O uso estratégico desses mesmos recursos também é essencial na aprendizagem de muitas outras matérias, em cujo currículo tais procedimentos também deveriam ocupar um lugar relevante. O mesmo se poderia dizer de certos procedimentos de interpretação (representação gráfica, formulação algébrica, etc.), de aquisição (trabalho com fontes documentais, tomada de notas, etc.) ou de análise (pesquisa, raciocínio, etc.). Dessa forma, além de estruturar os procedimento próprios de cada área em torno desses eixos ou de outros similares, também se poderiam estabelecer a partir desses eixos relações entre as diferentes áreas ou disciplinas, de forma que os procedimentos, e com eles o ensino estratégico, poderiam receber um tratamento, se não integrador, pelo menos transdisciplinar (Pozo e Postigo, 2000).

Além dessa organização *transversal* – ou entre disciplinas – dos procedimentos para favorecer seu uso estratégico, é importante também levar em conta sua organização *vertical*, ou, se se preferir, temporal, tanto dentro de uma mesma série, como entre séries e etapas. O seqüenciamento dos conteúdos para seu uso estratégico, além de levar em conta os critérios gerais que favorecem uma aprendizagem mais eficaz (del Carmen, 1996a), deveria apoiar-se naqueles quatro critérios para identificar o "uso mais ou menos estratégico" de um conhecimento, estabelecidos no Capítulo 8. Assim, entendendo que o ensino deveria promover um uso cada vez mais estratégico, por parte dos alunos, de seus saberes (procedimentais, mas também conceituais e atitudinais), o ensino destes, ao longo de uma série ou uma etapa, deveria:

a) orientar-se a metas cada vez mais profundas, mais vinculadas à aprendizagem construtiva;
b) exigir cada vez mais controle e regulação consciente por parte dos alunos;
c) abrir-se a situações progressivamente mais incertas e variadas;
d) introduzir um maior grau de complexidade nos procedimentos a executar. Naturalmente, para conseguir o avanço em cada um desses critérios em macrosseqüências de ensino, é preciso que esse mesmo avanço guie a organização das microsseqüências, de cada uma das atividades de ensino orientadas a estimular uma aprendizagem mais estratégica.

MÉTODOS PARA O ENSINO DE ESTRATÉGIAS DE APRENDIZAGEM

Pensar em métodos para ensinar estratégias de aprendizagem supõe selecionar e analisar as formas de ensino que têm como principal finalidade fazer com que o aluno seja autônomo em sua aprendizagem, que compreenda o conteúdo e a forma de continuar aprendendo sobre esse conteúdo específico. Vale recordar que, de uma perspectiva construtivista, não existe uma metodologia ideal, nem sequer um "bom método de ensino", pelo menos se colocarmos a questão de forma descontextualizada e geral. Existem, isto sim, modalidades didáticas que *a priori* se ajustam claramente aos princípios que acabamos de descrever. Nesse sentido, não é nossa intenção dar "receitas" genéricas para o ensino de estratégias sem oferecer uma seleção de propostas metodológicas em que a reflexão predomine sobre o próprio processo de aprendizagem, o uso reflexivo dos procedimentos e a cessão gradual da responsabilidade ao aluno. Primeiro, revisaremos alguns métodos mais centrados em explicitar a estratégia que se deseja ensinar, para, posteriormente, introduzir outros, mais voltados a incentivar seu controle e sua regulação internos.

Métodos para apresentar ou explicitar as estratégias

Quando nos referimos à apresentação de uma estratégia, estamos falando, é preciso recordar, de "ensinar", mostrar, *explicitar* aos alunos as decisões mais relevantes que deve tomar para resolver uma tarefa de aprendizagem. Assim, por exemplo, diante da leitura de um texto complexo, destacar o conjunto de aspectos em que é preciso fixar-se para decidir que tipo de leitura será o mais adequado; diante de uma tarefa de escrita que suponha convencer ou entreter, explicitar como a análise da situação de comunicação serve para estabelecer o conteúdo a incluir, o registro mais adequado, a intenção do texto, etc.; diante da dificuldade de entender um problema de matemática, mostrar quais são os aspectos-chave que permitem escolher diferentes procedimentos de solução e como se pode controlar sua aplicação.

A apresentação ou a explicitação de uma estratégia se proporia a favorecer a tomada de consciência por parte do aluno de que determinadas tarefas implicam um planejamento prévio, uma regulação e uma avaliação do processo; que realmente "veja" como alguns procedimentos servem para realizar com êxito as tarefas cognitivas. Em suma, o primeiro momento deveria contribuir para "desenterrar" a idéia de sorte, casualidade ou inspiração como principais responsáveis pelo êxito em tarefas complexas, favorecendo uma aproximação mais reflexiva ou "metacognitiva" em tais tarefas. No primeiro momento, também é preciso responder à necessidade de indagar quais são os conhecimentos prévios dos alunos a respeito das estratégias de aprendizagem que serão ensinadas. É possível que alguns alunos já atuem de forma mais ou menos estratégica em situações singulares e – como em qualquer situação de ensino – é muito pertinente recolher essas representações e as conseqüentes formas de atuação diferencial diante de tarefas como as propostas.

Qualquer dos métodos que comentaremos a seguir (assim como, evidentemente, uma simples proposta de perguntas gerais ou de entrevista individual) permite obter informação acerca da atuação mais ou menos estratégica que os estudantes costumam ter em tarefas similares. É básico que o professor recolha a informação e a integre em seus comentários para realmente conectá-la com as representações prévias dos alunos.

Modelagem (Modelo de pensamento)

Embora o método seja complexo e ainda pouco habitual, tem uma força considerável; primeiro, no momento de ajudar os alunos a compreenderem a importância e a riqueza do processo de tomada de decisões; segundo, no momento de aprender um uso flexível dos procedimentos; e, por último, para dotá-los de um vocabulário e, com isso, de categorias conceituais que lhes permitam manejar as diferentes fases do processo de resolução das tarefas. São vários os trabalhos que salientaram a virtude e a utilidade da modelagem na aquisição de estratégias de aprendizagem (Duffy e Roehler, 1984; Pressley e outros, 1990; Castelló e Monereo, 1996). De qualquer forma, destaca-se a necessidade de mostrar ao aluno o conhecimento declarativo sobre a estratégia (que aspectos é preciso levar em conta, que conhecimentos são necessários), o conhecimento procedimental (como se deve proceder, que procedimentos são os mais adequados em cada situação) e, particularmente, o conhecimento condicional ou estratégico (que variáveis ou condições da situação são de interesse fundamental para ajustar nossa atuação).

É oportuno realizar uma modelagem ao começar tarefas complexas novas ou desconhecidas para os alunos. Em função da idade e da familiaridade destes com a tarefa em questão, o modelo de pensamento a oferecer pode ser mais ou menos orientado e mais ou menos interativa a sessão em que se realiza. Em qualquer caso, segundo a metáfora proposta por Flower (1987), é fundamental que os alunos disponham de uma janela para observar o processo que subjaz à realização das tarefas e que habitualmente não é visível nem evidente (podem encontrar-se exemplos de modelagem em Monereo e Castelló, 1997; e em Monereo, 1999a).

Devemos reconhecer que, para alguns professores e especialistas, verbalizar seus processos de resolução pode ser muito difícil, devido em parte a não ter desenvolvido suficientemente as habilidades metacognitivas que o método requer (Reder e Schunn, 1996). Como a literatura mostrou, muitos especialistas têm um conhecimento procedimental muito automatizado e reconhecem pouco o processo pelo qual chegam à correta resolução das tarefas. Tal fato pode ser explicado, pelo menos em parte, em função de como aprenderam, quando eram alunos, tal conhecimento. Em muitas ocasiões, a aprendizagem foi relacionada com a repetição de tarefas cada vez mais complexas e com a aquisição de procedimentos que deviam garantir uma atuação extremamente precisa diante de indicadores sutis dos quais o próprio especialista pode estar muito pouco consciente. Seria o caso de uma aprendizagem por "via baixa", segundo a metáfora utilizada por Salomon, conceito já explicado ao nos referirmos à metacognição no Capítulo 8.

Análise de casos de pensamento

A proposta de analisar diferentes casos de pensamento baseia-se nos mesmos pressupostos que os da modelagem; contudo, nesse caso, trata-se de "ver" como pensam outros colegas, não necessariamente especialistas, diante de tarefas similares. Se é o próprio professor quem prepara os casos, pode propor uma situação na qual se ofereça um exemplo correto (similar ao que ocorria com a modelagem) ou pode optar pela apresentação de diferentes situações (por exemplo, por meio de vinhetas com personagens) em que se observam variações e a partir delas seja possível discutir sobre o melhor processo a seguir em cada caso. Seja qual for a situação escolhida, a característica principal de um caso consiste na explicitação do processo de pensamento que subjaz à realização da tarefa da forma como esta vai-se resolvendo. Como norma geral, a análise de casos de pensamento permite um diálogo aberto sobre as diferentes maneiras de realizar a tarefa, além de gerar processos de reflexão sobre a solução mais adequada em cada caso, de forma relativamente fácil e amena. Por um lado, isso tem uma repercussão clara na possibilidade, antes mencionada, de recolher os conhecimentos prévios dos alunos diante de tarefas parecidas (de que forma atuariam, que aspectos relativos à atuação estratégica lhes são familiares, etc.); por outro lado, a discussão facilita a análise das vantagens e também dos inconvenientes de formas de atuação alternativas, torna visível o processo de resolução das tarefas e equipa os alunos com um vocabulário capaz de ajudá-los na conceituação do processo (de forma semelhante com a que argumentávamos no caso da modelagem).

Tal metodologia é adequada nos primeiros momentos do ensino de estratégias – visto que permite tomar contato com tudo o que supõe a atuação estratégica –, mas também pode ser retomada quando os alunos já construíram um certo conhecimento sobre por que e como proceder em determinadas situações de aprendizagem e quando captar ou aumentar seu nível de reflexão a respeito. Finalmente, em situações avançadas, os alunos podem trazer seus próprios casos de pensamento – reais ou inventados – e discuti-los na turma, com o que obviamente se incrementa a reflexão sobre sua própria aprendizagem (podem encontrar-se exemplos em Monereo e Castelló, 1997, e em Monereo, 2000).

Métodos para favorecer a prática guiada

Diante de tarefas complexas conhecidas, cujo processo de pensamento já foi analisado, os métodos de ensino que têm como objetivo guiar a prática do aluno exigem todo seu sentido. Nessas situações, o professor guia, direta ou indiretamente, mas de maneira reflexiva, a prática do aluno; trata-se de favorecer que o aluno tome decisões, planeje, regule e avalie sua atuação em atividades de aprendizagem, primeiro mais parecidas com a situação previamente analisada, e, depois, em situações cada vez mais variadas quanto a conteúdos e demanda. O principal objetivo é que o aluno, de forma gradual, interiorize um trabalho reflexivo e estratégico, que lhe permita analisar em cada caso as condições relevantes para resolver as diferentes atividades enfrentadas.

Organizamos a exposição de tais métodos em função do nível de autonomia que outorgam ao aluno; assim, partimos das situações nas quais o professor ainda mantém em boa medida o controle e a responsabilidade da aprendizagem e comentamos, em seguida, as situações em que a interação entre os próprios alunos torna-se o principal guia das decisões a tomar.

Folhas de pensamento – Pautas

O uso de diferentes ajudas para guiar o processo de pensamento dos alunos quando estão aprendendo tarefas complexas é representado, dentro da literatura sobre estratégias, nas chamadas "folhas de pensamento" e nas "pautas".

As folhas de pensamento são normalmente formuladas como afirmações (ou perguntas abertas) e são orientadas, como seu nome indica, à promoção de um determinado processo de pensamento, a guiá-lo, de certa forma, inclusive, a garanti-lo; pretende-se que funcionem como uma espécie de consciência externa (por exemplo: qual é o objetivo?; você pode imaginar como será o texto que vai escrever?; que itens e estrutura terá?; depois de cada parágrafo, veja novamente se ficou claro o que queria dizer). Por sua vez, as pautas são formuladas como ações a realizar (ou perguntas fechadas) e são orientadas a recordar determinadas atividades que supõem pontos-chave no processo de resolução da tarefa (por exemplo, selecione os dados relevantes e elimine os que sejam irrelevantes – em um problema de matemática; escolha os símbolos a utilizar – na realização de um plano; etc.).

Tanto as folhas de pensamento quanto as pautas revelaram-se muito úteis no momento de favorecer uma prática reflexiva, visto que supõem um andaime que é retirado à medida que o aluno interioriza o processo de pensamento que sugerem e que é capaz de atender de forma autônoma às condições cambiantes das tarefas (Castelló, 1995a, 1995b; Camps e Castelló, 1996; Monereo, 1990a). Em geral, a literatura fala dessas ajudas em suporte papel (daí a denominação de "folhas"), mas evidentemente podem ser oferecidas em forma de perguntas orais do professor (pergunta guiada) ou com a ajuda de qualquer outro suporte (computador, quadro-negro, mural coletivo, etc.).

Discussão sobre o processo de pensamento

Recolhemos, aqui, os métodos que permitem observar e captar, à parte do produto final, a forma como os estudantes procederam para resolver uma tarefa, em que aspectos se fixaram, que variáveis lhes pareceram ou não relevantes e que decisões tomaram com o objetivo de promover a discussão sobre a qualidade do processo seguido, levando em conta os objetivos buscados em cada caso.

As situações de ensino e aprendizagem nas quais é possível usar tal metodologia vão desde uma proposição mais aberta (em que o professor pede aos alunos que expliquem como fizeram para resolver a tarefa) até outras mais estruturadas e sistematizadas (em que, por exemplo, os alunos trabalham em grupo e um de seus colegas, ou o professor, atua como observador e registra o que ocorre e as decisões tomadas), passando também por situações intermediárias (o professor solicita que os alunos expliquem, antes de começar, como acham que devem proceder; ou então eles trabalham em pares e, ao final, registram livremente os passos que seguiram; ou inclusive o professor oferece uma *check-list* – um registro de diferentes possibilidades de atuação – uma vez realizada a tarefa para que os alunos anotem o que fizeram e o que deixaram de fazer).

Em todo caso, trata-se de facilitar a recopilação do processo seguido para que possa ser objeto de discussão com os alunos e estes possam estabelecer relações entre as formas de proceder e os diferentes resultados em cada uma das tarefas, com o objetivo principal de consolidar, de ampliar e de flexibilizar seu conhecimento estratégico. Evidentemente, as discussões podem originar novas formas de entender a atuação estratégica e, com base nelas, planejar, com os alunos, novas ajudas (folhas de pensamento ou pautas de auto-avaliação) para continuar regulando o processo a seguir, em situações futuras e para tarefas mais complexas (Castelló, 1995a; 1995b; Castelló e Milian, 1997).

Ensino cooperativo

Entre os muitos benefícios e as várias virtudes do ensino cooperativo e colaborativo (ver, por exemplo, os Capítulos 15 e 16 deste volume), estaria também sua utilidade para promover estratégias de aprendizagem, devido tanto às características dos cenários cooperativos como à própria natureza do conhecimento estratégico. Os métodos cooperativos baseiam-se no incentivo à heterogeneidade e à geração de relações de interdependência em proveito da aprendizagem. O fato de que pessoas com diferentes formas de proceder tenham de resolver juntas uma única tarefa ou algum problema e que necessitem uns dos outros para conseguir tal proeza é também uma forma excelente de garantir que se produzam diferenças nas propostas relativas à estratégia a utilizar, favorecendo, assim, a discussão sobre as condições relevantes em cada situação de aprendizagem. Essa reflexão, como mostrávamos, é um elemento eficaz no longo caminho para a regulação do próprio comportamento (podem ser encontrados exemplos em Monereo, 1999a, e em Monereo e Durán, no prelo).

Métodos para estimular a prática independente

Neste último bloco agrupam-se os métodos cujo objetivo é o de proporcionar ao aluno oportunidades de prática variada para que, de forma progressivamente, mas independente, sinta necessidade de ajustar as estratégias aprendidas a situações diferentes, cada vez mais complexas e distanciadas das situações de aprendizagem originais. Trata-se de metodologias centradas na interação entre alunos e que favorecem a regulação entre os pares. É importante recordar que especialmente nessas situações se deveria garantir ao máximo a funcionalidade e a complexidade das tarefas a resolver, para que o esforço de decidir como enfrentá-las tenha sentido para o aluno.

Ensino recíproco

A proposta do ensino recíproco foi amplamente difundida em todos os textos que tratam do ensino de estratégias em geral e de estratégias de leitura em particular, além de ter gerado um ingente número de pesquisas sobre suas vantagens, seus perigos, suas possíveis variantes, etc. Uma revisão desses trabalhos pode ser encontrada em Rosenshine e Meister (1994) e em Palincsar e Brown (1984). As autoras que a formularam centraram sua pesquisa na área da compreensão leitora e inicialmente propuseram o desmembramento dessa atividade complexa em quatro atividades básicas para atingir o objetivo final de compreender um texto: resumir, resolver dúvidas, levantar perguntas e fazer previsões a respeito do parágrafo seguinte. Na pesquisa original, em um primeiro momento, o professor modelava o uso flexível de cada uma delas, além de sua contribuição para a compreensão final. Depois, em um segundo momento, quando os alunos tinham entendido em que consistia a atividade, adotavam por turnos o papel de professor e punham em prática as quatro atividades como ele fizera.

Uma variante da proposta inicial consiste em repartir as quatro atividades entre quatro alunos que trabalham em uma mesma equipe e que, em rodízio, realizam cada uma dessas atividades. Particularmente nesta última variante, destaca-se a idéia da cognição compartilhada entre os quatro alunos que distribuem entre si a atividade cognitiva que supõe o processo de compreensão, construindo, desse modo, um significado compartilhado do texto (Edwards e Mercer, 1988). Naturalmente, tal metodologia pode ser aplicada a qualquer tarefa complexa de outra disciplina ou área curricular. Em qualquer caso, a questão será desmembrar a atividade nas operações e nas decisões cognitivas envolvidas em sua resolução e de repartir essas funções entre um grupo de alunos que se responsabiliza por regular seu processo de aprendizagem (podem ser encontrados exemplos em Monereo, 2000, e em Monereo e Durán, no prelo).

Tutoria entre iguais

O conceito de tutoria entre iguais responde à possibilidade de que alunos mais adiantados tutorem ou "guiem" o processo que outros têm dificuldade de seguir. Nessa proposta, o aluno tutor prepara, juntamente com o professor, as atividades a serem realizadas e as ajudas que oferecerá a seu colega. Depois, em sessões de aula, os dois alunos realizam tais atividades até que o aluno tutorado tenha aprendido os conceitos e os procedimentos necessários para resolver as tarefas e seja capaz de regular por si mesmo as atividades a realizar. A função do aluno tutor, portanto, é oferecer ao aluno tutorado oportunidades de prática variadas e progressivamente mais complexas (para o que também deve refletir sobre as características de diferentes atividades) e, ao mesmo tempo, de oferecer-lhe ajuda para guiar o processo de pensamento estratégico que permite realizar com êxito essas atividades (podem ser encontrados exemplos em Durán, 1999, e em Monereo e Durán, no prelo).

Para que essa seqüência de ensino, baseada na cessão ou na transferência das decisões estratégicas do professor (especialista ou tutor) aos alunos, seja efetivamente posta em prática nas escolas, é imprescindível que haja condições mínimas quanto ao nível de conhecimento sobre o tema, as atitudes e as concepções existentes, e à forma de organizar as matérias. Nesse sentido, é muito recomendável o envolvimento de um assessor psicopedagógico que ajude a melhorar alguma dessas condições na direção que se assinala no próximo item.

FUNÇÕES DO ASSESSORAMENTO NO ENSINO ESTRATÉGICO

Embora as orientações dos currículos apostem de forma resoluta na inclusão de procedimentos interdisciplinares nos projetos de escola e impulsionem a aquisição de um uso estratégico deles, são vários os fatores que ainda dificultam que tais interações tenham um correlato claro na prática habitual das escolas (Pozo e Monereo, 1999). Os assessores podem, e devem, desempenhar, nesse sentido, um papel importante para facilitar a inclusão das estratégias de aprendizagem nas programações curriculares, seja em nível de escola – colaborando no planejamento e no desenvolvimento dos projetos curriculares –, em sua intervenção mais direta com os professores – a partir dos problemas de aprendizagem em cada uma das áreas, facilitando recursos e metodologias adequados em cada caso – e na consideração final do aluno que aprende.

Neste item, comentaremos brevemente quais deveriam ser as funções do assessoramento no que se refere ao ensino e à aprendizagem de estratégias. Entendemos que sua intervenção em diferentes níveis pode ser decisiva para impulsionar projetos de inovação educacional que integrem de forma gradual o ensino de estratégias de aprendizagem em todas e em cada uma das matérias que são dadas nas escolas (ver a respeito Monereo, 1999b, e Martín, 1999).

Em relação à escola, à organização do ensino estratégico e aos materiais

Como já dissemos no início deste capítulo, uma das primeiras questões que a escola deve enfrentar é a decisão sob que formato organizacional serão ensinadas as estratégias de aprendizagem: em forma de disciplinas ou matérias independentes (opção vinculada ao ensino de habilidades gerais) ou parcial ou totalmente integradas nas diferentes áreas da disciplina (enfoque integrado). Essa primeira decisão é particularmente relevante nas séries finais do ensino fundamental, em que a especialização por áreas e disciplinas costuma ser muito maior. Atualmente, a maioria das escolas de séries finais do ensino fundamental que decidiu incorporar o ensino de estratégias de aprendizagem optou por formatos organizacionais variados, que podem se situar em um contínuo, conforme requeiram mais ou menos envolvimento das áreas e dos diferentes professores que lecionam na escola (Castelló e Monereo, 2000):*

- Em um extremo do contínuo, situam-se as conhecidas disciplinas de técni-

* N. de R.T. Esta afirmação refere-se a escolas pertencentes ao sistema educacional espanhol.

cas de estudo – ou procedimentos gerais de aprendizagem – que todos os alunos recebem, das quais se ocupam professores especialistas (às vezes, o próprio assessor) e que em geral se desenvolvem à margem dos conteúdos das demais áreas curriculares.

- Em algumas escolas, projetam-se grupos de reforço que, sob a supervisão de um tutor, podem escolher de forma opcional os alunos que, de forma reiterada, manifestaram dificuldades para realizar as aprendizagens exigidas pelos vários professores. Nessas aulas, costuma-se partir das dificuldades já identificadas de alguns alunos em diferentes áreas curriculares, com o objetivo de favorecer a vinculação dos procedimentos de aprendizagem ensinados nos grupos de reforço com as atividades de ensino e aprendizagem habituais em tais áreas.
- Uma terceira modalidade organizacional consiste em integrar o ensino de procedimentos de estudo e de aprendizagem no espaço das sessões de tutoria. Nesse caso, também se pretende utilizar o conhecimento do tutor com relação a cada um de seus alunos para adaptar tal ensino aos problemas específicos dos conteúdos curriculares. Uma variação da modalidade consiste na coordenação tutor-departamentos*, de tal forma que as programações dos tutores com relação ao ensino de estratégias de aprendizagem se ajustem em tempo e em conteúdos às dos professores de cada uma das áreas curriculares; nesse caso, é habitual que se ensinem, no espaço de tutoria, aqueles procedimentos de aprendizagem que se vão apresentar, utilizar e avaliar nas diferentes disciplinas e que, portanto, serão relevantes na resolução das atividades curriculares.
- A última possibilidade no contínuo mencionado anteriormente é ocupada pelo ensino de estratégias integradas em todas (ou em algumas) as disciplinas do currículo. Nessa modalidade, são os professores das diferentes disciplinas (língua, matemática, ciências, etc.) que, além de ensinar os conceitos, os procedimentos e as atitudes fundamentais da disciplina correspondente, também evidenciam as estratégias mais adequadas ao aprendizado da disciplina. Portanto, poderíamos considerar essa modalidade como um exemplo prototípico de ensino integrado.

Cada uma dessas modalidades da organização do ensino de estratégias pode ter diferentes vantagens e limitações e, de fato, e apesar de que na literatura e na pesquisa se advogue pelas duas últimas, parece que, na prática, todas elas coexistem com diferentes graus de êxito (Castelló e Monereo, 2000).

A segunda decisão importante refere-se à etapa em que devem ser priorizados determinados procedimentos e/ou atividades. É lógico que cada idade requer um tratamento diferente, embora em todas as etapas seja possível um ensino reflexivo, que dote o aluno de procedimentos para continuar aprendendo. Assim, por exemplo, na educação infantil, pode-se promover um primeiro nível de reflexão sobre diversas atividades cotidianas, favorecendo a análise de quando e por que algumas atuações são mais adequadas que outras (por exemplo: no canto** da compra, nos contos, etc.). Nas séries iniciais do ensino fundamental, a ênfase recairá no ensino e na aprendizagem em níveis cada vez mais complexos e heurísticos gerais de leitura, de escrita e de resolução de problemas (de diferentes áreas curriculares). Para isso, será necessário que os alunos disponham de muitas situações de prática com procedimentos variados até que se assegure seu domínio. Mas também será importante introduzir atividades complexas e problemas variados, que permitam a análise dos diferentes procedimentos empregados em cada situação. Par-

* N. de R.T. O sistema de ensino espanhol prevê na organização das escolas a figura do departamento.

** N. de R.T. Um dos modos de organização espacial de salas de educação infantil.

ticularmente interessantes são as atividades de auto-avaliação e de co-avaliação, que permitirão aos alunos a tomada de consciência do próprio processo de aprendizagem.

Nas séries finais do ensino fundamental, além das características comentadas nas séries iniciais, adquirem particular relevância os procedimentos específicos que permitem aprender os conteúdos das diferentes disciplinas. Ou seja, a reflexão epistemológica acerca dos procedimentos inerentes a determinados conteúdos (aprender a aprender matemática, história, biologia, etc.), ao mesmo tempo que a abstração de heurísticos gerais de resolução de problemas que permitem enfrentar diferentes tarefas, mesmo quando o conhecimento disciplinar de que se disponha não seja muito elevado.

Em relação aos professores e ao desenvolvimento do processo de ensino

Também no caso das estratégias de aprendizagem os professores partem de pressupostos e de crenças que se deve levar em conta, se o objetivo for a eficácia da função assessora. Em geral, tais pressupostos fazem parte das teorias mais amplas que se relacionam com a conceituação geral dos processos de aprendizagem e ensino e de seu papel nesses processos. Por outro lado, deve-se levar em conta o próprio desenvolvimento dos professores como aprendizes, as estratégias de que dispõem para aprender e o grau ou o nível de reflexão que já tenham desenvolvido a respeito.

Com relação às concepções dos professores sobre as estratégias de aprendizagem, a literatura ainda não é muito abundante (uma interessante exceção é o trabalho de Jackson e Cunningham, 1994). Alguns dados recentes, porém, mostram que em muitos casos a forma como o professor concebe as estratégias de aprendizagem está fortemente ralacionada com o formato organizacional escolhido para seu ensino e com seu nível de conhecimento e de reflexão a respeito (Castelló e Monereo, 2000). Assim, as concepções dos professores podem referir-se à consideração das estratégias: (1) como parte do estilo pessoal de cada aluno de enfrentar os problemas de aprendizagem; (2) como um conjunto de "truques" ou de técnicas individuais que facilitam o desenvolvimento das habilidades cognitivas; (3) como técnicas de estudo baseadas em processos cognitivos básicos (memória, atenção, etc.); (4) como procedimentos mais ou menos gerais ou específicos de cada disciplina; ou (5) como processo de tomada de decisões.

O conhecimento de tais conceituações e a análise de suas implicações deve permitir que o assessor se ajuste às expectativas e às aspirações dos professores e atue de forma conseqüente. É sobejamente conhecida a dificuldade implicada pela promoção da mudança nas concepções, tanto dos alunos como dos professores; assim, cabe uma aproximação também estratégica por parte do assessor a tais condições, às vezes para propor atuações que permitam progredir a partir de suas próprias idéias e das práticas do professor e, em outras ocasiões, para evidenciar algumas contradições entre os objetivos que o professor diz perseguir, suas concepções explícitas sobre o ensino de estratégias e de técnicas de aprendizagem e sua prática docente habitual.

Para que o progresso seja efetivo, uma das melhores medidas consistirá na promoção de diferentes espaços de diálogo para incentivar a reflexão e o trabalho em equipe entre os professores. Iniciar a reflexão em um nível de ensino a respeito de quando e quais procedimentos ensinar; promover acordos a esse respeito; favorecer a troca, entre os próprios professores, de propostas metodológicas que já se realizem ou de propostas inovadoras que algum professor tenha tentado em busca de um ensino reflexivo são medidas indiretas muito adequadas para incidir na forma como os professores concebem as estratégias e em sua possível introdução nas salas de aula (Del Carmen, 1996b; Parrilla, 1996). Naturalmente, em todos os casos, o assessor pode facilitar a análise das principais dificuldades manifestadas pelos alunos em cada área e propor soluções metodológicas alternativas.

Em relação aos alunos e à sua gestão do processo de aprendizagem

Recuperamos, agora, o aluno que no início do capítulo anterior estava tentando aprender a Tabela Periódica; ou os seus colegas que comentavam seus infortúnios com as anotações de história. Ali os vemos sós, confrontados com suas tarefas escolares em um momento muito concreto do processo de ensino e aprendizagem. Insistimos em afirmar que, em última análise, o ensino estratégico pretende conseguir alunos autônomos capazes de pensar e de atuar de forma independente diante de tarefas complexas como aquelas. Mas, como também argumentamos ao longo deste capítulo, os diferentes elementos do cenário educacional devem contribuir de maneira eficaz e resoluta na consecução deste objetivo. Diante de situações problemáticas, em que os alunos não consigam lembrar-se do que supostamente estudaram, nem resolver o que pareceu entendido, o assessoramento deve visar não apenas à análise da atuação particular do aluno, mas também à revisão de todos os elementos da situação educacional que confluem na aquisição do conhecimento estratégico. Só assim será factível, em última análise, a modificação das estratégias que tais alunos põem em prática, ajudando-os, primeiro, a tomar consciência de como podem resolver as tarefas de aprendizagem, e depois, a controlar e a regular de forma consciente a execução de tais tarefas. Neste ponto, atrevemo-nos a convidar o leitor a atuar estrategicamente (se o seu objetivo é compreender essa temática de forma significativa), voltando a ler o capítulo anterior da perspectiva com que este se encerra e, se assim proceder, que decida por si mesmo quando, como e para que escapar do círculo que tão viciosamente lhe estamos propondo.

10 Orientação motivacional e estratégias motivadoras na aprendizagem escolar

JESÚS ALONSO TAPIA E IGNACIO MONTERO

O PROBLEMA

"O que posso fazer para conseguir que meus alunos se interessem pelos conteúdos e se esforcem para aprender?" Essa é uma pergunta que os professores se fazem e a repetem muitas vezes aos orientadores quando se deparam com alunos que progridem pouco em sua aprendizagem. Todos os educadores gostariam que seus alunos prestassem atenção, dedicassem tempo ao trabalho escolar, fossem além das propostas e procurassem encontrar resposta às suas interrogações pessoais e que realizassem projetos voltados à aquisição de conhecimentos e ao desenvolvimento de competências pessoais. No entanto, comentários como "A maioria só estuda na época das provas e, às vezes, nem isso", "São incapazes de trabalhar se não lhes passamos trabalho", "Seguem a lei do menor esforço" são ouvidos freqüentemente, tornando evidente que a realidade está muito longe do desejável, fato que leva os professores à questão que inicia este capítulo.

A resposta a tal pergunta exige uma análise do contexto institucional criado pelos professores quando propõem o ensino. Se interagem com seus alunos respondendo às suas demandas e às dificuldades que experimentam, se os avaliam, etc. O problema é *com base em que critérios se pode avaliar a adequação das estratégias de atuação docente para contribuir para o desenvolvimento e a ativação de uma motivação adequada dos alunos para aprender e, no caso de não ser adequada, com base em que critérios desenvolver e avaliar possíveis estratégias de atuação.* De fato, são muitos os aspectos da atuação do professor que estão sob seu controle e que podem ter repercussões motivacionais – colocar problemas ou interrogações, mostrar a relevância de atingir os objetivos, usar diferentes modos de incitar à participação, propor as atividades de forma individual, cooperativa e competitiva, forma de avaliar, etc. Para poder determinar se os modos de atuação a que se faz referência influem positivamente na motivação para aprender e sob que condições, é preciso dispor de critérios.

A determinação de tais critérios exige o conhecimento prévio das características pessoais que influem na forma como os alunos enfrentam seu trabalho escolar, definindo formas de atuação próprias de sujeitos com diferentes tipos de motivação. Assim, será possível avaliar as linhas e as estratégias de atuação docente em função da capacidade para motivar adequadamente os alunos.

O PONTO DE PARTIDA: A MOTIVAÇÃO DOS ALUNOS

A pesquisa sobre motivação evidenciou que os alunos enfrentam seu trabalho com mais ou menos interesse e esforço devido a três tipos de fatores (Alonso Tapia, 1997):

- O significado que tem para eles conseguir aprender o que lhes é proposto, significado este que depende dos tipos de metas ou de objetivos cuja obtenção consideram mais importante.

- As possibilidades que julgam ter para superar as dificuldades que implicam alcançar as aprendizagens propostas pelos professores, consideração esta que depende, em grande medida, da experiência de saber ou não como enfrentar as dificuldades específicas encontradas.
- O custo, em termos de tempo e de esforço, pressentido pelos alunos em relação ao que as aprendizagens significativas representarão para eles, mesmo que se julguem capazes de superar as dificuldades e de alcançar as aprendizagens propostas.

Que metas os alunos perseguem ao enfrentar a atividade escolar?

As atividades acadêmicas têm sempre mais de um significado, visto que contribuem para a consecução de diferentes metas. Contudo nem todas as metas têm a mesma importância para cada aluno. A importância varia tanto em função da orientação pessoal destes como das várias situações que enfrentam ao longo de sua vida acadêmica. Por isso, levando-se em conta que as diferentes metas muitas vezes têm efeitos opostos sobre o esforço com que os alunos enfrentam a aprendizagem, parece importante saber quais são esses efeitos para então decidir sobre que metas procurar influir e como fazê-lo.

Um exemplo pode servir de base para guiar a reflexão sobre o papel das metas. Em uma aula de matemática no primeiro ano do ensino médio, quatro alunos – Eva, Juan, Sandra e Luis – apresentam as seguintes características. Os dois primeiros vão muito bem, ao contrário do que ocorre com os dois últimos, que muitas vezes não conseguem atingir o nível de aprovação. Embora Eva e Juan estejam indo bem, seu modo de enfrentar o trabalho é diferente. Eva parece particularmente interessada em entender o que se explica na aula. Muitas vezes, fica tão absorta pensando em um problema que se esquece de outras tarefas que têm de fazer. É tão meticulosa que não costuma terminar as tarefas na aula e, por isso, tem de fazer em casa. Juan, por sua vez, procura principalmente terminar as tarefas, quanto antes melhor, gosta de superar os outros e, por isso, quando pode torna público que foi o primeiro a resolver os problemas. É muito sensível ao fato de ser comparado com outros e quando erra, logo procura uma desculpa. Sandra, por outro lado, preocupa-se pouco com a matemática. Em geral permanece calada na sala de aula, pensando em suas coisas. Se tem de fazer uma tarefa, mostra-se insegura sobre a possibilidade de concluí-la. Quando se sente ameaçada emocionalmente, debruça-se sobre si mesma ou reage com cólera contida. Finalmente, Luis também não se interessa por matemática; fica aborrecido na aula e sempre tenta conversar com outros. Se o professor passa tarefas, experimenta um grande desânimo por ter de fazê-las, coisa que procura evitar por todos os meios.

Certa ocasião, a professora anunciou que faria uma prova sem tê-los avisado previamente. A maioria dos alunos começou a fazer ruído e a dizer que era injusto que lhes desse uma prova. A professora disse que não ia dar nota, mas só queria saber como estavam. Luis continuou protestando, manifestando seu enfado. Sandra disse que não conseguia trabalhar porque estava com dor de cabeça. Juan ficou com cara de satisfação enquanto dizia "Com certeza, são fáceis. Você vão ver como faço primeiro". Eva, finalmente, perguntou se depois iam corrigir os problemas para ver como era preciso fazer e, diante da resposta afirmativa, iniciou sua tarefa completamente relaxada e trabalhando como sempre. Os quatro casos descritos são protótipos dos alunos com que nos deparamos em aula. Qualquer professor reconhece que sua motivação é diferente. Mas em quê? O que determina seu modo de atuar?

Trabalhar pode significar aprender, crescer, desenvolver-se e desfrutar da tarefa

O significado básico que toda situação de aprendizagem deveria ter para os alunos é o de possibilitar o *incremento de suas capacidades*, tornando-os mais competentes e possibilitando-lhes desfrutar do uso delas. De fato, embora existam grandes diferenças individuais entre os sujeitos de uma mesma idade e os sujeitos de idades diferentes, muitas vezes observam-se alunos absortos em sua atividade, tentando imaginar o que ocorreu no período histórico sobre o qual estão lendo, procurando resolver um problema ou expressando suas idéias por escrito. Esse é o caso também de Eva em nosso exemplo. Quando isso acontece, diz-se que o aluno trabalha *intrinsecamente motivado* (Ryan e Deci, 2000), sendo capaz de ficar absorto em seu trabalho, superando o aborrecimento e a ansiedade, buscando informação espontaneamente e pedindo ajuda quando realmente necessita dela para resolver os problemas com que se depara e chegando a auto-regular seu processo de aprendizagem que, de um modo ou de outro, se coloca como o êxito de um projeto pessoal. Assim, conseguir que os alunos enfrentem a aprendizagem atribuindo-lhe o significado assinalado tem efeitos altamente positivos, o que levanta a questão de saber que características deve reunir o modo como o professor propõe o ensino para que os alunos o enfrentem da maneira adequada.

O valor do trabalho pode depender da percepção da utilidade da aprendizagem

A aprendizagem realiza-se em um contexto social que contribui para lhe atribuir outros significados. O significado mais patente é o instrumental. Por isso, esforçar-se para aprender pode ser mais ou menos interessante dependendo do significado funcional do que se aprende. Busca-se *aprender algo útil*, embora a utilidade seja relativa: compreender um princípio, resolver um problema, facilitar novas aprendizagens, facilitar aprendizagens que possibilitem o acesso a diferentes estudos, ao mundo profissional em geral e a postos específicos de trabalho em particular, etc. Se não se percebe a utilidade do que se deve aprender, o interesse e o esforço tendem a diminuir à medida que o aluno se pergunta para que serve saber o que se pretende que aprenda. Ao contrário, na medida em que se percebem as múltiplas utilidades – a curto e a longo prazos – que pode ter aprender algo, aumenta a probabilidade de que o interesse e o esforço aumentem (Alonso Tapia e López Luengo, 1999).

A utilidade da aprendizagem pode ser algo intrínseco a ela. Assim, estudar pode facilitar a compreensão de conceitos ou de procedimentos que, por sua vez, facilitam a compreensão e a aprendizagem de outros mais complexos que, por sua vez, contribuem para a aquisição de capacidades mais gerais que permitem enfrentar, de forma competente, diferentes tarefas e problemas. Quando os alunos percebem o significado ou a utilidade intrínseca do que devem aprender, seu interesse aumenta em praticamente todos os casos, embora mais naqueles que tendem a atuar buscando o desenvolvimento da competência pessoal e o desfrute da tarefa, motivação que contribui não apenas para maior aprendizagem e desenvolvimento, mas também para um maior bem-estar pessoal. Em nosso exemplo, a recusa da tarefa por parte de Luis e, parcialmente, de Sandra parece dever-se a que não percebem que utilidade pode ter a tarefa para eles. Por outro lado, o modo como Juan enfrenta a tarefa sugere que, mais que a relevância intrínseca da matéria, o que o estimula é que a percebe como uma oportunidade para competir, o que pode ter conseqüências negativas para o resto da turma. Parece necessário, portanto, que os professores revisem o grau em que despertam a curiosidade dos alunos mostrando a relevância e a utilidade que pode ter para eles a realização da tarefa.

O valor do trabalho pode depender de incentivos externos à sua realização

O esforço e a aprendizagem podem ser percebidos como úteis ou inúteis, dependendo se possibilitam ou não a consecução de incentivos externos a eles – recompensas materiais ou sociais. A ausência de incentivos externos pode ser, conseqüentemente, uma causa da falta de motivação. Tal fato, porém, não implica o princípio de que a motivação dos alunos se baseia em recompensas externas.

É certo que o uso de prêmios e castigos influi no grau em que os alunos dedicam tempo e esforço para estudar. Contudo, numerosos trabalhos, dos quais alguns constituem uma crítica direta ao trabalho anterior, mostraram que as recompensas palpáveis e esperadas apenas são úteis quando o atrativo de uma atividade só pode ser comprovado depois de levar um certo tempo realizando-a ou, quando é preciso, atingir um certo grau de habilidade para desfrutar de sua realização. Nos demais casos, o fato de que para um sujeito sua motivação primária para aprender depende de incentivos externos pode ter efeitos negativos (Leeper, Keavney e Drake, 1996). Muitas vezes, os incentivos externos contribuem para fazer desaparecer o interesse intrínseco que pode ter a realização de uma tarefa, dando lugar a que os alunos se esforcem apenas quando consideram que sua realização vai lhes proporcionar algum benefício externo a ela. Especificamente, na falta de recompensas esperadas e palpáveis observou-se que os alunos, supondo que decidam enfrentar uma tarefa, envolvem-se mais pessoalmente nela, tendem a resolver problemas mais difíceis, centram-se mais na aprendizagem das habilidades básicas necessárias para sua solução, centram-se mais no modo de resolver o problema ou de realizar a tarefa que em conseguir sua solução. Em geral, são mais lógicos e coerentes no emprego de estratégias de solução de problemas do que quando inicialmente se ofereceu uma recompensa por sua realização.

Do que foi dito, se poderia deduzir que o que se deve fazer para motivar os alunos é lançar mão de estratégias que possibilitem motivá-los intrinsecamente, como as que são descritas mais adiante. Em dois trabalhos paralelos, um realizado com alunos de ensino médio e o outro com universitários (Alonso Tapia, 1999; Alonso Tapia e López Luengo, 1999), pudemos comprovar que, se a principal motivação do aluno ao enfrentar as atividades escolares é de tipo externo, ele usa muitas estratégias teoricamente adequadas para despertar a motivação intrínseca.

O significado do trabalho escolar pode depender das notas

Nos contextos acadêmicos, tanto a atividade dos alunos ao procurar aprender como a consecução ou não dos êxitos perseguidos é objeto de avaliação. *Conseguir notas boas* dá segurança, pois não conseguir a nota esperada pode ter conseqüências negativas de diferentes tipos, razão pela qual os alunos estudam sobretudo para passar. A avaliação afeta os alunos do mesmo modo que a promessa de recompensas ou castigos. Estuda-se em função da nota, procurando não aprender em profundidade o que os professores propõem, mas adquirir os conhecimentos mínimos requeridos para conseguir um bom resultado. Conseqüentemente, se o professor não "tira" do aluno mediante a avaliação, ele não estuda e, por isso, muitos professores consideram que fazer referência freqüente à avaliação enquanto ensinam constitui um dos recursos mais poderosos de que dispõem para motivar (Alonso Tapia, 1992a).

Uma coisa, porém, é obter uma nota, e outra coisa é "saber" no sentido mais profundo do termo. A ameaça de notas desfavoráveis tende a fazer com que aumente o número de tarefas concluídas, mas costuma favorecer a aprendizagem mecânica e memorística em face da elaboração da informação que possibilita uma aprendizagem significativa. A ameaça de uma avaliação adversa até pode aumentar certos rendimentos, mas seu efeito sobre a aprendizagem é qualitativamente negativo. Em nosso exemplo anterior, o protesto da maioria da turma, que nem sequer chegou a processar a mensagem da professora de que se tratava de ver como estavam e de que iam corrigir os problemas para saber como fazê-los, mostra o efeito da preocupação com a nota. Será preciso, pois, revisar o modo como a proposta da avaliação pode minimizar os efeitos negativos que tem sobre o aluno e maximizar os positivos.

O significado do trabalho escolar depende de suas implicações para a auto-estima

Geralmente ligada à avaliação, a atividade acadêmica adquire significado favorável ou desfavorável dependendo do grau em que contribui para *preservar ou aumentar a auto-estima* ou, ao contrário, para fazer com que diminua. No caso dos alunos particularmente preocupados com a possibilidade de perder sua auto-estima, caso encarnado por Sandra em nosso exemplo, sua preocupação dominante pelo modo como o professor e os colegas os avaliarão tende a inibir atividades como perguntar, participar, envolver-se em trabalhos que oferecem a possibilidade de elaborar e pôr à prova os próprios conhecimentos. Conseqüentemente, de aprender atividades que poderiam contribuir para facilitar a aprendizagem, além de induzir a adoção de estratégias de garantam sua consecução. Esse efeito se produz tanto mais quanto maior é o medo de fracassar.

Devido ao fato de que a preocupação com a auto-estima pode ter efeitos negativos sobre o modo como os alunos enfrentam a atividade escolar, que repercute negativamente em sua aprendizagem e em seu desenvolvimento pessoal, parece necessário que os professores avaliem suas linhas de atuação tendo em vista o efeito que possam ter sobre a auto-estima, de modo que, se esta é negativa, a modifiquem.

O valor do trabalho escolar depende do respeito ao desejo de autonomia

A atividade acadêmica adquire ainda outros significados que podem influir no interesse e no esforço por aprender. Referimo-nos, por um lado, a que seja percebida como algo que uma pessoa escolhe ou aceita de bom grado, não por imposição ou, ao contrário, que seja percebida como uma imposição sem valor pessoal. É certo que na escola se impõe quase tudo aos alunos: o fato de ter de freqüentá-la, os colegas com os quais trabalhar, os conteúdos, o professor, o fato de serem avaliados, etc. Isso não significa, porém, que os alunos não possam aceitar a atividade escolar como própria. Depende de que o contexto criado pelos professores desperte neles a curiosidade e o interesse pelo que devem aprender e pelo trabalho a realizar; depende também de que mostre que o que devem aprender e fazer contribuirá para que consigam objetivos relevantes e úteis em relação às suas metas e a seus valores pessoais, de que ofereça o máximo possível de possibilidades de opção – escolher colegas para um trabalho, escolher um trabalho entre vários possíveis, etc. – e, sobretudo, de que realmente proporcione ao aluno a experiência de que seu trabalho está sendo útil porque lhe permite progredir.

Como já mostrou De Charms (1976), *trabalhar sem sentir-se obrigado*, se possível em torno de projetos de desenvolvimento pessoal que uma pessoa escolhe, ou, em outras palavras, sentir que se atua de forma autônoma, controlando a própria conduta, é positivo e facilita a regulação da própria aprendizagem. De outro ponto de vista, Ryan e Deci (2000) assinalam que as pessoas buscam sentir-se independentes e capazes de determinar sua própria conduta e que experimentam esse sentimento quando realizam as tarefas por seu valor intrínseco, e não por recompensas externas. Quando conseguimos isso, aumenta o grau de nossa capacidade para aprender a tirar proveito de nosso trabalho.

Ao contrário, quando alguém se sente uma marionete nas mãos das pessoas que o obrigam a estar na aula, desaparece o esforço e o interesse e aumentam as condutas voltadas a sair de qualquer jeito da situação. Isso ocorre, sobretudo, quando a matéria a estudar não interessa ao aluno, que não vê sua relevância ou sua utilidade ou porque não a entende – algo sobre o que os professores podem influir, como se deduz dos trabalhos de Alonso Tapia (1999) e Bergin (1999) –, quando experimenta a impossibilidade de alcançar os êxitos perseguidos por vê-los fora do alcance de sua competência pessoal (Pajares, 1997; Weiner, 1986), quando experimenta a possibilidade de ser rechaçado pelo professor ou pelos colegas ou, simplesmente, de sentir que vale menos que eles (Elliot, 1999). Nesse caso, o aluno não se sente à vontade na aula e procura evitar o trabalho escolar, às vezes de forma passiva, mas outras vezes atuando de forma intempestiva.

É importante, pois, que os professores avaliem suas linhas de atuação tendo em vista o grau em que possibilitam a experiência de competência e autodeterminação ou, ao contrário, fazem com que os alunos se sintam obrigados a experimentar e ter de trabalhar em atividades cujo significado pessoal não vêem ou em que não avançam, ainda que se esforcem.

O valor do trabalho depende da apreciação do aluno por professores e colegas

A atividade acadêmica não se realiza de forma impessoal, mas em um contexto social em que as relações entre professores e alunos podem afetar o grau de aceitação pessoal e afeto que estes experimentam por parte daqueles. Todo aluno procura *sentir-se aceito como é* pelos outros, e essa necessidade é tanto mais forte quanto maior é a motivação de filiação. Além disso, quando tal motivação é elevada, os alunos são mais eficientes ao cooperarem do que ao competirem ou trabalharem sozinhos e, como resultado da atividade, conseguirão maior aceitação e contato com os outros (Koestner e McClelland, 1992).

Por tudo o que foi dito, se um aluno, pela razão que for, sente rejeição por parte do professor ou, simplesmente, sente que este prefere e trata de favorecer mais os outros, ou sente rejeição do grupo, procurará evitar a situação se puder, senão sentirá que está na escola por obrigação, tanto mais quanto maior seja sua necessidade de aceitação (Alonso Tapia, 1992b; McClelland, 1985). Conseqüentemente, é preciso que os professores revisem em que medida são adequadas suas linhas de atuação em aula com relação à necessidade do aluno de sentir-se aceito, em particular aquelas que comunicam a ele se é ou não, e aquelas que contribuem para que os alunos aceitem uns aos outros.

O conjunto de conseqüências que as diferentes metas dos alunos têm sobre o modo como estes enfrentam a atividade escolar levou a analisar as repercussões potenciais que derivam de seus modos de atuação do professor com relação às diferentes metas que os alunos perseguem (Alonso Tapia, 1997; Ames, 1992). Contudo, como assinalávamos no início, a motivação depende não apenas do significado da atividade, mas também de saber como enfrentar as tarefas de aprendizagem e, em particular, as dificuldades com que se deparam.

Por que o interesse e o esforço dos alunos se modificam durante o trabalho escolar?

Um fato que os professores de todos os níveis escolares constatam com freqüência é que ao iniciar uma aula ou ao pedir aos alunos que façam uma tarefa, muitos começam prestando atenção à explicação ou à atividade, mas, à medida que encontram dificuldades, vão progressivamente se distraindo e deixando de trabalhar. Nem todos, porém, se distraem ou abandonam a tarefa ao mesmo tempo. A que se deve, pois, que os alunos deixem de interessar-se e de esforçar-se por uma atividade quando inicialmente estavam motivados? O que nós, professores, podemos fazer para evitar a perda de atenção e de interesse?

Os alunos se desmotivam se não sabem como aprender

A atenção dos alunos a uma explicação ou ao processo de realização de uma tarefa é determinada inicialmente pela curiosidade que despertam e, sobretudo, pela percepção de sua relevância. Se a tarefa é aborrecida ou não se percebe para que pode servir, buscam automaticamente formas de se livrar dela. Em muitos outros casos, embora se perceba a relevância da tarefa e inicialmente ela não pareça aborrecida, isso não parece suficiente para manter o interesse e a motivação. Por quê?

Motivação e resposta diante da dificuldade para compreender uma explicação. Em um interessante trabalho, Kuhl (1987) mostra que, quando as pessoas se deparam com uma dificuldade, não abandonam automaticamente a tarefa. Inicialmente, todos costumam tentar novamente resolver o problema. Se a dificuldade não desaparece, desiste-se de fazer novas tentativas, ainda que – e isto é importante – alguns o façam antes que outros, diferença esta que exige uma explicação. Kuhl encontrou-a no que definiu como orientações motivacionais básicas, a *orientação para a ação* – para o processo de realização da tarefa – e a *orientação para o estado* – para a experiência derivada do resultado obtido nesse momento. Para entender a que se refere Kuhl e o que tem a ver o que ele diz com a motivação de nossos alunos, pode ser útil comparar as formas que seguem, em que diferentes alunos enfrentam as dificuldades.

Uma primeira forma de reagir, provavelmente a de Eva ou Juan, dois alunos do exemplo a que nos referíamos, seria perguntar ao professor quando, durante a explicação, não entendem algo. Se a resposta não é satisfatória, a reação pode ser perguntar de novo ou ficar calado. O primeiro costuma ocorrer com mais freqüência quando a pessoa está atuando com base no roteiro. "O que devo fazer para aprender?", roteiro que se traduz em pensamentos do tipo "O que será que quer dizer? Vou insistir". E se, mesmo assim não entender, pode ser que continue pensando: "Bom, vou tomar notas e depois pergunto a alguém ou olho no livro para ver se entendo".

Ficar calado, ao contrário, costuma ocorrer quando se atua orientado ao estado, o que implica seguir o roteiro "Não estou entendendo isso, é muito difícil para mim". Nesse caso, como não se pergunta, deixa-se de compreender, e não se está com a atenção centrada em como sair do bloqueio, o sujeito se sente mal e tende a libertar-se dessa situação, o que pode levá-lo a distrair-se, a falar com outro ou, simplesmente, a evadir-se em seu mundo interior. Às vezes, continua-se prestando atenção e se tomam notas que depois são memorizadas, pois essa forma de atuar evita outros problemas, mas não se tenta realmente compreender.

No primeiro caso, a atenção se centra na busca das ações necessárias para executar o processo que permite compreender e aprender, enquanto que, no segundo, centra-se na experiência ou no estado de dificuldade que a situação gerou. Quando isso ocorre – quando os alunos estão voltados ao estado emocional que gera a experiência de dificuldade ou de fracasso – é muito mais difícil, ainda que desejem aprender, que traduzam essa intenção em linhas de atuação capazes de permitir a auto-regulação das atividades dirigidas à compreensão, à aprendizagem, à solução de problemas e à comunicação, ao contrário, tendem a remoer idéias relacionadas com a experiência mencionada.

Motivação e resposta diante das dificuldades experimentadas ao realizar uma tarefa. Algo parecido ocorre se em vez de estar atento a uma explicação trata-se de realizar uma tarefa, como mostrou Dweck e Elliot (1983). As dificuldades que esse processo implica são enfrentadas de diferentes modos associados à preocupação prioritária para conseguir metas que definem diferentes orientações motivacionais: orientação para a aprendizagem ou a tarefa (OA), ilustrada por Eva em nosso exemplo, orientação para o resultado por suas implicações para a auto-estima (OR), ilustrada por Juan, e orientação para evitar o trabalho (OE), ilustrada com a atuação de Sandra e Luis.

O próprio fato de ter de realizar uma atividade não-rotineira, que implica, portanto, a possibilidade de fazê-la bem ou mal, pode dar lugar à *percepção inicial da tarefa* como um desafio, como uma ameaça ou como uma obrigação pesada e aborrecida. Essa percepção gera pensamentos de diversos tipos. Assim, no caso de AO: "Parece interessante. Vamos ver se eu faço bem"; no caso de OR, pensamentos como "Isso é uma confusão. Que problemas mais difíceis"; finalmente, no caso de OE, pensamentos do tipo: "Que chatice! Para que serve.. ele acha (o professor) que não temos nada mais interessante para fazer".

Além dessa percepção, o foco de atenção *no começo da tarefa* traduz-se em diferentes tipos de perguntas características, também, das distintas orientações. Assim, perguntar-se ou pensar: "Vamos ver... como posso fazer isso?... dá para fazer assim... ou talvez assim..." é próprio dos sujeitos orientados para a aprendizagem (AO); pensamento do tipo "Que difícil!... Eu não vou conseguir... Para mim, isso não dá!" são próprios de sujeitos orientados para o resultado e preocupados com sua auto-estima (OR); finalmente, perguntar-se "Como eu poderia me livrar disso o quanto antes?" ou pensar "vou ver se consigo escapar de fazer", são próprios de sujeitos que, por uma razão ou outra, não querem envolver-se na tarefa e são orientados para evitá-la (OE).

O efeito das perguntas iniciais, como se pode deduzir, é diferente. O primeiro tipo de pergunta orienta a atenção para a busca das estratégias e da informação necessárias para fazer a tarefa, com o que são maiores as possibilidades de êxito. Ao contrário, com as perguntas do segundo tipo, ao centrar-se na ansiedade gerada pela experiência da dificuldade, o aluno não busca tão ativamente as estratégias adequadas para resolver o problema e, com isso, aumenta a possibilidade de fracassar. As perguntas do terceiro tipo, finalmente, levam a buscar estratégias que permitam livrar-se o quanto antes da tarefa.

É freqüente observar, também, quando se presta atenção aos momentos em que os alunos fazem comentários em voz alta ao enfrentar alguma dificuldade, que a orientação inicial se mantém *durante a realização da tarefa*. A orientação à aprendizagem (AO) manifesta-se quando o aluno, em um monólogo interior às vezes expressado em voz alta, se pergunta, obviamente com variações dependendo da natureza da atividade: "Que passos devo dar?..O que devo fazer neste momento?..O que me pedem realmente?...Onde encontro tal informação?... O que isso tem a ver com?...". Ao contrário, a orientação para o resultado (OR) comprovado se manifesta em pensamentos e verbalizações freqüentes do tipo: "Será que está bem?... O que significa esse problema?... Não sei se vai dar tempo... Estou certo que não está mal...", às vezes acompanhadas de nervosismo e ansiedade, isto é, por um lado, a orientação para a ação se manifesta na atenção ao processo mediante o qual, utilizando ativamente os conhecimentos conceituais, procedimentais e estratégicos proporcionados pelo ensino, procuramos realizar a tarefa. A orientação para estudo, porém, manifesta-se na atenção aos resultados, que geram estados emocionais diferentes conforme sejam percebidos como progresso ou êxito ou, ao contrário, como paralisação ou fracasso.

Devemos destacar que a orientação motivacional marca um estilo de enfrentamento, mas isso não significa que os alunos atuem de forma rígida. Quando os alunos se deparam com dificuldades persistentes, embora inicialmente tenham reagido procurando aprender, podem mudar e reagir como fazem os alunos orientados para o resultado – fazendo-se atribuições orientadas a preservar a auto-estima como "é muito difícil" – e inclusive abandonando a tarefa (Pardo e Alonso Tapia, 1990). Às vezes, o abandono pode ser razoável devido ao que o sujeito sabe, mas outras vezes se deve à emoção negativa gerada pela dificuldade.

Finalmente, as orientações assinaladas manifestam-se em outros aspectos da atividade do sujeito, dos quais talvez o mais importante seja *a forma de reagir diante dos erros*. Os alunos orientados à aprendizagem, quando recebem um exercício corrigido em que a qualificação é baixa ou quando obtêm uma nota má na prova, recorrem ao professor não para pedir que aumente sua nota, mas para perguntar o que fizeram de errado e para que lhes explique porque está errado. Quando um aluno age assim, ainda está com sua atenção centrada nas ações necessárias para atingir o objetivo que buscava conseguir, chegar a compreender. Para os alunos orientados ao resultado, no entanto, os erros são um fato que confirma suas percepções e expectativas iniciais acerca da dificuldade da tarefa ou de sua incompetência para realizá-la, o que os leva a percebê-los como um fracasso e a reagir procurando desculpá-lo: "Era muito difícil", "Não tive tempo de estudar", etc. Finalmente, os alunos orientados para evitar podem perceber o resultado final como um castigo, no sentido de que o fracasso implica a necessidade de continuar trabalhando, que é justamente o que procuravam evitar.

Efeitos das diferentes formas de reagir diante das dificuldades. Como se pode deduzir das idéias e dos exemplos que expusemos, ainda que os alunos inicialmente estejam atentos a uma explicação ou se ponham a realizar uma tarefa, a probabilidade de que a atenção e o esforço iniciais desapareçam é maior no caso dos sujeitos cuja atenção se centra não em como resolver as dificuldades, mas sim no fato de experimentá-las. Ao contrário, nos alunos cujos pensamentos traduzem uma orientação para as ações a realizar para atingir os objetivos escolares, a probabilidade de encontrar e pôr em jogo os conhecimentos e as estratégias adotados é maior e, por isso, é mais difícil que seu interesse e sua motivação mudem ao longo da atividade.

A exposição anterior pode, contudo, ter suscitado no leitor a seguinte reflexão: "É possível que enfrentar o trabalho escolar pensando de um modo ou outro entre os que foram descritos seja um fator importante que contribua para explicar as mudanças de interesse e de motivação em meus alunos, mas não é algo que esteja fora de meu alcance, em que não posso influir? O que faz com que alunos e alunas pensem de um modo ou de outro?".

Motivação e auto-regulação

As diferenças descritas no modo de perceber as tarefas e no modo de reagir diante das dificuldades definem formas distintas de regular a própria atividade em situações de aprendizagem. Dizer que essas orientações se devem à orientação motivacional distinta, no entanto, é uma explicação insuficiente para saber em que os professores podem intervir. Por trás da disposição dos alunos de atuarem com uma orientação ou com outra há uma série de processos cognitivos e metacognitivos e de reações afetivas que condicionam a forma de atuar.

A auto-regulação do comportamento em um contexto qualquer pressupõe que o sujeito busca uma meta de forma intencional, embora não necessariamente explícita, que decide um plano de ação para consegui-la, que utiliza um critério para avaliar se sua forma de agir o aproxima da meta ou não, que supervisiona o grau em que isso ocorre, que corrige sua atuação e que decide quando deve dar por concluído o esforço e passar para outra atividade. A auto-regulação não é um processo meramente cognitivo. A avaliação que o sujeito realiza da distância que o separa da meta e de sua capacidade de alcançá-la gera emoções que podem interferir no processo e que o indivíduo deve saber manejar. Além disso, os alunos se deparam muitas vezes com o atrativo de atividades orientadas para metas alternativas, atrativo cuja influência deve anular para conseguir a meta desejada. As orientações motivacionais descritas mostram que nesse processo se produzem diferenças sistemáticas entre os alunos, diferenças cuja origem é preciso rastrear.

Significado pessoal das metas e auto-regulação. Um dos elementos-chave que facilita que a forma de pensar dos alunos responda ao padrão de auto-regulação próprio dos sujeitos orientados à aprendizagem é que a consecução da meta interesse diretamente ao sujeito. Boekaerts e Niemivirta (2000) apresentam um exemplo que ilustra esse ponto. Contam o caso de uma menina, Elena, que tinha dois anos quando nasceu sua irmã Clara. Supõem que a menina deve ter percebido que sua irmã era uma rival e que isso motivou a necessidade de mostrar sempre que era superior à sua irmã, pois não perdia a oportunidade de demonstrar sua capacidade de fazer coisas que sua irmã não podia fazer, particularmente ler e escrever. Quando sua irmã fez cinco anos, também começou a ler e a escrever. Obviamente, Elena já não podia dizer que a irmã não era capaz dessas habilidades. Então, pediu aos pais que lhe adiantassem o presente de aniversário, um método de escrita em cursiva que lhe permitia ir muito adiante da irmã. Os pais o compraram, e ela idealizou seu próprio método de aprendizagem. Primeiro, pedia a seus pais e amigos que escrevessem, em cursiva, o que ela tinha escrito em letras de forma e, depois, utilizava os modelos assim obtidos para praticar. Em seguida, fazia o inverso. Escrevia em cursiva, pedia aos outros que lessem em voz alta o que havia escrito e comprovava o que ouvia com o texto escrito em letra de forma. Esse exemplo ilustra como se pode aprender e regular a própria aprendizagem quando o êxito desta está a serviço de uma meta pessoal.

Na sala de aula, no entanto, muitos alunos não têm uma idéia clara de suas necessidades e aspirações nem do valor que pode ter para eles o que lhes sugerem que aprendam, razão pela qual não põem em prática processos auto-reguladores como os ilustrados por Elena, característico dos sujeitos orientados à aprendizagem. Isso não significa que os alunos não aceitem as metas propostas pelo professor. Felizmente, muitos fazem isso. Entretanto, visto que são assumidos de forma superficial, os processos de pensamento mediante os quais regulam sua aprendizagem não são tão adequados como deveriam ser. Esse fato sugere a necessidade de os professores revisarem as linhas de atuação, que, além evidenciarem a relevância de aprender o que se pretende ensinar, podem afetar a profundidade com que os alunos assumem essa aprendizagem como algo de interesse pessoal.

Conhecimento e auto-regulação. Kuhl (1987) assinalou que, entre a decisão de tentar alcançar uma meta e a execução das atividades necessárias para consegui-la, medeia uma série de processos cognitivos e metacognitivos relacionados com o controle da atividade, que podem facilitar ou impedir a consecução da meta. Assim, assinala: a) a importância da atenção do sujeito, atenção que, quando se experimenta uma dificuldade ou um fracasso pode centrar-se de forma seletiva na informação relacionada com as ações necessárias para conseguir a meta, ou, a contrário, na emoção negativa que a experiência adversa pode gerar; b) o conhecimento que o sujeito tem sobre a efetividade potencial de diferentes formas de atuação aplicáveis para conseguir um objetivo; e c) o conhecimento relativo à forma de utilizar os conhecimentos anteriores para resolver o problema.

Se, diante de um fracasso, um sujeito não sabe que é melhor perguntar-se "como posso resolver isso?" e interpretar a experiência como indício para uma maior concentração no problema e para tentar, eventualmente, o uso de estratégias alternativas, em vez de centrar-se no estado criado pela experiência de fracasso; ou se, mesmo sabendo isso, não sabe como atuar – que perguntas se fazer, que informação buscar e onde buscá-la –, ou se não sabe como ou quando aplicar as diferentes estratégias que conhece para resolver problemas, dificilmente poderá regular a atividade de modo que consiga alcançar a meta de aprendizagem buscada. Conseqüentemente, quando se deseja que a motivação dos alunos para aprender não seja afetada pela carência de conhecimentos como os descritos, parece necessário que os professores revisem as linhas de atuação que podem ajudar os alunos a adquiri-los.

Crenças e auto-regulação. Ainda que um aluno procure aprender uma matéria dada, geralmente surgem dificuldades. Já vimos como a percepção delas dá lugar a diferentes formas de pensar e de enfrentar a tarefa, umas mais benéficas para a aprendizagem que outras. Diante desse fato, pode-se pensar que a resposta está em que há alunos prontos e menos prontos, alunos que raciocinam bem com facilidade e alunos que não se inteiram. E, provavelmente, isso nos leve a concluir que, se a motivação depende de saber como enfrentar as tarefas, os professores têm pouco a fazer. Curiosamente, alguns alunos parecem ser da mesma opinião, já que, segundo Dweck e Elliot (1983), desde os 10 anos aproximadamente muitos alunos acham que a facilidade com que se aprende algo é uma espécie de dom com o qual se nasce. E quem não tem não tem. Por isso, quando enfrentam uma tarefa que implica alguma dificuldade, ficam pendentes do resultado: se fazem esforço e fracassam, a única coisa que podem concluir é que não têm valor, o que gera sentimentos negativos.

Todos tivemos a experiência de que, com alguma ajuda, muitos alunos aprendem a realizar as tarefas que lhes pedimos – problemas, redações, comentários de texto, análises, argumentações, etc. Também desde os 10 anos mais ou menos há alunos que pensam assim. Para eles, esforçar-se não supõe uma ameaça e, ainda que cometam erros, consideram-nos como algo natural de que se pode aprender. Portanto, tudo é uma questão de estratégia, por isso enfrentam as tarefas perguntando-se como podem fazê-las; põem em jogo uma estratégia e, se não funcionar, substituem-na por outra.

De acordo com a evidência constatada por Dweck e Elliot, as crenças sobre a própria competência (auto-eficácia) com relação às tarefas de aprendizagem concretas e sobre a possibilidade de modificá-la ativam-se em função do conteúdos sobre os quais versam as tarefas e da facilidade ou da dificuldade que de modo mais ou menos regular se experimenta ao enfrentá-las, dando lugar muitas vezes a inferências valorativas de tipo negativo que desmotivariam os alunos e impediriam um enfrentamento positivo. Conseqüentemente, para modificar a motivação e a capacidade de auto-regulação seria preciso revisar as linhas de atuação que podem contribuir para a manutenção das crenças assinaladas e dos processos de auto-regulação ligados a elas.

É possível aprender os modos de pensar ao enfrentar uma tarefa. Os dois modos de pensar que descrevemos, ambos muito difundidos em nossa cultura, não surgem do nada. De acordo com Kuhl, o fato de serem mediados por conhecimentos sugere que podem ser aprendidos. Assim, por exemplo, em um de nossos trabalhos (Pardo e Alonso Tapia, 1990), os alunos dos grupos experimentais recebiam antes, durante e depois de suas atividades mensagens que sugeriam que o que estava em jogo era aprender, e não estar bem e passar, e trabalhavam em grupos com uma estrutura cooperativa, enquanto que os dos grupos de controle não recebiam esse tipo de mensagens e trabalhavam individualmente ou em contextos competitivos (ver o Capítulo 16 deste volume). Os primeiros mudaram seu modo de pensar a respeito da tarefa na direção desejada.

Na mesma direção apontam os trabalhos revisados por Stipek (1984). Tais trabalhos evidenciaram duas coisas. Por um lado, que quando os alunos entram na escola, em sua maioria tendem a enfrentar o trabalho escolar com confiança e entusiasmo. Mas depois, em um momento crítico que costuma situar-se na 2ª série do ensino fundamental, começam a aparecer condutas tendentes a evitar o fracasso, como, por exemplo, o fato de não se apresentar voluntariamente para fazer algo, etc. Tais mudanças são acompanhadas de outras de tipo cognitivo. Por exemplo, aumenta a tendência a interpretar os resultados da própria conduta como êxitos ou fracassos, em vez de ver o erro como algo natural com que se pode aprender, o que era a tendência natural nas crianças menores. Essa tendência acentua-se até que na adolescência já se observa, de modo habitual, diferenças sistemáticas nos dois tipos de metas que os alunos perseguem e no modo de pensar e de enfrentar as tarefas escolares.

Por outro lado, e paralelamente à tendência anterior, observa-se uma mudança na quantidade e no tipo de informação que os professores fornecem aos alunos com respeito ao seu trabalho escolar e aos resultados dele. Diferentemente do que ocorre com os sujeitos menores, os alunos do ensino médio recebem muito pouca informação no decorrer de suas atividades que sugira pistas para pensar, modos de aproveitar a informação contida nos erros, etc. Ainda que, obviamente, existam diferenças consideráveis entre uns professores e outros, geralmente só se dá informação aos alunos sobre seu trabalho por ocasião das avaliações, de algum trabalho ou no caso de ir ao quadro-negro, informação que, por outro lado, costuma referir-se à qualidade do resultado mais do que ao processo de solução.

Pode-se deduzir facilmente que se à medida que os alunos enfrentam tarefas cada vez mais complexas recebem menos informação que os ajude a pensar de forma precisa sobre o modo de superar as dificuldades, não aprenderão a pensar de modo adequado. Naturalmente, nem todos os alunos experimentam o mesmo tipo de dificuldades nem todos recebem a mesma ajuda, o que explica as diferenças com que nos deparamos nos modos de enfrentar o trabalho escolar. Conseqüentemente, se se pretende conseguir que a forma como alunos interpretam e enfrentam o trabalho escolar facilite a experiência de progresso e com ela a motivação para aprender, é preciso conseguir que nossas linhas de atuação não apenas ponham em evidência que o que está em jogo é a aprendizagem de conhecimentos e habilidades relevantes e úteis, mas que também ensinem a pensar. Vejamos alguns pressupostos que de acordo com a pesquisa psicológica e educacional podem se revelar eficazes para alcançar tais objetivos.

ESTRATÉGIAS MOTIVADORAS PARA A APRENDIZAGEM

Os cenários educacionais – embora com o denominador comum de docente e discente – podem ser de caráter muito variado. Não é nosso propósito esgotar todos os parâmetros possíveis que podem dar lugar a essa variabilidade. Mas, dentro de uma obra com essas características, consideramos necessário enquadrar nossas propostas de intervenção em um contexto de desenvolvimento psicológico e pessoal que, em uma medida importante, produz-se no sistema educacional.

O sistema educacional e a formação das metas

Referimo-nos anteriormente a uma série de metas que podem guiar a disposição de realizar as diferentes tarefas que se apresentam ao aluno nas escolas. Vale, porém, perguntar em que medida sua configuração final é mediada pelo próprio sistema que as demanda.

De autores como Stipeck (1984), Nicholls (1990) ou Covington (2000) e outros, vamos resumir o processo de construção motivacional que acontece em nossas escolas, para, então, apresentar as propostas que nos permitem abandonar o papel de meros espectadores desse processo.

Brincar com as letras e os números

Ao entrar na escola, os meninos e as meninas mergulham em uma série de atividades que se caracterizam por terem estrutura e metas muito parecidas com as dos jogos que realizam com os adultos. Partindo do princípio de que já adquiriram determinados hábitos de autonomia e limpeza, como, por exemplo, comer sozinhos e controlar os esfíncteres, a escola propõe que continuem brincando, mas com alguns materiais com que antes não estavam muito familiarizados. Abre-se para eles um período em que devem aprender e desfrutar do que aprendem. Junto com isso, durante esses cinco anos, produz-se o processo de surgimento dos primeiros rudimentos dos processos de auto-regulação voluntária que acompanham a internalização da linguagem como ferramenta para o pensamento e para a motivação (Montero e Huertas, 1999). Em termos das metas antes descritas prioriza-se a orientação para a aprendizagem, a autonomia e o apreço pelos professores – muito habitualmente pelas professoras – e pelos colegas.

Acabou a brincadeira: entre a lecto-escrita e a escola

A partir dos oito anos, aproximadamente, até o final do ensino fundamental, produz-se uma mudança radical. Quem não souber ler e escrever com uma certa desenvoltura começará a ter problemas. O importante, porém, não é fazer coisas, mas fazê-las bem. Como assinala Stipek (1984), começam a aparecer determinados tipos de informação sobre o rendimento que implicam comparações normativas, avaliações pessoais, etc. Junto com isso, costumam começar a aparecer comportamentos, tais como a perda da espontaneidade na sala de aula, a renúncia ao esforço que pode ser acompanhada de faltas, a escolha de tarefas muito fáceis ou muito difíceis, etc. Tais comportamentos indicam que a introdução no sistema educacional, em sua vertente seletiva, acarreta a aparição de orientações para metas que competem claramente com as que se enfatizavam na fase anterior. É o momento de pôr à prova a auto-estima, conhecer o valor das notas, ligar recompensas ao rendimento acadêmico, etc. Nicholls (1990) descreveu com detalhes o processo de surgimento de determinados elementos cognitivos – atribuições, expectativas, concepções da inteligência – que têm um papel muito importante na configuração dessas orientações motivacionais (ver Capítulo 12 deste volume). Por volta dos 12 anos, a criança já entende esses conceitos do mesmo modo que o adulto (Monereo, 1977). Mas ainda tem mais.

No ensino médio

A maior mudança motivacional que se produz entre essa etapa e a anterior é a que se refere às mudanças nas relações de apego. Passa-se da proteção que têm na relação principal com o professor para uma espécie de desfile de profissionais altamente especializados em sua matéria, mas com muitos grupos para ensinar e bastante preocupados com o nível com que enviarão seus alunos ao próximo escalão educacional. Junto com essa mudança externa, aparecem as mudanças internas associadas à puberdade e à revolução pessoal que implicam. Os hormônios pedem passagem, sem que seus desconcertados proprietários consigam saber ainda as conseqüências que isso tem e terá para suas vidas. O apreço pelos iguais passa a ser um dos elementos fundamentais na orientação motivacional dos estudantes. Esse apreço, além disso, mediará a consolidação da auto-estima pessoal tanto ou mais que o rendimento acadêmico. Também para a consolidação da auto-estima será necessária a aceitação de sua próprias mudanças internas. E tudo isso se produz em um processo no qual a necessidade de autonomia – já não funcional, mas vital –, a necessidade de a pessoa ser ela mesma, passará a ter primeiro lugar nas prioridades.

Em resumo, nessa etapa, estão consolidadas todas as orientações motivacionais que aparecem no contexto educacional, mas ainda em um sistema instável em que prima a vontade de fazer ou conseguir coisas, mas se tem poucas habilidades para isso. Além do mais, apareceu um novo elemento: permanecer no sistema educacional é obrigatório, mesmo que não se renda o suficiente para prosseguir nas etapas seguintes. Nessa nova situação, o conflito entre metas pode ter conseqüências dramáticas: como manter a auto-estima com baixas notas, sem possibilidades de aprender, sem perceber a utilidade pessoal da freqüência à escola e, muito provavelmente, com o desprezo dos professores e de grande parte dos colegas e das colegas?

De resto, como já assinalamos em outro lugar (Montero, 1997), a construção histórica do sentido da atividade da educação formal nos países ocidentais teve implicações no aparecimento de determinadas orientações motivacionais na nossa cultura. A legislação que atualmente regula nosso sistema tem claras implicações para a orientação motivacional dos alunos de ensino médio. Diante da tradicional orientação universitária das escolas de *Bachillerato**, a atual orientação da maior parte do ensino médio vem em cumprimento ao direito à educação que faz parte de nosso ordenamento constitucional. Grande parte dos professores do ensino médio sente que, passado o ensino médio obrigatório, chegou o momento de recuperar o tempo perdido, o momento de preparar o futuro universitário. A ênfase na orientação para as notas e para a auto-estima pode chegar às raias do patológico. Embora isso não ocorra, está claro que na maior parte dos casos implica um aumento desnecessário da pressão a que os estudantes são submetidos.

Estratégias motivadoras na sala de aula

Tendo como ponto de referência tudo o que se disse quanto ao processo de construção da orientação para diferentes metas e do papel que o sistema educacional pode desempenhar nesses processos, passamos agora a expor as diferentes estratégias recomendadas pelos estudiosos para o desenvolvimento de um ambiente motivador na sala de aula e que se apresentam ordenadas em torno de seis dimensões do trabalho docente em sala de aula. Esse agrupamento não é senão um recurso quase mnemotécnico, mas tem a virtude de gerar um bloco muito útil de linhas concretas de atuação para os professores.

O acrônimo TARGET – em inglês, diana ou meta – identifica essas seis dimensões recolhidas por Epstein (1989) e sistematizadas por Pintrich e Schunk (1996): tarefa, autoridade, reconhecimento, grupos, avaliação e tempo.

Características e modos de apresentação e acompanhamento da TAREFA

Essa dimensão se refere ao modo de selecionar e apresentar as tarefas que o professor propõe que a turma realize. Pintrich e Shunk (1996) destacam três elementos importantes. Por um lado, o modo de estruturar a sala de aula: *uni* ou *multidimensional*, isto é, diante do costume de propor uma única tarefa para a aprendizagem de um tema concreto – estrutura unidimensional –, a possibilidade de propor diferentes tarefas, todas direcionadas aos mesmos objetivos – estrutura multidimensional – facilita o desenvolvimento da motivação para a aprendizagem. Essa possibilidade enfatiza a consecução de um certo grau de autonomia por parte dos alunos e serve para amenizar os sentimento de *obrigação* nos casos em que estão mais difundidos. Por outro lado, são as tarefas de dificuldade intermediária que implicam um desafio moderado, as que mais favorecem a motivação para a aprendizagem. Por último, o terceiro elemento faz referência à fragmentação da tarefa. Se o professor se limita a propor as tarefas do ponto de vista do resultado, estimula-se o desenvolvimento de atitudes de impotência entre os alunos menos preparados para fazê-la e a realização de atribuições do êxito à inteligência entre os alunos que são capazes de ir até o fim por si sós. Quando se faz sistematicamente o contrário, facilita-se a reflexão sobre o processo, a motivação pela aprendizagem e, a longo prazo, estimulam-se também as capacidades metacognitivas do aluno.

A estes elementos vale acrescentar outros igualmente relativos ao modo de apresentar e acompanhar o desenvolvimento da tarefa. Em primeiro lugar, no que se refere à apresentação da tarefa, podem-se agregar dois conselhos: ativar a curiosidade e enfatizar a utilidade dos conteúdos que se abordam e se aprendem. Em segundo lugar, no que se refere ao acompanhamento do desenvolvimento da tarefa, nossas recomendações são dirigidas à construção do discurso adequado nos diferentes momentos do processo. Assim, nossa sugestão é que se centrem as mensagens a transmitir antes, durante e depois da tarefa nos seguintes pontos:

a) *antes*, orientar a atenção dos estudantes para o processo de solução mais que para o resultado;
b) *durante*, orientar a atenção dos estudantes para a busca e a comprovação de possíveis meios de superar as dificuldades;

* N. de R.T. O *Bachillerato* é uma modalidade de ensino de nível médio, posterior ao Ensino Médio Obrigatório (Espanha). Compreende dois anos.

c) *depois*, informar primeiro sobre o correto e o incorreto, mas centrando a atenção no processo seguido e no valor do que se aprendeu e, segundo, facilitar a atribuição dos resultados a causas que se percebem como internas, variáveis e controláveis, especialmente se são falhos. Finalmente, uma estratégia reconhecida por todos é a de demonstrar com o exemplo. Ou seja, nos momentos em que o professor realiza diante de seus alunos alguma das tarefas que vai propor, convém que sua atuação seja coerente com o discurso que procura transmitir.

As implicações de diferentes modos de manejar a AUTORIDADE

Há três perfis típicos que caracterizam o modo como os professores manejam a autoridade na sala de aula. Há professores autoritários, que se centram na disciplina e no controle sobre o comportamento dos alunos. Também há professores *permissivos* preocupados unicamente em criar um ambiente de indulgência, evitando "influir" sobre seus alunos. Por último, estão os professores democráticos ou colaboradores, que conseguem um grau razoável de controle, mas de um modo indireto. Apresentam-se como estimuladores da realização das tarefas ao mesmo tempo em que promovem a participação de seus alunos na tomada de decisões com relação a elas.

Os professores descritos em terceiro lugar são os que mais promovem o desenvolvimento da motivação pela aprendizagem, visto que trabalham concomitantemente a percepção da autonomia e a responsabilidade sem abandonar o aluno à própria sorte, isto é, modelando também o processo de realização da atividade escolar. O autoritarismo pode funcionar quando os níveis de conflito são elevados, mas tem a contrapartida de que a auto-regulação não se desenvolve: quando desaparece o controle, desaparece o rendimento. Nos âmbitos permissivos, é possível que não haja conflitos, mas também não haverá motivação. Cada um ter a oportunidade de fazer o que lhe dá vontade não gera nenhum processo motivador para a aprendizagem, nem para o rendimento.

O valor do RECONHECIMENTO

O valor do reforço positivo como incentivador da aprendizagem humana é um fato amplamente comprovado. No contexto da sala de aula, quando se estabelecem boas relações entre o professor e o grupo de alunos, aquele se converte em um ponto de referência, mais ou menos explícito, para a avaliação destes. O mecanismo habitual mediante o qual se produz esse fato é o uso de *elogios* na sala de aula. A chave está em conhecer as implicações motivacionais de *o que* e *como* elogiar.

No que diz respeito ao que elogiar, parece claro que o desejável é que o professor elogie o esforço e o progresso pessoal, insistindo em que os erros são uma parte do processo de aprendizagem. Para isso, é preciso levar em conta duas coisas. Não basta dizer ao aluno que se esforce e elogiá-lo por isso se ao mesmo tempo não se assinala o modo de realizar a tarefa. Por outro lado, é difícil valorizar o progresso se não o avaliamos adequadamente e não assinalamos as vias pelas quais é preciso progredir.

Com respeito ao como elogiar, parece que a motivação pela aprendizagem é facilitada quando tanto o elogio como a avaliação são feitos em particular. Isto é, o elogio em público favorece o surgimento das comparações entre alunos dentro da sala de aula, e isso promove um esquema motivacional relacionado com o bom desempenho, e não com a aprendizagem. O contrário ocorre quando a informação elogiosa se dá de forma pessoal e particular de cada aluno. A recomendação pode ser resumida em que é possível elogiar o fato, a conduta em público, mas de forma impessoal. Quando se quer elogiar a pessoa, que se faça privadamente. E, sem dúvida, o que vale para o elogio vale também para a repreensão: que se comente em público a impropriedade de um fato, mas nunca de uma pessoa; quando a repreensão for pessoal, que se faça de forma particular.

Pode-se motivar propondo atividades para realizar e avaliar em GRUPO

A quarta das dimensões de trabalho na sala de aula que pertencem à esfera do que o professor elabora e que tem implicações motivacionais no trabalho, conhecidas e contrastadas, é o trabalho em grupo. Como já assinalamos várias vezes (Alonso Tapia, 1992b; Huertas e Montero, 2000), esse trabalho deve implicar não apenas a presença de mais de um aluno como unidade de aprendizagem, mas também o estabelecimento de pontos de cooperação entre os componentes do grupo visando à consecução de uma meta comum. O fato de trabalhar em cooperação com outros colegas tem vantagens motivacionais importantes. Não apenas facilita o desenvolvimento de determinadas aprendizagens diante do trabalho clássico individual, como também tem efeitos que poderiam ser considerados terapêuticos para os alunos que já desenvolveram um padrão motivacional de evitar as avaliações negativas ou de medo do fracasso. Fazer parte de um grupo que realiza uma tarefa com êxito aumenta as probabilidades de aprendizagem desses sujeitos e permite melhorar suas expectativas em face do futuro. Além disso, no caso de falhar, a responsabilidade é diluída e aumenta a probabilidade de emergirem as mensagens instrumentais para melhorar, em vez de se estabelecer uma atribuição interna e permanente.

Que AVALIAÇÃO produz qual motivação?

Os especialistas assinalam três eixos relevantes da avaliação do rendimento dos estudantes que os professores costumam fazer, visando a estudar suas conseqüências motivacionais: o eixo *norma-critério*, o eixo *processo-produto* e o eixo *pública-privada*. O uso das formas clássicas de avaliação – referentes a normas, centradas no produto e de caráter público – estimula a orientação para as metas relativas à busca de boas notas no caso dos alunos com elevadas taxas de acerto. Também facilita a orientação para metas relacionadas com a auto-estima, seja por buscar o bom desempenho – quando o que se espera é o êxito –, seja por evitar avaliações negativas – quando o que se produz é um baixo rendimento. Ao contrário, realizar a avaliação referente a critérios, centrada no processo e de caráter privado, facilita o desenvolvimento das metas referentes ao aprender e ao desfrutar e, embora em menor medida, às metas relacionadas com a percepção da autonomia.

É preciso aprender que tudo tem seu TEMPO

Esta última dimensão talvez seja a menos estudada. Sua conexão motivacional reside na relação que mantém com o surgimento de processos de ansiedade. Saber que há um tempo-limite para realizar uma tarefa tende a nos deixar nervosos. A capacidade de assimilar a tensão que nos produz ou escapar de suas redes é algo que facilita um esquema de motivação positiva (busca em face de evasão). O manejo da ansiedade distingue claramente os que são motivados pela busca do êxito dos que evitam avaliações negativas (Monereo e Alonso, 1992). Para o primeiro tipo de alunos transforma-se em ansiedade facilitadora do rendimento, enquanto para o segundo torna-se ansiedade inibidora deste.

Outros âmbitos para a intervenção motivacional

De tudo o que se disse anteriormente, insinua-se a idéia de que o agente motivador por excelência é o professor. Essa ênfase tem uma função saudável, já que pretende propor um cenário de possível controle para o profissional da educação. No sistema educacional, porém, há outros agentes que podem desempenhar um papel importante visando ao desenvolvimento das orientações para metas com maior potencial educativo. Sem pretender ser exaustivos, vamos nos referir ao grupo educacional, entendido em sentido amplo, e ao ambiente de orientação.

A motivação no e a partir do grupo educacional

O título procura enfatizar o fato de que os adultos envolvidos no processo educacional também terão configurado ao longo de sua vida diferentes modos de abordar as metas do trabalho na escola. Não se pode intervir em uma ação, se esta não foi assumida como própria. Nessa linha, o primeiro passo é avaliar de algum modo a situação. Também é aconselhável fazer-se perguntas como: que tipo de metas predomina na escola?; como se propõem as tarefas nas diferentes estruturas de funcionamento (assembléia, equipe diretiva, seminários, tutorias, etc.)?; como se maneja a autoridade?; que tipo de avaliação se estimula na escola? (Monereo, 1997).

Nossa experiência como formadores nesses temas leva à constatação da existência de sérios problemas na orientação para metas dos próprios professores. Nesse caso, as metas já não são relativas à aprendizagem, mas ao ensino. Tomar consciência do que propomos pode levar a rever situações que aumentam a probabilidade de que os professores se sintam sobrecarregados em sua atividade cotidiana. A tentação de evitar as situações mais difíceis atribuindo-as aos que têm menos direitos adquiridos não beneficia ninguém. Convém abordar os problemas de uma perspectiva de aprendizagem. Assim, é recomendável incluir ações de formação em que se estudem as dimensões motivacionais do trabalho na sala de aula e na escola. Colocar os aspectos formativos em um esquema de reflexão ou de pesquisa em grupo sobre a prática educacional pode ser um recurso excelente para conseguir a motivação dos próprios professores.

A motivação a partir da orientação educacional

Para ilustrar o modo como a atividade de orientação educacional pode ser um âmbito de intervenção motivacional, vamos resumir algumas organizadas em torno da figura legal que articula os diferentes planos dessa atividade, o Plano de Ação Tutorial (PAT). Esse plano assinala os conteúdos da atividade tutorial que deve ser dirigida a três grupos: o grupo de aula, as famílias respectivas e o grupo de professores com carga letiva no grupo.*

Em primeiro lugar, queremos assinalar que, embora tradicionalmente a classe de tutoria tenha sido um espaço dedicado a reunir as queixas do grupo com relação aos diferentes aspectos do andamento do grupo, ou a resolver possíveis conflitos em alguma área particular, o conteúdo do PAT relativo ao grupo de sala de aula deve incumbir-se de trabalhar aspectos da avaliação educacional, a informação sobre o processo educacional de todo o grupo, o desenvolvimento dos aspectos relativos ao autoconceito ou à auto-estima. Como já vimos, o modo como se propõe a avaliação terá importantes repercussões para o autoconceito e a motivação para a aprendizagem. À medida que as informações sobre os resultados da avaliação que se proporcionam aos alunos podem ser enquadradas em um processo de detecção-solução de problemas, se incrementará a conexão entre esforço e rendimento fundamental para o desenvolvimento do autoconceito e da motivação para a aprendizagem.

Em segundo lugar, no que diz respeito às famílias, vale assinalar que à medida que a ação tutorial com elas seja coordenada com as que se realizam com o grupo e com a equipe docente, a eficácia da intervenção será maior. Portanto, o que se dizia a respeito da avaliação com o grupo de aula se aplica perfeitamente ao trabalho com as famílias. Em uma dinâmica similar ao que poderia ser uma escola de pais, o orientador e o tutor poderão formar as famílias nos aspectos que fomentem o desenvolvimento da orientação para as metas com maior potencial educacional. Nesse sentido, será fundamental formar os pais nas questões relativas ao manejo da autoridade, ao fomento da responsabilidade e à autonomia pessoal, à potencialização das metas de aprendizagem, ao uso de estilos atributivos adequados, à destinação de ajudas e mensagens instrumentais, etc.

Por último, o PAT deve incluir também atuações específicas orientadas à equipe docente do grupo-classe. Essas atuações, organizadas em torno da coordenação dos programas das matérias ou das disciplinas e dos procedimentos e dos critérios de avaliação das aprendizagens, devem ter como finalidade concretizar os modos de implantação das dimensões de intervenção motivacional que se considerem mais adequados.

* N. de R.T. Refere-se à realidade espanhola.

11 A aprendizagem escolar do ponto de vista do aluno: os enfoques de aprendizagem

MARÍA LUISA PÉREZ CABANÍ

INTRODUÇÃO

Como se evidencia ao longo desta obra, a aprendizagem escolar e suas características foram, e ainda são, motivo de múltiplos trabalhos de pesquisa no âmbito da psicologia da educação, que, de diferentes ópticas, formularam propostas para explicar e compreender esse processo ou algumas de suas particularidades. Neste capítulo, refiro-me a um amplo conjunto de estudos que se desenvolveram durante as últimas décadas aproximadamente, em particular na Grã-Bretanha, na Suécia e na Austrália – embora também tenha havido contribuições de outros países –, que centram seu interesse em estudar a aprendizagem escolar da perspectiva do aluno, em conhecer as intenções, os interesses, as estratégias e os motivos que levam os alunos e as alunas a enfrentarem as tarefas acadêmicas e a atuarem em um determinado sentido em uma situação específica.

Uma característica comum desses estudos é que se desenvolveram principalmente a partir de uma metodologia de pesquisa qualitativa, a fenomenografia, cujo objetivo é conhecer, sistematizar e compreender como as pessoas concebem e conceituam suas experiências cotidianas (Marton e Säljö, 1976). Grande parte desses trabalhos se realizou nos ensinos médio e superior, e o motivo de eleger essa metodologia, amplamente argumentado por Entwistle (1997, 2000), foi buscar uma validade ecológica, isto é, poder descrever as experiências educacionais cotidianas em contextos naturais, considerando a sala de aula como um ecossistema. Esses autores também explicam a emergência do enfoque como alternativa às pesquisas realizadas previamente a partir de outras metodologias nas quais os diferentes níveis de atuação acadêmica se expressam em termos de características relativamente estáveis dos alunos, considerando tais características como responsáveis pelos problemas que possam surgir na aprendizagem, sem levar em conta a influência de fatores tão determinantes como o ensino ou o contexto e que as explicações expressas nesses termos ficam distanciadas da experiência dos participantes e de suas possibilidades de intervenção. Tomando como base esses argumentos, o objetivo de tais estudos reside, especificamente, em aprofundar-se na reconceituação da relação entre ensino e aprendizagem, partindo da idéia de que o resultado da aprendizagem depende da interação entre as variáveis que intervêm no processo (Entwistle, 1998).

Com o objetivo de explicar a via alternativa desse conjunto de trabalhos e sua ajuda para a compreensão do processo de ensino e aprendizagem, o capítulo foi organizado da seguinte maneira: em um primeiro momento, foram analisados o surgimento, a evolução e a concepção atual dos enfoques de aprendizagem; em segundo lugar, foram situados os enfoques de aprendizagem no esquema básico para a análise dos processos escolares de ensino e aprendizagem e foram estudadas as relações que se estabelecem entre os enfoques e os três elementos básicos do triângulo interativo: a atividade mental construtiva dos alunos, a atividade educacional do professor e os conteúdos. Dedicou-se um terceiro e último item aos estudos das relações entre os enfoques e a qualidade da aprendizagem, visto que um dos objetivos básicos dos estudos da aprendizagem escolar da perspectiva do aluno é saber em que medida é possível otimizar tal qualidade.

PARA UMA CONCEITUAÇÃO DOS ENFOQUES DE APRENDIZAGEM

O ponto de partida do conjunto de trabalhos interessados no estudo da aprendizagem da perspectiva do aluno foram as pesquisas realizadas por Marton e Säljö (1976). Em um contexto acadêmico, ainda que em situação experimental, os autores avaliaram os níveis de compreensão que os alunos tinham conseguido depois de ler um texto e a explicação que davam sobre o processo seguido. As análises realizadas mostraram que as diferenças no nível de compreensão se deviam às mais diversas intenções e atuações dos alunos durante o processo do que à quantidade de informação processada ou recordada. Essa distinção levou ao termo *enfoque de aprendizagem*, para denominar o conjunto de intenções que orientam e condicionam a atuação do aluno durante o processo de aprendizagem. No primeiro trabalho de Marton e Säljö, em que os alunos explicaram suas intenções ao realizarem a leitura, os pesquisadores os agruparam em duas categorias: os que tinham a intenção de compreender o significado do artigo, interagindo ativamente com os argumentos do autor e relacionando-os com o conhecimento prévio e a própria experiência, foram categorizados como alunos com um *enfoque profundo*; os que tentavam memorizar as partes da informação que consideravam importantes, guiados pelos requisitos específicos da tarefa, sem levar em conta outras condições, foram agrupados sob a epígrafe *enfoque superficial*.

Em um estudo posterior, Entwistle, Hanley e Ratcliffe (1979) diferenciam em cada um dos enfoques – superficial e profundo – propostos por Marton e Säljö uma subdivisão – ativo ou passivo –, conforme fosse a intenção dos estudantes de responder às perguntas: a) explicar as conclusões do autor e analisar como as justifica, *profundo ativo*; b) resumir cuidadosamente o argumento principal e as conclusões, *profundo passivo*; c) descrever os pontos principais sem integrá-los em um argumento, *superficial ativo*; d) mencionar alguns aspectos ou exemplos isolados, *superficial passivo*. Os mesmo autores indicam que, embora tais descrições se refiram claramente a tipos "ideais" e poucos estudantes apresentassem todas as características atribuídas a cada um deles, era possível incluí-los em um grupo ou em outro, levando em conta algumas das principais características que os definiram.

Avançando mais um passo, os trabalhos de Entwistle e Ramsdem (1983) sugerem a necessidade de introduzir uma terceira categoria de enfoque – *enfoque estratégico* –, descrito mais como um enfoque de estudo que de aprendizagem, visto que emerge principalmente como reação às demandas de avaliação. O interesse, nesse caso, é obter o melhor resultado possível na avaliação, e a intenção do estudante se centra na organização efetiva do estudo.

A partir dessas primeiras aproximações dos enfoques de aprendizagem, realizaram-se numerosos trabalhos em diferentes contextos e situações com o objetivo de delimitar melhor esse conceito e avaliar sua contribuição ao processo de ensino e aprendizagem que se desenvolve nas salas de aula. Entre eles, se destacaria o trabalho de Selmes (1988), um dos primeiros a ser publicados em língua castelhana, em que o autor, baseando-se em um trabalho realizado com estudantes de ensino médio, distingue três características do enfoque profundo: as tentativas de integração pessoal do material, a busca de relações entre os materiais e a extração do significado dos materiais envolvidos, que têm sua correspondente contrapartida no enfoque superficial. Também Entwistle (1988) começa a elencar as características diferenciais dos enfoques de aprendizagem e a elaborar um modelo heurístico do processo de ensino e aprendizagem que foi completando em seus trabalhos posteriores.

Paralelamente aos trabalhos orientados a delimitar o conceito de enfoque de aprendizagem e as características dos enfoques superficial e profundo, surgiu o interesse de alguns autores em elaborarem instrumentos para identificar e medir os enfoques de aprendizagem e sua relação com outros fatores envolvidos no processo de aprendizagem. Encontra-se uma amostra representativa de tais instrumentos no *Approaches to Studying Inventory* (ASI), apresentado por Entwistle, Hanley e Hounsell (1979) e no *Study Processes Questionnaire*, (SPQ) elaborado por Biggs (1987). Esses inventários descrevem diferentes dimensões no processo de aprendizagem, que corresponderiam aos enfoques de aprendizagem definidos. Tait, Entwistle e McCune (1998) revelam o grau de correspondência existente entre o ASI e o SPQ e propõem, a partir desses instrumentos, um novo inventário, *Approaches and Study Skills Inventory for Students* (ASSIST), que inclui no estudo um indicador da consciência metacognitiva. O SPQ foi adaptado para o castelhano por Barca (1999) utilizando uma amostra de estudantes universitários.[1]

O valor desses instrumentos é relativo, pois se o enfoque de aprendizagem que um estudante adota é variável em função do cenário educacional de que participe, estes apenas poderão detectar a existência de uma certa consistência em sua maneira de enfocar as tarefas de aprendizagem e estudo (Biggs, 1993). De uma perspectiva crítica mais ampla e baseando-se em estudos transculturais, alguns autores (Webb, 1997; Watkins, 1998) argumentam que esses instrumentos estão distorcidos pela maneira de compreender, a partir da cultura ocidental, qual é a melhor atuação do estudante para aprender, crítica a que Entwistle (1997) responde pontuando que o único parâmetro dos enfoques de aprendizagem que se pode gerar é o que evidencia a intenção com que os alunos empreendem as atividades de aprendizagem.

O desenvolvimento de tais trabalhos durante os últimos anos, incluindo as controvérsias que ocorreram algumas vezes, é o que permite chegar-se ao conceito atual de enfoque de aprendizagem. Os trabalhos mais recentes definem os enfoques de aprendizagem como *a intenção que orienta a atividade dos estudantes em um processo complexo, que inclui simultaneamente consistência a variabilidade*.

Consistência

Marton e Säljö (1997) sustentam que nas atividades de estudo cotidianas, em que os estudantes explicam sua maneira de enfrentar múltiplas tarefas, para as quais o tempo disponível é – muitas vezes – insuficiente, e em que existem demandas específicas de avaliação, os alunos desenvolvem tarefas rotineiras. Isto é, existe uma consistência de conjunto na atuação, como um modo habitual de "transação" que determina a atuação em outras tarefas e em contextos similares e leva os estudantes a orientarem-se para um outro enfoque.

Variabilidade

Por outro lado, embora exista uma certa consistência no enfoque adotado, os autores manifestam que seu nível é relativamente baixo, visto que esta é fortemente afetada pelas condições específicas de cada situação, que favorecem a variabilidade. Os estudantes não utilizam o mesmo enfoque em todas as matérias, nem em todos os temas e tarefas dentro de uma mesma disciplina. As condições do contexto podem favorecer ou dificultar aos estudantes a adoção de um enfoque determinado. Inclusive quando se adota habitualmente um enfoque profundo, este requer uma quantidade substancial de tempo, e o estudante tem de avaliar seu proceder habitual e os prazos para realizar e apresentar os trabalhos acadêmicos que lhe são passados.

Complexidade

Outra consideração importante, de uma perspectiva mais global, é a que formula Entwistle (1998) quando expõe que o uso difundido dessas categorias (superficial, estratégico e profundo) originou simplificações e interpretações errôneas. Algumas vezes, os enfoques de aprendizagem foram tratados como uma maneira de descrever o estudante, mais do que como categorias para descrever o significado e o sentido que os estudantes atribuem a uma tarefa em um contexto específico, mas não se deve esquecer que o que se classifica é o enfoque, não o estudante. Classificar os alunos em função das categorias definidoras de cada enfoque supõe uma simplificação que pode ter efeitos prejudiciais.

As características que definem os enfoques de aprendizagem são úteis para uma orientação geral da intenção com que se orienta a aprendizagem, mas o enfoque deve ser reinterpretado de maneira mais ampla e profunda, em cada contexto de aprendizagem. Um enfoque profundo sempre implicará a intenção de compreender, mas as maneiras de pensar que levam à compreensão podem variar de acordo com as condições da tarefa.

Um exemplo disso seria o uso que se pode fazer da memorização. O enfoque profundo pode, às vezes, necessitar do uso da memorização de termos ou de outros detalhes, mas essa memorização está em um sistema por meio do qual se tenta compreender. No enfoque superficial, no entanto, a memorização tende a centrar-se em fragmentos de informação isolados, com a intenção de poder reproduzi-los da mesma forma como foram aprendidos inicialmente, sem elaboração ou reconstrução. A memorização pode inclusive ser parte, alternadamente, de diferentes caminhos ou maneiras de pensar, ainda que por si só seja característica do enfoque limitado da aprendizagem que é inapropriado como principal maneira de aprender a matéria de uma série.

Na Figura 11.1, é apresentada a proposta de Entwhistle (1998, 2000) para definir as características dos enfoques de aprendizagem em sua concepção atual. Com o objetivo de evitar uma simplificação dessas categorias, optou-se por representá-las como os dois extremos de um contínuo, dentro do qual os estudantes podem situar-se em um ou em outro ponto em função das características específicas da situação de ensino e aprendizagem. Situou-se o enfoque estratégico em um eixo alternativo, visto que pertence a uma dimensão distinta e pode relacionar-se tanto com o enfoque profundo como com o superficial.

A principal diferença entre o enfoque profundo e o enfoque superficial é que enquanto no primeiro, a intenção de dar à informação um significado pessoal leva a um processo de aprendizagem ativo no qual o estudante *transforma* o material de aprendizagem para dar-lhe sentido, no segundo, a intenção de cumprir a tarefa realizando o mínimo esforço leva a desviar a atenção para aspectos isolados e pouco relevantes e, conseqüentemente, a *reproduzir* a informação, em vez de interpretá-la. No enfoque estratégico, a ênfase se centra em organizar o tempo e o esforço da maneira mais efetiva em função de como são percebidas as demandas de avaliação.

Como é lógico, é impossível adotar simultaneamente um enfoque profundo, mas em compensação é freqüente uma combinação de enfoque estratégico-profundo ou estratégico-superficial. Adotar um ou outro enfoque, porém, não é fruto do acaso, mas de um conjunto de fatores que condicionam as intenções e as atuações dos alunos ao longo do processo de ensino e aprendizagem em contextos específicos. Dedicar-se-á os próximos itens à análise das relações que se estabelecem entre esses enfoques e os enfoques de aprendizagem.

OS ENFOQUES DE APRENDIZAGEM E ESTUDO NOS PROCESSOS ESCOLARES DE ENSINO E APRENDIZAGEM

De acordo com o exposto no item anterior, o valor que se atribui aos enfoques de aprendizagem e estudo a partir das pesquisas que se centram na perspectiva dos alunos perderia parte de seu sentido se não analisasse a relação estabelecida entre esses enfoques e os demais fatores que intervêm no processo de ensino. Mas concordo com Coll (1999b) quando expõe que a simples observação de qualquer atividade de ensino e aprendizagem destaca três fatos: a enorme heterogeneidade de fatores que intervêm em seu planejamento, em seu desenvolvimento e em seus resultados; a impossibilidade material e técnica de identificar, de descrever e de registrar com precisão os fatores envolvidos; e a impressão de que nem todos os fatores envolvidos têm a mesma importância para compreender e explicar a maneira como se formula e se desenvolve a atividade e os resultados a que ela conduz. Esses fatos evidenciam não só a impossibilidade de um olhar onicompreensivo e global, como também a necessidade de selecionar alguns dos fatores e relações dos processos escolares de ensino e aprendizagem para sua análise.

Por outro lado, intervêm nessa seleção outras duas variáveis: o fator ou os fatores aos quais se concede uma atenção preferencial – em nosso caso, os enfoques de aprendizagem – e a concepção do que significa e implica ensinar a aprender. Com relação a essa segunda variável, associa-se, mais uma vez acompanhando Coll, ao postulado básico da concepção construtivista, que situa a chave dos processos escolares de ensino e aprendizagem na interação dos três elementos do triângulo interativo: a atividade mental construtiva dos alunos, a atividade educacional e de ensino do

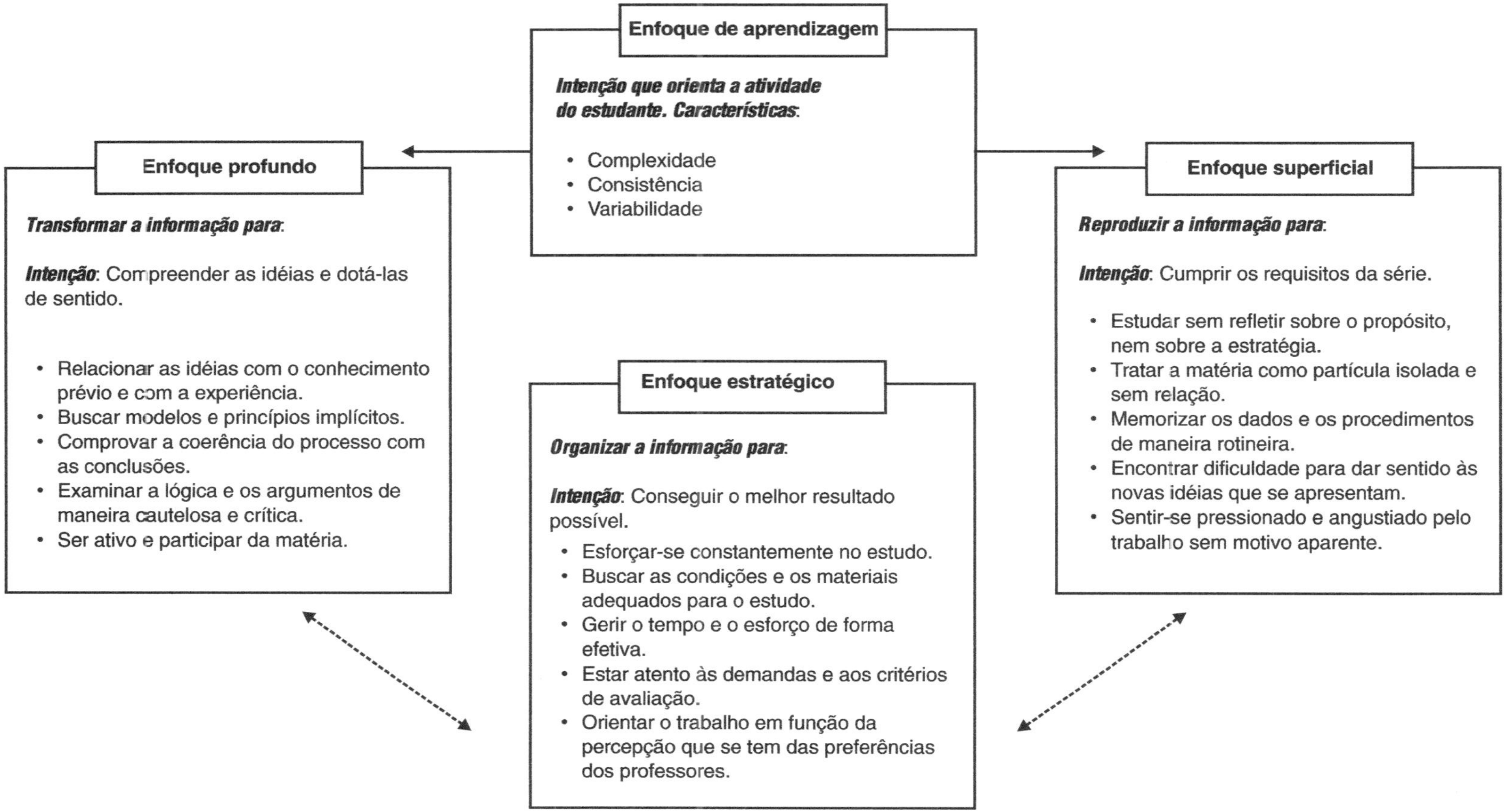

FIGURA 11.1 Enfoques de aprendizagem (definidos por Entwistle, 1998, 2000).

professor e o conteúdo. A partir desses parâmetros, situa-se na Figura 11.2 os enfoques de aprendizagem no esquema básico para a análise dos processos escolares de ensino e aprendizagem de uma perspectiva construtivista. Acrescento uma dimensão que engloba os três eixos, o contexto de ensino e aprendizagem, para ressaltar o fato de que todas as relações que serão analisadas ocorrem em um cenário específico e que os princípios e os critérios que se priorizem nele incidirão na dinâmica das salas de aula e, conseqüentemente, no enfoque de aprendizagem que os alunos adotem.

A seguir, enfoca-se sucessivamente o olhar sobre os fatores mais próximos a um ou outro dos três elementos do triângulo interativo. Selecionarei para análise, entre todos eles, unicamente aqueles fatores que mantêm uma relação mais direta com os enfoques da aprendizagem.

Fatores da atividade mental construtiva dos alunos relacionados com os enfoques de aprendizagem

A idéia de que na atividade mental construtiva dos alunos no âmbito escolar intervém um conjunto de fatores cognitivos, relacionais e afetivos estreitamente relacionados entre si é cada vez mais compartilhada por pesquisadores e profissionais da educação. À medida que se produz a aprendizagem não apenas se constroem significados mais complexos, como também se atribui aos conteúdos um sentido progressivamente mais integrado na própria estrutura pessoal. Mas de que maneira esses fatores orientam a intenção dos alunos para aprender em uma situação que se desenvolve sob condições concretas em um cenário escolar? Talvez a primeira questão para responder à pergunta formulada, já que faz parte tanto do cognitivo como do relacional e do afetivo, seja saber o que significa para os estudantes aprender, ou seja, sua *concepção de aprendizagem*.

A partir da análise das respostas de um grupo de alunos de educação superior à pergunta: "O que significa para você aprender?", Säljö (em um trabalho não-publicado citado por Entwistle, 1998) estabeleceu uma classificação hierárquica das concepções de aprendizagem em cinco categorias que abarcam desde uma perspectiva mais simples, em que se concebe a aprendizagem como a aquisição de blocos ou fragmentos de informação proporcionados por outras pessoas, até outra mais sofisticada, em que se concebe a aprendizagem como a construção de conhecimento mediante um processo que amplia, progressivamente, e torna mais complexa a rede de conhecimentos aprendidos. Pesquisas posteriores realizadas em diferentes situações de aprendizagem e com diferentes populações confirmaram o contraste entre as concepções identificadas por Säljö e proporcionaram algumas explicações mais específicas, como a possibilidade de que a concepção se centre no que se aprende ou em como se aprende, ou que se dê ênfase aos aspectos mais estruturais e internos ou aos mais referenciais ou contextuais da aprendizagem (Marton, Dall'Alba e Beaty, 1993). Mais recentemente, Pozo e Scheuer (1999) distinguem três concepções: as que se baseiam em uma teoria direta, nas quais se considera a aprendizagem como um estado, "sabe-se uma coisa ou não se sabe"; as que se baseiam em uma teoria interpretativa, nas quais se consideraria a aprendizagem como um processo que se desdobra no tempo e em que a atividade pessoal é uma mediação necessária; e as que se baseiam em uma teoria construtiva, nas quais se concebe a aprendizagem como um sistema composto pelos resultados, pelos processos e pelas condições contextuais, que interagem e se condicionam mutuamente.

Os resultados obtidos até o momento pelo conjunto de pesquisas não são definitivos, mas permitem estabelecer algumas relações entre as concepções e os enfoques de aprendizagem. As concepções mais simples (memorizar, saber ou não saber) são mais próximas ou podem levar mais facilmente a enfocar a aprendizagem e o estudo de maneira mais superficial, visto que aprender implicaria, nessas concepções, realizar tarefas de memorização e reprodução dos blocos de informação recebida. Se se situa no extremo oposto, as concepções mais complexas (compreender a realidade) levariam a interpretar as idéias e a transformá-las para dotá-las de significado, características mais próximas de um enfoque profundo (Marton e Säljö, 1997; Entwistle, 1998).

Se agora se dirige o olhar aos três fatores cognitivos (amplamente tratados nos Capítulos 7, 8 e 9 desta mesma obra) que permitem

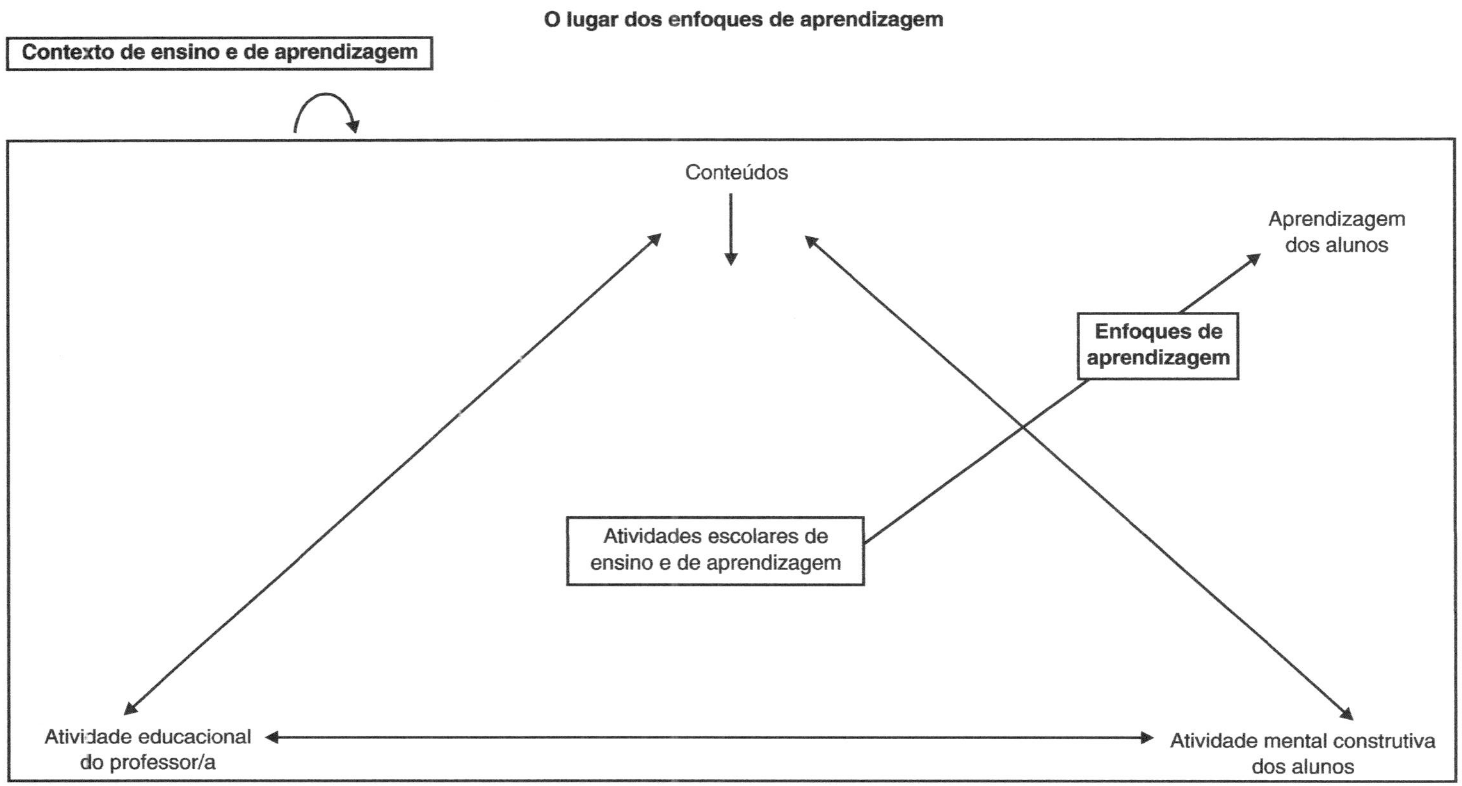

FIGURA 11.2 Esquema básico para a análise dos processos escolares de ensino e de aprendizagem.
Fonte: Adaptada de Coll, 1999b, p.22. (O grifo é nosso.)

dar *significado* àquilo que se aprende, se encontrará também, como se exporá a seguir, alguns pontos de ligação com os enfoques de aprendizagem. Os *conhecimentos prévios* a respeito do conteúdo a aprender, ou seja, o que o aluno já sabe de um tema e a quantidade e a riqueza de relações que seja capaz de estabelecer, permitirão a ele interpretar e transformar o novo conteúdo e dar-lhe significado – enfoque profundo – ou, ao contrário, a falta de conhecimentos prévios ou a distância excessiva entre tais conhecimentos e a nova informação só permitirá memorizar alguns fragmentos do conteúdo de maneira isolada. Para construir uma base sólida e promover um enfoque profundo, será necessário que a nova informação se ajuste aos conhecimentos prévios dos estudantes, mas estes teriam de dispor também de conhecimento procedimental e condicional ou estratégico, ou seja, de *estratégias de aprendizagem* que lhes permitam tomar decisões de maneira consciente e intencional sobre como, por que e em que condições utilizar procedimentos de aprendizagem com objetivos em uma situação determinada (Monereo e outros, 1994). Particularmente interessante a esse respeito é assinalar que, se um aluno não dispõe dos recursos necessários para adotar um enfoque profundo, será impossível fazê-lo, mesmo que essa seja sua intenção. Na mesma linha, um estudo realizado por Vermunt (1996), no qual contrasta as estratégias de aprendizagem com diferentes formas de regulação, permite diferenciar quatro grupo coincidentes com os enfoques de aprendizagem: não-dirigido (superficial passivo); dirigido a reproduzir (superficial ativo); dirigido à aplicação (estratégico); e dirigido ao significado (profundo). Dessa perspectiva, entre a auto-regulação e o enfoque profundo estabelece-se uma relação diretamente proporcional.[2]

Os fatores analisados até o momento oferecem alguns indicadores para compreender o grau em que os estudantes "podem" dotar de significado aquilo que aprendem e adotar um enfoque profundo. Mas, como já se mencionou, existem outros fatores complementares aos anteriores, mais ligados ao relacional e ao afetivo (tratados em profundidade nos Capítulos 10 e 12 desta obra), que incidem em que os alunos "queiram" aprender, ou seja, em que aprender tenha *sentido*. É evidente que a vontade de aprender e o enfoque de aprendizagem estão diretamente relacionados, mas parece existir uma série de condições que determinam a possibilidade de que o aluno atribua certo sentido à aprendizagem e que este o leve a adotar um ou outro enfoque (Solé, 1993; Miras, 1996). Entre essas condições, ressaltariam a possibilidade de que o aluno tem de *representar para si* a tarefa de aprendizagem, ou seja, do que consistirá, o que terá de fazer e em que condições; seu *interesse* e sua *motivação* pela tarefa e por seu conteúdo, vinculada à questão de por que fazê-lo, e o grau de competência que o aluno sente que possui para desenvolver e realizar essa tarefa de maneira autônoma, ou seja, seu *autoconceito* e sua *auto-estima*.

Existem numerosos trabalhos que evidenciam a estreita relação existente, por um lado, entre enfoque profundo e motivação intrínseca, e, por outro, entre enfoque superficial e motivação extrínseca (ver Marton e Säljö, 1997). Ainda que não seja simples conceituar e ordenar a infinidade de dimensões relevantes no estabelecimento dessas relações, levando em conta os elementos centrais do processos de ensino e aprendizagem, podem-se distinguir basicamente dois grandes blocos de motivos que aproximariam os estudantes de um ou de outro enfoque. O primeiro grupo inclui os motivos que têm como meta a aprendizagem, que levam o estudante a centrar-se na tarefa e a dirigir sua atenção ao incremento de sua própria competência, a atuar por um interesse pessoal e a experimentar um certo grau de satisfação na realização da atividade porque é considerada valiosa ou interessante por si mesma. O segundo grupo é formado pelos motivos centrados no resultado, que movem o aluno a obter uma boa nota, para ficar bem ou evitar ficar mal, sendo os incentivos principais aqueles vinculados aos reforços externos, aos elogios públicos e à valorização social.[3]

Tais motivos nem sempre são claramente definidos e diferenciados e, às vezes, são ocultos. Além disso, não dependem exclusivamente dos alunos, já que as decisões do professor e as características do cenário educacional – que podem facilitar uma situação de aprendizagem cooperativa, competitiva ou individualista – também repercutem na motivação e nos objetivos dos estudantes. Mesmo levando em conta essa variabilidade, parece lógico supor que o aluno que representa a aprendizagem como um *objetivo pessoal* mais do que como uma imposição externa, que compreende a funcionalidade das tarefas que lhe são propostas e as percebe como um objetivo alcançável em função do recursos de que dispõe dirigirá sua atenção para um enfoque profundo.

Os objetivos dos estudantes, na opinião de Beaty, Gibbs e Morgan (1997), podem ir variando em um processo de negociação consigo mesmos, em função da experiência e do desenvolvimento da atividade. Nessa negociação, a adoção de um enfoque profundo, relacionado com a motivação intrínseca, exige algumas decisões suscetíveis não apenas de favorecer o domínio de procedimentos, a adoção de atitudes e a compreensão de determinados conceitos, mas também de gerar sentimentos de competência, de auto-estima e de respeito em relação a si mesmo no sentido mais amplo (Solé, 1993).

Em termos gerais, pode-se dizer que as situações de ensino e aprendizagem a que o estudante atribui mais sentido favorecerão em maior medida a adoção de um enfoque de aprendizagem profunda. Ao contrário, quanto menos sentido se atribui à situação, mais provável será que adote um enfoque superficial.

Como mostram Marchesi e Martín (1998), a relação dos fatores afetivos e relacionais com os enfoques de aprendizagem dos alunos permite em certo sentido voltar a fechar o círculo das relações entre cognição e emoção, já que se trata de um constructo teórico que engloba as duas dimensões. Mas também é certo, como se destaca ao longo deste capítulo, que os enfoques de aprendizagem não se encontram nem pertencem exclusivamente ao universo do aluno, mas são criados em um contexto específico. Dessa perspectiva, passa-se a analisar nos itens seguintes a incidência desses outros elementos do contexto nos enfoques de aprendizagem.

Fatores da atividade educacional do professor/a relacionados com os enfoques de aprendizagem

Assim como a atividade construtiva dos alunos, a atividade educacional do professor no contexto escolar foram objeto de inúmeras pesquisas de muitas perspectivas. Por esse motivo, assumindo o risco de uma certa parcialidade, dirijo a atenção unicamente para os fatores da atividade educacional do professor que, à luz das pesquisas realizadas, mantém uma estreita relação com os enfoques de aprendizagem adotados pelos alunos: as concepções sobre o ensino, os enfoques do ensino, a metodologia e a avaliação.

Com relação ao primeiro desses fatores, as concepções dos professores sobre o ensino, as respostas à pergunta "o que significa para você ensinar?" permitiram a Foz (1983) realizar uma primeira aproximação dessas concepções. Posteriormente, e com o objetivo de se aprofundar no tema, realizaram-se outros estudos (ver Biggs, 1996; Trigwell e outros, 1998), que permitiram agrupar as concepções dos professores sobre o ensino em diferentes categorias, similares às que foram descritas anteriormente para os estudantes. De forma resumida, tais categorias incluiriam desde uma concepção mais centrada no professor, na qual se dá ênfase a transmitir a informação – associada a uma concepção reprodutiva da aprendizagem e a uma evolução da qualidade e da fidelidade da informação reproduzida, favorecedoras de um enfoque de aprendizagem superficial –, até uma concepção mais centrada nos estudantes, entendendo o ensino como uma ajuda orientada a despertar o interesse dos alunos e seu pensamento crítico e independente – associada a uma concepção da aprendizagem como interpretação e transformação e da avaliação como valorização das mudanças qualitativas em relação ao que se aprende e como se estrutura o conhecimento, favorecedoras de um enfoque de aprendizagem profunda.

A concepção do professor deveria manifestar-se em sua maneira de enfocar o ensino ou, em outras palavras, em sua intenção ao planejar e realizar as atividades da aula, mas nem sempre é assim. Kember (1998) mostra que às vezes, embora os professores tenham uma concepção do ensino centrada no estudante, eles focalizam o ensino na transmissão da informação. A esse respeito, mas em sentido contrário, Petraglia (1998, p. 5, citado por Salomon, 1998) considera que, com poucas exceções, os professores tendem a cair no que ele chama de versão domesticada do construtivismo, ou seja, utilizam novos significados para conseguir velhos fins ou, como diz esse autor com certa ironia, "saca-se um reluzente mascote teórico para alardear, mas assegurando que não constitui um desafio real à idéia da educação com que nos sentimos mais à vontade".

Com relação à influência da metodologia do ensino nos enfoques de aprendizagem, Ramsden (1997), ao perguntar aos estudantes sobre suas experiências em aula, constata que estes sugerem três características dos professores que favorecem a adoção de um enfoque profundo: a) uma explicação de qualidade oferece a possibilidade de dar significado e sentido a um conteúdo; pode servir de modelo de diferentes formas de argumentar e utilizar os princípios básicos de uma disciplina e pode favorecer a curiosidade e a conexão com os conhecimentos prévios por meio da formulação de problemas, exemplos, metáforas, analogias e casos pessoais; b) a demonstração de entusiasmo na comunicação incide no interesse e na participação ativa; alguns estudantes podem inclusive modificar sua intenção para um enfoque profundo se, pela experiência de vida, compreendem a relevância das atividades que lhes são propostas; c) a empatia, ou seja, a capacidade do professor de situar-se na perspectiva dos estudantes, permite-lhe compreender as dificuldades que pode supor o estudo de uma matéria ou um tema concreto e distinguir a ajuda de que necessitam para passar de um desconhecimento inicial do tema em questão para uma compreensão do tema em profundidade. Em termos gerais, parece existir um acordo entre os pesquisadores a respeito de que, ainda que não se possa definir de forma simplificada "um" ensino como o melhor, alguns métodos de ensino podem favorecer em maior medida um enfoque profundo; são os métodos mais centrados no aluno que desenvolvem progressivamente o trabalho autônomo e a compreensão significativa.

O quarto fator da esfera da atividade educacional do professor estreitamente relacionado com os enfoques de aprendizagem é a avaliação. Como já se destacou, as concepções e as decisões do professor com respeito à avaliação não são independentes de suas concepções sobre o ensino e a aprendizagem. A adoção de critérios de avaliação de uma perspectiva construtivista inclui tanto o processo como o resultado da aprendizagem. A cessão progressiva do controle do professor para o aluno permitirá que os critérios de avaliação e a avaliação em si mesma passem a: ter uma função reguladora da aprendizagem (Jorba e Sanmartí, 1996), facilitar a identificação dos aspectos relevantes, estabelecer prioridades e dirigir as atividades em um sentido determinado. É, portanto, por esse processo que os alunos poderão adotar um enfoque de aprendizagem profundo, quando as demandas de avaliação façam referência não à informação memorizada, mas ao estabelecimento de relações entre conceitos, ao uso de estratégias de resolução de problemas e, em suma, apelem a um pensamento crítico.

Mas a avaliação, assim como o ensino, nem sempre cumpre as condições anteriores, e pode levar os alunos a uma certa confusão (Tang, 1994; Pérez Cananí e outros, 2000). Às vezes, as demandas de avaliação verbalizadas pelos professores não coincidem com as atividades de avaliação; em outros casos, alguns formatos e demandas não permitem chegar a níveis complexos de resposta, mas simplesmente a uma associação de dados, e uma terceira questão é que responder a determinadas demandas requer dos alunos estratégias de aprendizagem sem as quais será impossível realizar a tarefa. Esse tipo de dificuldades evidenciam que os critérios, os instrumentos e as características das demandas de avaliação são fatores determinantes na interpretação que os alunos podem fazer da avaliação e na percepção que tenham do que lhes será exigido. Essa interpretação é que guiará a intenção, a tomada de decisões e o enfoque de aprendizagem dos estudantes.

Fatores do conteúdo relacionados com os enfoques de aprendizagem

Embora seja reduzido o número de trabalhos que centram sua atenção exclusivamente na relação entre conteúdo e enfoque de aprendizagem, dado que o conteúdo está sempre presente de maneira mais ou menos explícita ao analisar os fatores relacionados com o professor e com o aluno, nos últimos anos surgiu um crescente interesse por conhecer a medida em que o acesso à informação proporcionado pelos meios de comunicação atuais, e conseqüentemente a grande quantidade de conteúdos que essa informação inclui, modifica ou deve modificar a maneira como os estudantes enfocam a aprendizagem dos conteúdos a aprender.

Uma primeira questão importante nesse sentido é a *seleção* do conteúdo. O excesso de informação, ou trabalhá-la de forma rápida ou superficial, levará os alunos inevitavelmente a adotar um enfoque superficial. Para que os alunos possam adotar um enfoque profundo tem de existir uma relação proporcional entre a quantidade de informação que devem aprender em uma(s) matéria(s) ou sobre um tema e a profundidade com que possam trabalhar essa informação. Mas alcançar esse equilíbrio, que permitirá a adoção de um enfoque profundo, requer professores que orientem a seleção do conteúdo a aprender e alunos capazes de diferenciar a informação relevante da não-relevante.

Um segundo aspecto importante a considerar, complementar ao anterior, é a *organização* dos conteúdos. Entwistle (1998) considera que estes devem manter uma significatividade lógica e psicológica, nos termos empregados por Ausubel ao expor as condições básicas para a aprendizagem significativa (ver o Capítulo 3 deste volume). Do contrário, será impossível aos alunos adotarem um enfoque profundo. Mas conseguir que se cumpram essas condições requer, assim como no caso anterior, que os estudantes e os professores estejam preparados e disponham de critérios para organizar a informação, que participem ativamente desse processo e que disponham das habilidades e dos recursos necessários para orientar as tarefas de ensino e aprendizagem para um enfoque profundo.

Um terceiro aspecto a considerar é a possibilidade de *integração* dos conteúdos estudados. Uma das características definidoras do enfoque profundo é a possibilidade de relacionar as idéias para compreendê-las e dar-lhes significado. A abundância de informação disponível e acessível atualmente sobre qualquer matéria ou disciplina requer uma seleção e uma organização que permita posteriormente integrá-la de maneira que se mostre significativa e funcional. A integração é mais complexa ainda, embora mais enriquecedora, quando os conteúdos são interdisciplinares.

Essas questões, colocadas pela possibilidade de ter-se acesso a uma maior quantidade e diversidade de informação, favoreceu o desenvolvimento de trabalhos dirigidos a orientar o ensino e a aprendizagem de habilidades e estratégias para *gerir* o conteúdo, selecionando, organizando e integrando a informação, de maneira que seja factível a adoção de um enfoque mais profundo e uma aprendizagem mais autônoma. Os trabalhos realizados com esse fim são numerosos e abarcam conteúdos e áreas de conhecimento diversos, como a economia, a engenharia, o desenho, a física, a história ou a filosofia.[4]

Na Figura 11.3 apresentam-se, de maneira esquemática, os fatores correspondentes aos três eixos do triângulo interativo que, tal como se expôs nas páginas anteriores, têm maior incidência sobre o enfoque de aprendizagem que os alunos adotam.

Embora a atenção esteja centrada na relação de cada um dos três elementos do triângulo interativo – o aluno, o professor e o conteúdo – com os enfoques de aprendizagem, não se pode esquecer, como mostram as flechas bidirecionais da Figura 11.3, que os fatores representados em cada um dos ângulos estão relacionados entre si e que o tipo de relação estabelecida entre eles incidirá no enfoque de aprendizagem. A esse respeito, parece interessante a idéia de Vermunt e Verlop (1999) de que, no processo de ensino e aprendizagem, podem produzir-se "fricções" *construtivas*, quando os alunos podem construir o conhecimento com a orientação dos professores, ou *destrutivas*, quando os estudantes não podem assumir as responsabilidades que lhes propõem ou não lhes é oferecida a ajuda necessária para fazê-lo. Examinar as complexas "fricções" entre as atividades de aprendizagem dos estudantes e as atividades de ensino dos professores em uma situação de sala de aula pode ser um bom caminho para otimizar o processo e favorecer uma aprendizagem significativa, funcional e de qualidade.

ENFOQUES DE APRENDIZAGEM E QUALIDADE DA APRENDIZAGEM

A consideração de diferenças qualitativas na aprendizagem está necessariamente ligada ao conceito de aprendizagem tomado como referência. Assim, quando se consideram os resultados da aprendizagem, a qualidade pode ser definida como a consecução de metas e objetivos: em compensação, quando se dá mais atenção ao processo, a qualidade pode ser considerada como consistência ou como disponibilida-

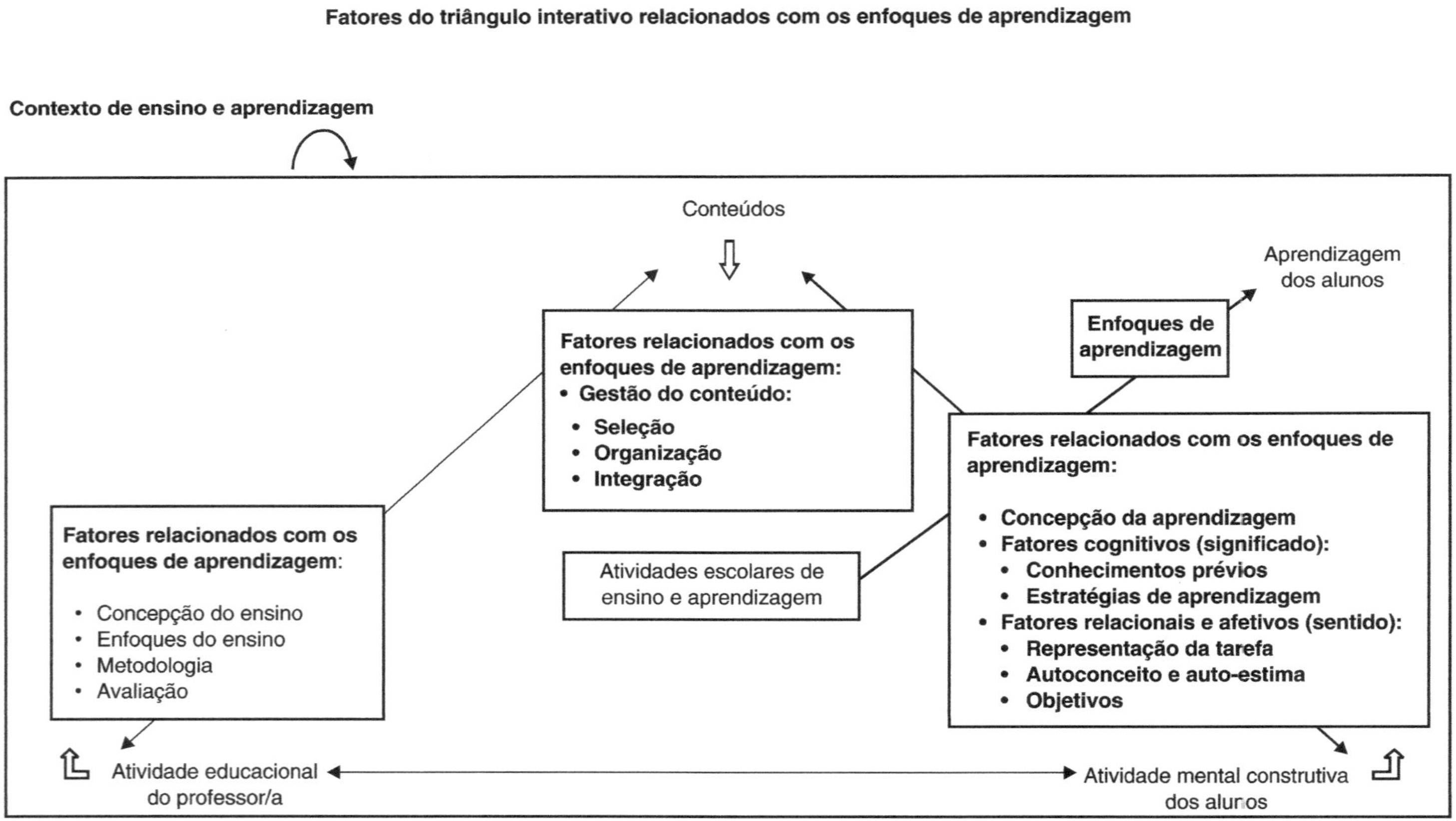

FIGURA 11.3 Esquema básico para a análise dos processos escolares de ensino e de aprendizagem.
Fonte: Adaptada de Coll, 1999b, p. 22. (O grifo é nosso).

de de recursos. Mais atual e adequada às necessidades educacionais do século XXI é a consideração de qualidade da aprendizagem em termos de *transformação*, *mudança* e *melhoria*, pela qual se concebe que a essência da educação é facultar aos estudantes e capacitá-los para pensar e atuar de forma autônoma, independente e articulada; ou seja, para serem críticos e tomar decisões sobre os conteúdos científicos que devem aprender, sobre a maneira de analisar e resolver diferentes tipos de problemas e situações e para transmitir os conhecimentos assim adquiridos para outras situações acadêmicas e profissionais posteriores.

Essa nova consideração traz implícita uma concepção construtivista do processo de ensino e aprendizagem, mas também são observadas, no amplo quadro que abarca tal concepção, diferentes matizes em função do que for enfatizado no o *processo interativo* que requer a construção, ou se acentue mais o estudo da *atividade do aluno*; ou, nas palavras de Salomon (1998), conforme se centre a atenção no processo de construção ou no objeto que se constrói.

Da primeira dessas vertentes – que centra seu objeto de estudo no processo interativo que requer a construção –, analisar a qualidade da aprendizagem requererá o estudo do desenvolvimento do processo de ensino de uma atividade em um cenário concreto. Dessa perspectiva, amplamente estudada e citada em diversas publicações (ver Mercer e Coll, 1994; Coll e Edwards, 1996), o foco seria uma *atividade de ensino e aprendizagem* de que as pessoas fazem parte. Assim, a qualidade da aprendizagem dependeria das características *do processo interativo, isto é, do desenvolvimento da atividade conjunta, do ajuste* da ajuda ao processo de construção, da *cessão progressiva do controle* ao aluno e de como, pela interação de todas as variáveis intervenientes, constroem-se *significados compartilhados* na sala de aula. Dessa óptica, a qualidade e o enfoque de aprendizagem se configurarão em um conjunto no desenvolvimento das atividades.

Por outro lado, da segunda vertente mencionada, defende-se o estudo da qualidade da aprendizagem a partir da *atividade do aluno*, que será condicionada pelo enfoque adotado para aprender. Essa seria a perspectiva adotada pelas pesquisas da aprendizagem da perspectiva do aluno (Entwistle, 2000). A qualidade da aprendizagem, dessa óptica, exigiria centrar a atenção naquilo *que* o estudante *aprende* (a relacionar conceitos, a solucionar problemas, a aplicar um conhecimento em uma situação concreta, a recordar fatos, etc.), *como aprende* (que procedimentos de aprendizagem conhece, como e quando os utiliza) e *para que aprende* (com que intenção e com que objetivos atua) em uma *situação de ensino e aprendizagem específica*. Dessa segunda postura, considera-se o enfoque da aprendizagem como uma variável do processo que afetará a qualidade dos objetivos que se obterão ao finalizá-lo.

Situar-se em uma ou outra vertente pode responder, às vezes, a diferentes epistemologias construtivistas, mas também, em outros casos, à necessidade de focalizar a análise, como se mencionou, em um aspecto específico do processo de construção. Nesse sentido, parece sugestiva a opinião de Salomon (1998), quando diz da necessidade de enfatizar uma concepção do conhecimento como construção social em um duplo sentido, que inclua tanto o processo de construção como o objeto que o aluno chega a conhecer. Dessa maneira, afirma, seria tão insatisfatório estudar um contexto de aprendizagem levando em conta apenas os resultados que emergem da compreensão compartilhada e do desenvolvimento conjunto como estudar o processo de participação social sem considerar as características da aprendizagem a que conduz essa participação. Essa é uma boa perspectiva (ver a Figura 11.4) para continuar pesquisando e aprofundando o conhecimento dos enfoques de aprendizagem em um futuro próximo.

NOTAS

1. O anexo I reúne as perguntas do questionário adotado por Barca (1999).
2. Também há autores para os quais existe uma tendência relativamente consistente nos estudantes quando enfrentam as tarefas de aprendizagem que definem como *estilos de aprendizagem* (ver, por exemplo, Pask, 1988).
3. No Capítulo 10 deste volume, pode-se encontrar uma exposição mais pormenorizada dos motivos dos estudantes diante da aprendizagem escolar.
4. O leitor interessado nesses trabalhos pode consultar as revisões de Gibbs (1992) e Rust (1998).

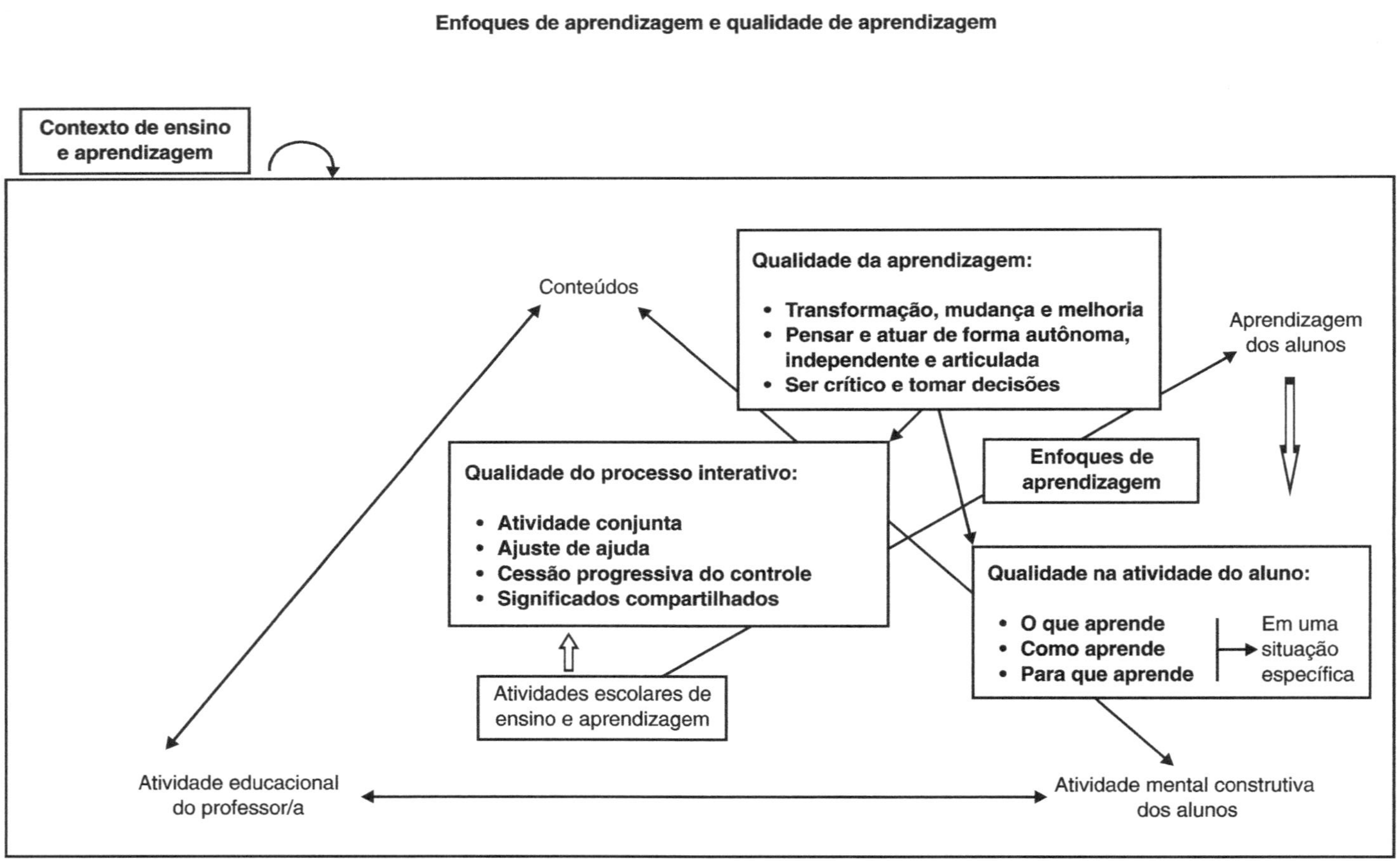

FIGURA 11.4 Esquema básico para a análise dos processos escolares de ensino e de aprendizagem.
Fonte: Adaptada de Coll, 1999b, p. 22. (O grifo é nosso.)

Anexo 1

Perguntas do Questionário de Avaliação Processo de Estudo e Aprendizagem (CEPEA) (Barca, 1999)

1. Escolhi estes estudos pensando mais nas saídas profissionais do que por meu interesse em relação a eles.
2. Estudar me proporciona uma profunda satisfação pessoal.
3. Quero conseguir as maiores notas em todas as matérias, de tal modo que possa optar pelos melhores postos de trabalho quando terminar o curso.
4. Acho que completar as anotações é uma perda de tempo, de modo que só estudo seriamente o que é dado em aula.
5. Enquanto estou estudando, penso nas situações reais em que essa matéria pode ser útil.
6. Resumo as leituras sugeridas na bibliografia e as incluo em minhas anotações.
7. Desanimo com uma nota baixa em uma prova e preocupo-me em como posso melhorar na próxima.
8. Embora perceba que a ciência é mutável, sinto-me obrigado/a a descobrir o que parece ser a verdade neste momento.
9. Desejo intensamente sobressair-me em meus estudos.
10. Aprendo algumas coisas mecanicamente, repetindo-a seguidas vezes até sabê-las de cor.
11. Ao ler uma matéria nova, estou continuamente recordando a matéria que já sei e a interpreto sob outro aspecto.
12. Tento estudar todos os dias e repasso regularmente quando a prova está próxima.
13. Goste ou não, reconheço que a educação superior é uma boa forma de obter um trabalho seguro e bem-pago.
14. Na verdade, qualquer tema pode ser muito interessante quando você adentra nele.
15. Vejo-me como uma pessoa basicamente ambiciosa e quero chegar ao final em qualquer coisa que faço.
16. Gosto das matérias com muito conteúdo de detalhes (nomes, datas, fórmulas...).
17. Trabalho muito os temas para elaborar meu próprio ponto de vista, só assim me sinto satisfeito/a
18. Tento fazer o trabalhos quanto antes possível, assim que são dados na aula.
19. Mesmo quando estudei muito para uma prova, preocupo-me em sair bem.
20. Acho que estudar temas acadêmicos pode ser tão interessante como um romance ou um filme.
21. Se fosse o caso, sacrificaria minha popularidade com meus/minhas colegas pelo êxito em meus estudos.
22. Limito-me a estudar o que se pede; acho que é desnecessário fazer coisas *extra*.
23. Tento relacionar o que aprendi em uma matéria com os conteúdos das outras.
24. Depois de uma aula ou uma leitura, releio minhas anotações para me assegurar

de que estão legíveis e de que eu as entendo.

25. Os/as professores/as não devem esperar que a gente perca tempo estudando uma matéria que sabe que não vai cair na prova.
26. Quanto mais trabalho eu tenho, mais me sinto tomado/a e absorvido/a por ele.
27. Uma das coisas mais importantes para mim, na hora de escolher o curso ou a especialização, é se serei capaz de tirar as notas máximas.
28. Aprendo melhor com professores que dão as anotações ou temas cuidadosamente e que escrevem os principais pontos no quadro-negro.
29. A maioria dos temas novos é interessante, e costumo gastar tempo *extra* tentando saber mais sobre eles.
30. Faço-me perguntas sobre temas importantes até compreendê-los perfeitamente.
31. Aborrece-me ter de passar mais tempo estudando, mas acho que o resultado final vale a pena.
32. Acredito firmemente que minha principal meta na vida é descobrir minha própria filosofia e meu sistema de crenças e atuar coerentemente com isso.
33. Obter notas altas é para mim um tipo de jogo competitivo e jogo para vencer.
34. Acho que é melhor aceitar as idéias e as afirmações de meus/minhas professores/as e questioná-las só em circunstâncias particulares.
35. Gasto muito de meu tempo livre aprofundando temas interessantes que foram tratados em aula.
36. Acho que é muito importante fazer todas as leituras sugeridas em aula.
37. Acho que a universidade oferece a oportunidade de obter um trabalho melhor.
38. Os estudos mudaram minha opinião sobre temas como a política, a religião e a filosofia da vida.
39. Acho que a sociedade se baseia na competição, e as universidades deveriam refletir sobre isso.
40. Costumo ater-me ao que os/as professores/as dizem que é importante mais do que fiar-me em meu próprio julgamento.
41. Tento relacionar a nova matéria que estou trabalhando com o que já sei sobre esse tema.
42. Mantenho as anotações da maioria das matérias limpas e organizadas.

12 Afetos, emoções, atribuições e expectativas: o sentido da aprendizagem escolar

MARIANA MIRAS

INTRODUÇÃO

O que experimentam, o que sentem os alunos quando aprendem ou estão em situação de fazê-lo? Nas últimas décadas, os pesquisadores formularam essas questões a crianças e adolescentes e obtiveram, em primeira instância, uma resposta recorrente: "quer dizer, quando *realmente* aprendo?". Os alunos parecem estabelecer uma distinção entre o mero fato de aprender e aprender *realmente*, referindo-se invariavelmente nesse caso a experiências a partir das quais são capazes de ver algum aspecto da realidade, incluindo a si mesmos, de uma óptica nova, diferente (Perry, 1978). Ao responder assim aos pesquisadores, os alunos salientam que, quando conseguem aprender, não apenas encontram uma compreensão mais ou menos completa daquilo que aprendem, mas que em alguma medida o fazem seu e, a partir desse momento, passa a fazer parte do jogo de "óculos" que utilizam para olhar a realidade. Em suma, recordam-nos que a aprendizagem, na melhor das hipóteses, além de modificar nossa compreensão do que são as coisas, transforma o sentido que elas têm para nós.

O processo de atribuir um sentido pessoal àquilo que se aprende supõe a capacidade de elaborar algum tipo de resposta a perguntas do tipo: que importância tem este conteúdo para mim?; tenho alguma razão pessoal pela qual considere que valha a pena aprendê-lo?; de que me serve ou me servirá fazer isso?. As respostas a tais questões remetem, em última análise, a uma dimensão mais afetiva e emocional da aprendizagem, dimensão que, sem dúvida nenhuma, ocupou um lugar secundário entre as prioridades da pesquisa psicoeducacional das últimas décadas, decantada claramente para a compreensão e a análise dos aspectos cognitivos envolvidos nos processos de ensino e aprendizagem. Como já se mencionou em outra ocasião (Miras, 1996), embora seja certo que boa parte dos modelos gerais da aprendizagem escolar leva em conta fatores de caráter não-cognitivo, em particular aqueles relativos à motivação do aluno, o retrato dominante dos processos educacionais escolares nos últimos anos passa uma imagem de professores e alunos em sua dimensão mais racional e consciente; professores e alunos que parecem relacionar-se entre si, uns com o mero objetivo de desenvolver seus conhecimentos, e os outros de ajudá-los nesse processo.

Já há algum tempo, porém, observam-se sintomas de mudança nessa situação, possivelmente como mero reflexo de uma mudança mais ampla que vem se produzindo no terreno psicológico como reação ao prolongado predomínio do paradigma cognitivista. Nesse sentido, são cada vez mais numerosos os trabalhos que centram sua atenção nos aspectos afetivos e emocionais, assim como as tentativas de integrar e relacionar a dimensão cognitiva da conduta com sua dimensão afetiva e emocional. A pesquisa psicoeducacional não é alheia a essa tendência geral. Em um contexto em que cada vez mais se tornam evidentes as limitações das aproximações cognitivistas ao procurar explicar a complexa dinâmica dos processos escolares de ensino e aprendizagem, observa-se um aumento progressivo de estudos teóricos e empíricos que voltam a ressignificar os processos educacionais como processos que envolvem as pessoas em todas as suas dimensões e capacidades, tanto no plano intrapessoal como no interpessoal.

Nesse contexto, o presente capítulo pretende proporcionar uma aproximação aos principais fatores de caráter afetivo e emocional que parecem desempenhar um papel importante no desenvolvimento e nos resultados dos processos educacionais escolares. Em primeiro lugar, apresentarei alguns dos conceitos e das noções centrais que a teoria psicológica e os modelos psicoeducacionais propõem utilizar atualmente para explicar tal dimensão da conduta, em particular da perspectiva do aluno. Os raros enfoques que analisam e explicam a dimensão da conduta no caso do professor, quase sempre o fazem no âmbito da análise das relações que se estabelecem entre este e o aluno no contexto da sala de aula. Dedicarei o próximo item do capítulo à análise da dimensão relacional e ao impacto que têm as características dos processos de ensino e aprendizagem e outros fatores contextuais. Depois de tratar do papel dos fatores afetivos e relacionais no processo de atribuição de sentido à aprendizagem, analisarei a dinâmica desses fatores e suas implicações no desenvolvimento dos processos de ensino e aprendizagem escolares.

A APRENDIZAGEM ESCOLAR: A DIMENSÃO AFETIVA E DE EQUILÍBRIO PESSOAL DO ALUNO

Se se concorda que os processos escolares de ensino e aprendizagem são processos que necessariamente envolvem as pessoas de uma forma global, parece lógico que, do mesmo modo que é importante considerar os diferentes fatores que definem a capacidade e os recursos cognitivos do aluno em face de um determinado processo de aprendizagem – habilidades, estratégias, conhecimentos específicos –, parece conveniente a indagação a respeito da diversidade de fatores que determinam as demais capacidades que o aluno enfrenta nesse processo, em particular suas capacidades emocionais e de equilíbrio pessoal. Os conhecimentos disponíveis sobre tais questões estão longe de alcançar o nível de precisão de que se dispõe atualmente no âmbito das características cognitivas. No terreno das características emocionais e afetivas, os conhecimentos proporcionados pelas pesquisas psicológicas e psicopedagógicas não apenas são comparativamente menores, como também são mais difíceis de integrar e relacionar devido à ausência de contextos explicativos de um certo nível de generalidade que permitam dar conta da complexa articulação que presumivelmente ocorre entre essas características.

A maioria das aproximações atuais da análise da dimensão emocional e afetiva dos processos educacionais escolares compartilham alguns pressupostos básicos, algumas noções e alguns conceitos que evidenciam pontos de contato e possibilidades de integração de suas respectivas colaborações. Entre eles, destacam-se os conceitos vinculados às representações que construímos sobre nós mesmos e sobre os demais.

Autoconceito, autoconceito acadêmico, os eus possíveis e a auto-estima. O sistema do eu

O papel central que desempenham as representações que são elaboradas em nossa conduta constitui um dos princípios indissolúveis da psicologia científica contemporânea. Nesse caso, o conceito de representação destaca a idéia de que os afetos e as emoções que se atualizam nos processos educacionais escolares não surgem como resposta direta aos estímulos presentes, mas são claramente mediados pelas representações que professores e alunos elaboraram deles. Entre essas representações, destaca-se, sem dúvida, a representação que a pessoa tem de si mesma, sua auto-imagem ou seu autoconceito. Como se mostrou no Capítulo 9 do Volume 1 desta obra, o autoconceito postula a idéia do eu como objeto de conhecimento em si mesmo e atualmente tende a ser concebido como uma noção pluridimensional, que engloba representações sobre diferentes aspectos da pessoa (aparência e habilidades físicas, capacidades e características psicológicas diversas, capacidades de relação interpessoal e social, características morais...).[1]

Entre os diversos componentes da representação da pessoa, tem um interesse particular, do ponto de vista educacional, o chamado autoconceito acadêmico (Marsh, Byrne e Shavelson, 1988). Esse componente refere-se à representação que o aluno tem de si mesmo como aprendiz, como pessoa dotada de determinadas características ou habilidades para enfrentar a aprendizagem em um contexto de ensino. As pesquisas em torno da dimensão do autoconceito evidenciam a necessidade de postular a existência de autoconceitos acadêmicos, diferenciados em relação a áreas ou a conteúdos concretos de aprendizagem, e levaram a distinguir em primeira instância dois autoconceitos acadêmicos básicos, vinculados respectivamente ao âmbito dos conteúdos matemáticos e ao âmbito dos conteúdos lingüísticos. Trabalhos recentes confirmam o caráter multidimensional do autoconceito acadêmico a partir da pré-adolescência (11 ou 12 anos), propõem a incorporação de novos autoconceitos acadêmicos básicos (por exemplo, na área de ciências) e sugerem a conveniência de considerar a existência de subcomponentes específicos vinculados aos autoconceitos acadêmicos básicos (por exemplo, subcomponentes de geometria, aritmética e outros no caso do autoconceito acadêmico em matemática).

Os elementos do autoconceito a que me referi constituem a dimensão mais cognitiva e racional da representação que elaboramos de nós mesmos. Pode-se supor, porém, que, salvo em casos extremos, não se percebem as próprias características de uma forma distante ou imparcial, mas se está afetivamente envolvido em tal percepção. Para dar conta disso, a pesquisa psicológica propõe a noção de auto-estima. A auto-estima refere-se à avaliação afetiva que fazemos de nosso autoconceito em seus diferentes componentes, ou seja, como a pessoa se valoriza e se sente em relação às características que se auto-atribui. Diferentemente do caráter analítico e multidimensional do autoconceito, a auto-estima tende a caracterizar-se em termos globais e unidimensionais. Desse modo, as pessoas distinguem-se entre si em função do caráter mais ou menos positivo de sua auto-estima; fala-se de uma pessoa com um nível de auto-estima positivo quando essa pessoa tende a valorizar-se e sentir-se bem consigo mesma, enquanto que uma pessoa com um nível de auto-estima baixo ou negativo em geral se valoriza pouco e se sente mal consigo mesma. Adquirir e manter uma auto-estima razoavelmente positiva é, sem dúvida, um dos êxito cruciais do desenvolvimento psicológico. Conseguir isso tem relação, pelo menos em parte, com o autoconceito que a pessoa foi construindo. Embora os conhecimentos de que se dispõe atualmente com respeito a essa relação ainda sejam escassos, alguns componentes do autoconceito, como a imagem física de si, a percepção da própria competência ou a aceitação social, parecem desempenhar um papel determinante no nível de auto-estima da maioria das pessoas.

O autoconceito e a auto-estima referem-se à representação da avaliação afetiva que a pessoa tem de suas características em um determinado momento. A esse respeito, alguns autores colocam a necessidade se superar o caráter excessivamente estático dessas noções e propõem considerar também a representação que a pessoa tem de si mesma no futuro. A noção de "eus possíveis" proposta por Markus e Nurius (1986) incorpora tal idéia, claramente inspirada em trabalhos de autores como James, Freud ou Rogers. A representação de si no futuro inclui, segundo Markus e Nurius, uma variedade de eus possíveis; o eu que a pessoa espera ser, o eu que a pessoa acredita que deveria ser, o eu que a pessoa desejaria ser e o eu que a pessoa teme chegar a ser. O valor heurístico dessa noção deriva com clareza das duas funções fundamentais que parecem cumprir tais representações de si no futuro. Por um lado, os eus possíveis orientam e guiam o comportamento da pessoa, visto que existem eus possíveis que deseja alcançar e outros que procura evitar. Desse modo, funcionam como representações das aspirações e dos temores pessoais e dos estados afetivos associados a eles. Por outro lado, os eus possíveis constituem marcos de referência nos quais a pessoa avalia e interpreta seu autoconceito e sua conduta atual e, nesse sentido, têm um impacto mais que provável em sua auto-estima. A valorização que um aluno faz das características que se auto-atribui em um determinado momento (por exemplo, "não tenho habilidade para redigir") presumivelmente diferirá conforme os eus possíveis que esse aluno maneje (por exemplo, esperar ou desejar ser um grande romancista).

A inclusão da noção de eus possíveis junto com o autoconceito e a auto-estima completa o conjunto de elementos que configuram o sistema do eu. Esse sistema se cria e evolui ao longo da vida das pessoas e em sua construção influem primordialmente sua história pessoal de êxitos e fracassos, assim como sua relação com outras pessoas e o nível de aceitação e suporte emocional que estas lhe proporcionam, em particular os "outros significativos" (pais, amigos, professores...). Já que tal sistema organiza as interpretações pessoais sobre a própria experiência e dirige o comportamento da pessoa, parece lógico supor que tem uma incidência notável na conduta dos alunos e dos professores e no desenvolvimento dos processos educacionais escolares.

As atribuições casuais

A consideração dos aspectos intrapessoais que incidem na dimensão afetiva e emocional do ensino e da aprendizagem não se circunscreve aos diferentes componentes do sistema do eu. Junto com esse sistema, e em estreita relação com ele, é necessário considerar outros aspectos, entre os quais se destacam os processos ou mecanismos de atribuição causal. Como já se explicou no Capítulo 13 do Volume 1 desta obra, os mecanismos de atribuição causal fazem referência à maneira como se procura explicar por que ocorrem determinadas coisas a nós e aos demais, isto é, os mecanismos que são utilizados para atribuir uma causa ao que ocorre. Embora essas causas sejam indubitavelmente muito diversas, em termos gerais podem ser analisadas em torno de uma série de dimensões (Weiner, 1991). Entre elas destaca-se a atribuição do ocorrido a causas internas ou externas à pessoa. Essa dimensão, a que a literatura se refere muitas vezes mediante o conceito de "lugar do controle", remete ao grau em que o eu se percebe como causador dos acontecimentos nos quais se vê envolvido, de forma que o resultado do que ocorre é atribuído às características ou ao comportamento do próprio agente ou a motivos externos. Assim, por exemplo, a falta de pontualidade com que uma amiga se apresenta a um encontro pode ser atribuída à sua própria desorganização (causa interna) ou a problemas de trânsito que dificultaram sua chegada (causa externa). Uma segunda dimensão tem a ver com o grau de controle que a pessoa considera que o agente tem sobre as ações e seus resultados, nesse caso atribuindo o que ocorre a causas mais ou menos controladas ou incontroláveis por sua vez. O grau de organização da amiga ou o trânsito na cidade podem ser percebidos como aspectos que escapam ao seu domínio (causa incontrolável), ou como algo que pode ser revisto, ajustado ou previsto (causa controlável). Por último, uma terceira dimensão refere-se ao caráter mais ou menos fixo, estável ou variável no tempo das causas a que se atribui ao que acontece. A desorganização da amiga pode ser considerado como uma característica estável e invariável (embora modificável se estivesse disposta a controlá-la) ou como algo transitório que se produz como conseqüência de um período particularmente carregado de trabalho (causa variável).

As combinações entre os valores das dimensões que se apresentou são numerosas, embora algumas pareçam mais prováveis ou verossímeis que outras. Cada pessoa tende a manejar alguns padrões atributivos estáveis, interiorizados progressivamente ao longo de seu processos de socialização e desenvolvimento. É comum utilizar-se padrões distintos para analisar os êxitos e os fracassos. Assim, por exemplo, um padrão prototípico, nesse caso de natureza claramente pessimista, consiste em atribuir nossos êxitos a causas externas, variáveis e incontroláveis (por exemplo, a sorte) e nossos fracassos a causas internas, estáveis e incontroláveis (por exemplo, poucas habilidades intelectuais ou de relação social). Também se demonstra de forma reiterada que não se faz os mesmos tipos de atribuição ao analisar as próprias ações ou ao analisar as ações dos demais (Miell e Dallos, 1996). Essas diferenças nos recordam que o fato de atribuir um caráter interno/externo, controlável/incontrolável ou estável/variável às causas do que ocorre não ser analisado em abstrato ou de forma meramente lógica. Convém não esquecer que as atribuições são crenças que a pessoa sustenta e, por diversos motivos, muitas vezes essas crenças não são regidas estritamente pelas leis da lógica. As crenças sobre as causas a que a pessoas atribuem seus êxitos ou fracassos nos jogo de azar são um bom exemplo disso.

As considerações anteriores levam a colocar em dúvida a visão dos processos de atribuição causal como processos conscientes que a pessoa realiza a todo momento de maneira racional. Embora essa tenha sido a perspectiva habitualmente adotada, nos trabalhos atuais, observa-se a tendência a destacar o caráter muitas vezes inconsciente e mecânico dos processos atributivos que são realizados, assim como a existência de um forte componente emocional e afetivo nesses processos, como conseqüência da estreita relação que se estabelece entre os padrões atributivos e o sistema do eu. Assim, constata-se que o autoconceito e os padrões atributivos com que as pessoas se deparam na aprendizagem não são fatores independentes, mas em geral tendem a relacionar-se e a organizar-se entre si de maneira que seja possível manter um nível de auto-estima positivo.

Esse objetivo explicaria a relativa freqüência de patrões atributivos claramente otimistas como o padrão de "beneficiamento", pelo qual se atribui os êxitos a causas internas, estáveis e controláveis, e os fracassos a causas externas, variáveis e incontroláveis. Parece evidente o papel protetor da auto-estima que desempenham padrões atributivos desse tipo, já que, na suposição de nos considerarmos responsáveis por nossa conduta e atribuí-la a causas internas e controláveis, diante de reiterados fracassos, nossa auto-estima poderia ser seriamente comprometida. Tudo isso está estreitamente relacionado, por sua vez, com as emoções auto-avaliadoras que a pessoa experimenta, em particular com emoções complexas como o orgulho, a vergonha ou a culpa (Harré e Parrot, 1996). A emergência desse tipo de emoções tem a ver com a possibilidade de estabelecer padrões atributivos estáveis com relação às dimensões de gerência e controle. Uma vez estabelecidos, experimentam-se os sentimentos de orgulho e de culpa diante dos êxitos e dos fracassos atribuídos a causas internas, mas incontroláveis. As importantes funções de autoregulação e controle social que cumprem tais emoções auto-avaliadoras encontram sua explicação no âmbito dos padrões de atribuição causal.

A representação e a avaliação de si mesmo e os padrões atributivos de êxitos e fracassos com que o aluno se depara na aprendizagem são alguns dos principais aspectos que determinam a dimensão afetiva e emocional da aprendizagem escolar. Nesse sentido, a maioria dos trabalhos escolares atuais mostra que, em termos gerais, existem representações e padrões atributivos mais favoráveis que outros para enfrentar os processos de aprendizagem escolar. Assim, em todos os casos, os alunos com um autoconceito ajustado e positivo, em particular em seus componentes acadêmicos, e um nível de auto-estima elevado obtêm melhores resultados de aprendizagem. Por outro lado, a maioria dos autores coincide em assinalar como padrão atributivo mais favorável em face da aprendizagem aquele em que o aluno atribui tanto seus êxitos como seus fracassos a causas internas, variáveis e controláveis, como o esforço pessoal, o planejamento e a organização do trabalho... No extremo oposto, os padrões mais desfavoráveis parecem ser aqueles que anteriormente foram qualificados como padrões de caráter pessimista. Parece claro que o aspecto mais negativo dessas atribuições é a percepção de uma falta de controle do aluno sobre as causas que determinam tanto seus êxitos como seus fracassos (Solé, 1993).

OS FATORES INTERPESSOAIS E CONTEXTUAIS E A DIMENSÃO AFETIVA DA APRENDIZAGEM ESCOLAR

Enquanto tradicionalmente os estudos sobre os aspectos emocionais e afetivos envolvidos na educação escolar se limitam a estabelecer relações entre essas características dos alunos e seus resultados de aprendizagem, atualmente numerosos trabalhos destacam a necessidade de considerar a interação que se produz entre elas e as características do contexto de ensino em que ocorrem os processos educacionais. E, nesse contexto, destacam-se, sem dúvida nenhuma, como elementos fundamentais as pessoas com quem o aluno interage, em particular o professor e os outros alunos.

A interação professor-aluno e entre alunos. Representações mútuas e expectativas

Do mesmo modo que os alunos e o professor têm uma representação de si mesmos, também elaboram uma representação das características dos outros, constroem uma representação de suas capacidades, seus motivos e suas intenções. Tais representações desempenham um papel determinante nas relações interpessoais que se estabelecem nos processos educacionais e, conseqüentemente, incidem nos seus resultados. Como se analisava em outra ocasião (Coll e Miras, 1990a), as fontes em que se baseiam as representações mútuas de professores e alunos são diversas. Indubitavelmente, a mais importante é a observação que fazem uns e outros de suas respectivas características na interação direta que ocorre no contexto escolar, em particular no contexto da sala de aula. Contudo, dado o caráter das instituições educacionais, não se pode descartar que, antes que se estabeleça um contato direto, os professores e alunos, em particular por meio de outros companheiros, já contêm algum tipo de informação que os ajude a configurar as primeiras representações mútuas. Por outro lado, a própria organização do sistema educacional é uma fonte de informação, e particularmente no caso dos professores proporciona um conjunto de dados que intervêm na representação que constroem de seus alunos (por exemplo, as características evolutivas e acadêmicas que se pode esperar nos diferentes níveis educacionais).

As primeiras representações muitas vezes marcam os contatos iniciais que se produzem entre professor e alunos e, a partir desse momento, são postas à prova e se confirmam, matizam ou refutam progressivamente pela observação continuada que ocorre na sala de aula e em outros âmbitos do contexto escolar. Não se pode deixar de considerar que é difícil que tal observação seja completamente neutra ou objetiva. Isso se deve, em parte, à conhecida tendência pela qual, uma vez estabelecida uma primeira representação, procuramos preservá-la, buscando e selecionando as informações que a confirmam. Por outro lado, parece evidente a impossibilidade de registrar de maneira objetiva a totalidade de informações disponíveis nesse tipo de situações. Conseqüentemente, é interessante perguntar-se sobre os parâmetros ou os critérios que os professores e os alunos utilizam para selecionar, interpretar e organizar as informações que vão recebendo, com o objetivo de construir uma representação integrada e coerente de suas respectivas características.

Os conhecimentos de que se dispõe indicam que, embora nem todos os professores utilizem os mesmos critérios nem realizem os mesmos processos para selecionar, interpretar o organizar os dados que obtêm mediante a observação da conduta do outro, existem alguns fatores que em geral condicionam suas representações mútuas. Entre eles destacam-se a idéia que cada um tem do próprio papel e do papel do outro; os esteriótipos relativos a determinadas categorias étnicas, sociais, econômicas ou de gênero e a experiência pessoal que acumularam ao longo de sua vivência como professores e como alunos. Conforme indicam diferentes estudos, essa experiência leva a construir, paulatinamente, uma imagem ou perfil do "professor ideal", no caso do aluno, e do "aluno ideal", no caso do professor, que condicionam a escolha e a interpretação da conduta que uns e outros manifestam ao longo do processo de ensino e aprendizagem.[2] Geralmente, a percepção do papel, os estereótipos e os perfis ideais apresentam padrões relativamente congruentes entre si e se relacionam com determinadas características de personalidade, em particular o grau de flexibilidade ou de rigidez com que as pessoas valorizam e consideram as convenções e os modelos sociais.

Em qualquer caso, esses parecem ser alguns dos fatores determinantes na construção das representações mútuas a partir das quais professores e alunos percebem e valorizam suas respectivas atuações. Esse, contudo, não é o último nível de representação que medeia as relações que se estabelecem na sala de aula. Como um jogo de espelhos, é necessário considerar também a representação que cada um dos participantes na interação tem da representação que o outro faz dele (o que eu acho que você acha de mim). A maneira como professores e alunos percebem suas representações mútuas é um novo filtro que incide na leitura das atuações que se produzem no contexto da interação educacional (Miras, 1996).

Por sua vez, as diversas representações que professores e alunos elaboram nesse contexto geram expectativas com relação ao andamento previsível da atividade conjunta e seus resultados. Assim, o professor desenvolve algum tipo de previsão sobre o que pode esperar ou não de um determinado aluno, e o aluno, por sua vez, sobre o que pode ou não esperar de um determinado professor ou de um determinado colega. Como conseqüência dessas expectativas, cada um tende a atuar de acordo com o que espera do outro e, desse modo, as expectativas repercutem direta ou indiretamente em sua conduta e nas relações que se estabelecem entre uns e outros.[3] Como se sabe, tal fenômeno está relacionado com a chamada "profecia de autocumprimento", noção cunhada por Merton no âmbito da sociologia segundo a qual, quando alguém profetiza ou antecipa um determinado acontecimento, às vezes pode chegar a modificar sua conduta de tal maneira que aumente a probabilidade objetiva de que sua profecia se cumpra.

Com base nisso, um grupo de pesquisadores levantou a hipótese de que as expectativas desenvolvidas pelo professor em relação ao rendimento de seus alunos poderiam ter uma repercussão nos resultados de aprendizagem que estes conseguem obter. Os resultados dos trabalhos realizados por Rosenthal e Jacobson (1968) pareciam confirmar a hipótese e seu impacto foi notável, já que, embora nesse caso se tivessem induzido os professores a desenvolver expectativas positivas, era fácil extrapolar os resultados no caso de se terem produzido expectativas negativas com relação ao rendimento de determinados alunos. Nesse contexto, ao longo dos últimos anos, inúmeras pesquisas tentaram refutar os dados obtidos na pesquisa inicial de Rosenthal e Jacobson com resultados contraditórios. O impacto da profecia de autocumprimento nos resultados dos alunos confirma-se em alguns casos, mas não em outros, o que corrobora a dificuldade de considerar o fenômeno de uma forma simples ou mecânica. A partir de então, o interesse centrou-se de maneira prioritária em procurar analisar o processo mediante o qual se produz a formação de expectativas por parte do professor e, em particular, em determinar as condições que fazem com que tais expectativas dêem lugar a uma profecia de autocumprimento.

Nesse contexto, possivelmente um dos modelos mais elaborados continua sendo aquele proposto por Jussim (1986). O modelo distingue três fases ou etapas no processo de formação de expectativas no contexto escolar e em sua eventual transformação em profecias de autocumprimento (ver Figura 12.1). A primeira refere-se à construção das expectativas do professor quanto ao rendimento acadêmico de seus alunos e destaca a quantidade e a variedade de fatores que podem intervir em seu estabelecimento e em sua posterior manutenção ao longo da interação. Essa fase constitui um primeiro passo necessário no caminho para o cumprimento das expectativas. Nesse sentido, sabe-se que o professor não constrói necessariamente expectativas sobre o rendimento de cada um de seus alunos ou também que, mesmo no caso de construí-las, nem todas as expectativas que elabora são igualmente claras ou precisas. Na suposição de que as tenha construído, a segunda fase do modelo supõe que o professor as comunique de algum modo aos alunos. Existem evidências suficientes de que muitas vezes os professores as transmitem, comportando-se de maneira diferente com uns e outros em função do caráter positivo ou negativo de suas expectativas. Esse comportamento diferencial, de que a maioria dos professores tem pouca consciência, concretiza-se em última análise no maior ou no menor grau e na qualidade da ajuda que oferece ao aluno em seu processo de aprendizagem. Os padrões atributivos do professor, a percepção do grau de controle ou de influência que tem sobre o aluno, a tentativa de evitar a dissonância cognitiva que produzem nele as informações que contradizem suas expectativas são alguns dos fatores psicológicos que medeiam a relação entre suas expectativas e o tratamento educacional que acaba dando ao aluno (Coll e Miras, 1990b).

Em suma, a segunda fase desse modelo assinala que a transmissão das expectativas materializa-se em práticas educacionais por meio de que o professor proporciona maiores oportunidades aos alunos com relação aos quais elaborou expectativas de êxito acadêmico e vice-versa. Os resultados indicam que, nos contextos em que essa diferença é mais perceptível, produz-se maior dependência e maior identificação entre as expectativas dos próprios alu-

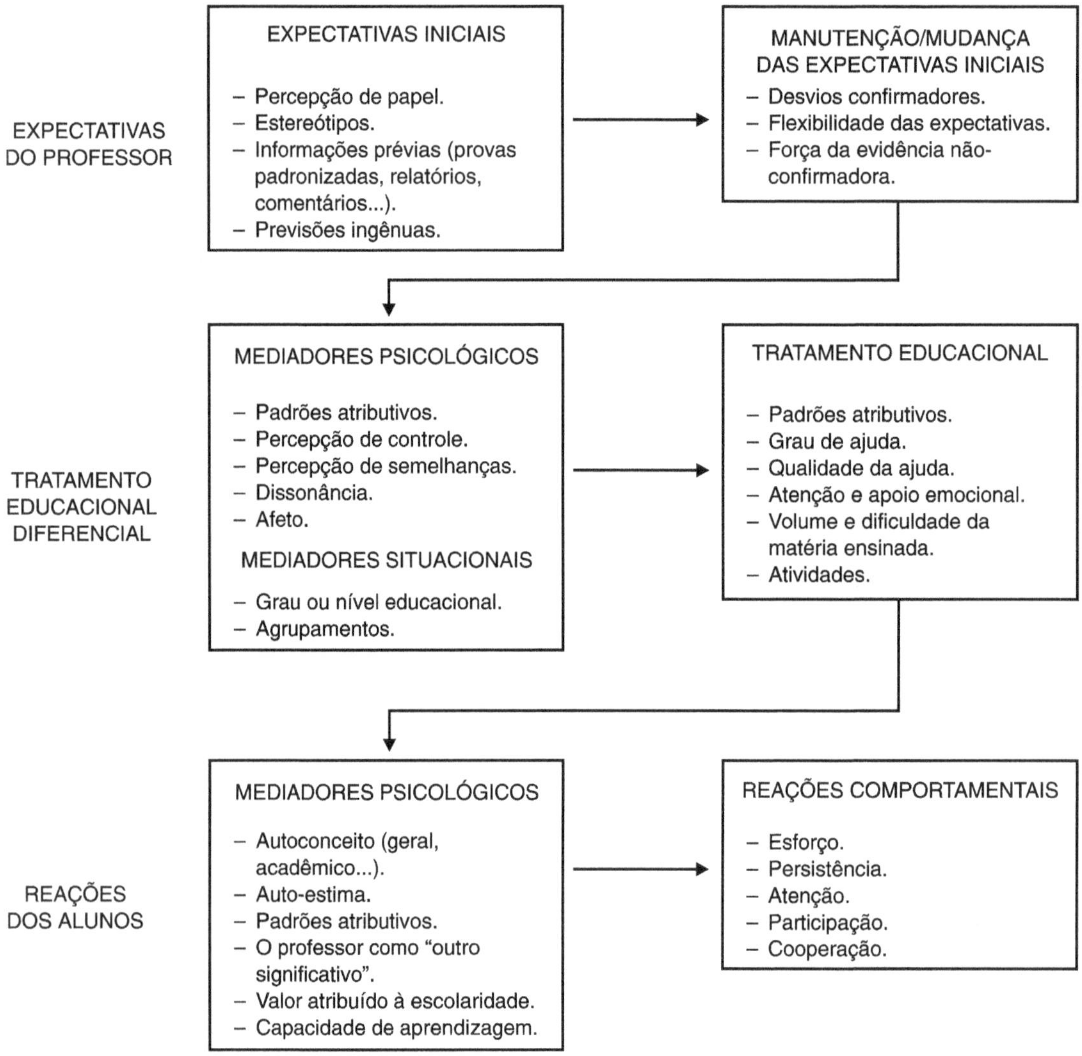

FIGURA 12.1 O processo das expectativas (adaptado de Jussim (1986)).

nos e as expetativas do professor (Stipek, 1996). A existência de um tratamento diferencial, porém, não basta para que se desencadeie a profecia de autocumprimento. É de se supor que os alunos não assistem impassíveis a esses tratamentos diferenciais e, com intenção de refleti-los, o modelo distingue uma terceira fase em que estes reagem diante das expectativas do professor, ajustando-se ou opondo-se a elas. Que um aluno atue em uma ou em outra direção parece depender, por sua vez, de um novo conjunto de fatores, entre os quais se destacam seu autoconceito acadêmico, seu nível de auto-estima, seus eus possíveis, os padrões atributivos que maneja, o valor que atribui às aprendizagens escolares e a importância que concede à opinião que o professor tem dele, sem esquecer logicamente sua capacidade real de aprendizagem.

Os fatores envolvidos nas diferentes fases do processo das expectativas determinam a maior ou a menor probabilidade de que a conduta do aluno e seus resultados confirmem a profecia do autocumprimento inicial. Em alguns casos, é evidente que esta se materializa e, desse modo, instala-se uma retroalimentação entre expectativas e resultados de aprendizagem, cujo caráter mais ou menos positivo depende, como é lógico, da natureza das expectativas.[4] As aproximações atuais permitiram evidenciar que, pelo menos no caso das expectativas do professor quanto ao rendimento dos alunos, a profecia do autocumprimento não pode ser vista como um processo mecânico e inevitável, mas se trata de um processo mais sutil e complexo do que se supunha em princípio.

Representações, atribuições, expectativas e características dos processos educacionais escolares

A análise realizada até o momento dos fatores que incidem na dimensão afetiva e emocional dos processos educacionais escolares, para além da possível parcialidade quanto aos aspectos contemplados, requer algumas considerações iniciais, sem as quais essa aproximação seria claramente insuficiente. Em primeiro lugar, apesar de tê-los abordado em primeira instância de forma relativamente independente, não parece possível ignorar as relações entre os fatores de natureza intra e interpessoal. Considere-se, a título de exemplo, o impacto que têm ou podem ter as representações e as expectativas que o professor ou outros colegas elaboram no sistema do eu do aluno, em particular de seu autoconceito acadêmico, ou a incidência dos padrões atributivos e a autoestima do aluno na representação e nas expectativas que elabora do professor.

Em segundo lugar, qualquer valorização dos fatores analisados seria claramente parcial ou distorcida, se não se considerassem a natureza e as características concretas dos contextos educacionais e os processos de ensino e aprendizagem em que estão imersos professores e alunos. Assim, as finalidades educacionais que prevalecem em uma determinada sociedade ou o projeto educacional de uma determinada escola constituem contextos de referência necessários a partir dos quais avaliar, por exemplo, o caráter mais ou menos favorável dos padrões atributivos que professores e alunos utilizam, ou a maior ou menor pertinência das dimensões que uns e outros priorizam na construção de suas representações mútuas.

Algo similar ocorre com relação às características dos processos de ensino e aprendizagem nos quais se atualizam esses fatores. Embora alguns valores das variáveis analisadas pareçam incidir de maneira relativamente similar independentemente de quais sejam essas características (por exemplo, um nível de auto-estima negativo), em outros casos, a composição e a organização social da sala de aula, os objetivos que se perseguem, os conteúdos e as tarefas de aprendizagem, ou as características da metodologia didática e das atividades de avaliação que se propõem são determinantes para avaliar o grau de adequação e o possível impacto dos fatores pessoais e interpessoais que foram analisados (Helmke, 1996). A relação entre os autoconceitos acadêmicos e os conteúdos de aprendizagem é uma das mais evidentes, embora não a única. Considere-se, por exemplo, o caso de um aluno que deve participar de uma metodologia de trabalho em grupo cooperativo com colegas aos quais se atribui um baixo nível de competência, ou de um aluno que percebe a si mesmo como alguém carente de dotes oratórios diante da proposta de avaliar seus conhecimentos mediante uma prova oral.

A POSSIBILIDADE DE ATRIBUIR SENTIDO PESSOAL À APRENDIZAGEM

As representações, as expectativas e as atribuições com que o aluno se depara em um determinado processo de aprendizagem têm uma incidência nesse processo e em seus resultados, visto que determinam algumas das condições fundamentais requeridas para que o aluno consiga atribuir um sentido pessoal à aprendizagem. A análise dessas condições constitui o elo necessário para compreender a relação de mútua interdependência entre a dupla dimensão que toda aprendizagem escolar comporta: a construção dos significados e a atribuição de sentido aos conteúdos escolares (Coll, 1988b).

O processo que leva a maior ou a menor atribuição de sentido pessoal a uma aprendizagem parece determinado por algumas condições básicas.[5] A maioria dos autores coincide em considerar o interesse do aluno pelo conteúdo e pela tarefa de aprendizagem e sua percepção de competência como duas das condições fundamentais. Por sua vez, alguns autores destacam a importância de um terceiro fator ou condição: a possibilidade que o aluno tem de representar para si de algum modo o conteúdo e a tarefa de aprendizagem que deve realizar e o motivo pelo qual se supõe que deva fazê-lo (Solé, 1993). Embora essa possa parecer uma primeira condição *sine qua non*, que é garantida pelo caráter explícito dos objetivos que guiam os processos escolares de ensino e aprendizagem, existem razões suficientes para duvidar de que, de qualquer forma, o aluno possa elaborar uma representação sobre o que deve aprender, como deve aprendê-lo e, em particular, por que se supõe que deve aprendê-lo. A esse respeito, vale considerar que, mesmo que o professor tenha respostas precisas para tais questões, isso não garante que o aluno as identifique ou, pelo menos, as compartilhe.

Poder representar para si a tarefa de aprendizagem e em particular os motivos pelos quais se supõe que deve realizá-la determina claramente a possibilidade de que o aluno experimente a aprendizagem como um objetivo pessoal; isto é, que experimente um sentimento de autonomia, não tanto no sentido de ser ele quem decida em primeira instância o que fazer e por quê, mas em que ele perceba a possibilidade de integrar os motivos da aprendizagem na trama de seus próprios objetivos. Essa experiência de autonomia, por sua vez, está estreitamente relacionada com o interesse pessoal experimentado pelo aluno diante do conteúdo de aprendizagem e das condições de realização dela. O interesse, como relação específica entre as necessidades, os objetivos e os valores da pessoa e os conteúdos e as tarefas de aprendizagem, está claramente vinculado ao sistema do eu do aluno. Nesse sentido, é necessário distinguir entre um interesse imediato, ligado à sensação de gratificação e de bem-estar inerente que se espera obter ao realizar uma tarefa concreta ou a abordar um determinado conteúdo, e um interesse diferido ou "latente", ligado, nesse caso, à percepção da importância ou da utilidade da aprendizagem como meio para alcançar futuros objetivos (Schiefele, 1991). O vínculo entre o autoconceito e a auto-estima atual do aluno e seus interesses imediatos e entre o interesse latente e seus eus possíveis parece indiscutível.

Sem dúvida, é pouco provável que o aluno atribua sentido a uma aprendizagem pela qual não sente um interesse imediato ou diferido, mesmo quando pretenda realizá-la com êxito. Mas tampouco parece provável que o tenha se, apesar de sentir um interesse pelo conteúdo ou pela tarefa, não confia que possa realizar a aprendizagem com razoáveis expectativas de êxito. O sentimento de competência, definido como o conjunto de crenças que o aluno tem a respeito de suas próprias habilidades para aprender em uma situação concreta, configura-se assim como um novo fator determinante da possibilidade de atribuir sentido à aprendizagem.[6] O fato de sentir-se mais ou menos competente está relacionado com o autoconceito geral e acadêmico do aluno, com seu nível de auto-estima e com seus padrões atributivos. Ao longo da escolaridade, constata-se uma tendência geral à estabilização e a um maior realismo na percepção da própria competência, assim como um aumento progressivo da correlação entre os interesses e o sentimento de competência do aluno, isto é, entre o que valoriza e aquilo em que se sente competente. Essa correlação tem uma indubitável função protetora da auto-estima, e alguns autores a consideram um importante marco no desenvolvimento do aluno (Harter, 1990).

Como elemento do autoconceito, o sentimento de competência remete em última análise ao próprio aluno, embora nas situações escolares de ensino e aprendizagem pareça lógico que esse sentimento contemple a possibilidade de integrar a ajuda que pode receber do professor ou de outros colegas. Sentir-se competente, dessa perspectiva, não quer dizer necessariamente se sentir capaz de realizar a tarefa de maneira autônoma e individual, mas também com a ajuda de outros. Nesse sentido, a representação e as expectativas que o aluno tem do professor e de seus colegas podem desempenhar um papel importante. A esse respeito, estudos recentes destacam algumas das dimensões que os alunos consideram para caracterizar o professor como possível fonte de ajuda. A percepção por parte do aluno de um estilo de interação democrático (estilo comunicativo, respeito, tratamento justo), expectativas baseadas nas características individuais do aluno como pessoa e como aprendiz, um interesse e uma preocupação com o ensino e o fato de proporcionar *feedbacks* construtivos parecem ser as mais importantes (Wentzel, 1997).

Muitos autores concordam em mencionar a dimensão do autoconceito do aluno como um dos melhores antecipadores de seus resultados de aprendizagem. A percepção da competência atuaria como profecia de autocumprimento em relação a si mesmo e determinaria as expectativas do aluno diante da aprendizagem. Expectativas que devem ser consideradas não apenas de uma óptica racional, mas também da perspectiva das emoções que desencadeiam. Assim, por exemplo, as expectativas de êxito ou de fracasso podem provocar sentimentos de orgulho ou de vergonha antecipados, que medeiem a possibilidade de atribuir sentido à aprendizagem.

ATRIBUIÇÃO DE SENTIDO, DE AFETOS E DE EMOÇÕES NO PROCESSO DE ENSINO E APRENDIZAGEM

A atribuição de um maior ou menor sentido pessoal àquilo que deve aprender é um dos principais fatores que condicionam o tipo de motivação e o enfoque que o aluno adota para realizar sua aprendizagem, incidindo desse modo no desenvolvimento do processo e nos resultados que se consegue obter (Miras, 1996). A relação entre esses aspectos, porém, está longe de ser mecânica e não se pode considerá-la predeterminada pelas características iniciais do aluno ou da situação de ensino e aprendizagem. A maneira concreta como o processo afinal se desenvolve, e em particular a dinâmica que acaba se produzindo na interação entre o professor e o aluno, pode influir e alterar em maior ou menor medida as características de suas representações, suas atribuições, suas expectativas e seus interesses iniciais, modificando desse modo o sentido, a motivação e o enfoque de aprendizagem do aluno (Greene e Miller, 1996).

Em qualquer caso, o processo desemboca em resultados, que se avaliam de forma mais ou menos positiva e se interpretam em termos de êxito ou de fracasso com relação aos objetivos que foram formulados. A avaliação de seus resultados, na maioria dos casos de caráter público, tem importantes conseqüências emocionais e afetivas para o aluno (e presumivelmente para o professor). Nesse sentido, constata-se o caráter claramente bidirecional da relação entre os resultados da aprendizagem e as características do aluno, já que, embora os diferentes fatores de caráter afetivo e relacional com que o aluno se depara na aprendizagem condicionam em parte seus resultados, por sua vez, esses resultados, ou melhor, a percepção que o aluno tem deles, incidem na representação e na valorização que tem de si mesmo[7] (ver a Figura 12.2).

A leitura que o aluno faz de seus resultados e a possível repercussão em seu autoconceito e em sua auto-estima está fortemente condicionada por seus padrões atributivos, seus interesses, seus eus possíveis ou o valor que atribui à tarefa, mas também pela valorização feita por outras pessoas, e muito particularmente o professor. A esse respeito, alguns autores destacam a influência que tem a contingência da avaliação do professor nos padrões atributivos do aluno e especificamente na percepção de controle sobre a aprendizagem e em seus resultados. A variabilidade, o caráter imprevisível e a falta de consistência nos elogios, nas recompensas, nas críticas ou nas reprovações explicariam os resultados de numerosos estudos em que se mostram o pouco controle e as dificuldades que muitos alunos têm para determinar as causas de seus êxitos e, em particular, de seus fracassos na aprendizagem (Stipek, 1996).

A inegável influência dos êxitos e dos fracassos acadêmicos no autoconceito e na autoestima do aluno tende a ser concebida muitas vezes de maneira excessivamente lógica e racional, esquecendo que as representações que se tem sobre si mesmo, e em particular as crenças sobre suas capacidades, estão estreitamente ligadas às necessidades básicas de controle e à habilidade de sentir-se bem comigo mesmo. Desse modo, a necessidade de manter um autoconceito e uma auto-estima aceitáveis leva a pessoa a procurar modelar o ambiente para que se adapte às próprias expectativas e necessidades, evitando, na medida do possível, os fatos e as situações que podem fazer com que se sinta mal consigo mesma. Esse viés autoprotetor explicaria em parte por que os alunos com um autoconceito acadêmico pobre e

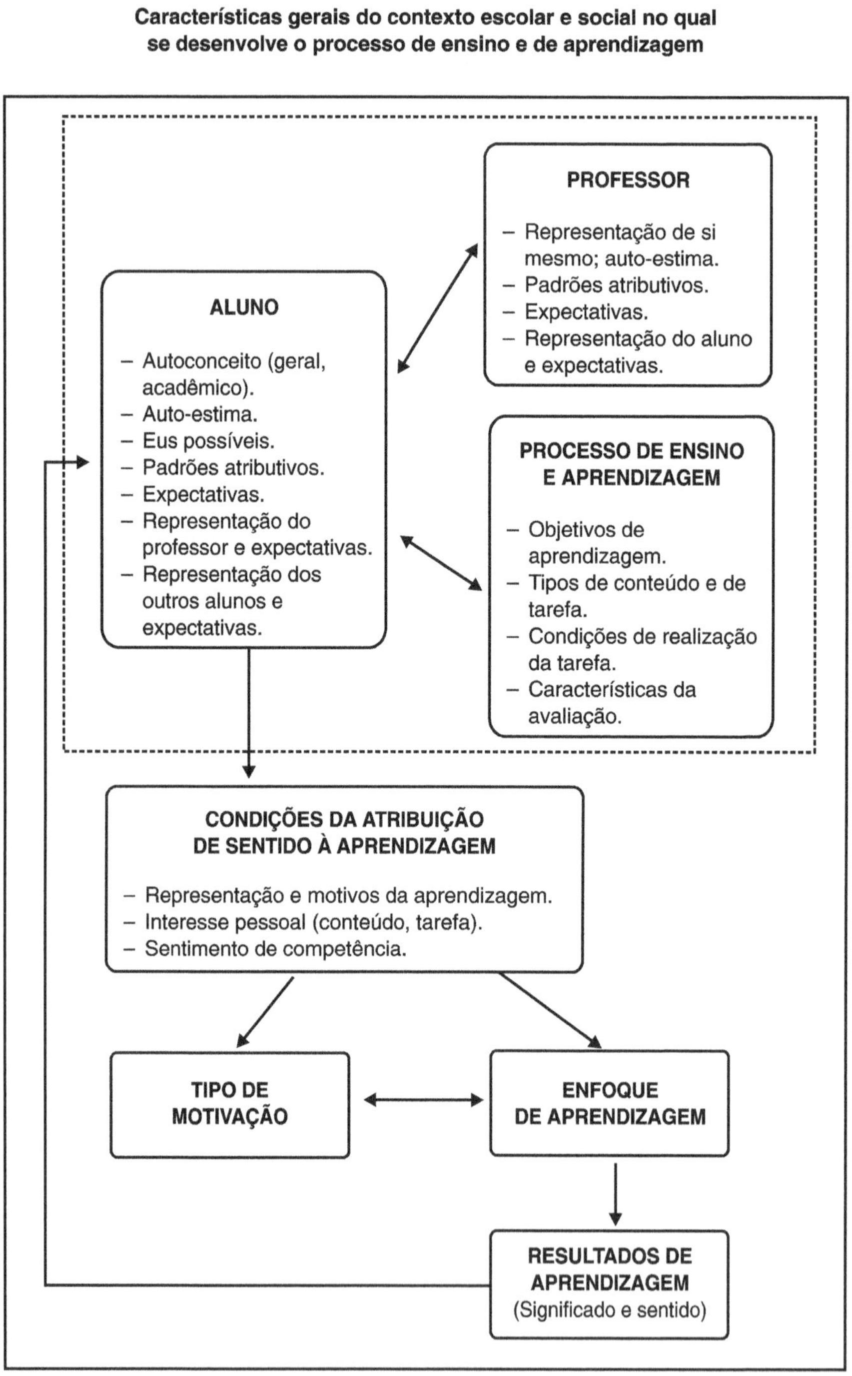

FIGURA 12.2 A aprendizagem escolar: os fatores afetivos e relacionais.

um nível de auto-estima baixo são os mais reticentes em pedir ajuda ao professor, ou também por que as normas do grupo de iguais, em particular o grau em que valorizam ou se mostram hostis diante do êxito acadêmico, determinam a interação e a busca de ajuda no contexto da sala de aula (Kennedy, 1997).

Tudo isso nos lembra que a interação educacional não é emocionalmente neutra, ainda que a maioria dos trabalhos que analisam tais processos continuam ignorando a questão, provavelmente na suposição infundada de que o tônus emocional dos participantes nos processos de ensino e aprendizagem é de caráter positivo ou pelo menos neutro.[8] É evidente, porém, que professores e alunos experimentam emoções tanto positivas como negativas, ainda que os alunos, em uma nova demonstração do caráter simétrico da relação, tenham de aprender a esconder suas emoções negativas para sobreviver no contexto escolar (Boekaerts, 1996). Esquecer esses aspectos supõe correr o risco de ignorar que, quando os estados afetivos e emocionais atingem certa intensidade na sala de aula, é mais provável que os participantes se concentrem neles mais do que nos aspectos racionais e cognitivos da tarefa.

Como assinalam Ratner e Stettner (1991), a interação entre professores e alunos requer uma mutualidade e uma coordenação tanto de caráter cognitivo como afetivo e, nesse sentido, do mesmo modo que as emoções que experimentamos cumprem uma importante função auto-reguladora, as emoções que percebemos nos outros nos proporcionam uma informação de vital importância para interpretar e regular nossas relações. Assim, por exemplo, as reações emocionais do professor em face do êxito ou do fracasso do aluno são uma fonte de informação sobre seus padrões atributivos e, à medida que o aluno as percebe, afetam suas próprias atribuições e suas expectativas de êxito. Assim, desde muito cedo, as crianças entendem que a cólera ou o enfado do professor aparecem quando o fracasso é atribuído a causas controláveis e que, portanto, podem ser solucionados no futuro, enquanto que a compaixão ou a lástima tendam a aparecer ante um fracasso atribuído a causas incontroláveis e dificilmente modificáveis. As conseqüências de assumir essas atribuições têm a ver com o fato de que, no primeiro caso, o aluno experimenta uma culpa que é possível reparar e, portanto, não há por que serem gerados sentimentos de evasão em face das novas situações de aprendizagem, enquanto que o sentimento de vergonha que pode aparecer no segundo caso provocaria conseqüências claramente opostas (Harré e Parrot, 1996).

As emoções, os sentimentos e os afetos não desempenham um papel unicamente nos processos interativos que ocorrem nas salas de aula, mas também estão envolvidos no próprio ato de aprender. Como se destacou em outra ocasião (Miras, 1996), postular que o aluno é responsável por seu processo de aprendizagem implica não apenas que é ele que pode em última análise realizar a atividade cognitiva que tal aprendizagem supõe, mas também que é o único que pode assumir os desafios afetivos envolvidos nesse processo de aprendizagem. O custo emocional diferente que pode supor a aprendizagem conforme a perspectiva que o aluno adota com relação à natureza do conhecimento e o grau de afeto que associa aos vários conhecimentos de que dispõe podem ser alguns dos fatores capazes de explicar por que, em um dado momento, o aluno está mais ou menos disposto a assumir as perdas emocionais que pode implicar o abandono de maneiras mais simples, embora às vezes mais tranqüilizadoras, de perceber a realidade (Perry, 1970).

O panorama necessariamente esquemático que se esboçou ao longo do capítulo permitiu evidenciar a existência, nos últimos anos, de um número crescente de trabalhos e linhas de pesquisa centradas na análise da dimensão emocional e afetiva da aprendizagem. Isso supôs um incremento notável dos conhecimentos de que se dispõe com relação a tais questões, ao mesmo tempo que permite detectar com mais clareza possíveis lacunas ou indagações que presumivelmente podem guiar a pesquisa em um futuro mais ou menos próximo. Assim, parece necessário um esforço orientado a atenuar não só a escassez de conhecimentos relativos à dimensão emocional e afetiva do ensino, mas também a insuficiência de trabalhos específicos que analisem tais dimensões no âmbito da interação entre alunos e também a falta de contextualização que se observa na maioria dos estudos atuais relativos às características afetivas do aluno. O principal problema, porém, continua sendo, indiscutivelmente, a articulação entre os diferentes tipos de dimensões envolvidos nos processos de ensino e aprendizagem. Recompor o quebra-cabeça das emoções, dos afetos e das cognições que as pessoas põem em prática nas situações educacionais é um dos desafios mais importantes impostos à psicologia da educação nas próximas décadas.

NOTAS

1. As dimensões que configuram o autoconceito, o caráter organizado ou taxonômico dessas dimensões, as fontes a partir das quais se constrói o autoconceito e as características que apresenta nos vários níveis de desenvolvimento continuam sendo alguns dos pontos de debate atuais (Helmke, 1996; Miras, 1996).
2. Em linhas gerais e em todos os níveis da escolaridade, os alunos em sua imagem de "professor ideal" atribuem uma importância primordial aos aspectos afetivos e de relação interpessoal (disponibilidade, respeito, simpatia, nível de atenção pessoal...), enquanto no caso dos professores parece que o parâmetro fundamental em sua imagem do "aluno ideal" é o grau em que este se adapta às normas escolares, tanto de tipo acadêmico como de relação social (Coll e Miras, 1990a).
3. Atualmente, os conhecimentos sobre o processo de construção das representações mútuas entre alunos e o impacto que têm em sua interação e em seus respectivos processos de aprendizagem são claramente insuficientes. Algo similar ocorre no caso de nossos conhecimentos sobre a possível incidência das expectativas dos alunos na conduta do professor.
4. A situação mais negativa se produz quando o professor constrói expectativas a respeito do rendimento de alguns alunos, que, por sua vez, têm um autoconceito negativo e uma baixa auto-estima. Ao desconfiar de suas próprias possibilidades, esses alunos têm maior dificuldade para aproveitar as ajudas que lhe são oferecidas, o que contribui para reforçar seu sentimento de incompetência e para confirmar as baixas expectativas do professor. Desse modo, o processo vai-se retroalimentando e é difícil modificá-lo (Rogers, 1987).
5. Para uma análise mais detalhada dessas questões, ver Solé (1993) e Miras (1996).
6. A literatura anglo-saxã, particularmente na tradição iniciada por A. Bandura, utiliza a noção de auto-eficácia para referir-se a esse conjunto de crenças. Embora existam alguns matizes e algumas diferenças a respeito da noção de sentimento de competência, neste capítulo, não se estabelecerá uma distinção entre os dois termos.
7. A incidência dos resultados da aprendizagem no autoconceito e na auto-estima do aluno e o caráter bidirecional desta relação não parece estabelecer-se com clareza até os 10 ou 11 anos. A existência de um autoconceito pouco realista e uma elevada auto-estima ou a dificuldade de diferenciar entre o esforço e a habilidade como determinantes dos resultados da aprendizagem explicariam o impacto relativo que parecem ter os resultados escolares no sistema do eu do aluno em idades escolares (Boekaerts, 1996).
8. A ansiedade diante da avaliação (*test anxiety*) é possivelmente a única emoção analisada de maneira intensiva do ponto de vista acadêmico (Pekrun, 1996).

13 Diferenças individuais e atenção à diversidade na aprendizagem escolar

CÉSAR COLL E MARIANA MIRAS

INTRODUÇÃO

Os capítulos precedentes mostram claramente até que ponto os alunos diferem entre si em uma grande variedade de aspectos – inteligência, habilidades cognitivas, esquemas de conhecimento, estratégias de aprendizagem, interesses, expectativas, motivações, enfoques diante do estudo e da aprendizagem, padrões de atribuição de êxito e de fracasso, autoconceito, etc. – e como essas diferenças incidem sobre os processos e os resultados da aprendizagem que realizam nas salas de aula e nas escolas. Seja qual for o aspecto considerado, deparamo-nos sempre, por um lado, com o postulado de que esses processos psicológicos intervêm e incidem na aprendizagem de *todos* os alunos, e, por outro, com a evidência de que intervêm e incidem de forma distinta na aprendizagem de *cada um* dos alunos em particular.

O interesse por essa dupla vertente dos fatores e dos processos psicológicos dos alunos envolvidos na aprendizagem escolar é, na realidade, o reflexo, no âmbito da psicologia da educação, de uma tendência mais geral, que tem suas raízes na psicologia filosófica e que impregnou totalmente o desenvolvimento da psicologia científica ao longo do século XX. A busca e a explicação do que têm em comum todos os membros da espécie humana – a semelhança – e a identificação e a compreensão do que os diferencia – a diversidade – foram desde sempre dois eixos fundamentais da reflexão filosófica dos seres humanos sobre sua própria natureza.

A psicologia científica, fazendo eco ao debate filosófico original, adotou praticamente desde seus inícios uma dupla direção, dando lugar, como assinalara e analisara Cronbach (1957, 1975), ao surgimento de "duas disciplinas" em seu seio. Uma sustenta que os indivíduos são socialmente idênticos – ou, o que é o mesmo, que suas diferenças são irrelevantes, ou pelo menos secundárias, para compreender a natureza humana – e que é possível, conseqüentemente, identificar e enunciar leis psicológicas gerais aplicáveis a todos eles. Durante muito tempo, essa foi a orientação seguida pela psicologia experimental e pela quase totalidade de ramos ou especialidades da psicologia científica – entre elas, a psicologia do desenvolvimento e da aprendizagem –, que dirigiram seus esforços para estabelecer as regularidades ou as leis gerais que regem o comportamento humano. A outra, concretizada fundamentalmente no âmbito da psicologia e da psicologia diferencial, parte do pressuposto básico de que cada pessoa é um fato único e, por isso, não tem sentido buscar estabelecer leis psicológicas gerais aplicáveis por igual a todos os indivíduos.

Mas se a problemática das diferenças individuais e as tentativas para superar a dissociação entre as "duas disciplinas da psicologia científica" marcaram o desenvolvimento e a evolução desta última ao longo do século XX, algo parecido ocorre no caso da educação, em que a diversidade e as maneiras de reagir diante delas também estiveram no centro dos debates e dos esforços para melhorar a educação e o ensino. O ideal da individualização do ensino já aparece no pensamento educacional dos séculos XVIII e XIX e é uma constante em todos os movimentos pedagógicos do século XX. Desde sempre, os educadores sentiram-se interpelados pelas diferenças entre os alunos e pelas relações entre essas diferenças e os processos e os resultados da aprendizagem. A individualização do ensino, ou seja, os esforços para adaptar o ensino às características individuais dos alunos, foi a proposta sugerida e experimentada por muitos educadores para fazer frente a esse fato. Contudo, como assinala Snow (1996a, p. 649), "na maioria dos lugares e na maior parte das vezes as práticas de ensino atuais permaneceram basicamente fixas e não se adaptaram às características dos alunos. No geral, estes também devem acomodar-se ao sistema; alguns aprendem mais, outros menos, outros absolutamente nada, e outros o abandonam, seja qual for o sistema de ensino escolhido".

Na confluência do conhecimento psicológico e da teoria e da prática educacional, a psicologia da educação tratou de forma reiterada das diferenças individuais dos alunos e de sua incidência sobre o ensino e a aprendizagem. Isso ocorre a tal ponto que, como mencionamos no Capítulo 1 deste volume, o estudo das diferenças individuais é um dos eixos estruturadores da psicologia da educação desde suas origens. "A diversidade está sempre presente na educação" (Snow, Corno e Jackson III, 1996, p. 244) e, tanto por razões teóricas como práticas, seu estudo constitui um dos capítulos essenciais da psicologia da educação.

Algumas das dimensões mais relevantes para dar conta das diferenças individuais dos alunos e de sua incidência sobre a aprendizagem escolar já foram tratadas detalhadamente nos capítulos anteriores e, por isso, não tem sentido voltar a elas aqui. O objetivo deste capítulo é revisar alguns pressupostos básicos relativos à natureza das diferenças individuais dos alunos e sua vinculação aos conceitos de diversidade e de atenção educacional à diversidade. Em primeiro lugar, vamos tratar da origem, da natureza e do alcance das diferenças individuais, como também das dimensões ou dos âmbitos da conduta e do funcionamento psicológicos dos alunos a que se atribuiu tradicionalmente mais importância e relevância do ponto de vista educacional. Dedicaremos o item seguinte a rever algumas estratégias e propostas gerais de resposta à diversidade dos alunos que se situam em diferentes níveis de organização e de funcionamento do sistema educacional, com especial atenção às propostas de ensino adaptativo e aos esforços orientados a identificar as interações entre os tratamentos educacionais e as aptidões dos alunos. Finalmente, encerraremos o capítulo com algumas considerações gerais sobre a diversidade e a atenção educacional à diversidade do ponto de vista da concepção construtivista do ensino e da aprendizagem apresentada no Capítulo 6 deste volume.

DIFERENÇAS INDIVIDUAIS E APRENDIZAGEM ESCOLAR: NATUREZA E ÁREAS DA DIVERSIDADE DOS ALUNOS

As diferentes aproximações do estudo das características individuais dos alunos e de sua incidência sobre a aprendizagem escolar são, em boa medida, o fruto da postura adotada, de cada uma delas, com relação a quatro questões-chave: os propósitos e as intenções que presidem o estudo das diferenças entre os indivíduos; os pressupostos básicos relativos à natureza das diferenças individuais; a delimitação e a conceituação dos âmbitos ou das dimensões do funcionamento psicológico nos quais se situam as diferenças entre os alunos com maior incidência sobre a aprendizagem escolar e as fontes da variabilidade individual.

Os propósitos do interesse em identificar e medir as diferenças entre alunos

As razões para identificar e medir as diferenças entre os alunos podem ser de natureza muito diversa. Às vezes, o objetivo pode ser a identificação daqueles que manifestam determinada característica, ou que a manifestam em um certo grau, com a finalidade de inscrevê-los em um determinado tratamento educacional: selecionar os alunos que apresentam maiores e melhores aptidões físicas para inscrevê-los em um programa avançado de formação desportiva; selecionar os alunos com maior capacidade intelectual e um bom nível de rendimento em matemática para incorporá-los a um grupo de estudo avançado dessa matéria; selecionar os alunos com uma capacidade intelectual limitada e dificuldades generalizadas de aprendizagem a fim de inscrevê-los em escolas, turmas ou tratamentos educacionais ajustados às suas características; identificar os alunos que, por sua capacidade intelectual e pelo bom nível do rendimento escolar alcançado ao término da escolaridade obrigatória, podem prosseguir com aproveitamento em uma via formativa posterior mais exigente, etc. Nesses e em outros casos similares, a principal finalidade dos esforços para identificar e medir as diferenças individuais é conseguir um ajuste entre a educação e o ensino dado e as características dos alunos, embora o ajuste seja buscado, sobretudo, mediante a acomodação dos alunos às exigências e às possibilidades da educação e do ensino, orientando-os e dirigindo-os para uma ou outra modalidade formativa em função de suas características individuais.

No extremo oposto, deparamo-nos com os esforços para identificar e medir as diferenças individuais, cujo principal objetivo também é conseguir o maior grau de ajuste possível entre a educação e o ensino e as características dos alunos, mas, desta vez, mediante a acomodação e a diversificação da ação educacional e do ensino – introduzindo as variações necessárias na organização e no funcionamento do sistema educacional e na ação pedagógica e didática – às peculiaridades e às necessidades dos alunos. Entre os extremos assinalados é possível encontrar, naturalmente, um amplo leque de propostas intermediárias – mas o que interessa destacar aqui são dois pontos. O primeiro refere-se ao fato de que, conforme predomine um ou outro objeto, a aproximação do estudo das características individuais dos alunos adota rumos distintos, utiliza diferentes instrumentos de medida e desemboca na formulação de propostas educacionais igualmente diversas. O segundo diz respeito à substituição progressiva dos enfoques das diferenças individuais que respondem ao primeiro objetivo por outros que são mais tributários do segundo, embora, no momento, essa substituição ainda se situe mais no plano do discurso que no das práticas e que estas continuem sendo no geral fixas e não-adaptadas aos alunos, como nos recorda Snow no texto citado anteriormente.[1]

Voltaremos a essa questão no item seguinte, quando tratarmos das estratégias e das propostas educacionais gerais de reação diante da diversidade dos alunos. No momento, acrescentaremos apenas que a heterogeneidade de propósitos que presidem, guiam e orientam o estudo das diferenças individuais dos alunos está estreitamente relacionada, por um lado, com a ampla gama de finalidades e de funções que cabe atribuir à educação escolar (ver o Capítulo 6 deste volume), e, por outro, com os pressupostos básicos que se adotem sobre a natureza e a origem das diferenças individuais.

Os pressupostos básicos sobre a natureza das diferenças individuais

Hunt e Sullivan (1974), ao analisarem os pressupostos básicos sobre a natureza das diferenças individuais e sua evolução, identificaram três grandes concepções, que denominam estática, situacional e interacionista, respectivamente. A *concepção estática* pressupõe que as características individuais são inerentes às pessoas, além de relativamente estáveis e consistentes através do tempo e das situações. A caracterização das diferenças individuais em termos de características – o aluno é identificado como pertencente a um ou outro tipo de indivíduos – ou de traços – o aluno é identificado pela maneira como se situa em relação a uma série de dimensões – são expoentes da concepção estática das diferenças individuais. Assim, a inscrição do aluno em um determinado tipo ou à identificação e à medida do grau em que possui um determinado traço explicariam seu comportamento e dariam conta de suas aprendizagens em qualquer momento, lugar e circunstância. Um aluno sem iniciativa e dependente do professor será sempre, em qualquer matéria ou disciplina e ao longo de toda sua escolaridade, um aluno com um elevado nível de ansiedade e atuará ansiosamente em qualquer atividade de ensino e aprendizagem de que participe; um aluno com um baixo nível de inteligência alcançará irremediavelmente níveis igualmente baixos de aprendizagem em todas as matérias e em todos os conteúdos escolares, etc. A predeterminação genética das características individuais é, de forma explícita ou implícita, a idéia subjacente à concepção dominante nas primeiras décadas do século XX e, embora já não goze de uma aceitação majoritária, continua contando com firmes partidários.

A essa maneira de entender as diferenças individuais contrapõe-se a *concepção situacional ou ambientalista*, segundo a qual as características individuais das pessoas não são fixas nem predeterminadas geneticamente, mas dependem de fatores ambientais. As diferenças que se constatam entre as pessoas já não podem ser atribuídas a elas, mas aos diferentes ambientes e situações nos quais estiveram ou estão imersos. Um aluno mostra-se sem iniciativa e tem um comportamento dependente do professor não porque pertença à categoria de pessoas dependentes e sem iniciativa, mas porque as características concretas da situação educacional da qual participa desencadeiam nele um comportamento dependente e reforçam sua falta de iniciativa; do mesmo modo, um baixo nível de rendimento escolar já não será atribuído necessariamente a um baixo nível intelectual, e sim a uma ação educacional e de ensino ineficaz. Como se sabe, a concepção ambientalista das diferenças individuais está na base da psicologia experimental clássica – que tende a tratar sistematicamente a variabilidade individual como variável dependente, controlada ou neutralizada nas descrições experimentais – e também das teorias psicológicas e dos enfoques e das propostas educacionais que se situam no âmbito do paradigma behaviorista. O momento histórico de máximo apogeu dessa concepção corresponde aos anos 1950, mas, da mesma forma como ocorre no caso da concepção estática, continua contando atualmente com não poucos seguidores.

Finalmente, diante das duas concepções anteriores, é possível identificar uma terceira, a *concepção interacionista*, que responde à direção assinalada por Cronbach quando defende, em seu famoso artigo de 1957, a necessidade de superar as concepções estática e ambientalista, próprias das "duas disciplinas da psicologia científica" – que representam a psicologia experimental e a psicologia diferencial clássica –, com o fim de atentar tanto à semelhança como à diferença na explicação da natureza humana. De acordo com essa concepção das diferenças individuais, produz-se uma interação entre as características dos alunos e as características da situação educacional, de maneira que ambas devem ser necessariamente levadas em conta para explicar e compreender a aprendizagem escolar. Nesse caso, a quantidade e a qualidade das aprendizagens que o aluno realiza já não podem ser atribuídas exclusivamente às suas características individuais – nível intelectual, habilidades cognitivas, conhecimentos específicos prévios, conhecimento estratégico, metas, enfoques de estudo e aprendizagem, etc. Tampouco podem ser atribuídas apenas às características das atividades de ensino e aprendizagem nas quais participa e à ação educacional e de ensino do professor. Também não faz muito sentido, pela concepção interacionista das diferenças individuais, procurar discernir que parte da responsabilidade corresponde, na explicação da aprendizagem escolar, às características individuais e às características da situação educacional. É na interação entre umas e outras, no maior ou no menor grau de ajuste entre ambas, que é preciso buscar a chave para dar conta das aprendizagens que os alunos acabam realizando. Em suma, dessa perspectiva é reconhecida a importância das características pessoais – algumas das quais, sem dúvida, têm uma base genética – e das condições ambientais, embora nenhuma delas predetermine por completo e à margem da outra os processos psicológicos envolvidos na aprendizagem escolar.

A concepção interacionista das diferenças individuais é, sem dúvida nenhuma, a que predomina atualmente na psicologia da educação, como mostram com clareza os capítulos anteriores deste volume sobre os fatores e processos psicológicos dos alunos envolvidos na aprendizagem escolar. Mas o fato destacável nesse contexto é que a aceitação cada vez maior da concepção interacionista das diferenças individuais foi acompanhada, como assinalávamos ao final da epígrafe anterior, de uma mudança não menos importante nos propósitos que presidem e orientam o interesse por seu estudo e sua consideração no campo educacional. De fato, a ênfase já não reside em analisar e prever o resultado dos alunos em função de suas características pessoais, ou em selecioná-los e orientá-los para uma ou outra via formativa em função delas – como por outro lado seria coerente no marco de uma concepção estática das diferenças individuais – mas, sim, em descobrir e identificar as diferenças individuais relevantes para o ensino e a aprendizagem, isto é, as características dos alunos cujo conhecimento é imprescindível para realizar uma adaptação e um ajuste do ensino.

As áreas de diversidade com maior incidência sobre a aprendizagem escolar

A aproximação tradicional do estudo das diferenças individuais em psicologia da educação caracterizou-se, por um lado, em estabelecer uma distinção nítida entre os fatores e os processos psicológicos e os fatores e os processos afetivos do funcionamento psicológico envolvidos na aprendizagem escolar, e, por outro, em outorgar uma prioridade absoluta ao estudo dos fatores e dos processos cognitivos e à sua incidência sobre os resultados da aprendizagem dos alunos. Todas as revisões do tema, tanto aquelas realizadas já há algum tempo (Cronbach e Snow, 1977; Glaser, 1977; Corno e Snow, 1986) como as mais recentes (Gustafsson e Undheim, 1996; Lohman, 1996; Snow, Corno e Jackson III, 1996), coincidem em destacar ambos os pontos. Assim, e no que se refere aos fatores e aos processos cognitivos, deu-se atenção às diferenças individuais no âmbito da inteligência, das aptidões, da base de conhecimentos específicos de domínio e de sua organização, das estratégias de aprendizagem, do conhecimento e das capacidades metacognitivas, etc. (ver os Capítulos 7, 8 e 9 deste volume). Muito mais numerosos, dispersos e em geral menos elaborados e fundamentados teorica e empiricamente são os constructos[2] utilizados para estudar as diferenças individuais dos alunos no âmbito afetivo, entre os quais vale mencionar a motivação e os diferentes tipos de metas e de motivos diante da aprendizagem escolar, os enfoques e os estilos de aprendizagem, as expectativas, o autoconceito e os padrões atributivos dos êxitos e dos fracassos na aprendizagem (ver os Capítulos 10, 11 e 12 deste volume).

A pesquisa desses fatores e processos, realizada em uma primeira fase no contexto de uma concepção estática das diferenças individuais, evoluiu progressivamente para formulações claramente tributárias de uma concepção interacionista, de tal maneira que a tendência atual aponta com clareza na direção de estudar, de forma integrada e simultânea, características individuais que tradicionalmente foram estudadas em separado. Uma das propostas mais interessantes nesse sentido é aquela elaborada por Snow e seus colaboradores no transcurso das últimas décadas. Esses autores propõem uma taxonomia dos constructos úteis e relevantes para estudar as diferenças individuais dos alunos formada por três categorias: a que corresponde ao âmbito do *cognitivo* – com duas grandes subcategorias, o conhecimento declarativo e o conhecimento procedimental, que incluem, por sua vez, constructos como aptidões mentais gerais e específicas, habilidades intelectuais, conhecimentos específicos de domínio, estratégias, táticas e crenças; a que corresponde ao âmbito do *afetivo* – com suas subcategorias, o temperamento e a emoção, que incluem ao mesmo tempo constructos como traços temperamentais, disposições de ânimo, fatores de personalidade gerais e especiais, valores e atitudes – e a que corresponde ao âmbito do *conativo* – com duas subcategorias, a motivação e a volição, que, por sua vez, incluem constructos como os mecanismos de controle da ação, a orientação ao êxito, a orientação para si mesmo e para os outros, a orientação para o curso, os estilos pessoais e os interesses (Snow, Corno e Jackson III, 1996, p. 247).

A idéia central da proposta é que as características dos alunos, em cada uma dessas categorias, não incidem de maneira direta, linear e isolada sobre a aprendizagem, mas, em resposta a situações concretas e específicas de ensino e aprendizagem, o aluno põe em jogo *complexos atitudinais*,[3] definidos como misturas os compostos de características individuais pertencentes a duas ou mesmo três categorias assinaladas. Ao mesmo tempo, e como hipóteses complementares, Snow, Corno e Jackson III postulam que os três grandes tipos de características individuais incidem de maneira distinta, embora coordenada, sobre a aprendizagem. Enquanto que as características cognitivas teriam uma influência decisiva sobre a qualidade da aprendizagem, as dimensões ou as características de tipo afetivo, pelo fato de estarem relacionadas com o nível de esforço e a persistência na tarefa por parte do aluno, teriam um impacto maior sobre a quantidade de aprendizagens relacionadas; por sua vez, as dimensões ou as características conativas incidiriam fundamentalmente sobre a direção do esforço e sobre o controle do processo de aprendizagem. A presença desses três tipos de componentes no complexo atitudinal posto em jogo pelo aluno em uma situação concreta e específica de ensino e aprendizagem daria lugar então, em primeira instância, ao compromisso ou ao empenho adotado nela pelo aluno. Conseqüentemente, ao resultado da aprendizagem alcançado ao final, que, por sua vez, teria um efeito retroativo sobre o complexo atitudinal ativado e suas aptidões constituintes, contribuindo, assim, para o seu reforço e enriquecimento, ou, ao contrário, para sua debilitação ou seu abandono diante de eventuais situações futuras de aprendizagem.

Para além dos detalhes concretos, a proposta de Snow, Corno e Jackson III – conforme uma concepção interacionista das diferenças individuais e presidida pelo propósito de conseguir um ajuste do ensino às aptidões dos alunos – possui duas idéias fundamentais que fazem parte do conceito de diversidade atualmente vigente nos processos de reforma e de inovação e melhoria da educação escolar em inúmeros países: em primeiro lugar, a idéia de que as características individuais dos alunos vinculadas ao âmbito cognitivo não são absolutamente as únicas que influem sobre os processos e os resultados de aprendizagem; em segundo lugar, que nenhuma característica individual por si só e isolada das outras é determinante para a aprendizagem escolar: é antes o conjunto articulado das características pertencentes aos três âmbitos – cognitivo, efetivo e conativo – que se encontram no aluno que tem uma incidência sobre a quantidade, a qualidade e a orientação da aprendizagem que este realiza em uma situação ou em um contexto educacional particular.

As fontes da variabilidade individual

O debate psicológico sobre as fontes da variabilidade individual centrou-se tradicionalmente no peso relativo do fatores genéticos e ambientais, como também na influência de determinadas características grupais (raça, gênero, classe social, cultura, etc.) sobre as características individuais de seus membros. No que diz respeito ao primeiro aspecto, os resultados da pesquisa empírica indicam que, em geral, os fatores genéticos e ambientais são responsáveis por quantidades aproximadamente equivalentes da variabilidade interindividual. Além disso, como assinalam Gustafsson e Undheim (1996, p. 220), as pesquisas mostram, por um lado, que o peso da herança varia através do tempo, da cultura e da idade dos indivíduos, e, por outro, que os fatores ambientais têm efeitos substanciais sobre os comportamentos individuais (como evidenciou o estudo dos fatores ambientais não-compartilhados que dão conta das diferenças individuais entre as crianças de uma mesma família).

As pesquisas sobre as diferenças grupais como fonte de variabilidade individual – particularmente no que diz respeito ao âmbito cognitivo – foram freqüentes ao longo do século XX e acompanhadas, quase sempre, de intensos debates (Weiner, 1996). Em geral, "encontram-se diferenças nos níveis de execução [nos testes] entre negros e brancos, rapazes e moças e outros grupos identificados por características físicas e sociais [...], mas são diferenças pequenas se comparadas com as que se observam no interior de cada grupo" (Gustafsson e Undheim, 1996, p. 221). Assim, por exemplo, enquanto, ao contrário, entre os níveis de execução de negros e brancos nos testes habituais de inteligência é de aproximadamente um desvio típico, a variabilidade individual dentro de cada um desses grupos é de cerca de seis desvios típicos. E algo similar ocorre com as diferenças de gênero, embora nesse caso a relação entre a variabilidade intragrupo e intergrupos seja ainda maior.[4]

A EDUCAÇÃO ESCOLAR DIANTE DA DIVERSIDADE DE CAPACIDADES, DE INTERESSES E DE MOTIVAÇÕES DOS ALUNOS

Como mostrávamos na introdução, o estudo das relações entre as características individuais dos alunos e os processos e os resultados da aprendizagem escolar sempre teve como horizonte, de maneira mais ou menos explícita, o ideal da individualização do ensino, isto é, a busca do maior grau possível de ajuste entre a ação educacional e de ensino e as capacidades, os interesses e as motivações dos alunos. Uma busca cuja urgência e necessidade foram crescendo com a implantação primeiro, e com a generalização e extensão progressiva depois, da educação básica e obrigatória ao longo do século XX e a conseqüente incorporação às escolas da quase totalidade da população em idade escolar (Carroll, 1993b).

Em que pese o horizonte comum, as propostas concretas sobre como conseguir o maior grau de ajuste possível entre, por um lado, a educação e o ensino, e, por outro, as características dos alunos, foram historicamente variadas e diversas. Conforme as análises realizadas por Cronbach (1967) e Glaser (1977), podem-se distinguir, no fundo dessa diversidade de propostas, cinco formulações ou estratégias gerais cuja presença pode ser detectada na evolução histórica da maioria dos sistemas educacionais e também, em maior ou menor medida e com grande variedade de matizes, em sua organização atual: são aquelas identificadas pelos autores como estratégia seletiva, estratégia de adaptação de objetivos, estratégia temporal, estratégia de neutralização ou compensação das diferenças individuais e estratégia de adaptação das formas e dos métodos de ensino.

As estratégias básicas de resposta educacional à diversidade

A idéia fundamental da *estratégia seletiva* é que os alunos devem progredir na educação escolar até onde suas aptidões ou suas capacidades de aprendizagem lhes permitam. Entende-se que os sistemas educacionais estabelecem objetivos, conteúdos e uma forma de organização do ensino basicamente comuns para todos os alunos. Nem todos, no entanto, têm as mesmas capacidades para aprender e, por isso, os alunos começarão a mostrar suas limitações à medida que as aprendizagens se tornam mais complexas, sendo conveniente identificar, em cada nível da escolaridade, os alunos que manifestamente não têm as aptidões necessárias para realizar as aprendizagens estabelecidas. Os alunos assim identificados e diagnosticados são excluídos do sistema educacional à medida que são considerados impossibilitados para continuar aprendendo e para aproveitar de maneira satisfatória sua escolarização a partir de um certo nível. Sua permanência nas salas de aula, argumenta-se nessa formulação, não apenas significa um desperdício injustificável de esforços e de recursos, como também pode repercutir negativamente sobre os alunos que têm as aptidões necessárias para aprender e que se vêem privados dos esforços e dos recursos dedicados aos que não as têm. Como se pode comprovar, a estratégia seletiva responde claramente a uma concepção estática das diferenças individuais e tenta conseguir o ajuste entre o ensino e as características dos alunos mediante a acomodação e a adaptação dos segundos – por intermédio da seleção – à primeira.

A estratégia seletiva foi, e continua sendo, uma forma habitual de resposta dos sistemas educacionais diante da diversidade dos alunos. É certo que perdeu grande parte de sua possível força argumentativa e de sua vigência no contexto da educação escolar básica e obrigatória entendida como a atenção educativa que devem receber *todas* as crianças e jovens sem exceção, à margem de suas características individuais e de pertencer a um ou outro grupo racial, cultural, social ou econômico. Nesse sentido, as respostas educacionais à diversidade baseadas na estratégia seletiva praticamente desapareceram da escolaridade básica e obrigatória no transcurso das últimas décadas na maioria dos sistemas educacionais, pelo menos nos níveis da educação infantil e do ensino fundamental. Contudo, ainda são amplamente utilizadas na escolaridade pós-obrigatória – e em alguns casos também das partes finais da educação obrigatória. Além disso, a idéia de que alguns alunos não têm as capacidades mínimas necessárias para aprender o que se tenta ensinar nas escolas a partir de um certo nível de escolaridade – razão pela qual convém identificá-los e separá-los de alguma maneira dos demais colegas que têm tais capacidades – ainda está muito enraizada na psicologia intuitiva e no pensamento pedagógico de amplos setores sociais, incluídos alguns profissionais da educação, planejadores, gestores e responsáveis políticos.

A *estratégia de adaptação de objetivos* compartilha com a estratégia seletiva a idéia de que nem todos os alunos reúnem as capacidades necessárias para alcançar determinados níveis de aprendizagem, mas, em compensação, propõe como alternativa o estabelecimento de objetivos e de conteúdos diferenciados em função precisamente dessas diferentes capacidades de aprendizagem dos alunos. Em outros termos, partindo da base de que a educação escolar não pode conseguir que todos os alunos realizem as mesmas aprendizagens, organiza-se a educação escolar em caminhos ou itinerários formativos diferentes e alternativos que respondem a finalidades e objetivos distintos para os quais os alunos se dirigem em função de suas capacidades – e eventualmente de seus interesses e de suas motivações. Talvez o exemplo mais claro dessa estratégia seja o dos sistemas educacionais que, em um dado momento – geralmente, mas nem sempre, ao final da educação básica e obrigatória –, e em função dos resultados escolares prévios dirigem o aluno para uma determinada via formativa – de cultura geral, acadêmica, científica, tecnológica, profissional, etc. –, dificultando ou impedindo o acesso a outras.

Em sua versão mais pura, essa estratégia apóia-se também em uma visão estética das características individuais, às quais, de alguma maneira, é atribuída a responsabilidade última da trajetória acadêmica do aluno e, na prática, de sua trajetória profissional e social posterior. De fato, as decisões que o aluno se obriga a tomar, ou as vias formativas a que se dirige, vão condicionar, em boa medida, sua futura inserção profissional e social e, por fim, seu *status* socioeconômico e cultural. A esse respeito, alguns autores (ver, por exemplo, Coll e Miras, 1990b) mostraram uma série de critérios básicos que as formas concretas de aplicação dessa estratégia deveriam levar em conta a fim de assegurar que a escolha ou a imposição de uma ou outra via formativa não seja pura e simplesmente a conseqüência de uma desigualdade econômica, social ou cultural. Assim, três critérios básicos seriam: que a diversificação de vias formativas se produza o mais tardiamente possível na escolaridade; que a escolha ou a imposição entre uma ou outra via formativa se apóie em um sistema adequado de orientação escolar e profissional e que existam mecanismos corretores da decisão inicial no duplo sentido de assegurar sua reversibilidade e de permitir o trânsito posterior entre as diferentes vias formativas quando se considere adequado para o processo formativo do aluno.

A *estratégia temporal* significa um passo adiante na direção de ajustar o ensino às características individuais dos alunos. São dois os pressupostos básicos sobre os quais repousa tal estratégia. O primeiro é que, do ponto de vista educacional, a diferença mais importante entre os alunos reside no ritmo e na rapidez com que aprendem os conteúdos escolares: enquanto alguns alunos aprendem com relativa rapidez, outros necessitam de períodos de tempo mais amplos para realizar as mesmas aprendizagens. O segundo pressuposto é que, no que diz respeito à educação básica e obrigatória, há uma série de aprendizagens que – por serem consideradas imprescindíveis para integrar-se na sociedade como cidadãos de pleno direito – todos os alunos devem realizar. Da conjunção dos dois pressupostos resulta que todos os alunos têm de permanecer no sistema educacional até terem atingido as aprendizagens consideradas básicas e fundamentais, e isso independentemente do tempo que cada um necessite para consegui-lo. Uma concretização dessa estratégia são as clássicas repetições de ano que consistem em obrigar os alunos que não atingiram os resultados estabelecidos a continuarem trabalhando com os mesmos conteúdos – e muitas vezes a trabalhá-los da mesma maneira – durante um período de tempo complementar.

Em termos gerais, esse tipo de estratégia assume uma concepção basicamente ambientalista das diferenças individuais, ao entender que uma modificação na experiência do aluno – em particular, uma variação de tempo durante o qual está exposto à ação educativa e de ensino – pode ser decisiva do ponto de vista da aprendizagem. A quantidade de tempo dedicado à aprendizagem, embora relevante, não parece ser uma condição suficiente para explicar o rendimento. Como evidenciaram várias pesquisas (Wang e Lindvall, 1984), a quantidade de tempo é apenas um índice global por trás do qual se esconde uma gama de fatores de natureza distinta. Na realidade, mais que a quantidade de tempo, o que importa verdadeiramente é o que fazem professores e alunos durante esse tempo – e como fazem. Essa constatação levou a enriquecer as propostas de incrementar o tempo dedicado à aprendizagem no caso de alguns alunos com base em considerações relativas ao tipo de atividades e tarefas que convém realizar durante esse tempo complementar.

A *estratégia de neutralização ou de compensação* vincula-se a esta última consideração e aplica-a de maneira especifica a determinados grupos de alunos que, seja pelas características individuais que apresentam – por exemplo, deficiências psíquicas, sensoriais ou motoras –, seja pelas características de seu ambiente social ou cultural – ambientes altamente desfavorecidos ou ambientes culturais muito distintos do dominante no sistema educacional –, podem ver suas possibilidades reais de aprendizagem fortemente impedidas ou diminuídas. A idéia fundamental nesse caso é que os esforços devem ser dirigidos para neutralizar ou compensar, mediante tratamentos educacionais específicos anteriores ao início da aprendizagem ou complementares a esta, os eventuais efeitos negativos dessas características, de modo que seja possível garantir a todos os alunos a consecução de aprendizagens comuns. Os programas de educação compensatória[5] e as atividades ou aulas de recuperação das quais participam os alunos com dificuldades de aprendizagem durante uma parte do horário escolar ou à margem deste são dois exemplos concretos de resposta educacional à diversidade baseados nessa estratégia.

A estratégia de neutralização ou compensação responde, pelo menos em parte, a uma concepção interacionista das diferenças individuais – à medida que assume o princípio de que o impacto dessas diferenças sobre a aprendizagem escolar não é direto nem permanente, mas mediado pela experiência educacional e emocional – e propõe a adequação do ensino às características individuais dos alunos, em vez de buscar o ajuste no sentido oposto. A concretização dessas idéias, porém, apresenta ainda duas fortes limitações: em primeiro lugar, a proposta de adequar o ensino às características dos alunos fica restrita a determinados grupos de alunos – os que têm menores possibilidades de aprendizagem como conseqüência de déficits pessoais, sociais ou culturais –, evidenciando que tal adequação não é necessária no caso dos outros alunos, e em segundo lugar, entende a adequação do ensino fundamentalmente como uma ação paralela ou complementar ao trabalho realizado com o conjunto dos alunos nos espaços escolares ordinários, dando a entender, assim, que esse trabalho não requer nenhum tipo de adaptação.

A *estratégia de adaptação das formas e dos métodos de ensino* difere da estratégia de neutralização precisamente em sua proposta de estender a adaptação do ensino a todos o alunos e a todas as atividades escolares. A idéia essencial, nesse caso, é que não é possível definir a ação educacional ótima em termos gerais e absolutos, mas é preciso fazê-lo sempre em função das características individuais dos alunos aos quais se aplica. Assim como na estratégia de neutralização ou de compensação, a finalidade é também conseguir o maior grau de ajuste possível entre o ensino e as características dos alunos mediante uma adaptação do primeiro às segundas, mas essa finalidade se constitui aqui também no princípio que rege a totalidade da ação educacional sem exceções nem restrições.

A estratégia de adaptação das formas e dos métodos de ensino está na base do que ficou conhecido como "ensino adaptativo", ou seja, um ensino que, mantendo a referência a objetivos e aprendizagens comuns, dispõe de um amplo elenco de métodos e estratégias de ensino que utiliza de uma maneira flexível em função das características individuais dos alunos. A estratégia de adaptação das formas e dos métodos de ensino e as propostas de ensino adaptativo baseadas nela respondem plenamente aos pressupostos da concepção interacionista das diferenças individuais. De fato, nem as características individuais são consideradas aqui de maneira estática nem as propostas educacionais aparecem como prefixadas ou únicas, em que pese a manutenção de metas gerais comuns para todos os alunos. As diferenças individuais e os tratamentos educacionais são concebidos em interação, e as características diferenciais dos alunos são assumidas, com base nisto, como parâmetros essenciais para a configuração e o desenvolvimento do ensino.

Do ponto de vista pedagógico, os princípios do ensino adaptativo operam no mínimo em dois níveis diferentes: o da configuração e do planejamento dos processos educacionais e o de sua implementação na sala de aula. No primeiro caso, trata-se de assegurar que o planejamento contemple a possibilidade de utilizar diferentes formas e métodos de ensino e de que se assegure a existência das condições necessárias para colocá-los em prática de maneira ajustada à características dos alunos. No segundo, trata-se mais de que os professores sejam capazes de adaptar continuamente sua ação educacional e de ensino às características dos alunos e aos processos de aprendizagem que estes realizam na sala de aula. De acordo com Corno e Snow (1986), enquanto que no primeiro nível nos deparamos com decisões orientadas à "macroadaptação" do ensino, no segundo, as decisões que o professores devem tomar orientam-se mais para obter uma "microadaptação".

Macroadaptação e microadaptação são processos necessariamente interconectados e complementares, mas com características próprias. Assim, a possibilidade de realizar processos de microadaptação no desenvolvimento do ensino dependerá, em boa medida, dos processos de macroadaptação incluído no planejamento e na configuração do ensino. Por exemplo, a possibilidade de propor uma tarefa de ampliação ou um material complementar de apoio a um aluno ou a um grupo de alunos em um momento concreto dependerá de que se tenha antecipado a possibilidade de empregar essa tarefa ou esse material e se disponha efetivamente deles, como também de que se tenha previsto, por exemplo, um uso flexível do tempo na sala de aula. Contudo, a realização efetiva dos processos de microadaptação não se deduz da configuração geral do ensino, mas requer, por parte do professor, habilidades específicas, como, por exemplo, ser capaz de avaliar a dinâmica da situação e o rendimento do aluno no contexto da situação concreta de que se trate.

Com base nas considerações precedentes, pode-se afirmar que as propostas de ensino adaptativo constituem atualmente a resposta mais elaborada e mais exigente aos desafios que a atenção educacional impõe à diversidade de capacidades, de interesses e de motivações dos alunos e a que aposta com mais força em um ideal de uma verdadeira individualização do ensino. Contudo, em que pese o inegável interesse que apresentam nesse sentido, sua concretização e sua implementação se chocam contra enormes obstáculos e dificuldades, entre os quais vale destacar dois que, a nosso ver, são particularmente relevantes da perspectiva da psicologia da educação. Em primeiro lugar, a centralização quase exclusiva das propostas nos processos de microadaptação, esquecendo ou ignorando que as possibilidades de adaptação da ação educacional e de ensino do professor às características dos alunos no contexto da sala de aula são fortemente condicionadas – e, portanto, favorecidas ou limitadas, conforme o caso – pelas decisões relativas aos processos de macroadaptação do ensino (Wang, 1996; ver também o Capítulo 23 deste volume). Em segundo lugar, a escassez de informações precisas e de explicações satisfatórias, apoiadas em dados empíricos contratados, sobre como ocorrem os processos de microadaptação do ensino na sala de aula.

A microadaptação do ensino e a busca de interações entre aptidões e tratamentos educacionais

Uma parte importante das informações disponíveis sobre como os professores adaptam sua ação educacional e de ensino às características dos alunos tem sua origem na pesquisa empírica do ensino, mais especificamente nos trabalhos realizados no âmbito do paradigma "processo-produto", cujo objetivo principal é estabelecer as características do ensino "eficaz" (ver o Capítulo 14 deste volume). Se é certo que muito raramente esses trabalhos contemplam a problemática das diferenças individuais, às vezes, os seus resultados – em particular quando se orientam ao estabelecimento de relações significativas entre determinados padrões de interação professor/alunos e o rendimento escolar destes últimos – podem ser interpretados indiretamente como exemplos ou amostras de microadaptação.[6] De fato, uma leitura atenta dos resultados desses trabalhos mostra que os professores desdobram na sala de aula condutas diversas que mantêm relações mais ou menos estáveis com determinados comportamentos dos alunos, o que sugere a existência de determinados padrões de ajuste entre o ensino e a aprendizagem.

O interesse desses resultados para a microadaptação do ensino é fortemente limitado pelas opções epistemológicas e metodológicas próprias do paradigma processo-produto da pesquisa do ensino. Por um lado, as relações entre padrões de interação professor/alunos e resultados de aprendizagem costumam ser de tipo meramente estatístico, com pouca ou nenhuma indicação teórica que ajude a compreender como e por que operam, ao mesmo tempo que aparecem desligadas da dinâmica real das atividades de ensino e aprendizagem na sala de aula, o que lhes confere um caráter estático pouco habilitado para dar conta dos processos de microadaptação. Por outro lado, essas pesquisas tendem a ignorar sistematicamente os processos psicológicos encobertos dos alunos que medeiam a ação educacional e de ensino do professor e os resultados da aprendizagem; isto é, tendem a ignorar qualquer fonte de variabilidade na aprendizagem escolar que possa ter sua origem nas características pessoais dos alunos, o que dificulta bastante a interpretação de seus resultados em termos de microadaptação do ensino.

Na realidade, as pesquisas realizadas no contexto do paradigma processo-produto são o expoente típico de uma das "duas disciplinas" da psicologia científica a que Cronbach refere: a que busca a explicação das diferenças de rendimento dos alunos na variabilidade do ensino ou em algum de seus componentes – características ou comportamentos do professor, estilo de ensino, metodologia didática, etc. A quase totalidade das pesquisas processo-produto supõe que as relações entre as características dos alunos e o seu rendimento escolar são fixas e estáveis e, por isso, seu interesse para a compreensão e a melhoria do ensino é secundário. O ensino eficaz o é para todos os alunos, quaisquer que sejam suas características individuais; logicamente, os alunos com mais aptidões para a aprendizagem obterão melhores resultados que os alunos com menos aptidões, mas todos se beneficiarão por igual do ensino eficaz proporcionalmente às suas aptidões. É justamente o pressuposto contrário da outra "disciplina" da psicologia científica analisada por Cronbach: a que busca a explicação das diferenças de rendimento dos alunos em suas características individuais e considera, conseqüentemente, que as relações entre o ensino e os resultados da aprendizagem são fixas e imutáveis; os alunos com mais aptidões para a aprendizagem obterão invariavelmente melhores resultados, quaisquer que sejam as características do ensino; também nesse caso, os alunos que recebam um ensino melhor ou mais eficaz obterão logicamente melhores resultados de aprendizagem do que os que recebam um ensino menos eficaz ou de pior qualidade, mas esse benefício será modulado, em ambos os casos, por suas características individuais, considerado nesse caso o fator fundamental de variabilidade no rendimento escolar.

O postulado de uma relação fixa e estável entre as características individuais e o rendimento escolar, em um caso, e entre as características do ensino e o rendimento escolar, no outro, explicam as limitações e o interesse relativo dos resultados tanto das pesquisas processo-produto como das pesquisas de corte diferencial e psicométrico para as propostas de ensino adaptativo e, mais especificamente, para a microadaptação do ensino. De fato, a própria idéia de microadaptação sugere que as relações entre as características individuais dos alunos e seu rendimento escolar não são fixas nem imutáveis, mas dependem das características do ensino que recebem; do mesmo modo que também não são fixas nem imutáveis as relações entre as características do ensino e a aprendizagem, mas dependem das características individuais dos alunos. Em outros termos, se aplicamos duas formas de ensino ou dois tratamentos educacionais diferentes, A e B, a dois grupos de alunos que têm dois níveis distintos de aptidão para a aprendizagem, X e Y, a microadaptação do ensino repousa sobre a pressuposição de que os alunos com um nível de aptidão X obtêm melhores resultados de aprendizagem quando recebem um ensino ou um tratamento educacional de tipo A, enquanto que os alunos com um nível de aptidão Y obtêm melhores resultados quando recebem um ensino ou um tratamento educacional de tipo B.

Esse raciocínio está precisamente na base das pesquisas ATI – *Aptitude Treatment Interaction* – realizadas a partir da segunda metade dos anos de 1960 sob o impulso dos trabalhos iniciais de Cronbach (1957, 1975), com o objetivo de estudar as interações entre as características do ensino e as características individuais dos alunos, ou seja, com o objetivo de identificar e estabelecer as formas de ensino ou os tipos de tratamentos educacionais mais apropriados para os alunos com determinadas características; ou inversamente, que características dos alunos lhes permitem obter maior benefício de determinadas formas de ensino ou de tipos de tratamentos educacionais. Durante quase três décadas, até praticamente finais dos anos de 1980, as pesquisas orientadas para a identificação de efeitos ATI foram muito numerosas, e os seus resultados, objeto de sucessivas revisões (ver, por exemplo, Cronbach e Snow, 1977; Snow, 1996b; Pellegrino, Baxter e Glaser, 1999).

Os resultados mostrados por tais revisões indicam a existência de um certo número de aptidões ou de características individuais que interagem significativamente com os métodos de ensino. No terreno cognitivo, destaca-se particularmente a interação entre a habilidade cognitiva geral (G) e o grau de estruturação do tratamento educacional. Os métodos de ensino muito estruturados – caracterizados pelo controle que o professor mantém o tempo todo, o detalhe com que se formulam os conteúdos e a organização das atividades em pequenas unidades ou tarefas seqüencialmente ordenadas – são particularmente eficazes e originam bons resultados no caso dos alunos com um baixo nível cognitivo geral, enquanto que se mostram ineficazes, e até contraproducentes, quando os alunos têm um nível cognitivo geral elevado. Estes últimos se beneficiam em maior medida de métodos de ensino menos controlados e estruturados, nos quais podem atuar de maneira mais independente, métodos que, em contrapartida, se mostram ineficazes para os alunos com menos habilidades cognitivas.

No que diz respeito às características afetivas e conativas, as interações descritas, embora sejam muito numerosas, revelam, no geral, um menor grau de significatividade e consistência que no âmbito cognitivo. Entre as que revelam maior consistência, vale destacar aquela identificada entre o nível de ansiedade dos alunos e o grau de estruturação dos métodos de ensino. Assim, os alunos pouco ou medianamente ansiosos obtêm melhores resultados de aprendizagem com métodos de ensino pouco estruturados, enquanto que os alunos com um elevado nível de ansiedade se beneficiam em maior medida dos métodos altamente estruturados. Outras interações descritas referem-se a características como o lugar de controle, a auto-estima, a estabilidade emocional e as atitudes em relação ao próprio futuro (ver o Capítulo 12 deste volume).

Como assinalamos em outro lugar (Coll e Miras, 1990b), as conclusões obtidas até o momento pelas pesquisas ATI parecem, contudo, bastante pobres, especialmente quando se leva em conta o considerável volume de trabalhos realizados e as expectativas que haviam gerado. Com exceção talvez no caso da interação entre a aptidão cognitiva geral e os métodos de ensino, as interações identificadas funcionam na realidade como hipóteses que se verificam ou não nos diversos contextos educacionais sem que, no momento, seja possível generalizá-las. De fato, variações mínimas nas formas de ensino, na maneira de definir e de medir as aptidões dos alunos e em outros aspectos do contexto muitas vezes dão lugar a modificações importantes nas interações. Por outro lado, a multidimensionalidade dos tratamentos educacionais e a falta de consenso na definição e na medição das características individuais tornam inevitáveis essas variações, conseqüentemente impedindo a generalização das interações para além dos contextos particulares nos quais foram detectadas.

As características da sala de aula, como contexto de ensino e aprendizagem, e em particular a complexidade e heterogeneidade dos fenômenos e dos processos que nela ocorrem (ver o Capítulo 14 deste volume) questionam a pretensão de definir os tratamentos educacionais a partir de uma única característica – por exemplo, seu maior ou menor grau de estruturação – ou de caracterizar os alunos mediante um único traço – por exemplo, o nível de ansiedade ou o nível cognitivo geral. Na preparação de um tratamento educacional convergem múltiplas e diversas dimensões, além do grau de estruturação ou de controle que o professor exerce, da mesma maneira que na capacidade de aprendizagem dos alunos intervêm muitas outras características de tipo cognitivo, afetivo e conativo, além de seu nível cognitivo geral. A tomada de consciência progressiva dessa complexidade levou a considerar cada vez mais aspectos ou dimensões na definição e na caracterização tanto dos tratamentos educacionais como das aptidões dos alunos, mas no final essa opção só conseguiu aumentar ainda mais as dificuldades de generalização dos resultados, de maneira que as pesquisas ATI parecem encontrar-se atualmente em um beco sem saída.

A falta de consistência dos resultados, as dificuldades para refutá-los e, em suma, a impossibilidade de generalizá-los são o reflexo, a nosso ver, do fato de que as pesquisas ATI respondem essencialmente a uma formulação metodológica, mas carecem de um marco teórico compartilhado que permita interpretar as interações detectadas e, sobretudo, avaliar o alcance e a sua significatividade no contexto dos processos escolares de ensino e aprendizagem. Sem um âmbito teórico de referência que dê conta das relações entre, por um lado, a atividade educacional e de ensino do professor, e, por outro, a atividade e os processos de aprendizagem dos alunos, é muito difícil, para não dizer praticamente impossível, continuar avançando nas tentativas de identificar e de compreender os processos de microadaptação do ensino. É justamente isso que a linha de trabalho ATI, formulada fundamentalmente como um paradigma metodológico, não oferece. Note-se bem que o argumento não nega que as pesquisas ATI, individualmente consideradas, podem ser tributárias de uma certa maneira de entender o ensino e a aprendizagem. O argumento é mais de que a linha de trabalho ATI como tal não implica uma visão compartilhada do ensino e da aprendizagem, o que muitas vezes leva a definir os tratamentos educacionais e as características dos alunos de maneira diferente e, conseqüentemente, a interpretar os resultados de forma igualmente distinta, ficando, assim, fortemente limitada a possibilidade de situar suas contribuições em um processo cumulativo de conhecimentos sobre os processos de microadaptação do ensino.

CONSTRUTIVISMO E ATENÇÃO À DIVERSIDADE

A atenção educacional à diversidade e, em particular, as propostas de ensino adaptativo adquirem particular relevância e significatividade no âmbito da concepção construtivista do ensino e da aprendizagem apresentada no Capítulo 6 deste volume. De fato, tal enfoque concebe a aprendizagem como o processo de construção de significados e de atribuição de sentido, com seus avanços e seus retrocessos, com seus bloqueios e suas dificuldades, que os alunos realizam a propósito dos conteúdos escolares. Mas, por outro lado, entende que essa construção, longe de ser uma empreitada solitária, é inseparável da ajuda que os alunos recebem de seus professores e de outros colegas no transcurso das atividades escolares das quais participam. Nessa perspectiva teórica, ensinar é sobretudo ajudar os alunos nesse processo de construção de significados e de atribuição de sentido; e ensinar eficazmente é ser capaz de proporcionar aos alunos, a cada momento do processo de construção, a ajuda de que necessitam para continuar progredindo em sua aprendizagem. Os conceitos de *ajuste da ajuda pedagógica* e de *mecanismos de influência educacional* – definidos como os procedimentos mediante os quais se consegue ajustar a ajuda pedagógica às vicissitudes do processo de construção do conhecimento dos alunos – são, portanto, o equivalente, em termos construtivistas, do conceito de *ensino adaptativo*.

Assim, a atenção à diversidade dos alunos não é, na concepção construtivista, um valor acrescentado ao ensino, mas o caminho por meio do qual o ensino, entendido como ajuda, se torna possível. Cada aluno segue seu processo próprio e idiossincrático de construção ou de reconstrução do conhecimento escolar; cada um o faz a partir de seus conhecimentos e de suas experiências prévias, utilizando suas próprias capacidades e com determinados interesses e motivações; e cada um requer uma ajuda pedagógica que leve em conta tanto a natureza de suas contribuições individuais à aprendizagem como a singularidade de seu processo de construção. As características dos alunos, porém, não são fixas nem estáveis, nem suas necessidades permanecem constantes ao longo do processo de construção e, por isso, dificilmente se pode entender o ensino adaptativo como o ajuste, estabelecido de uma vez por todas, entre as características dos alunos e as características das formas de ensino, ao estilo das interações entre aptidões e tratamentos das pesquisas ATI. A ajuda pedagógica que pode estar ajustada às necessidades do processo de aprendizagem de um aluno em um determinado momento pode não estar absolutamente em um momento posterior e, em compensação, pode voltar a estar mais tarde. Do ponto de vista da concepção construtivista, o ajuste não remete às características individuais dos alunos e às características das formas de ensino, definidas ambas de forma estática e em termos absolutos, e sim à adequação progressiva e mutante entre as necessidades de ajuda que o aluno requer para continuar avançando no processo de construção de significados e de atribuição de sentido no qual se encontra imerso, por um lado, e, por outro, o tipo e grau de ajudas concretas que o ensino lhe oferece (ver o Capítulo 17 deste volume).

Transformado, assim, no princípio que rege o ensino e a aprendizagem, a consideração da diversidade dos alunos impregna a totalidade da ação educacional e de ensino: tanto nos níveis de planejamento e de configuração, nos quais ocorrem os processos de macroadaptação do ensino, como no nível da sala de aula e das atividades que professor e alunos desenvolvam nela, e durante as quais acontecem os processos de microadaptação do ensino; tanto no caso dos alunos com dificuldades especiais para aprender quanto daqueles que mostram uma elevada capacidade de aprendizagem; tanto no que diz respeito às atuações pedagógicas habituais, dirigidas a prover a aprendizagem da maioria dos alunos quanto no caso das atuações pedagógicas extraordinárias, centradas nos alunos que requerem ajudas específicas para continuar progredindo em suas aprendizagens.

Nesse sentido, a atenção à diversidade não é um objetivo cuja obtenção possa ser confiada à adoção de uma medida concreta, ou à previsão de uma via específica de atuação, como a aplicação deste ou daquele método de ensino ou tipo de tratamento educacional. Na perspectiva da concepção construtivista, a atenção à diversidade adota a forma de uma estratégia de conjunto orientada a diversificar ao máximo a ação educacional e de ensino, a fim de que todos os alunos, sem exceção, progridam, na medida de suas possibilidades, na realização das aprendizagens escolares; uma estratégia de conjunto, portanto, que contempla as necessidades de ajuda de todos os alunos e inclui uma ampla gama de medidas e caminhos para ajustar as ajudas do ensino. Erigir a atenção à diversidade no princípio que deve reger a ação educacional e do ensino, como faz a concepção construtivista, obriga a adotar decisões que favoreçam o ajuste do ensino à diversidade de capacidades, de interesses e de motivações dos alunos em todos os níveis que intervêm na configuração das práticas educativas escolares: desde a ordenação e a organização dos ensinos até o desenvolvimento das atividades concretas que ocorrem nas salas de aula, passando pelos níveis intermediários de planejamento e de decisão.[7] É na articulação do conjunto de medidas e vias previstas em cada um desses níveis, mais do que na natureza e no alcance de cada uma delas em particular, que reside a chave da maior e da menor capacidade do ensino para satisfazer as necessidades educacionais de alunos diferentes quanto a capacidades, a motivações e a interesses.

NOTAS

1. Referindo-se essencialmente às diferenças sociais e culturais, alguns autores (ver, por exemplo, Cole, 1996, 1998) propõem uma distinção ainda mais drástica entre dois tipos de formulações: as que concebem a diversidade como uma fonte de obstáculos e dificuldades para o ensino e a aprendizagem e que se orientam, portanto, para eliminá-la ou atenuá-la, e os que a vêem mais como uma fonte de enriquecimento e, conseqüentemente, procuram utilizá-la como um valioso recurso formativo.
2. Um constructo é "um tipo particular de conceito científico elaborado com a finalidade de representar uma hipotética função psicológica – ou seja, um sistema, uma estrutura, um processo, uma tendência ou uma atividade inferidos – que pode dar conta de padrões regulares de relações observadas entre medidas do comportamento" (Snow, Corno e Jackson III, 1996, p. 248). Os constructos elaborados para descrever e explicar a diversidade dos alunos contam-se às centenas. Aqueles mencionados no texto são alguns dos que têm maior apoio teórico e empírico e sobre os quais existe maior grau de acordo no que diz respeito à sua incidência na aprendizagem escolar.
3. Snow utiliza o termo genérico "aptidão" para referir-se às características individuais designadas pelos constructos incluídos em cada uma das três categorias, a fim de "significar que se trata de aspectos do estado presente nas pes-

soas que têm um caráter propedêutico, isto é, que são necessários como preparação para um projeto futuro de aprendizagem" (Snow, 1996a, p. 650). Portanto, o termo não se aplica unicamente, nesse contexto de uso, às características individuais de tipo cognitivo.

4. O papel atribuído à variabilidade que deriva de fatores culturais, sociais ou de gênero depende em última instância do âmbito teórico adotado e, em particular, das relações postuladas entre natureza e cultura no desenvolvimento psicológico. Assim, a partir de determinadas posições, como, por exemplo, a perspectiva sociocultural, assinala-se o caráter central dessa fonte de variabilidade e se propõe uma releitura do papel atribuído tradicionalmente a esse tipo de diferenças (Kozulin, 2000).
5. Um dos exemplos mais conhecidos de programa de educação compensatória é o projeto *Head Start*, desenvolvido nos Estados Unidos em meados da década de 1960. Como recordam Miras e Onrubia (1997), a principal finalidade do projeto era intervir no "ciclo da pobreza" em um momento da vida das crianças – os anos pré-escolares – considerado de particular importância para proporcionar-lhes experiências de aprendizagem que poderiam não ter tido em seu ambiente habitual. O projeto partia de uma série de hipóteses e considerações, como a de que a escola constitui um recurso básico para a adequada inserção e o êxito social, que as condições ambientais da maioria dos lares pobres não eram suficientes para preparar as crianças para o êxito escolar, e que uma assistência especial e específica nos anos pré-escolares poderia permitir o êxito escolar das crianças desses lares pobres e, com isso, seu posterior êxito social. Apresentado em princípio como um programa de verão, acabou configurando-se como um programa de educação pré-escolar de cerca de um ano, que implicava a participação dos pais e de diversos segmentos da comunidade.
6. Ver o resumo das pesquisas processo-produto sobre as características do professor eficaz incluído no Capítulo 17 deste volume (ver Quadro 13.2), assim como a correspondência entre as funções dos professores e as funções da aprendizagem abordada no Capítulo 14 (Quadro 13.1).
7. Em outro lugar (Coll, 1995), apresentamos com certo detalhe os critérios que deveriam presidir a elaboração e a preparação de uma estratégia de conjunto de atenção à diversidade com essas características referente à educação básica e obrigatória no contexto do atual sistema educacional espanhol.

QUARTA PARTE

A Dinâmica dos Processos de Ensino e de Aprendizagem: a Sala de Aula como Contexto

14 Ensinar e aprender no contexto da sala de aula

CÉSAR COLL E ISABEL SOLÉ

INTRODUÇÃO

O estudo do ensino e da aprendizagem na sala de aula é um campo de indagação relativamente recente em psicologia da educação. Até a publicação, em 1963, sob os auspícios da *American Educational Research Association*, da primeira edição do *Handbook of Research on Teaching* (Gage, 1963), os psicólogos da educação interessados por essa problemática eram bem menos numerosos, talvez como conseqüência da tradição psicológica dominante, que os levara a se interessarem de forma prioritária pelo estudo da aprendizagem. Nesse sentido, a publicação do *Handbook* pode ser considerada, segundo Casanova e Berliner (1997), como o momento fundamental e o ponto de partida de uma nova e promissora linha de trabalho em psicologia da educação que não parou de crescer e evoluir nas décadas seguintes, como mostram suas sucessivas e renovadas edições (Travers, 1973; Wittrock, 1986).

Durante as quatro últimas décadas do século XX, a pesquisa sobre o ensino e a aprendizagem na sala de aula experimentou profundas modificações em suas formulações teóricas e metodológicas. O estudo do ensino e da aprendizagem como "duas entidades separadas" (Shuell, 1983) derivou para um interesse crescente pelo estudo da aprendizagem que surge do ensino – ou pelo estudo do ensino que promove a aprendizagem. A sala de aula, praticamente ausente, a princípio, na maioria das pesquisas e explicações teóricas, foi adquirindo relevância teórica e prática, primeiro mediante a consideração de alguns de seus elementos tratados como variáveis de contexto, depois tornando-se o próprio foco da indagação e da intervenção. As explicações da aprendizagem, ainda dominadas pelas teorias behavioristas no início dos anos de 1960, foi-se abrindo nas décadas seguintes às formulações construtivistas de corte cognitivo e, posteriormente, a partir dos anos de 1980, às formulações socioconstrutivistas. A tradicional rigidez metodológica, derivada do respeito reverencial aos princípios do positivismo lógico e concretizada na entronização dos métodos quantitativos como cânones da pesquisa psicológica e educacional, foi-se rompendo progressivamente com o surgimento de uma variedade e uma diversidade de métodos mais adequados para dar conta da complexidade dos fenômenos estudados. Em suma, desde as primeiras pesquisas centradas na eficácia docente até os trabalhos atuais caracterizados pela sofisticação e procedência pluridisciplinar dos conceitos utilizados para explicar o que ocorre nas salas de aula, como também pela complexidade das configurações de pesquisa empregadas, percorreu-se um longo caminho.

A finalidade deste capítulo é proporcionar algumas explicações que ajudem a compreender a trajetória seguida pela pesquisa do ensino e da aprendizagem na sala de aula durante a segunda metade do século XX, a valorizar seus êxitos mais importantes e a identificar alguns de seus desafios mais imediatos. Situados na perspectiva da psicologia da educação – perspectiva necessariamente limitada que deve completar-se com as contribuições de outras disciplinas –, buscaremos tais explicações nas relações que se estabelecem entre o ensino e a aprendizagem, isto é, entre tudo aquilo que caracteriza o ensino como "intervenção" e a aprendizagem dos alunos. Afinal de contas, como assinalou Shuell (1996, p. 731), de quem tomamos o termo, para além do papel que as diferentes concepções da educação e do ensino atribuem ao professor, "a intervenção é um aspecto importante da aprendizagem produzido pelo ensino, e o objetivo da pesquisa psicológica sobre o ensino e a aprendizagem na sala de aula é compreender a natureza e a adequação psicológica dessa intervenção".

Com essa finalidade, começaremos caracterizando, em linhas gerais, a educação escolar e as práticas educacionais escolares em contraposição a outros tipos de práticas educacionais. Em seguida, trataremos da sala de aula em uma dupla vertente, como um dos níveis de configuração e análise das práticas educacionais escolares e como contexto de ensino e aprendizagem. A parte mais extensa do capítulo será dedicada à análise de algumas formas típicas de entender as relações entre o ensino e a aprendizagem que subjazem aos principais enfoques, paradigmas e programas de pesquisa sobre o ensino, assim como a valorizar os êxitos e as limitações derivados da adoção dessas concepções. Finalmente, faremos um breve balanço da situação nesse campo de estudo e destacaremos algumas questões urgentes que figuram em sua agenda de trabalho.

A EDUCAÇÃO ESCOLAR E AS CARACTERÍSTICAS DAS PRÁTICAS EDUCACIONAIS ESCOLARES

A educação escolar é um dos diversos tipos de práticas educacionais presentes nas sociedades com um certo nível de desenvolvimento científico e tecnológico. O próprio fato da existência das escolas ou das educações escolares tem interesse e repercussões para diversas ciências e áreas de conhecimento. De um ponto de vista psicológico, no entanto, a consideração que se possa fazer das práticas educacionais escolares e, em geral, da educação, está sujeita, em última análise, à noção de desenvolvimento que se sustente e aos fatores aos quais se apele para explicá-lo. A concepção construtivista da aprendizagem escolar e do ensino (ver o Capítulo 6 deste volume) entende o desenvolvimento como um processo mediado, modulado pela cultura em suas múltiplas manifestações e cenários. Mediante as diversas práticas educacionais – na família, na oficina de aprendizagem, na escola, nos grupos de iguais, naquelas vinculadas a organizações sociais, religiosas, nos meios de comunicação, etc. – que os grupos sociais oferecem a seus novos membros, promovem-se os encontros indispensáveis para o desenvolvimento, que permitirão a apropriação ativa da cultura por parte do indivíduo e sua progressiva inserção social. Nessa concepção, a educação adquire o caráter de fator de desenvolvimento.

Todos os grupos sociais estabelecem meios para assegurar a transmissão de sua cultura. Embora não possamos nos estender nesse ponto, para além das evidentes diferenças que existem na organização da educação em sociedades de nível distinto de desenvolvimento (ver, por exemplo, Rogoff, 1993), todas promovem experiências que permitem aos novos membros a aquisição das competências necessárias para viver no grupo. Por outro lado, em sociedades como a nossa, em que as diversas práticas educacionais das quais participam as crianças e os jovens compartilham a finalidade comum de facilitar-lhes a apropriação de diversos instrumentos culturais e de contribuir para sua socialização, também são bastante claras as diferenças entre a educação escolar e a que é proporcionada em outros contextos e cenários educacionais (como a família, as organizações de tipos diversos, os meios de comunicação, etc.).

Convém recordar que a emergência da instituição escola – no sentido em que a entendemos hoje –, dirigida a promover a socialização e o desenvolvimento dos mais jovens, é um fenômeno relativamente recente, que gera uma situação inédita: a separação entre as atividades sociais habituais e as atividades educacionais, o que proporciona a estas um conjunto de traços que lhes conferem sua peculiaridade (ver, por exemplo, Coll, 1997d; Solé, 1998). Assim, vale destacar o caráter dos conhecimentos escolares, que se ensinam e se aprendem em um contexto distinto da escola – daqueles em que se aplicam e se utilizam habitualmente – o que não ocorre com o que se aprende na família, ou na oficina de aprendizagem, para mencionar apenas dois exemplos. Outro traço que diferencia nitidamente a educação escolar de outras práticas educacionais tem a ver com a qualidade de "especialista em ensino" dos agentes – professores – encarregados dela. Ao contrário do que ocorre na família – em que nenhum membro adota o papel de especialista e a tarefa educacional é compartilhada entre os diversos membros, que além disso mantêm com o educando uma relação afetiva primordial –, ou na oficina – na qual a perícia do "mestre" é a mesma de que o aprendiz deve apropriar-se –, no caso da escola, o professor é um especialista cuja perícia encontra-se na qualidade da mediação que exerce entre os alunos e os saberes culturais, isto é, em sua capacidade para propor, planejar e gerir situações que promovam a aquisição deles por parte dos alunos.

As coisas são assim porque as atividades que a educação escolar gera são configuradas e realizadas com uma intenção especificamente educacional. Esse caráter intencional, essa vontade de incidir na formação de seus destinatários, constitui a razão de ser das instituições escolares – o que, mais uma vez, não ocorre do mesmo modo no caso de outros contextos nos quais também se recebe educação, como na família ou na oficina de aprendizagem, cuja existência responde a motivos distintos daqueles estritamente educacionais. A intencionalidade implica, no caso das instituições escolares, o planejamento e o controle da consecução das finalidades perseguidas. Os grupos sociais criam e sustentam essas instituições para assegurar a formação de seus membros, e é por isso que o que nelas ocorre não pode ser deixado ao acaso. Planejamento e sistematicidade são, portanto, traços característicos das práticas educacionais escolares que, tributárias de um projeto social, também estão submetidas a controle e supervisão por parte da mesma sociedade que as cria e sustenta.

Por último, para "calibrar" o impacto da educação escolar no desenvolvimento das pessoas, é preciso não perder de vista que sua influência – em instituições especialmente criadas para isso, a cargo de educadores profissionais que planejam e fazem uma intervenção sistemática com base em um projeto social – é exercida ao longo de um dilatado período da vida dos indivíduos, justamente aquele em que sua plasticidade e sua permeabilidade à influência social é maior. Considerados esses fatos, justifica-se plenamente a pesquisa sobre os processos de ensino e aprendizagem que ocorrem na sala de aula.

A SALA DE AULA COMO CONTEXTO DE ENSINO E DE APRENDIZAGEM

A sala de aula e os níveis de configuração e de análise das práticas educacionais escolares

Como se mencionou na introdução, apenas recentemente a sala de aula começou a receber a atenção dos pesquisadores interessados em estudar os processos de aprendizagem que se desencadeiam graças ao ensino. Progressivamente se impõe a noção de sala de aula como contexto ou sistema constituído por um conjunto de elementos – os alunos, os professores, os conteúdos, as atividades de ensino, os materiais de que se dispõem, as práticas e os instrumentos de avaliação, etc. – que se relacionam e interagem entre si, originando complexas trocas e transações responsáveis pela aprendizagem, principal objetivo que se persegue. Essa visão teve importantes repercussões no programa de pesquisa da psicologia da educação e na conceituação dos processos de ensino e aprendizagem. Basta assinalar, nesse sentido, a progressiva deriva para configurações e explicações que, longe de incidir sobre um ou outro elemento desses processos, *à margem* de outros elementos e de sua relação, buscam nessas inter-relações a possibilidade de compreender o que, como e em que condições os alunos aprendem quando seus professores lhes ensinam.

Nesse sentido, a reivindicação da sala de aula como contexto de aprendizagem trouxe numerosos benefícios, mas não está isenta de riscos. O mais importante, sem dúvida, é o que leva a vê-la como sistema isolado *à margem* de outros sistemas que incidem sobre ela de maneira muito significativa. O que ocorre na sala de aula se deve apenas parcialmente a decisões ou a fatores cuja origem encontra-se nela – alunos e professores que a compõem, características materiais e do espaço, atividades que se realizam nela, etc. Boa parte de sua dinâmica é modulada por fatores, decisões ou processos que se originam em outros sistemas – na própria escola da qual a sala de aula é um subsistema; no sistema educacional e as decisões administrativas, organizativas e curriculares que implica; na organização sociopolítica, econômica e cultural, etc. Nesse sentido, a sala de aula é um sistema com vida própria, embora não-autônomo, pois está inserida em uma rede de supra-sistemas e sistemas paralelos que contribui para configurar – e que ao mesmo tempo a configuram. Quando se trata de compreender os processos de ensino e aprendizagem gerados na sala de aula, é necessário ampliar o foco da indagação aos diferentes níveis de configuração das práticas educacionais (ver, por exemplo, Coll, 1994; também o Capítulo 23 deste volume). Os fenômenos e os processos que nela acontecem, porém, não são redutíveis aos que se produzem nesses outros níveis de configuração das práticas educacionais escolares. Para compreendê-las e, em particular, para compreender a relação entre o ensino e a aprendizagem, o estudo da sala de aula em todas as suas dimensões constitui um elo necessário.

A sala de aula como contexto de aprendizagem: natureza e características

Embora com uma longa história na disciplina, o conceito de contexto aplicado à sala de aula durante muito tempo ocupou um lugar periférico nas preocupações e nos interesses dos psicólogos da educação. Imersos em uma orientação essencialmente disciplinar de natureza psicológica (ver o Capítulo 1 deste volume), até datas relativamente recentes, os psicólogos da educação não apenas tenderam a centrar-se no estudo dos resultados e dos processos de aprendizagem como algo separado do ensino e à margem dele, mas também o fizeram muitas vezes como se fossem fenômenos cujas variações tivessem de ser imputadas principalmente a diferenças individuais. É por isso que os fatores contextuais da sala de aula foram tratados freqüentemente pelos psicólogos como variáveis estranhas ou, em suma, como variáveis interdependentes, que às vezes era aconselhável controlar ou manipular nas configurações de pesquisa, mas com pouco ou nenhum peso nas explicações teóricas.

No transcurso das últimas décadas, porém, diversos fatores contribuíram para despertar um interesse crescente pelo contexto, ou pelos contextos, que professores e alunos encontram, modificam e criam nas salas de aula e sua repercussão sobre os processos e os resultados da aprendizagem dos alunos. Entre todos eles, ocupa um lugar de destaque a tomada de consciência da complexidade da sala de aula e a evidência de que o que nela ocorre incide sobre o ensino e a aprendizagem. Doyle, por exemplo, insistiu repetidas vezes (1983, 1986) sobre essa complexidade, assinalando que as atividades realizadas por professores e alunos nas salas de aula caracterizam-se, entre outros traços, pela *multidimensionalidade* – ocorrem muitas coisas –, pela *simultaneidade* – ocorrem muitas coisas ao mesmo tempo –, pelo *imediatismo* – a rapidez com que ocorrem –, pela *imprevisibilidade* – sempre ocorrem coisas inesperadas e não-planejadas previamente –, pela *publicidade* – tudo o que professor e alunos fazem em público para os demais participantes – e pela *história* – o que ocorre é tributário em boa medida do que ocorreu nas aulas anteriores. Essas características do contexto da sala de aula envolvem e impregnam as atuações de professores e alunos e influem de forma decisiva sobre o conteúdo de aprendizagem e sua apresentação, sobre as expectativas, os interesses e as motivações dos participantes, sobre o que e como os alunos aprendem e sobre o que e como os professores ensinam.

Outros fatores também contribuíram para a mudança. Assim, cabe mencionar o reconhecimento de que as características e a organização interna dos conhecimentos que conformam as disciplinas e as matérias curriculares influem tanto nas maneiras como se ensinam como nas formas como se aprendem (ver, por exemplo, Shulman, 1996; Mayer, 1999a), o que levou a postular que os conteúdos escolares concretos que são objeto de ensino e aprendizagem devem ser considerados, para todos os efeitos, como parte do contexto da sala de aula. Ou também o surgimento e a extensão progressiva dos enfoques contextuais, sociais e culturais na explicação do desenvolvimento e da aprendizagem (ver, por exemplo, Bronfenbrenner, 1987, Suell, 1996; Coll e Solé, 1997; Nuthall, 1997; Anderson e outros, 2000), que proporcionaram marcos teóricos e procedimentos metodológicos apropriados para o estudo do contexto. Ou, ainda, ao empenho cada vez maior para incrementar a relevância das pesquisas e elaborações teóricas sobre o ensino e a aprendizagem na sala de aula para a melhoria das práticas educacionais concretas (ver, por exemplo, Weinert e De Corte, 1996; Vermunt e Verloop, 1999; De Corte, 2000), o que obrigou a situar os contextos invariavelmente únicos e singulares de tais práticas no ponto de mira da indagação.

O interesse crescente pelo contexto, todavia, não deu lugar até agora a uma clareza nem a um acordo generalizado entre os pesquisadores sobre o que se deve entender exatamente por "contexto da sala de aula". A revisão dos trabalhos especificamente dedicados a defini-lo e a caracterizá-lo (ver, por exemplo, Van Oers, 1998; Turner e Meyer, 2000) mostra que existem praticamente tantas definições desse conceito quanto autores que se ocuparam do tema. Duas confusões parecem ter um papel decisivo nas dificuldades existentes para precisar e esclarecer o conceito de contexto da sala de aula. A primeira é a confusão freqüente entre o *contexto físico* – características espaciais da sala de aula, materiais e equipamentos presentes, etc. – e o *contexto mental* – conjunto de expectativas, afetos, emoções, motivações, interesses, representações, etc. construídas pelos participantes e compartilhadas em maior ou menor grau por todos eles (Edwards e Mercer, 1988). Os dois aspectos do contexto da sala de aula estão interconectados, mas suas relações estão longe de ser diretas e lineares.

A segunda confusão, estreitamente relacionada com a anterior, tem a ver com a oscilação que se produz eventualmente – às vezes inclusive no contexto de um mesmo trabalho – entre duas aproximações nitidamente distintas do estudo do contexto da sala de aula. A primeira consiste em identificar e descrever os elementos físicos – organização e características do espaço, material presente, características e acessibilidade do material, etc. –, comportamentais – atuações do professor, atuações dos alunos, atividades, tarefas, etc. – ou mentais – representações, expectativas, emoções, sentimentos, etc. – presentes na sala de aula com a finalidade de analisar posteriormente suas interconexões ou suas relações mútuas. A segunda aproximação consiste em indagar como os participantes constroem em conjunto um contexto de ensino e aprendizagem em que os elementos físicos, comportamentais ou mentais identificados e descritos, longe de serem considerados como variáveis independentes, dependentes ou intervenientes, adquirem o *status* de elementos constitutivos e constituintes desse contexto. Em outros termos, enquanto o primeiro enfoque responde à intenção de estudar *as variáveis situacionais da sala de aula suscetíveis de terem uma incidência sobre o ensino e a aprendizagem* – em estrito paralelismo com a incidência de que, como mostrou a pesquisa educacional e psicoeducacional, têm outras variáveis relativas às características do professor ou do aluno –, o propósito que anima o segundo é estudar *a sala de aula como contexto de ensino e aprendizagem*, isto é, como um contexto construído pelos participantes a partir das atividades que nela ocorrem e cuja consideração à margem dessas atividades tem, conseqüentemente, um interesse muito limitado.

Essas diferentes concepções do contexto da sala de aula têm um claro reflexo nos enfoques básicos das relações entre o ensino e a aprendizagem, dos quais vamos tratar no próximo item e em sua evolução ao longo da segunda metade do século XX. De fato, as considerações relativas ao contexto da sala de aula estão praticamente ausentes nos enfoques que presidem a pesquisa empírica do ensino até, mais ou menos, finais dos anos 1950. Sua incorporação progressiva se produz nas décadas seguintes, por conta, em um primeiro momento, da consideração do contexto entendido fundamentalmente como contexto físico e no marco de um enfoque claramente orientado a estudar as variáveis situacionais suscetíveis de ter uma incidência sobre o ensino e a aprendizagem. Somente a partir dos anos de 1980, o contexto da sala de aula começa a ser integrado nesses esquemas como um contexto mental, em permanente processo de construção e reconstrução pelos participantes, totalmente integrado nos processos de ensino e aprendizagem que nela ocorrem e, conseqüentemente, fazendo parte deles. Em apenas cinco décadas, o tratamento do contexto na pesquisa experimentou uma evolução vertiginosa: da visão da sala de aula e do que nela ocorre como algo praticamente irrelevante para compreender o ensino e a aprendizagem, se passou à análise da incidência de algumas variáveis contextuais sobre o ensino e a aprendizagem e, daí, à indagação da sala de aula como contexto de ensino e aprendizagem.

A PESQUISA DO ENSINO E DA APRENDIZAGEM NA SALA DE AULA: ENFOQUES BÁSICOS

As características da sala de aula a que nos referimos no item anterior, e em particular a complexidade e heterogeneidade dos fenômenos e processos que nela ocorrem, fazem com que a pesquisa do ensino e da aprendizagem nesse contexto seja especialmente sensível à manifestação de novos enfoques e novas formulações. Visto que o olhar ao que ocorre na sala de aula não pode ser onipresente, impõe-se necessariamente uma seleção dos aspectos que o pesquisador considera mais importantes, e essa seleção é fortemente condicionada por sua visão do que significa e implica ensinar e aprender. Em suma, por trás do amplo e rico leque de teorias, paradigmas e programas de pesquisa que configuram, nas palavras de Shulman (1989, p.23), "o mapa sinóptico de pesquisa sobre o ensino", o que encontramos na realidade são diferentes maneiras de entender as relações entre o ensino e a aprendizagem (Coll, 1996b; Coll e Onrubia, 1999a) que condicionam o olhar do pesquisador em um duplo sentido: determinando o que se observa e se registra ao final do quanto nela ocorre e orientando a interpretação do que se observou e se registrou.

Nosso propósito, neste item, não é fazer uma revisão exaustiva da pesquisa empírica sobre o ensino e de seus resultados,[1] mas sim identificar e analisar as formas básicas de entender as relações entre o ensino e a aprendizagem escolar que orientaram e continuam orientando essa pesquisa e que podem ser relacionados com as teorias, os paradigmas, os enfoques e os programas de trabalho nesse campo. Na Figura 14.1, são representadas esquematicamente e de uma forma simples algumas formas típicas de entender as relações entre o ensino e a aprendizagem na sala de aula. Enquanto representações esquemáticas e propositadamente simplificadas cuja finalidade é mostrar os traços distintivos de algumas maneiras típicas de entender as relações entre o ensino e a aprendizagem, os esquemas da Figura 14.1 admitem concretizações muito distintas e, por isso, nem sempre é possível, nem sequer aconselhável, buscar uma correspondência linear estrita com este ou aquele paradigma, enfoque, programa de pesquisa ou pesquisa concreto sobre a aprendizagem. Contudo, tomados em conjunto e com os matizes e as reservas oportunos, esses esquemas refletem, a nosso ver, o núcleo básico das concepções sobre como a atividade educacional e de ensino do professor se relaciona com a atividade e os processos de aprendizagem dos alunos, isto é, o núcleo básico das concepções que presidiram e continuam presidindo a pesquisa empírica sobre o ensino.

O professor: elemento-chave da aprendizagem dos alunos

Os esquemas A B e C vinculam diretamente o rendimento dos alunos aos traços de personalidade do professor, aos seus comportamentos e ao seu estilo de ensino ou estilo didático, respectivamente. Embora com diferenças e matizes importantes entre si, os três compartilham a idéia de que a chave para entender o que ocorre na sala de aula está no professor. O objetivo último dos enfoques e dos programas de pesquisa tributários desses esquemas é identificar as características do "professor eficaz". Qualquer consideração relativa ao contexto da sala de aula – com a exceção do comportamento do professor, que aparece no B – está ausente desses esquemas. Dos alunos, contempla-se unicamente o rendimento, os resultados da aprendizagem, conseqüência direta do maior ou menor grau de eficácia do ensino dado pelo professor e indicador escolhido para medi-la; suas características individuais, seu comportamento e suas atividades na sala de aula também estão ausentes, o que traduz uma visão dos alunos como "receptores passivos" do ensino.

Em que pese sua aparente simplicidade, tais esquemas dominaram durante muito tempo a pesquisa empírica do ensino. Boa prova disso é o número de trabalhos dedicados a caracterizar o "professor eficaz", que nutrem as publicações especializadas até meados dos anos 1970 (Dunkin e Biddle, 1974). No entanto, seria um erro, no qual não se deve incorrer, con-

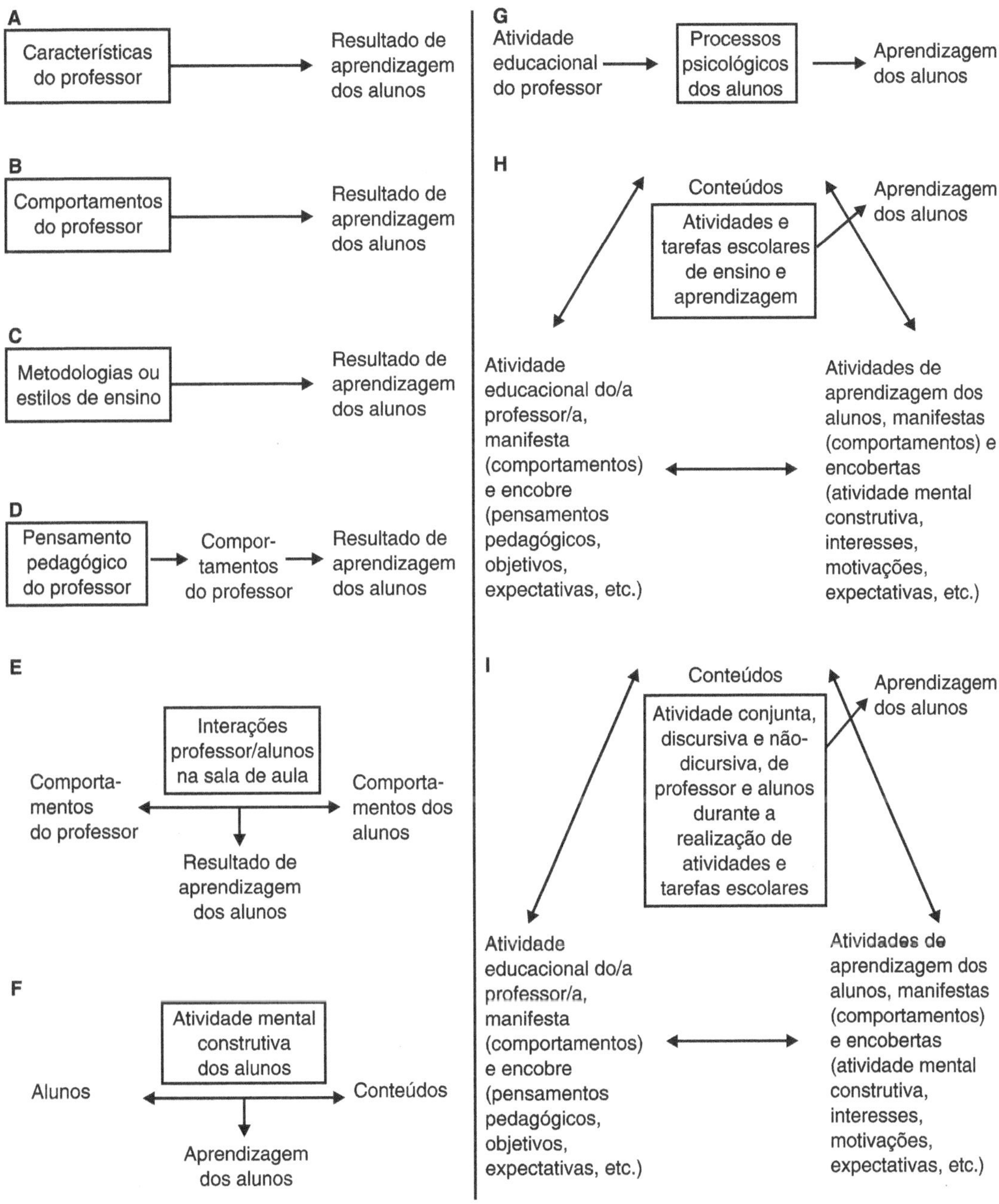

FIGURA 14.1 Esquemas básicos para a análise dos processos escolares de ensino e de aprendizagem.
Fonte: Adaptado de Coll, 1999b, e Coll e Onrubia, 1999a. Os elementos dentro dos quadrados são aqueles sobre os quais recai, em cada um dos esquemas, o peso explicativo das relações entre o ensino e a aprendizagem.

siderar essas pesquisas como um conjunto homogêneo. Para além dos traços comuns mencionados, apresentam uma diversidade considerável do ponto de vista teórico e metodológico relacionada, em boa medida, com as dimensões e as características do professor – traços de personalidade, comportamentos discretos ou estilos de ensino – escolhido para indagar onde reside a eficácia do ensino. É preciso assinalar ainda que sua vigência foi desigual. Enquanto as pesquisas orientadas a buscar a eficácia do ensino nos traços de personalidade e outras características do professor – esquema A – praticamente desaparecem a partir dos anos 1950, as que buscam nos comportamentos discretos e observáveis do docente – esquema B – e em seu esquema de ensino – esquema C – perduram até meados dos anos 1970. A isso deve-se acrescentar que os esquemas C e B, combinando-se e enriquecendo-se com as maneiras de entender as relações entre o ensino e a aprendizagem próprias de outros esquemas – em particular com as que são representadas nos esquemas D e E –, constituem o ponto de partida do paradigma processo-produto, sem dúvida nenhuma o que gozou de maior aceitação e grande popularidade entre os pesquisadores do ensino durante as últimas décadas e cuja vigência, em suas versões mais elaboradas, mantém-se até a atualidade.

O esquema D, que compartilha com os anteriores a idéia fundamental de que a chave do ensino eficaz está no professor, introduz, no entanto, uma novidade importante ao considerar que os comportamentos discretos e observáveis, o estilo de ensino ou a ação educacional e de ensino do professor são determinados ou mediados, conforme o caso, por suas idéias e suas concepções pedagógicas. Logicamente, a adoção desse esquema exige ampliar o foco de análise, incluindo nele, inclusive, a indagação do pensamento pedagógico do professor. Da perspectiva adotada no presente capítulo, o alcance dessa mudança reside na novidade que supõe, com relação aos esquemas anteriores, o fato de apelar a fenômenos e a processos psicológicos encobertos, não-diretamente observáveis, para dar conta das relações entre o ensino e a aprendizagem na sala de aula. O recurso a fenômenos e a processos psicológicos encobertos, cuja origem encontra-se na aceitação crescente e no desenvolvimento espetacular dos enfoques cognitivos em psicologia a partir dos anos 1960 – em oposição aos enfoques behavioristas dominantes até esse momento –, nesse caso aplica-se unicamente ao professor, mantendo como essencial, portanto, a visão unidirecional de ensino e o caráter receptivo e passivo da aprendizagem.

Não menos importantes são as novidades introduzidas pelo esquema E. Por um lado, a ênfase deixa de recair exclusivamente no professor, e as chaves para caracterizar o ensino eficaz são buscadas na interação que se estabelece entre professor e alunos no transcurso das atividades de ensino e aprendizagem; ou, para ser mais precisos, na inter-relação dos comportamentos e das trocas comunicativas que se produzem entre eles no decorrer dessas atividades. Por outro lado, tal deslocamento leva a revalorizar o que ocorre na sala de aula e impõe a necessidade de desenvolver instrumentos de observação fortes e objetivos para captar as relações ou as interações entre professor e alunos. São os sistemas de observação sistemática da interação professor/aluno que proliferaram nos anos 1970 e 1980 e alguns dos quais ainda continuam sendo utilizados atualmente.

Ambas as novidades situam o esquema E a meio caminho entre os anteriores, caracterizados pelo protagonismo atribuído ao professor na explicação do ensino e da aprendizagem, e os que analisaremos mais adiante como expoentes de um protagonismo compartilhado entre professor e alunos. Sua inclusão neste item é justificada, no entanto, por dois tipos de razões. Em primeiro lugar, a maioria dos sistemas elaborados com o objetivo de proceder a um registro sistemático e objetivo da interação professor/aluno apresentam uma assimetria importante entre as categorias relativas ao comportamento do professor e as relativas ao comportamento dos alunos, sendo as primeiras habitualmente muito mais numerosas que as segundas, o que mostra claramente que a ênfase continua sendo dada ao professor.[2] Em segundo lugar, as pesquisas inspiradas no esquema constituem, junto com aquelas inspiradas nos esquemas B, C e em parte também D, o núcleo duro do paradigma de pesquisa do ensino conhecido como "processo-produto". De fato, são pesquisas dirigidas fundamentalmente a estabelecer relações significativas do ponto de vista estatístico entre determinadas variáveis relativas ao processo de ensino – e que informam acerca do comportamento do professor, do aluno e de suas inter-relações – e as variáveis escolhidas como indicadores do produto do ensino – definido a partir do nível de êxito dos objetivos educacionais por parte dos alunos.

Sintetizar as contribuições feitas no âmbito do paradigma processo-produto é uma empreitada que ultrapassa as possibilidades deste capítulo (ver o resumo incluído no Capítulo 17 deste volume; Brophy e Good, 1986; Montero, 1990a e 1990b), como o é também estender-se em uma análise crítica de suas contribuições e limitações (ver, por exemplo, Pérez, 1983; Gimeno, 988; Coll e Solé, 1990; Gimeno e Pérez, 1992). Vamos nos limitar, portanto, a fazer três breves anotações de especial interesse nessa mesma linha de argumentação. Em primeiro lugar, está fora de dúvida o valor dos resultados dessas pesquisas para uma melhor compreensão de como a atividade educacional e de ensino do professor incide sobre os resultados de aprendizagem dos alunos. Em segundo lugar, o valor desses resultados é fortemente limitado pelo fato – hoje amplamente reconhecido pelos autores mais representativos do paradigma – de que a relação entre comportamentos do professor e resultados de aprendizagem está modulada por fatores diversos – características dos alunos, conteúdo do ensino, contexto da sala de aula, etc. – que dificultam de forma considerável sua generalização. E em terceiro lugar, as pesquisas processo-produto caracterizam-se por ignorar os processos psicológicos – cognitivos e não-cognitivos – encobertos dos alunos que medeiam entre a ação educacional e de ensino do professor e os resultados de aprendizagem dos alunos, o que, como assinalou Shuell (1996), não é uma limitação menor do ponto de vista da psicologia da educação atual.

O aluno: agente, protagonista e responsável pela aprendizagem

O esquema F introduz uma mudança de perspectiva radical com relação aos anteriores, visto que a chave para entender a aprendizagem na sala de aula já não reside no professor, em suas características, em seus comportamentos, na metodologia didática que utiliza ou em seu estilo de ensino, nem tampouco nas interações que estabelece com o aluno, mas sim neste último, no aluno, que emerge como verdadeiro agente, protagonista principal e principal responsável pela aprendizagem. As pesquisas e as propostas pedagógicas tributárias desse esquema concebem a aprendizagem como o resultado dos encontros e das interações que se produzem entre os alunos e os conteúdos das matérias ou das disciplinas escolares. No transcurso de tais encontros e interações, os alunos desdobram uma atividade mental construtiva, encoberta, dirigida para assimilar e dotar de significado os conteúdos escolares; essa atividade é que conduz, em determinadas condições, a uma reestruturação de seus instrumento cognitivos e de seus esquemas de conhecimento, ou seja, a aprendizagem dos conteúdos escolares. Conseqüentemente, a análise empírica do ensino e da aprendizagem é dirigida, nesse caso, a analisar a atividade mental construtiva dos alunos, entendida como uma atividade auto-estruturante (Coll, 1978) que realizam no transcurso das atividades e tarefas escolares. O papel atribuído à ação educacional e de ensino do professor nesse esquema é mais secundário, sendo sua responsabilidade limitada, na melhor das hipóteses, a planejar os encontros e as interações entre os alunos e os conteúdos escolares e a criar condições favoráveis para promover e impulsionar a atividade mental construtiva dos primeiros. Assim, estamos, de certo modo, justamente na posição contrária à dos esquemas anteriores. Se naqueles a pesquisa do ensino e da aprendizagem se restringia, na realidade, a uma análise do ensino e da atividade do professor como principal responsável por esta, no esquema F, a pesquisa do ensino e da aprendizagem está mais próxima na prática a uma análise da aprendizagem e da atividade do aluno como seu único responsável.

O esquema F é representativo dos enfoques construtivistas radicais em educação, os quais concebem a aprendizagem como uma empreitada não apenas individual, mas também e em boa medida solitária, ao estilo de algumas utilizações e aplicações da teoria genética à educação escolar relativamente populares até princípios dos anos 1980 (ver, por exemplo, Coll, 1978; Delval, 1983; Moreno, 1983; Capítulo 2 deste volume). A principal dificuldade desse esquema, e com ele os enfoques educacionais que o adotam, é a sua incapacidade para dar conta das relações entre o ensino e a aprendizagem. Até certo ponto se poderia dizer que na realidade não é um esquema sobre as relações entre o ensino e a aprendizagem, mas antes sobre a aprendizagem, do mesmo modo que os esquemas anteriores são mais sobre o ensino. Embora tenha praticamente perdido sua vigência – pelo menos na versão radical aqui comentada –, ele teve o mérito inegável de chamar a atenção para a necessidade de levar em conta as contribuições do aluno na análise do ensino e da aprendizagem na sala de aula, salientando, ao mesmo tempo, que, longe de ser um fenômeno receptivo e passivo, a aprendizagem escolar é essencialmente um processo ativo e construtivo. Sua influência foi determinante nesse sentido, como mostra o fato de que ambos os aspectos – a consideração das contribuições dos alunos e a natureza ativa construtiva da aprendizagem escolar – são traços compartilhados e aceitos atualmente, mesmo que com matizes e divergências sobre seu alcance e concretização, por praticamente todos os enfoques, paradigmas e programas de pesquisa vigentes sobre o ensino e a aprendizagem na sala de aula.

O protagonismo compartilhado de professor e alunos

O esquema G representa, em certo sentido, a síntese das idéias essenciais dos esquemas precedentes. Assim como os esquemas A, B, C e D, ele postula a importância da ação educacional e de ensino do professor para dar conta dos resultado de aprendizagem dos alunos, mas considera que o aluno não é um mero receptor passivo da ação do professor, e sim que os processos psicológicos subjacentes à aprendizagem dos conteúdos escolares são, como propõe o esquema F, um elemento decisivo. As contribuições dos alunos – nas quais estão envolvidos processos psicológicos de natureza diversa, tanto cognitivos como afetivos, emocionais e motivacionais – são, portanto, os elementos mediadores entre a ação educacional e de ensino do professor e os resultados da aprendizagem.

O esquema G é o reflexo, no âmbito da pesquisa do ensino e da aprendizagem na sala de aula, dos enfoques cognitivos que dominaram o cenário da pesquisa psicológica durante o último terço do século XX, e em particular o construtivismo cognitivo em suas diferentes versões (Shuell, 1996; Nuthall, 1997; Capítulos 4 e 6 deste volume). Como nos casos anteriores, esse esquema genérico pode concretizar-se de muitas maneiras distintas em função da teoria ou das teorias psicológicas de referência escolhidas para aproximar-se da compreensão dos processos subjacentes à aprendizagem, assim como do tipo de processos – cognitivos, afetivos, emocionais, etc. – aos quais se atribui maior relevância. Contudo, todas as suas concretizações têm em comum o fato de prestar especial atenção aos processos psicológicos encobertos – isto é, não-diretamente observáveis – do aluno, postulando que neles se encontra a chave para compreender como ele é afetado pela ação educacional e de ensino do professor e, em suma, o que aprende e como aprende.

Um exemplo ilustrativo da aplicação desse esquema é constituído pelos trabalhos dirigidos a elaborar um inventário das "funções de aprendizagem" – *learning functions* – que podem ser relacionadas com as "funções docentes"- *teaching functions* – identificadas no âmbito do paradigma processo-produto. Rosenshine e Stevens sintetizaram, em 1986, os resultados de um número considerável de pesquisas sobre o ensino eficaz – exponentes, de acordo com o formulado neste capítulo, dos esquemas B, C, D e E – em uma lista de suas "funções docentes" relativas a: revisão e controle diário do trabalho feito em casa pelos alunos; maneira de apresentar os novos conteúdos; realização de práticas controladas e supervisionadas pelo professor; correção e retroalimentação dos trabalhos e respostas dos alunos; realização de práticas independentes e aplicação de revisões e controles semanais e mensais.[3] Como assinala Shuell (1996, p. 749), essas funções refletem "o que [de acordo com os resultados das pesquisas revisadas por Rosenshine e Stevens] fazem os professores eficazes na sala de aula, mas ainda que o ensino eficaz seja definido em termos do rendimento dos alunos, se dá pouca atenção a como os alunos processam o modo de ensinar do professor".

Tomando como ponto de partida o conceito de "função docente" de Rosenshine e Stevens, Shuell (1988) identificou 12 funções da aprendizagem, ou processos psicológicos, que devem ser ativadas nos alunos para apreender o ensino recebido do professor: expectativas; motivações; ativação do conhecimento prévio;

atenção; codificação; comparação; geração de hipóteses; repetição; retroalimentação; avaliação; acompanhamento e integração e síntese. Contrariamente às funções docentes, que reflete o que faz o professor eficaz na sala de aula, as funções da aprendizagem se centram no que fazem os alunos e implicam uma análise psicológica dos fatores envolvidos na aprendizagem eficaz. Desse modo, as funções da aprendizagem proporcionam uma via útil para relacionar as práticas de ensino do professor eficaz com a teoria da aprendizagem, ao mesmo tempo que "representam os diversos processos psicológico que a teoria e a pesquisa psicológica atual indicam que é necessário ativar nos alunos para que os processos de ensino e aprendizagem tenham êxito, particularmente quando a aprendizagem significativa está envolvida" (Shuell, 1996, p. 751).

Os esforços dirigidos a relacionar as características de um ensino eficaz com os processos psicológicos que devem ser ativados nos alunos para que se beneficiem dele prosseguiram durante os últimos anos até alcançar graus consideráveis de sofisticação. Assim, por exemplo, Vermunt e Verloop (1999) procederam recentemente a uma revisão e à ampliação da proposta de funções da aprendizagem de Shuell em uma dupla direção. Por um lado, revisaram tais funções, organizando-as, de acordo com algumas taxonomias dos componentes e dos processos da aprendizagem elaboradas no âmbito da pesquisa psicológica, em torno de três tipos de atividades: cognitivas, afetivas e metacognitivas (ou de regulação). Por outro, e atentando à observação original de Schuell de que a ativação dos processos psicológicos envolvidos na aprendizagem pode ter sua origem tanto no professor como no próprio aluno, propuseram analisar as funções docentes referindo-as a dois grandes tipos de estratégias ou de formulações do ensino: aquelas caracterizadas por um forte controle do professor – *a strong teacher-regulation form of instruction* – e aquelas caracterizadas por um controle compartilhado de professor e alunos – *a shared-regulation form of instruction*. O Quadro 14.1 apresenta a convergência entre funções de aprendizagem e funções docentes proposta pelos autores em ambos os casos.

A leitura do Quadro 14.1 é suficientemente ilustrativa do interesse e da relevância que tiveram, para a compreensão do ensino e a aprendizagem em sala de aula, os trabalhos e as pesquisas que respondem genericamente ao esquema G e que se caracterizam, como já se assinalou, por atribuir um protagonismo compartilhado a professor e alunos, por integrar os processos psicológicos subjacentes à atividade de aprendizagem destes últimos como elementos mediadores entre a ação educacional e de ensino do professor e os resultados da aprendizagem e, em suma, por considerar que o ensino e a aprendizagem são dois aspectos complementares e indissolúveis de um mesmo processo cuja análise em separado, como se fossem duas entidades distintas, tem um interesse muito limitado para compreender e melhorar as práticas educacionais escolares. Apesar do enorme interesse das contribuições realizadas, e apesar também de sua maior capacidade para dar conta do que ocorre efetivamente na sala de aula, as pesquisas e os trabalhos inspirados no esquema G muitas vezes ignoram alguns elementos constitutivos importantes da sala de aula como contexto de ensino e aprendizagem. São essas carências, pelo menos em parte, que os esquemas que vamos abordar a seguir procuram compensar.

As relações professor-alunos-conteúdo: o triângulo interativo como foco

Os esquemas H e I representam, de novo, uma mudança qualitativa com relação aos anteriores. Ambos coincidem ao situar a "chave" dos processos escolares de ensino e aprendizagem na interação dos três elementos que constituem o triângulo interativo – na terminologia habitualmente utilizada pelos psicólogos da educação – ou o triângulo didático – na terminologia própria dos pesquisadores e dos especialistas em didática geral e em didáticas específicas: o conteúdo, a atividade educacional e de ensino do professor e as atividades de aprendizagem dos alunos. Portanto, são duas as novidades principais introduzidas por esses esquemas. Em primeiro lugar, a importância atribuída aos conteúdos de ensino e aprendizagem – isto é, aos conteúdos curriculares –, à sua estrutura interna e às suas características específicas, como terceiro elemento a considerar, junto com a atividade educacional e de

QUADRO 14.1 Relação entre os processos psicológicos envolvidos na aprendizagem e as funções docentes em dois enfoques de ensino caracterizados pelo grau distinto de regulação e de controle exercido pelo professor e pelos alunos

Funções da aprendizagem	Funções docentes	
	Ensino com forte controle do professor	**Ensino com controle compartilhado de professor e de alunos**
COGNITIVAS		
Relacionar/estruturar	Apresentar e esclarecer o conteúdo. Explicar as relações. Fazer analogias. Apresentar seminários, resumos, esquemas.	Apresentar e esclarecer o conteúdo. Formular perguntas sobre semelhanças e diferenças entre teorias. Ensinar a fazer exposições.
Analisar	Explicar em detalhe, passo a passo.	Formular perguntas de detalhe.
Concretizar/aplicar	Oferecer exemplos, aplicações, ilustrações. Relacionar com a prática e com interpretações de exemplos reais.	Solicitar aos alunos que estabeleçam relações com sua própria experiência. Fazer com que os alunos resolvam problemas com significados práticos.
Memorizar/repetir	Repetir regularmente os conteúdos e fazê-los repetir.	Administrar provas para avaliar o conhecimento factual.
Processar criticamente	Proporcionar argumentos a favor e contra um ponto de vista. Assinalar diferentes conclusões possíveis.	Fazer com que os alunos apresentem argumentos, confrontem pontos de vista e organizem grupos de discussão.
AFETIVAS		
Motivar-se/formar expectativas	Criar e promover um clima afetivo. Apresentar o conteúdo de aprendizagem de um modo atrativo, que gere interesse. Tornar os alunos conscientes de suas capacidades.	Criar e promover um clima afetivo. Dar aos alunos a responsabilidade pessoal de sua aprendizagem. Colocar tarefas que os alunos possam abordar.
Concentrar-se/esforçar-se	Dirigir a atenção dos alunos aos aspectos relevantes da tarefa. Propor tarefas que requeiram esforço mental.	Recomendar períodos de estudo não excessivamente longos. Fazer com que os alunos falem sobre os resultados de seus processos de pensamento.
Fazer atribuições/julgar-se a si mesmo	Fazer atribuições realistas, imputando as falhas a fatores controláveis. Emitir juízos construtivos.	Estimular os alunos a fazer atribuições baseadas em diagnósticos realistas e a experimentar um nível elevado de competência e auto-eficácia.
Avaliar/apreciar	Assinalar a relevância dos conteúdos e das tarefas	Destacar a importância da tarefa para o êxito das metas pessoais.
Manejar as emoções	Proporcionar segurança aos alunos, reduzindo os fatores de medo e de ansiedade.	Proporcionar aos alunos experiências bem-sucedidas e valorizá-las.
METACOGNITIVAS		
Orientar/planejar	Regular os processos de aprendizagem dos alunos. Introduzi-los no conteúdo. Averiguar seus conhecimentos prévios. Informá-los sobre objetivos, conteúdos e atividades.	Regular os processos de aprendizagem dos alunos. Ativar seus conhecimentos prévios. Oferecer-lhes a liberdade de escolher em relação aos conteúdos, aos objetivos e às atividades.
Acompanhar/controlar/diagnosticar	Observar os gestos e as expressões dos alunos. Fazer-lhes perguntas. Fazê-los provar. Fazê-los resolver problemas práticos. Indagar as incompreensões e suas causas.	Fazer com que os alunos supervisionem mutuamente seus processos. Fazê-los criar perguntas de provas. Fazê-los analisar as causas das dificuldades.
Revisar/ajustar	Proporcionar explicações adicionais, mudando as tarefas.	Animar os alunos a buscarem soluções para suas próprias dificuldades, fazendo-os abordar os problemas em grupo.
Valorizar/refletir	Fazer avaliações cumulativas. Proporcionar retroalimentação sobre os resultados e formular propostas de melhoria.	Fazer com que os alunos elaborem uma prova e que a apliquem mutuamente. Ensiná-los a comparar sua maneira de proceder com a de outros colegas.

Fonte: Adaptado de Vermunt e Verloop, 1999, p. 267-268.

ensino do professor e as atividades de aprendizagem dos alunos, para compreender o que ocorre na sala de aula. E em segundo lugar, o foco na análise das atividades e tarefas concretas que professor e alunos realizam em torno dos conteúdos escolares como espaço privilegiado para identificar as relações entre os elementos do triângulo e para compreender a sua incidência sobre a aprendizagem. Tomadas em conjunto, as duas novidades significam um avanço considerável na linha de uma maior integração dos aspectos relativos ao contexto da sala de aula na explicação do ensino e da aprendizagem.

Como nos casos anteriores, em torno desses esquemas genéricos é possível encontrar uma grande variedade de enfoques, formulações e programas de pesquisa que, embora compartilhem os traços mencionados, diferem entre si em outros aspectos muito importantes relacionados com os âmbitos teóricos de referência a partir dos quais são analisados os três elementos do triângulo e, muito particularmente, sua inter-relação. Na realidade, os esquemas H e I pretendem representar duas variantes típicas – entre muitas outras que caberia identificar em uma revisão mais detalhada e exaustiva do tema – da mesma formulação básica, dando atenção às opções teóricas e metodológicas de aproximação do estudo das interações que se estabelecem entre os três elementos do triângulo.

O esquema H é típico dos trabalhos realizados no marco do paradigma ecológico de pesquisa de ensino cujos antecedentes remontam ao final dos anos sessenta. Para os autores que se situam nessa perspectiva, a sala de aula é um meio social e de ensino em que professor e alunos organizam suas atividades de acordo com diferentes formatos, ou seja, de acordo com exigências e regras de atuação que definem os ambientes concretos nos quais ocorrem o ensino e a aprendizagem. Esses formatos, definidos tradicionalmente como "segmentos de atividades", constituem as unidades básicas da organização social e acadêmica da sala de aula e definem, para os psicólogos da educação que se situam nessa perspectiva teórica, o foco da indagação. Os segmentos de atividade distinguem-se uns dos outros "tanto pelo tipo de exigências sociais, cognitivas, curriculares, emocionais e afetivas que colocam a professor e alunos, como pelo tipo de respostas que requerem deles" (Shuell, 1996, p. 729). De um ponto de vista mais operacional, o segmento de atividade pode ser definido como:

> Uma parte da aula que tem um foco ou um tema e começa em um ponto e termina em outro [...] pela especificidade de seu formato de ensino, das pessoas que participam dele, de seus materiais e de suas expectativas e metas de comportamento. Ocupa um certo período de tempo durante a aula e ocorre em um cenário físico determinado. O foco de um segmento pode ser de ensino ou de gestão (*managerial*) (Stodolsky, 1991, p. 27).

Os trabalhos e as pesquisas voltados a identificar os diferentes tipos de segmentos de atividade relevantes para o ensino e a aprendizagem – particularmente no nível do ensino fundamental – foram relativamente freqüentes no transcurso das duas últimas décadas (ver as revisões de Doyle, 1986, e de Weinstein, 1991). Os resultados desses trabalhos evidenciam dois fatos. Em primeiro lugar, o consenso praticamente generalizado de que é possível identificar um número relativamente reduzido de diferentes tipos de segmentos por trás da enorme diversidade de atividades que se observam nas salas de aula. E em segundo lugar, a falta de consenso, igualmente generalizada, sobre quais são e como defini-los. Provavelmente muitas são as razões que podem explicar tal divergência, como a escolha, por parte dos autores, de dimensões distintas para caracterizar os segmentos e a natureza distinta das atividades observadas, em particular os níveis educacionais a que correspondem e os conteúdos sobre os quais versam. O Quadro 14.2 apresenta, a título de ilustração, uma síntese dos principais tipos de segmentos de atividade identificados por Berliner (1983) e Stodolsky (1991), indicando em cada caso as características das atividades observadas e as dimensões utilizadas na análise.

Outra linha de pesquisa ligeiramente distinta da anterior, mas igualmente tributária no essencial do esquema H que estamos comentando, é a que tem sua origem no estudo pioneiro de Doyle sobre o "trabalho acadêmico", isto é, sobre o trabalho dos conteúdos curriculares no ambiente da sala de aula. Doyle con-

QUADRO 14.2 Tipologias de segmentos de atividade segundo Berliner (1983) e Stodolsky (1991)

	As estruturas de atividade segundo Berliner (1983)	**Os segmentos de atividade segundo Stodolsky (1991)**
Amostras analisadas	1.200 atividades sobre uma ampla gama de conteúdos observadas em salas de aula de ensino fundamental.	20 aulas de matemática e 19 aulas de ciências sociais da 5ª série do ensino fundamental, dadas por um total de 21 professores, observadas e registradas durante duas semanas consecutivas.
Dimensões utilizadas na análise	Duração temporal. Número de alunos envolvidos. Papel do professor (expõe, supervisiona, modera, proporciona recursos, está ausente, etc.). Importância do professor no desenvolvimento da atividade (muita, moderada, pouca, nenhuma, variável, etc.). Papel do aluno (lê e responde individualmente, escuta e presta atenção às explicações do professor, trabalha individualmente, trabalha em grupo, etc.). Resposta do aluno (privada, pública, variável, etc.). Avaliação (formativa, cumulativa, inexistente, etc.). Momento de retroalimentação do professor (imediata, diferida, variável, etc.). Retroalimentação do aluno (freqüente, escassa, variável, etc.). Controle do conteúdo pelo professor (alto, moderado, baixo, nulo, variável, etc.). Controle do conteúdo pelos alunos (alto, moderado, baixo, nulo, variável, etc.). Controle do processo pelo professor (alto, moderado, baixo, nulo, variável, etc.). Controle do processo pelo aluno (alto, moderado, baixo, nulo, variável, etc.). Estabilidade do grupo (alta, baixa, variável, etc.). Porcentagem de estruturas que exigem um alto nível de atenção.	Ritmo de trabalho (é estabelecido pelo professor, é estabelecido pelo aluno, é estabelecido em conjunto por professor e alunos, é estabelecido a partir da interação entre alunos, é estabelecido mecanicamente, etc.). Nível de exigência cognitiva (receber e recordar informação, conceitos e destrezas, habilidades de indagação, aplicação de conceitos e habilidades, processos cognitivos de alto nível, etc.). Comportamento dos alunos (pergunta/resposta, leitura/oral, resolução/carteira, resolução/quadro-negro, observação/quadro-negro, correção de trabalhos, escutar/prestar atenção, discutir, leitura silenciosa, assistir a um filme/audiovisual, realizar uma prova, etc.). Liderança do professor (está ausente, observa/ajuda, dirige uma sessão de perguntas e respostas, dá instruções, dirige a atividade, lê, faz uma prova, etc.). Retroalimentação (não há, é proporcionada pelo professor em um grau alto ou baixo, é proporcionada por outro aluno em um grau alto ou baixo, é proporcionada pelo livro-texto, utilizam-se materiais de autocorreção, etc.). Interação esperada dos alunos (nenhuma, baixa, média, variável, etc.). Opções e alternativas no início e no desenvolvimento da atividade (não existem, são de responsabilidade do professor, dos alunos, em conjunto, há uma programação individualizada, etc.). Opções ao terminar a atividade. Localização espacial dos alunos (carteira, quadro-negro, área de trabalho dentro da sala de aula, fora da sala de aula, biblioteca, etc.). Participação dos alunos (envolvidos e não-envolvidos).

(continua)

(*continuação*)

Segmentos identificados	Círculo de leitura (grupos reduzidos de alunos lêem em voz alta, normalmente por turno, e discutem o conteúdo lido sob a direção do professor). Trabalho de carteira (os alunos respondem por escrito a uma variedade de materiais enquanto trabalham individualmente). Apresentação bidirecional (alunos e professor comunicam-se oralmente, dispondo, ambos, da possibilidade de intervir). Apresentação unidirecional (o professor fala a um grupo reduzido ou amplo de alunos, cuja possibilidade de intervir é limitada ou nula). Apresentação mediada (os alunos escutam, olham ou lêem a informação apresentada em um livro ou mediante algum meio audiovisual). Leitura silenciosa (os alunos lêem sem que haja uma demanda de resposta oral ou escrita). Construção (os alunos geram um produto a partir de um conjunto de materiais). Jogos de regras – *games* (os alunos utilizam um conjunto de regras similares às dos jogos para realizar a atividade). Jogo – *play* (atividade que não responde a objetivos de aprendizagem acadêmica e na qual os alunos parecem se divertir). Transição (atividade que se situa entre duas atividades acadêmicas).	Trabalho de carteira (os alunos trabalham individualmente em suas carteiras ou em outros lugares realizando as tarefas passadas). Trabalho de carteira individualizado (os alunos trabalham individualmente em suas carteiras ou em outros lugares realizando as tarefas que lhes foram passadas individualmente ou que eles mesmos escolheram). Sessões de perguntas e respostas (o professor interpela individualmente os alunos para que respondam às perguntas ou esperem o momento da leitura). Discussão (parecidas com as sessões de perguntas e respostas, mas com maior troca entre os participantes; o professor dirige a discussão, que muitas vezes tem como finalidade especificar uma idéia ou fazer com que os alunos exponham opiniões ou pontos de vista). Exposição (o professor fala aos alunos sobre os conteúdos trabalhados). Demonstração (o professor mostra como realizar uma tarefa). Correção de tarefas (os alunos corrigem seus deveres, seus trabalhos de carteira ou suas provas; o professor dá respostas curtas ou faz com que os alunos estabeleçam o momento para lê-las em voz alta). Prova/controle (os alunos são submetidos a uma prova ou um controle). Trabalho em grupo (os alunos, organizados em grupos reduzidos, trabalham em uma tarefa cuja realização requer ações interdependentes). Audiovisual (os alunos assistem e/ou ouvem filmes, fitas gravadas, etc.). Concursos, jogos didáticos (podem envolver todos os alunos ou apenas uma parte da turma). Informes (os alunos apresentam a seus colegas e ao professor a informação que elaboraram sobre um tema). Instruções (o professor comunica aos alunos o plano de atividades e as instruções de realização). Preparação de tarefas (o professor prepara com os alunos as atividades que farão posteriormente). Tutoria (um aluno é instruído pelo professor, por outro adulto ou por um colega). Transição/organização (os alunos passam de uma atividade para outra, de um lugar para outro, preparam suas coisas, guardam-nas, etc.).

cebe o currículo escolar como um conjunto de "tarefas acadêmicas" – *academic tasks* – que os alunos realizam. O conceito de tarefa acadêmica implica, segundo o autor, centrar a atenção em três aspectos do trabalho dos alunos:

a) os produtos que o aluno deve gerar, como um ensaio original ou as respostas a uma série de perguntas;
b) as operações que os alunos têm de pôr em prática para gerar o produto, como memorizar uma lista de palavras ou classificar exemplos de um conceito;
c) os recursos à disposição dos alunos para gerar o produto, como um modelo de ensaio final proporcionado pelo professor ou por um colega (Doyle, 1983, p. 161).

A partir daqui, o autor propõe uma classificação das tarefas acadêmicas observando dois tipos de operações cognitivas envolvidas em sua realização, distinguindo, desse modo, quatro grandes tipos de tarefas:

1. *tarefas de memorização*, nas quais se espera que os alunos reconheçam ou reproduzam uma informação a que tiveram acesso previamente (por exemplo, memorizar uma lista de palavras ou versos de um poema com a grafia correta);
2. *tarefas procedimentais ou rotinas*, nas quais se espera que os alunos apliquem uma fórmula ou um algoritmo padronizado para gerar respostas (por exemplo, resolver uma série de problemas de subtração);
3. *tarefas de compreensão*, nas quais se espera que os alunos (a) reconheçam versões transformadas ou parafraseadas de uma informação a que tiveram acesso previamente, (b) apliquem procedimentos a problemas novos ou decidam que procedimentos são aplicáveis a um problema particular (por exemplo, resolver problemas de enunciado verbal em matemática) ou (c) façam inferências a partir de uma informação ou de procedimentos a que tiveram acesso previamente (por exemplo, fazer previsões sobre uma reação química ou idealizar uma fórmula alternativa para calcular o quadrado de um número);
4. *tarefas de opinião*, nas quais se espera que os alunos manifestem uma preferência por algum tema (por exemplo, escolha do conto preferido) (Doyle, 1983, p. 162-163).

O "modelo de tarefas" de Doyle teve uma influência considerável na pesquisa do ensino e encontra-se no ponto de partida de numerosos trabalhos realizados nos anos de 1980 e 1990. Assim, por exemplo, inspirando-se em parte nesse modelo, e reunindo também as formulações do enfoque do pensamento do professor, Baena (1999) elaborou uma proposta de aproximação da ação realizada na sala de aula por professores e alunos baseado em três níveis de análise (Baena, 1999, p. 109): a atividade – "a unidade mínima de ação organizada, com um objetivo que é preciso alcançar, e delimitado no tempo" –, a tarefa – "uma seqüência de atividades, pertencente a uma mesma ou a diferentes sessões de aula, em que se trabalhou o mesmo conteúdo temático" – e a tarefa principal – "agrupamento de tarefas que constituem uma seqüência lógica ou coerente de conteúdos, isto é, que refletem um eixo teórico central de referência ou, na sua falta, que estão agrupadas em espaços de tempo prolongados (trimestre)". Em uma orientação próxima à anterior, cabe situar também os trabalhos de Cañal e colaboradores (ver, por exemplo, Cañal e outros, 1993; Cañal, 2000) dirigidos a elaborar "um esquema de identificação e classificação das atividades de ensino" que permita a análise didática das práticas educacionais escolares no contexto da sala de aula.

Vejamos, ainda, um último exemplo dos esforços para conectar os processos psicológicos subjacentes à aprendizagem com os elementos ambientais e contextuais da sala de aula que são características do esquema H. Elshout-Morhr e outros (1999) chamaram a atenção recentemente para a conveniência de dispor de um "mapa" dos diferentes tipos de situações com que se deparam os professores nas salas de aula, a fim de facilitar a utilização dos resultados da pesquisa sobre o ensino para melhorar as práticas educacionais escolares. Os autores propõem um esquema de oito tipos de "episódios de ensino e de aprendizagem" – *instructional-learning episodes* – como instrumento básico para elaborar esse mapa de situações habituais da sala de aula familiares aos professores. Os oito tipos de episódios são definidos em função de quatro dimensões conforme a natureza da aprendizagem que promovem (reprodutivo-produtivo), o conteúdo da aprendizagem (conhecimento ou habilidades), o tipo de processos psicológicos requeridos (cognitivos ou metacognitivos) e a maior ou menor transferência ou generalização exigida aos resultados da aprendizagem (próxima ou distante). Da combinação das quatro dimensões, surgem os oito tipos de episódios de ensino e de aprendizagem propostos pelos autores. Assim, por exemplo, a aprendizagem de fatos e a aquisição de conhecimento enciclopédico a partir do acompanhamento das explicações do professor (aprendizagem reprodutiva orientada à aquisição de conhecimentos que implica a ativação de processos cognitivos e formula uma transferência próxima do aprendido); a aquisição de habilidades cognitivas mediante a prática sistemática (aprendizagem produtiva orientada à aquisição de habilidades que implica a ativação de processos cognitivos e exige um baixo nível de transferência); ou a aquisição de habilidades de autoregulação mediante a auto-avaliação (aprendizagem produtiva orientada à aquisição de habilidades que exige a ativação de processos metacognitivos com um alto nível de transferência).

O deslocamento do esquema H para o esquema I é a conseqüência do desenvolvimento de um conjunto de novas perspectivas teóricas que começam a se manifestar com toda clareza na década de 1980. Essas novas perspectivas, que têm sua origem em disciplinas diversas – a psicologia e a psicologia da educação, naturalmente, mas também a lingüística, a sociolingüística, a semiótica, a crítica literária, a análise do discurso, a antropologia social, a etnografia, etc. –, estão produzindo uma mudança radical das idéias tradicionalmente aceitas sobre a cognição, o raciocínio e a aprendizagem na sala de aula, que, na opinião de alguns autores, pode desembocar em uma autêntica mudança paradigmática de alcance, similar ao experimentado nos anos 1950 e 1960 com a passagem do behaviorismo ao cognitivismo. Se é certo que não está inteiramente claro o alcance da mudança que, nas palavras de Nuthall (1977, p. 681), "deu origem ao que à primeira vista parece ser um conjunto confuso de novas formas de conceituar e interpretar a experiência do aluno em sala de aula", sua incidência sobre o estudo do ensino e da aprendizagem já se fez sentir com força.

Em relação aos propósitos deste capítulo, são duas as principais novidades que nos interessa destacar. A primeira tem a ver com a consideração clássica da mente, a cognição, o raciocínio, a memória, a motivação, a aprendizagem e, em geral, todos os processos psicológicos, como fenômenos e propriedades dos indivíduos. Essa é, de fato, a visão que subjaz a todos os esquemas das relações entre o ensino e a aprendizagem que comentamos até o momento, e também aos diversos enfoques psicológicos – behavioristas, cognitivistas e cognitivo-construtivistas – nos quais se fundamentam para analisar as relações entre a ação educacional e de ensino do professor e os processos subjacentes à aprendizagem dos alunos, quando estes últimos são levados em conta. E é justamente essa a visão questionada por algumas perspectivas teóricas que, inspirando-se nas idéias de Vygotsky e nos desenvolvimentos e nas elaborações recentes da teoria sociocultural, como também nas formulações e nas propostas que têm sua origem na antropologia ou na psicologia social, põem em dúvida a existência dos processos psicológicos como propriedade das mentes individuais, situando-os antes – no caso de não negar pura e simplesmente o interesse de continuar postulando sua existência como objeto de estudo relevante – na interação entre as pessoas ou nas comunidades de prática e de aprendizagem das quais os indivíduos fazem parte.

Inclusive em suas versões menos radicais, esse questionamento levou a uma nova conceituação do ensino e da aprendizagem na sala de aula como um processo essencialmente cultural, social e interpessoal, em que a aprendizagem dos alunos já não pode ser entendida somente (nas versões mais radicais, o advérbio "somente" poderia ser substituído facilmente pela expressão adverbial "em absoluto") como o resultado de um processo ativo e construtivo do aluno em um ambiente educacional e de ensino concreto – ao estilo do que ocorre nos esquemas F, G e H sustentados em enfoques psicológicos cognitivo-construtivistas. O que ocorre antes, dessa perspectiva teórica, é que professor e alunos se envolvem juntos e em colaboração em uma série de atividades mediante as quais vão co-construindo progressivamente significados compartilhados sobre os conteúdos e as tarefas escolares. É por isso que, como indica o esquema I, o foco de atenção já não é a análise *per se* das atividades e das tarefas que professor e alunos desenvolvem na sala de aula – como o professor as formula, como os alunos participam, a que exigências devem responder, que processos psicológicos devem ser ativados para responder a essas exigências, etc. –, mas sim a atividade conjunta mediante a qual professor e alunos constroem em colaboração, ao longo de períodos temporais mais ou menos longos, as atividades e as tarefas nas quais se concretiza a aprendizagem na sala de aula.

A segunda novidade, estreitamente relacionada com a anterior, diz respeito à não menos clássica distinção entre pensamento e linguagem. Certamente, os trabalhos e as pesquisas que respondem aos esquemas G e H que se sustentam em enfoques psicológicos cognitivistas e cognitivo-construtivistas muitas vezes atribuem um papel de destaque às trocas comunicativas e aos aspectos de conversação da sala de aula. Neles, contudo, a linguagem é vista fundamentalmente como um instrumento de comunicação que os participantes utilizam para formular instruções, trocar informações, dar diretrizes, colocar exigências, fazer perguntas ou responder às perguntas de outros. Sem esquecer a função comunicativa, o que as novas perspectivas teóricas colocam é que a linguagem na sala de aula também cumpre uma função essencial como instrumento do pensamento. Mediante o uso da linguagem, e graças a seu enorme potencial como instrumento semiótico, à sua capacidade para criar, transformar e comunicar significados, professor e alunos organizam sua atividade conjunta e co-constroem o conhecimento sobre os conteúdos escolares. Daí a importância crescente atribuída à análise do discurso na sala de aula como uma das chaves para entender os processos de ensino e aprendizagem, importância que, em algumas versões radicais, chega a postular a conveniência de analisá-los como processos essencialmente lingüísticos e a conceber as salas de aula como "comunidades lingüísticas que desenvolvem suas próprias formas de linguagem" (Nuthall, 1997, p. 729). Daí também a importância atribuída à atividade discursiva do professor e alunos no esquema I como um dos ingredientes fundamentais da atividade conjunta.

As duas novidades assinaladas constituem o núcleo do Capítulo 17 deste volume, dedicado ao estudo dos mecanismos de influência educacional e à construção do conhecimento na sala de aula, e cuja formulação pode ser considerada, para esses efeitos, como uma ilustração do esquema I. Ao mesmo tempo, e no que diz respeito às perspectivas teóricas nas quais se sustentam, no Capítulo 5 expõem-se as idéias essenciais da teoria sociocultural do desenvolvimento e da aprendizagem e, no Capítulo 6, apresenta-se com algum detalhe um enfoque educacional e de ensino de corte construtivista tributário de uma visão das práticas educacionais como processos de natureza essencialmente cultural, social e interpessoal. Finalmente, no Capítulo 15, proporciona-se uma panorâmica de conjunto das relações entre linguagem, atividade e discurso, com ênfase nas formulações atuais que atribuem à atividade discursiva do professor e dos alunos, um papel crucial nos processos de ensino e aprendizagem. Vamos interromper, neste ponto, a revisão dos esquemas básicos da pesquisa sobre o ensino e a aprendizagem, para concluir com alguns breves comentários sobre a situação e os desafios mais prementes que se impõem, do ponto de vista da psicologia da educação, nesse campo de estudo.

COMENTÁRIOS FINAIS: BALANÇO E PERSPECTIVAS

Se tivéssemos de destacar um único traço da trajetória seguida pela pesquisa do ensino e da aprendizagem na sala de aula durante os últimos 50 anos, nossa escolha provavelmente recairia sobre a tomada de consciência progressiva da complexidade da sala de aula como ambiente de aprendizagem e a incorporação dessa complexidade nos esquemas explicativos elaborados para dar conta do que nela ocorre. De fato, os últimos esquemas revisados no item anterior não apenas remetem a uma sala de aula muito mais complexa que os anteriores, em que os fatores e os processos que parecem desempenhar um papel decisivo para explicar o ensino e a aprendizagem são mais numerosos, mas também evidenciam a interconexão entre eles e assinalam a necessidade de estudá-los como um todo integrado e dinâmico, como um *sistema* que é impossível compreender a partir da análise em separado das partes que o constituem. O interesse do esquema I, por exemplo, não reside apenas no fato de que integra boa parte dos aspectos e dos processos que aparecem em outros esquemas anteriores – atividades educacional e de ensino do professor, atividade de aprendizagem dos alunos, interações professor/alunos, conteúdos de aprendizagem, etc. – e acrescenta outros novos – atividade conjunta de professores e alunos, atividade discursiva e não-discursiva –, mas também, e sobretudo, na idéia de que é a confluência e a interconexão de todos esses fatores em um ambiente concreto da sala de aula que constitui a essência dos processos escolares de ensino e aprendizagem e em que se deve buscar, conseqüentemente, a chave para entender e procurar melhorá-los.

Nas páginas anteriores, tivemos oportunidade de rastrear algumas das dimensões em torno das quais essa complexidade foi configurando-se até chegar às formulações atuais: do estudo do ensino e da aprendizagem como duas entidades separadas, à sua consideração como os dois ingredientes de um mesmo fenômeno; do postulado de uma relação direta e linear entre a atividade educacional e de ensino do professor e os resultados da aprendizagem dos alunos a uma consideração progressiva dos processos psicológicos subjacentes como mediadores dessa relação; de um visão passiva e receptiva da aprendizagem e do aluno a uma visão ativa e construtiva; da ausência de qualquer consideração relativa ao contexto à sua inclusão como conjunto de características físicas, espaciais e temporais da situação e daqui à consideração do contexto da sala de aula como contexto mental construído em colaboração mediante a atividade conjunta; etc. É discutível, no entanto, que os novos enfoques da aprendizagem surgidos no transcurso das últimas décadas – tanto os que respondem a uma orientação sociocultural ou socioconstrutivista como a uma orientação lingüística ou sociolingüística –, e que tanto contribuíram para explicitar e definir os parâmetros dessa complexidade e a formular as exigências teóricas e metodológicas derivadas de sua plena incorporação, estejam em condições, em seu estado atual de elaboração, de dar conta dela de maneira satisfatória.

Poderíamos dizer de algum modo que esses enfoques estabeleceram uma nova agenda para a pesquisa do ensino e da aprendizagem na sala de aula. Uma agenda na qual o principal desafio, pelo menos do ponto de vista da psicologia da educação, é explicar a relação entre, por um lado, as experiências que professores e alunos compartilham na sala de aula, e, por outro, as mudanças que se produzem nos conhecimentos, nas habilidades, nas destrezas, nas expectativas, nas motivações, nos interesses, etc. destes últimos. Como assinalou Nuthall (1997) nas conclusões de sua recente revisão sobre o tema, uma coisa é postular – e inclusive aceitar, acrescentaríamos nós – que a caracterização da sala de aula como uma comunidade de aprendizagem é a que corresponde melhor ao que nela ocorre, e outra bem diferente é saber como se deve gerir tal comunidade de aprendizagem para que seus membros, em particular os alunos, obtenham o maior benefício possível do fato de fazer parte dela. As pesquisas empíricas realizadas nessa direção trouxeram resultados de inegável interesse sobre as características da sala de aula como comunidade de aprendizagem sobre como professores e alunos contribuem de forma colaborativa para sua configuração e evolução, sobre como a linguagem utilizada conforma e orienta em boa medida a experiência dos participantes, etc., mas até o momento os aportes são muito mais limitados no que se refere aos mecanismos e aos processos que facilitam a *apropriação individual* por parte dos alunos dos conteúdos e dos saberes de natureza diversa em torno dos quais se constituem as comunidades de aprendizagem que são as salas de aula. Concordamos plenamente que a chave de tais mecanismos e processos reside na atividade conjunta de professor e alunos em torno dos conteúdos e tarefas escolares, e também que a linguagem – ou melhor, o uso que professor e alunos fazem da linguagem – é provavelmente o instrumento por excelência que permite engrenar a construção coletiva e compartilhada da experiência e dos significados com sua apropriação individual. Contudo, a nosso ver, no momento, essa proposta constitui mais o início de uma promissora linha de trabalho e de pesquisa que uma conclusão apoiada em sólidos resultados empíricos.

Um último comentário sobre a potencial utilidade dos resultados da pesquisa do ensino e da aprendizagem para a melhoria das práticas educacionais escolares. Os resultados produzidos por essa pesquisa nos últimos 50 anos – dos quais se tem uma amostra nos Quadros 14.1 e 14.2 e também no Capítulo 17 deste mesmo volume – proporcionam uma série de princípios gerais que lançam luz sobre os processos escolares de ensino e aprendizagem e que podem ser de uma ajuda inestimável para sua revisão e melhoria. Contudo, a argumentação desenvolvida nas páginas anteriores leva inevitavelmente a concluir, nas palavras de Shuell (1996, p. 727), que "esses princípios operam muitas vezes de maneira substancialmente distinta com alunos diferentes, com conteúdos diferentes e em ambientes de ensino diferentes", de modo que a velha aspiração de conseguir identificar uma única maneira de formular e realizar o ensino como a melhor maneira de proceder em qualquer situação e circunstância é simplesmente uma quimera.

Ao longo deste capítulo, vimos que as relações entre a ação educacional e de ensino do professor e a aprendizagem dos alunos é fortemente mediada e condicionada por uma ampla gama de fatores. Mas não são apenas esses fatores, intrínsecos ao sistema sala de aula, que tornam ilusória a aspiração de encontrar o método de ensino ideal.Como assinalamos no item "A aula e os níveis de configuração e de análise das práticas educacionais escolares", o sistema "sala de aula" é apenas um dos sistemas que intervêm na configuração das práticas educacionais escolares. Outros fatores, processos e decisões que não fazem parte da sala de aula em sentido estrito – como o contexto social e cultural mais amplo, as características das instituições educacionais em que se realizam os processos de ensino e aprendizagem, os planos de estudo ou os objetivos educacionais assinalados como prioritários, etc. – também incidem no que ocorre nela, obrigando a relativizar o valor absoluto e genérico das metodologias e dos métodos de ensino à margem das circunstâncias concretas de aplicação e uso. Os resultados da pesquisa do ensino e da aprendizagem na sala de aula, assim como ocorre com os resultados em outros âmbitos da pesquisa educacional em geral, e da pesquisa psicoeducacional em particular, podem ser de uma enorme utilidade para melhorar a educação escolar, mas com a condição de utilizá-los como instrumentos para a análise e a busca de soluções que, por se referirem sempre e necessariamente a ambientes específicos e particulares, terão de ser igualmente específicas e particulares. Portanto, não é na aplicação direta, mecânica e linear dos resultados genéricos da pesquisa do ensino e da aprendizagem na sala de aula que reside sua potencial utilidade para melhorar a educação escolar, mas, sim, em sua utilização reflexiva e crítica para construir as soluções mais apropriadas em cada caso. Como se argumentou em caráter genérico no Capítulo 1 deste volume, é justamente essa orientação, decididamente instrumental e construtiva, mais que prescritiva e mecanicamente aplicativa, que confere identidade à psicologia da educação como disciplina de natureza aplicada.

NOTAS

1. As revisões, mais ou menos exaustivas conforme os casos, foram freqüentes ao longo dos últimos anos. Os leitores interessados podem consultar, além dos trabalhos incluídos nas sucessivas edições do *Handbook of Research on Teaching* (Gage, 1963; Travers, 1973; Wittrock, 1986), os trabalhos mais recentes de Shuell (1996), Nuthall (1997) e Good e Brophy (2000).
2. Ver, por exemplo, as categorias contempladas no sistema para a análise da interação de Flanders, um dos mais conhecidos e utilizados, cuja descrição consta do Capítulo 17 deste volume.
3. Uma apresentação mais detalhada dessas seis funções docentes pode ser encontrada em Rosenshine e Stevens, 1990, p. 594 e seguintes.

15 Linguagem, atividade e discurso na sala de aula

CÉSAR COLL

INTRODUÇÃO: A IMPORTÂNCIA DA LINGUAGEM NA EDUCAÇÃO

A importância crescente atribuída à linguagem de professores e alunos para dar conta dos processos escolares de ensino e aprendizagem seguiu uma evolução similar, em linhas gerais, àquela descrita no capítulo anterior a propósito do contexto da sala de aula. Em apenas algumas décadas, as que vão de finais dos anos 1950 à virada do século, a psicologia da educação passou, além de considerar a linguagem de forma quase exclusiva como um dos conteúdos básicos da educação escolar, a considerá-la também como uma das chaves fundamentais para explicar e procurar melhorar o ensino e a aprendizagem.

Em uma visão da sala de aula e do que nela ocorre como algo praticamente irrelevante para compreender o ensino e a aprendizagem, própria dos enfoques que presidem a pesquisa empírica do ensino até aproximadamente finais dos anos 1950, o estudo do que fazem e dizem professores e alunos enquanto realizam as atividades e as tarefas escolares é irrelevante. Nos anos 1960, com a generalização do paradigma processo-produto e o interesse pela incidência das variáveis contextuais da sala de aula sobre o ensino e a aprendizagem, a linguagem de professores e alunos – sobretudo dos primeiros – e suas trocas comunicativas começa a emergir como um foco prioritário de indagação. Essa tendência é reforçada pelo surgimento dos enfoques cognitivos e cognitivo-construtivistas que, pelo menos em algumas de suas versões, atribuem um papel de destaque às trocas comunicativas e aos aspectos de conversação da sala de aula como um dos elementos suscetíveis de ativar os processos psicológicos encobertos que são responsáveis pela aprendizagem escolar. É apenas nos anos de 1980, porém, coincidindo com o deslocamento do interesse pelas variáveis contextuais da sala de aula para o interesse pela sala de aula como contexto de ensino e aprendizagem, que a linguagem de professores e alunos começa a ser vista como um instrumento por excelência de que dispõem uns e outros para co-construir tanto esse contexto como as atividades e as tarefas que realizam nele e os significados e o sentido que atribuem aos conteúdos escolares.

Green e Dixon, integrantes de um dos grupos mais ativos durante as últimas décadas no estudo do discurso na sala de aula – o *Santa Barbara Classroom Discourse Group*, da Universidade da Califórnia –, apontam os anos compreendidos entre 1963 e 1986 como o período em que se produz a explosão do interesse por esse tema e em que se assentam as bases das formulações e dos enfoques atuais. As duas datas correspondem à publicação, sob os auspícios da *American Educational Research Association*, da primeira e da terceira edição respectivamente *do Handbook of Research on Teaching Group* (Gage, 1963; Wittrock, 1986). A presença desigual de aportes diretamente relacionados com o estudo do discurso na sala de aula nas duas edições do *Handbook* é interpretada por Green e Dixon (1994, p. 233) como uma prova de que nos anos que mediam entre as duas datas "a linguagem, a lingüística e a educação foram reunidas produtivamente com a finalidade de estabelecer uma nova tradição para o estudo tanto dos processos de ensino e aprendizagem nos contextos educacionais como do desenvolvimento da linguagem nesses contextos".

Efetivamente, como assinalam Green e Dixon, durante esses anos realiza-se, sobretudo na Grã-Bretanha e nos Estados Unidos, uma série de trabalhos dirigidos a estudar como a linguagem condiciona as oportunidades de aprendizagem dos alunos que, em certo sentido, têm um caráter fundante. É o caso, para citar apenas alguns exemplos relevantes, das contribuições de Bernstein (1971, 1973), Barnes (1976), Edwards e Furlong (1978), Sinclair e Coulthard (1978), Stubbs (1983) ou Edward e Mercer (1987) na Grã-Bretanha. No caso dos Estados Unidos, o desenvolvimento se produz em boa medida graças a uma série de projetos de pesquisa, aprovados e patrocinados na década de 1970 pelo *National Institute of Education*, que mais uma vez tem entre seus responsáveis alguns dos autores mais representativos do estudo do discurso na sala de aula (Cazden, John e Hymes, 1972; Mehan, 1979; Green e Wallat, 1981; Wilkinson, 1982; Heath, 1983; etc.). Uma síntese dos resultados dessas pesquisas é apresentada por Green (1983, p. 68) a título de exame de um campo de estudo emergente, o do ensino como processo lingüístico, que a autora caracteriza nos seguintes termos:

> A pesquisa do ensino como processo lingüístico apóia-se em constructos teóricos e práticas metodológicas que têm sua origem na sociolingüística, na psicolingüística, na etnografia da comunicação, na psicologia do desenvolvimento, na antropologia, na psicologia cognitiva, na sociologia e na pesquisa educacional dos processos de ensino e aprendizagem. Tais disciplinas proporcionam os antecedentes de uma nova disciplina que ainda se encontra em fase de formação [...]. Especificamente, a pesquisa nesse campo estuda como a linguagem, sob a forma de interações entre professor a alunos, entre iguais e entre crianças e adultos, funciona nas salas de aula, nos pátios, em casa e na comunidade, apoiando a aquisição e o desenvolvimento de diversos tipos de conhecimentos.

A revisão de Green de 1983 é um marco importante no estudo do discurso na sala de aula, já que supõe um esforço por buscar coincidências e pontos de encontro nas formulações e nos resultados de pesquisas e trabalhos realizados a partir de aproximações disciplinares e enfoques teóricos e metodológicos muito distintos entre si, ao mesmo tempo em que proporciona uma visão de conjunto dos avanços realizados até esse momento. Uma série de conceitos, princípios e idéias-chave, agrupados em seis categorias gerais, constituem, na visão de Green, a armação teórica compartilhada da nova disciplina emergente. Tais elementos podem ser enunciados brevemente como segue:

- *A interação face a face que ocorre na sala de aula é um processo governado por regras.* As trocas comunicativas e as conversas entre professores e alunos seguem padrões determinados, pautas recorrentes (por exemplo, no estabelecimento de turno de palavra, no estabelecimento de uma troca em sua finalização, na forma de entrar em uma conversa em andamento, etc.), cuja identificação e análise é fundamental para compreender como uns e outros utilizam a linguagem para ensinar a aprender. Embora algumas dessas regras tenham um certo nível de generalidade, também apresentam variações importantes de uma sala de aula para outra e são sensíveis aos fatores culturais. A existência dessas regras, porém, não deve ser interpretada como um roteiro preestabelecido que professores e alunos se limitam a seguir de forma mecânica. A aprendizagem dessas regras, sua concretização no ambiente onde ocorrem o ensino e a aprendizagem e as negociações acerca das discrepâncias que se produzem em sua implementação ocupam boa parte do tempo e dos esforços dos participantes.
- *As atividades que professores e alunos desenvolvem na sala de aula, assim como as interações que estabelecem no transcurso destas, são em boa medida o resultado de um processo de construção ou co-construção entre os participantes.* Diferentemente do que ocorre

em alguns ambientes institucionais nos quais as atividades e as interações entre os participantes são fortemente ritualizadas e, por isso, altamente previsíveis (por exemplo, nos ofícios religiosos que ocorrem nas igrejas, ou nas saudações e na comunicação de novidades entre militares de nível distinto), as atividades e as interações que acontecem na sala de aula no geral dão uma margem maior de liberdade aos participantes – embora às vezes também possam resvalar para comportamentos altamente ritualizados. Professores e alunos utilizam a potencialidade semiótica da linguagem e de outros sistemas simbólicos e paralingüísticos para chegar a um acordo sobre as exigências e as obrigações de cada um no desenvolvimento das atividades e das tarefas concretas que desenvolvem na sala de aula, estabelecendo assim uma *estrutura de participação* (Erickson e Shultz, 1981; Erickson, 1982) que regula suas atuações, tanto do ponto de vista da organização social das atividades – *a estrutura de participação social* – como da natureza do trabalho acadêmico – *a estrutura acadêmica da tarefa*.

– *O significado depende do contexto específico no qual se manifesta*. O significado de uma amostra qualquer de comportamento – de uma atuação, de um enunciado, de um gesto, de um movimento, etc. – é inseparável do contexto em que se produz, das outras atuações, enunciado, gestos e movimentos com os quais co-ocorre, dos que ocorreram antes e dos que ocorrem depois. Vincular os significados que circulam na sala de aula ao contexto específico em que aparecem obriga, por um lado, a não separar a atividade discursiva dos participantes das demais atividades que estão realizando, e, por outro, a prestar uma atenção especial ao momento em que se produzem. Várias amostras idênticas do mesmo comportamento do professor – por exemplo, uma pergunta como "quem pode nos explicar xxx?" – podem ter significados completamente distintos conforme se produzam, suponhamos, no contexto da apresentação de um novo tema, de uma discussão em grupo em uma fase avançada do trabalho do tema, da correção coletiva de um trabalho individual ou de uma recapitulação final. Mais ainda, várias amostras idênticas de um ponto de vista lingüístico podem ter significados completamente distintos para os participantes conforme sejam acompanhados de uma ou de outra entonação, de um ou de outro gesto ou de uma ou de outra atividade, de maneira que uma mesma pergunta, por exemplo, pode dar lugar a interpretações tão díspares entre si como uma manifestação de ajuda, de pedido de informação, de enfado, de convite à participação, de reprimenda, de rejeição, etc.

– *A compreensão e a construção de significados sobre os conteúdos escolares comporta a implementação de processos cognitivos de natureza inferencial*. Os participantes nas atividades de ensino e aprendizagem utilizam múltiplos e diferentes canais, verbais e não-verbais, para obter a informação que lhes permite participar delas de uma forma adequada – isto é, de acordo com a estrutura de participação social estabelecida – e responder às exigências da tarefa – de acordo com a estrutura acadêmica. Mas, mesmo no caso das atividades aparentemente mais simples, muitas coisas ocorrem ao mesmo tempo e algumas delas cumprem várias funções ao mesmo tempo. Nessa situação, os alunos – e também os professores – se vêem obrigados a realizar contínuas inferências para dar sentido – *making sense* – ao conjunto de informações fragmentadas, e nem sempre coincidentes, de que dispõem. Tal trabalho de interpretação é favorecido pelo fato de que os alunos adquirem muito cedo, mediante sua participação nas atividades escolares, uma série de expectativas, *contextos de referência* (Frederiksen, 1981), sobre os diferentes tipos de situações e atividades nos quais se vêem envolvidos. A possibilidade de construir marcos de referência, compartilhados com o professor e os colegas, que permitam interpretar a multiplicidade e a diversidade de informações geradas na sala de aula depende de muitos fatores – por exemplo, de perto ou de longe dos contextos de referência que operam na família e na escola ou da maior ou menor rigidez do marcos de referência que operam na escola – e é provavelmente um aspecto determinante das oportunidades reais de aprendizagem que a educação escolar oferece aos alunos. Da mesma maneira, a confrontação ou o choque entre contextos de referência divergentes ou contraditórios, sobretudo quando se produz entre o professor e os alunos, pode ser uma das causas que contribuem para mitigar de forma considerável essas oportunidades.

– *As salas de aula são ambientes comunicativos com características próprias*. As regras que governam a interação e a comunicação entre professores e alunos e entre alunos, as exigências e as obrigações que as estruturas de participação impõem para uns e outros, sua localização "no meio do caminho" entre os ambientes ritualizados e previsíveis e os ambientes totalmente abertos e imprevisíveis, as características dos contextos de referência que permitem interpretar e negociar significados a partir de uma multiplicidade de informações, são, entre muitos outros, alguns traços que permitem diferenciar as salas de aula de outros ambientes comunicativos. O fato de compartilhar esses traços não significa, no entanto, que as salas de aula constituam ambientes comunicativos homogêneos. Por outro lado, como já se assinalou, as características da sala de aula como ambiente comunicativo não são estáticas, mas experimentam uma evolução à medida que professores e alunos avançam na realização das atividades de ensino e aprendizagem; por outro lado, essas características variam – muitas vezes, inclusive, para uma mesma turma – em função de diversos fatores, como, por exemplo, os objetivos educacionais que se perseguem, a natureza dos conteúdos que se trabalham ou a exigência da tarefa que estão realizando.

– *O ensino: um processo comunicativo assimétrico*. Nos processos comunicativos que permitem a professores e alunos co-construir tanto as atividades e tarefas como os significados e o sentido que atribuem aos conteúdos escolares, os papéis de ambos são claramente assimétricos, já que o professor é o principal responsável pelo que ocorre na sala de aula. O professor controla o tempo todo a seqüência e as características das atividades. Assim, por exemplo, é ele quem tem a responsabilidade de decidir se os alunos vão trabalhar de forma individual, em pares, em pequenos grupos ou desenvolvendo uma atividade que envolve todos os membros da turma. Note-se que mesmo quando decide não impor uma determinada forma de organização social das atividades aprendizagem e deixar que os alunos a escolham, na realidade é ele quem decide e, em suma, continua tendo a responsabilidade. Tal assimetria, contudo, não deve ser interpretada como algo contraditório com o princípio de co-construção dos processos interativos e comunicativos que ocorrem na sala de aula entre professores e alunos. Trata-se efetivamente de uma co-construção, visto que as contribuições de uns e outros são fundamentais para estabelecer o fluxo da atividade conjunta, suas características e sua orientação, mas nessa co-construção professor e alunos desempenham papéis diferentes e, conseqüentemente, contribuem para ela com abordagens também diferentes. O professor tem a responsabilidade de organizar os conteúdos, de gerir a atividade da sala, de avaliar os progressos e as dificuldades de seus alunos no transcurso das atividades, de controlar a disciplina – o respeito às regras da estrutura de participação social estabelecida –, etc. Para poder fazer isso, deve envolver-se necessariamente em um processo de comunicação com seus alunos, e esse processo de comunicação, para ter êxito, deve respeitar uma série de regras que, como ocorre em qualquer outro tipo de processo comunicativo, devem ser co-construídas pelos participantes.

O estudo do ensino como processo lingüístico continuou se ampliando e se enriquecendo nos anos de 1980 com novas e destacadas contribuições (Cazden, 1986, 1988; Green e Harker, 1988; Emihovich, 1989) e também com a incorporação e a aceitação crescente de novos enfoques teóricos e metodológicos, particularmente aqueles relacionados com o construtivismo de orientação sociocultural e o construtivismo lingüístico (ver o Capítulo 6 deste volume). Contudo, não parece que se tenha avançado de forma significativa no sentido da configuração da nova disciplina anunciada por Green. O estudo do ensino como processo lingüístico continua sendo atualmente um espaço de confluência de diferentes aproximações disciplinares, em que é possível identificar uma ampla gama de enfoques teóricos e metodológicos com uma heterogeneidade considerável de temas de estudo e focos de interesse (ver, por exemplo, Luke, 1995; Hicks, 1995, 1996; Coll e Edwards, 1996; Gee e Green, 1998). É certo que os princípios compartilhados enunciados por Green em 1983 continuam vigentes em boa medida, porém, mais que uma nova disciplina integradora, o que se parece consolidar é um espaço de estudo e pesquisa multidisciplinar.

Da perspectiva psicológica de que trato aqui, vale destacar os esforços realizados no transcurso das últimas décadas – como conseqüência sobretudo do impacto dos enfoques socioculturais e do construtivismo social – com a finalidade de elaborar explicações da aprendizagem e do ensino baseados na linguagem, ou, para maior precisão, no uso que professores e alunos fazem da linguagem enquanto desenvolvem as atividades escolares. Assim, por exemplo, em seu influente livro *Conhecimento compartilhado* (1987, p. 13), Edwards e Mercer caracterizam sua aproximação psicológica do estudo da linguagem na sala de aula – em oposição a outras aproximações disciplinares: lingüísticas, sociológicas, antropológicas, etnográficas, etc. – como uma intenção de compreender "os modos como o conhecimento (e, em particular, o conhecimento que constitui o conteúdo dos currículos escolares) é apresentado, recebido, compartilhado, controlado, discutido, compreendido ou malcompreendido por professores e crianças na sala de aula". Na mesma linha de considerações, vale interpretar a afirmação de Mercer (1996, p.16), segundo a qual

> Apenas nos últimos anos vimos surgir uma linha de pesquisa observacional do discurso na sala de aula que pode ser considerada "psicológica" porque se centra no desenvolvimento do conhecimento e a compreensão nas escolas [...] Essa pesquisa [...] centrou-se em aspectos como: (a) as limitações culturais ou "regras básicas implícitas que operam no discurso na sala de aula e em outras atividades sociais relacionadas com a educação, como tarefas de resolução de problemas; (b) as características que definem o "conhecimento educacional" (isto é, como os participantes no discurso em aula "marcam" uma informação como importante e pertinente); e (c) como os professores utilizam o discurso para estruturar, apoiar e avaliar a aprendizagem das crianças.

Igualmente ilustrativa nesse sentido é a proposta de Halliday (1993) de elaborar uma teoria da aprendizagem baseada na linguagem, uma teoria cujo objetivo seria explicar a aprendizagem da linguagem – *learning language* –, como se aprende por meio da linguagem – *learning through language* – e como se aprende sobre a linguagem – *learning about language*. De fato, para esse autor, a aprendizagem da linguagem não é apenas uma aprendizagem a mais; é também a aprendizagem das bases da aprendizagem, já que "a característica distintiva da aprendizagem humana é que se trata de um processo de construção de significado – um processo semiótico; e a forma prototípica da semiótica humana é a linguagem. É por isso que a ontogênese da linguagem é, ao mesmo tempo, a ontogênese da aprendizagem (op. cit., p. 93). A proposta de Halliday tem evidentes pontos de contato com as formulações de outros autores que, adotando pontos de vista próximos aos enfoques socioculturais e sócio-históricos do desenvolvimento e da aprendizagem, buscam, nas trocas comunicativas e na natureza semiótica da linguagem, a chave para explicar a construção individual e social da mente humana (ver, por exemplo, Wertsch, 1979, 1988, 1989). De particular interesse a esse respeito são também, a nosso ver, as contribuições de Wells (1993, 1994, 1995, 1999), autor que insistiu repetidas vezes na conveniência de articular a visão de Halliday da aprendizagem como processo semiótico com uma teoria da atividade inspirada nas formulações de Vygotsky. O alcance que Wells (1999, p. 48) atribui a uma teoria da aprendizagem surgida dessa articulação mostra com clareza a orientação e o propósito dos esforços que estamos comentando:

> Uma teoria compreensiva da aprendizagem baseada na linguagem não apenas deveria explicar como se aprende a linguagem e como se aprende o conhecimento cultural por meio da linguagem. Também deveria mostrar como surge esse conhecimento a partir das atividades colaborativas mediante as quais se realizam tais atividades, à luz das condições e das exigências que regem em situações concretas. Por último, essa teoria deveria explicar como se produz a mudança – tanto a mudança no desenvolvimento individual como a mudança social e cultural – mediante a interiorização e a posterior exteriorização mediadas lingüisticamente pelo indivíduo dos objetivos e os processos de ação e interação no transcurso dessas atividades.

Em suma, as razões que justificam a importância crescente atribuída à linguagem na educação são de ordem diversa e aparecem estreitamente vinculadas – pelo menos no que se refere à perspectiva disciplinar da psicologia da educação – aos enfoques construtivistas de orientação sociocultural (Nuthall, 1997). A linguagem não é apenas o principal meio de comunicação entre professores e alunos e um dos conteúdos básicos de aprendizagem cujo domínio pelos alunos a educação escolar procura impulsionar; é, além disso, um poderoso instrumento psicológico e cultural (Mercer, 1997, p. 14-17), no sentido vygotskiano do termo "instrumento" (Kozulin, 2000). De fato, mediante o uso da linguagem, nós, humanos, podemos representar nossos próprios conhecimentos e dar sentido a nossas experiências e atividades. Mas a essa função psicológica – a função de representar e pensar –, a linguagem acrescenta a função cultural de comunicar, isto é, a possibilidade de compartilhar nossos conhecimentos e nossas experiências com outros. A confluência dessas duas funções torna a linguagem, nas palavras de Mercer, uma verdadeira "forma social de pensamento", um instrumento que nos permite apresentar a outros nossos conhecimentos, nossas experiências, nossos desejos, nossas expectativas, etc., contrastá-los com os seus, negociá-los e, eventualmente, modificá-los como resultado de tal contraste ou dessa negociação; em suma, em um instrumento que nos permite pensar e aprender dos outros e com os outros.

Apontadas as razões que dão conta da importância crescente atribuída à linguagem na educação, assim como as linhas gerais da evolução experimentada pelo estudo das relações entre linguagem e educação no último terço do século XX, dedicarei o resto do capítulo a analisar o uso que professores e alunos fazem dessa forma social de pensamento que é a linguagem. Mais especificamente, nosso objetivo é apresentar, de forma sintética, alguns usos da linguagem, algumas formas do discurso educacional, que, de acordo com os resultados das pesquisas realizadas sobre o tema, têm um papel importante no ensino e na aprendizagem. Começarei apresentando alguns traços gerais do discurso na sala de aula que contrastam fortemente com o uso da linguagem em outros contextos sociais e institucionais e que dão conta da sua especificidade. Em seguida, e a fim de demarcar a revisão proposta, centro-me em algumas formas do discurso educacional que têm um interesse particular do ponto de vista dos mecanismos de influência educacional, tanto dos que têm sua origem na interação entre professor e alunos (ver o Capítulo 17 deste livro), quanto dos que têm na interação entre alunos (ver o Capítulo 16 deste livro).

AS CARACTERÍSTICAS DO DISCURSO EDUCACIONAL

Basta observar por alguns minutos uma sala de aula qualquer para perceber que o que ocorre ali, do ponto de vista dos intercâmbios comunicativos entre os participantes, costuma estar muito distante do que ocorre nas conversas que ocorrem em outros contextos institucionais. Essa especificidade é claramente evidenciada inclusive em trabalhos que se situam em coordenadas teóricas e metodológicas muito distantes das que caracterizam o enfoque do ensino como processo lingüístico. É o caso, por exemplo, de boa parte das pesquisas que utilizam sistemas de categorias preestabelecidas para a observação, o registro e a análise da interação entre professores e alunos. Embora sua finalidade não seja a análise do discurso educacional, de fato as categorias costumam ser definidas de tal maneira que muitas vezes é necessário recorrer aos enunciados ou às produções verbais dos participantes para dar conta das observações[1]. Desse modo, as análises quantitativas dos comportamentos registrados acabam salientando algumas particularidades desse ambiente educacional. Talvez a contribuição mais relevante de tais trabalhos seja a chamada *regra dos dois terços*, estabelecida a partir dos resultados obtidos mediante a aplicação do sistema de categorias de Flanders. Essa regra reflete o fato de que, na maioria das salas de aula observadas, alguém fala durante aproximadamente dois terços do tempo; de que aproximadamente dois terços da fala que se produz corresponde ao professor, e de que aproximadamente dois terços da fala do professor consiste em explicações ou em perguntas.

Mas foram provavelmente os trabalhos de Sinclair e Coulthard (1975) que mais contribuíram para chamar a atenção para os traços distintivos do discurso educacional. A partir da análise das produções verbais de professores e alunos em um conjunto de salas de aula de ensino fundamental, esses autores chegam à conclusão de que a organização das atividades escolares está estreitamente relacionada com uma estruturação do discurso de natureza hierárquica – formada por uma série de níveis sucessivos encadeados: as "lições", as "transações", as "trocas", os "movimentos" e os "atos" –, cujo elemento básico é *a estrutura de intercâmbio IRF*. Essa estrutura, que caracteriza boa parte das trocas comunicativas que acontecem nas situações formais e escolares de ensino e aprendizagem, é formada por três movimentos: o professor inicia (I) a troca, o que provoca uma resposta (R) por parte do aluno, a que se segue uma retroalimentação ou *feedback* (F) do professor. Tal estrutura básica, que aparece em profusão nos registros de todas as turmas observadas, constitui para os autores a unidade mínima de análise da interação e do discurso na sala de aula. Obviamente, como forma básica, admite múltiplas e diversas variações (às vezes, o segundo movimento pode consistir em uma resposta verbal ou em um simples gesto ou movimento do aluno; a troca pode ser abortada quando o aluno não responde ao movimento inicial do professor; pode não ocorrer o terceiro movimento, o da retroalimentação, quando a troca tem uma finalidade essencialmente informativa; as trocas podem encadear-se formando cadeias mais ou menos longas de IRF; etc.), cujas identificação e análise são essenciais para compreender como os professores selecionam e fragmentam o conteúdo para apresentá-lo aos alunos, como estabelecem relações entre as diferentes partes do conteúdo, a quais delas concedem mais importância e a quais concede menos, etc. (ver, por exemplo, Stubbs, 1983).

A aproximação de Sinclair e Coulthard orienta-se basicamente para a análise da estrutura do discurso e proporciona mais informação sobre a forma da fala de professores e alunos – a organização formal das trocas comunicativas – do que sobre seu conteúdo – de que falam –, o que tem limitações evidentes quando o objetivo é compreender como constroem compreensões conjuntas por meio de sua atividade discursiva. Tais limitações, porém, não empanam em absoluto a contribuição decisiva de Sinclair e Coulthard ao chamar a atenção para a importância da estrutura básica de intercâmbio IRF e suas variações no discurso educacional. Como se terá oportunidade de comentar nos itens seguintes, grande parte dos dispositivos semióticos da fala que permitem a professores e alunos avançarem na construção conjunta de significados compartilhados (por exemplo, o fato de poder marcar a informação como conhecida ou como nova; o recurso ao contexto social e ao contexto específico de referência; a conceituação a partir de exemplos ou experiências; as recapitulações; etc.) utilizam como base essa estrutura de troca. Como assinala Wells (1993), a estrutura IRF pode cumprir uma ampla gama de funções de ensino dependendo das tarefas, dos objetivos educacionais que se perseguem e de outros fatores presentes nas atividades escolares de ensino e aprendizagem. A unidade básica de intercâmbio IRF talvez seja um traço constante do discurso educacional em uma ampla gama de situações de ensino, mas as funções que cumpre podem ser extremamente variadas (Hicks, 1996).

Uma terceira aproximação às características do discurso na sala de aula sobre o que convém chamar a atenção é aquela realizada por Edwards e Mercer (1987), de uma perspectiva teórica sensivelmente distinta das anteriores, mediante o conceito de *regras básicas do discurso* educacional. Para esses autores, a sala de aula é uma situação comunicativa, e a fala de professores e alunos tem muitos traços em comum com a fala de outros participantes em outros tipos de situações comunicativas, embora também apresente traços próprios. Para participar nas trocas comunicativas, professores e alunos devem respeitar, compartilhar e aplicar uma série de regras "pragmáticas" que assegurem a fluidez da conversa e que, em princípio, são idênticas às que respeitam, aceitam e praticam, quase sempre de forma implícita, os participantes nas conversas que ocorrem em outros contextos sociais e institucionais. No contexto de sua teoria da conversação, Grice (1968, 1969, 1975) descreveu tais normas reguladoras das trocas comunicativas em termos de um *princípio de cooperação*, que rege as conversas e que se espera que todos os participantes respeitem, e de nove regras ou máximas de conversa, mediante as quais os participantes tornam possível a cooperação (ver Quadro 15.1).

Quando se participa de uma conversa, respeita-se em termos gerais o princípio de cooperação e as nove máximas que o concretizam, ao mesmo tempo que se conta com que nossos interlocutores façam o mesmo. Contudo, o respeito não é absoluto. Embora sempre devam estar presentes em alguma medida para que a conversa prossiga, na realidade nunca são respeitadas completamente nem ao pé da letra, podendo-se observar variações significativas em função dos âmbitos institucionais em que ocorre, das características e dos papéis dos participantes, da natureza do conteúdo de que se fala, dos objetivos que se perseguem, etc. E a sala de aula não é, nesse sentido, uma exceção. De fato, algumas das características do discurso na sala de aula que foram mencionadas fogem sistematicamente a algumas dessas regras. É o caso, por exemplo, da estrutura IRF, na qual o intercâmbio é quase sempre iniciado pelo mesmo participante – o professor –, que além disso fala a maior parte do tempo – a regra dos dois terços – cuja resposta já conhece e cuja repetição geralmente é interpretada como a expressão de um juízo de que a resposta prévia do alunos é errônea.

Segundo Edwards e Mercer, o que ocorre é que, ao princípio de cooperação e às máximas de conversação enunciadas por Grice, soma-se, no caso da sala de aula, uma série de regras específicas desse contexto. São, na expressão dos autores, as *regras básicas do discurso educacional*, cuja importância reside em que:

a) são regras de interpretação, que os participantes devem compartilhar e aplicar para poder tomar parte das trocas nas conversações;
b) são implícitas mais do que explícitas, o que significa que os participantes não são necessariamente conscientes de que as estão aplicando e compartilhando;
c) não são fixas e imutáveis, mas se constroem e evoluem com as contribuições dos participantes;
d) são moduladas ou influenciadas por diversos fatores, como a natureza dos conteúdos, as características das tarefas, a filosofia educativa, o pensamento psicológico dos professores, etc.;
e) são altamente sensíveis às tradições e às exigências disciplinares – diferentes disciplinas, como, por exemplo, a matemática, as ciências físico-naturais, as ciências sociais, têm suas próprias regras;
f) fazem parte de um conjunto de regras de interpretação mais amplas que constituem a "base de uma participação obtida no discurso educacional e que são tanto de ordem lingüístico-

QUADRO 15.1 O princípio de cooperação e as máximas de conversação, segundo Grice

O PRINCÍPIO DE COOPERAÇÃO

Nossas trocas comunicativas... são caracteristicamente, pelo menos em certa medida, esforços de cooperação, e cada participante reconhece neles, em certo grau, o propósito ou o conjunto de propósitos comuns, ou, pelo menos, uma direção mutuamente aceita... Em cada fase, alguns possíveis movimentos conversacionais seriam rechaçados por serem convencionalmente inapropriados. Assim, poderíamos formular um princípio geral aproximativo que se espera que seja observado pelos participantes (em igualdade de circunstâncias), isto é: faça com que sua contribuição à conversa seja aquela requerida, em cada frase que se produza, pelo propósito ou pela direção mutuamente aceitos da troca comunicativa na qual você está envolvido (Grice, 1975, p. 45).

AS MÁXIMAS DE CONVERSAÇÃO

Máximas de quantidade

1. Faça com que sua contribuição seja tão informativa quanto se requer.
2. Não faça sua contribuição mais informativa do que se requer.

Máximas de qualidade

3. Não diga algo que seja falso.
4. Não diga algo de que não tenha provas suficientes.

Máximas de relação

5. Seja relevante.

Máximas de modalidade

6. Evite as expressões obscuras.
7. Evite a ambigüidade.
8. Seja breve.
9. Seja ordenado.

Fonte: Reproduzido de Sperber e Wilson, 1994, p. 48-49.

pragmática (regem as trocas comunicativas), como de ordem social (regulam quem, como e quando podem intervir) e inclusive acadêmicas (estabelecem como abordar os conteúdos).

Destacarei também que, da perspectiva psicológica adotada neste capítulo, o importante é compreender como as características do discurso educacional relacionam-se com os processos de construção do conhecimento na sala de aula; isto é, como professores e alunos conseguem envolver-se, graças às regras de interpretação que regulam suas trocas comunicativas, em um processo de construção ou co-construção de significados compartilhados sobre os conteúdos escolares. Mas isso conduz diretamente ao interesse pelas formas do discurso educacional que têm um interesse particular do ponto de vista dos mecanismos de influência educacional, tanto dos que têm sua origem na interação e nas trocas comunicativas entre professores e alunos tanto dos que ocorrem na interação e nas trocas comunicativas entre alunos.

INTERAÇÃO ENTRE PROFESSOR E ALUNOS E DISCURSO EDUCACIONAL: A CONSTRUÇÃO GUIADA DO CONHECIMENTO

Como se explica no Capítulo 17 deste livro, o processo de construção de sistemas de significados compartilhados entre professores e alunos remete às diversas formas como uns e outros tornam públicas, contrastam, negociam e, eventualmente, modificam as representações que têm sobre os conteúdos e as tarefas escolares. Em uma aproximação analítica desse processo é preciso distinguir, pelo menos, duas fases claramente diferenciadas. Em um primeiro momento, quando um professor e seus alunos se aproximam pela primeira vez de um novo conteúdo de aprendizagem, é comum que suas representações sobre tal conteúdo difiram bastante; ou, para falar em termos positivos, que compartilhem parcelas de significados mais limitadas sobre ele. Nessa fase, a tarefa que têm diante de si consiste fundamentalmente em estabelecer um sistema inicial mínimo de significados compartilhados, um primeiro nível de "intersubjetividade", que sirva de base para a construção conjunta posterior de significados progressivamente mais amplos e compartilhados. O desafio nessa fase consiste em conectar as representações do professor com as representações dos alunos, ainda que tal conexão se produza em torno de significados que às vezes podem estar muito distantes dos significados culturalmente aceitos dos conteúdos escolares que se aspira a construir.

Em um segundo momento, uma vez estabelecida a plataforma inicial de representações compartilhadas, a tarefa consistirá mais em fazê-la evoluir, ampliando-a e enriquecendo-a, de modo que professores e alunos compartilhem, progressivamente, maiores parcelas de significados até chegar, idealmente, ao término do processo de ensino e aprendizagem, a compartilhar um sistema de significados sobre os conteúdos muito mais rico, complexo e próximo dos significados culturalmente aceitos desses conteúdos do que o inicial. O desafio fundamental nessa fase consiste, portanto, em encontrar as fórmulas adequadas para fazer avançar as representações dos alunos, mantendo, contudo, a conexão com as representações do professor, evitando os possíveis bloqueios ou os retrocessos que poderiam produzir-se e proporcionando as ajudas necessárias para superá-los quando se produza.

Em ambas as fases, a fala dos participantes, o uso que professores e alunos fazem da linguagem, desempenha um papel fundamental devido às possibilidades que este lhes oferece como instrumento ao mesmo tempo psicológico e cultural, para tornar públicas suas representações sobre os conteúdos escolares, cotejá-las, negociá-las e modificá-las, ou seja, para construir sistemas de significados compartilhados cada vez mais ricos e mais complexos. Daí a atenção dada pelos pesquisadores do discurso, sobretudo ao longo das últimas décadas, à identificação e à análise dos "mecanismos semióticos" (Wertsch, 1988) e das "estratégias discursivas" a que recorrem professores e alunos em suas trocas comunicativas sobre os conteúdos escolares enquanto realizam as atividades de ensino e aprendizagem na sala de aula. No Quadro 15.2, apresentam-se alguns dos recursos e das estratégias identificados, uma descrição sucinta deles e as funções que podem cumprir no processo de construção de significados compartilhados.

Embora não seja em absoluto exaustiva, essa lista de estratégias conversacionais e de recursos e dispositivos semióticos mostra com clareza a importância da fala de professores e alunos nos processos de construção de sistemas de significados compartilhados, como também a complexidade e a riqueza do discurso educacional. Essa complexidade, no entanto, é ainda maior do que sugere o conteúdo do Quadro 15.2, devido, fundamentalmente, a dois fatores.

O primeiro é que a lista do Quadro 15.2 foi elaborada a partir de trabalhos que analisam registros da fala em sala de aula, nos quais predominam a conversa e, em geral, as formas dialógicas do discurso educacional. Sem dúvida, tais formas de discurso são particularmente freqüentes e habituais na educação infantil e nas séries iniciais do ensino fundamental, mas à medida que se avança na escolaridade, em especial a partir dos últimos anos do fundamental, no ensino médio e sobretudo na educação superior e universitária, as formas dialógicas situam-se muitas vezes em um segundo plano, e o discurso educacional tende com freqüência a adotar formas mais monológicas, pelo menos aparentemente, como ocorre, por exemplo, no caso das explicações, das exposições, das aulas magistrais ou das conferências. Apesar de sua freqüente utilização, as formas monológicas do discurso educacional receberam até agora muito menos atenção que as dialógicas e, por isso, é de se esperar que a pesquisa sistemática dos recursos semióticos e as estratégias discursivas mediante as quais essas formas de discurso promovem a construção conjunta de sistemas de significados compartilhados contribuam, em um futuro próximo, para proporcionar uma visão ainda mais rica e complexa, se possível, da fala na sala de aula.

QUADRO 15.2 Alguns recursos semióticos e as estratégias discursivas identificados na fala educacional utilizados por professores e alunos no processo de construção de sistemas de significados compartilhados sobre os conteúdos escolares

Recursos semióticos e estratégias discursivas presentes na fala educacional	Descrição	Funções que podem cumprir no processo de construção de significados compartilhados
Chamar a atenção para elementos presentes no contexto físico ou sobre determinados aspectos da atividade em curso ou de seus resultados.	O professor – e às vezes também os alunos – utilizam expressões dícticas de tipo diverso para chamar a atenção dos interlocutores.	• Estabelecer uma referência compartilhada. • Restabelecer a referência compartilhada após a detecção de um mal-entendido ou de uma ruptura. • Assinalar os processos que se consideram mais significativos da situação, da atividade em curso ou de seus resultados. • Etc.
Requerer dos alunos informações relevantes que o professor pode relacionar com os conteúdos de aprendizagem ou com a atividade em curso.	O professor requer dos alunos – diretamente mediante perguntas, ou indiretamente mediante rodeios – informações que considera relevantes para a formulação ou a condução do processo de ensino e aprendizagem.	• Obter informações sobre as experiências e os conhecimentos prévios dos alunos e, a partir deles, estabelecer um primeiro nível de intersubjetividade. • Estabelecer pontes entre as vivências, as experiências e os conhecimentos prévios dos alunos e as novas situações e os novos conteúdos de aprendizagem. • Oferecer oportunidades aos alunos para explorar e debater idéias e propostas. • Realizar controles dos significados construídos pelos alunos a propósito dos conteúdos trabalhados ou das atividades realizadas. • Etc.
Relacionar o que se está fazendo ou dizendo, ou aquilo sobre o que se vai falar, com vivências, experiências e conhecimentos que os alunos adquiriram – supostamente – fora do contexto escolar (recurso ao contexto social de referência).	Os professores – e às vezes também os alunos – referem vivências, experiências ou conhecimentos que, pelo fato de fazerem parte da mesma cultura, se entende que os interlocutores compartilham, ou pelo menos compreendem.	• Estabelecer um nível mínimo de intersubjetividade em face da introdução de novos conteúdos ou experiências de aprendizagem. • Estabelecer um conjunto de significados que possam ser considerados como compartilhados e ao alcance de todos os participantes. • Ajudar os interlocutores a estabelecerem pontes cognitivas entre o conhecimento novo que se apresenta e o conhecimento prévio relevante disponível. • Etc.
Relacionar o que se está fazendo ou dizendo, ou aquilo sobre o que se vai falar, com vivências, experiências e conhecimentos que os alunos adquiriram – supostamente – pelo fato de terem sido objeto de atividades escolares prévias (recurso ao contexto específico de referência).	Os professores – e às vezes também os alunos – referem vivências, experiências ou conhecimentos que, pelo fato de terem sido objeto de atenção e de trabalho em atividades escolares prévias das quais participaram, se entende que os interlocutores compartilham, ou pelo menos compreendem.	• Garantir a continuidade entre os significados supostamente construídos e compartilhados e os novos significados que se apresentam. • Ajudar os interlocutores a estabelecerem pontes cognitivas entre o conhecimento novo que se apresenta e o conhecimento prévio relevante disponível. • Marcar a distinção entre o conhecimento que será considerado e tratado como novo e o que se considera e se trata como dado. • Etc.

(continua)

(*continuação*)

Descrever a atividade conjunta que se está realizando mediante uma linguagem comum.	O professor – e às vezes também os alunos – descrevem o que vêem ou o que fazem em uma linguagem que supostamente é compartilhada por todos os participantes.	• Estabelecer os significados que podem ser compartilhados a partir da experiência ou da atividade conjunta realizada. • Fixar uma base de significados compartilhados que possa ser utilizada como plataforma para construções posteriores. • Etc.
Falar das atividades em curso, de seus resultados ou dos conteúdos que estão sendo trabalhados utilizando sistematicamente a primeira pessoa do plural.	O professor refere-se sistematicamente às atividades em curso, aos resultados obtidos, a significados supostamente compartilhados, a experiências prévias, a dúvidas, incompreensões ou erros cometidos, a previsões e propostas, etc., erigindo-se em porta-voz do conjunto de participantes mediante o uso sistemático do “nós”.	• Promover nos alunos o sentimento de que a aprendizagem é um processo compartilhado. • Oferecer aos alunos modelos de indagação e exploração de significados com os quais possam se identificar. • Comprometer os alunos com uma visão coletiva e compartilhada da aprendizagem. • Etc.
Manifestar-se sobre as contribuições dos alunos aceitando-as ou rechaçando-as.	O professor reage às contribuições dos alunos – realizadas muitas vezes como conseqüência de uma requisição direta ou indireta do professor no contexto de intercâmbios ou de cadeias de intercâmbio IRF –, manifestando-se em termos de aceitação ou de recusa.	• Validar os significados construídos pelos alunos de acordo com a interpretação que o professor faz de suas contribuições e do que considera que é ou não um conhecimento válido. • Manter e exercer o controle sobre o que fazem e aprendem os alunos na sala de aula. • Etc.
Reagir às contribuições dos alunos mediante repetições literais, paráfrases ou reformulações delas.	O professor retoma as contribuições feitas pelos alunos – muitas vezes como resposta a suas requisições no contexto de um intercâmbio ou de uma cadeia de intercâmbios IRF –, nos mesmos termos em que foram formuladas ou mediante paráfrases e reformulações.	• Chamar a atenção para os significados que evidenciam as contribuições dos alunos, às quais o professor concede uma importância particular, seja porque a seu ver revelam uma compreensão correta que quer reforçar, seja porque mostram, também a seu ver, uma compreensão incorreta que deseja corrigir. • Assinalar a existência de significados compartilhados. • Proporcionar uma versão mais ordenada ou matizada dos significados construídos pelos alunos. • Chamar a atenção de outros alunos ou do conjunto da turma para as contribuições de algum ou alguns de seus membros, geralmente com a finalidade de apresentá-las como conhecimentos que é desejável compartilhar. • Etc.
Reagir às contribuições dos alunos mediante reelaborações ou reconceituações delas.	O professor responde às contribuições feitas pelos alunos – muitas vezes como resposta a suas solicitações no contexto de um intercâmbio ou de uma cadeia de intercâmbios IRF –, reelaborando-as em profundidade, reorganizando-as, descartando ou matizando alguns de seus componentes e destacando ou ampliando outros.	• Corrigir os erros, as incompreensões ou as ambigüidades que o professor detecta nos significados construídos pelos alunos. • Ampliar os significados construídos pelos alunos destacando as relações não-evidentes entre eles ou com outros significados. • Marcar a importância de determinados significados construídos pelos alunos aos quais o professor concede importância particular. • Etc.

(*continua*)

(*continuação*)

Utilizar determinadas formas lingüísticas, assim como recursos prosódicos (entonação, ritmo, ênfase, etc.) e paralingüísticos (gestos, movimentos, etc.) para destacar a importância que se atribui a determinados aspectos do conteúdo ou da atividade em curso.	O professor – e às vezes também os alunos – marca, mediante o uso de expressões lingüísticas (confirmações, perguntas retóricas, exclamações, etc.) e recursos prosódicos e paralingüísticos, os aspectos do conteúdo ou da atividade conjunta a que se concede mais importância.	• Chamar a atenção para os significados compartilhados aos quais se atribui maior importância. • Marcar a diferença entre os conhecimentos dados e os novos. • Chamar a atenção para os conteúdos que supostamente apresentam maior dificuldade de compreensão. • Etc.
Categorizar, atribuindo-lhes determinados rótulos, os elementos do conteúdo ou outros aspectos do contexto, da atividade ou de seus resultados.	O professor se refere a elementos do conteúdo, do contexto ou da atividade utilizando rótulos que utiliza posteriormente de forma sistemática toda vez que alude a eles.	• Ajudar os interlocutores a estabelecerem pontes entre o conhecimento novo e o dado. • Sintetizar e compactar os significados compartilhados para poder referir-se a eles posteriormente, de forma abreviada e precisa, e utilizá-los na construção de novos significados. • Etc.
Variar as perspectivas referenciais utilizadas para falar dos conteúdos e para descrever as atividades e seus resultados.	O professor – e às vezes também os alunos – utiliza expressões referenciais para falar dos conteúdos, das atividades ou de seus resultados que mostram uma evolução sistemática no que se refere ao seu maior ou menor nível de generalização, abstração, complexidade, precisão, inclusão, etc.	• Estimular os alunos – quando é o professor que utiliza tal estratégia – no sentido da construção de significados compartilhados cada vez mais gerais, abstratos, complexos, precisos, inclusivos, etc. • Mostrar aos interlocutores – quando são os alunos que utilizam tal estratégia – o nível de generalização, abstração, complexidade, precisão, inclusão, etc. na construção dos significados compartilhados. • Etc.
Fazer recapitulações literais, sínteses ou resumos dos conteúdos trabalhados ou das atividades desenvolvidas e de seus resultados.	Ao término de uma atividade, de uma série de atividades interconectadas ou do trabalho sobre um bloco de conteúdo – ou pouco antes de iniciar uma nova atividade ou o trabalho sobre um novo bloco de conteúdo relacionado com o anterior –, o professor resume, de maneira mais ou menos literal, os aspectos que considera mais importantes.	• Marcar os significados construídos junto com aqueles a que o professor atribui maior importância. • Ajudar os alunos a tomar consciência dos significados construídos que podem eventualmente ser utilizados como plataforma para enfrentar novas aprendizagens. • Reforçar a assimilação e a compreensão dos significados construídos. • Marcar a continuidade nos processos de construção de significados sobre blocos de conteúdos relacionados. • Etc.

Fonte: Barnes, 1976; Edwards e Mercer, 1987; Newman, Griffin e Cole, 1989; Forman, Minick e Stone, 1993; Lemke, 1993; Coll e outros, 1995; Mercer, 1995; Coll e Edwards, 1996; Mercer, 2000.

Assim, por exemplo, em um trabalho recente dirigido a mostrar a orientação argumentativa do discurso docente, Cros (2000, p. 60-61) analisou as estratégias discursivas que alguns professores universitários adotam com seus alunos no primeiro dia de aula. Apoiando-se em um modelo teórico inspirado na retórica e nas teorias enunciativas e da cortesia lingüística, a autora identifica e ilustra dois grande tipos de estratégias no *corpus* analisado, as *estratégias de distanciamento* e as *estratégias de aproximação*, com funções claramente distintas: enquanto a função das primeiras é "[...] mostrar a assimetria que se gera entre os professores e os alunos [e] fundamentam-se na autoridade e no poder que a instituição acadêmica confere aos professores [...]", a das segundas é "[...] minorar a assimetria que se gera entre o professores e os alunos, reduzindo a distância social que separa os participantes [...] e regulando a interação para fomentar a cooperação e o acordo entre os participantes". Embora o trabalho não explore as implicações nem o impacto dessas estratégias no processo de construção de sistemas de significados compartilhados – devido a que a perspectiva disciplinar e o marco teórico em que se situa o trabalho conduz legitimamente a dar prioridade a outras questões –, é fácil imaginar o interesse que isso suporia, já que, como assinala a mesma autora, "[...] esses recursos [os dos tipos de estratégias argumentativas que aparecem na primeira aula] são usados de modo que incidem nas atitudes, nos conhecimentos, nos valores, etc. dos estudantes, com a finalidade de captar sua atenção, de motivá-los e envolvê-los, de orientar suas interpretações" (op. cit., p. 71-72).

Um segundo exemplo, claramente orientado nesse caso a estudar o papel da fala na construção de sistemas de significados compartilhados, é proporcionado pelos trabalhos de Sánchez e colaboradores sobre as formas expositivas do discurso educacional (ver, por exemplo, Rosales, Sánchez e Cañedo, 1997; Sánchez, Rosales e Cañedo, 1999). Tomando como ponto de partida as teorias da compreensão[2], elaboradas fundamentalmente para dar conta da compreensão de textos escritos, esses autores propuseram um modelo teórico e um completo sistema de unidades de análise com a finalidade de explicar como e em que medida os textos expositivos utilizados habitualmente por professores de ensino médio e universitário promovem e facilitam em seus alunos a compreensão do conteúdos. O modelo teórico adotado tem como foco as relações que se estabelecem no discurso expositivo entre três elementos: o conhecimento ou a informação nova, o conhecimento ou a informação dada e a avaliação das relações e da integração entre os dois tipos de informações ou conhecimentos. O sistema de análise proposto, por sua vez, inclui categorias relativas aos três elementos do modelo e tenta dar conta das dimensões ou das variáveis identificadas como relevantes pelas teorias da compreensão: a existência de um conhecimento prévio compartilhado, a existência de objetivos compartilhados, a coerência local do texto, a coerência global do texto e a supervisão e a avaliação do processo. Mediante a aplicação desse sistema de análise a um *corpus* de discursos expositivos de professores experientes e novatos de ensino médio, os autores encontraram diferenças substanciais entre uns e outros no que se refere aos recursos retóricos e semióticos que utilizam para promover em seus alunos a compreensão dos conteúdos.

Mas há ainda um segundo fator cuja consideração reforça e amplia mais, se possível, a complexidade e a riqueza do discurso educacional que mostra o Quadro 15.2. Refiro-me ao fato de que as estratégias discursivas e os recursos semióticos incluídos nele referem-se de forma quase que exclusiva à fala registrada em situações ou atividades de sala de aula nas quais predominam a interação e as trocas comunicativas entre professor e alunos. Uma visão de conjunto do discurso educacional deveria levar em conta, além disso, a fala que aparece em situações ou atividades de sala de aula caracterizadas pelo protagonismo da interação e das trocas comunicativas entre alunos. De fato, como se expõe com certo detalhe no Capítulo 16 deste mesmo volume (ver, em particular, o Quadro 16.1 e os comentários que o acompanham), a potencialidade construtiva da interação entre alunos está estreitamente relacionada com o tipo de fala que os participantes utilizam enquanto abordam de forma colaborativa as atividades e as tarefas escolares. Evitando, na medida do possível, repetições desnecessárias com o exposto no Capítulo 16 – ao qual remetemos para completar essa visão do papel da linguagem na interação entre alunos –, a seguir, tratarei brevemente do tipo de fala que, de acordo com as contribuições de alguns autores que se ocuparam do tema, é característico dos processos de construção do conhecimento na colaboração entre alunos.

INTERAÇÃO ENTRE IGUAIS E DISCURSO EDUCACIONAL: A CONSTRUÇÃO COLABORATIVA DO CONHECIMENTO

Os esforços atuais para analisar e compreender as relações entre, por um lado, a linguagem que os alunos utilizam enquanto trabalham em pequenos grupos e, por outro, os processos e os resultados de aprendizagem vinculados a esse tipo de situações têm um de seus antecedentes mais relevantes nos trabalhos realizados por Barnes e seus colaboradores no Reino Unido na década de 1970 (Barnes, 1976; Barnes e Todd, 1977). A esse autor se deve a primeira descrição de dois possíveis usos da linguagem na interação de alunos com implicações radicalmente distintas do ponto de vista da aprendizagem: a *fala de apresentação* – ou de *redação final*, no caso da escrita – e a *fala exploratória*.

Na fala de apresentação, os alunos utilizam a linguagem para expor seu ponto de vista sobre o conteúdo ou a tarefa que os ocupa, de modo que os aportes vão se sucedendo e se acumulando sem, em nenhum momento, proceder a cotejá-las, confrontá-las ou revisá-las; a linguagem é utilizada, nesse caso, exclusivamente como um instrumento de comunicação, mas não como instrumento de aprendizagem. Já na fala exploratória, a linguagem é utilizada para pensar em voz alta, falar sobre os conhecimentos próprios e alheios, refletir sobre eles e eventualmente reinterpretá-los. A fala exploratória geralmente é marcada por titubeios, dúvidas, frases incompletas, repetições e pausas e é rica em expressões hipotéticas do tipo "pode ser que...", "talvez devêssemos pensar em...", "poderíamos considerar a possibilidade de...", etc. Do ponto de vista da função comunicativa da linguagem, a fala exploratória apresenta carências e limitações, mas do ponto de vista da aprendizagem é o tipo de fala que, na expressão de Barnes, permite aos participantes "aprender falando".

As análises de Barnes mostram com clareza que, embora a fala entre alunos possa ser uma fonte poderosa de mecanismos de influência educacional para promover a construção do conhecimento na sala de aula, nem todas as formas de fala que aparecem em situações educacionais ou colaborativas têm o mesmo valor educacional e de ensino. Sobre o pano de fundo dessa evidência, e utilizando como ponto de partida a caracterização da fala exploratória feita por Barnes e Todd, Mercer enunciou as características da fala que favorecem particularmente a compreensão dos conteúdos e das tarefas – isto é, que permitem "aprender falando" –, assim como as condições que favorecem e promovem o seu surgimento na interação entre alunos. Segundo esse autor (Mercer, 1997, p. 109), trata-se de formas de conversa nas quais os participantes utilizam a linguagem para:

a) apresentar, compartilhar e cotejar suas idéias e seus pontos de vista de uma forma clara e explícita.
b) raciocinar e tomar decisões sobre as alternativas e o ponto de vista em questão.

Quanto às condições que favorecem e promovem essas formas de conversa, Mercer (op. cit., p. 110) destaca as seguintes:

1. O desenvolvimento da atividade ou a execução da tarefa deve exigir o uso da linguagem e da conversa entre os participantes.
2. Deve responder, ao mesmo tempo, a uma forma de organização social de tipo cooperativo, e não-individualista ou competitivo (ver o Capítulo 16 deste volume).
3. Os participantes devem compartilhar os propósitos e os objetivos da atividade que estão realizando.
4. Os participantes devem compartilhar e aplicar as "regras básicas" do discurso educacional que permitem a troca e a exploração livre e conjunta das idéias (princípios de clareza, de justificação, de crítica construtiva, de boa disposição para as contribuições bem argumentadas, etc.).

Vê-se, pois, que a *fala exploratória* é também, para Mercer, a que favorece em maior medida a compreensão e a construção do conhecimento na sala de aula e, conseqüentemente, a que os professores deveriam promover e facilitar com suas intervenções. Contudo, não é o único tipo de fala que aparece nos registros das conversas analisadas por Mercer. Junto com ela, o autor identifica e descreve outros tipos de fala, a *de discussão* e a *cumulativa*, que constituem outras tantas "formas sociais do pensamento" ou, o que é o mesmo, outras tantas formas de "conversar e pensar", que geralmente aparecem na interação entre alunos e cuja incidência sobre os processos e o resultado da aprendizagem escolar difere significativamente da fala exploratória (ver o Quadro 15.3 para uma descrição detalhada desses três tipos de fala).

Vale assinalar que, tanto para Barnes e Todd como para Mercer, não basta propor aos alunos uma tarefa e pedir-lhes que a abordem mediante um trabalho em grupo para que a fala exploratória apareça de forma espontânea. Na realidade, a conversa exploratória aparece apenas de forma ocasional nos registros analisados por tais autores. Como assinala Mercer (1997, p. 120), "na maioria da sessões raramente as crianças dedicavam muito tempo a considerar e avaliar a informação, as idéias muitas vezes eram expressadas apenas parcialmente e, em alguns pares e grupos, os integrantes pareciam ignorar as idéias dos outros, ou somente uns poucos membros do grupo conversavam e tomavam decisões". A capacidade de utilizar a linguagem como forma social de pensamento requer não apenas que as atividades e tarefas cumpram algumas condições, como já se mencionou, mas muitas vezes também exige uma aprendizagem específica, sobretudo no caso dos alunos que não puderam desenvolver tal capacidade por meio de suas experiências e pelas atividades extra-escolares.

Essa constatação levou Mercer e seus colaboradores (Wegerif, Mercer e Dawes, 1998, 1999; Mercer, Wegerif e Dawes, 1999; Mercer, 2000) a elaborarem um programa de atividades para alunos entre 8 e 11 anos com a finalidade de ajudá-los a desenvolver sua capacidade de utilizar a linguagem como forma social de pensamento, como instrumento para aprender falando coletivamente. As "lições para falar" – *Talk lessons* – combinam atividades de aula com a participação de toda a turma, dirigidas e controladas pelo professor, nas quais se apresentam e se analisam as características da conversa exploratória – e as regras básicas que ela deve cumprir: compartilhar a informação relevante, argumentar as opiniões e as propostas próprias, interessar-se pelas razões que sustentam as opiniões e as propostas dos outros participantes, buscar o máximo grau de acordo possível, aceitar a responsabilidade grupal das decisões e propostas de ação, etc. – com atividades em grupos pequenos nas quais os alunos têm a oportunidade de praticar essa forma de conversa.

Como se pode comprovar, nas "lições para falar" projetadas por Mercer e seus colaboradores, o professor tem um papel crucial. Essa constatação leva diretamente a destacar uma última idéia com a qual finalizarei este item. A interação entre iguais e as trocas comunicativas que ocorrem entre os alunos em atividades ou tarefas grupais de tipo colaborativo foram estudados tradicionalmente à margem da organização global das atividades que ocorrem na sala de aula, isto é, à margem da interação e das trocas comunicativas entre o professor e os alunos. A dissociação, imposta pelas exigências da pesquisa empírica de fenômenos que são, em si mesmos e em separado, extremamente complexos é, contudo, totalmente fictícia quando não se projeta a realidade do que ocorre nas salas de aula. Nelas, a interação entre professor e alunos e a interação entre alunos são processos intimamente relacionados, que se condicionam e se determinam mútua e reciprocamente, incidindo, de forma conjunta e articulada, na construção de sistemas de significados compartilhados sem que seja possível, em sentido estrito, analisar essa incidência em separado.

Conseqüentemente, não se pode apresentar a aprendizagem escolar como o resultado de dois processos de construção diferenciados: um processo de construção guiada do conhecimento, baseado na interação entre o professor e os alunos, cujas chaves seria preciso buscar no uso que um e outros fazem da linguagem em suas trocas comunicativas, e um processo de construção colaborativa do conhecimento, baseado na interação entre alunos, cujas

QUADRO 15.3 Três formas de conversar e pensar na interação entre alunos

Conversa de discussão	Conversa cumulativa	Conversa exploratória
• Os participantes utilizam a linguagem para manifestar suas discrepâncias e tomar decisões de forma individual. • Produzem-se trocas comunicativas breves orientadas a afirmar o ponto de vista próprio e a discutir e refutar os alheios. • Há intenções esporádicas e pontuais de levar em conta os pontos de vista alheios e de submetê-los a uma crítica construtiva.	• Os participantes utilizam a linguagem para somar suas próprias contribuições às alheias, que são aceitas acriticamente. • As trocas comunicativas contêm numerosas repetições, confirmações e elaborações. • Os participantes constroem um conhecimento comum mediante um procedimento de acumulação.	• Os participantes utilizam a linguagem para falar de forma crítica, mas construtiva, das contribuições próprias e alheias. • As trocas comunicativas contêm afirmações, propostas e sugestões que se oferecem à consideração conjunta dos participantes e cuja aceitação depende das justificativas lançadas. • Os participantes constroem um conhecimento compartilhado que se justifica abertamente e que se manifesta de forma "visível" na conversa.

Fonte: Mercer, 1997, p. 116.

chaves estariam na maneira como os participantes utilizam a linguagem para aprender de forma conjunta e coletiva. Na dinâmica da sala de aula, os dois processos são indissociáveis e se apóiam e se reforçam mutuamente, promovendo e facilitando – ou, ao contrário, dificultando e impedindo – a construção de sistemas de significados compartilhados.

A necessidade de atender simultaneamente os dois processos para dar conta da construção do conhecimento na sala de aula foi evidenciada em alguns trabalhos recentes sobre os mecanismos de influência educacional em situações naturais de sala de aula. Assim, por exemplo, Coll e Onrubia (1999d) mostram como as trocas comunicativas entre duplas de alunos universitários que estão se exercitando em um processador de textos são sistematicamente utilizadas pelo professor para identificar e valorizar a compreensão a que os participantes chegaram sobre os componentes do programa informático, para fazer um acompanhamento de seus avanços e suas dificuldades e para proporcionar-lhes ajudas diversas e ajustadas ao processo de construção de conhecimentos em que se encontram imersos. Da mesma maneira, Coll e Rochera (2000) e Rochera (2000) ilustram como, em uma série de seqüências didáticas de uma sala de aula de educação infantil em que se trabalham os primeiros números de uma série natural mediante simples jogos de mesa, a professora muitas vezes utiliza as contribuições e as verbalizações dos colegas para identificar, e eventualmente corrigir, os erros que cometem os participantes no contexto de uma complexa e sofisticada estratégia de "andaime" da aprendizagem dos alunos.

ATIVIDADE, DISCURSO E CONSTRUÇÃO DO CONHECIMENTO NA SALA DE AULA

Este alerta para a conveniência de não separar a interação e a fala entre alunos da interação e da fala entre professor e alunos faz parte, na realidade, de uma formulação mais geral, que sustenta a necessidade de situar o estudo do discurso educacional no contexto mais amplo da atividade conjunta – em sua dupla vertente de atividade discursiva e não-discursiva – que professores e alunos desenvolvem na sala de aula. O conteúdo deste capítulo mostra com clareza que os processos escolares de ensino e aprendizagem são, em um sentido profundo, processos interativos e comunicativos em que os participantes mergulham na construção de sistemas de significados compartilhados cada vez mais ricos, complexos e ajustados à realidade, ou parcela da realidade, objeto de aprendizagem. O avanço na construção de significados compartilhados torna-se possível graças à confluência e à articulação de múltiplas fontes de influência educacional, entre as quais se destacam a interação e as trocas comunicativas que os alunos mantêm entre si, em ambos os casos, de resto, o discurso – isto é, o uso que os participantes fazem da linguagem – é o instrumento por excelência pelo qual se exerce a influência educacional e os participantes podem ajustar as ajudas – mais assimétricas, no caso da interação e das trocas comunicativas entre alunos – de que uns e outros necessitam para continuar avançando na construção conjunta de significados compartilhados.

No primeiro item deste capítulo atribuí a importância do discurso na construção de significados compartilhados à dupla função representativa e comunicativa – ou psicológica e cultural respectivamente, como as denomina Mercer – da linguagem, que a tornam uma verdadeira "forma social de pensamento". A isso cabe acrescentar agora a potencialidade da linguagem, por sua natureza semiótica, por sua capacidade para comunicar e representar significados de forma intencional, para inserir-se na atividade conjunta que professores e alunos desenvolvem na sala de aula, transformando-se, assim, no instrumento por excelência que estes utilizam para negociar e pôr-se de acordo sobre sua organização e sua evolução. Dessa perspectiva, a análise do discurso educacional não é apenas a chave para compreender e explicar como professores e alunos tornam público, contrastam, negociam e eventualmente modificam suas representações e seus significados sobre os conteúdos e as tarefas escolares: é também para compreender e explicar como chegam a um acordo acerca de *o que fazer e como fazer a fim de poder realizar* esse processo de construção de significados compartilhados e assegurar sua continuidade.

Boa parte das pesquisas sobre o discurso na sala de aula, incluídas a maioria das mencionadas neste capítulo[3], foi realizada exclusivamente a partir de registros da fala de professores e alunos, como se a atividade discursiva pudesse ser analisada à margem da natureza, das características e das exigências das atividades e das tarefas que os participantes estão realizando, e à margem das coordenadas temporais em que aparece. Essa aproximação equivale a considerar a atividade discursiva, a fala educacional, como um tipo particular de atividade passível de ser analisada e interpretada em si mesma. Sem negar o interesse que pode ter tal formulação quando se aborda o estudo do discurso educacional de outras perspectivas disciplinares ou com outros propósitos – como, por exemplo, quando se trata de indagar seus traços distintivos como gênero discursivo –, de uma perspectiva psicológica e educacional orientada a compreender e a explicar o papel da fala na aprendizagem escolar não se pode dissociar a atividade discursiva da atividade não-discursiva; como tampouco se pode dissociar a atividade – discursiva e não-discursiva – de um dos participantes da atividade conjunta de que faz parte; nem, naturalmente, dissociar a atividade conjunta que aparece em um momento determinado de seus antecedentes temporais imediatos e de suas expectativas de evolução futura.

As páginas anteriores mostram com clareza os progressos realizados no transcurso das últimas décadas no que se refere à identificação, à descrição e à análise dos recursos semióticos e das estratégias discursivas que desempenham um papel de destaque no ensino e na aprendizagem escolar. Todos eles, no entanto, adquirem – ou não – sua verdadeira funcionalidade de ensinar como mecanismos de influência educacional, como recursos de ajuda ao processo de construção de sistema de significados compartilhados, no contexto mais amplo do que se denomina, no Capítulo 17 deste livro, as formas de organização da atividade conjunta. Articular a análise mais fina e molecular dos dispositivos semióticos aos quais professores e alunos recorrem mediante o uso que fazem da linguagem, como a análise mais global e molar das formas de organização conjunta que são, no fim das contas, as que lhes conferem funcionalidade como mecanismos de influência educacional, constitui um dos desafios mais importantes da atualidade no que diz respeito ao estudo do discurso educacional.

NOTAS

1. Ver, a título de exemplo, as categorias que constituem o sistema de análise da interação de Flanders reunidas no Quadro 17.1 do Capítulo 17 deste livro.
2. Particularmente nas formulações de van Dijk e Kinstsch (1983), Kintsch (1988) e Britton e Graesser (1996).
3. Existem, no entanto, notáveis exceções, como os trabalhos de Wells (1993, 1994, 1995, 1999) a que me referi na introdução.

16

Interação educacional e aprendizagem escolar: a interação entre alunos

ROSA COLOMINA E JAVIER ONRUBIA

INTRODUÇÃO

A interação entre alunos na sala de aula e a aprendizagem em pequenos grupos está gerando, no momento atual, um enorme interesse, tanto teórico como prático. Esse interesse obedece a diversos fatores. Entre eles, tem um lugar de destaque, sem dúvida, o crescente corpo de pesquisas que mostram que uma organização social cooperativa das atividades de ensino e aprendizagem na sala de aula, ao menos sob certas condições, é mais efetiva do ponto de vista do rendimento acadêmico e da socialização dos alunos do que uma organização competitiva ou individualista dessas atividades. Um segundo fator que contribuiu substancialmente para a mudança foi a aceitação, cada vez mais generalizada, de uma visão dos processos escolares de ensino e aprendizagem apoiada nas teorias e nos modelos de inspiração cognitiva e construtivista. Em tais teorias e modelos (ver o Capítulo 6 deste volume), a aprendizagem escolar é concebida como um processo construtivo que tem um caráter intrinsecamente social, interpessoal e comunicativo, e o ensino, como um processo complexo de estruturação e guia, mediante apoios e suportes diversos, dessa construção; portanto, um processo no qual os outros alunos têm um papel natural com fontes potenciais de ajuda educacional.

Nesse contexto, o presente capítulo pretende esboçar uma visão global da situação no que se refere às relações entre a interação entre alunos e a aprendizagem escolar. Estruturaremos nossa exposição em três grandes itens. No primeiro, vamos nos referir muito brevemente a um conjunto de trabalhos centrados na comparação entre a organização social cooperativa, competitiva e individualista das atividades e das tarefas na sala de aula, e dirigidos fundamentalmente a mostrar a eficácia da interação entre alunos e o trabalho em pequenos grupos na sala de aula do ponto de vista da aprendizagem e do rendimento escolar. No segundo item, que constituirá o núcleo central do capítulo, vamos nos centrar em alguns dos processos e mecanismos interpsicológicos que operam na interação entre alunos em situações de trabalho em grupo e que podem contribuir para explicar a maior ou a menor eficácia dessa interação para a aprendizagem e o rendimento escolar. Esses dois primeiros itens remetem a estudos que se centram essencialmente nos resultados e/ou na dinâmica interna da interação entre alunos, relativamente à margem do contexto mais amplo de atividade conjunta professor/aluno em que, necessariamente, situa-se essa interação no contexto da sala de aula. Por isso, o terceiro e último item de nossa exposição será dedicado a assinalar, de uma perspectiva essencialmente programática, a necessidade de recolocar tal interação em seu contexto, explorando as relações entre interação e interatividade (para o conceito de *interatividade*, ver o Capítulo 17 deste volume).

Essa estrutura expositiva responde, em boa medida, à evolução histórica e conceitual dos trabalhos sobre interação entre alunos nas últimas décadas. De fato, até os anos de 1970 e 1980, a questão da eficácia do trabalho em grupo diante de outras formas de organização social da sala de aula ocupou boa parte dos esforços dos pesquisadores. Ao longo das últimas décadas, e particularmente durante os anos de 1990, essa questão foi progressivamente substituída (em uma evolução que apresenta um significativo paralelismo conceitual com a que ocorreu no âmbito da análise da interação professor/alunos – ver o Capítulo 17 deste volume) pelo propósito de identificar as condições sob as quais o trabalho em pequenos grupos na sala de aula pode ser produtivo, como também de especificar os mecanismos e as diretrizes interativas que podem explicar tal produtividade. A recontextualização da interação entre alunos no contexto global da sala de aula situa-se, nesse percurso, como uma das linhas prioritárias de futuro para a pesquisa das relações entre interação entre alunos e aprendizagem escolar.

A EFICÁCIA DA INTERAÇÃO ENTRE ALUNOS PARA A APRENDIZAGEM ESCOLAR

A comparação entre estruturas de organização social das atividades e das tarefas na sala de aula de tipo cooperativo e estruturas de tipo competitivo ou individualista ocupou boa parte do interesse, e dos trabalhos dos pesquisadores, no âmbito da interação entre alunos até princípios dos anos de 1990. Nesses trabalhos, a diferença entre os três tipos de situações coloca-se essencialmente em termos da estrutura de objetivos que define cada uma delas. Assim, nas situações *cooperativas*, os objetivos que os participantes perseguem estão estreitamente vinculados entre si, de maneira que cada um pode alcançar os próprios objetivos se, e apenas se, os outros alcançam os seus; portanto, em uma organização cooperativa, os resultados que cada membro do grupo persegue são igualmente benéficos para os demais alunos com quem está interagindo. Já nas situações *competitivas* cada aluno só pode alcançar os próprios objetivos se os demais não alcançarem os seus: o que define uma competição é que nem todos podem ganhar e que, para que alguém ganhe, outros têm de perder. Finalmente, nas situações *individualistas*, cada aluno persegue e obtém seus próprios resultados, sem que haja uma relação entre estes e os que outros alunos obtenham. As situações cooperativas assim definidas favorecem diretamente a relação e a interação entre os alunos no processo de aprendizagem.

As sucessivas revisões dos resultados oferecidos pelos estudos comparativos permitem extrair duas conclusões gerais (ver, por exemplo, Sharan, 1980; Bossert, 1988; Qin, Johnson e Johnson, 1995). A primeira é a constatação reiterada de efeitos positivos das estruturas cooperativas com respeito às de caráter competitivo ou individualista. Esses efeitos se dão tanto sobre o rendimento acadêmico e os resultados de aprendizagem dos alunos no sentido tradicional do termo quanto sobre variáveis de caráter atitudinal e motivacional, as relações entre estudantes de diferentes etnias, o altruísmo, a capacidade de levar em conta o ponto de vista de outros ou a auto-estima. Além disso, verificam-se com alunos de diferentes idades, em áreas curriculares diversas e em uma ampla gama de tarefas, tanto fechadas como abertas e tanto centradas em aprendizagens mecânicas ou memorísticas como em processos de resolução de problemas de alto nível cognitivo. A organização social das atividades de aprendizagem na sala de aula a partir do trabalho em pequenos grupos cooperativos aparece globalmente, nessas revisões, como geradora em potencial de melhores resultados de aprendizagem que a organização dessas atividades em termos competitivos ou individualistas.

Contudo, e como segunda conclusão geral dessas revisões, a superioridade das situações cooperativas não se produz de maneira uniforme: não aparece em todos os estudos e é afetada por diversas variáveis. A potencialidade das situações cooperativas para melhorar a aprendizagem dos alunos não se efetiva de maneira automática pelo fato de propor um trabalho em grupo; ao contrário, concretiza-se realmente apenas em determinadas ocasiões.

A identificação dos mecanismos e dos fatores suscetíveis de dar conta dessa variabilidade, porém, não pode ser obtida mediante a mera comparação entre situações cooperativas e não-cooperativas. Delimitar em que condições se dá a efetividade do trabalho cooperativo, e sobretudo explicar essa efetividade, requer ir além da aproximação "de caixa-preta" típica dos trabalhos que estamos considerando, baseados no contraste entre situações cooperativas e não-cooperativas unicamente a partir de medidas finais dos resultados de aprendizagem obtidos pelos alunos, sem considerar os processos interativos propriamente ditos ocorridos durante o trabalho em grupo.

Um primeiro passo para superar essa limitação assenta-se no reconhecimento da diversidade de formas concretas de organização da atividade dos alunos que subjaz às "situações cooperativas". As propostas de Damon e Phelps (1989) são ilustrativas a esse respeito. De acordo com os autores, entre as situações educacionais que têm como ponto de referência a cooperação entre iguais, cabe distinguir três formas distintas: a tutoria entre iguais, a aprendizagem cooperativa e a colaboração entre iguais. Na *tutoria entre iguais*, um aluno, considerado como especialista em um determinado conteúdo instrui outro ou outros que são considerados novatos. Na *aprendizagem cooperativa*, um grupo de alunos, seguindo uma estrutura preestabelecida, realiza uma atividade ou uma tarefa previamente determinada, com um maior ou menor grau de discussão ou planejamento conjunto e uma maior ou menor distribuição de responsabilidades e de divisão da tarefa entre os membros do grupo. Por último, na colaboração entre iguais, dois – ou eventualmente mais – alunos com o mesmo nível de competência trabalham de maneira constante e ininterrupta no desenvolvimento e na resolução de uma tarefa.

Essas três formas de organização das situações cooperativas apresentam diferenças, ainda de acordo com esses autores, em duas dimensões básicas: a *igualdade* – o grau de simetria entre os papéis desempenhados pelos participantes na atividade em grupo – e a *mutualidade* – o grau de conexão, profundidade e bidirecionalidade das trocas comunicativas entre os participantes. Assim, as situações de tutorias entre iguais caracterizam-se por um baixo grau de igualdade e níveis variáveis de mutualidade, em função da competência e da habilidade de ensino do aluno tutor e da receptividade do aluno tutorado. A aprendizagem cooperativa, por sua vez, implica um alto nível de igualdade e níveis variáveis de mutualidade, em função de até que ponto haja divisão de tarefas, discussão e planejamento conjunto e troca de papéis. Por último, as relações de colaboração apresentam, pelo menos idealmente, altos níveis de igualdade e de mutualidade.

Concretizar em maior medida os mecanismos e os fatores suscetíveis de dar conta da efetividade das situações cooperativas requer abrir definitivamente a "caixa-preta" para centrar-se nos próprios processos de interação entre os alunos que possam ser produzidos nessas situações e examinar sistematicamente as variáveis que possam incidir nesses processos. Trata-se, em última análise, de passar da mera constatação dos efeitos das situações cooperativas à busca de explicações de quando, como e por que se produzem tais efeitos, situando o foco de indagação nas diretrizes de interação entre alunos de maior potencialidade para promover sua aprendizagem. Essa formulação é de todo coerente com as atuais perspectivas cognitivas e construtivistas sobre a aprendizagem escolar, que situam a dinâmica interativa e comunicativa que se estabelece entre o aluno e os demais participantes no contexto da sala de aula no eixo da explicação dos processos de aprendizagem escolar. A questão, formulada nos termos dessas aproximações, reside em identificar e analisar os mecanismos interpsicológicos que operam na interação entre alunos, apoiando os processos de construção de significados que caracterizam a aprendizagem escolar, assim como os fatores que modulam o surgimento e a atuação de tais mecanismos.

A CONSTRUÇÃO DO CONHECIMENTO NA INTERAÇÃO ENTRE ALUNOS: MECANISMOS INTERPSICOLÓGICOS E FATORES MODULADORES

Mecanismos interpsicológicos na construção do conhecimento na interação entre alunos

Os estudos que analisaram a dinâmica interativa e comunicativa que se estabelece entre os alunos em situações cooperativas propuseram diversos mecanismos explicativos da potencialidade construtiva dessa dinâmica. Entre eles, podemos destacar três: o conflito entre pontos de vista moderadamente divergentes, a regulação mútua mediante a fala e o apoio mútuo relacionado com os aspectos afetivos e motivacionais envolvidos na aprendizagem (ver Quadro 16.1). Como veremos, a importância desses diversos processos foi evidenciada, em boa medida, a partir de perspectivas diversas sobre os processos escolares de ensino e aprendizagem; assim, por exemplo, a importância do conflito entre pontos de vista moderadamente divergentes foi destacada, muito especialmente, por autores de orientação piagetiana, enquanto que a relevância de determinados usos da fala para uma interação construtiva entre alunos foi estudada, muito particularmente, a partir de trabalhos com uma orientação sociocultural ou sociolingüística sobre a aprendizagem escolar.

O conflito entre pontos de vista moderadamente divergentes

Como se sabe, a teoria de Piaget atribuiu um papel importante no desenvolvimento psicológico ao conflito cognitivo que se estabelece entre o sujeito e o objeto, entre a interpretação que o sujeito faz de uma determinada situação e as características dessa mesma situação. Para Piaget, esse conflito promove, mediante um processo de desequilíbrio e reequilíbrio, a modificação dos esquemas do sujeito e, portanto, um avanço em seus instrumentos intelectuais para compreender a realidade (ver o Capítulo 2 deste volume).

Apoiando-se nessas formulações, autores como Doise, Mugny e, sobretudo, Perret-Clermont mostraram que, na interação cooperativas entre alunos, a existência entre os participantes de pontos de vista divergentes em relação à tarefa ou à situação que é objeto da interação pode favorecer o surgimento de conflitos que levam à revisão e à reestruturação dos pontos de vista próprios e, com isso, à aprendizagem e ao avanço intelectual. Esse resultado foi asseverado empiricamente por diversos estudos realizados por esses autores, utilizando uma metodologia experimental clássica pré-teste/pós-teste e tarefas piagetianas de conservação. Neles, o confronto entre pontos de vista moderadamente divergentes sobre a maneira de abordar a tarefa dá lugar quase sempre a uma melhoria significativa na produção, que pode manifestar-se tanto na execução coletiva da tarefa experimental como na produção individual posterior dos sujeitos no pós-teste (Doise, Mugny e Perret-Clermont, 1975; Perret-Clermont, 1979). Diante da explicação piagetiana clássica, a origem de tais conflitos não seria estritamente individual, mas sim social. Por isso é que os autores o denomi-

QUADRO 16.1 Interação entre iguais e construção do conhecimento: processos interpsicológicos envolvidos

1. Conflito entre pontos de vista moderadamente divergentes
   - Conflito cognitivo
   - Controvérsias conceituais
2. Regulação mútua mediante a linguagem
   - Explicitação do próprio ponto de vista
     - Tutoria entre iguais
     - Oferecimento de explicações elaboradas
     - Orientação para um auditório
   - Co-construção de idéias
     - Adoção de papéis complementares e controle mútuo do trabalho
     - Busca da intersubjetividade
     - Conversa exploratória
     - Fala egocêntrica e efeitos de "armadilha"
3. Apoio à atribuição de sentido à aprendizagem
   - Interdependência de objetivos e de recursos
   - Interdependência de recompensas
   - Relações psicossociais
     - Percepção de competência
     - Autonomia na realização das tarefas
     - Sentimentos de vinculação

nam conflito sociocognitivo: cognitivo, porque se dá entre representações ou significados distintos para uma mesma tarefa e social, porque tais representações ou significados distintos não provêm de um único indivíduo, mas se produzem como conseqüência das contribuições dos diversos participantes na interação.

A evidência empírica em favor da potencialidade construtiva do conflito entre pontos de vista moderadamente divergentes na interação entre alunos é reforçada pelos resultados obtidos, a partir de uma tradição de pesquisa distinta, em alguns estudos sobre os efeitos das *controvérsias conceituais* entre iguais (ver, por exemplo, Johnson e outros, 1981). As controvérsias supõem uma vontade de superar as discrepâncias entre idéias, crenças, informações, opiniões ou pontos de vista divergentes. Esses estudos assinalam que, quando se resolvem satisfatoriamente, as controvérsias podem ter um efeito positivo sobre a socialização, o desenvolvimento intelectual e a aprendizagem escolar; um efeito que se explica porque a existência de um conflito conceitual gera nos participantes sentimentos de incerteza e um desequilíbrio cognitivo que os leva a buscar novas informações e a analisar a partir de novas perspectivas a informação já disponível.

De qualquer modo, é importante destacar que a mera presença ou o surgimento de conflitos na interação entre alunos não é suficiente para garantir efeitos positivos sobre a aprendizagem, mas que o efeito depende de alguns fatores e variáveis que é necessário levar em consideração. Assim, por exemplo, e da perspectiva piagetiana, constatou-se uma relação entre o nível de conflito e seus efeitos (Bearison, Magzamen e Filardo, 1986); de acordo com essa relação, os grupos nos quais os conflitos são infreqüentes ou muito freqüentes progridem menos que os grupos em que os conflitos se dão em um nível moderado. Na explicação dos autores, os conflitos infreqüentes podem refletir supressão dos desacordos (por exemplo, pela imposição de um ponto de vista sobre os outros) ou sua resolução ineficaz mediante pseudo-acordos ou falsos consensos, enquanto que o excesso de conflito pode impedir aos participantes a busca efetiva de uma nova informação ou de perspectivas que os ajudem a resolver suas discrepâncias. De acordo com tal explicação, o tipo de regulação do conflito seria um fato-chave para explicar sua efetividade, e essa regulação se veria afetada tanto pelos aspectos estritamente cognitivos quanto pelos aspectos relacionais em jogo na dinâmica grupal, como também pelas capacidades, tanto cognitivas como interpessoais, dos alunos participantes (ver Fernández Berrocal e Melero, 1995, para uma discussão mais detalhada). Em um sentido similar, Johnson e seus colaboradores destacaram que os efeitos benéficos das controvérsias desaparecem e, inclusive, podem chegar a inverter-se, quando se tornam insolúveis. Ao mesmo tempo, apontam uma série de elementos como fatores que contribuem para uma resolução positiva das controvérsias: a relevância da informação disponível, a motivação e a competência dos participantes, a não-atribuição da discrepância à incompetência ou à falta de informação dos oponentes, o volume e a qualidade dos conhecimentos relevantes dos oponentes, a capacidade de relativizar o próprio ponto de vista e a natureza cooperativa da atividade na qual se produz a controvérsia.

A regulação mútua mediante a linguagem

Um dos traços distintivos da aproximação do estudo da interação entre alunos de uma perspectiva sociocultural é seu interesse pelos instrumentos de mediação, e muito particularmente a fala, que os participantes empregam no transcurso da interação (Forman e McPhail, 1993); um interesse que se une ao caráter semioticamente mediado que, para Vygotsky e seus seguidores, apresentam a aprendizagem e o desenvolvimento humanos (ver o Capítulo 5 deste volume).

Dessa perspectiva, o traço mais destacável das situações de interação cooperativa entre alunos é que permitem formas muito diversas de uso da fala para regular a comunicação entre os participantes e, assim, mediar seus processos de construção compartilhada do conhecimento. Por um lado, nessas situações, os alunos têm muitas oportunidades para regular outros mediante sua própria linguagem, oportunidades que praticamente não aparecem na interação com o professor e que, por sua vez, lhes impõem a necessidade de explicitar, estruturar e formular mais claramente seus requisitos e seus pontos de vista. Por outro lado, os alunos muitas vezes também são regulados pela linguagem de seus colegas, recebendo e adaptando-se a informações e a instruções de maneira distinta das que, normalmente, o professor as formularia. Por último, e entre as duas possibilidades anteriores, os alunos encontram na interação entre iguais amplas oportunidades para se envolverem em um autêntico processo de construção conjunta de metas, planos, idéias e conceitos, apoiando-se para isso na possibilidade de coordenar e controlar mutuamente suas contribuições, seus pontos de vista e seus papéis na interação; uma construção na qual se criam, além disso, condições ótimas para que os alunos utilizem a linguagem para auto-regular as ações e os processos mentais próprios. Com tudo isso, as situações de interação entre iguais constituem um espaço ideal para que os alunos utilizem plenamente as potencialidades da linguagem como instrumento de aprendizagem.

Na seqüência, vamos rever, de forma muito sucinta, alguns trabalhos que proporcionam evidência empírica da importância dos três tipos de processos mencionados. Como no caso do conflito sociocognitivo e os autores piagetianos, essa evidência empírica não provém unicamente dos estudos com os quais se relaciona teoricamente de maneira prioritária a proposta desse conjunto de processos – nesse caso, estudos com uma orientação sociocultural –, mais inclui também trabalhos realizados de outras perspectivas.

1. *A formulação do próprio ponto de vista.* Os trabalhos sobre tutoria entre iguais mostraram os efeitos benéficos que pode significar para o aluno tutor o fato de ensinar e ajudar outros colegas. Isso, inclusive, fez com que fossem desenvolvidos programas de tutorias entre iguais que centram seus objetivos de intervenção nos tutores, fazendo com que alunos com algum tipo de desajuste (atraso, absenteísmo, etc.) em relação à escola e à aprendizagem escolar assumam esse papel. Tais efeitos benéficos podem ser explicitados pelo fato de que o envolvimento e a responsabilidade do aluno tutor com respeito à aprendizagem da outra criança obrigam-no a dedicar tempo e esforço para controlar o conteúdo, a tarefa ou o problema específico a ensinar, ajudam-no a construir uma área de conhecimento mais bem-organizada e o tornam mais consciente de suas próprias lacunas e incorreções quando tem de transmitir verbalmente a informação ao aluno tutorado e detectar e corrigir os erros que este possa cometer (Melero e Fernández Berrocal, 1995). Nesse sentido, tais trabalhos constituem uma primeira evidência a favor da importância da tomada de consciência do próprio conhecimento e a necessidade de explicitá-lo em uma situação em que se assume um papel de direção e de ajuda a outros colegas como mecanismo de aprendizagem na interação entre alunos.

Uma segunda evidência dessa importância provém dos trabalhos de Webb (1983, 1991), centrados na análise de determinadas diretrizes de interação entre alunos durante a resolução colaborativa de problemas, tipicamente sobre conteúdos matemáticos. De acordo com seus resultados, a oferta de explicações detalhadas e elaboradas prediz de maneira consistente um rendimento positivo individual posterior ao trabalho conjunto: o aluno que mais se beneficia em seu rendimento posterior é o que oferece aos outros, durante a interação, explicações elaboradas que incluem conteúdos e informação específica. Dar esse tipo de explicações requer esclarecer, aprofundar e reorganizar os próprios conhecimentos, detectando e resolvendo eventuais lacunas e incompreensões, o que poderia dar conta de sua efetividade.

Por último, a importância da tomada de consciência do próprio conhecimento e da necessidade de formulá-lo de maneira explícita como mecanismo de aprendizagem na interação entre alunos se reflete também no que Cazden (1991) denomina "discurso como relação com um auditório". A autora assinala o benefício que significa para os alunos em uma tarefa de escrita ter de "orientar-se para o outro", revisando o texto escrito a partir de sua leitura para um colega e das perguntas e intervenções deste. O modelo de planejamento colaborativo para a escrita proposta por Flower e outros (ver Bruer, 1995) explora e desenvolve mais detalhadamente essa formulação. O benefício de tal orientação também poderia explicar o fato de que aprender algo com a expectativa de ter de ensiná-lo depois pode influir positivamente na aprendizagem realizada, visto que leva a esclarecer e a reorganizar o conteúdo em formas novas que possam torná-lo compreensível para outros.

2. *A obtenção de ajudas ajustadas*. Os trabalhos de Webb a que nos referíamos há pouco também trazem informação sobre o papel que pode desempenhar na aprendizagem entre alunos o fato de receber ajudas dos colegas. De acordo com suas conclusões (Webb, 1991), os alunos que, durante o trabalho em pequenos grupos, demandam uma ajuda e a recebem melhoram seu rendimento individual posterior quando a ajuda recebida cumpre duas condições: adequar-se à demanda feita e aplicar-se efetivamente na resolução do problema. Cabe ressaltar a relação entre essas condições e o princípio de ajuste da ajuda proposta pela concepção construtivista da aprendizagem escolar e do ensino (ver o Capítulo 6 deste volume): a efetividade da ajuda recebida, assim como seu grau de ajuste ao que o aluno que a solicita requer no momento de pedi-la. De fato, o conjunto de resultados dos trabalhos de Webb a esse respeito sugere que, para que um participante possa beneficiar-se da ajuda recebida de seus colegas, é importante que necessite realmente dessa ajuda, que seja relevante para sua necessidade, que seja formulada em um nível de elaboração ajustado ao nível de elaboração da dificuldade, que seja proporcionada tão logo se manifeste a dificuldade, que o receptor da ajuda possa entendê-la e que tenha oportunidade – e a utilize – de empregar efetivamente a ajuda recebida; um conjunto de condições que podem vincular-se diretamente à noção de ajuste da ajuda.

É importante destacar que a possibilidade de que um aluno se beneficie de uma ajuda ajustada de seus colegas tem a ver com sua capacidade para solicitar ajuda e para fazê-lo de uma maneira específica, que favoreça uma resposta também específica. Essa capacidade apresenta notáveis diferenças entre alunos que, de acordo com alguns estudos (Rohwer e Thomas, 1989), associam-se a diferenças no rendimento acadêmico no sentido de que os alunos com bom rendimento acadêmico teriam mais tendência a buscar informação e ajuda de outros mais capazes que os alunos com baixo rendimento.

3. *A co-construção de idéias, a coordenação de papéis e o controle mútuo do trabalho*. Além de oferecer e receber ajuda mutuamente, nas situações cooperativas, os alunos podem construir conhecimentos em conjunto ao longo da própria interação. Forman e Cazden (1985) apresentam um exemplo clássico desse tipo de co-construção, no qual dois alunos do ensino fundamental desenvolvem, de maneira colaborativa, estratégias para comprovar o ingrediente que dá conta de uma reação química mediante a adoção de papéis complementares para a resolução da tarefa: um dos alunos sugere combinações, enquanto o outro proporciona orientações e faz correções. Em seus resultados, as estratégias de resolução elaboradas em conjunto mantêm-se posteriormente na atuação individual.

Junto com a adoção de papéis complementares e o controle mútuo do trabalho, os processos de co-construção colaborativa entre iguais caracterizam-se também pelo esforço dos participantes para alcançar um certo grau de intersubjetividade, isto é, para compreender e adotar o contexto de referência ou a definição da situação utilizada pelo outro e encontrar uma solução autenticamente compartilhada (Tudge e Rogoff, 1995, Baker e outros, 1999). O esforço manifesta-se, por sua vez, na utilização de formas específicas de fala. Mercer (1997) sintetiza em duas as características do tipo de conversa adequada para resolver problemas em conjunto e avançar em sua compreensão. A primeira é que os participantes apresentem suas idéias de forma clara e explícita, de maneira que possam compartilhá-las e avaliá-las em conjunto. A segunda é que os participantes raciocinem juntos, analisem os problemas, comparem as possíveis explicações e tomem decisões em conjunto, de maneira que, do ponto de vista de um observador externo, seus raciocínios se tornem visíveis na conversa. Mercer chama esse tipo de fala de "conversa exploratória": nela, os alunos tratam, de forma crítica, mas construtiva, as idéias dos demais, oferecem afirmações e sugestões para poder considerá-las em conjunto e as justificam de maneira explícita na discussão, explorando possíveis hipóteses alternativas. A conversa exploratória difere tanto da "conversa de discussão", na qual os falantes estão essencialmente em desacordo e tomam decisões individualmente, como da "conversa cumulativa", na qual os falantes constroem positivamente, mas não criticamente, sobre o que disse o outro.

Por último, as formas de conversa exploratória próprias da co-construção de idéias também abrem a possibilidade de que os alunos se vejam imersos em processos de auto-regulação a partir de sua própria linguagem. Tais processos se produzem mediante o surgimento de formas de fala egocêntrica: externa em sua forma, mas reguladora – dirigida à própria pessoa – em sua função. Pla (1989) proporciona diversos exemplos desse tipo de processos nas discussões estabelecidas por alunos de ensino médio em uma aula de inglês e mostra como, às vezes, a fala egocêntrica de um dos participantes do grupo exerce um "efeito de anzol" para os demais, que a tomam como se fosse uma fala comunicativa e a utilizam como ponto de partida para introduzir novas contribuições no processo de construção conjunta.

O apoio à atribuição de sentido à aprendizagem

Os processos e os mecanismos considerados em itens anteriores permitem explicar, pelo menos parcialmente, a potencialidade da interação entre alunos de um ponto de vista essencialmente cognitivo; para falar em termos da concepção construtivista da aprendizagem escolar e do ensino, dão conta, pelo menos parcialmente, de por que a interação entre alunos pode facilitar os processos de construção de significados envolvidos na aprendizagem escolar. A potencialidade desse tipo de interação, porém, não se esgota nesses aspectos cognitivos. Ao contrário, na interação entre alunos, estão em jogo também processos e mecanismos de caráter motivacional, afetivo e relacional que contribuem, igualmente, para explicar sua efetividade para a aprendizagem escolar e para o desenvolvimento de capacidades de tipo diverso por parte dos alunos. Novamente em termos da concepção construtivista, podemos dizer que a interação entre alunos pode promover não apenas processos de construção de significados, mas também de atribuição positiva de sentido à aprendizagem escolar.

A aproximação tradicional desse tipo de processos centrou seu interesse em como assegurar a motivação e a disposição dos alunos, para que, uma vez distribuídos em grupos, possam atuar de maneira autenticamente cooperativa. Com o propósito de responder a tal pergunta, encontramos duas posturas claramente diferenciadas entre os pesquisadores. De acordo com a primeira, o elemento fundamental para conseguir essa motivação seria a *interdependência positiva de objetivos e de recursos* entre os alunos: essa interdependência está vinculada ao fato de que os membros do grupo dependam uns dos outros para alcançar um objetivo grupal e de que cada membro do grupo necessite utilizar recursos ou informação da qual outros membros diversos do grupo dispõem inicialmente. A partir dessa postura, portanto, assegurar a interdependência positiva dos objetivos e dos recursos de resolução das tarefas dos diversos alunos participantes é a chave motivacional para conseguir que todos se envolvam autenticamente em um trabalho cooperativo e se beneficiem de sua potencialidade. De acordo com a segunda postura, a chave motivacional do trabalho cooperativo encontra-se na estrutura da recompensa que os alunos obtêm a partir do trabalho em grupo, isto é, na relação entre a recompensa obtida por todos e por cada um dos membros do grupo. Autores como Slavin (1990) assinalaram, a esse respeito, que a interdependência de objetivos e de recursos não é suficiente para assegurar a efetividade do trabalho em grupo e que esta depende de que os alunos recebam recompensas grupais baseadas no rendimento individual de cada um dos membros; isto é, que haja recompensas idênticas para todos os membros do grupo e, ao mesmo tempo, que as recompensas se façam em função do rendimento individual de todos e de cada um deles, e não com base em uma medida de rendimento global do grupo. Ambas posturas coincidem, portanto, em que a cooperação bem-sucedida entre alunos requer uma forte interdependência e uma coordenação que os leve a uma autêntica cooperação, e também em que os aspectos motivacionais são essenciais para conseguir essa interdependência, mas diferem radicalmente quanto aos elementos necessários e suficientes para alcançá-la (Melero e Fernández Berrocal, 1995).

Em sua revisão dessa polêmica, Cohen (1994) afirma que a mera interdependência de objetivos e de recursos não garante uma interação efetiva entre os alunos, mas também sustenta que a interdependência de recompensas não é um fator imprescindível para a efetividade do trabalho em grupo. Por isso, aposta em reformular os termos da discussão, superando as explicações baseadas nos conceitos de interdependência de objetivos e recursos e de estrutura de recompensa para centrar as análises em como as diferentes instruções específicas e tarefas concretas que formulam aos alunos asseguram ou não que estes se envolvam em um autêntico trabalho cooperativo.

De nossa parte, e de acordo com os argumento de Echeita (1995), entendemos que uma via relevante para superar de maneira frutífera a polêmica anterior é analisar mais especificamente o conjunto de *relações psicossociais* postas em jogo na interação entre alunos, entendidas como variáveis mediadoras entre uma determinada estrutura de organização das atividades e das tarefas na sala de aula (de objetivos e recursos ou de recompensas) e de seus efeitos do ponto de vista da atribuição de sentido à aprendizagem por parte dos alunos. Dessa perspectiva, Echeita indica que a potencialidade das situações cooperativas entre alunos estaria vinculada a processos motivacionais, como a percepção de competência ou a autonomia na realização das tarefas, e a processos afetivo-relacionais, como os sentimentos de vinculação ao grupo ou de satisfação e orgulho diante do êxito escolar. As possibilidades das situações cooperativas para fomentar uma motivação intrínseca orientada para a própria aprendizagem, para reforçar a atribuição de importância ao próprio esforço ou para facilitar os sentimentos de aceitação, de apoio mútuo e de auto-estima elevada, seriam então, dessa perspectiva, outras tantas chaves para explicar por que a interação entre alunos pode se revelar particularmente favorecedora de uma atribuição positiva de sentido à aprendizagem escolar por parte dos alunos.

Fatores moduladores na construção do conhecimento na interação entre alunos

Os mecanismos interpsicológicos descritos não aparecem de maneira automática ou necessária quando os alunos a tabalham em grupo. Seu surgimento ou não, e com ele a maior ou a menor potencialidade para a aprendizagem da interação cooperativa entre alunos, é influenciada por um amplo conjunto de variáveis. Tomando como referência a proposta da concepção construtivista de considerar a relação entre professor, alunos e conteúdos como unidade básica para a análise e a compreensão dos processos escolares de ensino e aprendizagem (ver o Capítulo 6 deste volume), discutiremos a seguir algumas dessas variáveis, organizando-as em torno de três elementos: as características do grupo de alunos, as características da tarefa/conteúdo que é objeto de ensino e aprendizagem e a intervenção do professor no processo (ver Quadro 16.2).

As características do grupo e de seus participantes

Determinadas características dos participantes no trabalho em grupo relativas a seu *status* acadêmico e social podem incidir de forma decisiva no tipo de interação e, conseqüentemente, facilitar ou bloquear os benefícios do trabalho cooperativo. Problemas derivados das diferenças de *status* podem comprometer os efeitos do trabalho em grupo, provocando desigualdades, tanto na interação que se realiza como nos resultados da aprendizagem.

Três tipos de características dos participantes associadas ao *status* foram consideradas prioritariamente na pesquisa: o rendimento acadêmico, o *status* socioeconômico e a procedência étnica e cultural e o gênero dos alunos.

O rendimento acadêmico foi estudado tipicamente, categorizando os alunos em uma gradação que distingue entre alunos de alto nível de rendimento, de nível médio e de nível baixo. A consideração dessa característica inseriu-se muitas vezes na polêmica sobre a maior ou a menor virtude dos grupos homogêneos, formados por alunos similares quanto ao nível de rendimento, em face dos grupos heterogêneos, formados por alunos com níveis diversos de rendimento. A esse respeito, três resultados gerais da pesquisa nos parecem particularmente relevantes (ver, por exemplo, Lou e outros, 1996; Webb e Palincsar, 1996). O primeiro é que o trabalho em grupos heterogê-

QUADRO 16.2 Interação entre iguais e construção do conhecimento: fatores moduladores

1. Características do grupo e de seus participantes
   - Rendimento acadêmico: grupo homogêneos *versus* grupos heterogêneos
   - *Status* socioeconômico e procedência étnica e cultural
   - Gênero
2. Características da tarefa/conteúdo
   - Características da tarefa
     - Tarefas individuais *versus* tarefas de grupo
     - Caráter aberto/fechado da tarefa
   - Instruções para a tarefa
3. Atuação do professor
   - Estabelecimento das condições iniciais da situação
   - Especificação do caráter cooperativo da situação
   - "Andaime" de interações produtivas
   - Apoio à auto-regulação da interação por parte dos alunos
   - Adaptação às necessidades de cada grupo

neos beneficia os alunos de nível baixo de rendimento, que conseguem, nesse tipo de grupos, uma aprendizagem significativamente superior à que conseguem nos de caráter homogêneo. É também potencialmente favorável para os alunos de nível alto, cujo rendimento trabalhando em grupos heterogêneos é igual ou superior, mas não inferior, ao que conseguem trabalhando em grupos homogêneos. O segundo é que os alunos com um nível médio de rendimento parecem beneficiar-se mais quando trabalham em grupos nos quais a heterogeneidade não é muito elevada (por exemplo, grupos formados por alunos de rendimento médio e baixo, ou médio e alto) do que quando o fazem em grupos de heterogeneidade elevada. O terceiro é que determinadas atuações dos professores são importantes para manejar, de modo efetivo, a heterogeneidade do grupo-classe a serviço do rendimento acadêmico dos alunos; entre essas atuações, destacam-se o oferecimento de uma ajuda especial aos alunos com baixo rendimento, o uso de grupos pequenos com tarefas e/ou materiais diferenciados, a avaliação e a qualificação diferenciada dos alunos segundo critérios relativos a seu esforço individual e a seu progresso continuado, o uso de tutorias entre iguais, a avaliação e o retorno freqüentes a todos os alunos sobre seu rendimento acadêmico e o estabelecimento de mecanismos para assegurar que os alunos participem e finalizem as tarefas.

Também o *status* socioeconômico e a procedência étnica e cultural dos participantes foram destacados em diversos estudos como fatores que afetam a interação. Assim, por exemplo, em alguns trabalhos desenvolvidos nos Estados Unidos, os alunos brancos tendem a mostrar-se mais ativos e influentes que os alunos pertencentes a grupos minoritários, e estes últimos tendem a mostrar-se menos assertivos, mais ansiosos, a falar menos e a contribuir com menos idéias que os alunos brancos (Cohen, 1982). Contudo, é preciso assinalar que, muitas vezes, o *status* socioeconômico e a procedência étnica e cultural se correlacionam nas salas de aula com o *status* acadêmico e, por isso, é difícil avaliar até que ponto os efeitos observados são atribuíveis a uma ou a outra característica.

Finalmente, alguns estudos mostraram a incidência do gênero para as interações que se desenvolvem entre os alunos (ver, por exemplo, Webb, 1984). Tais estudos mostram a conveniência de que os grupos sejam constituídos por igual ou em número muito próximo de meninos e de meninas, pelo menos no período da adolescência: nos grupos com mais alunos que alunas, os primeiros tendem a ignorar as contribuições dadas por suas colegas e a apresentar maior rendimento; na situação inversa, nos grupos com maioria de alunas, estas tendem a centrar parte importante de sua participação na interação com seus colegas varões, obtendo, como no caso anterior, um rendimento mais baixo que eles. As diferenças, porém, não foram identificadas nos estudos em que a composição dos grupos era equilibrada quanto ao número de alunos e de alunas, nem tampouco em idades mais precoces.

A constatação de que determinadas características dos alunos podem influir nas formas e nos processos de interação que surgem nas situações cooperativas, limitando, em alguns casos, sua potencialidade construtiva, leva à necessidade de propor formas de intervenção que tendam a promover possibilidades eqüitativas de interação e de aprendizagem para todos os alunos, independentemente de suas características pessoais, evitando desigualdades quanto às suas oportunidades para participar em interações construtivas e beneficiar-se delas. A esse respeito, pelo menos três tipos de considerações parecem decorrer dos resultados da pesquisa.

A primeira é que determinar formas ótimas de agrupamento dos alunos, válidas para todos eles e em qualquer ocasião, é extremamente difícil. Isso ocorre porque cada aluno apresenta uma constelação própria de características pessoais em relação às diversas variáveis apontadas, e porque os efeitos das diferentes variáveis interagem entre si e com outras variáveis também relevantes para o trabalho em grupo. Nesse sentido, pode ser prudente, na prática, uma estratégia que diversifique os tipos de agrupamentos empregados em diversos momentos e que dê especial atenção à avaliação de que conseqüências favoráveis ou desfavoráveis, e para quem, aparecem em cada contexto concreto associadas às diferentes formas de organizar os grupos de alunos.

Uma segunda consideração relevante, a nosso ver, e sem que isso signifique uma contradição com o que mencionamos, é a de que, do conjunto de características relacionadas com o *status* dos alunos que assinalamos, o *status* acadêmico pode ser a mais influente para a interação: os alunos com um *status* acadêmico baixo interagem menos freqüentemente e conseguem incidir em menor medida no grupo do que os alunos que gozam de um *status* acadêmico alto, que dominam a interação e são vistos como líderes com maior freqüência. De uma perspectiva de intervenção, isto tem um interesse particular para o tratamento das características que estamos comentando, visto que o *status* acadêmico é, sem dúvida, uma das características pessoais dos alunos mais sensíveis a uma interação educacional.

Por último, e em relação muito direta com o anterior, cabe assinalar que algumas estratégias específicas de intervenção mostraram-se capazes de modificar as percepções de *status* acadêmico, promovendo, assim, a eqüidade na participação na interação entre alunos com características distintas e otimizando os efeitos do trabalho cooperativo. Duas delas são a promoção de habilidades múltiplas e a atribuição de competência a alunos de *status* baixo (Cohen, 1994). Na primeira, o professor revela a necessidade de dispor de distintas e múltiplas habilidades para resolver uma determinada tarefa, de maneira que os alunos assumam que cada membro do grupo pode ser especialista em algumas delas e nenhum membro do grupo pode dominar a todas. Para o êxito desse tipo de trabalho é essencial que o currículo que se desenvolve na sala de aula contemple realmente um conjunto amplo de capacidades, evitando centrar-se exclusivamente nas habilidades acadêmicas convencionais. Quanto à estratégia de atribuição de competência a alunos de *status* baixo, supõe que o professor torne públicas as contribuições de um aluno concreto, especificando como sua competência em uma determinada capacidade – que o professor terá identificado previamente graças a um trabalho de observação e de acompanhamento dos alunos durante suas interações em torno de tarefas que fazem intervir diversas capacidades – contribui para o progresso do trabalho em grupo e valorizando em que sentido é um ativo importante para o grupo.

As características da tarefa/conteúdo

Entre as variáveis que intervêm nos processos interativos que se produzem no trabalho cooperativo entre alunos, as características da tarefa/conteúdo que se propõe aos alunos como objeto de ensino e aprendizagem ocupam um lugar de destaque (ver, por exemplo, Lou e outros, 1996). Pelo menos duas dimensões das tarefas parecem críticas para o trabalho cooperativo. A primeira se refere ao caráter realmente coletivo e grupal, ou não, da tarefa, isto é, até que ponto as tarefas propostas são realmente *tarefas de grupo*. Uma tarefa de grupo seria definida como aquela que requer recursos (informação, conhecimento, estratégias heurísticas de resolução de problemas, materiais, habilidades) que nenhum membro do grupo possui por si só, de maneira que nenhum membro do grupo tem capacidade de resolver o problema ou alcançar os objetivos da tarefa sem pelo menos uma certa contribuição dos outros. Em uma tarefa de grupo, portanto, os participantes são interdependentes: cada um deve obter e trocar algum tipo de recurso com os outros para que a tarefa possa completar-se e todos podem e devem proporcionar algo para a resolução da tarefa. A partir dessa caracterização, vale chamar a atenção para o fato de que nem toda tarefa que se propõe a um grupo é realmente uma tarefa de grupo: em muitos casos, são tarefas que os participantes – ou pelo menos alguns – poderiam resolver individualmente, e nas quais, conseqüentemente, é possível que o trabalho seja realizado apenas por uma parte dos membros do grupo.

A segunda dimensão da tarefa que parece crítica se relaciona com seu caráter, aberto ou fechado: encontramo-nos, nesse caso, com um contínuo que vai desde tarefas completamente definidas, de resposta única e realizados por procedimentos algorítmicos bem-estabelecidos e rotinizados, até tarefas que propõem problemas maldefinidos, com múltiplas respostas possíveis e que não podem ser resolvidas mediante a mera aplicação de determinadas técnicas ou de procedimentos específicos. Nas tarefas mais abertas, a interação entre os alunos é muito mais crucial para a produtividade e o rendimento, já que não há um caminho preestabelecido de resolução: se os membros do grupo não trocam idéias e informação, dificilmente conseguirão encontrar vias de solução para a tarefa proposta.

Além de diferir quanto às suas características em dimensões como as indicadas, as tarefas que se propõem aos grupos também podem variar quanto à maneira específica como são apresentadas. Nesse sentido, as *instruções para a tarefa* foram assinaladas como um elemento-chave para a implementação dos processos interpsicológicos responsáveis pela aprendizagem na interação cooperativa entre alunos. Uma das questões centrais a esse respeito é até que ponto favorece os processos de construção de conhecimento nas situações cooperativas que o professor especifique ou paute muito detalhadamente o processo de resolução das tarefas por parte dos alunos. Se os alunos não recebem nenhum tipo de orientação ou de apoio, é possível que sua interação seja inadequada ou ineficaz e que não se concretizem as pautas e os processos construtivos que assinalamos como necessários para que o trabalho cooperativo seja produtivo e promova efetivamente a aprendizagem. Por outro lado, as linhas oferecidas pelo professor podem chegar a circunscrever excessivamente a atuação dos alunos, limitando as possibilidades de que se envolvam em processos autênticos de exploração, de discussão e de elaboração compartilhada. Nesse sentido, alguns autores apontam a necessidade de que, pelo menos em tarefas abertas e complexas, as instruções não sejam excessivamente detalhadas nem restrinjam em excesso a dinâmica interativa do grupo (Salomon e Globerson, 1989): isso, contudo, não impede que possa ser necessário oferecer um certo grau de apoio ao trabalho dos alunos, que os ajude a especificar papéis, preparar elementos para sua discussão, fazer perguntas ou organizar procedimentos de trabalho.

Em outro sentido, as instruções para a tarefa são essenciais para que os alunos entendam e abordem a tarefa efetivamente como uma tarefa coletiva (Mercer, 1997). A esse respeito, é fundamental que o professor ajude os alunos a conceberem o que significa e em que se concretiza realizar uma tarefa de forma cooperativa, explicitando ao máximo os critérios e as formas de atuação e de discurso que pretende que os alunos ponham em funcionamento.

A atuação do professor

Ao longo dos títulos anteriores, referimo-nos de forma reiterada à importância de que o processo atue de determinadas formas sobre os diversos fatores moduladores dos processos interativos responsáveis pela construção do conhecimento na interação entre alunos, com o objetivo de desenvolver aqueles tipos de interação de maior potencialidade construtiva. Portanto, a intervenção do professor aparece como essencial para a produtividade e a efetividade do trabalho cooperativo entre alunos e para a atualização de suas contribuições potenciais para a aprendizagem que estes realizam nas situações de sala de aula (por exemplo, Palincsar, 1998), até o ponto de que, para alguns autores, o "treinamento" dos professores e sua experiência em estratégias de ensino de orientação de trabalho dos grupos constitui um fator modulador essencial da aprendizagem dos alunos nesse tipo de trabalho (Lou e outros, 1996).

Dillenbourg (1999) distingue quatro tipos gerais de intervenções do professor, necessárias para aumentar a probabilidade de interações construtivas em situações de cooperação entre alunos. O primeiro tem a ver com o estabelecimento das condições iniciais da situação e remete, em boa medida, a questões relacionadas com a composição dos grupos e o tipo de tarefas a propor para a sua realização. O segundo tem a ver com a definição específica, mediante as instruções da tarefa, do caráter cooperativo da situação. O terceiro remete ao "andaime" (ver o Capítulo 17 deste volume), por parte do professor, das interações produtivas dos alunos mediante a incorporação contextualizada de regras de interação; para isso, o professor deve tornar explícitas determinadas regras que devem reger a interação e facilitar sua consideração no transcurso da interação. O quarto tipo de intervenção assinalado por Dillenbourg é o apoio, por parte do professor, à regulação das interações no grupo. São, nesse caso, atuações, normalmente pontuais, que ajudam o grupo a redirecionar seu trabalho em um sentido produtivo ou a assegurar que todos os membros do grupo estejam envolvidos na interação. Em muitos casos, tais intervenções supõem que o professor modele estratégias específicas de trabalho cooperativo e ajude os alunos, de forma contextualizada, a empregá-las: é o caso, por exemplo, do professor que ouve as intervenções dos diferentes alunos do grupo, interage com todos eles, resume adequadamente a conversa do grupo, pede e proporciona informações e ajuda os demais membros do grupo, medeia com acerto na gestão de situações conflituosas, etc. Com esse tipo de intervenções, o professor pode desenvolver uma espécie de "modelagem metacognitiva" (Monereo, 1999) das habilidades relevantes para a regulação e a autoregulação da interação por parte dos alunos.

Um último aspecto a destacar quanto à intervenção do professor durante o trabalho cooperativo dos alunos relaciona-se com a possibilidade oferecida por esse tipo de trabalho para que o professor adapte o ensino às necessidades específicas de cada grupo, ao poder observar diretamente o processo de trabalho e intervir, proporcionando uma ajuda imediata e contingente (corrigir, dar mais informação, perguntar, etc.) quando os alunos necessitam. A esse respeito, o professor deve identificar indicadores observáveis que lhe permitam conhecer os processos e a realização dos alunos durante o trabalho em pequenos grupos e necessita dotar-se de estratégias, de critérios e de recursos específicos para *avaliar o processo*, modificando seus objetivos, se for o caso, a partir dessa avaliação.

A importância das diversas formas de intervenção do professor a que nos referimos não pode fazer-nos esquecer, contudo, que o trabalho cooperativo entre alunos se apóia precisamente na delegação da autoridade por parte do professor e na cessão aos alunos de uma parte essencial do controle e da responsabilidade sobre o que ocorre na sala de aula e sobre o processo de ensino e aprendizagem. Assim, a intervenção do professor durante a interação cooperativa entre alunos situa-se sempre em um delicado equilíbrio entre o respeito aos processos e às formas de trabalho dos alunos e o apoio otimizador a esses mesmos processos e formas de trabalho.

INTERAÇÃO ENTRE ALUNOS E INTERATIVIDADE PROFESSOR/ALUNOS

As idéias esboçadas sobre os processos interpsicológicos responsáveis pela potencialidade construtiva das situações de trabalho cooperativo entre alunos surgem de estudos centrados tipicamente nos resultados e/ou na dinâmica da interação de uma perspectiva que deixa relativamente à margem o contexto mais amplo da atividade conjunta professor/alunos na qual se situa, necessariamente, essa interação no contexto da sala de aula. Por isso, gostaríamos de terminar chamando a atenção para a necessidade de considerar o trabalho cooperativo entre alunos em seu contexto mais amplo: o da atividade conjunta de professor e alunos (Colle e Colomina, 1990) e o da escola como espaço institucional. Como ressaltam Webb e Palincsar (1996), a aprendizagem em pequenos grupos não pode ser estudada independentemente do currículo, da cultura da sala de aula, das práticas de avaliação e do clima de ensino da aula. A noção de "interatividade" (ver o Capítulo 17 deste volume) é particularmente adequada, a nosso ver, para uma abordagem conceitual desse estudo, ao permitir a inclusão no foco de interesse, por exemplo, dos processos de interação entre alunos diretamente vinculados a tarefas escolares que se realizam em boa medida fora da sala de aula – uma situação relativamente corriqueira nos níveis superiores da escolaridade –, ou as atuações preparatórias do trabalho cooperativo propriamente dito que eventualmente podem ser executadas de forma individual pelos alunos.

Dessa perspectiva, o ensino explícito das capacidades que os alunos necessitam para poder trabalhar cooperativamente aparece como um aspecto de interesse particular. De fato, para trabalhar em grupo de maneira efetiva, os alunos devem dispor de uma ampla gama de capacidades de tipo diverso – de comunicação, de planejamento e desenvolvimento conjunto de tarefas, de auto-regulação, de resolução de conflitos, de respeito e ajuda mútua, etc. – que só poderão desenvolver a partir de uma intervenção educacional global que as promova e da participação em experiências e atividades que permitam sua prática e seu domínio progressivo. A esse respeito, diversos estudos (ver, por exemplo, Cohen, 1994; Webb e Palincsar, 1996) mostram o interesse de que os alunos participem em atividades prévias às situações cooperativas dirigidas a favorecer o desenvolvimento de condutas pró-sociais e outras habilidades específicas para ser capazes de posteriormente participar com êxito de um trabalho cooperativo, assim como a promover discussões sobre as relações e os processos interpessoais e os processos em grupo com a finalidade de que os alunos reflitam sobre tais aspectos e sobre sua finalidade como grupo e desenvolvam uma "atitude intersubjetiva" (Palincsar, 1998) para a construção conjunta de significados. Em muitos casos, essas atividades se estendem, em última análise, ao conjunto do trabalho em sala de aula (ver, por exemplo, Salomon e outros, 1990), o que apenas ressalta a estreita vinculação entre formas de trabalho cooperativo entre alunos e o contexto mais amplo no qual essas formas se inserem.

17

Interatividade, mecanismos de influência educacional e construção do conhecimento na sala de aula

ROSA COLOMINA, JAVIER ONRUBIA E Mª JOSÉ ROCHERA

INTRODUÇÃO

Os instrumentos utilizados pela psicologia da educação para descrever e explicar os processos de construção do conhecimento na sala de aula experimentaram mudanças consideráveis nos últimos anos, que afetaram tanto as perspectivas e os contextos teóricos empregados na caracterização desses processos como sua abordagem metodológica. Ao longo do presente capítulo, propomos oferecer uma visão de conjunto dessas mudanças que nos permita traçar um panorama adequado da situação no âmbito da pesquisa psicoeducacional.

Para isso, estruturaremos o capítulo em quatro grandes itens. No primeiro, retomaremos rapidamente as aproximações clássicas da análise das relações entre os processos de ensino que os professores desenvolvem na sala de aula e os resultados de aprendizagem obtidos pelos alunos; algumas aproximações presididas, teoricamente, pelo propósito de identificar os comportamentos do professor definidores de um ensino eficaz, e caracterizá-las, metodologicamente, pela utilização dos chamados "sistemas de categorias" como instrumento básico para a análise da interação na sala de aula. O salto teórico e metodológico provocado na aproximação dos processos de interação e construção de conhecimento na sala de aula pela crescente influência das idéias cognitivas e construtivistas sobre os processos escolares de ensino e aprendizagem será o eixo de nosso segundo item; salto este que levou a substituir a busca da eficácia docente pelo propósito de compreender e detalhar os mecanismos e os processos envolvidos no exercício da influência educacional, e a análise da interação mediante os sistemas de categorias para a análise da atividade conjunta, da interatividade, que professor e alunos constroem em conjunto nas situações de sala de aula. No terceiro item, procuraremos sintetizar alguns resultados oferecidos até o momento por essa nova perspectiva sobre os processos de construção dos conhecimento na sala de aula, vinculando-os aos dois mecanismos básicos envolvidos no exercício da influência educacional: a construção progressiva de sistemas de significados compartilhados entre professor e alunos e a transferência progressiva do controle do professor para os alunos. Finalmente, formularemos algumas questões relativas à potencialidade e às limitações que apresenta atualmente a análise da interatividade.

ANÁLISE DA INTERAÇÃO PROFESSOR/ALUNOS E A BUSCA DA COMPETÊNCIA DOCENTE

As aproximações clássicas da análise das relações entre os processos de ensino e aprendizagem que os professores desenvolvem na sala de aula e a aprendizagem dos alunos foram presididas pelo propósito de definir e medir a competência docente, identificando comportamentos específicos do professor que poderiam ser associados de maneira consistente com os níveis de rendimento obtidos pelos alunos (Monereo, 1990a). Portanto, o eixo dessas aproximações é a busca de correlações entre os comportamentos do professor e os resultados de aprendizagem dos alunos, assumindo uma relação direta entre uns e outros. De acordo com isso, tais aproximações, predominantes no âmbito da análise da interação na sala de aula durante os anos 1960 e 1970 e com uma ampla presença também durante os anos 1980, foram rotuladas sob o termo genérico de pesquisa "processo-produto", em que os comportamentos do professor constituem as variáveis de processo, e os níveis de rendimento dos alunos, as variáveis de produto que se procura medir e relacionar.

Conceitualmente, a pesquisa processo-produto vincula-se a uma caracterização linear das relações entre ensino e aprendizagem, segundo a qual o ensino, concretizado nos comportamentos discretos do professor, determina diretamente a aprendizagem, definida normalmente em termos de rendimento acadêmico dos alunos, sem que medeiem no processo outros fatores ou variáveis intrapessoais (do professor e/ou do aluno), ou vinculados à situação e ao contexto. A perspectiva psicológica sobre o ensino e a aprendizagem a que remete tal caracterização é o paradigma behaviorista, em particular em aspectos como o fato de centrar-se no comportamento observável, a desconsideração dos processos mentais internos, uma abordagem essencialmente atomista e baseada em unidades moleculares e comportamentos dos fenômenos psicológicos, ou a explicação da conduta em termos de relações funcionais causa-efeito.

Metodologicamente, as pesquisas processo-produto incluem tanto estudos observacionais como experimentais e respondem, em sua lógica geral e em seus instrumentos de análise, ao modelo clássico de pesquisa de corte positivista e de caráter quantitativo próprio das ciências naturais. Do ponto de vista da coleta e do armazenamento dos dados sobre o comportamento do professor, o instrumento fundamental empregado pela pesquisa processo-produto são os chamados "sistemas de categorias" para a análise da interação. Tais sistemas constam de conjuntos fechados de categorias que se costuma considerar como mutuamente excludentes, que são determinadas antes da realização da observação e que não podem ser modificadas durante a mesma. Tipicamente, são planejados para serem utilizados *on-line*, isto é, diretamente durante a situação de observação, de maneira que o registro obtido é uma lista das categorias ocorridas durante ela, codificadas mediante algum sistema específico. Por suas características, esse tipo de sistemas se presta particularmente bem à obtenção de informação normativa e contrastável de um amplo número de salas de aula, suscetível de um tratamento estatístico: em contrapartida, são pouco adequados para obter informação detalhada das características locais e dos fatores contextuais específicos das diferentes salas de aula observadas.

Um bom exemplo das características que acabamos de citar é proporcionado pelo sistema de categorias para a análise da interação proposta por Flanders, um dos mais conhecidos no contexto espanhol (Flanders, 1977). O sistema consta de 10 categorias: sete para a fala do professor, duas para a fala do aluno e uma para o silêncio ou a comunicação ininteligível para o observador. As categorias (ver o Quadro 17.1), mutuamente excludentes e estabelecidas *a priori*, apuram comportamentos discretos do professor (por exemplo, "expõe e explica" ou "dá instruções") e dos alunos ("responde" ou "inicia o discurso"), definidos operacionalmente e que remetem por agregação a estilos diferenciados de ensino ("indireto" *versus* "direto"). O registro supõe anotar de maneira consecutiva, em função de uma mostra temporal, a categoria que se está produzindo em cada momento. O principal objetivo de Flanders é constatar que estilo de ensino, operacionalizado nos comportamentos específicos apurados no sistema, associa-se de forma mais consistente ao rendimento acadêmico dos alunos e a atitudes positivas destes em relação à aprendizagem.

Diversos autores sistematizaram os principais resultados oferecidos pela pesquisa processo-produto sobre os comportamentos que definiriam o professor competente. Assim, Brophy e Good (1986) apresentam uma ampla lista de comportamentos do professor que correlacionam com os resultados acadêmicos dos alunos, agrupando-os em torno dos seguintes aspectos: a quantidade e o ritmo do ensino, a forma como o professor apresenta sua informação, as perguntas aos alunos, a reação às respostas dos alunos e a organização do tra-

QUADRO 17.1 Categorias para a análise da interação de Flanders (FIAC)

Fala do professor	Responde	1. *Aceita sentimentos.* Aceita uma atitude, ou o tom afetivo, de um aluno de maneira "não-ameaçadora". Os sentimentos podem ser positivos ou negativos. Também são incluídas nessa categoria a previsão e a evocação de sentimentos. 2. *Elogia ou estimula.* Elogia ou encoraja a ação ou o comportamento do aluno. Brinca ou faz piadas que aliviam a tensão em aula, mas não à custa de outro indivíduo. Incluem-se aqui os movimentos afirmativos, aprovadores, de cabeça e expressões como "muito bem" ou "vá em frente". 3. *Aceita ou utiliza idéias dos alunos.* Esclarecimento, estruturação ou desenvolvimento de idéias sugeridas por um aluno. Incluem-se aqui as ampliações que o professor faz das idéias dos alunos, mas quando o professor inclui mais elementos de suas próprias idéias, deve-se passar à categoria número 5.
		4. *Faz perguntas.* Formulação de perguntas acerca de conteúdos ou de procedimentos e de métodos, sendo que o professor parte de suas próprias idéias e com a intenção de que um aluno responda.
	Inicia	5. *Expõe e explica.* Refere-se a fatos ou opiniões acerca de conteúdos ou de métodos; expressa *suas próprias* idéias, dá *suas próprias* explicações ou cita uma autoridade que não seja um aluno. 6. *Dá instruções.* Diretrizes, normas ou ordens que se espera que o aluno cumpra. 7. *Critica ou justifica sua autoridade.* Frases que tendem a fazer mudar a conduta do aluno, de formas ou diretrizes não-aceitáveis para modos aceitáveis; repreende algum; explica as razões de sua conduta, por que faz o que faz; extrema referência a si mesmo.
Fala do aluno		8. *Resposta do aluno.* Os alunos falam para responder ao professor. É o professor que inicia o processo, solicita que o aluno expresse ou estruture a situação. A liberdade para expressar as próprias idéias é limitada.
	Inicia	9. *O aluno inicia o discurso.* Iniciação do discurso por parte dos alunos. Expressão de idéias próprias; iniciação de um novo tema; liberdade para expor opiniões e linhas pessoais de pensamento; formulação de perguntas pensadas por sua própria conta; ir além da estrutura dada.
Silêncio		10. *Silêncio ou confusão.* Pausas, curtos períodos de silêncio e períodos de confusão nos quais a comunicação é ininteligível para o observador.

Fonte: Flanders, 1977.

balho individual, na sala de aula e em casa, dos alunos. Por sua vez, Rosenshine e Stevens (1990) concluem que o estilo educacional que se mostra mais eficaz em relação ao rendimento dos alunos, particularmente em conteúdos como língua e matemática, é o que chamam de "ensino direto". A revisão e a comprovação do trabalho prévio, a apresentação de nova informação, a prática orientada, a correção e a retroalimentação, a prática independente e a revisão sistemática do aprendido são as seis "funções docentes" em torno das quais se articulam os comportamentos concretos do professor que definem o ensino direto, que se baseia em um ensino por meio de pequenas etapas, em cada uma das quais se assegura a apresentação detalhada da nova informação por parte do professor e a prática do aluno, tanto orientada como independente, com correções e retroalimentação constantes por parte do professor. O Quadro 17.2 resume os comportamentos que, de acordo com os resultados da pesquisa do ensino realizada no contexto do paradigma processo-produto, caracterizam o professor competente.

Esses resultados significam, sem dúvida, uma importante contribuição ao nosso conhecimento sobre o ensino eficaz, contudo sua potencialidade teórica e sua aplicabilidade prática são notavelmente matizadas por um importante conjunto de limitações inerentes à própria lógica da pesquisa processo-produto. As mais importantes remetem à conceitualização da aprendizagem e do ensino, tributária do paradigma behaviorista, em que tais pesquisas se apóiam, como também à relação direta que postulam entre o comportamento do professor e o rendimento dos alunos. Foi justamente esse tipo de limitações que evidenciou as aproximações cognitivas e as construtivistas, atualmente predominantes na explicação psicoeducacional dos processos escolares de ensino e aprendizagem, e é o propósito de superá-las que subjaz ao salto teórico e metodológico da aproximação do estudo dos processos de interação e de construção de conhecimento na sala de aula que se produziu ao longo das últimas décadas.

DA ANÁLISE DA INTERAÇÃO À ANÁLISE DA INTERATIVIDADE

Do interesse pela competência docente ao estudo dos mecanismos de influência educacional

As concepções psicoeducacionais sobre os processos de ensino e aprendizagem experi-

QUADRO 17.2 As características do professor competente: principais contribuições da pesquisa processo-produto

Em relação à quantidade e ao ritmo do ensino

- Proporciona uma quantidade elevada de ensino, dedicando a maior parte do tempo de aula a atividades diretamente relacionadas com os conteúdos do currículo.
- Enfatiza a importância das aprendizagens acadêmicas.
- Mantém expectativas altas sobre o rendimento de seus alunos.
- Assegura que os alunos avancem em sua compreensão dos conteúdos, que tenham experiência de êxito em sua aprendizagem e que não experimentem níveis altos de frustração, sem deixar de marcar um ritmo de ensino que permita cobrir os conteúdos previstos.
- Ensina ou supervisiona diretamente o trabalho dos alunos durante a maior parte do tempo, evitando que trabalhem sem ajuda ou simplesmente não trabalhem.

Em relação à maneira de apresentar a informação

- Estrutura a matéria que ensina valendo-se de introduções, organizações prévias, resumos, sínteses periódicas, etc.
- Repete e revisa os conceitos e as idéias-chave.
- É claro.
- Mostra entusiasmo.
- Dá tempo suficiente para que os alunos assimilem a nova informação.

Em relação à maneira de fazer as perguntas aos alunos

- Faz perguntas que os alunos possam responder em sua maioria de maneira correta.
- Formula perguntas claras.
- Dá tempo suficiente (uns 3 segundos) depois da pergunta e antes de pedir a um aluno em particular que a responda para que os alunos possam pensar na resposta.
- Dá tempo suficiente para que o aluno responda.
- Faz com que todos os alunos possam participar e oferecer respostas.

Em relação à avaliação das respostas dos alunos

- Oferece *feedback* às respostas corretas.
- Diante de uma resposta parcialmente correta ou incompleta, destaca a parte correta e, mediante pistas ou reformulações, procura obter uma resposta melhor para a parte incorreta ou incompleta, antes de ele próprio dar a resposta correta.
- Diante de uma resposta incorreta, procura obter do aluno uma segunda resposta, de preferência oferecendo pistas e respostas, antes de ele próprio dar a resposta correta.
- Diante da falta de resposta do aluno, procura obter alguma resposta, ainda que seja errada ou "não sei", e depois proporciona *feedback* e a resposta correta.
- Leva em conta as perguntas ou as intervenções espontâneas dos alunos.

Esses resultados devem ser matizados em função de variáveis contextuais, como a série, o ciclo ou a etapa de que se trate, o nível socioeconômico dos alunos, sua motivação e sua capacidade cognitiva, e as intenções e objetivos do professor.

mentaram uma mudança radical com a perda de influência do behaviorismo e o auge das teorias e dos modelos cognitivos e construtivistas. Para além de suas diferenças e particularidades (ver o Capítulo 6 deste volume), tais teorias e modelos estabeleceram uma caracterização global da aprendizagem como um processo construtivo, que tem um caráter essencialmente interpessoal, social e cultural e que é governado tanto por fatores cognitivos como por fatores situacionais e contextuais. Conseqüentemente, o ensino já não é concebido como um simples processo de transmissão de conhecimentos de alguém que os possui (o professor) a alguém que não os possui (o aluno), mas como um processo de natureza social, lingüística e comunicativa, em que o papel fundamental do professor é estruturar e guiar a construção de significados que os alunos realizam em um ambiente complexo de atividade e discurso, ajustando suas ajudas e seus apoios em função de como os alunos realizam tal construção.

À luz dessa imagem dos processos de ensino e aprendizagem, a aproximação processo-produto da análise dos processos de ensino e aprendizagem na sala de aula aparece como claramente limitada em, pelo menos, três aspectos básicos. Em primeiro lugar, a aproximação não leva em conta os processos intrapsicológicos que medeiam a aprendizagem dos alunos e, portanto, os eventuais efeitos do comportamento do professor sobre essa aprendizagem; em outros termos, não leva em conta os processos, tanto cognitivos como afetivos, emocionais e motivacionais, que intervêm na construção de significados que os alunos realizam ao aprender. Em segundo lugar, propostas como o do ensino direto apresentam o professor essencialmente como um técnico que, para ser competente, deve realizar sua tarefa mediante a aplicação linear de uma determinada forma de proceder, a título de receita (Marchesi e Martín, 1998). Essa caracterização técnica da tarefa docente é pouca adequada da perspectiva da conceituação do papel do professor como estruturador e guia da construção de conhecimento que o aluno realiza. A nova conceituação do papel do professor, ao contrário, remete a uma imagem da tarefa docente como um processo de tomada de decisões antes, durante e depois de sua atuação na sala de aula, e do professor como um profissional capaz de refletir durante sua atuação na sala de aula e de refletir sobre essa atuação e sobre sua reflexão durante a atuação. Em terceiro lugar, o postulado central da pesquisa processo-produto, isto é, a relação linear entre comportamentos do professor e aprendizagem dos alunos, não é sustentável em uma caracterização cognitiva e construtivista dos processos de ensino e aprendizagem. Nessa caracterização, a relação deve ser entendida de maneira mais complexa, tomando como eixo a atividade mental construtiva do aluno e contemplando tanto a atividade educacional do professor como as características das atividades e das tarefas de ensino e aprendizagem que se desenrolam na sala de aula.

A tomada de consciência dessas limitações e o propósito de superá-las implica uma modificação radical das coordenadas em que apoiar a análise das relações entre ensino e aprendizagem na sala de aula. Essa modificação significa, em síntese, passar do estudo do comportamento do professor ao estudo da dinâmica interativa e comunicativa de co-construção do conhecimento na sala de aula entre professor e alunos; e do estudo da competência docente ao estudo dos processos e dos mecanismos interpsicológicos que explicam a maior ou a menor potencialidade de determinadas formas de estruturação e orientação por parte do professor como um apoio à construção de significados que o aluno realiza quando aprende. Para falar nos termos da concepção construtivista da aprendizagem escolar e do ensino (ver o Capítulo 6 deste volume), trata-se de se centrar na identificação e na análise dos mecanismos de influência educacional, isto é, dos processos interpsicológicos subjacentes às formas e aos dispositivos concretos mediante os quais é possível, de maneiras distintas em situações diversas, ajustar a ajuda educacional à atividade mental construtiva dos aluno. Para isso, é necessário redefinir conceitualmente o âmbito da indagação para além da análise da interação própria das pesquisas processo-produto, o que significa deslocar o foco de atenção da análise da interação à análise da "interatividade".

A análise da interatividade como caminho para o estudo dos mecanismos de influência educacional

A interatividade: traços distintivos e dimensões constituintes

A passagem da análise da interação para a análise da interatividade comporta a passagem de um olhar aos processos de ensino e aprendizagem na sala de aula centrado nos comportamentos discretos do professor, supostamente garantias de um ensino competente, a outro, centrado nos processos interpsicológicos que subjazem à atividade conjunta de professor e alunos. Implica também a substituição de um modelo hierárquico e linear de relação entre a conduta do professor e a aprendizagem dos alunos por outro baseado na admissão das inter-relações entre professor e alunos em torno das atividades e das tarefas de ensino e aprendizagem como unidade mínima significativa para compreender os processos de aprendizagem na sala de aula (ver os Capítulos 6 e 16 deste volume). De acordo com essa lógica, a análise da interatividade centra-se na articulação das atuações de professor e alunos em torno de um determinado conteúdo ou de uma tarefa específica de aprendizagem (Coll e outros, 1995).

Em que pese a aparente simplicidade dessa formulação, a noção de interatividade assim definida implica um amplo conjunto de traços distintivos e dimensões constituintes que lhe outorgam uma notável carga teórica. Tais traços e dimensões, que vamos rever a seguir, conectam globalmente a noção de interatividade com a busca atual, no conjunto da pesquisa psicoeducacional, de constructos teóricos e metodológicos que permitam avançar para uma compreensão e uma análise coordenadas dos processos de aprendizagem e ensino (ver, por exemplo, Shuell, 1993, 1996) e, mais particularmente, com as formulações mais recentes das perspectivas teóricas de corte sociocultural e co-construtivista sobre os processos de ensino e aprendizagem (ver, por exemplo, Palincsar, 1998).

Em primeiro lugar, a interatividade ressalta a *articulação e a inter-relação* das atuações do professor e dos alunos em uma situação concreta de ensino e aprendizagem. No conceito de interatividade, portanto, considera-se impossível compreender de maneira adequada o que o professor faz ou diz sem levar em conta ao mesmo tempo o que os alunos fizeram ou disseram, ou o que farão e dirão, e vice-versa. Isso é coerente não só com as idéias da perspectiva sociocultural sobre a reciprocidade, a mutualidade e a contingência das atuações dos participantes em uma situação de interação (Newman, Griffin e Cole, 1991), mas também com as propostas da análise ecológica da sala de aula segundo as quais, para entender os comportamentos dos participantes em um momento determinado, é preciso levar em conta os contextos e os padrões de atividade conjunta em que tais comportamentos se situam (Doyle, 1986).

Em segundo lugar, a interatividade refere-se às atuações inter-relacionadas dos participantes *em torno de um conteúdo específico ou de uma determinada tarefa de aprendizagem*. A importância do conteúdo ou da tarefa para a concretização dos processos de ensino e aprendizagem na sala de aula foi claramente evidenciada nos trabalhos realizados a partir da perspectiva ecológica (ver, por exemplo, Stodolsky, 1991), como também pelo grosso da pesquisa sobre os processos de aprendizagem realizada pelo processamento humano de informação (ver, por exemplo, Mayer, 1999).

Em terceiro lugar, a análise da interatividade outorga uma relevância fundamental à *dimensão temporal* dos processos de ensino e aprendizagem. Para entender o que fez, faz ou fará cada um dos participantes e em relação com os outros, é necessário situar essas atuações no curso da própria atividade conjunta. Essa necessidade está relacionada com a conceituação que se faz, na concepção construtivista da aprendizagem escolar e do ensino, do ajuste da ajuda educacional como um processo. Nessa conceituação, uma análise exclusivamente estática dos comportamentos de professor e alunos não pode nos assegurar uma compreensão adequada de por que e como se está (ou não) ajustando a ajuda educacional à aprendizagem dos alunos em uma situação determinada.

Em quarto lugar, a interatividade inclui tanto as trocas comunicativas face a face entre professor e alunos como o conjunto mais amplo de atuações de um e outro que, não obstante sua aparência individual, na realidade assumem seu significado educacional no contexto mais amplo da atividade conjunta. Esse requisito está relacionado, por um lado, com o fato de que a ajuda educacional pode ser tanto proximal – direta – como distal – indireta (Rogoff, 1993). Tem a ver, igualmente, com a consideração da fala como uma forma específica de atividade e com a constatação da dependência do discurso na sala de aula do *contexto mais amplo de atividade conjunta* em que aparece (ver, por exemplo, Edwards e Mercer, 1988; Mercer, 1997, Capítulo 15 deste volume).

Em quinto lugar, na noção de interatividade assume-se que as atuações inter-relacionadas dos participantes se constroem à medida que se desenvolve o próprio processo de ensino e aprendizagem. Isso significa que não é possível determinar completamente a interatividade antes que ela seja realizada, mas que esta emerge e toma corpo à medida que se desenrola a atividade conjunta dos participantes. A noção de interatividade remete, dessa perspectiva e em última análise, a um *duplo processo de construção*: o processo de construção das aprendizagens que os alunos realizam e o processo de construção da própria atividade conjunta que professor e alunos realizam. Por isso, para conseguir uma compreensão adequada das aprendizagens que os alunos realizam (ou não), requer-se uma análise da dinâmica de construção da atividade conjunta em cujo interior se produz (ou não) tal aprendizagem. Essa idéia do caráter construído da interatividade liga-se à caracterização da sala de aula proporcionada por alguns trabalhos realizados da perspectiva sociolingüística de análise do discurso educacional (ver, por exemplo, Green, Weade e Graham, 1988), como também a noção de imprevisibilidade proposta na tradição da análise ecológica da sala de aula (Doyle, 1986), que assinala o fato de que muitas vezes ocorrem nela acontecimentos não-previstos no processo prévio de planejamento.

Finalmente, e em sexto lugar, a interatividade é regulada de acordo com um conjunto de normas e regras que determinam, em cada momento, quem pode dizer ou fazer algo, quando, como, sobre o que e com relação a quem, ou seja, que determinam a "estrutura de participação" (Erickson, 1982) que preside a atividade conjunta de professor e alunos. Essa estrutura de participação consta, por sua vez, de dois tipos de estrutura: a estrutura de participação social, vinculada aos papéis e aos direitos e às obrigações comunicativas dos participantes, e a estrutura da tarefa acadêmica vinculada às características e à seqüenciação do conteúdo de aprendizagem. O conhecimento das regras que regulam tanto a estrutura de participação social como a estrutura da tarefa acadêmica é essencial para os participantes, já que lhes permite interpretar as ações dos outros e intervir, eles próprios, de maneira adequada na atividade conjunta.

A partir da conceituação realizada, a interatividade acaba se configurando em "formas de organização da atividade conjunta" entre professores e alunos, isto é, em formas concretas como os participantes articulam e organizam, de forma regular e reconhecível, suas atuações em torno de uma tarefa ou um conteúdo de aprendizagem (Coll e outros, 1995). Cada forma de organização da atividade conjunta responde a uma determinada estrutura de participação, e o conjunto de formas de organização da atividade conjunta construídas no transcurso de uma seqüência didática configura a estrutura da interatividade. Assim caracterizadas, as formas de organização da atividade conjunta apresentam um certo paralelismo com os "segmentos de atividade" propostos por determinados autores situados em uma perspectiva ecológica como unidades básicas para a análise da atividade nas salas de aula (Stodolsky, 1991; Weinstein, 1991).

A simples revisão anterior acerca dos traços e das dimensões assinalados com relação ao conceito de interatividade evidencia os diferenciais essenciais entre a análise da interatividade e a análise da interação de uma perspectiva processo-produto: de fato, este último se centra mais nas atuações do professor e dos alunos isoladamente consideradas que em sua articulação e em sua inter-relação, utiliza habilmente categorias "livres de conteúdo" que se aplicam de forma idêntica independentemente das tarefas ou dos conteúdos que são objeto de ensino e aprendizagem, deixa em segundo plano a dimensão temporal dos processos de ensino e aprendizagem, que é essencial na análise da interatividade, e se centra, tipicamente, nas trocas comunicativas dos participantes, à margem do contexto mais amplo de atividades que tais trocas produzem.

A análise empírica da interatividade: exigências metodológicas

A definição e a caracterização da interatividade impõe exigências metodológicas importantes para o estudo empírico dos mecanismos de influência educacional; exigências que, mais uma vez, estabelecem diferenças essenciais entre a análise da interatividade e a análise da interação própria da aproximação processo-produto: levar em conta de maneira articulada e inter-relacionada as atuações de professor e alunos, considerar as características particulares do conteúdo ou da tarefa de aprendizagem, estudar seqüências completas de ensino e aprendizagem em toda sua extensão temporal, analisar o discurso de professor e alunos de maneira contextualizada, levando em conta as relações entre atividade discursiva e não-discursiva, etc.

Coll e seus colaboradores (ver, entre outros, Coll e Onrubia, 1994; Coll e outros, 1995) elaboraram recentemente um modelo para a análise empírica da interatividade que diz respeito a esse conjunto de exigências. O modelo proposto apóia-se em duas decisões metodológicas básicas. A primeira é a escolha, como unidade básica de observação, de registro, de análise e de interpretação de processos complexos de ensino e aprendizagem que denominam "seqüências didáticas", e responde à importância da dimensão temporal na análise da interatividade. Uma seqüência didática é definida como um processo completo de ensino e aprendizagem em miniatura, isto é, como um processo mínimo de ensino e aprendizagem que inclui todos os componentes próprios desse processo (desde objetivos e conteúdos próprios até atividades e tarefas de ensino e aprendizagem e de avaliação) e no qual é possível identificar claramente um início e um fim. De acordo com tal caracterização, as seqüências didáticas podem ter uma duração inferior à de uma aula ou, ao contrário, desenvolver-se ao longo de um certo número de aulas.

A segunda opção básica do modelo é distinguir dois níveis diferentes de análise, com objetivos específicos, mas interconectados entre si, e para os quais se definem unidades de análise também específicas e interconectadas que formam um sistema de conjunto. O primeiro nível é de natureza mais estrutural e se centra na articulação das atuações do professor e dos alunos em torno de uma tarefa ou um conteúdo de aprendizagem e em sua evolução no transcurso da seqüência didática; o segundo nível, mais específico e encaixado que o anterior, centra-se nos significados que os participantes negociam e constroem graças à sua atividade discursiva. O primeiro nível tem como unidade básica de análise os "segmentos de interatividade", isto é, as formas particulares de organização da atividade conjunta regidas por conjuntos particulares de normas que delimitam uma determinada estrutura de participação; no segundo nível, a unidade básica de análise são as "mensagens", as expressões mínimas com significado em seu contexto enunciadas por qualquer dos participantes na atividade conjunta. Os resultados oferecidos pelo primeiro nível formam o contexto e o âmbito de interpretação que dá sentido e situa, em relação ao conjunto da seqüência didática, os resultados do segundo nível, ao mesmo tempo que permitem especificar e trazer novos elementos explicativos sobre o funcionamento das formas de organização da atividade conjunta identificadas no primeiro nível. No Quadro 17.3 apresentam-se os segmentos de interatividade identificados em uma seqüência didática sobre "Triângulos e outros polígonos" correspondente às séries iniciais do ensino médio, descrevem-se as estruturas de participação que caracterizam tais segmentos e se reproduzem algumas mensagens típicas emitidas pelos participantes durante o seu desenvolvimento.

Em qualquer caso, e para além do modelo adotado, é importante ressaltar que as exigências impostas pelo estudo empírico da interatividade se associam a algumas preocupações metodológicas prioritárias da atual pesquisa psicoeducacional dos processos de ensino e aprendizagem na sala de aula, em particular à busca de planos de pesquisa e de procedimentos de análise que permitam uma compreensão situada e contextualizada desses processos (Shuell, 1996; Capítulo 14 deste volume).

QUADRO 17.3 Segmentos de interatividade, estruturas de participação e mensagens de uma seqüência didática

A seqüência didática versa sobre "Triângulos e outros polígonos" e corresponde às séries iniciais do ensino médio. Ao longo dela, alternam-se momentos de explicação do professor com momentos de trabalho individual dos alunos, que fazem exercícios propostos pelo professor. Ao final de cada aula, o professor passa aos alunos exercícios para fazer em casa, que são corrigidos na aula seguinte. A última aula da seqüência é dedicada para recapitular globalmente os conteúdos trabalhados. Apresentam-se a seguir os principais tipos de segmentos de interatividade (SI) que podem ser identificados em uma seqüência, as estruturas de participação que os definem e alguns exemplos de mensagens típicas de cada um deles.

Nome do SI	Estrutura de participação (padrão dominante de atuações)	Exemplos de mensagens
SI de apresentação de informação	O professor explica a informação nova no quadro-negro/ Os alunos seguem a explicação e tomam notas.	"Neste tema falaremos dos triângulos e de outros polígonos e conheceremos suas partes e suas características." "Os polígonos regulares são os que têm todos os lados iguais e todos os seus ângulos têm a mesma medida." "Chamaremos de *a* o lado do triângulo oposto ao ângulo Â."
SI de realização individual de exercícios	Os alunos fazem individualmente exercícios do livro-texto selecionados pelo professor/ O professor passeia pela sala e oferece ajuda espontaneamente ou a pedido dos alunos.	"Se vocês têm dúvidas, perguntem, certo?." (apontando uma resposta escrita do aluno). "Você tem certeza que é isso?." "Professor, está certo?."
SI de correção de exercícios	O professor designa um aluno para ir ao quadro-negro/ O aluno vai e escreve a resposta do exercício/ O professor avalia a resposta do aluno/ Os outros alunos acompanham e copiam a resposta correta.	"Vamos ver, Eli, o próximo." "Muito bem assentado como foi posto todo o processo, hem?." "Faltam as unidade ao final... 33 *centímetros*."
SI de recapitulação	O professor faz perguntas a alunos individuais ou ao conjunto da turma/ Os alunos respondem por designação do professor ou espontaneamente/ O professor avalia as respostas dos alunos e anota as respostas corretas no quadro em forma de lista de "conteúdos essenciais" do tema/ Os alunos copiam a lista elaborada pelo professor.	"Vamos ver, Toni, como podiam ser os triângulos?." "Alguém se lembra dos critérios de igualdade de triângulos?." "A soma dos ângulos de um triângulo é...?"// "180"// "180 o quê, Sara?"// "graus"// "É isso, graus, certo? 180 graus."

OS MECANISMOS DE INFLUÊNCIA EDUCACIONAL NO ÂMBITO DA INTERATIVIDADE

A análise da interatividade permitiu identificar e descrever dois grandes mecanismos de influência educacional que operam nos processos de ensino e aprendizagem na sala de aula: um processo de construção progressiva de sistemas de significados compartilhados cada vez mais ricos e complexos entre professor e alunos, e um processo de transferência progressiva do controle do professor para os alunos (Coll e outros, 1995). Esses dois mecanismos compartilham algumas características relevantes. Em primeiro lugar, são mecanismos *interpsicológicos*, que ocorrem na atividade conjunta entre professor e alunos, e que procuram explicar como os alunos aprendem graças ao, e em conseqüência do, ensino que recebem dos professores e como os professores conseguem, quando conseguem, ajustar a ajuda educacional ao processo de construção do conhecimento subjacente à aprendizagem dos alunos. Em segundo lugar, não se identificam com comportamentos concretos do professor ou dos alunos, mas remetem a *processos subjacentes* a esses comportamentos; portanto, processos que podem concretizar-se e serem realizados de muitas maneiras diferentes. Em terceiro lugar, tais processos *operam a dimensão temporal* e se definem em termos de tendências e de padrões de evolução. Em quarto e último lugar, sua presença nas situações de ensino e aprendizagem não é uma questão de tudo ou nada, mas antes uma questão de *grau*; em uma determinada situação de sala de aula, a questão não é saber, por exemplo, se ocorre ou não a transferência do controle do professor para os alunos, mas em que grau, como, quando e de que maneira está ocorrendo a transferência. Mais uma vez, cada uma dessas características define uma aproximação do propósito de identificar os elementos envolvidos no ensino competente, que é radicalmente oposta à que delimitam as listas de comportamentos discretos surgidos da pesquisa processo-produto.

A construção progressiva de sistemas de significados compartilhados entre professor e alunos

O processo de construção progressiva de sistemas de significados compartilhados remete às diversas formas como professor e alunos apresentam, representam, elaboram e reelaboram as representações que têm sobre os conteúdos e as tarefas escolares no transcurso da interatividade, como também à incidência da elaboração e da reelaboração na modificação das representações que os alunos têm de tais conteúdos e tarefas. Entende-se, a esse respeito, que, quando professor e alunos iniciam um processo de ensino e aprendizagem em torno de um determinado conteúdo, compartilham parcelas relativamente pequenas de significados sobre ele. Nesse momento, o professor deve empregar os apoios e os recursos necessários para poder conectar com a representação do conteúdo que têm os alunos e ajudar a modificá-la na direção da representação final que deseja ajudá-los a construir. Progressivamente, e também mediante as ajudas e os apoios necessários em cada momento, professor e alunos poderão compartilhar parcelas de significados cada vez mais amplas, até chegar, idealmente, ao final do processo de ensino e aprendizagem, a compartilhar um sistema de significados sobre os conteúdos mais rico, mais complexo e também mais próximo dos significados culturalmente aceitos desses conteúdos.

Alguns trabalhos de inspiração essencialmente vygotskiana permitiram elaborar uma descrição bastante detalhada de como se gera tal processo (ver, por exemplo, Edwards e Mercer, 1988; Wertsch, 1988; Newman, Griffin e Cole, 1991; Mercer, 1997). De acordo com esses trabalhos, o núcleo do processo assenta-se em uma "negociação" continuada de significados (Rommetveit, 1979) entre professor e alunos, isto é, na busca de formas diversas de representação dos conteúdos que são objeto de ensino e aprendizagem que se aproximem progressivamente dos significados que o professor pretende ensinar, mas sem pôr em risco a comunicação. De fato, para que o processo se desenvolva de maneira adequada, é necessário que os alunos modifiquem suas representações iniciais, aproximando-as das que o professor pretende ensinar, mas também é necessário que a modificação seja realizada de tal maneira que as novas representações, mais ricas e complexas, que vão se estabelecendo possam ser a cada momento suficientemente compreendidas a assumidas (reconstruídas) pelos alunos de maneira que não se produzam rupturas ou incompreensões que bloqueiem o processo e impeçam a sua continuidade.

Do ponto de vista do professor, o desafio está em encontrar as formas de manter a compreensão e a participação dos alunos na atividade conjunta, ao mesmo tempo que os ajuda a avançar para uma representação mais rica e complexa dos conteúdos que são objeto de ensino e aprendizagem. Para isso, e de forma ideal, no início, o professor renuncia estratégica e temporariamente a uma parte da globalidade e da complexidade dos significados que deseja ensinar, a fim de conseguir conectar com os significados que o aluno possui e criar um primeiro nível de "intersubjetividade" – um sistema inicial de representações ou de significados compartilhados; progressivamente, e à medida que esse espaço compartilhado se assenta e se firma, o professor procurar "atrair" os alunos para níveis mais altos de intersubjetividade, isto é, para sistemas de representação e de significados mais próximos e parecidos com os que deseja que construam.

Esse processo de negociação é possível, essencialmente, graças à potencialidade da linguagem, para representar de maneiras distintas os objetos, as ações e os acontecimentos, permitindo, reciprocamente, diversos níveis de intersubjetividade. É por essa razão que o processo de construção de sistemas de significados compartilhados depende fortemente da fala de professor e alunos e, em particular, de determinadas "estratégias discursivas" (Mercer, 1997) e "mecanismos semióticos" (Wertsch, 1998) que professor e alunos podem empregar quando falam a propósito dos conteúdos de ensino e aprendizagem. A obtenção pelo aluno, direta ou mediante pistas, de determinadas informações; a confirmação, a recusa, a repetição, a elaboração ou a reformulação das contribuições dos alunos; o uso de determinadas fórmulas para assinalar a relevância de alguns aspectos do conhecimento e seu caráter compartilhado; as recapitulações reconstrutivas do realizado; o recurso a certos núcleos de experiência, escolar ou extra-escolar, que se supõem conhecidos e compartilhados pelos alunos, como apoio para a introdução de informações novas; o recurso, em um sentido similar, a elementos presentes no contexto extralingüístico imediato; a apresentação dos objetos ou das situações dos quais se fala de diferentes "perspectivas referenciais"; o tratamento de determinadas informações como "novas" ou como "dadas"; a abreviação de determinadas instruções ou ordens... seriam, de acordo com diversos trabalhos que se ocuparam da análise empírica do discurso na sala de aula (ver, por exemplo, Edwards e Mercer, 1988; Newman, Griffin e Cole, 1991; Forman, Minick e Stone, 1993; Coll e outros, 1995; Coll e Edwards, 1996; Lenke, 1997; Mercer, 1997; Palincsar, 1998), alguns desses mecanismos e estratégias.

Essa caracterização do processo de construção de sistemas de significados compartilhados entre professor e alunos nas situações de sala de aula mostra com clareza que estamos diante de um fenômeno bastante complexo, tanto no que se refere ao estabelecimento de uma representação inicial compartilhada do conteúdo a aprender quanto no que diz respeito ao progressivo avanço e ao enriquecimento dessa representação inicial. Por isso, o bom desenvolvimento do processo de ensino e aprendizagem vai depender em boa medida do controle dos possíveis mal-entendidos ou das incompreensões que se produzam na comunicação entre professor e alunos; mal-entendidos ou incompreensões que, não-controlados, podem chegar a bloquear, a mascarar ou a provocar autênticas rupturas no desenvolvimento progressivo de sistemas de representações ou de significados compartilhados (ver, por exemplo, Edwards e Mercer, 1988).

A passagem progressiva do controle e da responsabilidade na aprendizagem do professor para os alunos

A transferência progressiva do controle na aprendizagem do professor para o aluno é o processo pelo qual os apoios e as ajudas à aprendizagem do aluno vão evoluindo e se modificando na linha de promover uma atuação cada vez mais autônoma e auto-regulada deste na realização das tarefas, como também na utilização dos conteúdos que são objeto de ensino e aprendizagem. Nesse processo, os apoios e as ajudas que o professor proporciona vão sendo retirados progressivamente ou vão sendo substituídos por outros que supõem tipos e graus de ajuda menores, qualitativa e quantitativamente, de maneira que o aluno possa assumir, e assuma efetivamente, um controle cada vez maior sobre as tarefas e os conteúdos e, em última análise, sobre seu próprio processo de aprendizagem (Coll e outros, 1995).

A importância desse processo do ponto de vista do exercício da influência educacional foi particularmente evidenciada em diversas noções, propostas e trabalhos circunscritos na perspectiva sociocultural. A esse respeito, a formulação precedente do processo de transferência é coincidente, por exemplo, com as conclusões sobre o caráter diverso, contingente e transitório da ajuda educacional eficaz para a qual aponta a metáfora do "andaime", empregada e explorada em um amplo conjunto desses trabalhos. Proposta inicialmente no contexto do estudo da resolução conjunta de problemas na interação didática adulto-criança (Wood, Bruner e Ross, 1976), a metáfora do "andaime" pode ser estendida para caracterizar um tipo complexo de atuação de ajuda e de apoio dos agentes educacionais, em geral, ou dos professores, em particular, aos aprendizes (ou alunos) na atividade conjunta (por exemplo, Cazden, 1991; Mercer, 1997). Esse tipo de atuação caracteriza-se por três grandes traços:

1. Permitir que o aluno inclua sua própria atividade já desde o início no contexto do conjunto global da tarefa a realizar, fazendo com que assuma algum tipo de responsabilidade a respeito, inclusive se essa responsabilidade deve ser, em um primeiro momento, muito reduzida e parcial, e ainda que o nível inicial de sua competência em relação à tarefa seja muito baixo.
2. Oferecer um conjunto de ajudas e apoios "contingentes" no nível de competência do aluno, isto é, mais importantes qualitativa e quantitativamente em menor nível de competência, e progressivamente menos importantes qualitativa e quantitativamente conforme se incrementa essa competência; isto implica que o que ensina está realizando uma avaliação constante do nível de competência do que aprende, a partir de suas ações ao longo do processo, e em relação a seu próprio modelo de análise de resolução da tarefa.
3. Retirar as ajudas e os apoios oferecidos de forma progressiva, à medida que – e promovendo que – o aluno vai assumindo maiores cotas de autonomia e de controle na aprendizagem, até desaparecer por completo e possibilitar a atuação independente do aluno ao final do processo; em outros termos, trata-se, por parte do professor, não apenas de assegurar a resolução da tarefa, mas também uma forma de resolução compartilhada que possibilite a progressiva autonomia do aluno em futuras resoluções da tarefa.

De maneira similar, a formulação do processo de transferência proposto associa-se à caracterização, também inspirada na perspectiva sociocultural, dos processos bem-sucedidos de ensino e aprendizagem como processos de "participação guiada" (Rogoff, 1993). As situações de ensino e aprendizagem nas quais se dá um processo de participação guiada são aquelas que proporcionam uma ponte entre as habilidades ou as informações familiares para o aluno e as novas habilidades ou informações necessárias nessa situação; que oferecem ao aluno uma estrutura de conjunto para o desenvolvimento da atividade e a realização das tarefas envolvidas; que facilitam a transferência de responsabilidade na gestão da atividade do professor para o aluno; que supõem a participação ativa tanto do aluno como do professor e que podem explorar formas de ensino tanto explícitas como tácitas. Esse ensino de características em boa medida retoma aquelas assinaladas para o processo de "andaime", ao mesmo tempo em que ressalta o caráter conjunto da atividade desenvolvida por professor e alunos; o professor gradua a dificuldade das tarefas e proporciona ao aluno os apoios necessários para enfrentá-las, mas isso só é possível porque o aluno, com sua própria atuação, indica continuamente ao professor suas necessidades e sua compreensão da situação; assim, é possível afirmar que no processo de ensino e aprendizagem não encontramos apenas uma assistência do professor ao aluno, mas também, de certo modo, uma assistência do aluno às atuações do professor.

Uma terceira ilustração das noções, das propostas e dos trabalhos inspirados na perspectiva sociocultural que destacam a importância do processo de transferência como mecanismo específico de influência educacional é proporcionada pelo modelo de "ensino recíproco" (Palincsar e Brown, 1984). O ensino recíproco constitui uma proposta de planejamento instrucional para o ensino sistemático de quatro estratégias básicas de compreensão de textos escritos: a formulação de previsões relativas ao texto a ler, a elaboração de perguntas em relação ao que foi lido, o esclarecimento de dúvidas a respeito e o resumo das idéias do texto. Para isso, Brown e Palincsar propõem organizar as situações de ensino e aprendizagem como um diálogo entre professor e alunos, no qual os participantes se revezam para assumir sucessivamente o papel de professor e dirigir a discussão sobre uma determinada parte do texto que se trata para compreender em conjunto.

A caracterização do processo de transferência progressiva do controle na aprendizagem do professor para o aluno que estamos realizando deve ser completada com a insistência no caráter complexo, não-linear e problemático que tal processo apresenta de maneira habitual nas situações de sala de aula. Complexo, quanto à multiplicidade de níveis e de formas de atuação de professor e alunos potencialmente envolvidas na resolução bem-sucedida desse processo, que faz com que dificilmente se possa explicar ou promover apelando a uma única forma de atuação docente. Não-linear, visto que, mesmo nas situações em que é efetivamente possível constatar indícios de um processo de transferência, este não se produz normalmente como um processo suave e constante de diminuição progressiva do controle exercido pelo professor e pelo aumento do controle assumido pelo aluno, mas antes como um processo descontínuo, com avanços e retrocessos constantes, com um vaivém continuado entre as formas e os graus de controle relativo assumidos pelos diferentes participantes, e com variações potencialmente importantes em relação aos aspectos concretos da atividade conjunta sobre os quais se produz, efetivamente, a transferência. E problemático, porque, como alguns autores assinalaram com insistência (Edwards e Mercer, 1988), a transferência na sala de aula é um processo difícil de conseguir, talvez, e pelo menos parcialmente, pela necessidade do professor de manter um papel preponderante na gestão e na ordem da aula, como também pela dificuldade que pode significar para ele renunciar a seu *status* de detentor fundamental do conhecimento.

Finalmente, embora o estudo das relações entre o processo de construção progressiva de sistemas de significados compartilhados e o processo de transferência do controle entre o professor e os alunos continua fazendo parte atualmente da agenda de pesquisa mais imediata, e mesmo com o risco de cair em uma excessiva simplificação, concluiremos este item com uma representação gráfica da evolução dos dois mecanismos ao longo de uma hipotética seqüência didática (ver Figura 17.1).

A Figura 17.1 pretende representar, além da inter-relação entre os dois mecanismos e seu caráter processual e dinâmico, a sua natureza complexa, não-linear e mesmo problemática, No eixo das ordenadas, representa-se o grau de controle por parte do professor e dos alunos, e no eixo das abscissas, a dimensão temporal dos processos de ensino e aprendizagem ao longo da qual os dois mecanismos evoluem. No início da seqüência didática (representada na margem esquerda da figura) produz-se uma mínima interseção entre os significados do professor e do aluno a propósito dos conteúdos que são objeto de ensino e aprendizagem, graças à construção de uma intersubjetividade inicial que permite tal encontro. Paralelamente, o professor mantém um elevado grau de controle sobre o processo de ensino e aprendizagem. À medida que avança a seqüência didática, supostamente bem-sucedida, vão-se compartilhando cada vez mais significados e se vai transferindo o controle do professor para os alunos: essa tendência geral, representada pelo desenho em diagonal, é, em contrapartida, complexa, não-linear e problemática. Essas características são indicadas, no caso da transferência de controle, mediante um traço curvilíneo no qual os vales refletem uma transferência maior, e os cumes, uma recuperação deste por parte do professor – e o processo inverso para o aluno. No caso da construção progressiva de sistemas de significados compartilhados, essas características destacam-se mediante a variação no tamanho dos círculos – ao maior tamanho, progresso na qualidade e quantidade de significados construídos pelo aluno –, a maior ou menor interseção entre eles – à maior interseção, aumento dos significados compartilhados – e a descontinuidade dos círculos atravessados por uma linha – que mostram momentos de mal-entendidos e incompreensões entre os significados dos participantes. Ao final da seqüência didática, se o processo teve êxito, o aluno deve ter assumido o controle sobre o processo de aprendizagem e construído significados, compartilhados com o professor e mais ricos e adequados aos objetivos educacionais (situação representada na margem direita da figura). Por último, com a finalidade

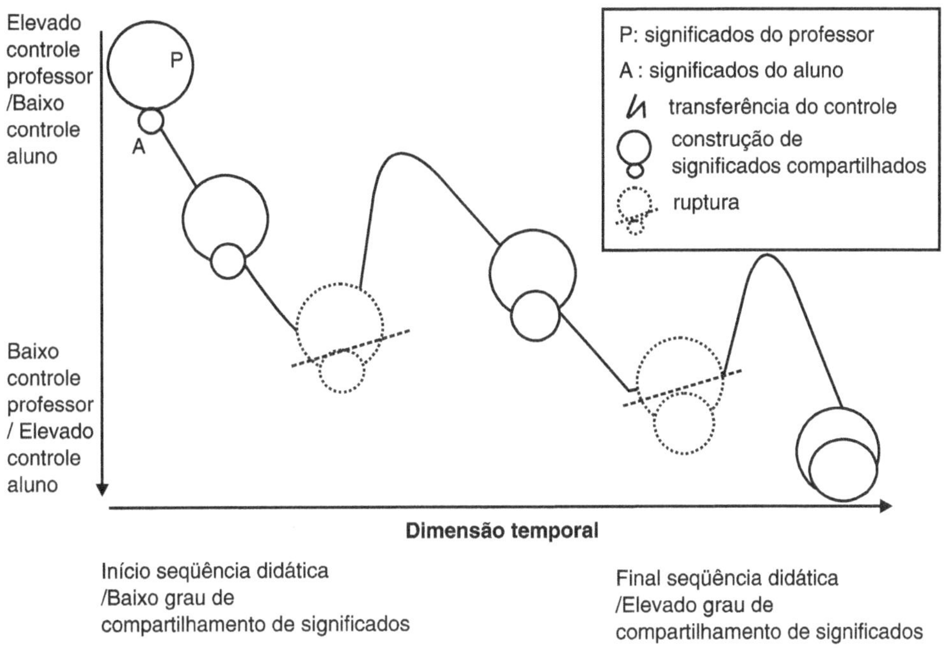

FIGURA 17.1

de explicitar que os dois mecanismos estão estreitamente relacionados, a linha que representa a transferência atravessa o conjunto de figuras circulares que mostram a evolução dos significados compartilhados.

ANÁLISE DA INTERATIVIDADE E ANÁLISE DA PRÁTICA EDUCACIONAL

A caracterização proposta dos mecanismos de transferência e de construção de sistemas de significados compartilhados permite dispor de uma primeira elaboração conceitual e de um primeiro conjunto de elementos explicativos dos processos de influência educacional que atuam no plano da interatividade professor-aluno, isto é, das formas como os professores conseguem, quando conseguem, oferecer ajudas ajustadas à atividade mental construtiva desenvolvida pelos alunos. Também oferece elementos relevantes para a elaboração de critérios de planejamento e descrição de processos e seqüências concretas de ensino e aprendizagem nas situações habituais de sala de aula, como também para a análise e a reflexão sobre a prática (ver, por exemplo, Collins, Brown e Newman, 1989; Forman, Minick e Stone, 1993; Marchesi e Martín, 1998). A análise da interatividade parece confirmar-se, nesse sentido, como um ingrediente necessário – e um possível ponto de partida – para a análise e a compreensão, de uma perspectiva psicoeducacional de inspiração construtivista e sociocultural, das práticas educacionais escolares.

Entendemos ao mesmo tempo, porém, que a análise da interatividade constitui unicamente o nível mais específico de uma aproximação global da análise da prática educacional. As práticas educacionais escolares podem ser consideradas como sendo constituídas por um conjunto de diversos sistemas inter-relacionados, desde o sistema sala de aula até o macrossistema social, passando por sistemas intermediários, como o da escola ou o da estrutura e da organização do próprio sistema educacional. A análise da interatividade na sala de aula deveria ser complementada, então, com o estudo dos demais sistemas implicados e de suas inter-relações (ver o Capítulo 23 deste volume). De uma perspectiva construtivista, uma aproximação dos diferentes níveis das práticas educacionais escolares capaz de respeitar as características peculiares de cada um deles e, ao mesmo tempo, de avançar para uma compreensão articulada e integrada, passaria por adotar como objeto de análise a versão particular que adota, em cada um desses sistemas, o triângulo interativo a que remete, em última análise, a noção de interatividade (ver Coll, 1994). Essa extensão "vertical" da análise da interatividade para o conjunto de sistemas que configuram as práticas educacionais escolares deveria ser complementada, adicionalmente, com uma extensão "horizontal" para outros tipos de práticas educacionais. Mais uma vez, de uma perspectiva construtivista, o foco privilegiado de análise deveria ser as características específicas, nas diferentes práticas educacionais, de cada um dos três vértices do triângulo formado pelo aluno, o agente educacional e a parcela da cultura que é objeto de ensino e aprendizagem, além das características específicas das interações que se estabelecem entre os três elementos.

Obviamente, essa dupla extensão apresenta uma enorme complexidade e, nesse momento, não pode ser senão uma agenda programática, a médio e longo prazos e de alcance necessariamente multidisciplinar, para a análise das práticas educacionais. Uma agenda destinada, em última análise, a mostrar como a escola e outros ambientes socioculturais operam de fato como fontes de recursos e de restrições para a atividade conjunta e os processos de negociação de significados que os participantes realizam e, ao mesmo tempo, como os participantes utilizam de forma idiossincrática esses recursos e essas restrições para construir determinadas formas de organização da atividade e determinados universos de significados compartilhados.

QUINTA PARTE

A Psicologia do Ensino e a Aprendizagem dos Conteúdos Escolares

18 O ensino e a aprendizagem da alfabetização: uma perspectiva psicológica

ISABEL SOLÉ E ANA TEBEROSKY

INTRODUÇÃO

A descrição dos processos de aprendizagem da leitura e da escrita mudou radicalmente a partir da década de 1980. Essa mudança provocou a progressiva substituição de posições que os consideravam como um compêndio de habilidades e de subhabilidades por outras que acentuam sua complexidade e sua globalidade, como processos que implicam várias dimensões e que põem em jogo não apenas aspectos cognitivos, mas também emocionais, culturais e sociais. Durante essas últimas décadas, interessaram-se por seu estudo pesquisadores não só de diferentes disciplinas, como também de diferentes orientações dentro de uma mesma disciplina.

Este capítulo apresenta, de forma necessariamente sintética, uma revisão dos estudos sobre a leitura e a escrita da perspectiva psicológica, revisão que coincide com as orientações mais importantes da própria psicologia. As conhecidas perspectivas behavioristas, cognitivas e construtivistas da psicologia também são representadas nos estudos sobre a alfabetização, proporcionando explicações peculiares e enfatizando diversos aspectos do processo. No primeiro item, descrevem-se as concepções que têm sobre a aprendizagem inicial da leitura e da escrita, assinalando os dados que cada uma proporciona, os aspectos que enfatiza e as limitações consideradas mais relevantes. O segundo item aborda de forma integrada os processos de leitura e de escrita posteriores à alfabetização inicial, acentuando, de uma óptica cognitivo-construtivista, o seu caráter estratégico e a sua função na construção de conhecimentos. O capítulo termina com breves reflexões sobre as exigências que implica adotar uma concepção construtivista da aprendizagem escolar e do ensino da leitura e da escrita.

A APRENDIZAGEM DA ALFABETIZAÇÃO INICIAL

A aprendizagem da alfabetização constitui uma área muito controvertida, na qual confluem diferentes explicações, procedentes de diversas orientações psicológicas, que diferem tanto em sua definição do *objeto* de estudo como nos meios de que se dotam para abordá-lo. No que se refere à metodologia, é possível diferenciar uma tradição de pesquisa experimental e quantitativa de outra de caráter qualitativo (Whitehurst e Lonigan, 1998). A primeira encara a alfabetização como um conjunto de componentes que são definidos como habilidades e analisados para identificar os que têm maior correlação com a leitura e a escrita convencionais e com os resultados escolares. A segunda tradição considera que na alfabetização intervêm diferentes conhecimentos sobre o escrito que se desenvolvem em contextos particulares; seu estudo exige pesquisas amplas e prolongadas em diferentes contextos socioculturais.

Na primeira tradição podem-se incluir behavioristas e cognitivistas, enquanto a segunda é a que adotam pesquisadores construtivistas. A maioria dos pesquisadores da primeira tradição não tem uma perspectiva evolutiva e enfoca a aprendizagem partindo da análise do fenômeno tal como é visto pelo adulto. Os cognitivistas, por exemplo, costumam analisar o comportamento de um especialista (leitor ou escritor) e, a partir daí, deduzir uma teoria da aprendizagem do processo de leitura e escrita. A perspectiva construtivista entende que a alfabetização supõe um processo de aprendizagem e desenvolvimento que começa antes da escolarização formal e prossegue durante toda a vida dentro de um contínuo. Considera que as explicações proporcionadas pelo behaviorismo e pelo cognitivismo não levam em conta o caráter evolutivo, que deveria estar presente em toda teoria da aprendizagem.

No que diz respeito ao *objeto de estudo*, enquanto os behavioristas se interessaram pela conduta observável envolvida em ler e escrever, cognitivistas e construtivistas dedicam seus esforços aos processos subjacentes, internos e não-observáveis. Embora excessivamente simplificadora, pois em cada tradição encontram-se explicações diversas, tal caracterização permite compreender como se representou a psicologia dos processos de ler e de escrever, os meios de que se dotou para pesquisá-los e as concepções e as teorias que elaborou para dar conta de tais explicações.

A perspectiva behaviorista

Para o behaviorismo, a alfabetização reduz-se à aprendizagem de uma série de habilidades observáveis e mensuráveis que implicam fundamentalmente processos psicológicos periféricos, de tipo perceptivo e motriz. Visto que a escrita é concebida como um sistema de transcrição da fala, a aprendizagem é entendida como a habilidade de codificar sons em letras (ao escrever) e de decodificar letras em sons (ao ler), como uma técnica de pôr em correspondência as unidades gráficas com as unidades sonoras. No processo de aprendizagem diferenciam-se dois momentos (pré-leitura e leitura; pré-escrita e escrita) e prescreve-se uma sucessão entre os dois conteúdos: primeiro aprende-se a ler e depois a escrever. Nessa tradição, gera-se a noção de pré-requisitos para a leitura – *reading readness* –, pré-requisitos que garantam o êxito de um nível de preparação suficiente para a aprendizagem. Para contribuir para sua consecução, utiliza-se uma série de materiais curriculares cuidadosamente seqüenciados, mediante os quais são treinadas as habilidades de discriminação sonora e visual, de habilidade motriz e de coordenação visuomotora, cujo domínio – avaliado mediante testes – considera-se como anterior e necessário para aprender a ler e a escrever.

Após esse período prévio, começa a aprendizagem da decodificação entre letras e sons mediante uma introdução gradual das letras (ordenadas das mais simples às mais complexas, segundo os critérios da teoria) e das palavras (primeiro as palavras curtas e freqüentes, com letras repetidas, etc.). O ensino consiste basicamente na cuidadosa seqüenciação dos estímulos que se apresentam ao aluno para desencadear suas respostas e em controlar sua correta execução. A graduação não responde aos processos psicológicos da criança que aprende, mas a uma lógica que se estabelece a partir de uma análise em componentes (letras, sílabas, fonemas) e de uma organização hierárquica dos mesmos (primeiro as palavras, depois as frases, etc.), na suposição de que o isolável e molecular é mais simples que o composto e global.

A perspectiva cognitivista

A perspectiva cognitivista continuou com muitos dos temas estudados inicialmente pelo behaviorismo, embora tenha feito uma importante contribuição ao começar a preocupar-se não apenas com os processos perceptivos observáveis, mas também com os processos mentais não-acessíveis ao observador. Diferentemente do que ocorre na perspectiva behaviorista, o cognitivismo sustenta que na aprendizagem inicial da leitura e da escrita intervêm dois subprocessos que implicam processamento da linguagem: o processamento fonológico e o reconhecimento das palavras (Gough e Hillinger, 1980; Perfetti, 1986). A necessidade de *processamento fonológico* explica-se pelo caráter alfabético da escrita, que é interpretada como um código de transcrição dos fonemas da linguagem. A aprendizagem inicial da leitura deve implicar não apenas a exercitação do emparelhamento entre letras e sons, como sustentam os behavioristas, mas também a "consciência fonológica", termo usado para definir a capacidade de segmentar e analisar as palavras em fonemas, independentemente de sua correspondência com as letras. De acordo com essa interpretação, o ensino deve ajudar a criança a identificar os fonemas da língua, por um lado, e facilitar a associação de cada fonema com as letras do alfabeto, por outro.

O segundo subprocesso que intervém é o de *reconhecimento de palavras*, que se refere à habilidade de processar a informação gráfica – sejam letras ou padrões ortográficos – para reconhecer as palavras escritas. Nos leitores especialistas, o reconhecimento é automático, deixando sua atenção livre para concentrar-se nos processos de alto nível, responsáveis pela compreensão. Dessa perspectiva, sustenta-se que os leitores eficientes distribuem sua atenção entre vários subprocessos que incluem processos perceptivos (identificação de letras, conexão com os sons, identificação de padrões ortográficos, etc.) e processos de atribuição de significado na compreensão (como, por exemplo, o acesso ao vocabulário mental para identificar o significado das palavras). Para que a leitura seja eficaz, é essencial que o começo da aprendizagem facilite o processamento automático.

Ainda que os cognitivistas estudem os processos iniciais a partir de sua comparação com as condutas dos especialistas, alguns pesquisadores dessa orientação propõem modelos de fases ou etapas (Ehri, 1991 e Treiman, 1993, para a escrita; Ehri, 1992 e Frith, 1985, para a leitura). Apesar de algumas diferenças, todos coincidem em descrever o início do processo como pré-letrado ou pré-lingüístico. As primeiras escritas são linhas de letras ao acaso, muitas vezes uma mistura de letras com números ou outras marcas gráficas. Depois, a criança começa a compreender o princípio de que as letras representam sons, mas as primeiras correspondências são inconsistentes e incompletas; os pesquisadores cognitivistas denominam esse tipo de escritas "semifonéticas". Uma vez que o aluno pode representar a estrutura sonora da palavra, considera-se que se encontra em um estado fonético (Ehri, 1991).

De modo similar, a evolução na leitura das palavras continua tendo três fases: logográfica, alfabética e ortográfica. Esse modelo apóia-se em uma diferenciação quanto às maneiras ou as vias para ler as palavras: uma via fonológica, que consiste tanto na translação das letras em sons, graças à aplicação das regras de correspondência fonográfica, como na pronúncia das palavras no processo de reconhecimento; e uma via de captação direta do significado a partir de formas visuais das palavras impressas e seu significado armazenado na memória.

A *fase logográfica* consiste no reconhecimento global e seletivo das palavras impressas; não implica análise dos componentes gráficos ou sonoros nem se generaliza a todas as palavras. O reconhecimento ocorre graças ao uso de índices gráficos, tais como as formas de algumas letras, mas esses índices são selecionados por seu aspecto visual – não por sua sonoridade – ou graças ao uso de elementos contextuais. Assim, por exemplo, o logotipo do McDonald's é reconhecido por sua letra M dourada e em forma de arco. Esse período caracteriza-se pela arbitrariedade dos índices usados para reconhecimento: Tais índices são esquecidos se não se encontram habitualmente e, visto que não se relacionam com a pronúncia das palavras, podem originar sinônimos do nome, e não o nome literal (por exemplo, reconhecer "iogurte" em um rótulo de Danone).

Na *fase alfabética*, a criança já aprendeu a forma e o nome das letras e começou a adquirir uma consciência fonética dos sons iniciais e finais da palavra. Durante esse período, costuma usar o nome da letra para inferir seu som. A análise dos constituintes sonoros não é exaustiva, de modo que às vezes se individualizam sílabas e às vezes fonemas. Nessa segunda fase, o reconhecimento de palavras já não é arbitrário; as letras são usadas como índices para estabelecer conexões com o som e sua pronúncia na palavra. Assim, por exemplo, aprendendo a ler a palavra "bebê", a criança reconhece que os nomes das letras coincidem com as sílabas e usa as coincidências para pronunciar a palavra.

A terceira é a *fase ortográfica* e se define pela associação sistemática entre a seqüência de letras e os constituintes fonológicos da palavra. A fase ortográfica, também chamada de fase alfabética madura por Ehri (1992), caracteriza-se pelo fato de que o leitor já faz uma conexão entre seqüências de letras escritas e constituintes fonêmicos da pronúncia. Não apenas as letras individuais são relacionadas com os fonemas, como também se estabelecem relações entre as seqüências de letras e a palavra memorizada. Por exemplo, o leitor pode reconhecer as unidades morfêmicas, como a terminação "ava" dos verbos no imperfeito. Nessa fase, intervém a consciência fonológica, porque o aluno reconhece a natureza abstrata dos sons e analisa a palavra de acordo com categorias convencionais de correspondência fonográfica, e não com critérios pessoais como na fase anterior.

Apesar das diferenças com a posição behaviorista, essa descrição continua aceitando a demarcação entre leitor e não-leitor – por exemplo, na diferenciação entre fase préfonética e, por isso, também pré-lingüística. De fato, na perspectiva cognitivista analisam-se os processos iniciais em comparação com as aprendizagens convencionais e normativas já terminadas, como ocorre com a descrição da fase ortográfica citada anteriormente. É uma posição que leva a separar leitura de compreensão e escrita de composição, a afirmar que ler não é a mesma coisa que compreender ou escrever é o mesmo que compor textos, e a postular que os subprocessos são aprendidos de forma linear e sucessiva (McCarthey e Raphael, 1992; Hiebert e Raphael, 1996; Vernon, 1996). Esses aspectos, discutidos no construtivismo, não ocultam as contribuições da perspectiva cognitivista que, como se verá mais adiante, confere um *status* específico à compreensão do significado na leitura e aos processos de composição na escrita.

A perspectiva construtivista

A perspectiva construtivista oferece as dimensões evolutiva e histórica da alfabetização, considerando, ao mesmo tempo, suas dimensões cognitiva e social. Em contraste com as posições sustentadas tanto pelo behaviorismo quanto pela psicologia cognitivista, essa perspectiva considera que postular a separação estrita entre dois momentos e a sucessão de subprocessos somente é aceitável para os que têm uma visão normativa e esperam que todas as aprendizagens sejam verdadeiras, isto é, convencionais. Para o construtivismo, as aprendizagens que ocorrem entre os três e os cinco anos não são prévias por não serem convencionais, mas fazem parte, por direito próprio, do processo de alfabetização. Uma segunda distinção oferecida por essa perspectiva é que a leitura, a escrita e a linguagem oral não se desenvolvem separadamente, e sim de maneira interdependente, desde a idade mais precoce. O terceiro traço distintivo refere-se ao fato de que a alfabetização não pode ser encarada fora dos contextos culturais e sociais em que ocorre.

Embora se mencione o construtivismo no singular, já é um lugar-comum na psicologia afirmar a existência de diversos construtivismos (Moshman, 1982; Nelson Spivey, 1997), que no âmbito da alfabetização inicial se traduzem em orientações distintas. Uma, influenciada por Piaget e pela psicologia genética, é conhecida como *construtivismo psicogenético*. A outra, de influência vygotskiana, recebe o nome de *socioconstrutivismo*. Ambas enfatizam os aspectos simbólicos e representativos da escrita e concebem os processos de aprendizagem como processos construtivos. Embora coincidam em muitos aspectos, ao ponto de que pode ser discutível traçar uma clara distinção, também diferem em outros. A fim de respeitar as particularidades e as contribuições de cada uma, abordaremos a seguir, de forma sucessiva, as duas orientações.

O construtivismo psicogenético e a alfabetização

O construtivismo psicogenético ofereceu uma visão do processo de construção da alfabetização do ponto de vista da criança, dos problemas que lhe colocam ler e escrever e das hipóteses e das soluções que adota. Dessa perspectiva, interpretam-se as respostas citadas anteriormente sob a etapa logográfica de maneira radicalmente distinta: no caso do exemplo mencionado, já não se dirá que a criança identifica uma palavra, mas que interpreta um texto comercial (Ferreiro, 1997). Qual é a diferença? A interpretação de textos ocorre antes que as crianças saibam ler e consiste em *atribuir intencionalidade* ao escrito, em pensar que nos textos há algo escrito, que "dizem algo". Em segundo lugar, as crianças interpretam esses textos orientados por uma hipótese própria: o que está escrito são os nomes dos objetos, os nomes como protótipo do "escrevível" (Ferreiro e Teberosky, 1979).

Portanto, não se trata de identificar palavras escritas, bem como não importa sua categoria gramatical, mas sim de atribuir nomes, porque o escrito "diz" o que é o objeto, diz seu nome. Essa interpretação, embora global, não é uma resposta pré-lingüística, visto que é sustentada por uma hipótese sobre a parte da linguagem que se escreve. Duas informações orientam as interpretações iniciais: uma externa, que provém do contexto em que aparecem os textos, e outra interna, elaborada pela criança a partir da hipótese de que o escrito representa o nome próprio ou o nome das coisas.

A perspectiva construtivista psicogenética estuda a escrita do ponto de vista da criança que aprende a ler e a escrever, averiguando como assimila as informações e como desenvolve os conhecimentos sobre os textos, como resolve problemas, enfim, como constrói seu conhecimento no domínio da linguagem escrita. Esse processo representa uma série de regularidades comuns a todas as crianças, que podem ser resumidas nas seguintes:

1. A criança constrói hipóteses, resolve problemas e elabora conceituações sobre o escrito.
2. Essas hipóteses desenvolvem-se quando a criança interage com leitores e com material escrito.[1]
3. As hipóteses desenvolvidas pelas crianças constituem respostas a verdadeiros problemas conceituais (problemas semelhantes aos que os seres humanos se formularam ao longo da história da escrita).
4. A construção de hipóteses desenvolve-se por reconstruções, em outro nível, de conhecimentos anteriores, originando novas construções.

O processo que as crianças seguem em sua apropriação da alfabetização pode ser semelhante a um processo de resolução de problemas que exige elaborar e provar hipóteses e inferências. Sua descrição (Ferreiro e Teberosky, 1979) inicia-se com a diferenciação entre desenho e escrita, passo necessário para compreender o funcionamento desta última. Quando as crianças identificam o escrito, elaboram hipóteses sobre a quantidade, a combinação e a distribuição das letras que são "para ler", hipótese que *não* associam ao que as letras significam, mas a quais e quantas letras são necessárias para que haja um ato de leitura. Dessa maneira, diferenciam entre seqüências de poucas letras ou de letras "todas iguais" e "conjuntos para ler": várias letras (princípio de quantidade mínima), com uma certa alternância (princípio de variedade interna de caracteres). Por exemplo, uma letra única, como "L", ou uma seqüência de letras iguais, como "LLL", são rechaçadas por serem "apenas letras"; em contrapartida, uma seqüência do tipo "claro" é aceita porque cumpre os dois critérios mencionados.

Da perspectiva psicogenética, sustenta-se que essas hipóteses não são transmitidas diretamente, porque nenhum adulto explica essas regras gráficas às crianças. Também não podem ser deduzidas empiricamente, pois muitas palavras podem ter poucas letras ou letras duplicadas. Embora derivem da interação com o material escrito, não se aprendem diretamente por informação social ou por observação direta; elaboram-se ao se tentar compreender as regras de composição e de distribuição gráfica das letras nas palavras.

Uma vez que a criança estabelece as condições gráficas necessárias para realizar um ato de leitura, começa a compreender o que a escrita representa. Então pode formular-se a pergunta "o que diz?", pergunta que para os menores não tem sentido, porque um texto escrito "não diz", ainda não é algo simbólico. Aos quatro anos, as crianças já esperam alguma resposta verbal a esse requisito, o que indica que concebem o texto em termos de sua potencial intencionalidade comunicativa. A atribuição de intencionalidade é um conhecimento que faz parte da alfabetização inicial e que mostra que as crianças compreenderam algumas características que se extraem do fato de que a escrita é um sistema simbólico com significado lingüístico.

As hipóteses anteriores permitem à criança diferenciar o material gráfico, mas revelam que ainda não começou a pensar o que poderia estar escrito no texto. Diante desse problema, a primeira idéia consiste em pensar que no escrito está o nome (de pessoas ou de coisas), idéia muito comum entre as crianças. Como interpretar essa resposta tão freqüente? Pode-se conceber que o conceito de nome que a criança atribui ao escrito é uma propriedade do objeto (e, nesse caso, as propriedades do objeto poderiam ser representadas à maneira de um desenho), ou considerá-lo como protótipo das palavras (devido ao fato de que o nome pode ser isolado do fluxo da fala e se obtém como resposta a "o que é?"). Para o construtivismo psicogenético, a segunda opção é mais convincente: as crianças concebem a função do escrito em oposição à função atribuída ao desenho. Diferentemente do desenho, que representa os objetos, as letras representam a propriedade que o desenho não pode representar: como se chamam, isto é, seus nomes.

Assim, quando diante de desenho e texto pergunta-se à criança "onde há algo para ler?", ela geralmente assinala o texto; quando se pergunta "o que é?", dá uma denominação do desenho, por exemplo, "um elefante". Isto é, inicialmente para a criança o protótipo de palavra escrita é algo que responde a "o que é" o objeto a que acompanha, ou seja, seu nome. Os nomes referem-se à identidade social dos objetos – produto da comunicação social, e não propriedade dos objetos (Ferreiro, 1997). Para a criança, essa propriedade social, ou essa maneira de chamar as coisas, é o que a escrita representa.

Quando a criança concebe que no texto estão escritos os nomes, um texto escrito com espaços em branco entre palavras pode criar uma séria perturbação, que decorre da necessidade de considerar outra unidade diferente da unidade representada pelas letras: o conjunto de letras compreendido entre dois espaços em branco, que representa a unidade "palavra gráfica". Dado que em nível oral não há unidades equiparáveis – quando falamos não fazemos pausas semelhantes às separações "em branco" na escrita – as crianças devem chegar a compreender o que representam os espaços e a ajustar as segmentações possíveis do enunciado até encontrar unidades equivalentes. Ou as crianças encontram tantos nomes quanto os fragmentos – palavras – que há no texto, ou segmentam um ou dois nomes para ajustá-los aos pedaços, com a intenção de encontrar correspondências entre estes e os elementos do enunciado.

Um fato à primeira vista surpreendente consiste em que, diante de uma oração lida pelo adulto, as crianças podem localizar exclusivamente os substantivos, e, de forma simultânea, ler (dizer) a oração completa. Por exemplo, na oração A MENINA COME UM CARAMELO, os pequenos pensam que está escrito "criança" e "caramelo", embora as localizem em qualquer das três palavras longas. Mas "tudo junto" diz "a menina come um caramelo" ou uma outra forma próxima de expressão. Isso se deve a que inicialmente se diferencia entre "o que está escrito" e "o que pode ser lido". Dessa perspectiva, o problema cognitivo consiste em homologar as separações gráficas – as palavras escritas – com as segmentações do significado oral. A criança não pode separar as palavras sem conteúdo semântico e tampouco concebe que as palavras sem conteúdo tenham uma grafia independente. Portanto, não entende a função dos espaços em branco, ao mesmo tempo que não atribui uma representação gráfica independente às palavras gramaticais, tais como os artigos, as conjunções, os pronomes, etc.

Chega um momento, porém, em que tenta fazer coincidir de forma exaustiva a escrita e o enunciado oral. Ao escrever, procura encontrar as unidades sonoras que correspondam às letras e, para isso, faz uso de seus conhecimentos sobre os enunciados orais. As unidades pronunciáveis que descobre são as sílabas, que se identificam repetindo várias vezes para si mesmo e de forma lenta o nomes que tem de escrever. A primeira relação entre fragmentos escritos e unidades orais é estabelecida em nível da sílaba, o que foi chamado de "hipótese silábica" e que dá lugar, por exemplo, à escrita de "A I O A" para "mariposa".

Ao mesmo tempo, desde os quatro anos, as crianças podem reproduzir narrações ouvidas dos adultos; aos cinco, muitas crianças podem também ditá-las ou mesmo escrevê-las por si mesmas com os recursos textuais e as formas gráficas de paginação próprias dos textos. Para a perspectiva construtivista, a construção da escrita não se reduz às palavras, mas abarca também os textos. Nessa idade, as crianças começam a demonstrar um considerável domínio da linguagem, assim como um conhecimento do que é um texto, ou pelo menos de certo tipo de textos escritos: selecionam um tipo de linguagem que reproduz a linguagem escrita e reproduzem os meios de representação gráfica própria dos textos.

A descrição desse processo evolutivo, que é sinteticamente apresentado e ilustrado no Quadro 18.1, revela o caráter construtivo da aprendizagem da alfabetização. Tal caráter é aceito com diferentes matizes, conforme os casos, por pesquisadores que se situam na orientação socioconstrutivista, que enfatiza outros aspectos.

A orientação socioconstrutivista

O *socioconstrutivismo* insiste na dimensão social da alfabetização como prática cultural que ocorre em contextos históricos determinados e que envolve não somente o aluno, mas também o grupo no qual está inserido. Ele concebe o processo de alfabetização como um contínuo que começa antes da escola e implica um complexo conjunto de conhecimentos que levam a criança à aprendizagem convencional da leitura e da escrita (McGee e Purcell-Gates, 1997). Costuma-se identificar essa orientação como "alfabetização emergente" (*emergent literacy*), que se estende desde que a criança começa a experimentar os usos do escrito até poder ler e escrever com usos relevantes para ela. O fator que diferencia tal orientação do construtivismo psicogenético é a maior ênfase nos aspectos socioculturais.

As pesquisas realizadas nessa orientação consideram as múltiplas interações sociais com relação à escrita, por exemplo, as interações precoces com textos dentro da família ou na escola infantil, que permitem à criança a participação em "práticas letradas". Tais práticas consistem em atividades compartilhadas em que o adulto assume a função de agente mediador entre o texto e a criança que ainda não é leitora nem escritora autônoma: ler contos em voz alta, falar acerca do impresso que há no ambiente, escrever listas de compras, marcar com o nome seus pertences, etc. A ajuda que o adulto proporciona para aproximar a criança do mundo da cultura letrada, compartilhando com ela a linguagem dos textos escritos, constitui uma concretização dos princípios do construtivismo social. Esses princípios podem ser resumidos em:

a) as funções mentais (ler, escrever) derivam da vida social;
b) as atividades humanas são mediadas pelos símbolos, em particular pela linguagem;
c) os membros mais experientes de uma cultura ajudam os mais jovens em sua aprendizagem (Hiebert e Raphael, 1996).

Dessa perspectiva, assume-se que a interação social é necessária para a alfabetização das crianças e concebe-se a cognição como "distribuição" entre os participantes de uma atividade social que inclui a escrita como ferramenta cultural.

Nas famílias em que se realizam práticas letradas, as crianças participam e aprendem a familiarizar-se com a linguagem dos contos, dos jornais e da publicidade. A participação precoce em práticas letradas não é apenas uma atividade prazerosa, ela também inicia a criança no processo de alfabetização (Mason, 1992; Purcell-Gates, 1996; Sénéchal, Thomas e Lefèvre, 1995; Snow e Ninio, 1986; Whitehurst e Lonigan, 1998). As crianças aprendem que a linguagem dos livros tem suas próprias convenções e que as palavras podem criar mundos imaginários para além do aqui e agora. A leitura de contos, por exemplo, parece ter importância sobre o desenvolvimento da sintaxe, do vocabulário e das trocas verbais. Ao participar das leituras em voz alta, os pequenos aprendem a realizar trocas verbais em uma situação diferente da situação cotidiana de conversa face a face: ouvem, olham o livro, perguntam e respondem às perguntas como meio para entender as funções da linguagem escrita e para captar o significado do texto. Em resumo, a leitura em voz alta pode tornar-se a ponte entre a linguagem oral de conversa e a linguagem escrita.

A participação em leituras compartilhadas permite à criança adquirir informação sobre o escrito: tipos de suportes escritos, ações adequadas a esses suportes, suas funções, convenções e conceitos, assim como desenvolver motivação para aprender a ler e escrever. Ao

QUADRO 18.1 Alguns marcos na evolução da escrita (segundo Ferrero e Teberosky, 1979)

1. No contexto da vida cotidiana

RESTAURANTE	Uma menina vai caminhando com sua mãe e lhe pergunta "o que diz", apontando o cartaz **(atribuição de intenção comunicativa)**

2. No contexto de uma situação experimental

RESTAURANTE	"O que diz?" (pergunta o experimentador) "A balsa" (responde a menina) **(nome do restaurante que o letreiro denota)**
L	"O que diz?" (mostrando-lhe um cartão com apenas uma letra) "Não diz, é só uma letra" (responde a menina) **(exigência de quantidade mínima)**
LLL	"O que diz?" (mostrando-lhe um cartão com letras repetidas) "Não diz, são todas iguais" **(exigência de variedade interna)**
	"O que é?" (apontando o desenho) "Uma mariposa" **(designa o objeto ou desenho)**
MARIPOSA	"O que diz?" (apontando o texto) "Mariposa" **(apenas o nome, sem artigo)**
"Como se escreve 'mariposa'?"	A I O A (escreve a menina) **(hipótese silábica)**
"Como se lê?"	ma-ri-po-sa (lê fazendo com que cada sílaba corresponda a uma letra) **(segmentação silábica)**

utilizar materiais escritos e interagir com pessoas que os usam, a criança pode aprender funções e convenções da escrita. Habitualmente, quando memoriza um conto e consegue repeti-lo simulando ler, começa a perguntar sobre as letras, as palavras, as marcas de pontuação, a direção da escrita, etc. (Clay, 1991). Inúmeras pesquisas conseguiram estabelecer importantes relações entre a leitura de contos (e as atividades que implicam: perguntar, apontar, responder, memorizar, etc.) e a competência mostrada pelas crianças na aprendizagem da leitura e da escrita na escola. Além disso, há evidência de que descobrem que o início da alfabetização se dá também por meio da interação que se produz em torno de outro tipo de textos escritos, como rótulos de produtos comerciais, cartazes da rua, instruções ou formulários públicos, listas de compra, jornais, escritos dos aparelhos eletrônicos, etc. (Hiebert, 1981; Lomax e McGee, 1987).

Em síntese, as duas perspectivas construtivistas diferenciam-se das anteriores no ponto de vista do qual consideram o processo de aprendizagem: da perspectiva do aluno, e não da perspectiva do adulto ou da norma escrita; como a construção de um sistema de representação, e não como adição de componentes de um sistema já estabelecido. Para os construtivistas psicogenéticos, essa diferença concretiza-se em que a consciência fonológica e a correspondência fonográfica são o ponto de chegada do processo de construção, processo que passa por diferentes momentos até a compreensão da natureza alfabética do sistema. Para os socioconstrutivistas, a alfabetização decorre da interação com outros, mediante um diálogo situado em contextos culturais específicos. Os aspectos dialógico, situado e contextual da linguagem escrita implicam que a alfabetização precisa ser vista como uma prática cultural (Gee, 1992), cuja aprendizagem tem lugar onde quer que haja práticas letradas (Purcell-Gates, 1996). Assim, as crianças começam a aprender sobre a leitura e a escrita em suas casas, escolas e comunidades quando observam e participam de práticas letradas localizadas.

Alfabetização inicial e ensino

Embora por razões de espaço somente possamos abordar o tema do ensino, vale assinalar que as diversas perspectivas teóricas sobre a alfabetização que foram descritas têm importantes repercussões instrucionais. Tradicionalmente, a discussão sobre o ensino da leitura e da escrita situou-se em torno da polêmica dos métodos: um método sintético baseado no código, em particular na relação som-grafia, e um método analítico baseado no significado.[2] A perspectiva behaviorista, defensora do método sintético, interpreta o ensino como um processo seqüencial, para o qual são preparados materiais de ensino específicos e progressivos. A perspectiva cognitivista coincide em defender o método sintético, mas enfatiza a análise dos fonemas, os mecanismos de associação letra-som e a progressão de combinações até formar palavras. Essa ênfase explica-se pela importância atribuída ao processamento da linguagem em relação à leitura e à escrita convencionais. Assim, recomendam-se programas de treinamento em atividades especialmente projetadas com a finalidade de melhorar a consciência fonológica, e o esforço inicial é direcionado a conseguir a automatização dos processos de codificação e decodificação.

Os métodos analíticos, que surgem como oposição aos sintéticos, insistem na significação e consideram que é necessário partir das frases e das palavras, pois estas possuem um referente claro para o leitor principiante, enquanto que os sons e as letras são desprovidos de significado. Nos últimos anos, difundiu-se amplamente uma proposta mais próxima do método analítico, denominada "linguagem integral" – ela sustenta que a aprendizagem da língua escrita é "natural", tão natural como aprender a falar. Visto que as crianças aprendem a falar porque estão rodeadas por falantes que usam a língua para comunicar-se, da mesma maneira aprenderiam a ler e a escrever se estivessem imersos em um ambiente rico em materiais escritos e em atividades de leitura e escrita.

Para a perspectiva construtivista, a discussão não reside em eleger um ou outro método ou modelo. Mais que uma questão de treinamento ou de imersão natural, a perspectiva construtivista considera que o ensino deve ir ao encontro dos diferentes conhecimentos das crianças, oferecendo situações reais de uso da linguagem escrita. As propostas metodológicas devem ser entendidas não como uma imposição de fora, mas como uma ajuda ao processo de construção da criança no contexto de práticas culturais que promovem a aprendizagem (McGee e Purcell-Gates, 1997).

PARA ALÉM DA ALFABETIZAÇÃO INICIAL: ESTRATÉGIAS DE COMPREENSÃO LEITORA E DE COMPOSIÇÃO ESCRITA

Enquanto a pesquisa sobre os processos que subjazem à aprendizagem inicial da leitura e da escrita possui, como se viu, uma ampla tradição na psicologia, é muito mais recente o interesse em relação ao que ocorre depois da alfabetização inicial. Isso não é casual, mas vincula-se diretamente às perspectivas que orientaram a elaboração conceitual e os programas de pesquisa na disciplina psicológica.

Até os anos 1970, o auge do behaviorismo explica que se prestara pouca atenção à compreensão leitora e à composição escrita tal como as entendemos atualmente. Para o behaviorismo, chega-se a compreender e a compor textos desde o que se considera mais simples, visto que se sustenta que a aprendizagem complexa pode ser explicada pelo encadeamento sucessivo de aprendizagens mais simples realizadas anteriormente. Centrando-se no puramente observável, deixam-se de lado os processos internos envolvidos na compreensão do texto e na composição escrita, que nessa perspectiva não dispõem de um estatuto preciso. Considera-se que quando um leitor consegue decodificar as palavras que compõem um texto, a compreensão emerge, "é dada". Quanto à escrita, é entendida de uma forma fundamentalmente reprodutiva; o que conta é o produto elaborado ao final, composto pela adição de elementos simples. No âmbito do ensino, considera-se a exercitação, a prática repetida, como principal – e talvez a única – estratégia didática. Partindo desses pressupostos, parece lógica a carência de âmbitos de pesquisa empírica, de elaboração teórica e de projeto de ensino específicos, diferenciados dos que têm como objetivo a alfabetização, pois os êxitos posteriores são entendidos como uma extensão quantitativa das aprendizagens iniciais.

Os processos psicológicos que subjazem a escrever e a ler são recuperados pela psicologia cognitiva, com as pesquisas sobre o processamento humano da informação. Pouco a pouco, a leitura e a escrita deixam de ser vistas exclusivamente como "habilidade compêndio de subabilidades" e começam a ser consideradas pelos psicólogos cognitivistas como problemas a resolver, cuja resolução implica o processamento de informação em diversos níveis, a automatização de certos procedimentos e o controle consciente de todo o processo.

No âmbito da leitura, os modelos de processamento da informação de caráter seqüencial e hierárquico, elaborados para explicar como se chega a interpretar o conteúdo do texto, serão superados pelos chamados modelos interativos. Tais modelos configuram uma nova agenda para a pesquisa sobre a leitura: conhecimento prévio do leitor, metacognição e estratégias de leitura estarão, nessa perspectiva, indissoluvelmente vinculados à pesquisa sobre os processos de compreensão leitora e ao estudo das práticas de ensino.

No que se refere à composição de textos, a psicologia cognitiva considera que se trata de um "problema maldefinido", cujos parâmetros não se encontram claramente delimitados, o que explica que escrever seja uma tarefa especialmente exigente e difícil (Bruer, 1995). Essa perspectiva se distancia tanto do mito da "inspiração" como da visão centrada exclusivamente no produto. A pesquisa sobre o processo de escrita, que proliferaram desde 1980, destacaram os complexos processos envolvidos na tomada de decisões exigida pelo escrever e em sua configuração na construção do texto escrito. Os diversos modelos cognitivos de composição escrita dão conta dessa complexidade e ajudaram a compreender melhor como se escreve.

A adoção de explicações construtivistas sobre a aprendizagem permite interpretar, em um sentido próprio, conceitos e resultados de pesquisa procedentes da tradição cognitivista. A seguir, serão analisadas brevemente algumas das contribuições mais relevantes da perspectiva cognitivo-construtivista à compreensão da leitura e da escrita.

Compreensão e produção de textos: construção de significados

Embora as pesquisas que abordam em conjunto a leitura e a composição escrita sejam relativamente poucas em comparação com o amplíssimo número de referências que se encontram para cada um dos campos em separado, o certo é que a análise sobre os processos envolvidos tanto na compreensão leitora quanto na composição textual mostra que em ambas intervêm componentes comuns. A perspectiva construtivista assinala justamente os paralelismos e as relações entre compreensão e composição, entendidos ambos como processos de construção de significados (Nelson Spivey, 1997). Analisaremos em seguida alguns desses componentes, presentes nos dois processos.

O conhecimento prévio na compreensão e na produção de textos

A psicologia cognitiva mostrou que um elemento crucial para explicar a realização de aprendizagens em qualquer domínio (Ausubel, Novak e Hanesian, 1983; Novak, 1998), assim como as diferenças na execução entre especialistas e novatos em diferentes âmbitos do saber, é constituído pelos elementos prévios que as pessoas possuem (ver, também, os Capítulos 3 e 4 deste volume). Esse amplo campo de pesquisa e de elaboração conceitual sofreu a influência decisiva dos trabalhos de Bartlett (1932) sobre a organização da memória, realizados sobre a leitura e a recordação de textos. A análise dos protocolos de recordação dos sujeitos de Bartlett a propósito de um texto lido salientou a existência de uma série de mudanças com relação ao texto original, mudanças que não eram casuais e que estavam presentes no que os diferentes leitores recordavam: reagrupamentos, graças aos quais se reproduziam juntos elementos relacionados, mas que estavam dispersos no texto original; simplificações, que causavam a perda de detalhes, e modificações, que, freqüentemente, alteravam o texto para torná-lo coerente com as idéias e as experiências dos leitores. A natureza e a sistematicidade dessas mudanças ofereciam argumentos para considerar que os conhecimentos prévios dos leitores influíam no tratamento da informação presente no texto. O próprio Bartlett utilizou o conceito de "esquemas" ou plano do texto para referir-se a essa organização que tende a manter-se nas recordações sucessivas. Algumas décadas depois, vai-se recorrer a essa noção e a outras similares para explicar a organização e o funcionamento da mente, com certeza também da mente que lê e escreve.

A idéia de que os esquemas configuram o conhecimento que se possui, e que funcionam como lentes através das quais percebemos e interpretamos a realidade, tem um forte impacto nas teorias e nas concepções acerca da leitura. Diante da idéia de que compreender um texto é concomitante à capacidade de poder dizê-lo, impõe-se a constatação de que a compreensão é determinada não apenas pelas características do texto, mas também pelo conhecimento de que o leitor dispõe. A compreensão é conceituada como o resultado da interação dos conhecimentos do leitor com aqueles que o texto proporciona; o significado do texto pode ser, na melhor das hipóteses, potencialmente significativo para o leitor. A interpretação que cada leitor lhe atribui é, então, uma construção pessoal na qual intervêm, além da informação do texto, conhecimentos relevantes que já possui.

Essa visão interativa da leitura (Adams e Collins, 1979; Solé, 1987) pressupõe a interação de "processos dirigidos pelo texto" e de "processos dirigidos pelo leitor".[3] O processamento dos núcleos de informação que o texto contém facilita a ativação dos esquemas adequados, mas os esquemas atuam, por sua vez, como uma diretriz conceitual que indica como interpretar a informação e onde buscar evidência para verificar a possibilidade do esquema selecionado.

A psicologia cognitiva sugere que para compreender um texto o leitor deve processar rapidamente a informação em diferentes níveis – palavras, frases, texto –, assinalando a importância da *automatização* no reconhecimento de palavras (isto é, velocidade e precisão) para liberar recursos cognitivos que contribuem para a interpretação. Quando estes se dedicam a interpretar palavras, a compreensão do texto se ressente, chegando inclusive a ser impossível (Bruer, 1995). Mas a existência de leitores capazes de decodificar eficientemente e que não compreendem o significado do texto sugere que o automatismo, mesmo sendo necessário, não é suficiente para construir uma interpretação.

Isso implica o uso de conhecimento já existente para processar a informação do texto; quanto mais conhecimento se tem, mais fácil será a compreensão da leitura, desde que se saiba utilizar adequadamente tal conhecimento. O conhecimento do leitor é imprescindível para elaborar as inferências de todo tipo, que permitem compreender a informação (Anderson e Pearson, 1984; Bruer, 1995). O texto escrito tem o significado que o autor lhe atribuiu, mas cada leitor o interpreta em função de suas intenções e de sua bagagem cognitiva. A interação entre o conhecimento trazido pelo leitor e a informação que se encontra no texto é responsável para que, mesmo quando a leitura não é orientada por objetivos de aprendizagem, se produza uma "aprendizagem incidental", que em determinadas condições causará transformações mais ou menos substanciais no conhecimento do leitor. Por outro lado, se não pode relacionar a informação lida com algum/uns esquema/s disponível/is no leitor, a essência do texto se perde porque não se integra e é esquecida facilmente. Seria, nesse caso, uma leitura superficial ou mecânica que não repercutiria no conhecimento prévio, problematizando-o, incrementando-o e diferenciando-o em diversos sentidos.

De modo similar, as pesquisas realizadas nas últimas décadas provocaram uma mudança radical na conceituação da composição escrita (Miras, 2000). A especificidade da escrita não permite pensar nela em termos de tradução ou de configuração da fala, nem considerá-la exclusivamente a partir do produto acabado, o texto, que não traduz os processos que permitiram configurá-lo. O escritor enfrenta ao mesmo tempo vários problemas – o que dizer, a quem dizer, como dizer –, cujos parâmetros deve demarcar mediante o uso competente de diversos procedimentos. Os trabalhos já clássicos de Flower e Hayes (1981a; 1981b) destacaram que tais procedimentos se concretizavam no planejamento, na textualização[4] e na revisão ao longo do processo de elaboração do texto, procedimentos que exigem controle e supervisão consciente.

Assim caracterizada, um aspecto essencial da composição escrita é constituída pelo chamado "problema retórico" que o próprio autor define a partir, fundamentalmente, da análise que faz dos destinatários de seu texto e do tema de que se trate, dos objetivos que presidem sua atividade e das condições particulares da situação – sentido que lhe é atribuído, tempo... (Camps e Castelló, 1996). Parece evidente a relação entre o conhecimento prévio e a escrita; para escrever sobre um tópico, é preciso "saber", em medida diversa, sobre o tópico em questão. Em um determinado sentido, tal constatação subjaz a visões clássicas da escrita – para as quais escrever é pôr no papel o que se sabe acerca de um tema – muito distantes das perspectivas atuais. Estas autorizam uma análise "interativa", semelhante à que mencionamos para a leitura, sobre as relações entre o conhecimento do escritor e seu texto.

O problema de compor um texto pode ser considerado por seu autor como um problema de "dizer o conhecimento" (Scardamalia e Bereiter, 1992), isto é, como um problema que se resolve escrevendo o que se sabe e se recorda do tema do texto, cuidando para que as idéias acrescentadas tenham coerência com as anteriores e finalizando quando não se tem mais nada a dizer. Que o texto produzido seja mais ou menos rico e coerente dependerá, então, da articulação e da complexidade dos conhecimentos prévios do autor. Nesse caso, os conhecimentos são utilizados de forma basicamente reprodutiva, e o processo de escrita assim apresentado não tem por que promover modificações neles.

Contudo, escrever pode ser interpretado como algo distinto, dirigido fundamentalmente por objetivos concretos de composição que contribuem para criar tipos de problemas distintos, embora mutuamente influentes: o problema de "o que dizer" ou problema de conteúdo, e o problema retórico, relativo a "como dizer e com que propósito". As soluções adotadas para o problema retórico podem levar o autor a examinar seus conhecimentos, a matizá-los e a ampliá-los e, ao mesmo tempo, essas mudanças podem gerar outros problemas de tipo retórico que terá de resolver. Visto desse modo, o conhecimento prévio não é apenas um recurso que se possui para escrever (algo que se toma, se explica e se deixa igual); constitui a base a partir da qual o autor define e enfrenta um problema cuja resolução pode "transformar seu conhecimento". Ainda que os textos produzidos mediante as estratégias de "dizer o conhecimento" e de "transformar o conhecimento" possam ser formalmente muito parecidos, seu impacto cognitivo é radicalmente distinto, o que permite afirmar que apenas no último caso a função epistêmica[5] da escrita pode concretizar-se, influindo tanto no conhecimento conceitual como no conhecimento discursivo do autor (Miras, 2000).

Em síntese, a possibilidade de compreender um texto ou de compô-lo está estreitamente vinculada aos conhecimentos prévios de que se dispõe ao enfrentar essas tarefas e a como são definidas. Assim como a interpretação de um texto é uma construção que o leitor realiza a partir dos objetivos de leitura e seus esquemas prévios e da informação que ele proporciona, pode-se afirmar que a composição de um texto é uma construção que remete à representação que se realiza do contexto da escrita (as intenções que se tem, o tema de que se trata, as características dos destinatários). Do mesmo modo que os conhecimentos prévios do leitor podem modificar-se graças à leitura, a escrita pode vincular-se a um processo de transformação conceitual. Mas, nos dois casos, a capacidade de gerar conhecimento é uma potencialidade; sua concretização depende de que o olhar que se projete sobre os dois processos leve em conta sua dimensão estratégica.

Escritores e leitores estratégicos

A análise realizada até aqui, mesmo com seu caráter parcial, leva a considerar que as situações em que uma pessoa enfrenta a compreensão ou a composição de um texto são, em medida diversa, situações problemáticas, isto é, situações que no geral não podem ser resolvidas de maneira simples e repetitiva, que obrigam a pensar, a tomar decisões e a dotar-se de meios para avaliá-las. O fato de que tais operações não sejam acessíveis para um observador externo não significa que não ocorram; adicionalmente, que pessoas diferentes resolvam as situações de forma parecida não evita o caráter singular que cada uma lhes atribui.

Enquanto que os exercícios – tarefas rotineiras, fundamentalmente idênticas a si mesmas – podem ser resolvidos com a aplicação de técnicas automatizadas, os problemas exigem pensamento estratégico, que requer não apenas o domínio de técnicas, mas também a capacidade de modificá-las de modo que se adaptem a situações mutantes. Como assinalou Pozo (1990; 196), o pensamento estratégico implica o uso deliberado e planejado de uma seqüência de procedimentos dirigida a alcançar finalidades preestabelecidas. São componentes das estratégias a presença de objetivos que dirigem a atuação, a capacidade de planejar, isto é, de antecipar os passos necessários e sua seqüência para conseguir a finalidade desejada e a avaliação (controle ou supervisão) das próprias ações durante sua execução em função dos objetivos, o que pode levar a modificá-las e a alterar o planejamento inicial se for preciso. Na execução de uma estratégia intervêm técnicas ou procedimentos muitas vezes rotineiros e inclusive automáticos, úteis para conseguir os fins perseguidos.

Todos esses componentes participam da compreensão leitora e da composição escrita (ver, entre outros, Bruer, 1995; Hiebert e Raphael, 1996; Mayer, 1999a; Nelson Spivey, 1997; Palincsar e Brown, 1984; Paris, Wasik e Turner, 1991; Solé, 1992). No que se refere à composição escrita, os *objetivos* concretos que a orientam ao longo de todo o processo contribuem precisamente para criar o problema – na realidade, os problemas: o de conteúdo e o retórico – cuja resolução pode contribuir para transformar o conhecimento. A forma de abordá-lo, o *planejamento* que funciona como esquema do texto, serve de guia e estabelece os critérios que permitem exercer um controle sobre a escrita e reorientá-la se julgar necessário. Tanto o esquema como os próprios objetivos podem modificar-se no curso da *textualização* e das recorrentes operações de *revisão*, cujo caráter de regulador cognitivo aparece com clareza. Isso sugere uma imagem de escritor que se distancia da do transcritor do próprio pensamento – o de outro – para aproximar-se da do autor que reflete sobre o conteúdo, que reorganiza as idéias, que busca a melhor forma de expressar suas intenções, representando-se os possíveis destinatários e controlando todas as variáveis a seu alcance para que "seu" texto e "o texto que o leitor interpreta" se aproximem. Um autor que sabe, que pensa, que regula e que aprende, tanto sobre os conteúdos quanto sobre as estratégias de escrita.

Por outro lado, a conceituação atual da compreensão leitora leva a considerar um leitor estratégico que compreende os propósitos explícitos e implícitos da leitura, que ativa e faz uso de conhecimentos relevantes para interpretar a informação presente no texto. Esses propósitos *proporcionam uma diretriz* para dirigir sua atenção aos aspectos centrais, à essência do texto, como também para poder *controlar* a própria compreensão, o que permite detectar dúvidas ou contradições e resolvê-las, e *mensurar* em que medida se aproxima, por meio da leitura, dos objetivos que pretende atingir. Ao longo do processo, tem de realizar incontáveis inferências e avaliar a consistência interna do texto; muitas vezes assinalará, tomará notas, realizará esquemas durante a leitura. Talvez, ao final deste, elabore um resumo, ou leia outras fontes e sinta necessidade de integrar novas informações. É um leitor ativo, que interpreta o texto com seus conhecimentos e que os modifica graças ao que aprende, mesmo quando não tem vontade explícita de aprender. Em suma, um leitor que escreve quando lê, um leitor que lê quando escreve.

Nessa visão, os componentes metacognitivos adquirem um destaque particular por sua "função diretiva" dos processos envolvidos na compreensão e na composição de textos. De fato, para que possam ser utilizados de formar autônoma, ler e escrever supõem conhecimento sobre os próprios processos cognitivos, assim como controle sobre sua execução; implicam saber o que, como, quando e por que [ler e escrever]. Isto é, supõem o uso estratégico de conhecimento conceitual e procedimental adequado em cada situação concreta em que a leitura e a escrita devam intervir, assim como cuidar de que mediante esse uso se alcancem os propósitos para os quais se lê e se escreve. Mas, além disso, por sua característica autoreflexiva, o uso da língua (ao ler e escrever e, em grau diverso, ao falar e ouvir) promove o desenvolvimento das capacidades *metalingüísticas*. Existem diversas acepções para esse termo, mas todas ressaltam que implica reflexão explícita sobre a linguagem – o que inclui pelo menos dois componentes: a capacidade de analisar o conhecimento lingüístico e a capacidade de considerar intencionalmente aspectos da linguagem que são relevantes para uma tarefa ou um contexto determinados. Em sua forma escrita, a língua se objetiva, isto é, torna-se objeto que pode ser submetido intencionalmente pelo leitor/escritor a mudanças e a manipulações que facilitem a consecução de seus propósitos, para o que fará uso dos recursos e dos conhecimentos a seu alcance.

Um aspecto sobre o qual versam inúmeras pesquisas e que podemos enunciar aqui é o que se refere ao *conhecimento explícito* sobre a língua e à sua relação com o uso desta em situações de escrita e de leitura, relação que entranha bidirecionalidade: a influência desse conhecimento no uso competente das estratégias de compreensão e de composição de textos, e, reciprocamente, o impacto dessas estratégias no incremento do conhecimento lingüístico e na capacidade de considerar a própria língua como objeto de reflexão – capacidade metalingüística. Inúmeros trabalhos (ver, por exemplo, Olson, 1998; Ferreiro e Pontecorvo, 1996) ressaltam que a análise a que forçam a leitura e a escrita permite identificar elementos – como as palavras, as letras – e estabelecer operações e reflexões – de segmentação, de correspondência, de expectativa e de adequação dos conteúdos às restrições de determinadas superestruturas ou *tipos* de texto – que não acontecem na ausência das práticas letradas. É evidente também que ler e escrever contribuem para a criação de um vocabulário específico (ou *metalinguagem*) para sistematizar estes e outros conhecimentos sobre o que se lê e o que se escreve (Camps e Castelló, 1996). Por outro lado, as pesquisas indicam que o conhecimento explícito de diversos aspectos do funcionamento da língua contribuem para seu uso competente (Miras, 2000; Van Dijk, 1983), embora tanto a seleção do conhecimento necessário quanto a forma de contribuir para sua aprendizagem funcional constituam problemas não-resolvidos. De qualquer forma, pode-se aceitar que o uso estratégico e deliberado da compreensão e da composição para obter propósitos determinados contribui para apurar o conhecimento lingüístico em geral e, em particular, as estratégias discursivas e aquelas vinculadas à interpretação.

Essa dimensão estratégica da compreensão leitora e da composição escrita tem profundas repercussões em seu caráter de instrumento de aprendizagem e em seu tratamento de ensino. A alfabetização, como objeto de aprendizagem, não consiste unicamente em aprender a ler e a escrever para reproduzir o conhecimento que outros elaboraram, mas também em capacitar para usar de forma autônoma as ferramentas para construir conhecimento, isto é, como instrumentos de aprendizagem. Mediante a leitura aprende-se, temse acesso a informações e a perspectivas que problematizam, modificam e ampliam o próprio conhecimento. A escrita contribui para "olhar o pensamento", examiná-lo, detectar incongruências e encontrar matizes que podem passar despercebidos até o momento em que são postas no papel com alguma intenção determinada. As duas permitem aprender sobre o mundo e sobre elas mesmas, em um processo que não tem fim.

POR UMA CONCEPÇÃO CONSTRUTIVISTA DA APRENDIZAGEM E DO ENSINO DA LEITURA E DA ESCRITA

Mesmo com a condensação obrigatória destas páginas, esperamos que as idéias expostas respaldem nossa convicção de que ler e escrever não são ferramentas que se acrescentam à mente. Ler e escrever transformam a mente, de modo que estão indissociavelmente unidas não apenas para comunicar – pois permitem compartilhar os pensamentos dos outros além de comunicar os nossos aos demais –, mas também, sobretudo, a pensar e a aprender. A mente alfabetizada é uma mente que tem à sua disposição excelentes estratégias para construir conhecimento.

Tudo parece indicar que essa associação nem sempre ocorre, e que não apenas é possível, como também muito freqüente uma aprendizagem dos dois processos que capacita mais para reproduzir o conhecimento do que para elaborá-lo, reorganizá-lo e construí-lo. São muitos os trabalhos de pesquisa que contêm prescrições para contribuir para a formação de leitores e de escritores estratégicos no âmbito da educação formal, mas, de forma paradoxal, boa parte dessas contribuições adota uma visão fundamentalmente técnica para abordar o ensino de estratégias (ver, por exemplo, Baumann, 1990; Bereiter e Scardamalia, 1987).

A psicologia cognitiva evidenciou os complexos processos envolvidos na compreensão leitora e na composição escrita, embora seu olhar sobre o leitor/escritor, como também sobre os textos, é excessivamente "frio", devido à natureza *in vitro* (Bruner, 1997) de muitas de suas pesquisas e à perspectiva especializada utilizada para interpretar os dados que estas proporcionam. Apesar de suas relevantes contribuições para a compreensão desses processos, a psicologia cognitiva deixa de lado importantes aspectos, constitutivos, por sua vez, de uma concepção construtivista: o caráter social, cultural e histórico dos produtos que se lêem e escrevem – os textos – e dos próprios processos de leitura e escrita; as capacidades afetivas, de relação interpessoal e de inserção social – além, é claro, das cognitivas – vinculadas a ler e a escrever; a ajuda insubstituível dos mediadores culturais (pais, professores) na apropriação das duas aprendizagens. A composição escrita e a compreensão leitora, no sentido em que foram descritas, somente alcançam pleno significado no âmbito de uma concepção construtivista da aprendizagem e do ensino (ver Coll, 1999b; Capítulo 6 deste volume) que enfatiza a natureza social e socializadora da educação escolar, os processos construtivos do aluno sobre os conteúdos e o caráter de ajuda contingente do ensino a esses processos.

Embora sinteticamente, vale apontar alguns aspectos que permitem entrever as repercussões desse olhar construtivista peculiar. Em primeiro lugar, e no que se refere aos *conteúdos*, a perspectiva adotada tanto sobre a alfabetização inicial como sobre a posterior impede que esta seja caracterizada como um compêndio de habilidades, assim como considerar que "primeiro se lê e depois se compreende", ou entender os processos de planejamento, de textualização e de revisão que configuram a escrita como fases claramente diferenciadas, cada uma delas comportando técnicas que basta treinar. Escrever e ler são processos interativos, de ida e volta entre o que se pretende e o que se vai conseguindo, inteligentemente dirigidos; no mais, beneficiam-se mutuamente e, por isso, não há razão nenhuma para estabelecer uma seqüência segundo a qual primeiro se lê e depois se escreve, ou vice-versa. Além disso, não tem sentido aferrar-se à existência de fases de pré-leitura ou de pré-escrita nitidamente diferenciadas da leitura e da escrita convencionais. A escrita e a leitura são procedimentos de caráter estratégico, cuja apropriação e cujo domínio progressivo baseiam-se em conquistas precedentes e manifestam-se em competências muito diversas na biografia de um indivíduo particular.

Em segundo lugar, a ênfase do aluno não pode ser relacionada exclusivamente à sua participação na execução de tarefas de leitura e de escrita cuidadosamente planejadas e seqüenciadas por outros; a regulação externa que ocorre nas situações interativas deve conduzir à auto-regulação, à interiorização e ao uso autônomo das estratégias que permitem escrever e ler de forma competente para conseguir objetivos próprios, que tenham sentido para o aluno. A descrição feita em itens anteriores revela que a apropriação da leitura e da escrita constitui um autêntico processo construtivo, no qual as concepções e os conhecimentos do aluno constituem a bagagem sobre a qual, na interação com outros, se constrói sua competência. No mais, a importância atribuída pela pesquisa aos aspectos intelectuais não pode significar um menosprezo da dimensão afetiva e emocional envolvida em ler e escrever, nem deixar de considerar o impacto de sua aprendizagem (ou de sua não-aprendizagem) no autoconceito e na auto-estima do indivíduo no contexto de culturas letradas. Uma autêntica posição construtivista não pode ignorar tais aspectos, ao mesmo tempo que considera os alunos que lêem e escrevem como agentes construtivos envolvidos em uma atividade social: criar significados para os textos e criar textos para compartilhar significados, tratando com formas convencionais geradas socialmente; considera, também, a forma como os outros recebem e interpretam seus esforços (Nelson Spivey, 1997).

Tomadas em conjunto, as duas condições assinalam que não é suficiente a exercitação de técnicas isoladas nem a disposição de ambientes ricos em material escrito; o *ensino* de estratégias de leitura e de escrita imopõe inúmeras exigências, entre elas, a de seu tratamento integrado e contextualizado em situações que as requerem e às quais os alunos possam atribuir sentido (ver Capítulo 12 deste volume). É um "ensino informado" (Bruer, 1995) que proporciona conhecimento sobre por que as estratégias funcionam e sobre as situações em que é pertinente utilizá-las, e na qual a responsabilidade do aluno se manifesta de modo diverso ao longo de todo o processo, cuja orientação para a realização independente a que se referiu antes não impede, e sim reclama, a intervenção contingente do professor e dos outros na construção do conhecimento pessoal.

Algumas propostas inspiradas nesses princípios demonstraram sua capacidade para contribuir na formação de leitores e de escritores estratégicos. Mas também mostraram a dificuldade de muitos professores para realizá-las, dificuldade que pode ser atribuída fundamentalmente ao fato de que sua implantação não é uma questão puramente técnica, mas que remete a compreender a leitura e a escrita com base em novos pressupostos. Nessa compreensão, na qual os dois processos são entendidos como problemas a resolver, o que pode levar os professores a abordá-los também de forma estratégica, a reconsiderar seus conhecimentos em cada situação específica, a tentar compreender como cada aluno concebe a tarefa que enfrenta e a proporcionar os meios que permitam resolvê-la. Avançar em uma teoria construtivista e integradora da leitura e da escrita, capaz de incorporar estes e outros aspectos, constitui um desafio tão apaixonante quanto complexo.

NOTAS

1. As interações das crianças com adultos leitores e com materiais escritos, especialmente em meios urbanos, podem ser de natureza muito diversa: desde intencionais e dirigidas até difusas e gerais.
2. O método chamado "sintético" supõe a síntese de unidades menores (letras, sílabas) até chegar a compor o significado. O método chamado "analítico" procede de maneira inversa: partindo de unidades significativas, analisam-se os componentes.
3. É muito habitual o uso dos termos processo *bottom-up* e processo *top-down*. O primeiro implica um processamento seqüencial e hierárquico do texto, que se inicia com a identificação das grafias que configuram as letras e que procede em sentido ascendente para unidades mais amplas (palavras, frases...). Em virtude do segundo, o processamento inicia-se nos conhecimentos do leitor, que o levam a elaborar expectativas e inferências que serão verificadas pelas informações do texto. Diversas teorias sobre a leitura postularam exclusivamente um ou outro desses modelos de processamento para explicá-la, originando conceituações de sua aprendizagem e prescrições para o ensino nitidamente diferenciadas. A perspectiva interativa considera que os dois processos atuam simultaneamente sobre uma mesma unidade textual: trata-se de selecionar esquemas que expliquem a informação que contém (*top down*) e de verificar que realmente a explicam (*bottom up*).
4. A textualização refere-se aos diversos processos mediante os quais o escritor organiza o discurso em função de distintos parâmetros (enunciativos, textuais, de conteúdo, etc.).
5. A função epistêmica é uma subfunção da função representativa da escrita e refere-se ao uso desta como instrumento de auto-regulação intelectual e como facilitadora da aprendizagem.

19 O ensino e a aprendizagem da matemática: uma perspectiva psicológica

JAVIER ONRUBIA, Mª JOSÉ ROCHERA E ELENA BARBERÀ

INTRODUÇÃO

A matemática constituiu, especialmente nas últimas décadas, um dos domínios específicos mais estudados pela pesquisa psicoeducacional. Uma das razões de tal interesse pode ser encontrada no fato de que os processos de ensino e aprendizagem da matemática refletem e permitem abordar de maneira particularmente adequada temáticas básicas para a pesquisa psicoeducacional atual, como os processos de resolução de problemas, as linguagens formais e os sistemas notacionais de representação que medeiam a aprendizagem escolar, ou a relação entre conhecimento específico, conhecimento procedimental e capacidades metacognitivas. Outra dessas razões remete, muito provavelmente, às dificuldades, habitualmente conhecidas e amplamente documentadas, que muitos alunos manifestam para aprender matemática na escola; dificuldades que são ainda mais urgentes de resolver diante dos níveis crescentes de conhecimento matemático que parece requerer um ambiente social e tecnológico cuja complexidade aumenta rapidamente.

O presente capítulo pretende, nesse contexto, apresentar de maneira introdutória alguns dos temas e resultados na pesquisa psicoeducacional atual sobre o ensino e a aprendizagem da matemática. Para isso, dividiremos nossa exposição em quatro grandes itens. No primeiro, vamos tratar das características específicas do conhecimento matemático e de suas repercussões nos processos de ensino e aprendizagem desse conhecimento na escola; em particular, destacaremos que a matemática apresenta uma "natureza dual" – como sistema formal abstrato e autocontido e como instrumento para a resolução de problemas práticos em contextos reais – que pode explicar, pelo menos em parte, as dificuldades que sua aprendizagem impõe, em muitas ocasiões, para os alunos. No segundo, não só vamos nos centrar nas diversas capacidades que o aluno deve pôr em jogo na aprendizagem da matemática, como também caracterizaremos a aquisição de tais capacidades, de acordo com boa parte da pesquisa psicoeducacional atual, como um processo de construção socialmente mediada. No terceiro item, vamos nos centrar no ensino e na aprendizagem do conhecimento matemático no contexto particular da sala de aula, além de propor alguns princípios potencialmente orientadores desse processo, coerentes com as idéias construtivistas anteriores. Com essas mesmas idéias como pano de fundo, abordaremos, no quarto e último item, a questão da avaliação da aprendizagem da matemática na escola.

O CONHECIMENTO MATEMÁTICO

O conhecimento matemático apresenta, pelo menos em seu estado final de construção, um conjunto de características peculiares que lhe outorgam uma notável especificidade. De forma muito esquemática, tais características podem ser sintetizadas como segue (Barberà e Gómez-Granell, 1996):

- é um conhecimento de um alto nível de abstração e generalidade, que elimina as referências a objetos, situações e contextos particulares e que se desvincula também das formas de representação perceptivas e intuitivas de tais objetos, situações e contextos;
- é de natureza essencialmente dedutiva e não se valida mediante o contraste com fenômenos ou dados da realidade, como em outras disciplinas científicas, mas mediante um processo interno de demonstração a partir de determinadas definições fundamentais ou axiomas; tal caráter dedutivo, além disso, faz com que o conhecimento matemático tenha, em medida ainda maior que outras ciências, uma estrutura altamente integrada e hierarquizada;
- apóia-se em uma linguagem formal específica, que apresenta notáveis diferenças com a linguagem natural: implica um conjunto particular de sistemas notacionais, busca a precisão, o rigor, a abreviação e a universalidade, e sua finalidade fundamental não é tanto a representação ou a comunicação de fenômenos ou de situações reais, mas a possibilidade de obter resultados internamente consistentes, realizando inferências válidas em termos do próprio sistema axiomático que constitui o conhecimento matemático;
- suprime intenções, emoções e afetos e é de natureza essencialmente teórica, impessoal e atemporal.

Não é presumível que o leitor esteja radicalmente em desacordo com o fato de que as características anteriores definem o conhecimento matemático e muito provavelmente considerará que descrevem adequadamente pelo menos boa parte de sua experiência matemática escolar. Contudo, e em que pese a evidência em favor de uma caracterização como a que recém formulamos, vale afirmar que essa é apenas uma face da moeda matemática. De fato, a matemática tem também uma dimensão menos abstrata e descontextualizada, mas funcional e relacionada com a resolução de problemas práticos em situações concretas, mais pragmática e localizada. A elaboração e o desenvolvimento do conhecimento matemático não podem ser separados, nesse sentido, da ação concreta sobre os objetos, da intuição e das aproximações indutivas ligadas a tarefas, problemas e contextos particulares, nem tampouco dos instrumentos e das tecnologias de representação culturalmente elaboradas como apoio à atividade matemática. Dessa perspectiva, a matemática constitui também uma atividade cultural localizada social e historicamente, influenciada por critérios mundanos de utilidade e intencionalidade, e baseada em práticas cotidianas como contar, medir, localizar, desenhar, brincar ou explicar (Bishop, 1999).

Quando consideramos em conjunto os dois aspectos da matemática, esta nos aparece como um domínio de natureza dual. Por um lado, a matemática baseia-se na percepção e na descrição da ordem dos acontecimentos no tempo e da organização dos objetos no espaço, assim como na resolução de problemas práticos, permitindo estudar sistemas não-matemáticos (por exemplo, dividir em partes iguais um pacote de balas entre alguns amigos, calcular a distância do observador até o horizonte, a quantidade de intérpretes necessários para que, em uma reunião de representantes de oito países distintos, cada um deles possa falar e ouvir em seu próprio idioma). Por outro lado, tais atividades produzem estruturas simbolicamente representadas e hierarquicamente estruturadas que se tornam objetos de reflexão e de elaboração em si mesmos, à margem de sua origem no mundo real, dando lugar à formulação de questões ou de problemas de caráter estritamente intramatemático (por exemplo, quantos elementos diferentes é possível colocar em uma tábua simétrica de ordem n?; quando duas frações irredutíveis são iguais?) (De Corte, Greer e Verschaffel, 1996; Chevallard, Bosch e Gascón, 1997).

Essa dualidade nos permite falar de dois tipos distintos de significados relacionados com o conhecimento matemático; um interno, formal, puramente matemático, e outro externo, referencial, que vincula o sistema formal da matemática a alguns aspectos do mundo real. A coordenação dos dois tipos de significados é muito complexa e constitui um obstáculo central na aprendizagem da matemática. De fato, em muitos casos, constata-se que os alunos não chegam a coordená-los, mas os mantêm separados, em uma espécie de "esquizofrenia semântica" entre o significado matemático e o significado referencial (Martí, 196). O resultado é que muitos alunos aplicam procedimentos matemáticos, mas não sabem por que funcionam; dominam as habilidades de cálculo necessárias para resolver problemas-padrão escolares, mas carecem de compreensão para aplicar seu conhecimento a situações novas; são capazes de manipular símbolos, mas não entendem o significado deles nem o que estão fazendo com eles. Para tais alunos, a aprendizagem matemática acaba consistindo na repetição mecânica de definições, demonstrações e fórmulas, ou na aplicação não menos mecânica de algoritmos e a matemática acaba se transformando em uma atividade críptica e fechada em si mesma, sem nenhum significado e totalmente afastada do mundo real.

A conclusão da análise que acabamos de realizar é a necessidade de um tratamento escolar que equilibre adequadamente as duas faces da matemática que esboçamos. Assim, esse equilíbrio pode ser considerado como uma das chaves para procurar resolver os problemas de rendimento que, como evidenciaram inúmeros estudos internacionais (por exemplo, Lapointe, Mead e Askew, 1992), os alunos apresentam no âmbito da matemática. Os resultados da pesquisa recente sobre os fatores e os processos envolvidos na aprendizagem e no ensino da matemática, que vamos rever sumariamente no restante do capítulo, oferecem numerosos argumentos adicionais em apoio a essa conclusão.

FATORES E PROCESSOS PSICOLÓGICOS ENVOLVIDOS NA APRENDIZAGEM DA MATEMÁTICA

As capacidades envolvidas na competência matemática

A pesquisa psicoeducacional recente permitiu estabelecer uma imagem complexa e matizada das capacidades que definem a competência matemática. De acordo com essa imagem, as capacidades incluem não só o domínio de uma ampla base de conhecimento declarativo e de um conjunto igualmente amplo de procedimentos específicos, como a possibilidade de empregar de maneira estratégica e de controlar metacognitivamente os dois tipos de conhecimento, mas também de uma determinada atitude, uma inclinação e uma sensibilidade para a matemática.

Conhecimento declarativo

O conhecimento declarativo na matemática inclui o conhecimento de fatos (como uma coleção de eventos ordenada em função de um critério), conceitos e sistemas conceituais (que descrevem regularidades ou relações entre fatos e são designados mediante signos ou símbolos) e princípios (teorias ou modelos explicativos ou de natureza descritiva normalmente baseados em relações formais, lógicas e de casualidade) de caráter matemático. Portanto, não se limita a um conjunto de definições e de teorias à margem do processo de demonstração que os sustenta. Conhecer, por exemplo, o teorema de Tales não significa unicamente saber o enunciado final desse teorema, mas também o raciocínio mediante o qual se chegou a ele. As duas partes são componentes do conhecimento matemático de tipo declarativo e contribuem para a compreensão do teorema em questão. Isso é particularmente relevante do ponto de vista do ensino e da aprendizagem desse tipo de conteúdo, que não deve limitar-se unicamente a enunciados ou a formulações finais, mas deve estender-se também, em maior ou menor medida, aos processos ou aos caminhos que conduzem a tais enunciados ou formulações finais.

Em estreita relação com o conhecimento procedimental, o conhecimento declarativo proporciona elementos relevantes que é preciso reconhecer para executar um procedimento particular, como as características de um problema e suas condições internas. Assim entendido, o conhecimento declarativo influi decisivamente tanto na compreensão e na representação adequadas e pertinentes dos problemas suscetíveis de serem resolvidos por métodos matemáticos, como também na formação de noções que posteriormente se utilizarão de maneira aplicada. Se não forem construídas de um modo sólido e congruente, essas noções levarão os alunos a erros importantes, muitas vezes dificilmente detectáveis. Por exemplo, a conhecida crença, em relação ao algoritmo da multiplicação, segundo o qual "sempre que se multiplica um número por outro o número se torna maior" é, sobretudo nas etapas iniciais da aprendizagem, muito intuitiva; contudo, nem sempre é certa e supõe uma clara simplificação conceitual do procedimento, que, embora à primeira vista possa parecer útil a curto prazo, em última análise prejudica a própria representação da operação.

O conhecimento declarativo na matemática é fortemente mediado pelo tipo de linguagem formal e pelos sistemas notacionais em que se expressa. Tal linguagem, como assinalamos, não tem um caráter simplesmente comunicativo, mas também inferencial e até certo ponto converte-se em um sistema auto-suficiente. Além disso, distingue-se porque nele desempenham um papel importante variáveis de diferente tipologia, por exemplo, de caráter gráfico ou posicional. A importância, por exemplo, do fator posicional é clara quando constatamos que, para citar um caso, o primeiro dígito "0" da cifra 100 tem um valor diferente do segundo dígito "0" da mesma cifra – algo particularmente relevante quando de trata de operar com estas e outras quantidades: 100 x 23 = 2.300; não 23 ou 230; por sua vez, esse valor difere radicalmente do que tem esse mesmo número na expressão 0,2. Portanto, o valor de um dígito em uma cifra não é absoluto, mas relativo à sua posição – não é certo que o 0 sempre vale 0; pode valer 10 ou 100, por exemplo.

Conhecimento procedimental

O conhecimento procedimental matemático supõe a aplicação de seqüências e operações das quais se obtém um resultado coerente com um objetivo concreto. O conhecimento procedimental, diferentemente do declarativo, caracteriza-se pela ação (saber fazer) em face da enunciação (saber dizer). Saber explicar um teorema não garante que se saiba aplicá-lo corretamente na resolução de uma determinada situação problemática e vice-versa; uma coisa é, por exemplo, saber explicar o teorema de Pitágoras e outra diferente é saber utilizá-lo no cálculo de uma área concreta; nem a primeira assegura necessariamente a segunda, nem a segunda assegura necessariamente a primeira.

O processo de construção dessas formas de atuação pode adquirir, no âmbito da aprendizagem da matemática, uma natureza "automática". Pela progressiva complexidade da matéria, o aluno compila conjuntos de ações, transformando-os em uma única grande ação, simplificando, assim, processos posteriores, embora atenuando, ao mesmo tempo, o acesso consciente que pode ter às ações assim compiladas. Essa encapsulação de ações encadeadas é necessária para a aprendizagem, visto que dá margem a operações mais complexas, mas requer tempo educacional suficiente para ser levada à prática.

Tradicionalmente, é costume distinguir na área matemática dois grandes tipos de procedimentos: os algorítmicos e os heurísticos. Enquanto os primeiros levam a uma solução adequada quando se seguem todos os passos prescritos (pense-se na realização de uma raiz quadrada, por exemplo), os segundos não garantem uma correta solução, mas orientam de maneira sistemática o processo para chegar a ela (como em recomendações do tipo "fazer um desenho que ajude a representar o problema", "decompor o problema em subobjetivos", etc.). Os procedimentos algorítmicos desenvolvem, preferencialmente, capacidades matemáticas fundamentais baseadas na repetição e implicam sua aplicação a contextos necessários. Por sua vez, os procedimentos heurísticos implicam um maior esforço cognitivo e pedem do aluno um processo de tomada de decisões, não-predeterminadas, como no caso dos algoritmos, em função dos resultados parciais obtidos ao longo de sua aplicação. O Quadro 19.1 apresenta alguns exemplos dos dois tipos de procedimentos próprios do currículo de matemática na escolaridade obrigatória.

O nível de descrição não é, contudo, o único critério de classificação dos procedimentos matemáticos. Se atentamos à finalidade de seu ensino e aprendizagem podemos assinalar, no mínimo, mais dois grandes critérios de classificação: a atividade ou a habilidade que promovem o seu grau de especificidade. No primeiro caso, é possível distinguir, por exemplo, entre procedimentos que permitem a coleta de informação, a classificação de dados, a inferência de resultados parciais, a representação de modelos matemáticos, a expressão de resultados, etc.; todas elas atividades que supõem ações específicas. Em relação ao grau de especificidade, reconhecem-se procedimentos mais

QUADRO 19.1 Alguns exemplos de procedimentos algorítmicos e heurísticos próprios do currículo da escolaridade obrigatória

Procedimentos algorítmicos	Procedimentos heurísticos
– Realização de operações básicas ou complexas. – Decomposição de números naturais em sua soma. – Uso da propriedade associativa.	– Observação e descrição de atributos de uma realidade matemática. – Estimativa de uma medida. – Desenvolver jogos de azar e obter todos os resultados possíveis.

gerais, à medida que são mais transversais, visto que podem ser trabalhados em diferentes áreas do currículo, e mais específicos, à medida que são mais próprios da matemática e pouco transferíveis a outras áreas do currículo. O Quadro 19.2 apresenta alguns exemplos desses diversos tipos de procedimentos próprios do currículo de matemática na escolaridade obrigatória.

Em qualquer caso, porém, tanto a experiência como numerosos estudos (por exemplo, Schoenfeld, 1987) demonstram que ter conhecimentos declarativos e procedimentais pertinentes sobre um problema particular não garante que se saiba utilizá-los no momento oportuno. Para isso, é necessário também um conhecimento condicional integrado nos anteriores.

Conhecimento condicional

Ter um conhecimento condicional supõe a aplicação intencional e consciente do conhecimento declarativo e procedimental em relação às condições em que se desenvolve a ação (ver o Capítulo 8 deste volume). Graças a tal conhecimento, o aluno que aprendeu um procedimento matemático concreto não o aplica de maneira indiscriminada, mas sabe quando e como aplicá-lo, porque fez uma análise das condições pessoais, das condições relativas à tarefa, ao professor e ao ambiente que o leva a determinar que uma certa aplicação é a mais adequada para uma situação concreta. O conhecimento condicional proporciona ao aluno um sistema de avaliação sobre a extensão e as limitações de seu saber (o que sabe sobre o tema, sua capacidade de memória, etc.), ao mesmo tempo que examina a natureza da demanda do professor e seu principal objetivo e avalia variáveis externas, como o tempo de que dispõe ou com quem realiza a tarefa.

São muitos os estudos que mostram que uma coisa é saber executar um procedimento de maneira perfeita e outra coisa muito dife-

QUADRO 19.2 Alguns exemplos de procedimentos próprios do currículo da escolaridade obrigatória em função da atividade que promovem e de seu grau de especificidade

Atividade desenvolvida	Grau de especificidade
– Atividade motriz: "utilização de instrumentos de desenho ou de cálculo". – Interpretação de instruções: "aplicação ordenada dos passos de um algoritmo". – Verificação de resultados: "previsão e ajuste de resultados de uma medição". – Leitura matemática: "uso do vocabulário matemático".	Transversais ou interdisciplinares: – realização de gráficos (histogramas, etc.) – uso da calculadora – leitura de um problema Específicos ou interdisciplinares: – algoritmos específicos (raiz quadrada, etc.) – utilização de séries numéricas – decomposição de números

rente é saber em que contexto se pode e se deve aplicar esse procedimento (ver, por exemplo, Schoenfeld, 1992). Os alunos com um elevado rendimento em matemática têm habilidades cognitivas de alto nível, como as habilidades metacognitivas de planejamento, de revisão, de controle, de seleção e de avaliação das próprias atividades intelectuais. Pode-se afirmar que a atividade matemática requer a aquisição integrada de conhecimentos de âmbito específico e de habilidades cognitivas mais gerais, ainda que aplicadas à especificidade da área.

Aspectos afetivos, relacionais e motivacionais

Aprender matemática abrange mais do que a aprendizagem de conceitos e de procedimentos e sua aplicação. Supõe também o desenvolvimento de uma certa disposição para a matemática, que inclui tanto um conjunto de atitudes, fruto de crenças ou de experiências que se manifestam na maneira de abordar as tarefas matemáticas quanto uma sensibilidade para o desenvolvimento das atuações apropriadas e uma inclinação e uma motivação para esse âmbito do conhecimento. Essa disposição é essencial para o desenvolvimento de uma capacidade matemática adequada (Perkins, 1991). Contudo, a importância dessa disposição contrasta com a constatação de que muitos alunos sentem desorientação e medo diante da matemática (ver, por exemplo, McLeod e Adams, 1989; Costello, 1991). Embora nestes últimos anos tenha aumentado sensivelmente o número de estudos dedicados a aprofundar as relações mútuas entre cognição e variáveis afetivas e motivacionais na aprendizagem da matemática, trata-se ainda, em boa medida, de uma tarefa pendente.

A aprendizagem da matemática como construção socialmente mediada

Existe, atualmente, um alto grau de consenso com relação ao fato de que a aprendizagem escolar, e em particular a aprendizagem dos conteúdos matemáticos, é um processo de construção socialmente mediada. Em termos gerais, isso significa que os alunos não aprendem recebendo e acumulando passivamente informação do ambiente, mas que o fazem por meio de um processo ativo de elaboração de significados e de atribuição de sentidos; um processo que se realiza mediante a interação, a negociação e a comunicação com outras pessoas em contextos particulares culturalmente definidos e no qual determinados artefatos e instrumentos culturais também desempenham um papel decisivo (ver o Capítulo 6 deste volume). No caso particular da matemática, isso significa que o conjunto de elementos cognitivos e afetivos a que acabamos de nos referir como envolvidos no uso especializado da matemática é adquirido mediante esse processo de construção social e culturalmente mediada.

Dois aspectos merecem ser ressaltados em relação a essa construção progressiva e negociada do conhecimento matemático. O primeiro é a importância dos conhecimentos informais dos alunos, a partir dos quais o professor deve firmar o desenvolvimento do processo de ensino e aprendizagem. As crianças, assim como os adultos não-escolarizados, têm uma ampla base de conhecimento matemático informal (ver, por exemplo, Baroody, 1988; Nunes, 1992). Tal base de conhecimento inclui noções, habilidades e estratégias relativas a um amplo conjunto de aspectos, desde a numeração e a contagem até a resolução de problemas aritméticos, a organização e a representação do espaço ou a proporção, passando pelo planejamento e pela tomada de decisões sobre preços ou compras. Como evidenciaram os trabalhos da "etnomatemática" (ver Nunes, 1992), tais noções, habilidades e estratégias desenvolvem-se no âmbito da participação em situações e contextos específicos próprios da vida cotidiana fora da escola. Ainda que esse conhecimento apresente, do ponto de vista da matemática como sistema formal, importantes imprecisões e limitações, sua recuperação é a base para uma construção adequada da matemática escolar; além do mais, certas reticências e algumas dificuldades de aprendizagem nessa área têm sua primeira explicação no fato de ignorar esse tipo de conhecimento que os alunos trazem.

O segundo aspecto, relacionado com o anterior, é a indicação de que a melhor maneira de aprender matemática é dentro de um contexto relevante de aplicação e de tomada de decisões específicas. Nesse sentido, a resolução de problemas, e não tanto a aprendizagem cultural e pouco contextualizada da matemática, é o ambiente que demarca e dá sentido ao uso da matemática no âmbito escolar. Nesse ambiente, e graças à ajuda do professor, o aluno pode avançar do pensamento narrativo e contextualizado próprio da aproximação intuitiva e cotidiana dos fenômenos para o pensamento paradigmático próprio da matemática como sistema formal (Barberà e Gómez-Granell, 1986), em um processo gradual que parte dos conhecimentos prévios do aluno e avança para níveis cada vez mais elevados de complexidade e de abstração.

A caracterização que acabamos de esboçar é, como assinalamos, aceita pela maioria dos especialistas e dos pesquisadores atuais dos processos de ensino e aprendizagem da matemática. Contudo, é necessário assinalar que outras maneiras de entender a aprendizagem da matemática tiveram e ainda têm um grande prestígio e estão na base da formação recebida por muitos professores de matemática atualmente em exercício. É o caso, por exemplo, de uma caracterização de corte mais individualista e evolutivo, na qual a seqüência de aprendizagem da matemática está vinculada ao desenvolvimento de determinadas capacidades cognitivas por parte do aluno ou de uma tendência de caráter estruturalista, em que a lógica interna da matemática como sistema formal é a que marca a seqüência de aprendizagem que o aluno deve seguir.

OS PROCESSOS DE CONSTRUÇÃO DO CONHECIMENTO MATEMÁTICO NA SALA DE AULA

A caracterização da matemática como um domínio de natureza dual e de seu processo de aprendizagem como um processo de construção mediada, que esboçamos nos itens anteriores, tem importantes implicações do ponto de vista das finalidades e dos objetivos do ensino da matemática. Por um lado, essa caracterização, ao mesmo tempo em que oferece um determinado modelo da competência matemática, ressalta que esta não será adquirida sem um processo continuado de construção por parte do aluno; um processo que, por sua vez, requer a participação do aluno em uma ampla gama de situações e de contextos de atividade matemática relevante. Nesse sentido, o desenvolvimento progressivo das diferentes capacidades que constituem a competência matemática pode ser considerada, de pleno direito, como um objetivo prioritário da educação matemática. Por outro lado, a caracterização assinalada destaca o caráter não apenas formal, mas também funcional, do conhecimento matemático; a esse respeito, parece necessário também que entre as finalidades prioritárias da educação matemática, pelo menos até o ensino médio, incluam-se aspectos relativos à utilização do conhecimento matemático com relação a problemas e situações dos ambientes físico e social imediatos, e como instrumento de representação e comunicação de determinados tipos de informações e mensagens habituais em nosso contexto cultural.

Dessa perspectiva, o ensino da matemática nos ensinos fundamental e médio assumiria como uma de suas finalidades fundamentais a de dotar os alunos de uma competência matemática adequada que lhes permita enfrentar as demandas de seus ambientes social e cultural em suas diferentes esferas: educacional e trabalhista, privada, social e comunitária. Essa finalidade global implica que a educação matemática pode e deve contribuir tanto para o desenvolvimento como para a socialização dos alunos e, em particular, que deve contribuir para a aquisição por parte dos alunos de um amplo conjunto de capacidades necessárias para atuar como cidadãos competentes, ativos, comprometidos e críticos: capacidades de pensamento autônomo e independente, de exploração e de indagação. De pensamento divergente e criativo, de identificação e resolução de problemas diversos, de modelização de situações extramatemáticas reais, de análise e avaliação dos usos e dos papéis da matemática no contexto social, ou de compreensão das novas tecnologias da informação com relação à matemática (ver Niss, 1996, para uma discussão mais detalhada desse ponto).

Alcançar tais finalidades e objetivos não é absolutamente simples e exige um tipo de ensino presidido por critérios globais coerentes com as idéias apontadas anteriormente sobre o conhecimento matemático, sobre as capacidades envolvidas no domínio desse conhecimento e sobre a maneira como se podem adquirir essas capacidades. O Quadro 19.3 sintetiza alguns desses critérios, extraídos dentre os assinalados de forma mais recorrente pela pesquisa psicoeducacional recente no âmbito da educação matemática.

1. Contextualizar a aprendizagem da matemática em atividades autênticas e significativas para os alunos.

Como assinalamos de forma reiterada, a matemática é, além de um sistema formal, uma atividade humana vinculada a propósitos e a intenções particulares em contextos e situações específicas. Ancorar a aprendizagem da matemática na sala de aula em situações concretas e significativas para os alunos é essencial para que as vantagens oferecidas pela descontextualização cognitiva própria do conhecimento matemático não sejam anuladas pela "descontextualização social e afetiva" (del Río e Álvarez, 1992) de tal conhecimento. Sem essa ancoragem, a descontinuidade entre, por um lado, o pensamento narrativo próprio da aproximação intuitiva e cotidiana da realidade e, por outro, o pensamento paradigmático e abstrato próprio da matemática como sistema formal pode ser um obstáculo praticamente insuperável para boa parte dos alunos.[1]

QUADRO 19.3 Alguns critérios gerais para o ensino da matemática

1. Contextualizar a aprendizagem da matemática em atividades concretas e significativas para os alunos.
2. Orientar a aprendizagem dos alunos para a compreensão e a resolução de problemas.
3. Vincular a linguagem formal matemática com seu significado referencial.
4. Ativar e empregar como ponto de partida o conhecimento matemático prévio, formal e informal dos alunos.
5. Avançar de maneira progressiva para níveis cada vez mais elevados de abstração e generalização.
6. Ensinar explicitamente, e de maneira informada, estratégias e habilidades matemáticas de alto nível.
7. Seqüenciar adequadamente os conteúdos matemáticos, assegurando a inter-relação entre as distintas capacidades envolvidas na aquisição do conhecimento matemático.
8. Apoiar sistematicamente o ensino na interação e na cooperação entre alunos.
9. Oferecer aos alunos oportunidades suficientes para "falar matemática" na sala de aula.
10. Dar atenção aos aspectos afetivos e motivacionais envolvidos na aprendizagem e no domínio da matemática.

2. Orientar a aprendizagem dos alunos para a compreensão e a resolução de problemas

As situações de resolução de problemas constituem um espaço natural para a utilização contextualizada do conhecimento matemático, proporcionando, com isso, um instrumento de primeira ordem para promover a aprendizagem significativa e funcional da matemática. É preciso assinalar, no entanto, que nem sempre que os alunos "resolvem problemas" em uma aula da matemática estão fazendo um uso concretamente contextualizado e funcional do conhecimento matemático. Em muitos casos, os "problemas" que lhes são propostos têm um caráter nitidamente artificial e fechado em si mesmo, não remetem a tarefas matemáticas com sentido no mundo real e servem essencialmente a objetivos de utilização mais ou menos direta de fórmulas ou algoritmos previamente apresentados. Nesse sentido, é necessário distinguir entre autênticos problemas e o que podemos rotular mais propriamente como "exercícios". A diferença entre exercícios e problemas remete tanto às características da tarefa como aos conhecimentos do aluno que a enfrenta. Nos exercícios, o aluno reconhece a situação como já conhecida e dispõe de procedimentos de tipo automático (regras, algoritmos, fórmulas) que permitem obter uma resposta de maneira mais ou menos imediata. Nos problemas, a situação é nova para o aluno e se requer algum processo de reflexão ou de tomada de decisões sobre a seqüência de passos a seguir para resolvê-los. (Pérez Echeverría e Pozo, 1994). Do ponto de vista da aprendizagem, realizar um exercício comporta a aplicação de técnicas automatizadas a uma tarefa que já é conhecida pelo aluno (por exemplo, aplicar o algoritmo da soma ou aplicar a uma tarefa uma fórmula previamente explicada pelo professor). Resolver um problema, em contrapartida, comporta utilizar as técnicas já conhecidas de modo estratégico para chegar a uma solução. De acordo com essa caracterização, uma mesma situação pode constituir um exercício ou um problema, dependendo dos conhecimentos prévios de quem o resolve e dos objetivos que presidem a tarefa: a resolução de problemas e a realização de exercícios fazem parte de um contínuo cujos limites nem sempre são fáceis de estabelecer.

A prática de exercícios permite consolidar habilidades básicas, enquanto que a resolução de problemas requer, além disso, pelo fato de remeter a situações novas e abertas, estratégias, conceitos e atitudes que levem o aluno a persistir na busca de uma solução, implicando, assim, uma maior demanda cognitiva e motivacional. Ensinar a resolver problemas parece ser, portanto, um trabalho docente diferente de ensinar a fazer exercícios (Pérez Echeverría, 1994). Para que os "problemas" escolares constituam problemas concretos a serem resolvidos, e não apenas exercícios a serem realizados, eles devem cumprir algumas condições que os aproximem dos problemas matemáticos reais. Em particular, parece necessário que sejam problemas formulados e definidos *pelos* próprios alunos (e não problemas definidos *para* os alunos pelo professor ou pelo livro-texto), que suponham tarefas contextualmente relevantes, que possam ser abordadas e resolvidas por métodos diversos, que permitam soluções também diversas, e não necessariamente exatas, e que compartilhem sua finalidade de promover a aprendizagem da matemática com finalidades extramatemáticas de interpretação da realidade e/ou de atuação nela (Barberà e Gómez-Granell, 1996).

3. Vincular a linguagem formal matemática com seu significado referencial.

No primeiro item deste capítulo referimonos à "esquizofrenia semântica" de que muitos alunos sofrem ao separar, de maneira radical, o significado interno e formal da matemática de seu significado referencial. Essa separação faz com que uma ampla porcentagem de alunos possam responder "31 e um terço" à pergunta de quantos ônibus são necessários para transportar 1.128 soldados de um lugar para outro, se em cada ônibus cabem 36 soldados (Silver, Shapiro e Deutsch, 1993).

Três caminhos parecem ser apontados como particularmente adequados para buscar estabelecer e reforçar as relações entre os dois tipos de significado. O primeiro deles é a elaboração de modelos matemáticos de situações reais, submetidos a critérios de utilidade e de pertinência no mundo real. Um modelo é uma esquematização abstrata da realidade, baseada em algum tipo de esquema ou de material estruturado que oferece uma imagem isomorfa dela com relação a determinadas relações e propriedades. Matematizar a realidade mediante um modelo implica expressar determinados fatos e suas relações mediante termos e relações matemáticas abstratas; nesse processo, um conceito pode chegar a constituir um modelo abstrato de determinados fenômenos, ao mesmo tempo que esses fenômenos oferecem modelos concretos para o conceito. Assim, por exemplo, o conceito de fração ou a noção de frações equivalentes pode modelar de maneira abstrata a divisão de um retângulo ou de um quadrado em partes iguais, e esta pode atuar ao mesmo tempo como modelo visual do conceito (Castro e Castro, 1997). A atividade de modelação pode ser considerada como o elo entre as duas faces (a pragmática e a formal) da matemática (de Corte, Greer e Verschaffel, 1996) e tem uma amplíssima utilidade com relação ao ensino e à aprendizagem de múltiplos conteúdos matemáticos (por exemplo, de Lange, 1996).

O segundo dessas caminhos é a atenção específica às dificuldades que supõe a tradução entre os diversos sistemas de representação (verbais, numéricos, gráficos, algébricos...) empregados habitualmente para fazer referência aos conceitos e aos procedimentos matemáticos e para poder comunicar-se acerca deles. Cada um dos sistemas de representação que se podem utilizar para representar um determinado conceito destaca algumas propriedades do conceito e dificulta a compreensão de outras. Por exemplo, a representação de uma função a partir de sua tabela de valores permite enfatizar os componentes de cômputo implicados, enquanto que sua representação gráfica permite ressaltar sua continuidade e a representação mediante uma fórmula pode facilitar o reconhecimento de seus parâmetros. Os processos de tradução entre os diferentes sistemas de representação de um mesmo conceito não são uma questão trivial e devem ser trabalhados sistematicamente na sala de aula (Castro e Castro, 1997). Entre os processos de tradução, talvez requeiram uma atenção especial os que têm a ver com a relação entre a linguagem natural e os demais tipos de sistemas de representação dos conceitos matemáticos. Para isso, é necessário colocar em primeiro plano a necessária coerência entre a descrição dos fenômenos em linguagem ordinária e sua representação mediante os diversos sistemas matemáticos de notação formal, vinculando com isso o significado formal e o significado referencial dos enunciados matemáticos. As reiteradas dificuldades que mostram nossos alunos para traduzir em linguagem aritmética ou algébrica dos clássicos *word-problems* – por exemplo, "Um estudante dedicou 22 horas de estudo à preparação de suas provas de língua, matemática e história; se dedicou o dobro do tempo à língua do que à matemática, e 3 horas menos à história que à língua, quanto tempo dedicou a cada disciplina?" – ilustram a importância de dar atenção a esse tipo de relação.[2]

O terceiro caminho para relacionar o significado formal e o significado referencial dos enunciados matemáticos é a consideração das representações matemáticas intuitivas dos alunos e a sua inter-relação com as representações mais formais oferecidas, sobre os mesmos fenômenos, pelo conhecimento matemático mais elaborado.

4. Ativar e empregar como ponto de partida o conhecimento matemático prévio, formal e informal, dos alunos.

Como assinalamos no item anterior, os alunos, no momento de abordar a aprendizagem da matemática escolar, dispõem de uma ampla base de conhecimento matemático informal, desenvolvido no âmbito de situações e de contextos cotidianos específicos fora da escola. A relação dessa base de conhecimento com o conhecimento matemático escolar resulta, de uma perspectiva construtivista (ver os Capítulos 3, 4 e 6 deste volume), um elemento-chave para uma aprendizagem significativa da matemática escolar. Tal relação, entretanto, não é simples. Em muitos casos, os alunos não ativam, diante das situações e dos problemas formais da matemática escolar, seu conhecimento prévio relevante nem, inversamente, transferem aos contextos cotidianos as estratégias aprendidas no contexto escolar. Nesse sentido, boa parte das propostas renovadoras dos processos de ensino e aprendizagem da matemática fomentam, de diversas maneiras, que os alunos utilizem ativamente na sala de aula o seu conhecimento matemático informal e as suas formas pessoais de representação, de pensamento e de resolução de problemas matemáticos. Solicitar aos alunos que escrevam todos os fatos que conhecem sobre a multiplicação, antes de começar a trabalhá-la em aula, indagar aos alunos de uma turma de séries iniciais quanto acham que mede a gigante que deixou a marca de sua mão no quadro-negro, ou perguntar-lhes se acreditam que é verdade o dado – equivocado por um erro de impressão – apresentado por uma determinada enciclopédia sobre a extensão de sua comunidade autônoma, são alguns exemplos de atividades que podem fomentar essa utilização (o leitor interessado pode encontrar uma apresentação mais detalhada deste e de outros exemplos em Becker e Selter, 1996).

5. Avançar de maneira progressiva a níveis cada vez mais elevados de abstração e de generalização.

O conhecimento matemático informal dos alunos é, tipicamente, um conhecimento altamente específico de contexto, orientado para a resolução de tarefas particulares e limitado quanto às suas possibilidades de abstração, de generalização e de formalização. Por isso, em que pese sua importância para a aprendizagem significativa do conhecimento matemático, o ensino da matemática na sala de aula vai além dele, utilizando-o como ponto de partida para que o aluno avance em um processo progressivo de identificação de novas regularidades, conexões e estruturas tanto na realidade como nos próprios modelos e representações matemáticas que utilize instrumentos formais cada vez mais potentes (Treffers, 1987). Esse processo progressivo implica atividades de esquematização, de abreviação, de internalização e de generalização do conhecimento matemático informal. Assim, por exemplo, o ensino das tabuadas de multiplicar pode ser iniciado propondo aos alunos diversas situações multiplicativas e explicitando as estratégias informais de contagem e de agrupamento empregadas para resolvê-las; em uma segunda fase, graças ao apoio do professor, os alunos descobrem e discutem, a partir das anteriores, novas estratégias para resolver multiplicações desconhecidas (por exemplo, a estratégia de "dobrar": 2 x 6 = 12, logo, 4 x 6 = 24); finalmente, consolidam a aprendizagem das tabuadas a partir da discussão e da realização seguida de exercícios apoiados nas estratégias anteriores, ao mesmo tempo formulando novos desafios, como multiplicar um número por outro maior que 10 (Verschaffel e de Corte, 1996). Um elemento essencial para que o aluno possa avançar para níveis mais elevados de abstração em seu conhecimento matemático é o uso de modelos e de ferramentas de manipulação, visuais e gráficas, que sirvam como apoios para a transformação de seu conhecimento matemático informal em outro mais formal e abstrato e, também, mais eficiente. Por exemplo, uma fileira de contas coloridas pode ser utilizada como um modelo de manipulação de apoio à resolução de problemas de contagem e soma de números naturais, a partir do qual se pode introduzir o modelo mais abstrato e forte da linha numérica.

6. Ensinar explicitamente, e de maneira informada, estratégias e habilidades matemáticas de alto nível.

Uma resolução de problemas matemáticos requer, como se mostrou no item anterior, não apenas conhecimento de tipo declarativo e procedimental, mas também conhecimento condicional. Não é possível, por exemplo, resolver de maneira especializada problemas matemáticos sem dominar determinados heurísticos que ajudam a traçar planos eficazes de resolução – como relacionar o problema com problemas análogos ou similares, reformulá-lo ou dividi-lo em subproblemas – ou determinadas capacidades de controle do processo de solução – identificar os obstáculos e buscar métodos alternativos para superá-los, perseverar no processo de resolução ou avaliar a pertinência das soluções obtidas – (Mayer, 1999a). Contudo, o ensino desse tipo de capacidades estratégicas não é simples (ver os Capítulos 8 e 9 deste volume).

A esse respeito, queríamos destacar pelo menos três conclusões de importância que parecem emanar da pesquisa atual em diversos domínios, entre eles da matemática. A primeira é que o ensino desse tipo de capacidades "de alto nível" deve ser "metacognitivamente informada", isto é, deve, além de mostrar a estratégia a empregar, explicitar quando se deve empregar e por que é efetiva (Bruer, 1995). A segunda é que a oferta de modelos especializados e explícitos das estratégias a ensinar, combinado com um processo gradual de transferência do controle (ver o Capítulo 17 deste volume) no uso dessas estratégias do professor para os alunos, constitui uma das chaves do ensino eficaz desse tipo de capacidades. A modelação metacognitiva, a auto-indagação do aluno ou o ensino de perguntas-chave são formas de atuação do professor que podem concretizar esse tipo de ensino. A terceira é que a aprendizagem dessas estratégias requer que os alunos as pratiquem em contextos e situações diversas, por exemplo, incorporando de maneira sistemática ao trabalho na sala de aula momentos de revisão e de avaliação dos processos realizados e dos produtos obtidos a partir de tais processos.

7. Seqüenciar adequadamente os conteúdos matemáticos, assegurando a inter-relação entre as distintas capacidades envolvidas na aquisição do conhecimento matemático.

As teorias de ensino mostraram a necessidade de distinguir entre a estrutura lógica de uma disciplina – sua organização interna, tal como a estabelecem e manejam os especialistas de cada uma delas – e sua estrutura psicológica – isto é, a seqüência ótima de apresentação dos conhecimentos dessa disciplina para sua aprendizagem. A distinção, se cabe, é mais importante no caso da matemática que em outros conteúdos escolares, visto que, como mostramos no primeiro item, entre as características distintivas da matemática como sistema formal está, justamente, seu alto grau de estruturação e de hierarquização interna. Daí a necessidade de que as seqüências para o ensino e a aprendizagem dos conteúdos matemáticos na sala de aula levem em conta, além da estrutura interna da matemática, aspectos relacionados com o nível evolutivo dos alunos, seus conhecimentos prévios ou a relação com os outros conteúdos e aprendizagens escolares, assim como determinadas tendências básicas que presidem os processos de construção do conhecimento matemático: a passagem da atividade à simbolização (da percepção ou manipulação física de objetos e situações à sua representação mediante sistemas estruturados de símbolos que se utilizam como objetos matemáticos); do concreto ao abstrato (da identificação ou da utilização de fatos ou de relações matemáticas em contextos e situações particulares à sua generalização mediante conceitos ou princípios que se aplicam a múltiplos contextos e situações); do intuitivo ao formal (do conhecimento matemático pragmático e carregado de significado referencial que os alunos têm a partir de sua experiência cotidiana ao conhecimento sintático próprio da linguagem formal da matemática) e do indutivo ao indutivo (da obtenção de conhecimento matemático a partir da experiência extramatemática ao uso de procedimentos intramatemáticos de demonstração e inferência). Tudo isso leva a aconselhar que a seqüenciação dos conteúdos matemáticos seja feita de acordo com uma estrutura helicoidal, em que os distintos conteúdos sejam retomados em diversas ocasiões ao longo do processo de ensino e aprendizagem, de forma que o aluno possa enriquecer progressivamente o seu significado. Esse tipo de estrutura, além disso, facilita o estabelecimento de relações cada vez mais elaboradas entre os diferentes aspectos da matemática que são objeto de ensino e aprendizagem, evitando uma aproximação excessivamente dissociada e compartimentada a cada um desses aspectos.

8. Apoiar sistematicamente o ensino na interação e na cooperação entre alunos.

A pesquisa psicoeducacional acumulou nos últimos anos uma ampla evidência sobre a potencialidade da interação cooperativa entre alunos como instrumento de aprendizagem (ver o Capítulo 16 deste volume). Os estudos sobre o ensino e a aprendizagem da matemática na sala de aula confirmaram essa potencialidade, demarcando-a na caracterização do processo de aprendizagem do conhecimento matemático como construção socialmente mediada a que nos referimos no item anterior. Por isso, grande parte das atuais propostas inovadoras para o ensino da matemática contemplam entre seus princípios a aprendizagem cooperativa, afirmando que a construção do conhecimento matemático se produz mediante a interação, a negociação e a colaboração, como vias para que os alunos possam tornar-se membros competentes de uma comunidade e de uma cultura matemática (de Corte, Greer e Verschaffel, 1996).

9. Oferecer aos alunos oportunidades suficientes para "falar matemática" na sala de aula.

Se aprender matemática supõe tornar-se em um membro competente de uma comunidade e de uma cultura matemática, uma parte importante da matemática passa pela aprendizagem da "língua" própria dessa comunidade e dessa cultura. Dessa perspectiva, a aprendizagem da matemática enquadra-se na aprendizagem de certas práticas e gêneros discursivos, de certas formas de fala e de raciocínio próprios da disciplina (conjeturar possíveis soluções para um problema, discutir e argumentar soluções alternativas, explicar e justificar o processo empregado para a obtenção de uma determinada solução...), e aprender matemática é, em boa medida, aprender a "falar matemática". Essa aprendizagem requer a participação continuada dos alunos em situações comunicativas que lhes permitam "Se apropriarem" de tais práticas e gêneros discursivos com a orientação de outros "falantes" mais competentes. Por isso, é importante que os alunos tenham oportunidade, na aula de matemática, de praticar diversas formas de discurso matemático relevante (National Council of Teachers of Mathematics, 1991) e de discutir sobre as formas adequadas de falar sobre os conteúdos matemáticos (Cobb, Wood e Yackel, 1993).

10. Dar atenção aos aspectos afetivos e motivacionais envolvidos na aprendizagem e no domínio da matemática.

Como se mostrou anteriormente, na aprendizagem e no domínio da matemática não estão envolvidas unicamente capacidades de tipo cognitivo, mas também de caráter afetivo, motivacional e relacional. A atenção a essas capacidades na sala de aula não é independente do conjunto de princípios que apresentamos até este momento. Outros fatores relevantes para facilitar a atribuição de sentido à aprendizagem da matemática e para promover o desenvolvimento de uma disposição global para ela são:

- o ajuste adequado da dificuldade das tarefas às possibilidades dos alunos;
- a variedade de situações de aprendizagem e de contextos nos quais aprender e aplicar o aprendido;
- o respeito à diversidade dos alunos quanto a competências, conhecimentos prévios, recursos e estratégias para aprender e quanto a interesses e motivações diante da aprendizagem;
- uma atmosfera de trabalho que anime os alunos a trazer suas próprias idéias e seus pontos de vista, que valorize os acertos, e que entenda e aproveite os erros como algo com que se pode aprender.

Os diferentes princípios que descrevemos sumariamente podem ser encontrados, em maior ou menor medida, em algumas propostas atuais sobre o ensino e a aprendizagem da matemática na sala de aula. É o caso, entre outros, das propostas da "Realistic Mathematics Education" (por exemplo, Gravemeijer, 1994), dos trabalhos de Schoenfeld (por exemplo, Schoenfeld, 1995) sobre o ensino de processos de resolução de problemas, do modelo de "ensino localizado" ("enchored instruction") elaborado pelo Grupo de Cognição e Tecnologia da Universidade de Vanderbilt (por exemplo, Cognition and Technology Group at Vanderbilt, 1992) ou de trabalhos realizados por Cobb e seus colaboradores (por exemplo, Cobb, Wood e Yackel, 1993). O leitor interessado pode encontrar uma apresentação inicial destes e de outros "ambientes significativos" para o ensino e a aprendizagem da matemática em Bruer (1995), de Corte, Greer e Verschaffel (1996) e Becker e Selter (1996).

A AVALIAÇÃO DA APRENDIZAGEM DA MATEMÁTICA EM UMA PERSPECTIVA CONSTRUTIVISTA

A perspectiva construtivista dominante sobre os processos de ensino e aprendizagem da matemática desembocou também em um conjunto de propostas para uma "avaliação construtivista" desses processos (National Council of Teachers of Mathematics, 1995; Clarke, 1996). Entre os princípios e os pressupostos básicos desse tipo de avaliação vale destacar os seguintes:

- a avaliação deve facilitar a troca de informação relevante sobre o processo de ensino e aprendizagem da matemática; por um lado, isso supõe que as atividades e as tarefas de avaliação ofereçam uma informação valiosa e de qualidade sobre o conjunto da competência matemática do aluno; por outro, implica que a informação seja codificada e transmitida de maneira ajustada, quanto ao tipo de informação recebida e ao grau de detalhe dela, aos diferentes destinatários (alunos, professores, pais, administração educacional, etc.);
- a avaliação deve maximizar as oportunidades de que os alunos mostrem a aprendizagem e as capacidades matemáticas que alcançaram, empregando atividades diversas nas quais possam participar de maneira ativa e adquirir cotas elevadas de responsabilidade;
- a avaliação deve ter um valor de ensino; o uso de uma certa estratégia de avaliação deve poder ser justificada de acordo com objetivos de ensino pertinentes, e a avaliação deve ajustar-se às características de um ensino adequado da matemática;
- a avaliação deve ser desenvolvida e selecionada com o propósito de informar

a ação subseqüente de professores e alunos: deve informar os professores quanto à melhoria de seus processos de ensino e deve mostrar aos alunos o que sabem, indicar-lhes o melhor caminho para continuar aprendendo e torná-los mais responsáveis e protagonistas de sua própria aprendizagem.

Esses princípios refletem a coexistência, na avaliação das aprendizagens dos alunos, de duas funções diferenciadas, que mantêm relações complexas entre si: uma função social, a serviço da tomada de decisões de ordem social que permitam creditar perante a sociedade a capacidade dos alunos para desenvolver determinadas atividades para além do contexto escolar graças às aprendizagens realizadas, e uma função pedagógica, a serviço das decisões de ordem psicológica que permitam uma melhoria das atividades de ensino e aprendizagem (ver Capítulo 22 deste volume).

Determinadas formas ou algumas estratégias de avaliação podem ser apontadas como particularmente adequadas para concretizar os princípios anteriores, permitindo, assim, exemplificar a prática de uma avaliação construtivista dos conteúdos matemáticos. Entre elas, vale destacar o uso de tarefas abertas e contextualizadas, que admitam mais de uma solução "correta", que possam ser resolvidas de formas distintas e com distintos níveis de profundidade, que requeiram dos alunos a explicação e a justificação das soluções alcançadas e os processos empregados para isso e que exijam dos alunos não apenas resolver problemas, mas também formulá-los partindo de uma situação determinada (ver Clarke, 1996, para alguns exemplos).

As provas construídas pelos alunos, a avaliação mediante pastas de trabalhos ou portfólios, a auto-avaliação do aluno ou a negociação na sala de aula dos critérios de avaliação constituiriam outras tantas formas ou estratégias de avaliação ilustrativas dessa aproximação. Nas provas construídas pelos alunos, estes trabalham em grupos pequenos com a finalidade de elaborar diferentes perguntas, com suas correspondentes respostas, sobre um tema tratado, e o professor confecciona a prova a partir da seleção de algumas das perguntas elaboradas; dessa maneira, os alunos assumem um elevado grau de responsabilidade e de envolvimento na elaboração das provas e também na sua correção. A avaliação mediante pastas de trabalhos ou portfólios baseia-se na coleta de uma série de trabalhos e documentos elaborados pelo aluno que refletem seu processo de aprendizagem e seu nível de competência com relação a certos objetivos de aprendizagem e a critérios de avaliação previamente estabelecidos. Tipicamente, tanto os objetivos e os critérios como os trabalhos e os documentos a incluir na pasta ou nos portfólios são objeto de negociação prévia entre professor e aluno. As pastas oferecem aos estudantes a possibilidade de demonstrar a evolução de seu conhecimento matemático e, além disso, permitem uma comunicação ótima entre pais, professores e alunos, baseadas nas próprias execuções dos alunos mais do que nas notas que o professor outorga a essas execuções (ver, por exemplo, Barberà, 1997). A auto-avaliação do aluno ajuda a incorporar à avaliação os componentes afetivos, motivacionais e relacionais envolvidos na aprendizagem da matemática. Por último, na negociação dos critérios de avaliação, professor e alunos podem avançar na compreensão conjunta das características que definem uma "atuação matemática de qualidade" e, em última análise, uma "boa aprendizagem" da matemática.

Em geral, todas as formas e as estratégias de avaliação assinaladas permitem aos professores melhorar as práticas educacionais, outorgam aos alunos maior responsabilidade na avaliação de suas aprendizagens e permitem oferecer aos próprios alunos, aos pais e ao sistema educacional em seu conjunto uma informação mais rica, qualitativa e descritiva dos progressos na aprendizagem. Com isso, permitem satisfazer as diversas funções (pedagógica e social) da avaliação, ao mesmo tempo em que, decididamente, colocam a avaliação a serviço dos processos de ensino e aprendizagem.

Apesar do consenso teórico que suscitam as idéias e as propostas da avaliação construtivista, as práticas avaliadoras de boa parte dos professores ainda se baseiam, em muitos casos, na utilização prioritária de provas escritas individuais, constituídas de tarefas de caráter fechado e descontextualizado (Clarke, 1996). A esse respeito, entendemos que o avanço para formas e estratégias de avaliação mais coerentes com a imagem dos processos de ensino e aprendizagem da matemática oferecida ao longo deste capítulo passa, entre outros aspectos, pela possibilidade de dispor de instrumentos para a análise das práticas avaliadoras dos professores (Coll, Barberà e Onrubia, 2000) que permitam apoiar um processo progressivo de mudança e de otimização dessas práticas.

NOTAS

1. O pensamento narrativo e o pensamento paradigmático podem ser considerados como duas formas gerais em que os seres humanos organizam e geram seu conhecimento do mundo e estruturam sua experiência imediata. O pensamento narrativo, com o qual os alunos se aproximam tipicamente da aprendizagem da matemática, orienta-se para a compreensão de fenômenos concretos, pessoais e intencionais e apóia-se em referentes concretos e imagináveis. Por sua vez, o pensamento paradigmático, próprio da matemática como sistema formal e também de outras disciplinas científicas, suprime intenções e motivações e baseia-se em representações abstratas e muito gerais das características da realidade. O pensamento narrativo parece especializado na compreensão e no tratamento com as pessoas e suas situações; o pensamento paradigmático, na relação com as coisas "físicas".
2. Uma análise detalhada de algumas dificuldades de tradução que mostra o exemplo citado pode ser encontrada em Rivière (1990).

20

O ensino e a aprendizagem da geografia, da história e das ciências sociais: uma perspectiva psicológica

TERESA MAURI E ENRIC VALLS

INTRODUÇÃO

A construção do conhecimento social por parte do aluno é uma atividade pessoal mediada pelo professor e pela cultura que se desenvolve mediante sua participação em práticas educacionais especificamente projetadas para esse fim. A finalidade de seu ensino é que o aluno conheça a relação da pessoa com seu meio social, compreenda o sentido das ações humanas sobre o território e sobre sua história e o das formas de enfrentar os problemas sociais.

Nos últimos anos, foram abertas numerosas linhas de trabalho e de pesquisa sobre a especificidade do processo de ensino e aprendizagem nas diferentes disciplinas escolares, entre as quais se encontram as ciências sociais. Embora os avanços talvez tenham sido menores que em outras áreas, atualmente já se observam progressos significativos no que diz respeito à geografia e à história – provavelmente como conseqüência do peso atribuído a essas matérias nos ensinos fundamental e médio – e também às ciências sociais entendidas como uma unidade disciplinar e conjunta.

O presente capítulo refere-se à aprendizagem e ao ensino das ciências sociais de uma perspectiva psicológica. Adotar esse ponto de vista significa centrar o estudo na interatividade professor-aluno durante o processo de construção de conhecimentos sociais na sala de aula, particularmente na mediação que o professor exerce nesse processo, valendo-se de diferentes recursos (ver o Capítulo 17 deste volume). Essa perspectiva psicológica difere de outras que preferem centrar-se de forma exclusiva e unilateral nos processos de aprendizagem dos alunos.

A seguir, trataremos, em primeiro lugar, dos conteúdos das ciências sociais como objeto de aprendizagem escolar; em segundo lugar, dos processos psicológicos envolvidos na apropriação desses conteúdos por parte dos alunos; e em terceiro e último lugar, da mediação educacional do professor na construção dos conhecimentos sociais.

AS CIÊNCIAS SOCIAIS COMO CONTEÚDO ESCOLAR

A presença das disciplinas de geografia, de história e de ciências sociais na educação escolar justifica-se por sua contribuição ao desenvolvimento de capacidades que de outro modo seria difícil aos alunos adquirirem. Mediante o ensino e a aprendizagem, espera-se que os alunos cheguem a ser capazes de compreender e de interpretar o mundo em que vivem e de elaborar juízos autônomos, informados e racionais sobre os fenômenos sociais. Além disso, e em maior medida que em outras disciplinas escolares, atribui-se a elas um papel específico na formação cultural, ideológica e política dos jovens.

Essas intenções educacionais, amplamente compartilhadas em princípio, dão margem, no entanto, a um amplo leque de possibilidades de concretização quanto aos conteúdos de aprendizagem. Porém, se o conteúdo influi, como pensamos, no caráter que assume a mediação do professor na atividade de aprendizagem do aluno, o estudo dos processos de ensino e aprendizagem da geografia, da história e das ciências sociais não pode ser separado das opções de conteúdo que se tomem. Além disso, a perspectiva psicológica adotada neste capítulo leva-nos a centrar a análise do conteúdo nas dimensões que influem diretamente na mediação do professor na construção dos conhecimentos sociais.

Algumas dimensões relevantes dos conteúdos das ciências sociais de uma perspectiva psicológica

Entre as características do conteúdo das áreas curriculares de ciências sociais mais facilmente identificáveis, vale mencionar sua complexidade e sua variabilidade, como mostram as mudanças freqüentes de denominação e de seleção de conteúdos escolares nos diferentes níveis educacionais. Os conhecimentos sociais dão lugar a disciplinas diversas, a partir das quais é decidido o conteúdo das áreas, das matérias ou das disciplinas do currículo escolar. A organização das contribuições de todas as disciplinas em uma proposta comum constitui um princípio irrenunciável do ensino da área de ciências sociais e, ao mesmo tempo, um desafio sem precedentes que acrescenta instabilidade às propostas educacionais.

Além do que mencionamos, outros traços dos conteúdos das ciências sociais são especialmente relevantes da perspectiva adotada neste capítulo. Entre eles, cabe mencionar, em primeiro lugar, a opção epistemológica das disciplinas que as integram, já que tal opção mostra a natureza das competências envolvidas na construção, na transmissão e no desenvolvimento dos saberes próprios dessas disciplinas. A idéia fundamental nesse sentido é que a seleção dos conteúdos deve ser orientada para o domínio das competências de elaboração do conhecimento como a melhor forma de assegurar a aprendizagem.

Em segundo lugar, mas de forma menos relevante, na seleção dos conteúdos escolares de ciências sociais intervêm, muito mais que em outras áreas do currículo, os objetivos do projeto cultural, ideológico e político que presidem a educação escolar. A esse respeito, e devido aos novos desafios postos hoje pela sociedade à educação escolar, é imprescindível proceder a uma reconsideração desses objetivos e do papel que podem desempenhar em sua consecução o ensino e a aprendizagem de determinados conteúdos de ciências sociais.

Em terceiro lugar, se levamos em conta a natureza localizada da aprendizagem (ver os Capítulos 1, 6 e 24 deste volume), no caso das ciências sociais acentua-se a influência na aprendizagem de idéias e atitudes sociais dos professores e dos outros alunos. Se a dimensão anterior destaca a incidência das demandas sociais na seleção dos conteúdos em nível geral, esta chama a atenção para a influência na aprendizagem das representações, das práticas e dos valores sociais das pessoas que atuam como mediadores na sala de aula. Além disso, e como se mostra com clareza no Capítulo 23 deste volume, a instituição escolar proporciona um contexto particular de aprendizagem com conteúdos sociais próprios que podem reforçar ou contradizer os que aparecem explicitamente programados no currículo.

Finalmente, ainda que as três dimensões assinaladas sejam muito relevantes, a lista ficaria incompleta se não acrescentássemos uma quarta, que, embora até o momento tenha sido menos estudada que as anteriores, nem por isso é menos significativa. Referimo-nos à importância do domínio da linguagem das ciências sociais na aprendizagem das competências envolvidas na construção do conhecimento nessas áreas do saber. Os professores, conscientes do papel da linguagem na construção do conhecimento, orientam a seleção dos conteúdos de modo que os alunos tenham efetivamente a oportunidade de aprender tal linguagem, dando entrada, assim, não apenas ao vocabulário, mas também às formas canônicas de apresentação, de representação e de comunicação do conhecimento próprias das ciências sociais.

As dimensões assinaladas não incidem separadamente na seleção e na definição dos conteúdos escolares de ensino e aprendizagem das ciências sociais, mas atuam de forma combinada, motivando diferentes tipos de práticas educacionais nesse espaço curricular. Em qualquer caso, a orientação dada a uma ou a outra dimensão, sua maior ou menor relevância na elaboração das propostas educacionais e suas inter-relações impõem exigências diferentes ao ensino e à aprendizagem. Vamos nos aprofundar nas duas primeiras dimensões, deixando as outras duas para mais adiante, quando tratarmos das práticas educacionais.

As competências que intervêm na elaboração dos saberes das ciências sociais

A referência à epistemologia da ciência nesse contexto justifica-se, como já antecipamos, porque incorpora a análise das competências envolvidas na elaboração do conhecimento. Entre os autores que trataram do tema, vinculando tais competências com o tipo de raciocínio específico, cabe destacar em primeiro lugar Jean Piaget. Em seu trabalho, Piaget identificou o modelo de ciência com o de pensamento racional e equiparou os dois ao raciocínio lógico e hipotético-dedutivo característico das ciências físicas e lógico-matemáticas. Foram muitos os psicólogos que seguiram seu exemplo e constituíram o próprio no campo das ciências sociais. Contudo, nos últimos anos, assistimos a numerosos esforços dirigidos a buscar outro modelo de ciência mais de acordo com o tipo de raciocínio envolvido na construção do conhecimento social.

Esse desafio, tão importante para o ensino, foi mais difícil de superar do que se previra inicialmente, já que o conhecimento social se multiplicou e se diversificou e, atualmente, não existe um único paradigma no qual se possam reconhecer as contribuições das diferentes teorias surgidas no transcurso dos últimos anos. A proliferação de problemáticas, pontos de vista e construções teóricas outorga ao conhecimento social um grau de relatividade importante, que tem conseqüências definitivas no momento de decidir o que pode ser objeto de aprendizagem e de ensino no contexto escolar. Contudo, longe de constituir um problema, esse aspecto destacou a necessidade de selecionar como conteúdo do ensino e da aprendizagem os processos que permitem àquele que aprende alcançar o equilíbrio em meio a tanta relatividade.

Podemos afirmar que a epistemologia da maior parte das ciências sociais evoluiu para formulações que defendem a importância da sociologia do conhecimento e do construtivismo na atividade de conhecer. Assim, as ciências sociais são vistas como um produto histórico, sujeito à interpretação e à mudança pelo efeito das revoluções científicas que afetam as formulações compartilhadas por aqueles e aquelas que elaboram o conhecimento em um momento determinado. Além disso, o raciocínio que estabelece a relevância objetiva de um fato ou uma situação não se desenvolve à margem das interpretações que derivam da atividade do cientista. Finalmente, cabe destacar também a tomada de consciência de que o conhecimento social não apenas busca explicar, mas também intervir no que conhece ou modificá-lo. Nessas coordenadas, a atividade científica se concretizará de maneira diferente em função das intenções que a presidam, aceitando em conseqüência que os valores e as crenças têm um papel relevante na atividade de construção do conhecimento social. As contribuições da concepção crítica das ciências sociais, em especial da teoria comunicativa (Habermas, 1988), destacam a importância da tomada de consciência sobre as próprias idéias e os próprios valores para ponderá-los criticamente ou, se for o caso, modificá-los.

Em síntese, de acordo com a perspectiva epistemológica atualmente dominante, os conhecimentos de geografia, de história e de ciências sociais são relativos, dependendo de critérios de autenticidade, mutantes, intencionais, valorativos e críticos (Carretero e outros, 1995; Carretero, 1996; Benejam, 1997). Conseqüentemente:

- o conhecimento social é avalizado pela capacidade dos cientistas para gerar critérios de autenticidade da interpretação;
- nas disciplinas sociais não há fatos puros, mas estes se configuram segundo as teorias, as crenças e os valores que sustentam os fatos que os definem;
- as explicações, as argumentações, os relatos e os comentários não são apenas fruto da atividade de raciocínio, mas também da atividade intencional;
- a elaboração dos saberes das ciências sociais é dinâmica, e sua vigência é mutante, já que se modificam por causa da influência ideológica e social do contexto;

- o conhecimento social é influenciado pelos poderes estabelecidos; em conseqüência, vale destacar a intencionalidade das afirmações científicas e apresentar, se for caso, possíveis alternativas;
- a carga ideológica de todo conhecimento social deve ser muito considerada no momento de propor sua aceitação e sugerir sua difusão;
- no desenvolvimento de conhecimentos científicos sociais influem os aspectos afetivos, emocionais e motivacionais muito mais que nos físico-naturais.

Uma vez estabelecida a posição epistemológica e identificadas as competências que intervêm na elaboração do conhecimento social, podemos agora retornar ao início deste item para destacar algumas orientações da seleção dos conteúdos escolares de ciências sociais, entre as quais destacaremos as seguintes:

a) Revisam-se os conteúdos tradicionais para dar uma visão mais representativa da realidade. Assim, incorporam-se outros mais atuais e próximos do aluno e se desvendam interpretações de fatos e fenômenos sociais que não estão de acordo com a versão oficial.
b) Selecionam-se os conteúdos a partir de uma conceituação global e integrada da área. A explicação de uma realidade complexa requer marcos de interpretação também complexos, em cuja elaboração intervêm diferentes disciplinas. Assim, além de novas temáticas, aparecem novos enfoques na caracterização dos conteúdos conceituais. Intensificam-se os esforços para identificar os conceitos nucleares ou transdisciplinares que, na trama global de conceitos da área, têm um alto nível de generalidade, de abstração e de capacidade de explicação (Benejam, 1999).
c) Incluem-se os conteúdos necessários para que o aluno aprenda a valorizar a relatividade do conhecimento e possa conseqüetemente atuar. O reconhecimento da relatividade do saber não supõe admitir que todas as contribuições têm o mesmo valor, mas dotar-se de meios para reconhecer o valor de uma ou de outra interpretação da realidade para compreender o mundo. Essa dimensão do conteúdo implica selecionar saberes que permitam ao aluno criar evidências e estabelecer provas, relacionar os fatos com as teorias e explicar a realidade de modo que seu raciocínio possa resistir à crítica e ao debate social (Winneburg, 1992; Carretero, 1995; Voss, Wiley e Carretero, 1995). O desenvolvimento de capacidades de raciocínio, em particular do raciocínio crítico, capacita o aluno para avaliar a possibilidade de determinadas explicações e para reconhecer que cada discurso é um produto social e intencional que se desenvolve a partir de um determinado ponto de vista na sociedade e na história. Mas, além disso, junto com as habilidades gerais de raciocínio social, incluem-se outras mais específicas, próprias da atividade do que conhece. Assim, por exemplo, postula-se que é necessário o desenvolvimento de capacidades como: reunir e organizar informação de fontes diversas; perguntar para examinar a informação explícita e aprofundar-se na informação implícita; avaliar as fontes; elaborar inferências; responder perguntas usando as fontes apropriadas; seqüenciar e contextualizar acontecimentos; usar dados e termos relevantes; narrar o conhecimento significativo que temos; argumentar criticamente; explicar as causas de um acontecimento ou de uma mudança; elaborar as diferentes interpretações sugerindo razões adequadas; estabelecer conclusões refletidas; comunicar o conhecimento; etc.
d) A seleção de conteúdos adquire sentido quando faz com que o aluno aprenda a pensar criticamente. Isso ocorre, justamente, pela tomada de consciência das próprias idéias e representações, o que favorece sua confirmação ou sua modificação. Se o processo de mudança é um processo pessoal, mas

interativo, baseado no diálogo, é necessário contrastar a visão pessoal do mundo com a pluralidade das existentes e valer-se da crítica para reconstruir as próprias interpretações. Dessa perspectiva, a aprendizagem e o ensino do raciocínio social requerem uma vez mais o desenvolvimento de capacidades como aquelas já assinaladas (perguntar, pesquisar, processar a evidência, levantar hipóteses, debater, criar explicações e justificar), mas estas, embora sejam muito importantes, não são suficientes se não forem praticadas em um contexto social de trocas comunicativas. Em resumo, é importante que a aprendizagem do conhecimento social seja abordada levando em conta a variedade de perspectivas ideológicas existentes e em um contexto que assegure o debate e a negociação de significados entre os envolvidos, que favoreça a crítica social, a tomada de decisões compartilhadas e a autocrítica.

A influência do projeto social na seleção dos conteúdos

O ensino de geografia, de história e das outras ciências sociais situa-se no contexto do desenvolvimento de um projeto cultural, ideológico e político cujo cumprimento é exigido na escola. Na maioria dos casos, fala-se em formar cidadãos para a democracia, entendida como o reconhecimento e a prática da igualdade de direitos entre os indivíduos. O ensino e a aprendizagem de valores supõe não apenas que se reconheçam esses valores, mas que, além disso, se pratiquem e se proporcionem aos alunos elementos de aprendizagem das atitudes e das normas relacionadas com eles. O fato de que as propostas educacionais contemplem os conteúdos de ciências sociais relativos a valores, atitudes e normas unicamente em nível declarativo ou, ao contrário, incluam também sua prática efetiva cria exigências de ensino e aprendizagem nitidamente diferentes.

Nos últimos anos, alguns professores salientaram as limitações do projeto social a que a escola responde atualmente (por exemplo, Audigier, 1999). A globalização crescente da sociedade, os fenômenos migratórios, a presença de identidades culturais diferenciadas na escola e a mesma diversificação do conhecimento histórico, geográfico e social dão a entender que é ilusório imaginar como objetivo do ensino que os alunos compartilhem um único ponto de vista ou um único discurso sobre o mundo, seu passado e o que pode chegar a ser seu futuro. Tal opção podia ser proposta quando os projetos educacionais dos grupos sociais apontavam em reafirmar a identidade nacional e os direitos individuais definidos em termos da revolução burguesa do século XVIII. Contudo, diante do desvanecimento das linhas básicas desse projeto social e cívico, é cada vez mais necessário refletir sobre os conteúdos a ensinar e sobre a forma de ensiná-los. Assim, por exemplo, cabe questionar o sentido e o significado que podem atribuir os alunos de cultura árabe, que começam a povoar as salas de aula, à explicação tradicional da Reconquista e à expulsão dos árabes da Espanha pelos reis católicos.*

As características específicas dos conteúdos de geografia, de história e de ciências sociais

A variabilidade e a diversidade características da área de ciências sociais, a que referimos anteriormente, surgem também da natureza diversa das disciplinas que a constituem e de suas relações mútuas. Apesar disso, as ciências sociais são uma única família de conhecimentos devido, em primeiro lugar, ao fato de representarem facetas afins de um mesmo e único projeto educacional e, em segundo lugar, porque sua aprendizagem contribui para o desenvolvimento de uma série de capacidades fortemente vinculadas entre si. Nesse sentido, o mais importante do ponto de vista psicológico é identificar os desafios que cada disciplina apresenta ao processo de aprendizagem e ensino.

A geografia tem a finalidade prática de ajudar o aluno a compreender melhor sua experiência do espaço e do território e a solucio-

* N. de R.T. Estes dados referem-se à realidade educacional da Espanha.

nar os problemas que estes lhe propõem. Além disso, a geografia, ao pedir aos estudantes que estabeleçam relações entre os múltiplos elementos que configuram o mundo em um dado momento, pede-lhes que o caracterizem de forma sintética com maior freqüência que outras ciências sociais. Ao mesmo tempo, leva-os a reconstruir significativamente os modos de construção da realidade, avançando para os mais conceituais ou abstratos, multifatoriais e valorativos. A disciplina também faz um uso extenso de fontes de conhecimento e de modos de expressão significativos, como as imagens, os gráficos e os mapas.

A história tem como objetivo explicar a realidade desde o passado, como se desenvolveu e se configurou. Essa disciplina responde à necessidade que os seres humanos têm de conferir significado à própria existência, inserindo-a, nesse caso, em um contínuo diacrônico. Além disso, a história contribui para a criação da memória e da identidade coletivas. A elaboração e a validação da informação são tarefas características do trabalho do historiador, mas em seu trabalho intervêm outras, não menos relevantes, como a imaginação e a empatia, entendidas como atividades reconstrutivas (Nicholl, 1998). Assim, o uso do pensamento imaginativo-histórico complementa o modelo epistemológico das ciências sociais. Com relação às formas de linguagem utilizadas, a história apresenta o conhecimento valendo-se também da forma narrativa. Ao apresentar os fatos relacionados entre si mediante tal recurso, os historiadores não se limitam a expô-los, mas outorgam-lhes um significado conjunto que configura, ao mesmo tempo, uma explicação possível do ocorrido. Além disso, usam-se imagens, mapas e gráficos para reconstruir o passado.

As demais ciências sociais contribuem para a aquisição de competências que o aluno poderá utilizar na vida adulta, para além da escola. Sua contribuição não corresponde a um único campo de aprendizagem, já que evoca uma grande variedade de tipos de conhecimento: o funcionamento das instituições, os valores democráticos, os problemas internacionais relevantes, etc. Suas contribuições destinam-se a favorecer o alcance dos objetivos previstos nos projetos cultural e social da educação escolar.

O predomínio da dimensão sincrônica ou da diacrônica; a maior ou a menor presença de fontes de informação variadas e de linguagens diversas; a existência de formas de comunicação do conhecimento parecidas e, ao mesmo tempo, diversas para cada âmbito – como a descrição, a narração, a explicação, a argumentação e a justificação –; a maior ou a menor influência dos valores e das emoções pessoais e coletivas; todos esses fatores conferem especificidade à contribuição de cada disciplina à definição dos saberes da área de ciências sociais.

Em resumo, enquanto a epistemologia orienta a seleção dos conteúdos para aqueles que melhor permitem ao aluno construir uma visão crítica complexa, abstrata, argumentada e madura de sua realidade social, a influência dos projetos social e cultural evidencia a necessidade de selecionar aqueles que o preparem melhor para viver em uma sociedade plural e mutante. Contudo, nem todas as disciplinas sociais contribuem do mesmo modo para a tarefa e, por isso, a integração de suas contribuições em um projeto único de ensino e aprendizagem constitui um dos maiores desafios enfrentados pelos professores.

CAPACIDADES COGNITIVAS E HABILIDADES DE RACIOCÍNIO E DE APRENDIZAGEM DOS ALUNOS EM CIÊNCIAS SOCIAIS

Nas décadas compreendidas entre finais dos anos 1950 e princípios dos anos 1970, boa parte da pesquisa psicoeducacional centra-se no estudo do desenvolvimento das capacidades gerais de raciocínio hipotético-dedutivo (ver o Capítulo 17 do Volume I desta obra). Isso permite postular uma série de requisitos de aprendizagem e evidenciar que esse tipo de pensamento é alcançado mais tarde no âmbito do pensamento social do que no âmbito do pensamento científico e matemático. Os resultados dessas pesquisas, porém, não proporcionam ao final um modelo ajustado, já que reduzem o pensamento a conjuntos de relações e de exames de hipóteses, ao mesmo tempo em que minimizam os efeitos dos conhecimentos específicos dos alunos na aprendizagem.

Com o auge da revolução cognitiva, começa-se a analisar a aprendizagem dos alunos em um amplo leque de matérias e de disciplinas escolares. Mas será apenas em meados da década de 1980 que a pesquisa psicológica iniciará o estudo dos processos de aprendizagem sobre conteúdos de história e de ciências sociais. Assim, estudam-se os conhecimentos prévios, as capacidades envolvidas no processamento de textos e em muitos dos processos de raciocínio histórico e social. A análise dos conhecimentos prévios contempla tanto o grau de organização, de relevância e de acessibilidade de tais conhecimentos em relação ao novo conteúdo de aprendizagem como a identificação da natureza de saberes de tipo declarativo, procedimental, estratégico e metacognitivo envolvidos nessa aprendizagem. Uma parte dessa pesquisa centra-se nas representações sobre a cronologia e o tempo histórico, mas logo se dirige ao pensamento dos alunos sobre uma série de conceitos, como o de nação, país, trabalho, dinheiro e produção econômica. A maioria desses estudos, porém, desenvolve-se em projetos de pesquisa que abordam temáticas mais ambiciosas, como as características do desenvolvimento e da aprendizagem dos alunos adolescentes.

Apesar dos esforços realizados, ainda são poucos os estudos que tomam o processo de ensino e aprendizagem como unidade básica de análise dos processos de construção do conhecimento e que contemplam a ação mediadora do professor na aprendizagem escolar. Em geral, a pesquisa psicológica em ciências sociais oferece um panorama fragmentado e diverso, que não permite responder às interrogações e às exigências que são impostas a partir da prática educacional. Embora o desafio ainda seja elaborar um modelo representativo e contextualizado do processo de ensino e aprendizagem na área de ciências sociais, já existem atualmente contribuições significativas que ajudam a conhecer as capacidades dos alunos envolvidas na aprendizagem desses saberes, das quais se oferece a seguir uma breve síntese.

1. As ciências sociais estabelecem *explicações multicausais*. Na multicausalidade intervêm muitos e variados fatores – os agentes causais têm entidades distintas, individuais e coletivas – cuja concretização e cujos efeitos variam com o tempo. Os alunos de 12 a 14 anos costumam ter sérias dificuldades com relação ao estabelecimento de relações causais, enquanto que os adolescentes mais velhos atuam melhor nesse campo (Carretero, Asensio e Pozo, 1991). Intervêm, igualmente, na atribuição da causalidade o conhecimento prévio dos alunos e suas representações do que seja uma explicação histórica. Essas representações orientam o raciocínio, condicionando seus resultados (Halldén, 1994). Assim, por exemplo, os alunos costumam considerar que as ações dos indivíduos é que explicam os fatos históricos e que os motivos de sua atuação são as condições mais importantes diretamente relacionadas com os fatos que se julgam. Ao contrário, os historiadores especialistas enfatizam muito mais as condições de caráter contextual, relativas à influência da sociedade ou das estruturas institucionais.
2. O raciocínio dos alunos em ciências sociais inclui *elaborar evidências* que demonstrem o que ocorre em uma situação determinada. O School's Council History 13-16 estudou tal processo em um contexto de pesquisa não-cronológica, envolvendo, para isso, os alunos em situações de indagação, usando um amplo leque de materiais e confrontando-os com formas de pensar e atuar diferentes. Com a finalidade de avaliar os resultados, Shemilt (1987) entrevistou 167 estudantes de cerca de 15 anos e constatou que a compreensão da evidência histórica se estrutura em torno de quatro níveis. O nível mínimo é aquele em que a evidência se iguala ao conhecimento; segundo os alunos desse nível, os acontecimento ocorrem sem outra lógica que sua diferente distribuição na seqüência temporal. Os alunos do segundo nível reconhecem a necessidade da evidência, mas igualam a reconstrução histórica à recomposição das peças de um quebra-cabeça preconfigurado. No terceiro estágio, os estudantes diferenciam entre evi-

dência e informação e percebem que necessitam de um sistema ou de um conjunto de idéias para determinar o que constitui uma evidência; o aluno distingue entre a história e o passado, reconhecendo que a evidência implica seleção e avaliação de dados e, por isso, pode não refletir jamais o corrido em toda sua complexidade. No quarto estágio, a história é considerada, ao mesmo tempo, uma reconstrução e uma interpretação do passado.

3. A aprendizagem do *raciocínio* em ciências sociais, particularmente em história, exige que os alunos diferenciem entre as conclusões e as premissas, o que pode contribuir para desenvolver sua capacidade para avaliar certos argumentos, compreender e usar termos de forma precisa e avaliar finalidades éticas. Na aprendizagem das ciências sociais influi a capacidade de raciocínio informal, isto é, a capacidade do aluno para estabelecer verdades prováveis e raciocinar sobre elas (Voss, Perkins e Segal, 1991; Vossa, 1996). Dado que o processo consiste em elaborar um argumento que se sustenta em uma razão debilmente justificada, o raciocínio é avaliado por seu grau de consistência, seguindo critérios de aceitabilidade ou possibilidade, pela amplitude com que as razões alegadas apóiam essas exigências e pelo peso dos contra-argumentos que tiram força da argumentação. Uma das facetas mais importantes dessa argumentação é que pode ser influenciada não apenas pelo conhecimento dos alunos, mas também por suas crenças e suas atitudes sobre o que é exposto.
4. No que diz respeito à *aprendizagem da história*, os alunos mostram diferentes níveis de compreensão das condutas de outras pessoas no passado, isto é, diferentes níveis de empatia (Ashby e Lee, 1987). Os estudantes mais jovens têm dificuldades para deixar de tratar os fatos e as situações do passado de uma perspectiva que não seja a sua, enquanto os mais velhos dão cada vez mais atenção à perspectiva dos protagonistas dos fatos que se explicam, até chegar, finalmente, a diferenciar claramente os referentes de pensamento do passado e do presente.
5. As competências assinaladas convergem na capacidade do aluno para refletir criticamente, que constitui uma forma superior de pensamento. O *pensamento crítico* surge de aprender a problematizar o evidente, orientando-se por determinados princípios e idéias, não necessariamente coincidentes com os que predominam na sociedade em um momento dado. O processo implica que o aluno estabeleça uma diferença entre fatos e opiniões e questione ou problematize ambos e suas relações mútuas. Embora muitos autores tenham definido e destacado a importância desse tipo de pensamento, não foram muitos os que estudaram como o professor pode mediá-lo para que o aluno o adquira (Dhand, 1994; Domínguez, 1994).

AS PRÁTICAS DE ENSINO E DE AVALIAÇÃO EM CIÊNCIAS SOCIAIS

Os itens anteriores permitiram mostrar as dimensões que definem os conteúdos escolares das ciências sociais e identificar algumas capacidades e alguns conhecimentos do aluno diretamente envolvidos nos processos de ensino e aprendizagem desses conteúdos. É na prática cotidiana da sala de aula, porém, que finalmente se materializa e se constrói o conteúdo de aprendizagem e onde toma forma a atividade do aluno para apropriar-se dele. A responsabilidade dos professores consiste em mediar essa relação, dando prioridade à obtenção de determinadas metas e determinados objetivos educacionais, concretizando a seleção, a organização e a seqüência definitiva dos conteúdos e propondo os meios e as formas de organizar o ensino e a avaliação.

A presença continuada das ciências sociais no currículo teve como resultado uma rica variedade de práticas de aprendizagem, de ensino e de avaliação, além de uma ampla produção de materiais curriculares. Contudo, por diversas razões – entre as quais vale destacar a eterna discussão entre o valor formativo da geografia, da história e das ciências sociais –, continua não havendo consenso em torno de seu significado educacional. A situação se traduz em um desajuste entre o que os professores pensam e valorizam da área e o que acaba acontecendo na sala de aula. As pesquisas mostram que a maior parte das estratégias didáticas utilizadas pelos professores baseiam-se nas aulas magistrais e no livro-texto; além disso, ainda que introduzam inovações didáticas, têm dificuldades para alcançar objetivos educacionais de alto nível cognitivo e para estabelecer situações de avaliação coerentes com seu ensino (Newman, 1990; Thornton, 1991; Pagès, 1997).

Do nosso ponto de vista, as práticas de ensino e de avaliação deveriam refletir as concepções dos professores sobre as capacidades e as formas de pensamento que promovem determinadas aprendizagens. Se isso não ocorre, pode ser porque a complexidade da prática requer maiores conhecimentos para obter o que se propõe. A adoção progressiva no transcurso das últimas décadas de um ponto de vista sociocultural, construtivista e interacionista no estudo das práticas educacionais escolares está começando a permitir não apenas conhecer melhor essas práticas, mas também intervir para melhorá-las (Coll, 199b). Tomando como base tal conhecimento, configurado em inovações que os professores já realizam atualmente, propomos a seguir uma série de orientações dos processos de ensino e de avaliação na sala de aula, coerentes com a perspectiva sociocultural da construção do conhecimento escolar:

1. Configurar a atividamde global de aprendizagem em um enfoque do ensino das ciências sociais que desafie as convicções iniciais dos alunos. Trata-se de que os alunos considerem alternativas possíveis aos acontecimentos sociais e representacionais diferentes dos fatos históricos, como também de trabalhar com dados e situações que reflitam relatividade e incerteza. Wineburg e Wilson (1991) evidenciaram até que ponto o enfoque global da matéria que o professor adota é relevante para orientar o desenvolvimento de um ou de outro tipo de capacidades. Tal enfoque tampouco será possível se não incluir uma prática de avaliação coerente com suas formulações.
2. Situar o processo de ensino e aprendizagem em um contexto de sala de aula que destaque sua dimensão social e mediada. Para aprender ciências sociais, é necessário que o aluno se envolva em situações e atividades coletivas de caráter social e cultural. Desse modo, coloca-se o aluno em uma situação propícia para explicitar e dar a conhecer suas idéias, explorar e pensar outras diferentes, aceitar tanto a relatividade do conhecimento como a necessidade de contextualização, argumentar as próprias exposições e avaliá-las em sua justa medida. Entre as situações de aprendizagem possíveis, cabe destacar a participação em debates e em jogos de papel* e no desenvolvimento de projetos de indagação em equipe. Por outro lado, a avaliação da área deve incluir situações que valorizem as aprendizagens que se manifestam em situações de interação.
3. Planejar situações e atividades de aprendizagem e de avaliação que correspondam ao amplo leque de capacidades que cobrem, em conjunto, as diferentes dimensões dos conteúdos escolares da área. O trabalho escolar em ciências sociais tem tradicionalmente uma orientação conceitual, em que se considera que o importante é recordar fatos e dados, compreender princípios e con-

* N. de R. S egundo o *Diccionario de la Lengua Española*, da Real Academia Española, são jogos "em que os participantes atuam como personagens de uma aventura de caráter misterioso ou fantástico".

ceitos-chave e estabelecer relações. Mas o desenvolvimento das capacidades dos alunos será incompleto se não se incluírem, também, os conteúdos procedimentais. Não se trata apenas de empregar procedimentos na sala de aula, mas também torná-los objeto expresso de aprendizagem, de ensino e de avaliação. Dessa perspectiva, o ensino das ciências sociais consiste não tanto em incluir atividades vinculadas a tipos de conteúdos diferentes, mas em criar contextos de atividade complexa nos quais a aprendizagem de conhecimentos adquira um verdadeiro significado e tenha sentido para os alunos. Nessa linha, cabe destacar a importância de envolver os alunos em atividades de caráter aberto – como, por exemplo, a solução de problemas e os projetos de indagação individuais e em grupo – que exigem muito mais deles do que identificar a resposta correta estabelecida de antemão no livro-texto (Domínguez, 1994). Como mostrou Greene (194), comparando alunos que resolvem problemas com os que elaboram informes, os primeiros usam mais seus conhecimentos iniciais, estruturam e dirigem sua aprendizagem com maior grau de autonomia e são mais inovadores e críticos no uso da informação e em sua comunicação. Por outro lado, nas áreas de conhecimento social parece mais pertinente que em outras o trabalho de conteúdos atitudinais, como se fosse o âmbito curricular mais idôneo para a aprendizagem, o ensino e a avaliação dos valores, das atitudes e das normas. Esse conhecimento deve ser acompanhado de uma identificação e de uma análise das situações e das atividades que podem ser utilizadas de forma sistemática no ensino e na avaliação desses conteúdos. Nesse sentido, cabe assinalar a idoneidade das situações e das atividades que envolvem o trabalho em grupo colaborativo e exigem dos alunos atitudes de respeito, de participação, de colaboração, de constância, de compromisso e de respeito às normas e aos aspectos formais.

4. Ensinar ciências sociais contando com as novas tecnologias da informação e da comunicação e com os programas multimídia, valorizando-os como um recurso importante de inovação educacional, entre outros e combinados com outros. Comprovou-se que estudantes que usam programas dessa natureza (jogos de simulação, de processamento de dados, de reforço de capacidades de raciocínio social, etc.) aprofundam-se em maior medida nos conceitos, estabelecendo múltiplas e variadas conexões, ao mesmo tempo em que valorizam melhor a evidência de certos fatos, valendo-se de argumentos conceituais que consideram e mantêm de forma mais rigorosa (Spoehr e Spoehr, 1994), desde que se cumpra uma série de condições. Nesse sentido, o que convém destacar em todos os casos é a possibilidade que esses recursos oferecem de transformar uma aula em que só conta a voz dos professores em outra, que dá espaço a vozes diferentes pelo fato de que o trabalho em multimídia se realiza habitualmente em pares ou pequenos grupos, que se vêem obrigados a coordenar todas as ações e a tomar decisões em conjunto, compartilhando um meio atrativo e interativo. Nas salas de aula em que se empregam os recursos tecnológicos, o conhecimento pode ser criado no diálogo entre o professor e os estudantes e entre os estudantes e os diferentes interlocutores que proporcionam os programas, sendo essa uma de suas contribuições educacionais mais relevantes.
5. Criar um contexto de sala de aula em que o aluno aprenda a falar a linguagem das ciências sociais. Trata-se de favorecer a aquisição do lé-

xico e das formas de fala e de comunicação próprias da geografia, da história e das ciências sociais. Para isso, é tão importante estar atento à explicação do professor e às trocas em sala de aula como aproveitar as tarefas de leitura e escrita habituais. Contudo, nem todas as formas de leitura e escrita na sala de aula são igualmente relevantes nesse sentido. A questão não está em ler ou em escrever pelo mero fato de fazê-lo, mas em que os dois processos sirvam à elaboração pessoal e conjunta de significados culturais.

A aprendizagem dos textos característicos mediante os quais se comunicam e se constroem os saberes sociais adquire todo seu sentido nesse contexto. Em seu ensino, deve-se levar em conta a variedade de habilidades requeridas para aprendê-los convenientemente. Assim, mudam as exigências quando o que se lê e se compõe é uma narração, uma descrição, uma argumentação ou uma justificação; ou quando ler e escrever implica que a informação tem de ser, por exemplo, identificada, compreendida, analisada, interpretada, contrastada, corroborada, contextualizada e comunicada, e não simplesmente repetida ou copiada mecanicamente (Jorba, Gómez e Prats, 1999). Convém fugir de certas práticas relacionadas com tarefas muito mecânicas de leitura e de escrita. Aspectos como a duração da tarefa, que permite que o aluno se envolva realmente no processo de escrita, seu uso no contexto de acontecimentos reais na aula e na comunidade, o sentido e o significado que tem para o aluno, a variedade e a distribuição das tarefas ao longo do tempo e a possibilidade de negociação dos objetivos entre professores e alunos são, entre outros, aspectos que conferem maior significado à incorporação dos textos característicos das ciências sociais às práticas de ensino na sala de aula (Gilstrap, 1991).

6. Usar de forma crítica a narrativa, entendida como um recurso semiótico que medeia a explicação dos fatos em ciências sociais. Se as histórias são reconstruções do passado para os propósitos do presente e para os objetivos de futuro daquele que narra (Valsiner, 1992), então os professores devem ter consciência de que a narrativa contribui para orientar conceitualmente o pensamento. Os professores se valem de diferentes tipos de estrutura narrativa – que demonstram coerência e conexão entre uma série de acontecimentos e seu sentido através do tempo – para compor diferentes formas de explicação dos fatos e dar conta da dinâmica da mudança histórica (Gergen e Gergen, (1984). A narrativa exerce uma forte mediação na construção da realidade desde muito cedo, já que as crianças elaboram explicações iniciais dos fatos relevantes para elas valendo-se da forma narrativa (Van Sledright e Brophy, 10992). Do mesmo modo, a primeira versão da história que os alunos aprendem, em muitos casos a história oficial, medeia de forma relevante a representação do mundo que constroem. Essa visão inicial da história é difícil de modificar, mesmo quando lhes é apresentada de novo de forma crítica, já que a mudança de concepção prévia requer a reconstrução pessoal da explicação histórica e não constitui unicamente uma substituição da versão inicial. Mas nem toda internalização implica identificação, já que pode ocorrer que o aluno conheça e inclusive valorize como certa uma visão do passado, ao mesmo tempo em que não a reconhece como a representação de seu próprio passado e não a usa para orientar suas perspectivas de futuro (Werstch, 1997). Conscientes do poder mediador da narrativa, os professores devem usá-la sendo críticos com o que comunicam e ajudando os alunos a revisá-la criticamente.

7. Ensinar a utilizar os recursos gráficos como mediadores da aprendizagem. Os livros-texto e outros materiais curriculares incluem uma grande quantidade de recursos gráficos que servirão para facilitar a compreensão do conteúdo (Mayer, 1993). Esses recursos gráficos, por suas características específicas (concretização e resumo do conteúdo, realce visual, explicitação das relações conceituais e especiais), requerem estratégias de interpretação diferentes e complementares às do código verbal. Pense, por exemplo, na leitura de mapas, que exige a compreensão das relações especiais e numéricas, dos símbolos e das coordenadas, além da informação verbal (Postigo e Pozo, 1996); assim, a apresentação conjunta de informações gráficas e verbais obriga a relacioná-las, ao mesmo tempo em que permite desenvolver a habilidade de produzir informação verbal a partir do gráfico, e, inversamente, de traduzir graficamente, se fosse o caso, a informação verbal.
8. Estabelecer um discurso de caráter dialógico na sala de aula, que contemple as *vozes* de professores e alunos que se interpelam mutuamente (Wilen, 1991). O professor deve fugir das estruturas comunicativas tipo IRF (ver o Capítulo 15 deste volume) e tentar estabelecer formas de comunicação mais complexas, que imponham ao aluno desafios significativos de nível cognitivo mais elevado (Gómez e Mauri, 2000). Trata-se de abandonar formas de explicação fechadas em si mesmas, completas e auto-suficientes, substituindo-as por outras em que um conceito é introduzido e discutido em diferentes ocasiões e reelaborado em diferentes níveis. Dessa mesma perspectiva, surge a crítica à ausência generalizada nos livros de história de indicadores que evidenciem o caráter relativo do próprio conhecimento histórico, já que fomentam a idéia de que aprender história consiste em conhecer fatos objetivos e irrefutáveis (Crismore, 1984).
9. Desenvolver uma prática de avaliação ajustada às finalidades e às características da aprendizagem e do ensino dos conteúdos das ciências sociais. Particularmente importante a esse respeito é a utilização de situações e de atividades de avaliação variadas, a utilização de situações sociais reais para avaliar as aprendizagens e a importância de contemplar, na avaliação, os conteúdos relativos a valores, a atitudes e a normas. Ao mesmo tempo, vale assinalar o interesse de incluir, na realização das atividades de avaliação, momentos dedicados a prepará-las, a corrigir e a avaliar em conjunto os resultados obtidos e a aproveitar as avaliações realizadas como plataforma para continuar aprendendo (ver o Capítulo 22 deste volume).

CONCLUSÃO

A exposição anterior acerca do ensino e da aprendizagem do conhecimento social tentou abranger, na medida em que a extensão deste capítulo permite, um amplo leque de aspectos relevantes que intervêm nesse processo de um ponto de vista psicológico. Contudo, da perspectiva construtivista do ensino e da aprendizagem escolar, a análise desse processo continua sendo o objeto preferencial da pesquisa e da prática educacional. Ainda é preciso avançar muito na compreensão do desenvolvimento das capacidades envolvidas na construção de conhecimentos sociais e da mediação do professor na aprendizagem.

Por mais que as contribuições da psicologia pareçam limitadas atualmente para a compreensão dos processos de construção de conhecimentos de ciências sociais, no presente capítulo, procuramos mostrar a importância de determinados aspectos desse processo, entre os quais destacamos os seguintes:

- A seleção de conteúdos escolares referentes ao conhecimento social varia de acordo com as exigências da sociedade, já que implica, em todos os casos, a escolha intencional, mais ou menos explícita, de uma determinada perspectiva cultural, ideológica e política.

- A seleção de conteúdos favorecerá ao aluno desenvolver as capacidades necessárias para elaborar e tratar um conhecimento que se caracteriza, entre outras coisas, por ser objeto de polêmica e estar sujeito à interpretação, como também as capacidades que lhe permitam avaliar pessoalmente os critérios nos quais esse conhecimento social baseia sua aceitabilidade.
- Em qualquer caso, do ponto de vista psicológico, o mais importante não é a proposta de conteúdo em si mesma, mas sua influência na atividade conjunta de professores e alunos na sala de aula e as conseqüências da relação desses três elementos para o desenvolvimento de um ou de outro tipo de capacidades pessoais. Em outras palavras, para além do que os alunos vão aprender, o que realmente estamos decidindo ao fazê-los participar de determinadas práticas e reflexões vinculadas à aprendizagem de conteúdos concretos é o tipo de pessoa que contribuiremos para formar.
- As práticas de ensino e aprendizagem do conhecimento social adquirem relevância quando se decidem como resultado da consideração da natureza do conhecimento social e de sua construção pelos alunos no contexto social. Vale destacar, no entanto, que tais práticas requerem, por sua vez, práticas de avaliação que levem em conta a natureza e as características das aprendizagens sociais, tal como se assinalou neste capítulo.
- Aprender ciências sociais é, em última análise, aprender a linguagem dessas ciências em todas as suas manifestações. Tal aprendizagem é particularmente facilitada por um clima de diálogo na sala de aula, capaz de integrar as vozes de todos os atores presentes no contexto escolar, e que permita evidenciar também a diversidade das vozes que confluem nos contextos históricos, geográficos e sociais que se estudam.

21 O ensino e a aprendizagem das ciências físico-naturais: uma perspectiva psicológica

MERCÈ GARCIA-MILÀ

INTRODUÇÃO

Embora as primeiras pesquisas no campo do ensino das ciências datem de princípios do século XX (*Science Education*, revista pioneira no campo, começou a ser publicada no ano de 1916), a proposição que defende a aprendizagem e o ensino das ciências como campo específico de pesquisa é bastante recente. Apesar desses trabalhos pioneiros, passou-se muito tempo até que o ensino das ciências se constituísse em um campo de pesquisa própria e deixassem de ser os próprios cientistas, trabalhando nos departamentos universitários, a planejar os conteúdos curriculares,totalmente determinados pela concepções dominantes sobre a natureza da ciência. Essa reviravolta aconteceu graças a uma crescente preocupação da comunidade educacional pelos processos de ensino das ciências. Ao mesmo tempo em que ocorre essa reviravolta, começam a ser divulgadas diversas teorias psicológicas da aprendizagem e do ensino, no início teorias gerais e mais tarde aplicadas à aprendizagem dos conteúdos específicos, muito especialmente das ciências físico-naturais. Em particular, a partir do que ocorre na psicologia como a revolução cognitiva, configura-se o campo da psicologia cognitiva do ensino (Resnick, 1981) e aparece a psicopedagogia das ciências físico-naturais como uma área de estudo específica que se nutre de trabalhos de colaboração interdisciplinar.

Neste capítulo, apresenta-se um balanço da pesquisa atual no campo da aprendizagem e do ensino das ciências. Na primeira parte, apresenta-se uma análise das diferentes concepções sobre a natureza da ciência que marcaram os conteúdos curriculares ao longo da história. Na segunda, analisam-se os fatores psicológicos envolvidos na construção do conhecimento científico. A terceira é dedicada à descrição dos mecanismos de construção de conhecimento e, na quarta e última, formulam-se algumas considerações em torno das relações entre a psicologia da educação e a didática das ciências.

A NATUREZA DA CIÊNCIA

A perspectiva atual da epistemologia da ciência define-a como o conhecimento sobre a natureza que resume os esforços coletivos, as descobertas e a sabedoria da espécie humana em um momento determinado da história da humanidade. A ciência é mais que um outro nome para designar o conhecimento; é uma atividade humana coletiva cujo objetivo é descobrir a ordem na natureza e averiguar as causas que governam essa ordem. Ao longo da história, cientistas e pensadores substituíram teorias aceitas como verdadeiras durante muitos anos por outras que proporcionam uma melhor interpretação dos fenômenos. Muitas vezes, as mudanças referem-se a aspectos pontuais das teorias, que mudam de forma gradual. Excepcionalmente, a mudança pode consistir em formulações teóricas radicalmente distintas. De acordo com Kuhn (1962), um dos representantes da nova epistemologia da ciência, esses dois tipos de mudanças corresponderiam a duas maneiras distintas de "fazer ciência". A primeira seria uma *ciência normal*, e a segunda, *uma ciência revolucionária*. Segundo Kuhn, a ciência avançaria mediante a combinação dessas duas maneiras de fazê-la. Os trabalhos de Copérnico e Galileu são um bom exemplo do que Kuhn chama de ciência revolucionária. Copérnico tentava explicar a órbita de Marte utilizando a teoria geocêntrica do universo de Ptolomeu, mas com essa teoria era impossível. Ao revisar o sistema de Ptolomeu, pensou que seria muito mais simples postular que o Sol, e não a Terra, é o centro do universo (teoria heliocêntrica). Nesse momento do processo de criação, Copérnico chegou a uma idéia que permitia explicar as órbitas de outros planetas de forma tão satisfatória como Ptolomeu explicava a órbita da Terra. Assim nasceu um novo paradigma. Passaram-se muitos anos até que a teoria heliocêntrica fosse aceita pela comunidade científica, porque em todas as épocas os intelectuais rebeldes costumam ser silenciados pelo poder estabelecido, embora, ao final, suas idéias científicas acabem sendo reconhecidas.

A análise epistemológica da natureza da ciência deve levar em conta a influência dos fatores ideológicos, econômicos e sociais na construção do conhecimento científico a partir de análises históricas e filosóficas. Essa perspectiva não é compartilhada habitualmente pelos leigos e, inclusive, por muitos professores dos ensinos fundamental e médio, pois, quando se pergunta a eles o que é a ciência, costumam responder que esta é o que explicam as teorias científicas, que emanam de forma rigorosa dos fatos observados e dos resultados das experiências; afirmam também que a ciência baseia-se naquilo que se pode tocar, ver, sentir, etc., e não em opiniões, preferências pessoais ou em imaginações especulativas, e, finalmente, consideram também que a ciência é objetiva e que o conhecimento científico é confiável porque é um conhecimento provado (Garcia-Milà, Izquierdo e Sanmartí, 1998). É Fundamental que os professores de ciências ajudem seus alunos a entender que as teorias científicas são construções sociais, e que o conhecimento científico não existe porque tenha sido provado, mas sim porque ainda não tinha sido refutado (Kuhn, 1962). Para isso, é necessário, no entanto, que os professores reconheçam o caráter construtivo e humano das ciências e abandonem as concepções dogmáticas muitas vezes ainda vigentes, de forma explícita ou implícita, em determinadas práticas de ensino (Izquierdo, 1998).

A epistemologia da ciência marcou a mudança nas concepções sobre como se aprende e se ensina ciência. A concepção epistemológica da ciência que considera que esta se constrói socialmente coincidiu com uma perspectiva psicológica construtivista da aprendizagem das ciências, perspectiva esta que se opõe aos modelos de aprendizagem mais receptivos. A construção de conhecimento científico implica a implementação de uma série de processos que desenvolvem determinadas atitudes, ativam conhecimentos prévios e originam determinadas estratégias que operam sobre o conhecimento e ajudam a solucionar problemas. Tais aspectos da ciência são necessários para construir eficazmente o conhecimento científico. No transcurso dos últimos anos, esses aspectos foram destacados tanto pela pesquisa psicopedagógica como pela metodologia do ensino das ciências. No momento atual de colaboração interdisciplinar, diversos grupos de formação e tradição de pesquisa distintas compartilham uma mesma proposição construtivista e um princípio comum: estudar os processos de construção e co-construção do conhecimento (ver os Capítulos 5 e 6 deste volume) envolvidos na aprendizagem das ciências a partir da análise de situações concretas de ensino e aprendizagem e da análise do conhecimento científico específico envolvido nessas situações.

De forma similar, as diferentes concepções sobre a natureza da ciência configuraram-se também nos objetivos do ensino das ciências, sobre os quais existe atualmente um certo consenso: pretende-se que todos os cidadãos adquiram uma formação científica que lhes permita desenvolver-se com desembaraço em uma sociedade tecnologicamente avançada (AAAS, 1990). Esse consenso responde a uma tendência inovadora, denominada Ciência-Tecnologia-Sociedade (CTS), que defende a importância da dimensão social da ciência e que se configurou em numerosas propostas curriculares. A idéia fundamental que subjaz a tais propostas é que o trabalho científico não ocorre à margem da sociedade na qual tem lugar, mas é influenciado pelos problemas sociais e, ao mesmo tempo, influi sobre o meio físico e social em que é realizado (Gil e outros, 1991). Para essas propostas, o objetivo prioritário do ensino fundamental, e em particular do ensino médio, não é formar cientistas, mas formar cidadãos críticos diante de uma sociedade que muda rapidamente devido à ação da tecnologia e da ciência.

FATORES E PROCESSOS PSICOLÓGICOS ENVOLVIDOS NA CONSTRUÇÃO DO CONHECIMENTO CIENTÍFICO

A concepção construtivista do ensino e da aprendizagem (ver o Capítulo 6 deste volume) proporciona um esquema útil para dar conta do balanço das pesquisas sobre a aprendizagem e o ensino das ciências de uma perspectiva psicológica. Se se toma como ponto de partida o triângulo aluno-professor-conteúdos como um núcleo de interações no qual intervém uma série de fatores de caráter intra e interpsicológico, pode-se entender melhor os processos de ensino e aprendizagem. Nas páginas que seguem, tratarei dos dois grandes tipos de fatores e processos intrapsicológicos, cognitivos e afetivos envolvidos na construção de conhecimento científico. Os fatores e os processos de natureza interpsicológica serão objeto de atenção no item a seguir.

Aspectos cognitivos da aprendizagem

De acordo com a concepção construtivista do ensino e da aprendizagem, englobam-se os processos intrapsicológicos de tipo cognitivo sob o conceito de competência cognitiva, entendida como o nível de desenvolvimento cognitivo do aluno, os conhecimentos prévios e as estratégias cognitivas e metacognitivas que o aluno traz quando aprende ciências.

A. Competência cognitiva e pensamento formal

O conceito de nível de desenvolvimento cognitivo é um dos mais utilizados na aprendizagem e no ensino das ciências. Um dos principais atrativos desse uso encontra-se no último estágio do desenvolvimento cognitivo estabelecido por Inhelder e Piaget (1955) em suas pesquisas psicogenéticas – o estágio das operações formais –, considerado por esses autores como uma descrição psicológica do pensamento científico e, como tal, gerador de conhecimento. Segundo Piaget e Inhelder, um aluno que desenvolve as operações formais será capaz de raciocinar cientificamente (ver o Capítulo 17 do Volume I desta obra). Mas o que é o raciocínio científico? Segundo esse enfoque, os adolescentes seriam capazes de raciocinar sobre realidades não-vividas ou experimentadas antes. Seriam capazes de pensar de maneira puramente formal, utilizando um raciocínio hipotético-dedutivo e fazendo deduções a partir de algumas premissas. Também poderiam pensar de maneira indutiva, dos dados às conclusões, formulando hipóteses e imaginando como seria o mundo se suas hipóteses funcionassem. Além disso, segundo Piaget e Inhelder, o adolescente poderia experimentar, entendendo que, para determinar o efeito de algo, é necessário controlar todos os fatores, menos aquele cujo efeito se pretende determinar (isto é, controlar variáveis). Outras habilidades próprias do pensamento formal identificáveis com o raciocínio científico que se deduzem das pesquisas desses autores são, por exemplo, a capacidade de gerar todas as combinações possíveis de fatores que podem variar, a de resolver problemas que requerem a comparação de diferentes proporções e a de entender os princípios que regem o cálculo de probabilidades.

De outras perspectivas teóricas, no entanto, considerou-se que a formulação de Piaget e Inhelder comporta certas limitações para dar conta da competência cognitiva do aluno diante da aprendizagem. Equiparar as competências para adquirir conhecimento científico ao desenvolvimento e à consolidação das operações formais pode ser uma proposição um tanto quanto enviesada, já que suporia uma correspondência entre a consolidação das operações formais do aluno e o êxito no ensino médio. Embora as operações formais possam ser uma condição necessária para aprender alguns conteúdos em geral, e mais especificamente para aprender ciências, não são, de modo nenhum, suficientes.

Nas pesquisa sobre a aprendizagem das ciências da perspectiva piagetiana encontraram-se basicamente dois problemas. O primeiro refere-se a que, embora Piaget e Inhelder sugerissem que aos 12 anos se começa a pensar formalmente e que ao final da adolescência os alunos já consolidaram as operações formais, inúmeros estudos mostraram que grande parte dos adolescentes e muitos adultos não apenas são incapazes de controlar variáveis ou de entender a necessidade de controlá-las, como também não conseguem aplicar o pensamento proporcional ou a combinatória (Karplus, Adi e Lawson, 1980; Pozo e Carretero, 1987). Se a aquisição das operações formais fosse uma condição suficiente para a aprendizagem dos conteúdos de ciências, os alunos deveriam poder construir o conhecimento científico sem nenhuma dificuldade uma vez alcançado o nível de desenvolvimento do pensamento formal. E aqui aparece o segundo problema da perspectiva piagetiana em relação à aprendizagem das ciências, já que as pesquisas mostram que não é o que ocorre.

Ao tentar descrever as causas das dificuldades da aprendizagem da ciência no âmbito escolar, abre-se um campo de pesquisa novo e promissor no qual, sem abandonar os trabalhos pioneiros de Piaget e seus colaboradores, participam e inclusive convergem outras perspectivas, como a teoria da aprendizagem verbal significativa ou teoria da assimilação de Ausubel e os enfoques do processamento humano da informação (ver os Capítulos 3 e 4, respetivamente, deste volume). As pesquisas situadas nessa linha partem do princípio de que, para promover a aprendizagem dos conceitos, é necessário conhecer e levar em conta os conhecimentos prévios dos alunos. Partindo do que o aluno já sabe, é necessário ativar os conhecimentos que favorecem uma boa aprendizagem e eliminar o "ruído" que os bloqueia. Vejamos, brevemente, que tipos de conhecimentos prévios os alunos põem em jogo quando aprendem ciências e por que, muitas vezes, tais conhecimentos bloqueiam a aprendizagem, ao invés de favorecê-la.

B. Competência cognitiva e conhecimentos prévios

Para analisar as pesquisas sobre os conhecimentos prévios, partimos da proposta dos enfoques do processamento da informação de distinguir entre dois tipos de conhecimentos: o declarativo e o procedimental (Anderson, 1985). O conhecimento declarativo, extrapolado aos conteúdos escolares, é formado por dados, conceitos, princípios e teorias. Assim, por exemplo, a teoria mecânica de Newton seria formada pelos três princípios, dos quais o primeiro faz referência ao movimento de um corpo com uma velocidade constante (ou a ausência de movimento) quando nenhuma força atua sobre ele; um conceito ligado a esse princípio poderia ser a velocidade constante (como uma ausência de aceleração) e, finalmente, um dado seria o de duas velocidades idênticas de uma bola sobre a superfície de uma mesa sem atrito em momentos distintos. A extrapolação do conhecimento procedimental à atividade escolar remete, por sua vez, às estratégias em geral e às estratégias de aprendizagem em particular (ver os Capítulos 8 e 9 deste volume). Um exemplo de conhecimento procedimental em ciências poderia ser o projeto de um teste para comprovar uma hipótese sobre como age o atrito em uma bola que se desloca sobre uma superfície; ou a seqüência de passos que se põem em prática na resolução de um problema de cinemática – geração de fórmulas, substituição de incógnitas, planejamento e avaliação do processo, etc.

Vale destacar que, embora as primeiras pesquisas sobre a aprendizagem dos dois tipos de conhecimento operassem separadamente, nas formulações atuais considera-se fundamental partir da teoria do aluno para determinar e melhorar os procedimentos envolvidos na compreensão da teoria que é objeto de aprendizagem. E, inversamente, é necessário conhecer os procedimentos que operam sobre uma teoria concreta quando o aluno tenta comprová-la ou refutá-la. Os dois tipos de conhecimento trabalham paralelamente e um não pode existir sem o outro. Em que pese isso, e por razões de clareza expositiva, a seguir, revisarei as principais linhas de pesquisa sobre os conhecimentos prévios no campo das ciências físico-naturais, agrupando-as em dois blocos em função do tipo de conhecimento, declarativo ou procedimental, a que remetem em primeira instância.

As pesquisas sobre o conhecimento procedimental estruturam-se em dois grandes grupos: o primeiro refere-se às estratégias cognitivas envolvidas no raciocínio científico (experimentação e argumentação), enquanto que o segundo diz respeito às estratégias de solução de problemas. Quanto ao conhecimento declarativo, as pesquisas foram muito prolíficas e agrupam-se sob diversos nomes (idéias prévias, preconcepções, concepções errôneas, concepções alternativas, teorias em ação, etc.). Neste capítulo, adotarei a denominação "concepções alternativas" por ser a mais neutra quanto à avaliação do conhecimento do aluno, criando conotações negativas dele (Pozo e Gómez Crespo, 1998).

Conhecimento procedimental. Os principais trabalhos sobre os diferentes tipos de conhecimento procedimental enquadram-se em perspetivas teóricas distintas. Por um lado, a psicologia do desenvolvimento, tomando como ponto de partida a teoria piagetiana, aprofundou-se nas estratégias de raciocínio científico. Por outro, os enfoques do processamento humano da informação proporcionaram dados muito precisos sobre diferenças nas estratégias de resolução de problemas a partir de estudos que comparam especialistas e novatos.

a) *As estratégias de raciocínio científico*. Os trabalhos que analisam as estratégias de raciocínio científico identificam dificuldades tanto nos processos de experimentação como nos de argumentação em todas as idades, inclusive em adultos. Mas, especificamente no que diz respeito aos processos de experimentação, os alunos apresentam grande dificuldade em propor experiências que refutem as hipóteses prévias e mostram, em geral, uma grande tendência para a confirmação dessas hipóteses. Assim, propõem experiências em que as variáveis não são controladas ou, na melhor das hipóteses, controlam apenas as que julgam causais. Quanto aos processos de argumentação das conclusões, os alunos costumam ignorar ou mesmo distorcer dados prévios que refutam suas teorias prévias e têm uma grande dificuldade para eliminar hipóteses alternativas, já que não julgam incoerente a utilização dos mesmos dados para validar hipóteses contraditórias (para uma revisão, ver Garcia-Milá, 1996). Esses resultados foram interpretados a partir de dois tipos de limitações metacognitivas dos alunos; por um lado, entender quando e por que se utiliza uma determinada estratégia e, por outro, entender que as estratégias servem para manipular o conhecimento, transformando-o em objeto da própria cognição (Kuhn e outros, 1995).

b) *As estratégias de resolução de problemas*. Da perspectiva do processamento humano da informação, o outro campo de pesquisa do ensino e da aprendizagem das ciências que se dedicou a estudar o conhecimento procedimental, a atenção é dirigida às estratégias de resolução de problemas. Esses trabalhos iniciaram-se no campo da física (Larkin, 1983) e posteriormente estenderam-se a outras disciplinas científicas, de forma que existe atualmente uma bibliografia muito extensa a respeito.[1] Trata-se fundamentalmente de estudos que comparam a forma de proceder de novatos e especialistas na resolução de problemas. Os novatos costumam recorrer a fórmulas que contêm a incógnita do problema e tentam resolver as equações descobrindo a incógnita. Quando a primeira fórmula contém incógnitas demais, então recorrem a outra fórmula com alguma das incógnitas e, assim, vão substituindo valores até encontrar o valor pedido no enunciado. O esforço acaba quando já não dispõem de mais fórmulas às quais recorrer. Já os especialistas costumam partir de uma representação física, como, por exemplo, o princípio geral da segunda lei de Newton, para construir, a partir dela, um esquema e, de acordo com este, resolver o problema trabalhando do enunciado à incógnita. Contudo, as pesquisas mostram também que, quando se propõe a um especialista em física um problema de outro domínio, costuma comportar-se como um novato, embora recorra sempre em primeira instância à construção de representações físicas. Pode-se concluir, portanto, que as estratégias de resolução de problemas dependem do nível de conhecimento do sujeito sobre o tema. Em síntese, as revisões dos trabalhos de comparação entre especialistas e novatos coincidem em identificar um bom decifrador de problemas como aquele que: a) desenvolve uma descrição básica do problema de modo completo e exato; b) desenvolve uma descrição teórica do problema, de modo completo e exato; c) realiza uma análise exploratória; d) emprega processos executivos ou metacognitivos; e) realiza o plano de solução de forma efetiva; f) avalia a solução. Vale acrescentar, além disso, que as diferenças entre especialistas e novatos nas estratégias de resolução de problemas são interpretadas muitas vezes como uma conseqüência da forma distinta de organizar o conhecimento, sugerindo a necessidade de comparar estruturas de conhecimento de especialistas e novatos (ver o Capítulo 4 deste volume). De forma recorrente, a hipótese que subjaz a esses trabalhos é que a *expertise* em um domínio de conhecimento provém tanto do conhecimento procedimental como do declarativo.

Conhecimento declarativo. O fato de que uma resolução efetiva de problemas requer um corpo de conhecimento significativo e bem-organizado leva a formular outro tipo de questões, por exemplo, qual é o conhecimento que se requer?, de que conhecimento dispõe o novato e como o organiza?, como atua o conhecimento declarativo prévio na solução de problemas?, como se pode ajudar o novato a melhorar sua base de conhecimento? Os primeiros esforços para conhecer como se organiza o conhecimento declarativo surgem da mesma perspectiva do processamento da informação na linha de comparar especialistas e novatos. De acordo com o critério utilizado por Mayer (1999a), em sua recente revisão do tema, pode-se agrupar as diferenças do conhecimento declarativo de especialistas e novatos em quatro categorias, que se referem, respectivamente, ao conhecimento factual, ao conhecimento semântico, ao conhecimento esquemático e ao conhecimento estratégico postos em jogo. Como já se tratou das diferenças relativas ao conhecimento estratégico no item anterior, se limitará aqui aos outros três.

Começando pelo conhecimento factual, a diferença fundamental entre especialistas e novatos reside em que é mais acessível nos primeiros que nos segundos, como demonstra a maior rapidez com que resolvem os problemas propostos. Enquanto os novatos geram fórmulas aleatórias, como se estivessem armazenadas na memória de forma isolada, os especialistas produzem as fórmulas em *clusters*, agrupadas conceitualmente em uma espécie de lampejos separados por pausas, o que aponta claramente para uma organização do conhecimento em redes integradas de conceitos.

O segundo tipo de conhecimento em relação ao qual se constatam diferenças entre especialistas e novatos é o semântico, que corresponde ao conhecimento conceitual subjacente ao problema; por exemplo, entender o conceito de aceleração e como ele se relaciona com a velocidade, o tempo e a distância. Deter-me-ei um instante no seguinte problema levantando por Larkin:

> Que força horizontal constante F deve ser aplicada a um carro de massa M, de forma que os dois carrinhos colocados em cima (de massa $m1$ e $m2$) não se movam em relação ao carro grande? (ignorar atritos).

Quando se tenta resolver o problema, será que se se comporta como os estudantes universitários de primeiro ano de Larkin, para os quais foram ativados conceitos como carrinho pequeno em oposição a carro grande, peso, rodas, etc. – isto é, aspectos superficiais do problema que não lhes permitiam recorrer a princípios físicos e fórmulas para resolvê-lo –, ou, ao contrário, ativa-se conceitos como força constante e atrito? Larkin concluiu em seus estudos que os novatos baseiam suas representações em aspectos superficiais – como a corda, o carro, etc. –, enquanto que os especialistas baseiam as suas em concepções físicas subjacentes que lhes permitem visualizar o problema a partir das próprias fórmulas de solução.

Finalmente, Mayer situa o terceiro tipo de diferenças entre especialistas e novatos na resolução de problemas de física no conhecimento esquemático que ambos põem em jogo. Em um trabalho pioneiro, Chi, Feltovich e Glaser (1981) estabeleceram que se dispõe do conhecimento útil para resolver um problema concreto quando este aparece rotulado como um conhecimento específico. Supunha que se pede para dizer qual dos três problemas seguintes é diferente:

a) calcular a velocidade de uma caixa que desliza sobre um bloco inclinado sem atrito;
b) calcular a velocidade de uma caixa que desliza sobre um bloco inclinado com atrito;
c) calcular a velocidade de uma bola que cai no vazio.

Será que se identifica como diferente o problema **c** por referir-se à queda de uma bola (e não de uma caixa como os outros dois) e a uma queda em vertical (e não sobre um plano inclinado, como os outros dois) ou será que se descarta o problema **b** porque intervém o atrito, isto é, uma força constante de freio? Os resultados encontrados por Chi e seus colegas, quando solicitaram a especialistas e novatos que classificassem uma série de problemas de física desse tipo, mostram que os segundos dão atenção fundamentalmente a semelhanças superficiais, isto é, às características físicas dos objetos – agrupando, por exemplo, aqueles em que intervêm molas por um lado, aqueles em que intervêm roldanas por outro, aqueles em que intervêm blocos por outro, etc. – enquanto que os primeiros, os especialistas, os agrupam em função de princípios físicos – a conservação da energia, as leis de Newton, etc. – requeridos para solucioná-los, isto é, estabelecendo diferenças conceituais.[2]

A partir dos trabalhos sobre as diferenças na representação do conhecimento entre especialistas e novatos, evidenciou-se não apenas a fragmentação do conhecimento dos novatos, mas também que partem muitas vezes de um conhecimento prévio que não tem correspondência com os conteúdos trabalhados nos cursos específicos de ciências que fizeram antes. Essas descobertas, estabelecidas às vezes na esteira dos trabalhos pioneiros de Piaget sobre as idéias das crianças, outras no âmbito dos trabalhos baseados na teoria da aprendizagem significativa de Ausubel e outras, ainda, no contexto disciplinar da dialética das ciências, contribuíram para consolidar o campo de pesquisa das concepções alternativas ou idéias prévias com uma formulação construtivista comum. Eis aqui alguns exemplos de concepções alternativas:

> Uma criança de 10 anos desligou o rádio e percebeu, com surpresa, que o som demorou alguns segundos para desvanecer-se: "que cabo mais longo deve ter este rádio quando você pensa como a velocidade viaja rápido" (Driver, 1985, p. 1).
> "Pois Newton poderá dizer o que quiser, mas vejo que quando quero que o corpo suba com velocidade constante tenho de fazer mais foça do que quando quero que fique quieto..." Aluno de 2º de BUP* (Pozo e Gómez Crespo, 1998, p. 129).
> "Claro que a lã esquenta, faz com que a gente não sinta frio. Por isso, eu nunca envolveria uma lata de Coca Cola com lã, me esquentaria com ela" (Lewis e Linn, 1994, p. 661).

As concepções alternativas são os conhecimentos conceituais prévios a partir dos quais os alunos constroem o conhecimento. Existem muitas recopilações de trabalhos que descrevem as idéias das crianças a respeito de diversos temas, catalogadas por disciplina, idade e/ou nível educacional.[3] No Quadro 21.1, pode-se ver uma amostra das concepções alternativas mais estudadas.

Segundo Pozo (1987), as concepções alternativas apresentam as seguintes características:

– são construções pessoais dos alunos originadas em sua interação cotidiana com o mundo, formam-se de maneira espontânea e habitualmente preexistem ao ensino;

* N. de R. No Ensino Espanhol, BUP (Bachieller Unificado y Polivalente) refere-se à Educação Secundária Obrigatória (3 anos). Corresponde ao Ensino Médio no Brasil

QUADRO 21.1 Concepções alternativas (adaptado de Garcia-Milà, 1996)

Tema	Concepção científica	Concepção alternativa*
	Física	
Gravidade	Todos os corpos, independentemente de sua massa, caem com a mesma aceleração.	Os corpos mais pesados caem mais depressa que os mais leves.
Corrente Elétrica	A corrente elétrica flui de um dos dois pólos da bateria, passa pela lâmpada e volta ao outro pólo da bateria com a mesma magnitude.	A corrente elétrica flui da terminal de uma bateria na base da lâmpada e é preciso apenas um cabo.
	Química	
Combustão	A combustão é uma reação química de oxidação. O combustível reage com o oxigênio formando o óxido correspondente. A massa mantém-se constante.	O oxigênio (ar) é necessário, mas não reage quimicamente com o combustível durante o processo. Na combustão perde-se massa, as cinzas pesam menos que o combustível; ou na combustão se ganha massa, devido ao peso acrescentado da fumaça.
Natureza Corpuscular da Matéria: Estado Gasoso	Um gás é composto por partículas invisíveis que se movem continuamente e se repartem uniformemente por qualquer espaço fechado. Entre as partículas de gás há um espaço vazio. Quando duas substâncias gasosas reagem para formar uma terceira, representa-se como uma reunião de diferentes tipos de partículas	Não existe vazio entre as partículas de gás (há água, ar, calor, etc.). As partículas não estão em contínuo movimento nem conservam a forma, o número e/ou o tamanho. Não pesam. Em uma reação química, não-interagem.
	Biologia e Geologia	
Respiração celular e Fotossíntese	As plantas criam seu alimento mediante a fotossíntese. A fotossíntese requer CO_2 e H_2O. As plantas utilizam o alimento, produto da fotossíntese na respiração celular. A respiração celular requer O_2 e Glicose e produz CO_2 e H_2O.	A respiração celular das plantas é diferente da nossa, necessitam CO_2 para criar energia. As plantas não necessitam O_2, podem obtê-lo do H_2O. Os alimentos das plantas provêm da água e da terra.
A Terra como corpo cósmico	A Terra é redonda.	A Terra é um disco plano. A Terra é redonda como uma bola, mas nós vivemos na parte plana dentro dela.
A morfologia da Terra	A Terra gira em torno do Sol, provocando o surgimento do dia e da noite. As estações existem porque o eixo da Terra está inclinado.	O dia e a noite são causados pelo movimento da Terra em torno do Sol. As estações existem porque as órbitas descritas pela Terra não são circulares. No verão faz mais calor porque a Terra está mais próxima do Sol do que no inverno.

*As referências dos trabalhos, cujos resultados são apresentados sinteticamente neste quadro, podem ser consultadas em Garcia-Milà (1996).

- apresentam incoerência científica, embora não cotidiana, já que muitas vezes antecipam fenômenos isolados observados pelo aluno em seu ambiente próximo no transcurso das atividades cotidianas;
- são estáveis e apresentam resistência à mudança, já que os alunos não as modificam apesar dos esforços do professor para mudá-las;
- foram identificadas em crianças, adolescentes e adultos, inclusive em universitários em sua área de especificidade;
- mantêm uma certa correspondência com as idéias expressadas por cientis-

tas em épocas históricas menos evoluídas cientificamente;

- têm um caráter implícito se comparadas aos conceitos explícitos da ciência, isto é, são difíceis de formular explicitamente e manifestam-se muitas vezes mediante atividades empíricas sem que os alunos consigam verbalizá-las.

Um exemplo paradigmático de concepção alternativa é a teoria do *impetus* sobre o movimento dos corpos nos quais não age nenhuma força. Tente resolver, por exemplo, os problemas propostos por McCloskey (1983) a estudantes universitários com distinta formação em física (ver Figura 21.1).

Segundo a primeira lei de Newton, na ausência de força nítida, todo objeto em movimento se deslocará em linha reta. Portanto, a resposta correta corresponde à trajetória em linha reta tangente ao círculo no ponto em que a corda se rompe; contudo, 30% dos universitários que participaram na pesquisa deram a resposta A, acreditando, além disso, que a curvatura da trajetória iria se perdendo. McCloskey atribui o erro, generalizado, à explicação da teoria do *impetus* proposta por Buridán no século XIV. Segundo a teoria: a) quando um objeto se põe em movimento, transmite-se ao objeto uma força interna ou *impetus* que serve para mantê-lo em movimento; e b) o *impetus* de um corpo em movimento vai-se dissipando gradualmente e, como conseqüência, o objeto se detém. O exemplo é adequado para ilustrar o paralelismo entre a gênese histórica do conhecimento científico e a sucessão de idéias dos alunos.[4]

Os trabalhos resenhados permitem concluir que a aprendizagem das ciências implica tanto a ativação das estruturas de pensamento formal e dos conhecimentos prévios relativos às estratégias de construção e de solução de problemas como a ativação e a ótima organização dos conhecimentos prévios de tipo conceitual. Contudo, a ativação dos processos cognitivos é insuficiente para explicar a construção do conhecimento científico; além disso, é necessário levar em conta os aspectos relacionados com a dimensão afetiva da aprendizagem, dos quais se passa a tratar em seguida.

Aspectos afetivos da aprendizagem

Por mais que um aluno domine as operações formais, e por mais que disponha de um conhecimento adequado, se ele não consegue atribuir sentido ao que aprende, será difícil que aprenda de forma significativa. O conceito de sentido engloba os fatores e os processos psicológicos de caráter afetivo, motivacional e relacional que atuam como mediadores entre o ensino e a aprendizagem (Coll, 1988b), como, por exemplo, a percepção que o aluno tem de si mesmo como aprendiz, a percepção que tem do professor, suas expectativas diante do ensino, suas motivações, crenças, atitudes, atribuições, etc. (ver os Capítulos 10, 11 e 12 deste volume para uma análise geral desses fatores

Imaginemos que alguém tem uma bola de metal presa no extremo de uma corda, que faz girar em grande velocidade acima de sua cabeça. No diagrama, vemos a imagem de cima. O círculo mostra a trajetória seguida pela bola, e as flechas mostram a direção na qual ela se move. A linha do centro é a corda à qual está presa a bola. Supor que a corda se rompe quando a bola está no ponto indicado no desenho. Desenhar a trajetória seguida pela bola quando a corda se rompe. Ignorar a resistência do ar.

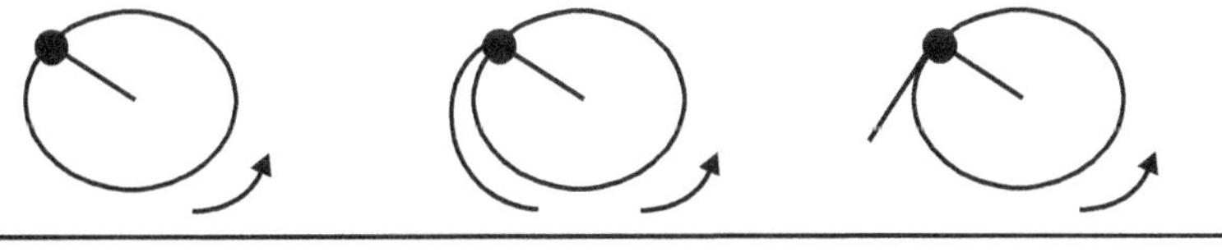

FIGURA 21.1 Problema da bola atada a uma corda e respostas dadas pelos alunos.
Fonte: McCloskey, 1983, p. 303 (traduzido do inglês).

e processos relacionados com o sentido da aprendizagem).

Embora existam alguns trabalhos pioneiros realizados nos anos 1970, a pesquisa sobre a dimensão afetiva da aprendizagem das ciências sociais é relativamente nova, de forma que ainda existe um desequilíbrio importante entre esses trabalhos e aqueles dedicados a estudar a dimensão cognitiva. Contudo a situação está mudando, e as pesquisas sobre a dimensão afetiva cresceram de forma considerável nos últimos anos. Tais pesquisas convergem em um objetivo comum: analisar os interesses dos alunos pelos conteúdos e pelas aulas de ciências e, a partir disso, estimular atitudes positivas em relação à ciência e à sua aprendizagem. E, além disso, apontam para um mesmo resultado: o interesse inicial generalizado dos alunos de ensino fundamental pelas atividades de ciências não apenas decresce de forma espetacular quando começam a cursar o ensino médio (Gil e outros, 1991), mas sim que a diminuição do interesse é progressiva, ano após ano, a partir desse momento.

Esse resultado é acentuado por uma clara diferenciação entre sexos no que se refere ao interesse dos alunos do ensino médio pela ciência. No caso das alunas, a atitude em relação às ciências "duras", como a física, é mais negativa que no caso dos alunos; assim, quando escolhem matérias ou créditos opcionais de ciências, preferem aqueles relacionados com as ciências da natureza, como a biologia. Vários trabalhos detectaram que as alunas têm uma percepção da imagem masculina associada aos estudos de engenharia ou física, ao mesmo tempo em que manifestam que as ciências são para os meninos e que o trabalho científico é uma atividade pouco feminina e inadequada para as meninas, estereótipos sociais que, por sua vez, podem ser reforçados de forma implícita por professores, colegas e pais (Simpson e outros, 1994). De fato, algumas pesquisas centradas na análise das relações professor/alunos mostram que, em geral, as expectativas dos professores sobre os resultados da aprendizagem costumam ser mais positivas no caso dos alunos que no das alunas, o que tende a reforçar ainda mais as diferenças de atitudes dos alunos em relação à aprendizagem das ciências em função do sexo.

Conscientes desse grave problema, alguns pesquisadores estão começando a considerar o tema das atitudes dos alunos em relação às ciências como uma linha prioritária de pesquisa e estudo. Nessa linha, Furió e Vilches (1997) propuseram uma taxionomia geral das atitudes em relação às ciências (ver Quadro 21.2) que inclui tanto a distinção clássica entre atitude científica e atitude em relação à ciência como as atitudes relacionadas com sua aprendizagem e com as implicações sociais da ciência, estreitamente relacionadas, por sua vez, com as atitudes diante da tecnologia.

O objetivo prioritário dos trabalhos atuais sobre as atitudes em relação à ciência é promover o interesse a partir de uma melhoria das atitudes. Assim, entre as medidas concretas propostas por Furió e Vilches para alcançar tais objetivos, encontram-se as seguintes:

- promover a aprendizagem entendida como uma atividade aberta e criativa em que a construção do conhecimento do aluno seja apresentada como um desafio, como uma "aventura do pensamento com toda sua carga potencial e motivadora" (obra citada, p. 60), cultivando, desse modo, a flexibilidade mental associada ao valor da tolerância em face de pontos de vista opostos;
- melhorar as expectativas do professor com respeito ao êxito dos alunos, medida que está estreitamente relacionada com a criação de um bom clima na sala de aula;
- revisar os conteúdos conceituais incluídos no currículo a fim de que se aproximem mais dos interesses dos alunos;
- situar a ciência em seu contexto social, promovendo atitudes favoráveis a ela, por exemplo, da educação para a saúde ou da conservação e da melhoria do meio ambiente.

Em suma, Furió e Vilches, no âmbito de uma formulação compartilhada atualmente por muitos outros autores, insistem na importância de introduzir e de trabalhar as relações entre ciência, tecnologia e sociedade nas aulas de ciências como uma via privilegiada para desenvolver as atitudes positivas dos alunos em relação à ciência, argumentando que os proje-

QUADRO 21.2 Taxionomia de atitudes em relação à ciência e à sua aprendizagem

A. Atitudes em relação ao ensino e à aprendizagem da ciência e da tecnologia	**A1.** *Relacionadas com aspectos do processo de aprendizagem:* – objetivos e conteúdos – métodos de ensino – o professor de ciências – o clima na sala de aula – o currículo (atividades, recursos, etc.) **A2.** *Com respeito ao produto obtido na aprendizagem:* – aprendizagem científica – utilidade da ciência na vida cotidiana – escolha do curso – interesse pela ciência, etc.
B. Atitudes em relação à ciência e aos aspectos relacionados	**B1.** *A natureza e os métodos da ciência:* (Todos os processos e os produtos da atividade científica, como, por exemplo, aspectos essenciais da "metodologia e epistemologia científicas"). **B2.** *As características dos cientistas e a construção coletiva do conhecimento científico:* – atitudes científicas – gênero e ciência – ideologia e ciência – ciência pública e privada – tensões e tomada de decisões em ciência, etc. **B3.** *A imagem social da ciência (C) e da tecnologia (T):* – controle da sociedade sobre a C e a T – influências da C e da T na sociedade – conseqüências e aplicações da C-T – problemas e temas de incidência social e cultural (efeito estufa, ciências *versus* humanas)

Fonte: Reproduzido de Furió e Vilches, 1997, p. 54.

tos educacionais desenvolvidos nessa direção conseguiram efetivamente incrementar de forma significativa seu interesse pela ciência e melhorar a aprendizagem.

OS MECANISMOS DE CONSTRUÇÃO DO CONHECIMENTO CIENTÍFICO

Ao longo do capítulo, afirmou-se de forma reiterada, de acordo com as teses construtivistas, que para que os alunos aprendam de forma significativa devem ativar um conjunto de conhecimentos prévios que possam ser relacionados coerentemente com o conteúdo que se busca aprender. No próprio processo de relacionar, os conhecimentos prévios são modificados na tentativa de validar o conhecimento novo; contudo, os trabalhos sobre concepções alternativas comentados no item anterior mostram que o principal problema na construção do conhecimento científico reside no fato de que os alunos assimilam um novo conteúdo aos seus conhecimento prévios, modificando aquele ao invés destes.

Um objetivo freqüente das pesquisas sobre a aprendizagem e o ensino das ciências consiste em projetar métodos para conseguir a acomodação dos conhecimentos prévios conceituais ao conhecimento científico objeto de ensino, isto é, para promover a *mudança conceitual*. Todos os modelos de mudança conceitual atuais fundamentam-se em formulações construtivistas. Os métodos propostos pelos diferentes modelos de mudança conceitual apresentam alguns aspectos comuns na seqüência de atividades. Em primeiro lugar, todos propõem a ativação dos conhecimentos prévios.

Em segundo lugar, sugerem atividades que proporcionem aos alunos dados discordantes com suas próprias teorias e, diante das dificuldades experimentadas para resolver esses conflitos, alguns sugerem a apresentação de modelos alternativos que facilitem a integração dos resultados discordantes com suas teorias prévias. E, em terceiro lugar, propugnam a realização de atividades dirigidas a aplicar o conhecimento adquirido a novas situações. A principal finalidade é que o aluno percebe as limitações e as carências de suas teorias prévias para prever e interpretar outros fenômenos e de que a nova teoria resolve com maior eficácia problemas que antes não eram interpretáveis (Pozo, 1987).

Entre os modelos clássicos de mudança conceitual, vale citar o de Posner e colaboradores (Posner e outros, 1982) e o de Novick e Nussbaum (1978). Neste último, por exemplo, é atribuída grande importância ao processo de formular de maneira explícita as idéias prévias dos alunos, verbalmente e mesmo mediante desenhos, esquemas e gráficos, de forma que percebam o que podem e o que não podem explicitar. Em seguida, passa-se à fase de debate das suas idéias próprias e das dos outros. Nesta fase, o professor deve apresentar evidências empíricas que refutem as idéias prévias explicitadas pelos alunos. O modelo pressupõe que tais atividades produzem um nível de insatisfação que provoca o conflito cognitivo. Esse conflito, segundo os autores, é suficiente para produzir uma tomada de consciência de que suas idéias prévias devem ser modificadas e reacomodadas em sua estrutura conceitual.

Os resultados da aplicação dos modelos de mudança conceitual, porém, não são muito promissores. Pozo e Gómez Crespo (1998) propõem que o problema desses trabalhos é que se fala de mudança conceitual, mas não se especifica exatamente o que deve mudar. Quando se pretende mudar uma concepção dos alunos, é necessário estabelecer uma diferença entre as representações pontuais, não permanentes nem explícitas, de um problema concreto, e as representações usadas de forma reiterada em diferentes contextos ou problemas. Estas últimas são as que requerem uma verdadeira mudança conceitual. Uma das dificuldades para mudar tais representações reside no fato de que estão integradas em uma rede de conceitos mais ampla, fazendo parte de um sistema, de modo que para mudá-las é preciso mudar a rede conceitual que as contém (por exemplo, na física, a rede conceitual da teoria do *impetus*).

Pozo e Gómez Crespo assinalam que as representações se integram em uma rede de conceitos e não se organizam livremente, mas são geradas a partir de um conjunto de restrições no processamento da informação, e essas restrições determinam tanto a seleção da informação processada como as relações que se estabelecem entre os elementos dessa informação. O conhecimento intuitivo seria construído a partir de três tipos de restrições: epistemológicas, ontológicas e conceituais. As restrições epistemológicas consistem nos pressupostos teóricos subjacentes às teorias intuitivas dos alunos que se impõem ao prever ou interpretar os fenômenos cotidianos. As restrições ontológicas são conseqüência da classificação de todas as entidades do universo em três categorias: matéria (atribuindo-lhe propriedades materiais, como cor, densidade, etc.), processo (algo relacionado com o transcurso temporal) e estado mental (atribuições de intenções ou desejos). Finalmente, as restrições conceituais são fruto da construção do conhecimento a partir de estruturas conceituais mais próximas das operações concretas que das operações formais, no sentido piagetiano, que impede a assimilação de conceitos científicos.

Os trabalhos mais recentes sobre o tema apontam para a obtenção da mudança conceitual a partir da superação dessas restrições. Assim, Pozo e Gómez Crespo (1998) propõem três processos fundamentais na construção do conhecimento científico na sala de aula: a reestruturação teórica, a explicitação progressiva e a integração hierárquica. Para reestruturar o conhecimento, é necessário que este se reorganize de maneira que o resultado seja compatível com a estrutura anterior, sendo imprescindível para isso superar pressupostos epistemológicos, ontológicos e conceituais subjacentes. Para poder mudar os pressupostos e conseguir a mudança conceitual, é necessário explicitá-los, ter consciência de que fazem parte de nosso conhecimento cotidiano. Portanto, o processo de reestruturação não será possível se não se produzir uma explicitação progressiva das teorias implícitas. Essa explicitação progressiva é obtida mediante processos metacognitivos. Finalmente, o terceiro processo consiste na integração hierárquica. Os modelos tradicionais de mudança conceitual defendem que as concepções alternativas devem ser substituídas pelas concepções científicas. Em contraposição, os modelos de mudança conceitual atuais defendem a integração hierárquica dos dois tipos de conhecimento. Esses três processos têm um claro reflexo nos diferentes tipos de atividades de ensino e aprendizagem que se enfatizam atualmente nas salas de aula a partir de alguns trabalhos e pesquisas realizados, com um enfoque abertamente interdisciplinar, por professores, psicólogos, didatas das ciências e tecnólogos.

Atividades de ensino e aprendizagem orientadas a estimular e a promover a explicitação progressiva

De acordo com a formulação anterior, o desenvolvimento das estratégias metacognitivas para conseguir a explicitação progressiva deve ser abordada mediante uma dupla via: como um processo de aprofundamento dos níveis representacionais e como um processo de tradução das representações e das linguagens formais. Um dos grupos mais influentes que promove o desenvolvimento das estratégias metacognitivas para aprofundar a representação do conhecimento é aquele liderado por Novak (Novak e Musonda, 1991). Esses autores, tomando como ponto de partida a teoria da aprendizagem significativa de Ausubel, promovem o uso de mapas conceituais que ajudem os alunos a refletir sobre suas próprias idéias e a esclarecer a forma como estão conectadas (ver o Capítulo 3 deste volume). Quanto às atividades que estimulam a tradução de representações intuitivas às linguagens formais da ciência, a equipe dirigida por Lemke (Lemke, 1993; Mortimer, 1998) propõe "fazer ciência mediante a linguagem", afirmação que traria implícita a idéia de que aprender ciência é, no limite, aprender a falar ciência, entendendo que a linguagem é o instrumento por excelência para construir significado (ver os Capítulos 15 e 17 deste volume).

Atividades de ensino e aprendizagem orientadas a estimular e a promover a integração hierárquica

Diferentes propostas mostraram a efetividade das atividades que promovem a integração da informação mediante a apresentação e o contraste de modelos na sala de aula (White e Frederiksen, 1998). A principal contribuição de trabalhos como o de White e Frederiksen consiste em propor modelos alternativos sobre problemas relevantes para os alunos, assinalando as diferenças entre eles, com a intenção de promover os processos de reflexão. Essas pesquisas baseiam-se na idéia de que, se os alunos têm a oportunidade de experimentar com modelos distintos, poderão desenvolver um repertório de modelos e entender as relações entre eles. Vários estudos demonstraram que, mediante a aprendizagem de modelos distintos sobre o mesmo fenômeno, os alunos entendem melhor o modelo que devem aprender no final do que quando este lhes é ensinado diretamente como único objeto de aprendizagem. Além disso, a proposta é avalizada pelo projeto, pela produção e pelas experiências de laboratório com *software* educacional realizadas em tempo real (White e Frederiksen, 1998; e Linn, Songer e Eylon, 1996).

Atividades de ensino e aprendizagem orientadas a estimular e a promover a dimensão social da aprendizagem

Não se pode concluir este item sem mencionar as atividades de ensino e aprendizagem que sustentam a idéia de que a construção de conhecimento científico é uma construção social. Essas propostas partem da premissa de que a cognição é um processo distribuído, isto é, constitui um produto do enriquecimento que se produz quando várias mentes entram em interação, permitindo, ao relacionar diferentes níveis de conhecimento prévio, a criação e a ativação de múltiplas zonas de desenvolvimento próximal. Nessa linha, Brown e Campione (1990), por exemplo, projetaram um programa pedagógico dirigido aos alunos de ensino fundamental baseado no modelo de aprendizagem recíproca (ver o Capítulo 16 deste volume). Nesse programa, os alunos pesquisam ciência ambiental, produzem trabalhos em grupo ou individuais e apóiam-se mutuamente em suas pesquisas. Cada aluno centra-se em um tema e torna-se um especialista nesse tema. Os autores argumentam que, mediante formulações desse teor, promove-se a integração do conhecimento e a compreensão das idéias complexas.

Muitos dos projetos que promovem a dimensão social da aprendizagem utilizam computadores, ampliando o conceito de cognição distribuída para além das mentes e dando margem às interações da mente humana com o computador. Assim, por exemplo, Scardamalia e Bereiter (1992) construíram uma metodologia de comunicação por meio da rede que permite aos alunos coletar a informação e passá-la ao grupo, ou a outros grupos, contrastando modelos alternativos sobre fenômenos científicos e utilizando padrões de interação similares aos que os cientistas utilizam habitualmente.

CONSIDERAÇÕES FINAIS

Há apenas algumas décadas, um capítulo sobre o ensino e a aprendizagem das ciências físico-naturais em um livro dedicado à psicologia da educação escolar teria consistido provavelmente em seleção, extrapolação e aplicação a esse âmbito de ensino do conhecimento psicológico relevante. Contudo, atualmente, e após um longo período de ignorância mútua entre a psicologia da educação e as didáticas específicas (Coll, 1993a), a psicopedagogia das ciências físico-naturais aparece como um campo de colaboração interdisciplinar com um objetivo compartilhado: estudar os processos escolares de ensino e aprendizagem tomando como unidade de análise a face de interações que se estabelecem entre o aluno, o professor e o conteúdo. É claro que a ênfase pode ser colocada, e de fato se coloca muitas vezes, em um ou outro vértice do triângulo interativo. Entretanto, seja qual for o vértice ao qual se dê ênfase, o desafio é analisar e compreender as interações que se estabelecem entre eles.

Ao longo do capítulo, foram apresentadas diversas contribuições à análise dos processos de ensino e aprendizagem das ciências físico-naturais. Algumas têm sua origem claramente na psicologia, como aquelas relativas à gênese do conhecimento científico inspiradas nos trabalhos de Piaget e seus colaboradores, ou aquelas referentes às representações mentais e à organização do conhecimento em especialistas e novatos, inspiradas nos enfoques do processamento humano da informação, outras, no entanto, procedem diretamente da pesquisa e dos avanços em didática das ciências, como o estudo das concepções alternativas sobre uma grande variedade de temas e de conceitos, ou os trabalhos que analisam como se constrói o conhecimento científico e como se deveria, em conseqüência, ajudar o aluno a construí-lo.[5]

Até pouco tempo, a barreira entre psicólogos da educação e didatas era sólida e difícil de transpor. Um exemplo que ilustra claramente a situação é a divisão tradicional de tarefas e de responsabilidades entre psicólogos da educação e didatas das ciências no que se refere ao estudo dos processos de ensino e aprendizagem das ciências físico-naturais: o ensino fundamental era o espaço reservado aos primeiros, enquanto que o ensino médio, com o argumento de que exige o domínio em profundidade de um conhecimento específico, era reservada aos segundos. Desse modo, as pesquisas sobre o ensino e a aprendizagem no ensino fundamental – e as atividades de formação dos professores –, impulsionadas e realizadas fundamentalmente por psicólogos da educação, estavam centradas no vértice do aluno e, quando muito, na relação professor/aluno, enquanto que as pesquisas – e as atividades de formação dos professores – no caso do ensino médio, impulsionadas e realizadas fundamentalmente por didatas da ciência, centravam-se nos conteúdos e em sua apresentação e organização por parte do professor, com pouca ou nenhuma referência aos processos de aprendizagem do aluno. Contudo, a situação mudou e, como se pôde comprovar ao longo do capítulo, observa-se uma forte tendência para formulações fortemente interdisciplinares, entendendo a interdisciplinaridade não apenas como uma simples colaboração entre especialistas de diferentes disciplinas, mas também como o trabalho que parte de uma base de conhecimento capaz de integrar as contribuições mais específicas de cada disciplina, criando, assim, um corpo de conhecimento compartilhado e enriquecido.

NOTAS

1. Ver Gabel (1994) para uma revisão exaustiva em física, química e biologia.
2. Para uma revisão sobre estratégias de solução de problemas em outras disciplinas das ciências, ver Gabel (1994, parte III).
3. Ver, por exemplo, as de Driver e outros (1999), Osborne e Freyberg (1987), Hierrezuelo e Montero (1991), Wandersee, Montzes e Novak (1994).
4. Uma análise sobre a evolução histórica da mecânica pode ser encontrada em Pozo (1987).
5. Para a revisão e a discussão das relações entre a psicologia da educação e as didáticas específicas, remete-se o leitor ao número 62-63 da revista *Infancia y Aprendizaje*, no qual se reúnem as intervenções e os debates do seminário organizado sobre este tema pelo IMIPAE (Área de Educação da Câmara Municipal) e o Departamento de Psicologia Evolutiva e da Educação da Universidade de Barcelona; merecem menção especial, no contexto deste capítulo, as duas intervenções apresentadas por D. Gil (1993) e J. I. Pozo (1993), elaboradas respectivamente de uma perspectiva didática e psicológica, sobre a relação entre a psicologia da educação e a didática das ciências.

22

A avaliação da aprendizagem escolar: dimensões psicológicas, pedagógicas e sociais

CÉSAR COLL, ELENA MARTÍN E JAVIER ONRUBIA

INTRODUÇÃO

A psicologia da educação ocupou-se tradicionalmente da avaliação como um fenômeno desligado das atividades de ensino e aprendizagem, como algo que ocorre ao final do ensino como a culminação do processo de aprendizagem. Apenas muito recentemente começou-se a superar essa aproximação, tomando consciência de que avaliação, ensino e aprendizagem constituem uma unidade indissolúvel. Tal evolução foi lenta e ainda está longe de ter sido assumida com todas as suas conseqüências (Pellegrino, Baxter e Glaser, 1999; Shepard, 2000). Em primeiro lugar, como se evidencia claramente no Capítulo 14 deste volume, foi necessário abandonar a pretensão de compreender o ensino e a aprendizagem como se fossem entidades separadas e sem conexão entre si, como se fosse possível e razoável explicar a aprendizagem dos alunos à margem da ação educacional e de ensino de seus professores e, inversamente, como se fosse possível entender e valorizar a ação educacional e do ensino dos professores à margem de sua incidência sobre a aprendizagem dos alunos. Em segundo lugar, a superação da dissociação inicial entre ensino e aprendizagem não significou de modo nenhum a consideração automática da avaliação como um elemento integrante do binômio resultante, mas às vezes contribuiu mais para reforçar sua consideração como uma atividade nitidamente diferenciada das de ensinar e de aprender.

A exigência de considerar o ensino, a aprendizagem e a avaliação como ingredientes de um mesmo fenômeno encontra sua justificativa na própria natureza da educação escolar. Em primeiro lugar, como argumentamos no Capítulo 6 deste volume, a educação escolar é basicamente uma prática social e socializadora mediante a qual os grupos humanos procuram estimular e promover o desenvolvimento e a socialização de seus membros e, nesse plano, a avaliação aparece como o instrumento que permite valorizar se a educação escolar cumpre com eficácia sua função social e socializadora. Em segundo lugar, a educação escolar procura cumprir tal função facilitando o acesso dos alunos a uma série de saberes culturais considerados essenciais para seu adequado desenvolvimento e sua socialização, e a avaliação aparece como o instrumento que permite valorizar se os alunos realmente têm acesso a esses saberes. Em suma, a natureza social da educação escolar e mais especificamente sua função socializadora e de promoção do desenvolvimento pessoal estão na base da dupla vertente social e pedagógica da avaliação e dão conta de sua importância para avaliar tanto se se cumpre o projeto social e cultural que preside e orienta a educação escolar quanto se a ação educacional e do ensino garante efetivamente o acesso dos alunos aos saberes culturais selecionados para fazer parte do currículo escolar.

No contexto mais amplo dessa formulação, o presente capítulo tem como finalidade argumentar, desenvolver e explorar as implicações de três idéias fundamentais: a avaliação das aprendizagens dos alunos é um ingrediente fundamental da educação escolar e dos processos escolares de ensino e aprendizagem; os esforços para melhorar a educação exigem necessariamente a revisão e a melhoria das práticas de avaliação; um ensino adaptador, isto é, um ensino que respeite a diversidade de capacidades, interesses e motivações dos alunos, exige uma avaliação "inclusiva", isto é, práticas de avaliação que também levem em conta a diversidade.

Para isso, organizaremos o restante do capítulo em quatro grandes itens. O primeiro é dedicado a formular uma série de precisões conceituais sobre a natureza, os elementos e as funções da avaliação. No segundo, apresentaremos o que se convencionou chamar de as duas "culturas da avaliação": a que se apresenta como um elemento alheio ao desenvolvimento dos processos de ensino e aprendizagem, atendendo unicamente aos resultados, e a que se concebe como um ingrediente desses processos e como um instrumento imprescindível do ensino adaptador. Trataremos, no terceiro, de alguns critérios e propostas que podem ser de utilidade no momento de planejar e realizar atividades de avaliação em uma orientação "inclusiva". Finalmente, exploraremos as implicações que têm para a avaliação algumas idéias-chave e alguns princípios básicos da concepção construtivista do ensino e da aprendizagem apresentada com algum detalhamento no Capítulo 6 deste volume.

A AVALIAÇÃO DA APRENDIZAGEM NA EDUCAÇÃO ESCOLAR

Natureza e elementos da avaliação

Em um sentido mais amplo e genérico, avaliar consiste fundamentalmente em emitir um juízo de valor sobre as conseqüências de uma ação projetada ou realizada sobre uma parcela da realidade (Hadji, 1992). Transferida ao âmbito da aprendizagem escolar, essa característica implica dar ênfase à valorização das aquisições realizadas pelos alunos como conseqüência de sua participação em determinadas atividades de ensino e aprendizagem. Porém, para poder formular essa valorização, é preciso contar previamente com dois elementos: *critérios* ou expectativas sobre as aprendizagens que se pretende que os alunos realizem como conseqüência do ensino – formulados habitualmente em termos de objetivos ou de critérios de avaliação – e *indicadores* observáveis nas realizações ou nas execuções dos alunos cuja presença ou ausência – ou cuja modalidade e grau de presença – possam ser interpretadas como prova do nível do cumprimento das expectativas do ensino.

Apesar de sua aparente simplicidade, essa caracterização comporta uma série de implicações que convém assinalar. Em primeiro lugar, a avaliação da aprendizagem aparece indissoluvelmente associada às *intenções educacionais* que presidem e orientam o ensino, que devem ser suficientemente explicitadas e claras para que se possam utilizá-las como critérios a partir dos quais se emita, após comparação com os indicadores observados nas produções dos alunos, os correspondentes juízos de valor que constituem a essência do ato de avaliação. Em segundo lugar, não se deve confundir avaliação com *medida*. A essência da avaliação consiste em formular um juízo de valor acerca do cumprimento das expectativas do ensino no que se refere às aprendizagens realizadas pelos alunos; a medida é um procedimento que pode ser de grande utilidade, tanto para definir os indicadores observados nas produções dos alunos como para expressar juízo de valor resultante da comparação desses indicadores com os critérios de referência, mas não é a avaliação. Em terceiro lugar, a *objetividade* da avaliação depende basicamente de dois fatores estreitamente relacionados: o grau de clareza com que aparecem definidos os critérios e os indicadores cujo contraste permite formular um juízo de valor e a precisão e a confiabilidade dos procedimentos e dos instrumentos utilizados para determinar a presença ou a ausência – ou a modalidade e o grau de presença – dos indicadores nas produções dos alunos. Em quarto lugar, na avaliação da aprendizagem tem uma importância especial a *validade* dos indicadores utilizados, isto é, até que ponto são reveladores das aprendizagens que pretende promover o ensino e que podem relacionar-se razoavelmente em relação aos critérios de referência a fim de emitir o correspondente juízo de valor. E, em quinto e último lugar, a avaliação assim caracterizada é *indissociável das atividades de ensino e aprendizagem*. As situações e as atividades que os professores utilizam, para identificar e avaliar o que os seus alunos aprenderam constituem o elo que permite vincular a ação educacional e de ensino dos primeiros – o ensino – com as aquisições e construções dos segundos – a aprendizagem. Por isso, não tem sentido separar a avaliação dos processos de ensino e aprendizagem aos quais infalivelmente se refere e dos quais inevitavelmente faz parte.

Às considerações precedentes é preciso acrescentar, ainda, a importância da *dimensão educacional* da avaliação. O juízo de valor sobre as aprendizagens realizadas pelos alunos sempre se formula para ser comunicado: aos alunos, às famílias, aos diferentes grupos sociais, a outros professores, a si mesmo – o professor ou professores que avaliam – ou a vários e às vezes, inclusive, a todos esses destinatários ao mesmo tempo. E é comunicado a uns e outros destinatários com intenções muitas vezes distintas, isto é, com o propósito de que estes façam determinados usos da informação transmitida e possam adotar as decisões que correspondam em seus respectivos âmbitos de competência e responsabilidade. A avaliação não termina com a emissão de um juízo de valor sobre as aprendizagens realizadas pelos alunos. Como já assinalamos em outro lugar (Coll e Onrubia, 1999c, p. 144), quando avaliamos, "não apenas avaliamos *algo*, mas também avaliamos *para algo* [...] a avaliação inclui sempre um componente de tomada de decisões, de atuação a partir de um juízo emitido".

A dimensão comunicativa do juízo avaliador não é, portanto, um fator acrescentado à avaliação que se coloca quando esta já foi feita e que se reflete unicamente no formato e no procedimento comunicativo escolhido para levá-lo ao conhecimento dos destinatários. A intencionalidade comunicativa da avaliação – expressão que utilizamos aqui para nos referir tanto aos destinatários do juízo avaliador quanto aos usos que se espera que estes façam dele – preside, de fato, todo o processo e muitas vezes influi de maneira decisiva em todos os seus componentes (ver, por exemplo, Oullette, 1996): desde a escolha e a formulação dos critérios e dos indicadores, até a seleção e o planejamento das atividades e das tarefas concretas utilizadas para avaliar, sem esquecer o maior ou o menor grau de participação dos alunos na escolha delas e na elaboração do juízo avaliador ou os procedimentos utilizados para comunicar os resultados aos destinatários. Desse modo, o destaque da dimensão comunicativa da avaliação supõe um alerta para levar em conta não apenas *como se comunica* o juízo avaliador resultante e *a quem se comunica*, mas também, e muito particularmente, *para que* se comunica. Isso nos conduz diretamente à questão das finalidades e das funções da avaliação da aprendizagem e, mais diretamente, aos diferentes tipos de decisões a que podem pôr-se a serviço, e de fato se põem, os juízos de valor sobre as aprendizagens realizadas pelos alunos.

Momentos e funções da avaliação

Em primeiro lugar, a avaliação das aprendizagens pode estar ou pôr-se a serviço de um processo de tomada de *decisões de natureza pedagógica ou didática*. A finalidade principal da avaliação é, nesse caso, proporcionar informação útil e relevante para melhorar a eficácia da ação educacional, para conseguir que as aprendizagens sobre os conteúdos escolares que os alunos devem realizar sejam o mais amplos, profundos e significativos possível. Desse modo, os resultados da avaliação – os juízos de valor sobre o maior ou o menor grau de correspondência entre critérios e indicadores – aparecem estreitamente vinculados a um processo de tomada de decisões sobre o desenvolvimento posterior dos processos de ensino e aprendizagem aos quais esses resultados se referem. A avaliação com fins pedagógicos ou didáticos, porém, pode ocorrer em diferentes momentos do processo educacional e estar a serviço de diferentes tipos de decisões pedagógicas, o que está na origem da distinção didática entre avaliação inicial, formativa e cumulativa (ver, por exemplo, Miras e Solé, 1990).

A *avaliação inicial*, também chamada às vezes de diagnóstica ou preditiva, é a que ocorre no início dos processos de ensino e aprendizagem. O juízo de valor resultante dessa classe de avaliação costuma pôr-se a serviço de dois grandes tipos de decisões pedagógicas, além disso freqüentemente opostas entre si: ou adaptar as características do ensino às necessidades educacionais dos alunos, na linha das propostas do ensino adaptativo, ou orientar os alunos para a modalidade ou o tipo de ensino mais de acordo com suas necessidades educacionais, na linha de uma diferenciação dos objetivos, dos conteúdos ou das vias formativas (ver o Capítulo 13 deste volume). Contudo, em ambos os casos, o processo avaliador tem como meta obter informação sobre as necessidades educacionais e de formação dos alunos nos momentos iniciais do ensino.

A *avaliação formativa*, também chamada às vezes de contínua ou reguladora, tem como finalidade relacionar as informações relativas à evolução do processo de aprendizagem dos alunos com as características da ação didática, à medida que se desdobram e avançam as atividades de ensino e aprendizagem. Portanto, o juízo de valor resultante versa sobre o próprio desenvolvimento do processo educacional e deve ser útil, em princípio, tanto para ajudar o professor a tomar decisões que lhe permitam melhorar sua atividade docente como para ajudar os alunos a melhorar sua atividade de aprendizagem. Tradicionalmente, ressaltou-se a utilidade desse tipo de avaliação para regular o ensino e, por isso, a denominação mais difundida de avaliação "formativa". Nestes últimos anos – sobretudo a partir das contribuições de Nunziati (1990) –, ressaltou-se com insistência sua vertente "formadora", isto é, sua utilidade para que os alunos aprendam a regular os próprios processos de aprendizagem (ver, por exemplo, Jorba e Casellas, 1996; Mauri e Miras, 1996; Barberà, 1999).

Por último, a *avaliação cumulativa*, também chamada às vezes de final, é a que se formula ao final de uma atividade ou de um conjunto de atividades de ensino a aprendizagem a fim de determinar até que ponto e em que grau os alunos realizaram ou não as aprendizagens pretendidas. Quando a avaliação cumulativa se produz ao final de processos de ensino e aprendizagem que fazem parte de um processo formativo mais amplo, pode chegar a ser confundida com a avaliação inicial, de maneira que os juízos de valores resultantes estão, ou podem estar, em princípio, a serviço de processos de tomada de decisões do mesmo tipo: adaptar os processos de ensino e aprendizagem posteriores às necessidades educacionais dos alunos ou, ao contrário, orientá-los para modalidades de ensino ou vias formativas diferentes. Mas a avaliação cumulativa pode operar igualmente em e sobre processos de ensino e aprendizagem de curta duração e ser realizada de maneira "contínua" e sistemática. Nessas ocasiões, pode acabar desempenhando de fato uma função muito similar à da avaliação formativa e formadora, pondo os juízos de valores resultantes a serviço da regulação dos processos de ensino e aprendizagem nos quais se insere.

Como se pode comprovar a partir da concisa caracterização exposta anteriormente, a distinção clássica entre avaliação inicial, formativa e cumulativa pode originar confusões ao pôr em jogo de forma simultânea duas dimensões distintas: o momento em que se realiza a avaliação e a natureza das decisões pedagógicas a cujo serviço está a ação de avaliar. A avaliação realizada no início de uma atividade de ensino e aprendizagem – inicial, portanto, considerando o momento em que se realiza – pode pôr-se a serviço da tomada de decisões sobre os processos de ensino e aprendizagem posteriores – formativa ou formadora, conseqüentemente, no que diz respeito à utilização de seus resultados. E o mesmo se pode dizer da avaliação cumulativa: uma avaliação que é realizada ao final de um processo de ensino e aprendizagem – cumulativa, portanto, considerando o momento de fazê-la – pode estar a serviço da regulação posterior do processo educacional – formativa ou formadora, conseqüentemente, pela utilização de seus resultados.

A situação se torna ainda mais complexa se consideramos o fato de que muitas vezes o resultado da avaliação, e conseqüentemente do processo seguido para chegar a ele, cumpre funções e está a serviço de processos de tomada de *decisões* que escapam, totalmente ou em parte, ao estritamente pedagógico ou didático para situar-se antes na esfera do social. Assim, quando ocorre ao final de um período formativo – por exemplo, ao concluir o ensino médio, um ciclo de formação profissional de grau médio ou de grau superior, estudos universitários, etc. –, a avaliação serve sobretudo para certificar e creditar que os alunos estão capacitados – ou não estão, quando o juízo de valor emitido sobre o grau de correspondência entre critérios e indicadores é negativo – para exercer de forma aceitável e sem riscos para a sociedade uma determinada atividade trabalhista ou profissional ou, eventualmente, para prosseguir com certas garantias de aproveitamento o seu processo de formação.

Na mesma ordem de considerações, às vezes os resultados da avaliação da aprendizagem dos alunos são utilizados – independentemente do momento da escolaridade a que correspondem e à margem de terem sido obtidos ou não mediante processos especificamente projetados e executados com essa finalidade – para avaliar a qualidade do sistema educacional, isto é, como indicadores da qualidade do ensino; assim, a avaliação não cumpre uma função pedagógica ou didática em sentido estrito nem tampouco uma função de certificação ou da garantia das competências adquiridas pelos alunos que participaram diretamente do processo de avaliação, mas que responde antes ao princípio de prestação de contas – *accountability* – e utiliza-se como um procedimento de controle social e como uma fonte de informação para tomar decisões de política e de planejamento educacional relativas ao conjunto do sistema educacional ou a alguns de seus componentes.

Das considerações anteriores, deduz-se que o risco de confusão é particularmente alto no que diz respeito à avaliação cumulativa, já que seus resultados podem estar a serviço de processos de tomada de decisões que impõem exigências muito diferentes quanto à natureza das informações úteis e relevantes e também, como conseqüência, quanto às características que devem ter os processos de avaliação para poder proporcionar tais informações. O juízo avaliador útil e relevante para tomar decisões de ordem pedagógica ou didática não o é necessariamente para tomar decisões de certificação ou de garantia ou para dar conta à sociedade da qualidade do ensino e do sistema educacional e para adotar decisões visando à sua melhoria; e, inversamente, o juízo avaliador e relevante para informar a sociedade sobre a qualidade do ensino ou para tomar decisões de política e de planejamento educacional não o é necessariamente para ajudar o professor a regular o seu ensino.

A avaliação cumulativa – entendida como a modalidade de avaliação que ocorre em um momento mais ou menos avançado da escolaridade ou do desenvolvimento dos processos de ensino e aprendizagem e que aspira a identificar as aprendizagens realizadas pelos alunos até esse momento – pode responder a dois propósitos e a duas lógicas distintas: um propósito e uma lógica de garantia ou de controle social e um propósito e uma lógica pedagógica de regulação dos processos educacionais. A fim de evitar a ambigüidade decorrente desse fato, propusemos em outro lugar (Coll e Martín, 1996) denominar *avaliação cumulativa atestadora* a modalidade de avaliação cumulativa que cumpre uma função de natureza essencialmente social – de garantia, de prestação de contas ou de insumo para as decisões de política e de planejamento educacional – e reservar a expressão avaliação cumulativa sem outros qualificativos para aquela que cumpre uma função de natureza essencialmente pedagógica ou didática.

Em todos os níveis da educação e em todos os processos formativos, a avaliação da aprendizagem é, pelo menos potencialmente, um instrumento de importância e interesse para a tomada de decisões pedagógicas ou didáticas e, em particular, para regular o ensino e adaptá-lo às características dos alunos. Essa afirmação, válida em caráter geral, adquire uma força ainda maior nos níveis educacionais que conformam os ensinos fundamental e médio. Visto que a principal finalidade nesse caso é promover o desenvolvimento e a socialização dos alunos tão longe e com tanta amplitude e tanta profundidade quanto possível, e à medida também que tal finalidade se projeta sobre todos e cada um deles sem exceções, a avaliação da aprendizagem é, nesses níveis educacionais, um instrumento imprescindível para ajustar a ação educacional e de ensino às necessidades de formação dos alunos. Em suma, nos ensinos fundamental e médio, a atenção à diversidade não é uma escolha, mas uma exigência ineludível decorrente de suas próprias finalidades e, para a implementação de uma ação educacional que respeite o princípio de atenção à diversidade, a avaliação é imprescindível.

Assim, pois, de acordo com os argumentos precedentes, na educação infantil e nos ensinos fundamental e médio, a avaliação deveria ser orientada basicamente – mais ainda, se possível, que em outros níveis educacionais – a proporcionar informações úteis e relevantes para tomar decisões de tipo pedagógico e didático que facilitem a adaptação do ensino à diversidade de capacidades, de interesses e de motivações dos alunos. A ênfase deveria ser dada logicamente à função reguladora da avaliação. E não apenas no caso da avaliação formativa, mas também da inicial e da cumulativa. Mais especificamente, no que diz respeito a esta última, seria preciso reforçar sua função pedagógica, em particular ao final das etapas em que se organizam esses níveis educacionais, e vincular as decisões sobre promoção ou não-promoção dos alunos a uma valorização da alternativa mais adequada para satisfazer suas necessidades de formação. Finalmente, a avaliação cumulativa atestadora deveria ser posterior à conclusão do ensino médio, rechaçando a utilização, no transcurso dele, dos resultados desse tipo de avaliação para tomar decisões concretas de certificação e garantia dos alunos.

Embora seja verdade que, em linhas gerais, essas são as formulações refletidas pelas normas vigentes sobre a avaliação da aprendizagem nos ensinos fundamental e médio,[1] a realidade das práticas avaliadoras nas escolas e nas salas de aula é infinitamente mais complexa e matizada como conseqüência, em boa medida, da dupla função pedagógica e social que acaba a avaliação cumulativa desempenhando inevitavelmente. Para alguns professores, como também para muitas famílias e para amplos setores sociais, a avaliação acaba se identificando pura e simplesmente com a avaliação cumulativa que se realiza ao final de um período formativo determinado – mês, trimestre, ano ou etapa; e, além disso, da avaliação cumulativa acaba se retendo fundamentalmente sua função de garantia. A conseqüência desse duplo processo de redução é que as tensões entre a função pedagógica e a função social da avaliação da aprendizagem – ou, se se preferir, entre o fato de pôr os resultados da avaliação a serviço de processos de tomada de decisões de natureza basicamente pedagógica e didática ou, ao contrário, de natureza basicamente social – inerente ao próprio ato de avaliar e presentes em todos os níveis educacionais, acabam decantando-se com maior freqüência do que seria desejável no pólo social e credenciador, em vez de fazê-lo no pólo pedagógico e didático, o que tem conseqüências particularmente negativas no caso dos ensinos fundamental e médio.

AS CULTURAS PEDAGÓGICAS DA AVALIAÇÃO

A tensões entre os diferentes tipos de decisões associadas aos resultados da avaliação, e em geral o caráter complexo das práticas avaliadoras, têm um claro reflexo na existência, na atividade habitual dos professores, nas formas diferentes de avaliar que respondem a prioridades e a lógicas de fundo também diferentes. Nesse sentido, podemos distinguir, mesmo com o risco de uma simplificação excessiva, pelo menos dois grandes tipos de "culturas da avaliação" fortemente arraigadas entre os professores de todos os níveis educacionais (Coll, Barberà e Onrubia, 2000).

A primeira dessas culturas caracteriza-se pelo predomínio da função social da avaliação sobre sua função pedagógica e, conseqüentemente, pela separação das atividades e das tarefas de avaliação dos processos de ensino e aprendizagem sobre cujos êxitos pretendem informar (Shepard, 2000). Nessa lógica, a avaliação efetua-se em momentos pontuais, normalmente ao final de um processo de ensino e aprendizagem mais ou menos amplo, e trata de medir, em termos quantitativos, as aprendizagens realizadas pelos alunos até esse momento. A ênfase na expressão quantitativa dos êxitos de aprendizagem dos alunos leva, por sua vez, a dar uma atenção especial a aspectos como a objetividade e a neutralidade – em face de outros como a pertinência, a relevância ou a contextualização – no planejamento e no desenvolvimento das atividades e das tarefas de avaliação.

As atividades e as tarefas utilizadas para "medir" a aprendizagem são tributárias da "cultura do teste" (Wolf e outros, 1991; Gipps, 1994) e consistem basicamente em provas escritas – padronizadas ou elaboradas pelos próprios professores –, constituídas de questões de resposta única – com apenas uma resposta correta – que o aluno deve realizar em um tempo determinado, normalmente curto, de maneira individual e isolada, e durante as quais não pode recorrer a nenhum tipo de apoio, seja material – apontamentos, livros ou outros instrumentos – ou pessoal – ajuda de outros colegas, ajuda do professor. A "cultura do teste" tende a dar prioridade a aspectos tais como a velocidade ou a eficiência da execução – em face de outros como a reflexão e a compreensão – na avaliação das respostas dos alunos. Em suma, essa cultura avaliadora reduz a avaliação à avaliação cumulativa, além disso retendo desta basicamente sua função de certificação e de garantia das aprendizagens alcançadas pelos alunos ou seu uso para o controle social da educação e do ensino.

No extremo oposto ao da "cultura do teste", encontramos uma forma radicalmente distinta de entender e de praticar a avaliação, cuja característica principal é a prioridade atribuída à função pedagógica e didática, o que leva logicamente a vincular a avaliação aos processos de ensino e aprendizagem sobre cujos êxitos pretende informar. Tal vinculação se produz em um duplo sentido: por um lado, a avaliação estende-se ao conjunto do processo de ensino e aprendizagem, sendo realizado tanto no início do processo como durante e na sua conclusão; por outro, as atividades e as tarefas de avaliação são planejadas e desenvolvidas de maneira que prolongam e reproduzem as características das atividades e das tarefas de ensino e aprendizagem, em vez de diferenciar-se claramente delas. Além disso, a ênfase na avaliação da aprendizagem dos alunos desloca-se para o "retrato" ou "perfil" de suas competências, isto é, para uma avaliação de caráter qualitativo mais do que quantitativo, multidimensional mais do que unidimensional, e dinâmica mais do que estática, de suas aprendizagens.

As atividades e as tarefas utilizadas para avaliar são sensivelmente distintas nesse caso. Assim, utilizam-se tarefas – por exemplo, realização de projetos, apresentações orais diante de uma platéia, elaboração de textos e de informes escritos, projeto e desenvolvimento de experiências, respostas a problemas complexos, etc. – nas quais os alunos têm de desenvolver processos e construir respostas ou elaborar produtos diversos mediante os quais podem mostrar o domínio de diferentes tipos de conhecimentos e habilidades; avalia-se o "realismo" e a contextualização dessas tarefas – por exemplo, para avaliar a aprendizagem da leitura propõem-se situações nas quais o aluno deve ler textos amplos e significativos com objetivos específicos de leitura; para avaliar a aprendizagem em matemática, propõem-se problemas complexos e contextualizados, que podem ser definidos de forma mais ou menos aberta e admitir várias soluções possíveis; propõem-se atividades e tarefas complexas e dilatadas no tempo, que podem chegar a ser realizadas em várias aulas; fomenta-se e avalia-se a elaboração, a justificação e a argumentação das soluções propostas; permite-se e encoraja-se a resolução em colaboração das tarefas propostas; permite-se o uso de instrumentos e de ajudas habituais nas atividades de ensino e aprendizagem idênticas ou parecidas com aquelas propostas – por exemplo, dicionários, calculadoras, materiais de consulta e documentação, etc. Tudo isso porque, na avaliação das aprendizagens dos alunos, tende-se a dar prioridade a aspectos como a compreensão, a capacidade de emitir juízos refletidos, a discussão e a análise, procurando apreender o processo de aprendizagem em toda a sua globalidade, riqueza e profundidade (Wolf e outros, 1996; Lane e Glaser, 1996).

Essas duas culturas, definidas em função do peso que se atribui nas práticas avaliadoras às diversas funções da avaliação, parecem, além disso, estreitamente associadas a respectivas concepções globais, igualmente contrapostas, dos processos de aprendizagem. Novamente de forma muito esquemática, e com todas as reservas que isso exige, enquanto a primeira reflete tipicamente uma concepção quantitativa e cumulativa da aprendizagem (ver, por exemplo, Del Río, 1990; Basil e Coll, 1990), apoiada na tradição associacionista e nos modelos psicológicos behavioristas ou neobehavioristas, a segunda apóia-se antes, igualmente de forma típica, em uma concepção da aprendizagem como processo que implica mudanças qualitativas na natureza e na organização dos conhecimentos e das capacidades dos alunos, na linha das posições psicológicas de inspiração cognitivista e construtivista (ver, por exemplo, Wolf e outros, 1991; Pozo, 1996; Mauri e Miras, 1996; Shepard, 2000; ver, também, os Capítulos 4 e 6 deste volume).

No primeiro caso, portanto, a aprendizagem é considerada basicamente como o resultado de um processo de reprodução por parte do aluno dos conhecimentos e das habilidades que lhe são apresentados, que ocorre graças ao reforço sistemático e passo a passo de suas respostas no contexto de uma seqüência linear e hierárquica de ensino; daí a possibilidade de falar do "nível de aprendizagem" do aluno nessa seqüência e também a ênfase que se dá à medida dele. Já no segundo caso, a aprendizagem é concebida antes como um processo ativo de elaboração e de compreensão de representações e de significados por parte do aluno, realizado a partir de suas representações e significados prévios e da ajuda de outras pessoas no marco de determinadas situações e atividades marcadas social e culturalmente; daí a busca do retrato ou de perfil de competências do aluno – em contraposição ao interesse de determinar seu "nível de aprendizagem" – e o papel atribuído à avaliação como instrumento para conhecer as representações e os significados elaborados e para orientar, mediante o ajuste progressivo da ajuda pedagógica, a reelaboração e a reconstrução dessas representações e desses significados na direção marcada pelas intenções educacionais.

De modo similar ao que ocorre com respeito à concepção subjacente da aprendizagem, as duas culturas sobre a avaliação que estamos comentando remetem também a concepções opostas sobre as características individuais dos alunos e sobre como a educação pode e deve levá-las em conta, isto é, a concepções opostas sobre a diversidade dos alunos e sobre a atenção educacional à diversidade. Assim, uma avaliação de acordo com a "cultura do teste" remete em última instância a uma concepção da inteligência, da motivação e da capacidade de aprendizagem como traços unitários, prefixados e imutáveis que se distribuem entre a população escolar de acordo com uma curva estatística normal. Nessa perspectiva, aceita-se como natural e inevitável o fato de que uma porcentagem significativa de alunos fracasse nas aprendizagens escolares, atribuindo como conseqüência à educação escolar uma função necessariamente seletiva, visto que a dificuldade crescente dos objetivos e dos conteúdos ao longo da escolaridade acabam evidenciando a maior ou menor dotação intelectual – ou a maior ou menor motivação para a aprendizagem – dos alunos. Portanto, estamos claramente diante de uma concepção estática das diferenças individuais e de uma estratégia seletiva de resposta educacional a essas diferenças, respetivamente (ver o Capítulo 13 deste volume).

Ao contrário, a outra cultura da avaliação tende a conceber a inteligência, a motivação e a capacidade de aprendizagem como características individuais que não estão prefixadas nem são imutáveis, mas que podem ser moduladas, dentro de alguns limites, por meio da experiência e, muito particularmente, das experiências educacionais. Além disso, a inteligência, a motivação e a capacidade de aprendizagem deixam de ser consideradas como algo unitário, admitindo que, na aprendizagem escolar, estão envolvidos diferentes tipos de inteligência, de motivos e de capacidades, destacando que esses diferentes tipos de inteligência, de motivos e de capacidades podem variar, como de fato variam, em maior ou menor grau, quanto à sua valorização e à sua promoção em diferentes contextos escolares (ver o Capítulo 7 deste volume). Portanto, nesse caso, estamos diante de uma concepção essencialmente *interacionista* das diferenças individuais, cujo equivalente do ponto de vista da estratégia de atenção educacional a essas diferenças é o ensino *adaptativo* (ver o Capítulo 13 deste volume).

Assim, são vários os traços que permitem diferenciar essas duas culturas, mas entre eles é particularmente relevante como se entendem as funções da avaliação e, mais especificamente, a prioridade que se dá, em uma e em outra, às práticas avaliadoras como instrumentos de atenção à diversidade dos alunos. No item seguinte, analisa-se, de forma mais detalhada, que características deveriam ter essas práticas dentro de uma concepção "inclusiva" da avaliação que respeite os princípios de um ensino adaptativo.

AVALIAÇÃO DA APRENDIZAGEM E ATENÇÃO À DIVERSIDADE: RUMO A UMA AVALIAÇÃO INCLUSIVA

De acordo com os princípios básicos do ensino adaptativo, o elemento fundamental para proporcionar uma atenção educacional às diferenças individuais é a adequação, contemplada de uma forma habitual e sistemática, das formas e dos métodos de ensino às características e ao processo de aprendizagem dos alunos. Adaptar as formas de ensino supõe, por um lado, diversificá-las, isto é, pôr à disposição dos alunos o conjunto mais amplo possível de formas variadas de ajuda e de apoio; mas supõe também, por outro, flexibilizar essas formas de ajuda e de apoio, isto é, favorecer que os alunos possam receber, em cada momento e em função de suas necessidades, umas e outras. O ensino adaptativo supõe aplicar esse princípio de adaptação, no duplo sentido de diversificação e de flexibilização, tantos aos aspectos curriculares como aos aspectos organizadores envolvidos na ação educacional, e convertê-lo no eixo dessa ação para o conjunto dos alunos.

As práticas avaliadoras configuram-se, no âmbito do ensino adaptativo, como o recurso por excelência para concretizar a atenção educacional à diversidade; determinadas formas de adaptação implicam e promovem decisões de seleção e de segregação em face da diversidade dos alunos, enquanto outras veiculam e apóiam um ensino adaptativo, atuando como práticas "inclusivas" em face da própria diversidade. Uma estratégia de atenção educacional à diversidade baseada no ensino adaptativo exige práticas de avaliação coerentes com tal estratégia; reciprocamente, uma avaliação "inclusiva" é um dos ingredientes e instrumentos prioritários para poder levar à prática um ensino adaptativo. Desse ponto de vista, portanto, o ensino adaptativo é radicalmente incompatível com práticas de avaliação desligadas dos processos de ensino e aprendizagem e dirigidas fundamentalmente à medição e ao controle externo dos "níveis" de rendimento alcançados pontualmente pelos alunos, como também à sua classificação e "rotulação" em função desses "níveis". Em outras palavras, um ensino adaptativo exige uma "cultura inclusiva" sobre a avaliação e, por isso, a implantação dessa cultura é uma condição essencial para concretizar uma estratégia de ensino adaptativo. Por isso, e à medida que pelo menos uma parte das práticas vigentes parecem estar ainda mais próximas da "cultura do teste" que da "cultura inclusiva" da avaliação, o avanço para uma escola com maior capacidade para oferecer formas de ajuda diversas e ajustadas às características individuais e às necessidades educacionais de todos os alunos requer, sem dúvida, uma transformação em profundidade dessas práticas.

De acordo com a análise realizada, a transformação deve ser orientada no sentido de promover práticas avaliadoras que dão prioridade à função pedagógica da avaliação e às decisões de ordem didática associadas a ela. Isso supõe, entre outros aspectos, adotar os seguintes critérios no planejamento e no desenvolvimento das atividades de avaliação e na utilização de seus resultados.[2]

1. Priorizar a função pedagógica da avaliação das aprendizagens

A conseqüência mais imediata desse critério é a exigência de vincular estreitamente a avaliação do rendimento dos alunos à avaliação dos processos de ensino e aprendizagem. Qualquer avaliação sobre o nível de rendimento alcançado pelos alunos em um determinado momento de seu processo de aprendizagem deveria ser entendida simultaneamente, dessa perspectiva, como uma valorização dos processos de ensino e aprendizagem dos quais os alunos participaram ou estão participando e, portanto, deveria também motivar questionamentos e decisões relacionadas com eles.

2. Reforçar o valor regulador, formativo e formador da avaliação nas aprendizagens

A avaliação das aprendizagens dos alunos só poderá contribuir para a melhoria do ensino se agir de maneira efetiva como reguladora dos processos de ensino e aprendizagem. Isso significa reforçar tanto seu papel formativo, de regulação do ensino, como seu papel formador, de regulação da aprendizagem. Esse duplo valor regulador é particularmente relevante para a atenção educacional à diversidade no âmbito de um ensino adaptativo: por um lado, como instrumento para a adaptação constante das formas de ensino às características e às necessidades dos alunos; por outro, como instrumento para facilitar a incorporação cada vez maior do controle e da responsabilidade por parte dos alunos sobre seu próprio processo de aprendizagem.

De fato, e da perspectiva em que nos situamos, a adaptação do ensino exige o ajuste da ajuda educacional que o professor proporciona aos alunos. Tal ajuste geralmente não é fruto de uma atuação isolada do professor, mas resulta de um processo dilatado no tempo, de caráter dinâmico, que implica o uso de forma de ajuda diversas em função da avaliação que o professor faça a cada momento e situação do que o aluno já é capaz de realizar individualmente, do que pode fazer com determinados apoios pessoais ou instrumentais, e da distância entre tudo isso e o que o professor previu como objetivo de sua ação educacional. Em última análise, esse ajuste fundamenta-se, portanto, em uma atuação do professor apoiada em três eixos específicos: o planejamento detalhado e rigoroso do processo a desenvolver – incluindo o que pretende ensinar e a previsão dos recursos e das atividades para fazê-lo –, a observação constante e sustentada do que o aluno vai fazendo e a intervenção diferenciada em função tanto do planejamento prévio como da observação *in locu*, oferecendo os apoios e as ajudas de que o aluno possa necessitar no momento em que deles precisar e mantendo a tarefa que realiza em um nível que implique para ele um desafio abordável – contando com tais apoios e ajudas – com garantias de êxito. A avaliação formativa, como instrumento de regulação e de orientação das decisões de ajuste da ajuda a partir da valoração continuada das atuações do aluno é, conseqüentemente, uma peça central na trama de um ensino adaptativo.

De modo similar, a incorporação progressiva por parte do aluno de um maior controle e de uma maior responsabilidade do seu próprio processo de aprendizagem é também, por diversas razões, um elemento central de um ensino adaptativo. De fato, favorece o surgimento de padrões motivacionais baseados na motivação intrínseca e no sentimento de autonomia na realização da tarefa, facilitando a atribuição de um sentido positivo ao fato de aprender; relaciona-se com a aquisição e o desenvolvimento de estratégias de aprendizagem e capacidades metacognitivas que são fundamentais para superar as dificuldades na aprendizagem, além de facilitar a tarefa de observação e de ajuste individualizado da ajuda educacional por parte do professor. Em suma, à medida que promove a incorporação progressiva por parte dos alunos do controle e da responsabilidade de seu próprio processo de aprendizagem, a avaliação formadora constitui um elemento crucial para a atenção educacional à diversidade, apoiando aspectos, tais como sua capacidade para compreender e representar os objetivos das atividades e das tarefas, para planejar e revisar a realização dessas atividades e tarefas, para detectar e corrigir seus próprios erros, ou para apropriar-se dos critérios de avaliação e de valorização, tanto do processo de realização das atividades e tarefas como de seus resultados ou produtos.

3. Recuperar e reforçar a função pedagógica da avaliação cumulativa das aprendizagens

De acordo com a análise proposta, a redução abusiva da avaliação das aprendizagens dos alunos a uma avaliação cumulativa atestadora é um dos fatores que dão conta do papel seletivo e segregador que acaba desempenhando muitas vezes. Por isso, a recuperação da função pedagógica da avaliação cumulativa pode ser considerada como uma peça básica no plano de uma estratégia global de avaliação inclusiva. Eis algumas propostas suscetíveis de favorecer tal recuperação:

- O uso continuado e sistemático da avaliação cumulativa referente a unidades ou a fragmentos relativamente pequenos do processo de ensino e aprendizagem, utilizando seus resultados para a regulação proativa do ensino nas unidades ou nos blocos posteriores desse processo para facilitar a aquisição e o desenvolvimento, por parte dos alunos, de estratégias de autoregulação e de controle de seu próprio processo de aprendizagem.
- A vinculação sistemática dos resultados obtidos, mediante a avaliação cumulativa, a decisões de modificações e melhoria do ensino; essas decisões podem ter como destinatários os alunos que participaram diretamente na avaliação – por exemplo, introduzindo adaptações específicas nos processos de ensino e aprendizagem nos quais estes mesmos alunos vão participar posteriormente – ou a outros alunos que não participaram nela – por exemplo, introduzindo mudanças ou alterações no projeto e no planejamento de processos de ensino e aprendizagem que serão desenvolvidos no futuro.

- A utilização de situações e de instrumentos de avaliação cumulativa que permitam maior participação e maior envolvimento dos alunos e que lhes proporcionem um contexto adequado para adquirir e aperfeiçoar estratégias de auto-regulação e de controle de seu próprio processo de aprendizagem. O trabalho conjunto do professor e dos alunos sobre os critérios de correção e de avaliação, a elaboração conjunta das situações ou das provas de avaliação, a realização de atividades preparatórias para a avaliação, a incorporação de procedimentos de auto-avaliação, ou a utilização de instrumentos de avaliação cumulativa tipo "pasta" ou "dossiê" são alguns exemplos de estratégias que podem ser empregadas a esse respeito.
- A realização da avaliação cumulativa a partir de um enfoque de critério, e não normativo. Isto é, formular os juízos de valor sobre o nível de aprendizagem alcançado pelos alunos com base na comparação dos indicadores com os critérios de referência – em vez de fazê-lo com base em uma comparação dos níveis de aprendizagem alcançados por todos os membros do grupo, o que leva inevitavelmente a uma avaliação negativa dos alunos que se situam abaixo da média do grupo – e à evolução experimentada em relação a momentos anteriores.
- A busca de novas formas de comunicação aos pais e aos próprios alunos dos resultados da avaliação cumulativa que diminuam o componente atestador desta e ressaltem sua dimensão pedagógica e as decisões associadas a ela. Essa busca requer uma reflexão profunda, por exemplo, sobre os informes periódicos que as escolas dirigem aos pais para refletir sobre os progressos e as dificuldades de seus filhos, sua estrutura e formato, seus conteúdos essenciais e as atuações previstas para intercambiar pontos de vista e propor atuações conjuntas.
- O atraso da utilização estritamente atestadora da avaliação cumulativa até o final do ensino médio. Como argumentamos com certo detalhe no segundo item deste mesmo capítulo, a generalização e a extensão da avaliação cumulativa com finalidade atestadora aos níveis iniciais e intermediários dos ensinos fundamental e médio não parece ter nenhuma utilidade pedagogicamente justificável.

4. A busca de maior coerência e continuidade entre as decisões de ordem pedagógica e de ordem social associadas à avaliação das aprendizagens.

O fato de que a avaliação não possa e nem deva reduzir-se à sua função atestadora não significa que não se deva fazer um esforço para buscar a maior coerência e a maior continuidade possível entre as decisões de promoção, de certificação e de titulação dos alunos e o uso da avaliação como instrumento a serviço da regulação e da adaptação dos processos de ensino e aprendizagem. Em outras palavras, é tão errôneo e inaceitável reduzir as avaliações das aprendizagens dos alunos às decisões de promoção, de certificação ou de titulação, como formular uma avaliação presidida pelos usos pedagógicos e didáticos (Coll e Martín, 1993) no transcurso dos processos de ensino e aprendizagem para mudar radicalmente de lógica e de orientação no momento em que é preciso começar a tomar decisões de promoção, de certificação ou titulação.

Em sentido geral, manter tal coerência e continuidade exige que as decisões de ordem social que se tomem a partir dos resultados da avaliação se apóiem em um processo de coleta de informação e em critérios de avaliação de acordo com os princípios psicopedagógicos que inspiram os usos pedagógicos da avaliação. Assim, por exemplo, à medida que esses princípios ressaltam que a qualidade da aprendizagem remete à amplitude, à riqueza e à complexidade das relações que o aluno é capaz de estabelecer entre os significados que constrói, não tem sentido utilizar para a certificação do nível de aprendizagem situações ou instrumentos de avaliação centrados exclusivamente na quantidade de conhecimentos que o aluno é capaz de reproduzir de modo mecânico. Da mesma maneira, se esses princípios aconselham a utilização de situações diversas e variadas de avaliação para explorar a amplitude, a riqueza, a complexidade e as inter-relações dos significados construídos pelo aluno, de modo nenhum se pode considerar adequado fundamentar as decisões atestadoras nos resultados obtidos mediante o uso de situações únicas e pontuais de avaliação. Ou ainda, para dar um último exemplo, se os princípios psicopedagógicos de referência ressaltam a funcionalidade das aprendizagens realizadas como critério básico para avaliar seu significado, parece pouco adequado vincular as decisões de certificação e de titulação de um aluno ao concluir o ensino médio à exigência de que alcance um determinado nível de rendimento em todas as áreas do currículo; em contrapartida, mais coerente com esse princípio parece ser a alternativa de vincular essas decisões à avaliação de suas possibilidades para cursar com aproveitamento alguma das opções formativas posteriores.

5. A autonomia das escolas e dos professores no panejamento e no desenvolvimento da avaliação das aprendizagens.

Uma avaliação a serviço da tomada de decisões de ordem pedagógica exige a participação e o envolvimento direto e continuado dos professores nos processos de ensino e aprendizagem que são objeto de avaliação, o conhecimento do contexto em que se produzem tais processos e a relação e a interação direta com os alunos do transcurso dos já referidos processos. Desse modo, esse tipo de avaliação dificilmente se compatibiliza com formas de avaliação exclusiva ou essencialmente externa às escolas e com processos de tomada de decisões que deixam os professores à margem. Em face da formulação da avaliação como algo separado do processo de ensino e aprendizagem que, em última análise, subjaz às formas externas de avaliação, da perspectiva que apresentamos até aqui, é o professor, com toda segurança, quem melhor pode interpretar as respostas e atuações dos alunos e que dispõe de mais e de melhores elementos para tomar as decisões adequadas a partir delas.

Na mesma linha de considerações, é óbvio que uma estratégia inclusiva da avaliação das aprendizagens é incompatível com os modelos fechados do currículo escolar nos quais as decisões sobre para que, o que, quando e como avaliar são tomadas à margem do professor e da ação docente. Em suma, uma avaliação a serviço da adaptação do ensino às características e às necessidades educacionais de todos os alunos requer um alto grau de autonomia das escolas e dos professores sobre o planejamento e o desenvolvimento da ação avaliadora e sobre as decisões, tanto pedagógicas e didáticas como de certificação, associadas a seus resultados. A isso é preciso acrescentar que os estudos realizados sobre o tema mostram como o uso de práticas de avaliação mais inclusivas é um dos fatores que contribuem para melhorar bastante o desenvolvimento profissional dos professores (García e Pearson, 1994).

Além de oferecer critérios distintos para o planejamento e o desenvolvimento das práticas de avaliação como conseqüência da prevalência de umas ou outras funções, as duas culturas da avaliação também diferem profundamente entre si, como já mencionamos, em sua maneira de entender os processos de aprendizagem. Em particular, a opção por uma cultura da avaliação alternativa à "cultura do teste" está estreitamente relacionada, nas palavras de Shepard (2000, p. 6), à aceitação crescente das "teorias cognitivas, construtivistas e socioculturais" na explicação dos processos de ensino e aprendizagem. Portanto, convém contemplar a análise precedente com uma indagação específica sobre as implicações dessa mudança de perspectiva para a avaliação da aprendizagem dos alunos.

A CONSTRUÇÃO DO CONHECIMENTO E A AVALIAÇÃO DA APRENDIZAGEM ESCOLAR

A visão construtivista do funcionamento psicológico e, mais especificamente, a concepção construtivista do ensino e da aprendizagem, apresentada com certo detalhe no Capítulo 6 deste volume, oferece uma série de chaves, implicações e orientações práticas para o panejamento, a preparação e a execução das atividades de avaliação. Ou seja, a maneira como, desse marco teórico, são entendidos os processos psicológicos envolvidos na aprendizagem e no ensino sugere determinadas considerações que, se levadas em conta pelos professores, poderiam ajudar a melhorar o significado das aprendizagens dos alunos (Coll e Martín, 1993). Essas idéias podem ser resumidas brevemente como segue:

1. A importância dos fatores cognitivos, afetivos e relacionais na avaliação das aprendizagens.

A aprendizagem é um processo pelo qual os alunos constroem significados sobre determinados conteúdos de ensino e lhes atribuem sentido. Ou, em outras palavras, os alunos constroem as aprendizagens à medida que são capazes de dar sentido aos conteúdos que aprendem. Assim, a dimensão cognitiva da aprendizagem é indissociável dos aspectos afetivos, emocionais e relacionais aos quais refere basicamente a atribuição de sentido (Solé, 1993). Esse fato, sem dúvida, tem repercussões importantes no projeto das atividades de ensino e aprendizagem, mas suas conseqüências não são menores no que se refere ao planejamento dos procedimentos, das atividades e dos instrumentos de avaliação. A capacidade dos alunos de mobilizar as aprendizagens necessárias para realizar as atividades de avaliação dependerá, em grande medida, de suas possibilidades de atribuir-lhes sentido. Os significados que os alunos construíram previamente e o sentido que tiveram para eles as atividades de ensino e aprendizagem, como também as de avaliação que tenham, serão, portanto, elementos determinantes dos resultados da aprendizagem que constatemos mediante a avaliação.

2. A avaliação é um fator essencial na configuração dos perfis motivacionais e dos padrões atributivos dos alunos

O sentido que os alunos atribuem à aprendizagem depende de, entre outros fatores, se abordam as atividades escolares como um desafio estimulante ou como uma demanda inatingível. Tal atitude é influenciada, por sua vez, tanto pelas metas ou pelos objetivos que adotam como pelo tipo de causas a que atribuem seus eventuais êxitos ou fracassos. Se os motivos são excessivamente centrados nos resultados, e as causas a que os alunos atribuem os êxitos e os fracassos são percebidas como externas, não-modificáveis e fora de seu controle, então tendem a adotar um enfoque de aprendizagem pouco favorável à realização de aprendizagens significativas (ver os Capítulos 10, 11 e 12 deste volume). Mas a adoção por parte dos alunos de umas ou outras metas – centradas no resultados *versus* centradas na aprendizagem – e de uns ou outros padrões atributivos – com predomínio das dimensões de interioridade, de mutabilidade e de controlabilidade, ou, ao contrário, de exterioridade, de não-mutabilidade e de não-controlabilidade – depende, em boa medida, de fatores relacionados com o ensino e, particularmente, do tipo de avaliação que se pratique. As situações e as atividades de avaliação mais propícias para promover nos alunos uma disposição favorável à aprendizagem significativa são as que dão ênfase aos processos de realização – e não ao resultados –, permitem que os alunos obtenham uma informação o mais ajustada possível de seus êxitos e dificuldades, adotam um ponto de vista de critério – e não normativo – para formular os juízos de valor e ajudam os alunos a atribuir os resultados que obtêm a causas percebidas como internas, modificáveis e controláveis.

3. A avaliação das aprendizagens realizadas pelos alunos é uma questão de grau.

Uma das características fundamentais do conceito de aprendizagem significativa é justamente que o significado é entendido como uma questão de grau. A aprendizagem de um aluno sobre um determinado conteúdo dificilmente poderá ser qualificada como significativa ou repetitiva em termos absolutos, mas o grau de significado será sempre relativo em comparação com momentos anteriores do processo de aprendizagem do próprio aluno ou em comparação com a aprendizagem realizada por outros alunos. Nesse sentido, é sempre possível, por definição, avançar no nível do significado dos conhecimentos, ampliando-os ou aprofundando-os. Os processos de avaliação devem levar muito em conta esse princípio e propor as atividades e as tarefas de maneira tal que permitam destacar os diferentes níveis de significado que os alunos tenham alcançado no que se refere aos conteúdos, assim como o progresso que um mesmo aluno tenha experimentado em relação a situações anteriores.

4. A inter-relação dos significados limita o alcance das atividades de avaliação.

A complexidade das estruturas em que se organiza o conhecimento impõe também importantes exigências aos procedimentos da avaliação. As redes de conhecimentos constituem sistemas muito complexos com um alto nível de inter-relação entre os elementos que as integram, o que torna muito difícil, para não dizer impossível, qualquer pretensão de explorálas em toda sua extensão e profundidade. Por isso, é preciso, no momento de planejar a avaliação das aprendizagens, prever um amplo leque de atividades e de tarefas que respondam às diversas facetas dos significados que os alunos possam ter construído a propósito dos conteúdos escolares. É preciso levar em conta ainda que, por essa mesma razão, provavelmente os alunos sempre constroem muito mais significados do que somos capazes de detectar com os instrumentos de avaliação habituais, por mais amplos e sofisticados que sejam.

5. A avaliação da aprendizagem: um momento estático do processo de construção do conhecimento.

A construção de conhecimentos é um processo, e como tal dinâmico e perpetuamente inacabado. Os significados construídos a propósito dos conteúdos escolares são submetidos a um contínuo processo de revisão, incorporados a uma memória que se caracteriza por reconstruir permanentemente os seus conteúdos. Os procedimentos de avaliação devem levar em conta esse fato, evitando a formulação de juízos categóricos e definitivos sobre a aprendizagem dos alunos a partir de situações que proporcionam apenas uma foto estática e pontual – e além disso incompleta, como se assinala no ponto anterior – de um processo que é dinâmico por definição. Ignorar tal característica da aprendizagem significativa equivale a cometer o erro de pretender pronunciar-se sobre a totalidade do processo a partir de um único momento dele. A conveniência de reforçar o caráter contínuo da avaliação mediante a implementação de situações e de instrumentos que levem em conta a dimensão temporal do processo de construção de significados é, além disso, uma conseqüência clara desse mesmo fenômeno.

6. A importância dos erros na avaliação.

Entre os dados proporcionados pelas atividades de avaliação, os erros que os alunos cometem são uma fonte de informação particularmente valiosa sobre seus avanços e suas dificuldades, o processo que seguiram e o ponto em que se encontram. Avaliar o grau de significado da aprendizagem supõe, entre outras coisas, analisar cuidadosamente os erros, renunciando a interpretá-los exclusivamente como indicadores de uma ausência de aprendizagem. Os erros como expressão de um mau resultado de aprendizagem são de pouca utilidade para regular e melhorar o ensino; os erros como fonte de informação sobre o processo seguido pelos alunos em seu esforço para construir significados sobre os conteúdos de aprendizagem proporcionam uma excelente plataforma para empreender o ajuste do ensino.

7. A influência da natureza do conteúdo na avaliação.

A distinção entre conhecimento declarativo e procedimental estabelecida pela psicologia cognitiva (ver os Capítulos 4, 8 e 9 deste volume) mostram a existência de diferentes tipos de conhecimentos suscetíveis de tornar-se objeto de aprendizagem na educação escolar. É relativamente freqüente, nesse sentido, apelar à distinção entre conteúdos factuais ou conceituais, procedimentais ou atitudinais na análise dos currículos escolares (ver, por exemplo, Coll, 1987). O fato que nos interessa assinalar aqui é que estas últimas diferenças têm um reflexo claro na maneira como os seres humanos se apropriam de uns ou outros tipos de conhecimentos, em como constroem significados sobre eles e em como podem ajudar outras pessoas a construílos (Gómez, Mauri e Valls, 1997; ver também os Capítulos 18 a 21 deste volume). Porém, se as peculiaridades, as características, a estrutura interna e as exigências dos diferentes tipos de conhecimentos ativam processos cognitivos distintos nas pessoas que procuram aprendê-los e obrigam a pôr em prática ações educacionais e de ensino igualmente diferenciadas para promover e facilitar sua aquisição, parece lógico concluir que tal especificidade deva ser igualmente levada em conta no momento de avaliar a sua aquisição. Em outros termos, da mesma maneira que é necessário prever mecanismos diferenciados de ajuste da ajuda pedagógica em função da natureza e das características dos conteúdos de aprendizagem, é necessário prever atividades e tarefas de avaliação diferenciadas para poder avaliar o grau de significado das aprendizagens alcançadas pelos alunos a propósito de cada um desses tipos de conteúdos.

8. A importância do contexto na construção do conhecimento escolar e na avaliação da aprendizagem.

O processo de aprendizagem dos conteúdos escolares é realizado em contextos específicos que não são meras aderências ao conteúdo, mas fatores essenciais ao processo de construção de significados sobre esses conteúdos. Embora seja correto que a generalização das aprendizagens é um critério de seu significado, é importante não confundir generalização ou transferência com descontextualização. Por conhecimento generalizável deve-se entender aquele que pode ser aplicado a diversos contextos, isto é, conhecimento "transcontextualizado" mais do que "descontextualizado". O significado mais forte não é aquele que não corresponde a nenhum contexto determinado, mas sim o que corresponde ao leque mais amplo possível de contextos particulares. A conseqüência que se tira dessa reflexão para a avaliação se refere à necessidade de utilizar atividades e tarefas que remetam a contextos variados mediante os quais se pode comprovar a generalização das aprendizagens realizadas pelos alunos.

9. A funcionalidade da aprendizagem e a busca de indicadores para a avaliação.

Da perspectiva da concepção construtivista, a funcionalidade das aprendizagens é entendida fundamentalmente como a possibilidade que o aluno tem de utilizar o aprendido para realizar novas tarefas ou realizar novas aprendizagens. Portanto, não é o critério de aplicação dos conteúdos em situações da vida real o mais relevante para avaliar a sua funcionalidade, embora habitualmente seja esse sentido do conceito de funcionalidade o que goza de maior aceitação. A funcionalidade das aprendizagens que os alunos realizam está diretamente relacionada ao seu significado. Quanto mais numerosas e substanciais – isto é, mais significativas – sejam as relações que mantenham entre si os conhecimentos adquiridos, maior será a probabilidade de que o aluno possa utilizá-los efetivamente para construir outros novos. Portanto, a funcionalidade é um critério extremamente relevante para avaliar o significado das aprendizagens. No momento de planejar os processos de avaliação é fundamental, pois, projetar atividades de avaliação que promovam ou exijam a utilização instrumental do conteúdo cuja aprendizagem se deseja avaliar.

10. A incorporação progressiva do controle e da responsabilidade no processo de aprendizagem: uma fonte de indicadores para a avaliação.

Como se evidenciou com clareza no Capítulo 17 deste volume, os processos bem-sucedidos de ensino e aprendizagem são aqueles em cujo desenvolvimento se produz uma cessão progressiva do controle do professor para o aluno, que culmina com a possibilidade de que este regule sua própria aprendizagem. A incorporação progressiva do controle e da responsabilidade na execução das tarefas escolares ou na realização das atividades de ensino que ocorre na sala de aula reflete um domínio igualmente progressivo dos conteúdos que exigem a execução e a realização de tais tarefas e atividades. Desse modo, a comprovação desse processo cessão/incorporação do controle aparece como outro dos critérios de maior relevância para avaliar o processo de aprendizagem e seus resultados. Além disso, deve-se assinalar que os indicadores suscetíveis de informar sobre o cumprimento de tal critério podem ser observados com relativa facilidade – apenas tendo a precaução de lhes dar a atenção devida – no desenvolvimento das atividades de ensino e aprendizagem que ocorrem habitualmente na sala de aula, sem necessidade de realizar atividades específicas.

É importante destacar, como ponto final desta reflexão, a coincidência e a coerência dos critérios e das propostas comentados nos itens anteriores com as tendências atuais no campo da avaliação, e isso não apenas do ponto de vista das concepções teóricas, mas também de sua tradução nas práticas avaliadoras. Como mostraram diferentes autores (ver, por exemplo, Glaser e Silver, 1994; Airasian, 1996; Birenbaum, 1996; Clarke, 1996; Hambleton, 1996), as práticas que se situam dentro da cultura da "avaliação alternativa" caracterizam-se, entre outras coisas: por tentar atingir as capacidades de alto nível cognitivo; por utilizar tarefas o mais autênticas possíveis, a fim de favorecer a funcionalidade, isto é, tarefas situadas em contextos distintos para avaliar a capacidade de transferência e para dar uma resposta adequada à diversidade dos alunos; por realizar tarefas de avaliação em grupo que estimulem o papel da interação; por buscar instrumentos que permitam seguir os processos ao longo do tempo. Os enfoques de "avaliação da atuação" (*performance assessment*), que utilizam instrumentos, como os dossiês, os ensaios, as apresentações orais ou a realização de projetos ou experiências, são um dos exemplos mais representativos dessa nova maneira de organizar as práticas avaliadoras nas quais se reconhecem muitas das orientações comentadas anteriormente.

É claro que as novas práticas não estão isentas de dificuldades. Como resume Hambleton (1996), são três os principais inconvenientes que enfrentam: a formação que exigem dos professores, o tempo que consomem e os problemas de validade e de confiabilidade; contudo, é indubitável que são procedimentos e instrumentos de avaliação que mais parecem respeitar uma visão do docente como profissional reflexivo, um enfoque da avaliação inclusiva e, em última análise, os enfoques construtivistas em educação.

NOTAS

1. Uma análise detalhada dessas normas pode ser encontrada em Coll e Martín, 1996.
2. Ver Coll e Onrubia (1999c) para um tratamento mais amplo das características e dos traços distintivos de uma avaliação inclusiva.

SEXTA PARTE

Os Contextos da Sala de Aula e a Aprendizagem Escolar

23 As instituições escolares como fonte de influência educacional

ELENA MARTÍN E TERESA MAURI

INTRODUÇÃO

Se perguntássemos a alguém se a instituição escolar influi na maneira de aprender dos alunos que nela estudam, a resposta mais provável é a afirmativa. Professores, pais e alunos costumam atribuir uma grande importância às características concretas do professor responsável pela escolarização de seus filhos, mas intuem que há outros fatores que ultrapassam o que ocorre estritamente na sala de aula e repercutem de forma relevante na educação dos estudantes. O interesse progressivamente maior que as famílias dedicam à escolha de uma escola é um reflexo dessa consciência. Contudo, a solidez de tal convicção não responde ao conhecimento dos processos e dos mecanismos mediante os quais se produz a influência. Diante das perguntas: como a escola exerce a função educacional e quais são os fatores institucionais que explicam que, ao final, se produzem umas e outras aprendizagens?, as respostas evidenciam uma compreensão vaga e parcial que se situa mais no campo da intuição que no do conhecimento refletido.

As disciplinas educacionais vêm-se formulando essas perguntas há muito tempo e geraram um enorme volume de pesquisas que permitiram a construção de um marco teórico para o estudo das instituições escolares. A maior parte desses trabalhos foi realizada, como se verá no item seguinte, partindo de enfoques sociológicos ou organizacionais. Quando se introduziu a perspectiva psicológica, foi basicamente na análise dos processos institucionais (dinâmica de relação, expectativas, atribuições...), cujo objeto de estudo é a compreensão da própria instituição. O objetivo deste capítulo é outro. Não se trata de analisar a qualidade da escola em si mesma, mas de identificar que aspectos de sua estrutura, de sua organização e de seu funcionamento explicam os processos de aprendizagem dos alunos, como determinadas atuações da escola podem influir no que aprendem e como aprendem; quais são, em última análise, os mecanismos que explicam o que já se sabe: que a escola é uma fonte de influência educacional.

Esse enfoque é imprescindível para uma melhor compreensão dos processos de ensino e aprendizagem. Nas páginas que seguem, depois de uma breve revisão das diferentes perspectivas das quais se abordou o tema, apresentam-se os níveis de configuração da prática educacional, analisando-se como opera a influência educacional no plano institucional, fazendo a diferenciação entre a influência educacional institucional indireta ou mediada – a que age configurando e amoldando a prática da sala de aula – e a influência educacional institucional direta sobre os alunos.

ENFOQUES NO ESTUDO DAS INSTITUIÇÕES ESCOLARES

Neste item, faz-se uma breve revisão de algumas contribuições teóricas que tomam a escola como objeto de estudo, de reflexão e de análise, especialmente daquelas que podem ser relevantes, pelo menos em princípio, para explicar os mecanismos de influência educativa que operam no plano institucional. Embora nem todas sejam igualmente significativas para o tema de que tratamos, vamos nos deter brevemente nas que têm sua origem nos seguintes contextos teóricos: a teoria geral de sistemas, o enfoque sociocultural do desenvolvimento e da aprendizagem, as teorias da organização das escolas, os estudos sobre o processo de melhoria da escola, os estudos que consideram a escola como uma unidade cultural e de educação em valores e a teoria da ação comunicativa.

Adotar a *teoria geral de sistemas* para o estudo da escola supõe entendê-la como uma unidade de ação que supera a soma das partes e que se enquadra em um contexto espacial e temporal concreto. Entre suas características mais significativas está a de ser presidida por uma intencionalidade educacional. Assim, há uma série de objetivos que presidem e guiam o projeto e o planejamento de sua atividade, orientando as ações de todos os envolvidos. O funcionamento do sistema e a consecução dos objetivos só podem ser entendidos a partir da análise das inter-relações existentes entre todos os elementos que o compõem. Além disso, é possível diferenciar dois momentos no estágio de funcionamento do sistema, o inicial e o final, cuja característica diferencial se estabelece com relação ao nível de êxito dos objetivos previamente estabelecidos. A necessidade de controle e de regulação de sua dinâmica de funcionamento é outra das características inerentes a todo sistema. Assinalemos, além disso, que um sistema como o escolar não pode ser analisado sem levar-se em conta as relações que mantém com os outros, com o familiar ou o social, em diferentes níveis. A importância dessa afirmação reside em que a potencialidade educacional de um sistema é medida pela qualidade das relações que mantém com outros sistemas e a natureza dos apoios que deles recebe (Bronfenbrenner, 1987).

O *enfoque sociocultural da atividade humana* reconhece a relação essencial entre esta e os cenários culturais, históricos e institucionais em que se inscreve. Nesse contexto, as ações e as interações humanas, incluídas as que ocorrem nas escolas, consideram-se mediadas pelos instrumentos culturais (Vygotsky, 1979) e, por isso, sua compreensão exige a análise dos mecanismos semióticos que medeiam na ação. Tais mecanismos aparecem ligados aos processos comunicativos que se produzem em cenários particulares e se caracterizam pela dialogicidade das vozes (Bajtín, 1981), o que implica reconhecer que existem numerosas formas de representar a realidade ao encarar um problema e que qualquer enunciado que se produz contempla, de um modo ou de outro, os que se produziram antes. Contudo, em um contexto determinado, nem sempre todas as formas de reconhecer e representar a realidade são invocadas ou ocupam uma mesma situação de privilégio (Wertsch, 1993).

As *teorias da organização e da gestão das escolas* mostram um elevado grau de consenso ao reconhecerem a necessidade de que toda instituição elabore planos e projetos. Segundo os especialistas, isso favorece o desenvolvimento de atuações mais econômicas e racionais, permite a identificação dos princípios que a regem, possibilita a coerência das ações da instituição e facilita a sua legitimação (Antúnez, 1994; Gairín, 1996). Na psicologia das organizações, identificaram-se os elementos básicos da estrutura das instituições escolares e constatou-se que eles constituem tipos de configurações diferentes dependendo dos contextos concretos e de sua história. Longe de avaliar positiva ou negativamente um e outro modelo organizacional, o que se leva em conta é o seu grau de adequação ao desempenho das tarefas que a instituição cumpre.

Os *estudos sobre o processo de melhoria da escola* afirmam que qualquer mudança empreendida deve ter a finalidade de aperfeiçoar a prática diária dos professores para que melhorem as aprendizagens dos alunos (Marchesi e Martín, 1998; Bolivar, 1999). São dois os paradigmas fundamentais que confluem na proposta de incrementar o conhecimento sobre o funcionamento das boas escolas e suas atuações para melhorar a qualidade delas: os estudos sobre as *escolas eficazes* e o *movimento de melhoria das escolas*. Enquanto as teses sobre escolas eficazes propõem identificar os fatores de escola que têm um efeito diferencial sobre os resultados de aprendizagem dos alunos, os estudos sobre a melhoria da escola (Van Velzen e outros, 1985) vêem a escola como unidade de mudança e buscam capacitá-la para gerir sua atividade de forma autônoma, incidindo de forma positiva na melhora da prática educacional na sala de aula. Não existe atualmente um consenso sobre o que constitui uma escola eficaz, já que essa avaliação depende de princípios ideológicos e políticos. É particularmente interessante, contudo, a proposta de entender como escola eficaz aquela que, em comparação com outras que acolhem alunos procedentes de meios similares, proporciona um "valor acrescido" (Mortimore, 1991) aos resultados da aprendizagem dos alunos, ou seja, permite-lhes avançar em maior medida, como conseqüência justamente da prática educacional da escola. Embora os resultados do movimento de melhoria da escola não tenham conseguido até o momento o seu principal objetivo – a melhoria da prática educacional da sala de aula –, aumentaram as expectativas de uma compreensão melhor e mais global da influência educacional da escola nas aprendizagens dos alunos (Reynolds e outros, 1997).

De acordo com os *estudos da escola como uma unidade cultural*, toda instituição acumula ao longo de sua história uma série de saberes, formas de fazer e de atuar, modos de resolver os problemas, as crenças, os princípios e os valores que orientam sua ação como resultado das respostas dadas aos problemas que lhes foram sendo impostos (Cole e Wakai, 1984). A incorporação de professores e de alunos às práticas educacionais, organizacionais, de gestão ou lúdicas habituais supõe a familiarização com a cultura escolar, estabelecida de forma implícita ou explícita, e o envolvimento ativo em sua manutenção e em seu desenvolvimento. Os estudos que abordam as escolas como unidades de cultura o fazem de uma dupla perspectiva; por um lado, para mostrar aquilo que compartilham com outros contextos escolares e, por outro, para conhecer sua identidade cultural específica (Hopkins, Ainscow e West, 1994; Hargreaves, 1995). Apoiando-se nessa perspectiva, há também análises das escolas como unidades de educação em valores que contemplam as diferentes práticas em que os alunos se envolvem na escola como oportunidade de educação moral (Puig, 1995).

Finalmente, a *teoria da ação comunicativa* salienta que todo processo de construção do conhecimento tem um caráter intencional e se propõe influir para que os dados se produzam de uma determinada maneira. Dessa perspectiva, não se pode separar o conhecimento dos valores daqueles que os constroem. Assim, a maturidade pessoal na construção do conhecimento é alcançada não apenas pela capacidade de raciocínio, mas também em ser crítico em relação aos valores que os sustentam, revisando-os e orientando a ação para o cumprimento dos que são declarados de forma explícita. A tomada de consciência dos próprios valores requer a interação comunicativa com outros, envolvendo-se em situações de diálogo, de confrontação, de reflexão e de autocrítica (Habermas, 1988).

Em síntese, uma escola pode ser considerada como um sistema – com relação a outros sistemas – que desenvolve uma atividade institucional social e culturalmente mediada, incluindo diferentes vozes (das famílias, dos alunos, dos professores) que podem ou não ser interpeladas dialogicamente. Na obtenção dos objetivos educacionais, a organização e o planejamento são elementos importantes que favorecem a regulação e o controle consciente da atividade da escola. Mas a organização não é suficiente para explicar a qualidade do funcionamento de uma escola; é preciso levar em conta também a cultura que o caracteriza. A melhor compreensão de todos os fatores que explicam a influência educacional da instituição deve ter como objetivo principal a sua melhoria. As escolas precisam ser capazes de uma atuação autônoma para incrementar a qualidade das aprendizagens. A atividade intencional das escolas para promover mudanças deve basear-se na tomada de consciência crítica de seus valores e de suas atuações, ajustando-os aos objetivos propostos. Contudo, o fundamental, em qualquer caso, é a capacidade de ajuste da influência educacional ao desempenho da tarefa socialmente encomendada, isto é, a realização pelos alunos das aprendizagens necessárias para viver em sociedade. Vale recordar mais uma vez que, embora os enfoques assinalados não expliquem como se produz a influência educacional da escola, contribuem, em compensação, para descrever algumas de suas características relevantes e proporcionam pontos de partida básicos para abordar essa tarefa.

OS NÍVEIS DE CONFIGURAÇÃO E DE ANÁLISE DA PRÁTICA EDUCACIONAL

Como assinala Coll (1994), a análise da prática educacional constitui uma via privilegiada para continuar avançando no sentido de uma melhor conceituação dos processos educacionais formais. Junto com a compreensão dos processos psicológicos que explicam a aprendizagem, é imprescindível contar com modelos teóricos do ensino, isto é, com uma teoria da prática educacional. Além disso, a análise requer uma aproximação multidisciplinar que integre, para além de uma mera justaposição, enfoques das diferentes disciplinas suscetíveis de contribuir para uma teoria da educação.

A prática educacional acaba tomando a forma da atuação do professor na sala de aula, em um processo dinâmico no qual intervêm também as características dos alunos e do conteúdo de aprendizagem. Mas a forma final da atuação do professor vai-se configurando em níveis anteriores. Não é possível entender as razões do comportamento do professor, ou do pensamento que o orienta, sem analisar outros fatores e decisões que se situam em contextos mais amplos, entre os quais se encontra a escola.

Coll (1994) postula que se deve considerar pelo menos quatro níveis envolvidos na configuração da prática educacional: a organização social, política, econômica e cultural, a escola e a sala de aula. No primeiro nível, é evidente que os modelos de produção, o regime político, a estrutura de classes socioculturais, o papel do conhecimento e dos valores dominantes – para citar apenas alguns de seus elementos mais relevantes – terão claras implicações na função social que se atribua à escola e no modelo concreto de escolarização que resulte dessa opção (Gimeno, 1998; Pérez, 1998). No segundo nível, correspondente ao sistema educacional, as decisões que sejam tomadas com relação à sua estrutura, o papel do Estado em sua gestão, os anos de escolarização obrigatória, ou os saberes que se decida incluir no currículo são alguns dos fatores que condicionarão o que ocorrerá nas escolas e, com isso, nas aprendizagens (Marchesi e Martín, 1998). No terceiro nível, o do sistema escola, a estrutura, a organização e o funcionamento dos quais se dote a comunidade escolar, e em particular a equipe docente, constituirão fatores de influência sobre a dinâmica que cada professor estabelece com seu grupo de alunos. Uma vez identificados esses níveis, Coll ressalta a necessidade de estabelecer uma unidade de análise que permita estudar os mecanismos de influência educacional que operam em cada um deles. O ponto de partida é obviamente a definição do que se deve entender por influência educacional:

> Admitindo-se que a aprendizagem escolar consiste [...] em um processo de construção de significados e de atribuição de sentido cuja responsabilidade principal corresponde ao aluno, e admitindo-se, como se faz habitualmente de uma perspectiva teórica [a concepção construtivista do ensino e da aprendizagem], que ninguém pode substituir o aluno nessa tarefa, então a *influência educacional* deve ser entendida como a ajuda prestada à atividade construtiva do aluno, e a influência educacional eficaz, como um *ajuste constante e sustentado* de ajuda às vicissitudes do processo de construção que o aluno realiza (Coll, op. cit., p. 13. O grifo é nosso).

O ajuste da ajuda do docente às características peculiares do aluno em seu processo de aprendizagem de um conteúdo específico é, em última análise, a chave da qualidade do ensino. Este triângulo interativo – professor, aluno, conteúdo de aprendizagem – é postulado na concepção construtivista como a unidade básica de análise do processo de ensino e aprendizagem na sala de aula (Coll, 1999b; ver, também, o Capítulo 6 deste volume). Será que o triângulo serve também para explorar a influência educacional que opera em outros níveis ou sistemas que contribuem para configurar a prática docente? Será que também nesse caso o ajuste entre os vértices do triângulo correspondente é o fator que explica a maior ou a menor eficácia da influência exercida? Do nosso ponto de vista, a resposta a ambas as perguntas deve ser afirmativa, e a proposta de Coll (1994) proporciona um marco interessante para abordar com profundidade a análise da instituição escolar como fonte de influência educacional.

Na Figura 23.1 apresenta-se a forma adotada pelo triângulo interativo em cada um dos níveis. Os saberes construídos ao longo da história como peça-chave da bagagem de cada cultura, as instituições responsáveis por continuar gerando tal conhecimento e assegurar que chegue a todos os membros da sociedade e os cidadãos como construtores e usuários desse conhecimento e da cultura que o gerou constituem os

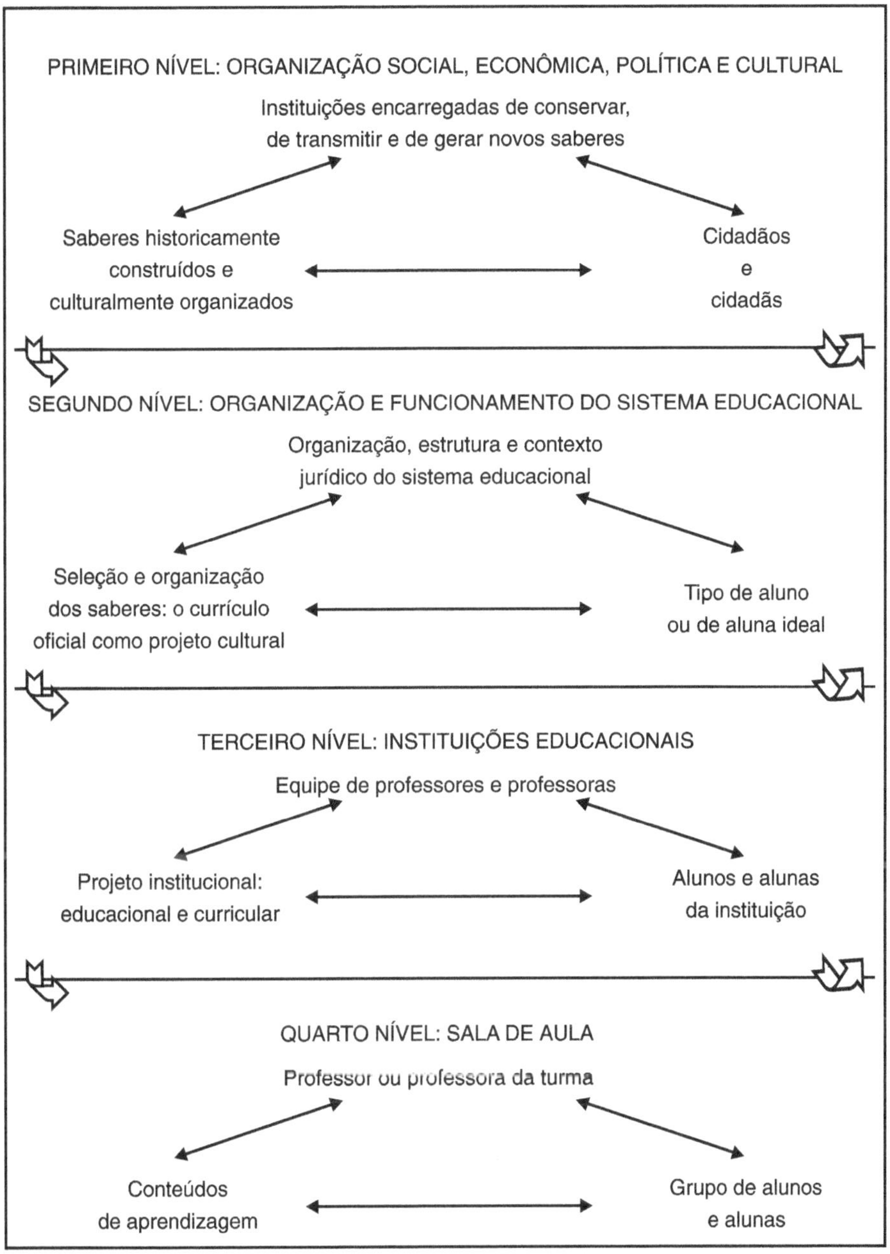

FIGURA 23.1 Níveis de configuração da prática educacional
Fonte: Baseada em Coll, 1994.

três vértices do triângulo no caso do sistema social. No segundo nível, faz-se uma seleção dos saberes mais relevantes para incluir no currículo comum; o vértice das instituições concretiza-se na organização, na estrutura e no funcionamento do sistema educacional. Dos cidadãos, extrai-se um subconjunto formado pelos alunos, ou melhor, uma representação do aluno e da aluna "ideal". À medida que a interação entre os três vértices desses triângulos for ajustada, sua influência será eficaz. Se as instituições conseguem que os cidadãos se apropriem dos saberes com a finalidade de transformar-se em membros ativos de sua cultura, entre outras mediações, pelo sistema educacional, podem-se identificar com acerto as necessidades que a sociedade terá no futuro e selecionar as aprendizagens que permitam aos alunos desenvolver as capacidades requeridas para dar satisfação a tais necessidades. Ao fazerem isso, estarão exercendo em si mesmas uma benéfica influência educacional, influência que se concretiza em parte no funcionamento das escolas.

No nível correspondente à escola, o triângulo é formado pelo projeto da escola, pelos professores da escola e pelos alunos e alunas concretos que a freqüentam.[1] A interação entre esses três elementos dará como resultado uma estrutura, uma organização e um funcionamento que determinarão, em grande medida, a forma como se realizam os processos de ensino e aprendizagem na sala de aula. Mais uma vez, a equipe de professores e professoras é o vértice estruturante dessa interação, já que deve ser capaz de realizar o ajuste entre o projeto social de que o sistema educacional a encarregou e as necessidades próprias dos alunos. A qualidade da educação oferecida pela escola, entendida nos termos de Wilson (1992) como a capacidade de oferecer a cada aluno um currículo ajustado às suas características, dependerá, pois, de que nessa interação se elabore um projeto – educacional e curricular – que responda ao projeto social, mas que leve em conta tanto a diversidade dos alunos como o saber fazer, os conhecimentos, as crenças e as expectativas dos professores. A capacidade de influência educacional da instituição escolar dependerá, então, do grau em que se consiga esse ajuste.

A organização de que a escola venha a se dotar, a cultura que molde o seu funcionamento e as decisões que se tomem nela acabarão de fato tendo uma influência educacional sobre os alunos por meio de uma dupla via. Em primeiro lugar, uma influência *indireta ou mediada*, à medida que tais fatores contribuírem para conformar, em um ou em outro sentido, a prática de cada docente com seu grupo ou seus grupos de alunos. E, em segundo lugar, uma influência *direta*, à medida que os alunos participam de atividades realizadas na escola – mesmo que fora das salas de aula e às vezes na ausência de qualquer professor –, e também à medida que fazem parte de uma instituição com um determinado clima social, em que regem valores e lhes são transmitidos modelos de atuação. A seguir, vamos tratar sucessivamente dessas duas vias de exercício da influência educacional que têm sua origem na instituição escolar.

DECISÕES DE ESCOLA E CONSTRUÇÃO DO CONHECIMENTO NA SALA DE AULA: A INFLUÊNCIA EDUCACIONAL INDIRETA

A articulação das atuações da equipe de professores e dos alunos da escola em torno de um projeto educacional específico estabelece o contexto no qual adquirem sentido as atuações respectivas de professores e alunos na sala de aula. A forma que acabam adquirindo as inter-relações entre os três vértices do triângulo interativo no nível institucional explica, em grande medida, a dinâmica da sala de aula e a qualidade das aprendizagens dos alunos. O conceito de interatividade, cunhado originalmente para analisar os mecanismos de influência educacional que operam no âmbito da sala de aula (Coll, 1981; Coll e outros, 1995; Capítulo 17 deste volume), também pode ser útil para dar conta da relação que se estabelece entre a equipe de professores e os alunos em torno do projeto da escola.[2]

A interatividade institucional constrói-se como resultado das atuações da equipe de professores e dos alunos da escola ao longo do processo de escolarização do aluno na instituição e vincula-se à construção de determinadas estruturas de participação. A qualidade dessas estruturas dependerá da contingência que se produza entre as atuações dos professores e as necessidades dos alunos para alcançar as metas educacionais. Dessa perspectiva, as formas de interatividade de professores e alunos no âmbito da escola constituem um processo dinâmico que varia ao longo do ano escolar e da escolarização de todo um grupo de alunos e alunas. Portanto, a dimensão temporal é um dos aspectos fundamentais; ir, progressivamente, ganhando coerência na prática docente da escola e facilitar, com isso, o trânsito dos alunos ao longo das diferentes etapas são dois aspectos centrais da influência educacional da instituição.

Embora no início da experiência escolar professores e alunos tenham uma procedência independente e não-relacionada, uns e outros vinculam-se ao estruturar sua atividade conjunta em torno do projeto educacional e curricular durante sua permanência na escola. A influência da escola vai-se construindo durante o processo de maturação desta como instituição. Assim, os professores que fazem parte da equipe docente podem ter diferentes idades, sexo, procedência, formação, experiência docente e concepções educacionais. Por sua vez, os alunos que chegam à escola podem ter procedência social e cultural diversa e diferentes nível de conhecimentos, estilos e ritmos de aprendizagem, experiência escolar e expectativas de educação. Nessas condições, é a interação de ambos, professores e alunos, em torno da elaboração e do desenvolvimento do projeto da escola, o que permite ir ajustando a ajuda educacional.

O projeto da escola deve ser fortemente mediado pelas representações que os professores têm de seus alunos, de suas necessidades educacionais, como também de suas competências para realizar a tarefa. No processo de dar forma ao projeto, os professores podem sentir-se capazes, em maior ou em menor medida, de atuar sobre os condicionantes externos que apresentam o contexto social e o sistema educacional em que se insere o projeto. Tudo isso configura as suas expectativas, mais ou menos ajustadas, sobre a possibilidade real de que os elementos anteriormente relacionados se encaixem para que seja possível um exercício eficaz da influência educacional.

A chave para que a influência seja realmente eficaz reside em boa medida em conseguir que tais representações e expectativas sejam compartilhadas pelos professores da escola e que realmente orientem sua prática. Cada professor na sala de aula poderá melhorar a qualidade de seu ensino à medida que o projeto da escola que enquadra suas intenções educacionais seja coerente, ajustado e viável. *Coerente*, ou seja, organizado em torno de decisões que respondam a uma visão compartilhada do ensino e da aprendizagem, decisões que, para além de sua forma e de seu conteúdo – que podem variar de um professor para outro, de um nível educacional para outro –, sejam tributárias de princípios educacionais comuns. *Ajustado*, isto é, que adapta o projeto social e educacional refletido no currículo oficial às características e às necessidades peculiares dos alunos. E *viável*, isto é, que existem as condições para que os professores possam efetivamente colocá-lo em prática com seus alunos nas salas de aula.

A fim de analisar o grau de coerência, de ajuste e de viabilidade do projeto da escola, pode ser útil distinguir dois componentes básicos. Por um lado, os fatores responsáveis por essas qualidades, isto é, as decisões incluídas no projeto. Por outro, os processos mediante os quais são tomadas as decisões e sua implementação na prática. A seguir, vamos tratar de alguns fatores e de processos particularmente importantes para compreender as vias de influência educacional indireta da escola sobre as aprendizagens dos alunos (ver Quadro 23.1). Embora sejam abordados separadamente, é preciso assinalar que os dois tipos de componentes, de fatores e de processos estão indissoluvelmente relacionados. Ambos se referem às decisões refletidas no projeto da escola, mas enquanto os primeiros as contemplam com produtos, nos segundos, a ênfase recai no caminho seguido para adotá-las.

Algumas fontes institucionais de influência educacional indireta

Sem negar a importância de todas as decisões que constituem o projeto da escola, algumas delas acabam tendo uma incidência especial na forma como adotam os processos de ensino e aprendizagem nas salas de aula, isto é, atuam no plano institucional como poderosas fontes de influência educacional indireta sobre os alunos. Eis aqui as que, em nossa opinião, podem operar com mais clareza nesse sentido.

- As relativas aos *critérios de agrupamento dos alunos*: por idade, por etapas, em grupos homogêneos estáveis e fixos de rendimento ou de capacidade, em grupos homogêneos flexíveis, em grupos heterogêneos, etc.
- As relativas à *organização do tempo*: a organização do calendário e a jornada escolar; a articulação de atividades escolares, extra-escolares e de trabalho em casa; a distribuição das matérias ao longo do horário escolar aten-

QUADRO 23.1 Influência da escola sobre a aprendizagem dos alunos

<table>
<tr>
<td>Influência indireta ou mediada
Favorecendo as melhores condições na escola para que os professores respondam de maneira adequada às necessidades educacionais de seus alunos.</td>
<td colspan="2">Influência direta
Favorecendo a participação direta dos alunos em situações de aprendizagem complementares às da sala de aula.</td>
</tr>
<tr>
<td rowspan="2">Objetivo básico
Contar com um projeto de escola coerente, ajustado e viável

Fatores: decisões do projeto
– Agrupamento dos alunos.
– Organização do tempo.
– Organização dos espaços.
– Grau de interdisciplinaridade das matérias curriculares.
– Medidas de trânsito entre séries e etapas.

Processos: organização e estilo da tomada de decisões do projeto
– Estruturas de participação.
– Coordenação vertical e horizontal da escola.
– Grau de participação de toda a comunidades escolar.
– Estilo de liderança.
– Autonomia da escola e de cada professor ao longo do tempo para ajustá-las.
– Variação das formas de interatividade.
– Avaliação da escola.</td>
<td>Normas e modelos de comportamento</td>
<td>Atividades não-letivas</td>
</tr>
<tr>
<td>I. Na fase de planejamento da prática
– Intencionalidade: incluí-lo no currículo explícito.
– Participação.
– Caráter preventivo, e não meramente sancionador do RRI (Regulamento do Regimento Interno).

II. Na fase de pôr em prática
– Coerência entre o que se diz e o que se faz e coerência entre o conjunto dos professores.
– Uso da razão dialógica na educação moral.</td>
<td>– Riqueza e variedade da oferta de atividades.
– Complementaridade dessas atividades com as letivas.
– Competência educativa dos responsáveis pelas atividades.
– Complementaridade com o ambiente.</td>
</tr>
</table>

dendo aos ritmos dos alunos; a duração dos períodos letivos; etc.

- As relativas à *estrutura e à organização dos espaços escolares*: organização das salas de aula em função do grupo de alunos e das matérias; espaços de uso específico para realizar determinados tipos de atividades; espaços de uso plural; espaços para a confluência de unidades docentes superiores às do grupo-classe; etc.
- As relativas ao maior ou ao menor *grau de interdisciplinaridade com o qual se organizam as matérias curriculares*: realização de algumas atividades de ensino e aprendizagem transversais a diferentes matérias; trabalho integrado de duas ou mais matérias curriculares por parte dos professores correspondentes; etc.
- As relativas ao *trânsito dos alunos entre séries, ciclos e etapas*: continuidade e coerência na seriação de objetivos e de conteúdos, nos procedimentos e nos critérios de avaliação, nas relações tutoriais, etc.

Os processos de tomada de decisões: a organização e o funcionamento da escola e a construção de significados compartilhados

As decisões tomadas nesses itens do projeto da escola influirão na prática de cada professor na sala de aula, tornarão mais fácil ou mais difícil o ajuste entre o professor e o grupo de alunos e alunas em torno dos conteúdos de aprendizagem. Mas a coerência, o ajuste e a viabilidade do projeto não dependerão apenas do que se decide ao final, mas também da forma como se procede para adotar as decisões. Especificamente, terão a ver, por um lado, com dinâmicas de trabalho que permitam construir significados compartilhados entre os professores, de maneira que a prática docente da escola responda a princípios educacionais comuns; e, por outro, com o ajuste entre os três vértices do triângulo: equipe de professores, alunos e projeto da escola.

A organização e o funcionamento da escola são a peça-chave mediante a qual a instituição exerce a influência educacional indireta – e também direta – sobre os alunos. Da *existência de instâncias de coordenação e participação* depende o maior ou o menor grau de coerência e de ajuste do projeto da escola. Podem distinguir-se dois níveis nessas instâncias. O primeiro seria aquele no qual participam todos os professores para elaborar e gerir o projeto da escola.[3] O segundo tipo de instância é criado pela participação de professores e alunos em torno do desenvolvimento de uma parte específica desse projeto, em um momento de seu desenvolvimento no tempo. As instâncias de participação e de coordenação serão mais eficazes, isto é, permitirão exercer uma influência mais adequada à medida que asseguram uma *coordenação vertical e horizontal*. No ensino fundamental, os núcleos naturais de organização costumam ser as coordenações de ciclos e de etapas. No ensino médio, costumam ser mais comuns as estruturas dos departamentos, mas também é importante assegurar a coordenação horizontal mediante o trabalho dos professores que dão aula a um mesmo grupo de alunos e alunas – coordenações de equipes professores –, as coordenações de ciclos e a comissão pedagógica da escola. Todos os núcleos deveriam relacionar-se vertical e horizontalmente para assegurar uma tomada de decisões institucional com um alto grau de coerência pedagógica.

Como se assinalou, o objetivo dessas estruturas de organização é a construção progressiva de significados compartilhados acerca das intenções educacionais que devem presidir a prática docente conjunta. A dinâmica das estruturas deve assegurar, para isso, dois tipos de processos: *participação e liderança*. Quanto maior o nível de envolvimento dos professores – e, em determinadas decisões, do conjunto dos membros da comunidade escolar – maiores serão os acordos a que se chegará e estes serão mais ajustados às características e às necessidades dos alunos e dos próprios professores. Mas a participação requer figuras ou estruturas de liderança. As escolas que estão fortemente estruturadas, isto é, que contam com uma equipe diretiva que exerce sua tarefa de dinamização pedagógica e com responsáveis nas diferentes instâncias de coordenação e de participação, que se mencionou anteriormente, têm maiores possibilidades de exercer uma influência educacional positiva sobre a aprendizagem dos alunos mediante a prática docente dos professores.

Portanto, o projeto elaborado deve ser coerente e ajustado, dois requisitos necessários para que a instituição escolar possa exercer uma influência educacional eficaz. Mas é preciso também que seja viável, isto é, que a escola disponha das condições que possibilitarão que os professores ponham em prática nas salas de aula[4] o que foi decidido. Entre elas, tem uma importância particular a *autonomia*, entendida em um duplo sentido. Primeiro, como referência à capacidade outorgada pela administração à escola. A maior autonomia da instituição, maior capacidade de panejar e pôr em prática um projeto com existência própria e adaptado às necessidades próprias da escola. Mas é igualmente necessário que a escola outorgue autonomia a cada docente para concretizar na prática os acordos estabelecidos, para que os professores possam enfrentar os problemas com que se deparam de modo a responder às características próprias de cada situação na sala de aula, sem perder de vista o conjunto da escola. Isso deve se produzir, porém, dentro dos limites ou dos marcos de significado educacional compartilhado pelos professores, fruto da construção conjunta do projeto educacional da escola. Se a passagem de um professor para outro se efetua tomando como referente o projeto pedagógico, cada aluno e cada geração de alunos se beneficiará de uma prática docente que se desenvolve sem rupturas, mal-entendidos ou confusões desnecessárias com relação ao significado educacional das atuações pessoais de cada um dos professores, em cada nível da estrutura de gestão acadêmica de escola e em cada aula.

A análise até agora realizada dos processos de influência educativa institucional indireta é preciso acrescentar uma dimensão temporal que caracteriza a evolução das relações na instituição. É preciso levar em conta que o exercício de uma influência educacional adequada por parte da instituição supõe um equilíbrio entre a estabilidade do projeto e da equipe docente que o realiza, requisito imprescindível para conferir identidade à linha educacional, e a modificação que devem experimentar tanto as estruturas como as decisões. A mudança é necessária por uma dupla razão. Por um lado, os alunos vão variando e as demandas sociais também e, por isso, é necessário proceder a novos ajustes entre os vértices do triângulo. Por outro, a maturidade de uma instituição está relacionada com sua capacidade de mudança. Como assinalam Hopkins, Ainscow e West (1994), entre as escolas absolutamente estáticas e aquelas cujas mudanças são excessivamente rápidas, e por isso erráticas, encontram-se as instituições que mostram uma atitude tendente à mudança que resulta de propostas de melhoria refletidas.

Em estreita relação com o que se mencionou, encontra-se outro processo que favorece a coerência e o ajuste do projeto e, com isso, a tarefa de cada professor na sala de aula: *a implementação de processos de avaliação* da prática docente do conjunto da escola. Visto que a regulação é um requisito necessário e inerente a todo processo de influência educacional, um sistema dessa natureza não pode ser mantido sem avaliar o seu funcionamento e os resultados do projeto educacional em ação. A avaliação deve centrar-se na coerência do projeto e no grau de autonomia com que cada professor exerce a mediação do projeto ao colocá-lo em prática como resposta educacional para um determinado grupo de alunos.

Em síntese, uma organização estruturada e, ao mesmo tempo, estratégica na escola, capaz de identificar adequadamente todos os aspectos de seu projeto educacional e de seu funcionamento nos quais é necessário tomar decisões, possibilita processos de influência nas salas de aula muito mais relevantes e ajustados, isto é, muito mais eficazes, que uma organização burocrática incapaz de responder aos desafios que impõe a formação de seus alunos e de suas alunas. A construção de significados compartilhados e a cessão de responsabilidade no exercício da tarefa passada a cada núcleo da organização acadêmica, assim como a avaliação da prática docente, são os processos que devem ocorrer nas instâncias de coordenação e participação. A possibilidade de se produzirem tais processos depende do grau de participação e de autonomia para a tomada de decisões. Em conjunto, todos esses fatores e processos favorecem uma cultura de escola que se mostra positiva para a evolução da própria instituição ao promover formas democráticas de relação baseadas no diálogo e no exercício da responsabilidade pessoal e compartilhada. Mas permitem também, e é justamente isso que se quer destacar aqui, que cada professor em sua sala de aula possa pôr em prática processos de interatividade mais ajustados, que originem aprendizagens significativas por seus alunos.

O QUE OS ALUNOS APRENDEM DAS INSTITUIÇÕES: A INFLUÊNCIA EDUCACIONAL DIRETA

A influência indireta ou mediada que as escolas exercem ao condicionar a interação que o professor estabelece com seus alunos na sala de aula completa-se com outra influência direta, na qual a instituição provoca aprendizagens que não dependem da intervenção do ensino dos professores em suas respectivas áreas curriculares de competência, mas que se produzem pelo fato de fazer parte de um grupo social amplo e diversos que realiza muitas outras atividades com clara repercussão educacional. Às vezes, esquece-se que o tempo escolar é muito mais que os cinco, seis ou sete períodos letivos que normalmente um estudante tem por dia, e que os espaços de aprendizagem ultrapassam os limites freqüentemente estreitos da aula. Assim como ocorre em outros contextos educacionais, como as famílias ou os grupos de iguais, o fato de estar imerso em microssistemas que permitem participar diretamente em atividades conjuntas recorrentes nas quais se vai adquirindo uma progressiva autonomia provoca os processos de desenvolvimento, inclusive se nesses âmbitos não se verifica uma intencionalidade explícita de ensino (Solè, 1998).

Na escola, reconhecem-se muitos momentos e situações que respondem a essa estrutura informal ou não-formal da educação, embora o que defina a escolarização seja precisamente seu caráter intencional, sistemático e planejado. Às vezes, a tarefa nitidamente de ensino pode fazer com que passem despercebidas todas aquelas outras aprendizagens mais incidentais que se produzem de fato nas escolas. Essa influência educacional direta assume pelo menos duas formas distintas. Uma relacionada com tudo aquilo que o aluno aprende por meio das mensagens que se transmitem nas normas da escola e nos modelos de comportamento, fundamentalmente dos adultos. Outra, exercida mediante a participação dos alunos em atividades não-letivas, como recreios, passeios ou atividades extra-escolares.

A coerência entre o que se diz e o que se faz: uma fonte de influência educacional

As pesquisas sobre currículo oculto (ver, por exemplo, Torres, 1991) salientaram a relevância da organização social e do clima da escola na aprendizagem dos alunos. Também os estudos acerca do ensino das atitudes e dos valores enfatizam particularmente a grande repercussão desses fatores (ver, por exemplo, Bolivar, 1992, 1995; González Lucini, 1993; Gómez, Mauri e Valls, 1996). Por um lado, os trabalhos sobre conflitos nas escolas, ou mais especificamente acerca dos maus-tratos entre iguais no contexto escolar (Freiberg, 1999; Olweus, 1993; Informe del defensor del Pueblo sobre violencia escolar, 2000), identificam como prioritário o estabelecimento de climas de convivência nas escolas que promovam condutas pró-sociais nos alunos.

A introdução no currículo escolar dos temas transversais – opção adotada atualmente em muitos sistemas educacionais, entre outros, o espanhol – sustenta-se precisamente na convicção de que as normas, as atitudes e os valores não podem ser ensinados exclusivamente mediante a aprendizagem conceitual e uma metodologia declarativa, mas é imprescindível que as ações que acompanham os princípios enunciados sejam coerentes com eles. A educação moral supõe dotar o ambiente no qual o aluno tem de se desenvolver de normas que lhe permitam aumentar suas capacidades de atuação e de juízo moral. De pouco serve, por exemplo, expor a importância da participação como mecanismo para regular as relações sociais se a escola, de fato, toma decisões às quais os alunos são totalmente alheios; ou então, insistir na importância de sentir-se responsável pelo cuidado com o ambiente se no dia-a-dia os alunos constatam despreocupação com sua qualidade na escola por parte das pessoas que o pregam.

Dotar a instituição escolar das condições adequadas de modo que esses fatores contribuam para o desenvolvimento de capacidades sociais mediante a aprendizagem desse tipo de conteúdos supõe que *os professores tenham consciência da influência educacional e decidam utilizar intencionalmente tais recursos* como instrumentos de ensino. Esse processo deveria começar na elaboração do projeto educacional da escola. É nesse documento que se configuram as decisões referentes às metas próprias da instituição e à organização de que deve dotar-se para alcançá-las. O Regulamento de Regimento Interno (RRI), um dos elementos que o projeto educacional deve necessariamente incluir, tem, deste ponto de vista, uma relevância particular, visto que estabelece o contexto da convivência na escola.

Favorecer nesse nível as aprendizagens a que se vem fazendo referência suporia dar atenção a dois fatores. Em primeiro lugar, a *participação* dos diferentes grupos que fazem parte da comunidade escolar em sua definição. A participação é justamente um dos valores que se deseja ensinar aos alunos, mas além disso assinale-se que levar em conta diferentes pontos de vista, aprender a respeitar as opiniões dos demais e exercitar-se na busca de autênticos consensos são habilidades fundamentais no desenvolvimento do aluno. O próprio fato de participar de um processo de planejamento enquadrado nessas pautas de relação é um instrumento de ensino e aprendizagem. Por outro lado, a presença da família na elaboração desses documentos é essencial para tentar assegurar uma atuação conjunta entre os dois contextos de desenvolvimento básicos nos quais o aluno se desenvolve. Não é muito habitual que os estudantes recebam ensinos contraditórios em casa e na escola em relação aos conteúdos das diversas matérias ou disciplinas, mas em compensação é muito mais freqüente não existir muita sintonia entre as mensagens – explícitas ou implícitas – que se transmitem nos dois ambientes sobre as normas e os valores que deveriam reger a conduta humana.

Um segundo fator refere-se ao *caráter preventivo* versus *sancionador* que se deveria adotar para favorecer a convivência. Trata-se de dotar a escola de um clima que contribua para o desenvolvimento das condutas pró-sociais, e não apenas nem prioritariamente de responder diante dos possíveis conflitos. Isso significa tomar medidas que favoreçam as relações entre alunos e entre estes e os professores, estabelecer as normas após um processo de debate comum e ter previstas estruturas que supervisionem o andamento da convivência na escola. Essas estruturas serão naturalmente as responsáveis por resolver os conflitos, mas também terão como incumbência apoiar os alunos cuja integração social seja mais complexa, ou incorporar à dinâmica da escola atividades que permitam o desenvolvimento de relações cada vez mais sólidas e positivas entre todos (festas, participação em projetos comuns, etc.).

As decisões tomadas nessa fase de elaboração do projeto educacional da escola, assumidas como mecanismos institucionais de intervenção, permitem levar ao plano do consciente o que muitas vezes fica fora do currículo escolar explícito. Esses acordos devem presidir as atuações dos professores e, se possível, de todas as pessoas adultas que estão em contato com os alunos. Dois fatores contribuiriam para melhorar sensivelmente os processos de ensino e aprendizagem na fase de implementação. O primeiro refere-se à *coerência* dos comportamentos como modelos de atuação. Coerência entre o que se diz e o que se faz e coerência da prática docente do conjunto dos professores. À medida que se considera que esses outros momentos da vida da escola são ingredientes básicos do ensino, a atuação dos professores neles também deve ser entendida como parte de sua prática docente. Como se assinalou anteriormente, a congruência, e não a homogeneidade dessa "prática comum", é um dos mecanismos fundamentais de influência educacional no plano institucional. O segundo fator diz respeito à reflexão sobre a ação e o *uso da razão dialógica* como requisitos do desenvolvimento do juízo moral (Piaget, 1932; Puig, 1995). Os alunos sem dúvida aprendem atitudes e valores a partir dos modelos que observam, mas, para superar o risco de uma possível incorporação acrítica dessas condutas, é necessário ajudá-los a refletir sobre elas, a desentranhar os valores que traduzem, a debater sua legitimidade. É preciso, em última análise, aproveitar toda essa matéria-prima – que o dia-a-dia da instituição escolar oferece – que contribui para o desenvolvimento do juízo moral dos alunos.

O valor educacional de toda atividade escolar

Por último, a escola exerce uma influência educacional direta sobre os alunos e as alunas mediante a oportunidade que lhes oferece de participar em atividades complementares às letivas. Os momentos de recreio ou de refeitório, as atividades extra-escolares que a escola programa, os passeios, organizados tanto com finalidades acadêmicas como festivas, ou os programas de colaboração com o ambiente social em que se situa são exemplos desse tipo de atividades.

O valor dessas atividades, que podem estar situadas em um contínuo entre educação formal (por exemplo, aulas extra-escolares de inglês) e informal (por exemplo, uma viagem de conclusão dos estudos), reside em serem especialmente adequadas para o desenvolvimento de capacidades que às vezes é mais difícil trabalhar nas salas de aula: motoras, afetivas ou de inserção e atuação social. A menor ou nenhuma pressão acadêmica que se exerce sobre elas, o realismo dos contextos nos quais são realizados – como contraste da simulação da realidade que caracteriza a instrução nas salas de aula –, a funcionalidade dos conhecimentos que se aprendem nelas, em suma, o fato de que se encontram mais próximas dos modos de aprendizagem cotidiana que daqueles da aprendizagem escolar (Rodrigo e Arnay, 1997; Delval, 2000) são algumas das razões que explicaram sua relevância como atividades de aprendizagem.

Os processos de aprendizagem que se produzem nesse caso compartilham muitos elementos com os que ocorrem nas salas de aula e, portanto, podem ser analisados da perspectiva geral que a concepção construtivista oferece para isso. Mas eles também têm alguma peculiaridade que vale a pena destacar. Além daquela já assinalada acerca do tipo de capacidades que são mais favorecidas diferenciam-se fundamentalmente em dois aspectos: sua menor intencionalidade educacional, ou pelo menos o caráter menos explícito desta, e o menor peso do professor em benefício da aprendizagem por meio dos iguais. A segunda dessas características é quase sempre positiva, a primeira pode reduzir a eficácia do processo de aprendizagem.

Quais são os fatores que podem fazer com que uma escola utilize de maneira mais adequada tais espaços e tempos para facilitar a aprendizagem? Em primeiro lugar, *a riqueza e variedade da oferta* de atividades educacionais desse tipo. O simples fato de que o aluno participe em um tipo de atividade diferente da letiva é em si mesmo um fator de desenvolvimento. Em segundo lugar, a complementaridade dessas atividades com as letivas. A questão seria pôr a serviço das metas educacionais da escola as aprendizagens que os alunos estão efetivamente realizando nesse âmbito. Ou seja, trata-se de aproveitar as "vantagens" dessas atividades do ponto de vista da aprendizagem, para que os alunos cheguem ao desenvolvimento das capacidades incluídas nas intenções educacionais do currículo por vias mais transitáveis. Isso significa que, na medida do possível, devem ser planejadas em conjunto com as demais atividades escolares. Não se trata, naturalmente, de introduzir nessas atividades, nas quais a flexibilidade é um dos traços mais positivos, uma rigidez burocrática que as impregnaria de tudo o que há de negativo no caráter "academicista", não-acadêmico, mas sim de potencializar sua influência conectando-as com os mesmos objetivos. Deveriam ser âmbitos complementares nos quais se chegará a desenvolvimentos comuns por caminhos diferentes. Um terceiro fator estaria relacionado com a *competência educacional dos responsáveis das atividades*. Uma vez mais, não se trata de tornar professores aqueles que realizam tais atividades, mas sim de que tenham uma mínima preparação que lhes permita garantir os requisitos de uma ação educacional. A experiência mostra que a mesma atividade liderada por pessoas com preparação diversa conduz a resultados muito distintos. Por último, a conexão com o ambiente também pode ser um fator que acrescente valor a essas situações. As capacidades de atuação e de inserção social – sentir-se membro de um grupo social e responsável pelos seus problemas, saber analisar e compreender tais problemas e dispor de recursos para atuar sobre eles – têm se ser aprendidas em contato real com o ambiente. A escola tem uma tendência endogâmica que muitas vezes dificulta essas aprendizagens, razão pela qual todas as atividades mencionadas aqui podem contribuir para superar tal limitação.

Em síntese, observa-se que alguns fatores e mecanismos identificados na análise da influência indireta ou mediada da instituição escolar também são importantes na análise da influência educacional direta. A intencionalidade, concretizada na existência e na qualidade do projeto da escola, o ajuste às necessidades dos alunos e a coerência na prática docente aparecem também nesse caso como elementos-chave para a qualidade final das aprendizagens.

CONCLUSÃO

A proposta que se apresentou até aqui acerca da instituição como fonte de influência educacional é apenas uma primeira aproximação do problema. Ainda há muito a avançar, tanto na identificação das vias de influência como na explicação profunda dos mecanismos mediante os quais esses fatores incidem na interação professor-grupo de alunos-conteúdo que implicam os processos escolares de ensino e aprendizagem. Contudo, há três aspectos da posição adotada neste capítulo que poderiam ser contribuições úteis para esse tema específico da psicologia da educação. Em primeiro lugar, é interessante comprovar que existe uma grande coincidência entre os fatores e os processos que propusemos e os que apontam outros marcos teóricos, apresentados no segundo item deste capítulo, que abordaram o problema. De resto, dificilmente poderia ser de outro modo. A convergência pode permitir o enfoque interdisciplinar, que é imprescindível para dar conta dos processos de ensino e aprendizagem (Coll, 1996c). Mas tão positivo como a coincidência é o que aparece de novo na análise, que se refere tanto a alguns fatores aos quais não se deu atenção suficiente até o momento como, fundamentalmente, à maneira de entender sua repercussão. Como mostrávamos na introdução, a perspectiva adotada centra-se na análise da repercussão dessas variáveis, não na qualidade da própria instituição, mas na influência sobre os processos de aprendizagem dos alunos e das alunas. A complementaridade dos dois enfoques pode enriquecer a compreensão desse tema.

Além disso, pode-se observar outro valor acrescido à proposta à medida que se utilizou um marco teórico comum para analisar a prática educacional no âmbito da escola e no âmbito da sala de aula. Chegar a contar com modelos que dêem conta da complexidade dos processos educacionais sem por isso parcelar de maneira desconexa os diversos sistemas nos quais se configura a atividade docente é, do nosso ponto de vista, um objetivo muito importante da psicologia da educação. O uso de constructos teóricos comuns, desde que não sejam forçados, pode ajudar na elaboração de explicações que, sendo coerentes, não renunciem à complexidade intrínseca do fenômeno estudado, no nosso caso, os processos escolares de ensino e aprendizagem.

Por último, a análise deve ajudar a orientar a intervenção na melhoria da influência educacional das instituições. Isso significa que não basta identificar os fatores e os mecanismos de influência educacional, mas é preciso assinalar também a direção ou o sentido que esses fatores devem adotar. Como se explica no Capítulo 1 deste volume, a psicologia da educação tem uma dimensão teórica, mas também uma tecnológica e outra prática. A consideração destas duas últimas dimensões obriga a mostrar como a compreensão dos fenômenos educacionais deve orientar a intervenção psicopedagógica. Sem dúvida, esse deve ser um aspecto prioritário nas futuras reflexões e pesquisas que se realizem nesse promissor campo de estudo.

NOTAS

1. Na realidade, o vértice esquerdo do triângulo deveria incluir a comunidade escolar em seu conjunto, e não apenas a equipe de professores. Contudo, é certo que, uma vez aceito o projeto educacional pela comunidade escolar, a implementação das intenções ali estabelecidas realiza-se fundamentalmente mediante a atuação dos professores. Deve-se enfatizar que a influência educacional será tanto mais eficaz quanto maior for a participação das famílias, assegurando, com isso, a máxima congruência no mesossistema família-escola (Lacasa, 1997; Oliva e Palacios, 1998).
2. O uso do termo "interatividade" para analisar as relações entre os três elementos do triângulo interativo no nível institucional remete obviamente a um uso frágil do conceito original.
3. Neste primeiro nível participam não apenas os professores. Famílias e alunos tomam parte das decisões do projeto educacional, mas não nas do projeto curricular. Contudo, o peso que, por sua formação específica, os professores acabam tendo quase sempre na fase de elaboração e de formulação do projeto, como também a quase total responsabilidade por ele em seu desenvolvimento justificam que a análise se centre nas instâncias de participação dos professores.
4. O tempo todo tem-se falado da sala de aula como cenário privilegiado para os processos de ensino e aprendizagem, mas seria preciso levar em conta que existem outros contextos, como, por exemplo, aqueles em que ocorrem influências individualizadas, de tutoria, atenção psicopedagógica ou docente, que costumam ser o resultado de decisões da escola relativas à atenção à diversidade.

24 Ambiente familiar e educação escolar: a interseção de dois cenários educacionais

PILAR LACASA[1]

INTRODUÇÃO

Quando se passeia por uma cidade nova e se observa os seus prédios, geralmente é fácil distinguir as escolas e as bibliotecas. De fato, não é simples explicar por que, mas de uma forma ou de outra se sabe que se está diante de uma escola. Por que as escolas, assim como outros prédios das cidades, como a igreja ou a prefeitura, distinguem-se tão facilmente? Uma das muitas explicações possíveis é que as escolas constituem uma parte importante das instituições sociais, e as crianças criam em relação a elas expectativas que definem perante nossos olhos o que se espera delas, e que inclusive nos ajudam a compreender o que ocorre ali em termos previamente estabelecidos. Por exemplo, e fixando-se apenas no ambiente físico, sabe-se que na escola os espaços são mais amplos que na habitação familiar, bem como os instrumentos que as pessoas manejam nela – as mesas são diferentes, há sempre livros, cadernos e lápis – e, sobretudo, é costume esperar que ali algumas pessoas aprendam e outras ensinem. Chega a ser assustador pensar que todos passam nesses prédios, que de resto variaram muito pouco ao longo do tempo, pelo menos os 15 primeiros anos de sua vida.

Em face da situação que se descreveu, cabe perguntar (ver, por exemplo, Gallimore e Goldenberg, 1993; Schockley, Michalove e Alen, 1995; Volk, 1997) de que maneira a educação escolar se relaciona com os processos educacionais que ocorrem em outros ambientes, particularmente na família, já que esta e a escola costumam ser definidas com os dois ambientes mais importantes de socialização. Mas, ainda que pareça paradoxal, os dois cenários, que aparecem tão claramente como algo distinto na mente dos estudantes, ou das pessoas que de dedicam profissionalmente à educação, parecem confundir-se na mente de seus protagonistas. Isso será visto agora a partir de dois exemplos. O primeiro procede de um romance relativamente recente, "As cinzas de Ângela"; nele, Frank McCourt recorda sua infância e vale a pena, embora seja quase trágico, deter-se um instante para ver como, em suas lembranças, entrelaçam-se os personagens que povoam a escola, a família e outras instituições:

> Em toda parte tem gente que presume e que se lamenta das penalidades de seus primeiros anos, mas nada pode se comparar com a versao irlandesa: a pobreza; o pai desocupado, loquaz e alcoólatra; a mãe piedosa e derrotada, que geme junto ao fogo; os sacerdotes pomposos; os professores de escola, despóticos; os ingleses e as coisas tão terríveis que nos fizeram durante 800 longos anos (McCourt, 1996/1999, p. 9).

Não há muito o que dizer diante desse texto, que mostra como, entre as lembranças, misturam-se muitas experiências vividas nos mais variados cenários. Mas veja agora o segundo exemplo, certamente menos poético. Vamos nos fixar nas respostas de um menino entrevistado no transcurso de uma pesquisa cujo objetivo era explorar as relações entre o que as crianças aprendem em casa e o que aprendem na escola. Para compreender as perguntas da entrevistadora, convém assinalar que uma primeira revisão da bibliografia especializada (Delgado-Gatain, 1990; Dickinson, 1994) mostrara, entre outras coisas, que se a escola ensina algo são as habilidades relacionadas com a alfabetização, mais especificamente com a lecto-escrita e a matemática; pensando, por outro lado, que se na escola meninos e meninas aprendem a ler e a escrever e em suas casas passam longo tempo assistindo à televisão, decidiu-se fazer-lhes algumas perguntas sobre o tema:

Entrevistadora: Você, David, o que prefere, ler e escrever ou assistir à televisão?

David: Assistir à televisão.

Entrevistadora: E entre ler e escrever?

David: Bom (em dúvida) [...]. Ler algumas noites e também de manhã eu prefiro [...].

Não era difícil prever que o menino prefere assistir à televisão a ler ou a escrever. Pode-se afirmar que a entrevistadora já conhecia a resposta do menino. Mas, se se prossegue com a entrevista, constata-se o que significam para ele tais habilidades.

Entrevistadora: Você prefere ler, não é? [...] e para o que você acha que serve ler e escrever?

David: Para aprender.

Entrevistadora: Mas, para aprender o quê?

David: Para aprender quando você for maior, para aprender se for professor, para aprender melhor, para explicar bem as coisas às crianças e tudo isso.

Está claro que o menino associa essas habilidades à escola. É difícil saber com precisão o que pretende dizer com sua expressão "Para aprender quando você for maior". Certamente se refere a que na escola aprende coisas que lhe servirão no futuro, mas que lhe servirão ainda mais se for professor e tiver de ensinar às crianças. Ler e escrever, diz ele, serve para ensinar, e isso é uma amostra de que a criança relaciona tais habilidades com a escola e, sobretudo, com o que seu professor sabe fazer. Mas veja o papel que lhes atribui na vida cotidiana, por exemplo, quando seus pais realizam essas atividades:

Entrevistadora: Então ler é muito importante, não? E sua mãe ou seu pai, eles escrevem ou não?

David: Minha mãe não.

Entrevistadora: Sua mãe nunca escreve?

David: Não, nunca não, às vezes.

Entrevistadora: Quando você a vê escrever?

David: Escrever? [...]. Não sei, algumas vezes quando vai fazer compras escreve coisas, e também me faz as contas. Não, não faz as contas, mas se tenho algum número errado, ela apaga e escreve o número como se fosse o meu. É que ela faz os números muito bonitos e então não quer fazer para que a professora veja e diga: "David, este quem fez foi sua mãe", então faz os números como os meus.

As respostas do menino revelam com clareza que o fato de escrever em casa ou na escola parecem ser coisas distintas. Sua mãe, ele diz, não costuma escrever. Mas imediatamente se dá conta de que ela o faz com uma utilidade, quando vai às compras. Também escreve quando, imitando a letra do menino, ajuda-o a fazer as contas. E algo parecido ocorre quando seu pai realiza tais atividades:

Entrevistadora: Ah! Está bem, então. E seu pai escreve ou não?

David: Meu pai, às vezes quando vai pintar, chama pelo telefone [...] para endereços.

O pai de David é pintor e escreve quando deve anotar os endereços de seus clientes. Em suma, o menino no início associava a escrita à escola, mas, ajudado pela entrevistadora, descobre que também pode ser útil em outras circunstâncias.

Esperamos que nosso leitor (ou leitora) tenha se interessado pelo modo como as pessoas relacionam os diferentes contextos em que aprendem, pequenos ou maiores, sobretudo o modo como parece necessário estabelecer relações entre diferentes cenários educacionais. É sobre esse tema que refletimos nas páginas que seguem. Neste capítulo, organizamos os comentários em três grandes blocos temáticos. Em primeiro lugar, o que se entende por cenários educacionais; interessa destacar, sobretudo, como tais cenários estão associados a determinadas práticas que as pessoas realizam neles e, além disso, explorar de que modo determinadas práticas educacionais familiares podem interagir com as ocorridas na escola.

Exploraremos, em segundo lugar, em que medida existe continuidade ou descontinuidade entre essas práticas e, para isso, nos deteremos em dois aspectos sobre os quais insistem diversos trabalhos que trataram do tema (Coll e outros, 1992) e que, ao tratar dos conteúdos que meninos e meninas aprendem na escola, referem-se a conhecimentos e atitudes; neste capítulo, abordamos as relações entre conhecimentos escolares e cotidianos e a como as atitudes e os valores podem estar presentes nos dois contextos. Mencionaremos, finalmente, diferentes empenhos e caminhos pelos quais é possível estabelecer pontes entre a família e a escola. É preciso advertir, em todo caso, que em nenhum momento se pretende dar receitas que indiquem aos professores o caminho pelo qual atuar sem desviar-se; preferimos sugerir âmbitos de reflexão que orientem as práticas que cada profissional realizará.

A FAMÍLIA E A ESCOLA COMO AMBIENTES EDUCACIONAIS

O que significa entender a família e a escola como ambientes educacionais em que os meninos, as meninas e as pessoas adultas se desenvolvem e constroem o conhecimento? Vamos nos deter um momento na noção de ambiente educacional, que pode ser considerado um contexto, e esclareceremos o sentido que adquire em nosso trabalho, no qual é entendido, acima de tudo, como um contexto social. O termo é bastante amplo. São muitos os autores que poderíamos citar para esclarecer o sentido que adquire agora a idéia de contexto quando se destacam dele suas dimensões sociais, culturais e históricas (por exemplo, Cole, 1996; Erickson e Shultz, 1997; Rogoff, 1993). O contexto é inseparável de contribuições ativas dos indivíduos, seus companheiros sociais, as tradições sociais e os materiais que se manejam. Desse ponto de vista, os contextos não devem ser entendidos como algo definitivamente dado, mas que se constroem dinamicamente, mutuamente, com a atividade dos participantes. Pode-se pensar então por que a escola e a família podem ser entendidas como contextos educacionais do desenvolvimento. Mais uma vez, o exemplo citado antes com relação ao significado que tem para David a escrita pode servir como ponto de partida. Dessa perspectiva, tanto o contexto familiar como o da escola são constituídos por pessoas que desempenham um determinado papel e que, além disso, utilizam instrumentos que cumprem determinadas funções. Assim, no caso de David, a criança associa os papéis sociais de seus pais aos instrumentos que eles utilizam em seu contexto de trabalho, nesse caso, a escrita; por exemplo, seu pai escreve quando precisa anotar os endereços de seus clientes, e a mãe, quando vai fazer compras. Tal atividade, porém, parece ter outro significado na escola, e o menino a relaciona com a função de ensinar que seu professor desempenha. Com o exemplo, quer-se mostrar que os contextos, que são designados agora como ambientes educacionais, são delimitados pelo que os indivíduos fazem, onde e quando fazem e, nesse sentido, como as pessoas que interagem chegam a constituir o contexto para os demais. O que interessa mais agora é o modo como os diferentes contextos ou ambientes nos quais se desenvolve a vida infantil podem vincular-se entre si mediante um intercâmbio, tanto entre os instrumentos utilizados como entre as pessoas que participam neles.

Neste item, abordaremos os conceitos que contribuem para caracterizar aquilo que se pode entender como ambiente educacional, de forma que se compreendam melhor as relações que se podem estabelecer entre eles para tornar mais fácil a construção do conhecimento escolar. Assumindo uma perspectiva teórica inspirada nos trabalhos de Bronfenbrenner (1987) e Vygostsky (1991), e também em alguns outros autores que mais recentemente o seguiram de perto, se verá em primeiro lugar em que sentido se diz que a família e a escola constituem ambientes educativos e, logo em seguida, refletiremos sobre como esses ambientes são inseparáveis dos que estão presentes neles. Vamos nos aprofundar, finalmente, em como a aprendizagem pode ser favorecida nesses ambientes e, para isso, nos fixaremos no conceito de comunidade de prática. É importante advertir, em todo caso, que embora as próximas reflexões se apóiem em trabalhos de inspiração ecológica e sociocultural, em nenhum caso se quer excluir outras perspectivas teóricas; como se verá mais adiante, o modelo teórico que se adota não é totalmente independente do problema que se aborda. Uma síntese dessas questões aparece na Figura 24.1.

Ambientes educacionais e aquisição de padrões culturais

Que a família é o contexto mais importante nos primeiros anos de vida da criança ninguém questiona. O saber popular descreve bem tal ambiente, afirmando que as meninas e os meninos adquirem ali as primeiras habilidades: na família, aprendem a rir e a brincar, aprendem os hábitos básicos – por exemplo, aqueles relacionados com a alimentação – e outros muito mais complexos – por exemplo, a relacionarem-se com as pessoas. Tradicionalmente, porém, insistiu-se que a família não é o único agente educacional possível. O processo começa nela, mas não termina ali:

> O mundo exterior tem um impacto considerável desde o momento em que a criança começa a relacionar-se com pessoas, grupos e instituições, cada uma das quais lhe impõe suas perspectivas, suas recompensas e seus castigos, contribuindo, assim, para a formação de seus valores, de suas habilidades e de seus hábitos de conduta (Bronfenbrenner, 1993, p. 16).

Bronfenbrenner examina os ambientes do desenvolvimento humano assinalando que muitas vezes se dá ênfase às dimensões individuais, esquecendo-se das interações dos fatores que constituem esses ambientes e, sobretudo, das pessoas presentes. Para ele, tal formulação deixa de fora muitos elementos que poderiam contribuir para explicar os ambientes humanos e os processos de socialização que se produzem neles. O autor propõe abordar os contextos educacionais do desenvolvimento com base nos seguintes pressupostos:

1. Em contextos de desenvolvimento primário, a menina e o menino podem observar e assimilar padrões de atividade em uso, progressivamente mais complexos, juntamente com ou sob a orientação de pessoas que têm conhecimentos ou habilidades ainda não-adquiridos e com as quais se estabeleceu uma relação emocional positiva.

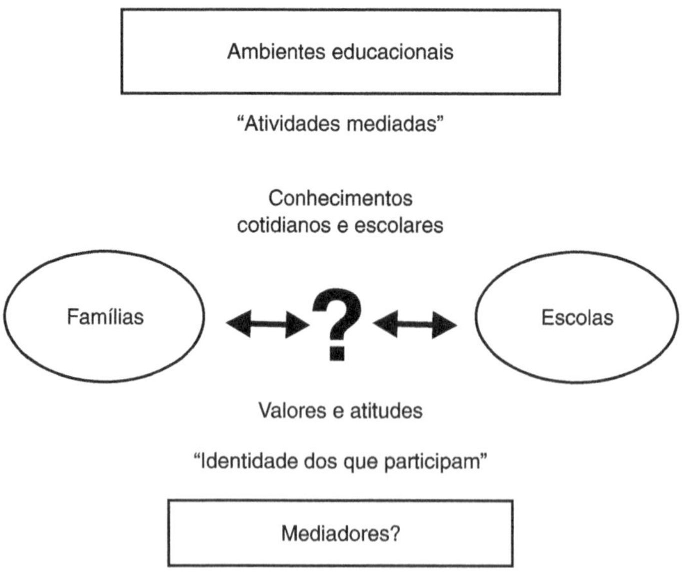

FIGURA 24.1 Alguns conceitos para compreender os ambientes educacionais.

2. Um contexto de desenvolvimento secundário é aquele que oferece aos pequenos oportunidades, recursos e estímulos para envolvê-los nas atividades que aprenderam nos contextos primários, mas agora sem a intervenção direta ou a orientação de outras pessoas.
3. O desenvolvimento potencial de um ambiente depende do grau em que terceiros presentes nele apóiem ou destruam as atividades daqueles atualmente envolvidos na interação com a criança. Por exemplo, quando o pai constitui um apoio para a mãe, esta é mais efetiva na alimentação de seu filho, enquanto que o conflito matrimonial é associado a dificuldades da mãe nessa alimentação.
4. O desenvolvimento potencial de um ambiente educacional é incrementado em função dos vínculos que podem se estabelecer com outros ambientes. Um exemplo disso são os programas que, envolvendo atividades relacionadas com a lecto-escrita, propõem-se a criar pontes entre a escola e a casa.

A atividade mediada por instrumentos

Convém, agora, descrever os ambientes a que se refere Bronfenbrenner e, para isso, é particularmente útil fixar-se nas contribuições da psicologia sociocultural, mais especificamente no conceito de "atividade mediada por instrumentos". Sabe-se bem que o conceito de atividade desempenhou um papel central na psicologia soviética. Basta recordar as contribuições de Leontiev ou Vygotsky profundamente enraizadas na psicologia marxista (Wertsch, 1981). Em termos gerais, pode-se dizer que uma atividade humana, e naturalmente a que ocorre em um ambiente educacional, é considerada como uma formação sistêmica, coletiva e histórica, e, sobretudo, que nessas atividades as relações entre as pessoas e os objetos são mediadas por instrumentos não apenas materiais, mas também simbólicos. Kozulin (1996) mostra como Vygotsky aborda o tema e relaciona com a atividade mediada o surgimento de processos intelectuais propriamente humanos; pode-se dizer, estendendo a formulação de Kozulin, que esses processos psíquicos ocupam, nas escolas ocidentais, um lugar privilegiado, daí o interesse do tema quando se trata de relacionar diferentes contextos educacionais. Mais adiante voltaremos à questão.

> O desenvolvimento dos processos de abstração, que ocorrem apenas no processo de crescimento infantil e no desenvolvimento cultural, está ligado inicialmente ao uso de instrumentos externos e à elaboração de formas complexas de conduta (Luria e Vygotsky, 1992, p. 142).

Ou seja, o pensamento abstrato implica um sistema funcional em que se participa e que proporciona o contexto, o motivo e as ferramentas para construir as funções culturais básicas. Outros autores também insistiram na idéia de que a atividade humana é mediada por signos e outros instrumentos culturais. Os seres humanos, dizem-nos, têm acesso ao mundo apenas de forma indireta ou mediada (Wertsch, del Río e Alvarez, 1995). É importante assinalar que essa mediação incide tanto no modo como se obtém informação do mundo como na ação que o transforma. Cole (1996) também se aprofundou nessa idéia de mediação que descreve as relações das pessoas com o mundo e com os demais e introduz o conceito de artefato. Mas o que são esses artefatos a que se refere o autor? Embora normalmente se pense neles como objetos materiais, agora serão considerados, ao mesmo tempo, como objetos ideais e materiais. São ideais à medida que sua forma material for conformada por sua participação em atividades sociais. O mundo, diz ele, existe para além de sua exemplificação material. Para compreender tal conceito, pode-se pensar, por exemplo, em um instrumento como o computador, presente em algumas escolas e em determinadas famílias. Embora tal instrumento tenha uma determinada característica como objeto físico, também é verdade que as pessoas associam a ele determinados significados, tanto subjetivos como imersos na cultura. Para explicitar o que se entende como um instrumento ideal, e prosseguindo com o exemplo, pode-se pensar no significado que atribuem a esse objeto as pessoas mais jovens da família (nesse caso, adolescentes realmente familiarizados com o mundo informático) e as mais velhas (talvez o avô ou a avó) que desconhecem e temem o novo artefato. O mundo ideal relaciona-se, em suma, com o significado que, em situações históricas e culturais determinadas, as pessoas atribuem ao mundo físico que manipulam.

Certamente, algum leitor (ou leitora) estará se perguntando por que interessa o tema da atividade mediada quando se quer estabelecer relações entre diferentes ambientes educacionais. Gardner (1993) proporciona interessantes comentários à questão quando se pergunta "o que as escolas ensinam". Em sua opinião, é necessário destacar o papel que desempenha nelas o uso de diversos sistemas notacionais associados muitas vezes à necessidade de utilizar um pensamento abstrato que nem sempre é necessário pôr em prática quando se trata de resolver atividades da vida cotidiana. Portanto, pode-se pensar que é essa distância entre diferentes tipos de conhecimento o que contribui às vezes para delimitar distâncias entre a família e a escola. Tratar-se-á do tema, de forma recorrente, ao longo das páginas seguintes.

Aprender em uma comunidade

Até o momento se falou de instrumentos educacionais mediados por instrumentos e insistiu-se também no caráter social das atividades humanas; vamos nos centrar, agora, nos processos de aprendizagem que se produzem neles. Quando se trata de estabelecer relações entre as situações de aprendizagem que ocorrem na família e na escola, é particularmente útil o conceito de comunidade, já que, como se mostrou anteriormente, o contexto adquire, nesse âmbito, uma importância particular. Rogoff (1994, p. 209) definiu o conceito de comunidade mencionando diretamente os processos de aprendizagem.

> A idéia de comunidade de aprendizagens fundamenta-se na premissa que *a aprendizagem ocorre quando os indivíduos participam em empreendimentos compartilhados com outras pessoas*, de modo que todas desempenham papéis ativos, embora muitas vezes assimétricos, na atividade sociocultural. Isso contrasta com modelos de aprendizagem que se fixam em uma das partes, embora ocorra a partir da transmissão de informação do especialista, embora mediante a aquisição de conhecimento por parte dos novatos, isto é, centram-se isoladamente em quem ensina ou aprende de forma passiva (respectivamente).

A aprendizagem é definida, então, como um processo de transformação da participação, argumentando que o modo como as pessoas se desenvolvem está em função dos papéis que desempenham e a compreensão das atividades de que participam. Em uma perspectiva similar que aborda os ambientes educacionais a partir do conceito de "comunidade de prática", Lave e Wenger (Lave e Wenger, 1991; Wenger, 1998) destacam a necessidade de considerar modelos sociais de aprendizagem. Na opinião desses autores, muitas teorias da aprendizagem esqueceram que os seres humanos são, antes de tudo, seres sociais, e que a sociedade, a cultura e a história são as precondições de nossa vida como seres humanos. A seu ver, existem teorias que reduzem a aprendizagem à capacidade mental dos indivíduos e que começam e acabam nestes. Tais teorias insistem, por exemplo, nas diferenças individuais, estabelecem mecanismos de comparação e marcam limites para o que se considera melhor ou pior, definindo padrões de excelência que os indivíduos deverão alcançar. Ao contrário, esses autores preferem considerar a aprendizagem como algo social e coletivo, assumindo como princípio fundamental para explicá-lo a participação dos alunos em práticas situadas socialmente. Daí o nome de aprendizagem e conhecimento situados. Vejamos como se referem a ele:

> O argumento desenvolvido por Etienne Wenger e por mim mesma (Lave e Wenger, 1991) é que a aprendizagem é um aspecto das mudanças na participação em diferentes "comunidades de prática" em qualquer parte. Onde quer que os indivíduos se comprometam durante períodos de tempo substanciais, todos os dias, fazendo coisas em que suas atividades em curso são interdependentes, a aprendizagem é

> parte de sua participação mutante em práticas mutantes. Essa caracterização cabe tanto a uma escola como a uma oficina de alfaiate. Dessa perspectiva, não se diferenciam "modos de aprendizagem", porque embora os empreendimentos educacionais difiram, a aprendizagem é uma faceta das comunidades de prática nas quais esses empreendimentos estão imersos (Lave e Wenger, 1991, p. 150).

Lave (1993) revisa diferentes modelos de aprendizagem explorando os que ocorrem em diferentes comunidades. Neles, questiona-se que a descontextualização seja um signo de aprendizagem associada à idéia de que o conhecimento curricular é algo racional, diferente dos conteúdos morais que seriam mais próprios da vida cotidiana; além disso, ensinar e aprender, em sua opinião, é muito mais que uma "transmissão intencional". Não se pode esquecer, porém, que a descontextualização também ocorre em práticas contextualizadas. Dessa perspectiva, o conceito de aprendizagem é inseparável do de prática, de forma que aquele que aprende não apenas se aproxima do conhecimento, mas sim de todo um conjunto de práticas sociais e de valores que se associam a elas. O ensino e a aprendizagem são algo mais que processos analíticos. Sua teoria da aprendizagem supõe inverter pelo menos três princípios que estão presentes nos modelos tradicionais:

1) eliminar a polaridade de valores que permite situar a escola em primeiro lugar em relação a qualquer outra forma de educação;
2) ir além do conceito de transmissão que supõe unidirecionalidade entre quem aprende e quem ensina;
3) assumir que a aprendizagem é uma atividade socialmente situada.

Em suma, os autores que trabalham desde uma perspectiva neovygotskiana destacam o fato de que as pessoas desenvolvem processos psíquicos superiores e constroem conhecimentos que se tornam significativos a partir das atividades que realizam nesses contextos. O caráter dialético das relações que constituem a experiência humana é acentuado, considerando-se que o conhecimento se configura por meio da mente, do corpo, da atividade e do ambiente (Lave, 1993). Pode-se perguntar mais uma vez sobre as implicações desse modelo quando se trata de estabelecer pontes entre a escola e a família. Já não se trata de pôr em primeiro lugar o conhecimento escolar, visto que facilita habilidades mentais como a descontextualização, mas sim de reconhecer que cada cenário educativo tem suas peculiaridades e que o conhecimento que se adquire neles é inseparável de um conjunto de práticas. Ousaríamos sugerir que essas práticas é que permitirão estabelecer nexos entre os cenários. Trataremos disso em seguida.

CONTINUIDADE OU DESCONTINUIDADE ENTRE CENÁRIOS?

Já se destacou que não parece possível negar que entre a casa e a escola existem importantes descontinuidades (Hoffman, 1991; Wells, 1999). Entre os aspectos que as caracterizam, pode-se considerar os seguintes (ver Figura 24.2):

1. Quando o menino (ou a menina) incorpora-se à escola, passa da vivência em um grupo reduzido a fazer parte de outro grupo muito mais amplo. Jackson (1991), por exemplo, assinala que a maioria das atividades escolares é feita com outros ou na presença de outros, fato que tem profundas implicações na vida do estudante.
2. A casa é caracterizada pela informalidade e pela liberdade, enquanto que na escola o trabalho infantil está submetido, entre muitas outras coisas, a um horário, que implica a organização do tempo e do espaço.
3. Enquanto que em casa o meio fundamental de expressão é a língua oral, na escola passam para o primeiro plano outros códigos lingüísticos relacionados, sobretudo, com a lecto-escrita.
4. Também os ambientes de aprendizagem diferem de forma importan-

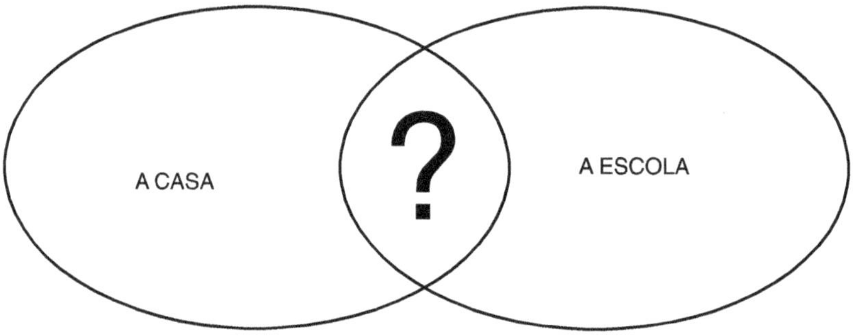

FIGURA 24.2 A casa e a escola: dois universos diferentes?

> te nos dois contextos: em casa, as crianças aprendem de forma natural e em contextos reais onde suas atividades têm uma utilidade e uma funcionalidade imediatas. Ao contrário, na escola, a aprendizagem é formal, deliberada, consciente e não supõe um contexto imediato de uso.

Tais descontinuidades são ainda maiores se nos fixarmos em culturas não-ocidentais em que a escola está isolada do sistema no qual as crianças vivem no cotidiano.

Pode-se perguntar, agora, até que ponto o que se vive em casa e na escola é representativo de dois universos diferentes. Gallimore e Goldenberg (1993) mostram que as famílias em geral, inclusive as mais humildes, atribuem grande valor às tarefas escolares e à educação acadêmica. As famílias que participaram em seu estudo expressavam com clareza que as atividades escolares permitiram a meninos e meninas ser alguém em sua vida futura. Os autores assinalam também que pais e mães desejavam, além disso, que seus filhos permanecessem na escola pelo maior tempo possível, talvez porque eles próprios não tivessem tido essa oportunidade. Em suma, os adultos manifestavam que as tarefas escolares, e particularmente a lecto-escrita, são instrumentos essenciais para poder progredir social e economicamente. Pais e mães também introduziam em suas casas práticas que habitualmente se realizam na escola. Por exemplo, alguns ensinavam a seus filhos letras e sons, inclusive em idade pré-escolar, mesmo quando as atividades ainda não faziam parte do currículo.

Também Cooper e outros (1994) insistem que muitas vezes os fracassos na escola se devem a uma falta de convergência entre a cultura escolar e a da casa. Exploram a estabilidade e a mudança nas aspirações educacionais, vocacionais e morais de pessoas adultas com relação a seus filhos e a suas filhas, desde a infância até a adolescência, quando as famílias se vêem obrigadas a emigrar para outros países ou se movem para um novo nicho ecológico dentro de sua própria cultura. Fixam-se, sobretudo, em como as próprias experiências podem incidir nas aspirações. Os dados desse trabalho procedem de uma amostra de 72 famílias, a metade delas mexicanas e a outra metade européias, imigrantes de baixa renda nos Estados Unidos. Os resultados mostraram que os dois tipos de famílias tinham aspirações educacionais elevadas que, por sua vez, dependiam do nível educacional. Queriam para os filhos e as filhas algo mais do que os pais e as mães tinham conseguido. Contudo, tinham consciência dos problemas que isso poderia implicar, sobretudo o distanciamento de sua própria família. O que os estudos mostram, em nossa opinião, é a consciência social de que a escola e a casa são ambientes diferentes de ensino e aprendizagem que necessariamente são chamados a entender-se.

Opiniões muito semelhantes foram manifestadas pelas famílias dos meninos e das meninas com as quais se trabalhou em uma escola de ensino fundamental. Na conversa transcrita a seguir, e que sem dúvida nos aproxima da realidade de algumas famílias espanholas, se verá o que significa a escola para a mãe que lembra sua própria infância. É dramático, não há como negar, o modo como descreve as relações com seus pais. Nas respostas, revela-se com clareza o que ela esperava de sua família, mas não teve. Ao ler, fica fácil adivinhar o que ela quer dar a seus filhos e o que espera da escola:

> *Mãe*: Porque eu também fui uma menina que não tive apoio em minha casa, nenhum, nenhum, nenhum, nenhum. E não posso dizer jamais que tive pais que tenham me tirado de um apuro. Nunca. Nem ter pais para contar-lhes coisas, nem ter pais para que me digam, nem... para repreender-me com paciência, não.
>
> *Entrevistadora*: E o que lhe acontecia?
>
> *Mãe*: Meus pais só estavam para mandar trabalhar, para tomar meu dinheiro e enfiar-se no bar e beber, foi isso o que tive... mas já foi. Para ter-me como escrava, nada mais. Depois me cansei de trabalhar e gostava de me divertir um pouquinho e sair com as amigas, mas não pude sair porque me disseram que era preciso manter a ordem em minha casa. E não quero que amanhã meus dois bebês passem o mesmo, porque isso eu já vivi.

Mas a conversa continua e o que interessa ressaltar agora é que, na opinião dessa mãe, a escola poderá poupar seus filhos da situação que ela teve de viver. De qualquer forma, suas palavras parecem revelar apenas uma certa consciência de que a escola serve para algo, para evitar a miséria; certamente não consegue explicar melhor, mas o intui:

> *Entrevistadora*: E como você acha que isso pode poupá-los? Acha que o que aprendem lá na escola lhes serve para alguma coisa?
>
> *Mãe*: Sim, pegam coisas. Não tudo o que deviam, mas alguma coisa vão pegando. Olha que se não estivessem no colégio, então, o que seria deles? Com a idade que têm agora desde que começaram a ir mal e mal, se os tirasse do colégio estariam perdidos.

Ao ler as palavras dessa mãe, comprova-se, por outro lado, a distância tão enorme que pode existir entre as famílias e as escolas. Inclusive tem-se de reconhecer que muitas vezes os professores, que passam grande parte do tempo com os meninos e as meninas, desconhecem essas situações. Nas páginas que seguem, nos aprofundaremos no tema da continuidade e da descontinuidade entre os cenários educacionais. Primeiro, o processo de construção de conhecimentos e em como as práticas familiares podem incidir, por diferentes caminhos, na aprendizagem escolar; em segundo lugar, as situações educacionais relacionadas com a aquisição de atitudes e a construção de valores, processos que também revelam os caminhos que podem tomar as relações entre a família e a escola.

Construir conhecimentos

Vamos nos deter um momento em um trabalho realizado há muitos anos por Shirley Brice Heath (1983), uma psicóloga norte-americana, que nos permitirá compreender como o uso e o significado de algumas habilidades que são tradicionalmente adquiridas na escola, mais especificamente a lecto-escrita, estão estreitamente relacionadas às práticas familiares. O trabalho mostra com clareza que quando meninos e meninas chegam à escola já possuem um conjunto de conhecimentos que terão de ser necessariamente levados em conta por quem ensina. Heath descreveu o significado e a função que a leitura e a escrita têm em duas diferentes comunidades de trabalhadores, uma negra e outra branca, situadas na região de Piedmonton em Carolina (EUA), e imersas na tradição da indústria têxtil e do cultivo do algodão. Em cada uma delas, o ambiente de meninos e meninas é geograficamente limitado até irem para a escola. No livro que contém seu trabalho, argumenta-se como meninos e meninas aprendem a utilizar a linguagem de formas diferentes, em função do modo como cada comunidade estrutura suas famílias, definem os papéis sociais que seus membros podem representar e também em relação aos conceitos de infância que orientam a socialização dos menores. Nas comunidades estudadas pela autora, as crianças têm diferentes caminhos para socializarem-se, já que existem diferentes tradições na interação face a face e na forma de estabelecer relações com o mundo exterior. Vejamos alguns detalhes.

Na comunidade branca de Roadville, a vida se organiza em redor da casa ou dentro dela. É importante destacar que as distâncias no tratamento entre crianças e adultos são claras e que os pequenos devem dirigir-se aos mais velhos "com respeito". Quando meninos e meninas começam a ir à escola, existe uma certa continuidade, porque as idéias sobre o que se deve aprender e ensinar são muito similares na família e na escola. Por isso, uma vez que as crianças se integram no meio escolar, as famílias descarregam ali suas responsabilidades. As crianças chegam do colégio carregadas de testemunhos sobre o valor da leitura e da escrita, mas com poucos modelos do que são as atividades lecto-escritoras. Ou seja, as famílias valorizam o meio escrito, ainda que a relação com ele seja relativamente distante. Ao contrário, na comunidade negra de Trackton, os pequenos se movimentam com liberdade pelo bairro, sem regras que limitem o espaço ou o tempo das interações sociais. Tudo isso suporá que os pequenos se aproximam do mundo do impresso de formas distintas, aprendem assim que existem muitas formas de falar sobre o mundo escrito e de cantá-lo. Nessa comunidade, meninas e meninos não ouviram louvores sobre essas atividades, mas se viram imersos em debates sobre o que significam as letras, as cartas ou os bilhetes.

Mas o trabalho de Heath não se limita apenas a como meninos e meninas se aproximam da linguagem na família, mas também examina o modo como os pequenos se integram na escola. Em princípio, poderia imaginar-se que quanto mais os pais e as mães falessem com as crianças, maior êxito teriam nas salas de aula. Contudo, as coisas não ocorrem exatamente assim; é a qualidade da conversa, e não a quantidade, que faz com que seja mais fácil para os meninos e as meninas da cidade estabelecerem relações entre diferentes contextos. Assim, as crianças de Roadville têm poucas oportunidades para construir narrativas, estabelecer novos contextos ou "manipular" oralmente determinados traços do ambiente. Tudo isso pode contribuir para que seus êxitos na escola sejam menores. Contudo, observa-se que as crianças de Trackton estão muito mais bem-preparadas para a mudança que a escola supõe. Viu-se como nesse ambiente os pequenos não precisam aceitar passivamente os esquemas que os adultos lhes propõem, mas constroem outros no mundo complexo dos estímulos que recebem. Apesar de tudo, essas crianças recebem muito pouca ajuda em relação a algumas estratégias que facilitariam posteriormente o trabalho na escola.

A leitura do livro de Heath sugere de imediato uma pergunta: o que podem proporcionar aos professores trabalhos como este? De forma exploratória, ousamos sugerir algumas idéias:

a) instiga-nos a aceitar que meninos e meninas atribuirão significados distintos às práticas escolares em função das experiências prévias que tenham vivido em sua própria família;
b) aponta para a necessidade de descobrir progressivamente as experiências que contribuem para atribuir esses significados;
c) não acreditamos que uma boa estratégia de ensino seja substituir tais interpretações ou estratégias de aproximação do mundo impresso, próprias do ambiente familiar, por aquelas que a escola proporciona, mas que se deveria respeitá-las e construir-se a partir delas;
d) o contato com a família e a participação desta na vida da sala de aula contribuirá para que essa construção seja possível.

Infelizmente, não existem, na Espanha, muitos estudos que estabeleçam de forma tão clara as relações entre a família e a escola. Tem-se, porém, alguns exemplos que mostram como pais e mães se aproximam do mundo da lecto-escrita por meio de práticas muito diferentes. Uma mãe, entrevistada com o objetivo de saber se em algum momento tinha se preocupado em aproximar seu filho do meio impresso, descreve assim o modo como o ensinava a ler e a escrever quando era menor:

Entrevistadora: Não se lembra? e você o ensinava (a ler) em casa?

Mãe: [...] Eu o ensinei, sim..

Entrevistadora: Conte-nos como fez.

Mãe: Bom, não é que lhe ensinava, porque ele era... era muito pequenininho e [...], sei lá, eu chamava a atenção dele para os letreiros das... das lojas e tudo isso. E aí já dizia "mamãe, com a língua atrapalhada que não se entendia, pois aí diz isso". E, sei lá, ocorreu a meu marido, se você quiser compramos uma cartilha dessas de Palau, dessas antigas. Digo, bem, então compre, mesmo que seja para ver os bonequinhos. E ele vendo os bonequinhos, então [...]

Observa-se, claramente, que para essa mãe aprender a ler é algo fundamental e que, certamente, a família assume a idéia de que o menino irá aprendendo a ler mediante o contato com o meio escrito, tendo ainda o apoio das pessoas adultas. Também é interessante observar como a mãe se referia à leitura e a fazia presente na vida do menino por meio dos contos.

Entrevistadora: [...] E o que lia?

Mãe: Contos. Eu lhe comprava contos clássicos (Branca de Neve...)

Entrevistadora: E você lia com ele ou não?

Mãe: Sim, bem, isso era todas as noites.

Entrevistadora: É mesmo?

Mãe: Líamos muitos contos, que são os que ele mais gostava, e assim vai, e claro, eu lhe dizia "isto você já pode ler", "isto já não preciso ler". E ele lia o final, que era o que mais gostava.

A partir do diálogo anterior, pode-se dizer que a leitura se tornara quase um jogo para o menino e sua mãe. Por outro lado, é interessante assinalar que são inúmeros os trabalhos que estabeleceram uma relação entre a leitura de contos na família e o rendimento escolar posterior (ver, por exemplo, Snow e outros, 1991). Mas vejamos agora outro exemplo que mostra que, também na Espanha, existem entre as famílias outras aproximações muito diversas do mundo impresso. No diálogo seguinte com outra mãe, observa-se que, para ela, escrever é uma tarefa absolutamente escolar, mesmo quando se realiza na família, e que, além disso, o único significado que os pais parecem atribuir-lhe é o de uma tarefa que deve ser realizada por obrigação:

Entrevistadora: E (seu filho), o que ele gosta mais, ler ou assistir à televisão?

Mãe: Esse, ler não!

Entrevistadora: Mas ele não gosta de nada?

Mãe: Não, ele faz seus deveres, o que lhe mandam e pronto.

Entrevistadora: Não faz mais nada?

Mãe: Seu pai manda muitas vezes, porque seu pai é severo, então seu pai lhe diz... "venha, faça agora essa folha, na frente e atrás", e manda os dois fazerem muitas tarefas.

Entrevistadora: Mas manda as que trazem do colégio ou outras?

Observa-se, portanto, que a tarefa escolar é algo imposto e, além disso, sem nenhum significado. Trata-se apenas de copiar o texto na frente e atrás. Se se prossegue com o diálogo, vê-se que a pesquisadora lhe pede uma explicação mais ampla, talvez porque não esteja muito certa de que entendeu bem:

Entrevistadora: Ou seja, que ele passa os deveres por sua conta, mas de livros do colégio ou como?

Mãe: Ele pega por exemplo... diz a eles "traga-me um livro" dos antigos que temos, desses que foram passados a eles nos colégios, e diz ao menino "você me copia isto nesta folha e atrás", e às vezes também lhe passa outra folha de contas na frente e atrás, e lhe passa muita tarefa, sabe? eu... como sou muito frouxa, mas é que me dá uma coisa que as crianças estão... só ficam fazendo tarefa; e diz "quando eu chegar...", que ele chega às oito, diz "quero ver o trabalho dos dois".

Entrevistadora: E ele os corrige ou não?

Mãe: Sim, bem...! "isto você fez mal, isto você vai fazer duas vezes amanhã em vez de uma", porque é muito severo...

Entrevistadora: Ah, é?

A pergunta que surge diante deste diálogo é se essas práticas familiares terão alguma incidência no rendimento escolar da criança e, inclusive, no interesse que ela tenha no futuro imediato ou a médio prazo, quando se aproximar dos conteúdos escolares. Como já se mencionou, não existem muitas pesquisas na Espanha que tenham tratado abertamente dessa questão (Acuña e Rodrigo, 1996; Lacasa e outros, 1999; Vila, 1998), mas em todo caso não é provável que práticas desse tipo contribuam para facilitar a construção do conhecimento escolar.

A aquisição de atitudes e de valores compartilhados

Outra questão de enorme interesse é como a família e a escola podem colaborar na construção conjunta de atitudes e de valores. Particularmente significativas a esse respeito são as contribuições de Moll (Moll e Kurland, 1996; Moll e outros, 1992), que, com a intenção de derrubar as paredes das salas de aula e referindo ao que os meninos e as meninas trazem à escola sem ter consciência disso, utilizou o conceito de "base de conhecimento". Por meio dessa idéia, refere-se diretamente aos valores e aos conhecimentos domésticos, às estratégias de sobrevivência e, sobretudo, ao fato de que não são independentes da prática e estão distribuídos socialmente.

> As casas em nosso exemplo compartilham não apenas o conhecimento relacionado com a reparação da casa ou do automóvel, os remédios caseiros, as plantas e a jardinagem, tal como mencionávamos, mas também com bases de conhecimento específicos da vida urbana, como o acesso à assistência institucional, a programas escolares, ao transporte, a oportunidades ocupacionais e a outros serviços. Em suma, as bases de conhecimento domésticas são amplas e abundantes. São essenciais na vida cotidiana e nas relações da família com outras pessoas da comunidade (Moll e Greenberg, 1990, p. 323).

Vale assinalar que tais bases de conhecimento se manifestam por meio de atividades, mas não podem ser consideradas como possessões ou características das pessoas; além disso, são as relações sociais que proporcionam um motivo e um contexto para adquiri-las e aplicá-las. É fácil pensar, desse ponto de vista, que o contato direto dos professores com as famílias, tanto na própria escola como visitando as casas, é um elemento decisivo para poder ter acesso a essas bases de conhecimento. Em suma, o que interessa ressaltar agora é que a escola não pode esquecer o mundo familiar e, mais especificamente, a história social das famílias, o conteúdo de suas bases de conhecimento e as metas do ensino de todas as pessoas adultas que participam no processo educacional da criança.

Mais uma vez, um exemplo das escolas espanholas indica um possível caminho sobre como introduzir essas bases de conhecimento na sala de aula; o diálogo que se reproduz a seguir é, além disso, um excelente exemplo de como se pode realizar uma educação em valores no contexto da sala de aula que leve em conta o ambiente familiar. O exemplo procede de uma turma de 4ª série do ensino fundamental, em que um filme da televisão serviu à professora para entabular com os meninos e as meninas um diálogo sobre a possível diversidade das famílias. Quando o diálogo se iniciou, havia transcorrido mais de metade da aula, e a professora ajuda uma das meninas a "contar" que sua família é diferente. Sem dúvida, a professora está consciente da importância que tem para essa menina verbalizar o fato diante de seus colegas. Está-se diante de um excelente exemplo de como é possível, a partir do conceito de "base de conhecimento", que a professora traz para a aula junto com seus comentários sobre uma série televisiva na qual também havia famílias diversas, estabelecer pontes entre a família e a escola.

> *Professora*: Psiu, agora Ana vai falar e vamos ouvi-la. Ana vai nos contar primeiro como é outro tipo de família em que ela convive, certo?, porque vocês formam uma família. Quem está em sua casa todos os dias?
>
> *Ana*: Minha mãe [...]
>
> *Professora*: Não, em sua casa aqui de Córdoba. Porque essa é a família com que você está, essa é a sua família durante a semana.
>
> *Ana*: Petri, os gêmeos, Rosa, Fina, eu e [...]
>
> *Professora*: Mas, explique quem é Petri.
>
> *Ana*: Petri é a que cuida de mim.
>
> *Professora*: Claro.

Até esse momento a menina tem dificuldades de descrever a situação, talvez porque não exista um contexto compartilhado de significados. Ana vive em dois ambientes muito distintos. Uma família com a qual convive durante a semana, e outra, a biológica, com a qual passa alguns fins de semana. A menina e a professora vão esclarecendo o papel da mãe, a pequena necessita do apoio da pessoa adulta. São necessárias algumas explicações da professora. Todos os meninos e as meninas prestam atenção sem interromper:

Professora: Ana, você já lhes contou quem é Petri?

Ana: A que cuida de mim [...]

Professora: Petri é uma senhora, não é, que como ela não tem filhos e que ter uma família, certo, Ana?.

Ana: Claro.

Professora: [...] Então se dedica a cuidar de outras crianças que os pais não podem atender e então, todas essas crianças, com Petri, formam uma família [...]

Ana: Claro.

Professora: [...] e vivem durante toda a semana, portanto vocês vêem outro tipo de família diferente. Igualmente importante, porque ela vive ali a semana toda. David, você está ficando com Esperança, não? E quando chega o fim de semana passa com seus pais. E Petri, por exemplo, que regras ela pôs ali na casa?

A partir desse momento, Ana começa a sentir-se muito mais segura e será capaz de explicar quais são as normas de acordo com as quais funciona sua própria família. Cada pessoa tem tarefas a cumprir, e a menina está orgulhosa disso:

Ana: Cada um faz alguma coisa no térreo. Rosa limpa a sala e lava a louça na hora do almoço; à noite, arrumo meu quarto e faço o lanche, e meu irmão faz o café da manhã e arruma seu quarto. E cada um faz sua cama. Os gêmeos limpam o banheiro, um cada um, porque temos dois, e Fina faz o que sobrar de toda a casa.

Esse diálogo, a nosso ver, é um excelente exemplo de como o fato de que a escola considere a presença da família nela pode tornar-se uma fonte de educação em valores. Nessa aula, os meninos e as meninas aprenderam a respeitar um tipo de famílias não-convencionais, e não apenas a respeitá-las, mas também a compreender melhor como são. Aproximaram-se do conhecimento mediante a observação e isso, sem dúvida, contribuiu para favorecer determinadas atitudes diante do fato.

COMO ESTABELECER PONTES ENTRE A FAMÍLIA E A ESCOLA?

Muitos foram os trabalhos que trataram das relações entre o que meninos e meninas aprendem na escola e fora dela. Na obra de Vygotsky (1995), já se encontrou uma referência a esses dois mundos quando fala da gênese dos conceitos científicos e cotidianos (John-Steiner, Wandekker e Mahn, 1998). O menino ou a menina aprenderão uma conceituação do mundo, que não é espontânea no sentido de "não-social", mas que está sendo canalizada por outras pessoas, de forma que gradualmente vai se aproximando do pensamento conceitual do adulto.

Mas se deve reconhecer que, embora em um plano teórico seja fácil compreender a necessidade de que meninos e meninas estabeleçam relações entre os conceitos científicos e os cotidianos, mesmo quando se trata de favorecer atitudes não-contrapostas entre o que se aprende em casa e na escola as coisas não são tão simples. Essas duas formas de conhecimento nem sempre se complementam quando as crianças procuram compreender o mundo à sua volta. A pergunta específica neste item é como pais e mães podem colaborar com a escola na construção do conhecimento escolar, tarefa que, sem dúvida nenhuma, corresponde à escola, mas não pode ser totalmente alheia às contribuições da família. Vamos nos deter a seguir em dois tipos de propostas das quais nos aproximamos pelos interesses da própria pesquisa e que constituem um caminho entre muitos outros possíveis. Em primeiro lugar, seria possível estabelecer pontes entre a casa e a escola a partir de um conjunto de instrumentos que podem estar presentes nos dois cenários: os deveres escolares e os meios de comunicação. Em segundo lugar, alguns programas que tratam diretamente de incentivar a presença da família na escola.

Entre a casa e a escola: um caminho de ida e volta

Muitos trabalhos quiseram aproximar a escola do conhecimento cotidiano (Rodrigo, Rodríguez e Marrero, 1994) ou se preocuparam em como conseguir que aquilo que os alunos aprendem seja significativo em um contexto mais amplo que o escolar. Em uma tentativa de estabelecer pontes entre esses dois contextos educacionais, julgamos que seria possível seguir um caminho inverso, de forma que a família se transformasse, de alguma maneira, em mediador na construção de alguns conhecimentos escolares. Por exemplo, podiam existir conhecimentos compartilhados em relação a diferentes temas: a educação para a saúde, a compreensão de determinados textos jornalísticos, etc. Em outro lugar, tratamos muito mais amplamente desse tema (Lacasa, 1999). Em todo caso, o que as pessoas pensam dos deveres e, sobretudo, aquelas que por uma ou outra razão os têm próximos? Nesse ponto, como em muitos outros, surge em seguida uma polêmica. Por um lado, seus partidários argumentam que essas tarefas podem ser úteis e benéficas, já que reforçam as aprendizagens escolares. Por outro, seus detratores atribuem a eles um valor duvidoso, porque consideram que privam os meninos e as meninas de um tempo que poderiam dedicar a outras atividades, o que os torna uma carga desnecessária, pouca criativa, que além disso pode gerar uma atitude negativa em relação ao trabalho escolar. Essa posição negativa provavelmente está relacionada com o conceito mais tradicional de "os deveres" vigente em muitas de nossas escolas, isto é, de tarefas escolares usadas como ferramentas que se aplicam por inércia no dia-a-dia de forma automática, repetitiva e pouco motivadora, em que o aluno ou a aluna raciocina pouco e cria menos.

É preciso reconhecer, no entanto, que as pesquisas descobriram pouco a pouco que os tradicionais deveres podem tornar-se um ponto de apoio para estabelecer relações entre a família e a escola. Nessa linha, destacam-se, por exemplo, os trabalhos de Baumgartner e seus colaboradores (Baumgartner e outros, 1993), nos quais se analisam os comentários que as famílias introduzem, por escrito, nos "boletins de notas", os informes que a escolas lhes envia, ou nos próprios deveres. As respostas foram analisadas considerando elementos como os seguintes: queixas, crenças tradicionais ou inovadoras sobre a educação, temas relacionados com a comunicação, a colaboração da família nas tarefas educacionais da escola e as características do menino ou da menina. Quando se aprofunda nas respostas das famílias, percebe-se imediatamente a dificuldade de compreender o que significam realmente os deveres para cada uma delas; isto é, nem todas parecem ter a mesma idéia do que podem ou devem ser as tarefas escolares em casa. É preciso destacar, finalmente, que as queixas incluíam um pouco mais de 30% das respostas, um dado que indica um alto nível de descontentamento ou de insatisfação familiar nas relações com a escola.

Destacamos, por outro lado, que também surgiram outras vozes que propõem tarefas muito diversas dos deveres tradicionais quando se trata de estimular as relações entre a família e a escola (Epstein, 1994). Nesses trabalhos, já vão-se definindo novas relações entre situações educacionais de caráter formal e não-formal e assinala-se a importância de que os deveres tradicionais se aproximem cada vez mais da vida cotidiana. Entre essas propostas estariam as seguintes:

a) perguntar às famílias o que desejam;
b) tornar explícitas as metas a partir das quais se ensina nas salas de aula, sem dar como certo que estas coincidam com as de outras pessoas que intervêm na educação infantil;
c) fugir de deveres padronizados que são os mesmos para todos os meninos e as meninas da turma;
d) evitar uma relação unidirecional, que parte da escola e termina na família; para conseguir isso, será necessário que a própria escola formule estratégias abertas que facilitem uma relação de "ida e volta", de forma que a família também possa sentir-se envolvida nas tarefas propostas pela escola;
e) utilizar materiais específicos preparados pela própria professora.

Para superar as dificuldades que às vezes têm os deveres escolares na tentativa de estabelecer relações entre a casa e a escolas, pode-se trabalhar tomando o caminho inverso (Buckingham, 1993). Ou seja, ao invés de ir da escola à casa, como fazem os deveres, poderiam ser levados às salas de aula elementos que estão muito presentes nas famílias, especificamente a televisão. Essa é a direção em que se trabalhou, junto com algumas colaboradoras, em turmas de ensino fundamental, participando com os meninos, com as meninas e sua professora em uma oficina de escrita a que foram dedicadas, aproximadamente, três horas por semana no ano letivo. A meta da oficina, durante um período de três meses, foi escrever no jornal local sobre diferentes programas de televisão, selecionados pelas próprias crianças para participar a outras crianças suas opiniões. Mesmo tendo consciência de que aprender a escrever deve ser uma atividade que ocorre no contexto do currículo, a oficina transformou-se em uma atividade lúdica, que, sem dúvida nenhuma, aproximou a família da escola e vice-versa. Um novo exemplo contribuirá para explicitar isso.

A fim de familiarizar as crianças com os dois meios de comunicação que estão presentes em algumas famílias, o jornal e a televisão, pediu-se a elas nos primeiros dias em que participaram da oficina que, transformadas em entrevistadores de sua própria família, perguntassem a seus pais se preferiam ver a televisão ou ler o jornal. No diálogo a seguir com a entrevistadora, uma criança recorda as opiniões de seus pais:

Entrevistador: Você lembra se seus pais gostavam mais da televisão ou do jornal?

Alex: Da televisão.

Entrevistador: Por quê?

Alex: Porque dão as notícias no mesmo dia que acontecem.

Entrevistador: Claro e [...]

Alex: e além disso não tem de parar para ler nem para comprar o jornal, além do mais a informação é grátis.

Ao ler o breve diálogo, observa-se que a criança tem muito claras as opiniões de sua família e, sobretudo, o que se valoriza da televisão: primeiro, sua rapidez em transmitir a notícia, e segundo, o fato de que é grátis. Em síntese, os comentários que foram coletados na sala de aula foram bastante variados, e a oficina contribuiu para aproximar esses dois ambientes, embora apenas os meninos e as meninas estivessem presentes em ambos. Mas ainda é preciso mencionar outra forma de estabelecer pontes entre a família e a escola centrando-se no modo como a família participa na própria escola das tarefas educacionais.

Até onde a família na escola?

Numerosos pesquisadores e líderes sociais propuseram ou exploraram, com diferentes níveis de êxito, programas específicos para estabelecer laços entre a escola e a família (Kellagham e outros, 1993; Palacios, González e Moreno, 1987; Palacios e Paniagua, 1993; Rogoff, 1994). A maioria desses programas pretende, em suma, que a participação das famílias permita introduzir, não apenas nas salas de aula, mas também na comunidade em seu conjunto, a pluralidade de universos culturais específicos de outras comunidades. Kellagham e colaboradores (1993)apresentam diferentes estratégias e programas nos quais se cristaliza a interação entre a escola e a família. Levando em conta a proximidade e o grau de responsabilidade com que pais e mães participam do ensino e da aprendizagem escolar, os autores citam diferentes programas de intervenção que, direta ou indiretamente, pretendem favorecer a interação entre esses dois ambientes. No Quadro 24.1 apresenta-se uma síntese da classificação de Kellagham e colaboradores.

Em termos gerais, a intervenção na casa é entendida como um processo imerso em programas de ajuda à família orientados para favorecer o desenvolvimento infantil. As metas concretas podem ser muito variadas. Por exemplo, alguns se fixam no desenvolvimento físico ou nas características do ambiente que o favorece; outros orientam-se a melhorar o conhecimentos e as crenças com respeito ao desenvolvimento; e outros, ainda, a integrar os pais e as mães nas atividades das escolas. Além disso, Kellagham e seus colaboradores traçam a evolução histórica desses programas durante as últimas décadas e assinalam um movimento que se estende de um modelo de déficit, que subjaz aos programas de intervenção dos anos de 1960, para um modelo de diferenças, pre-

QUADRO 24.1 Estratégias e programas para estabelecer relações entre a escola e a família (Kellagham e outros, 1993)

Próximas	Os pais e as mães participam no *ensino da escola* colaborando com a educadora. As mães e os pais participam em *atividades de aprendizagem em casa*. As tarefas são similares às que meninas e meninos realizam na escola.
Intermediárias	Comunicação entre os dois ambientes pelos mais variados caminhos (notas, reuniões, etc.). Freqüência à escola em atividades não-relacionadas ao ensino. Freqüência a oficinas e seminários para discutir a política da escola. Relações com os professores por meio das estruturas que a escola proporciona.
Distantes	Apoios à saúde e ao bem-estar dos meninos e das meninas em geral. Contribuições à direção da escola. Freqüência a programas de educação para pais e mães. Contatos com os recursos da comunidade.

dominante entre os anos de 1970 e 1980, para chegar, finalmente, ao atual modelo de fortalecimento da educação familiar.

O modelo de déficit surge em torno da educação compensatória e relaciona-se com um esforço maciço da administração dos Estados Unidos por romper o ciclo de pobreza a que estão expostos os meninos e as meninas de famílias com poucos recursos. Ao começar a escola, essas crianças careciam da preparação necessária. A partir do programa *Head Start*, por exemplo, proporcionaram-se experiências educacionais complementares durante algumas horas por dia em escolas especiais ou no próprio ambiente escolar. Tratava-se de ensinar às mães e aos pais condutas específicas que facilitariam o desenvolvimento cognitivo de seus filhos e suas filhas. O fundamento explícito desses programas era a necessidade de proporcionar recursos às famílias para que as crianças pudessem adaptar-se à escola. Esses programas foram objeto de numerosas críticas, entre as quais se podem destacar as seguintes:

a) embora o fracasso escolar seja atribuído à falta de oportunidades na família, constatou-se que os próprios meninos e meninas observados nos ambientes menos formais que a escola tinham um rendimento melhor;
b) pressupunha-se que qualquer programa seria eficaz para qualquer pai ou mãe, sem levar em conta que existiam importantes diferenças entre eles;
c) prescindia-se do contexto social em que as famílias se desenvolviam;
d) os valores e as normas do ambiente escolar eram considerados superiores aos das famílias.

Por volta de 1970, aparecem novos modelos que destacam as diferenças culturais. Talvez como resposta às críticas que receberam os programas anteriores, planejam-se programas individuais que reconhecem o valor da experiência e dos conhecimentos dos pais e das mães. O ensino por parte de um pessoal especializado foi instituído por uma colaboração maior entre este e a família. A cultura da escola não é considerada superior à da casa, mas simplesmente distinta.

Um terceiro tipo de modelos é o que reconhece que as mães e os pais são os principais educadores. O papel dos professores é complementá-lo, colaborando com a família na obtenção de determinadas metas. Na filosofia que fundamenta tais programas se admite que o desenvolvimento da comunidade é um requisito prévio para o desenvolvimento infantil. Além disso, reconhece-se que os indivíduos e as famílias são membros de múltiplos ambientes e que são muitos os agentes que apóiam esse desenvolvimento em contextos formais e informais. As mães podem ter um papel fundamental na educação infantil, mas, para isso, é necessário que possam controlar suas próprias vidas.

Em resumo, as estratégias para aproximar o ambiente educacional e familiar são múltiplos e foram evoluindo ao longo dos anos, do mesmo modo que a escola e os padrões que organizam a vida familiar. Em todo caso, ainda resta um amplo trabalho a realizar. Está-se diante de um campo que não foi exaustivamente explorado, talvez devido ao fato de que ainda se costume considerar a aprendizagem escolar como uma tarefa que se realiza unicamente nas salas de aula.

BREVES REFLEXÕES A TÍTULO DE CONCLUSÃO

Comentávamos, no início deste capítulo, que a família e a escola aparecem, às vezes, estreitamente relacionadas nas lembranças das pessoas, mas talvez não estejam tanto nas idéias que os meninos e as meninas, e inclusive suas famílias, têm sobre o que se aprende dia a dia na escola. Uma questão importante é explorar as relações que podem existir entre esses ambientes, de forma que seja possível contribuir para que aquilo que ocorre entre eles facilite aos mais novos serem membros de pleno direito em sua comunidade. Isso supõe, no limite, adquirir habilidades e construir conhecimentos que não podem ser obtidos apenas na família nem na vida cotidiana. Três idéias fundamentais contribuem para explicitar a situação no momento atual e marcam o caminho a percorrer.

Em primeiro lugar, quando se analisam os diversos trabalhos que abordaram esse tema, constata-se que procedem de diversos modelos teóricos. O mais interessante é observar que diferentes modelos abordam o tema de perspectivas muito diversas, e talvez seja uma tarefa pendente da psicologia da educação buscar a complementaridade entre todos eles. Por exemplo, se se parte de um enfoque no qual é particularmente útil o conceito de atividade mediada por instrumentos simbólicos, será necessário recorrer a outras perspectivas quando se quiser fazer uma análise das tarefas que se realizam nos ambientes mediados por esses instrumentos. Vale a pena assinalar que talvez se trate de uma tarefa pendente não apenas em relação ao tema de que se trata, mas também em relação a muitos outros que também interessam atualmente à psicologia da educação; é importante levar em conta que, no contexto de uma ciência de caráter aplicado, na qual se abordam as teorias a partir dos problemas, é sempre preferível buscar a convergência entre os modelos.

Em segundo lugar, questionava-se se existe uma continuidade ou uma descontinuidade entre a família e a escola como ambientes educacionais. Dar uma resposta simples à questão não é fácil. Também não acreditamos que exista uma resposta que possa ser generalizada, mas sim que a continuidade ou a descontinuidade depende, em grande medida, tanto das características dos próprios ambientes como dos grupos sociais mais amplos nos quais esses ambientes estão imersos. É preciso assinalar, por outro lado, que nem todas as pesquisas estão de acordo quanto à necessidade da continuidade entre os conhecimentos que se adquirem em um ambiente e em outro. Isto é, será necessário admitir, por um lado, o fato de que o conhecimento científico transforma o cotidiano e que ambos são necessários para que as pessoas possam se desenvolver em diferentes contextos; por outro lado, a existência de enormes diferenças entre as famílias, cada uma delas com suas próprias expectativas perante a escola. Além disso, falta pesquisar de que modo famílias e escolas podem convergir ou não em favorecer a aquisição de determinadas atitudes e de determinados valores por parte dos meninos e das meninas.

Finalmente, ainda continua aberta a questão de como estabelecer ligações entre a escola e a família. Nem todos parecem igualmente eficazes, embora talvez seja preferível mais uma vez buscar sua complementaridade. Nas páginas anteriores, revisamos o papel que os instrumentos presentes em tais ambientes podem desempenhar para estabelecer conexões entre eles; também se revisou como as famílias podem estar presentes na escola. Com base em nossa própria prática, queremos finalizar destacando que tanto os professores como a família têm de ser ativos; sem a consciência de ambos de que é possível encontrar caminhos para relacionar tais ambientes, será impossível traçar esses caminhos.

NOTA

1. Com a colaboração de Amalia Reina e Adela Rodríguez.

25

A educação escolar diante das novas tecnologias da informação e da comunicação

CÉSAR COLL E EDUARDO MARTÍ

INTRODUÇÃO: AS TECNOLOGIAS DA INFORMAÇÃO E DA COMUNICAÇÃO

Uma das tendência evolutivas fundamentais de nossa espécie consistiu em criar objetos técnicos cada vez mais complexos que permitiram transcender as limitações inerentes ao corpo e à mente humana: desde as pedras, as pontas, as facas ou as raspadeiras do paleolítico até a internet e os telefones móveis do século XXI. Entre todas essas tecnologias, merecem particular atenção aquelas que permitem a representação e a transmissão da informação e, por esse motivo, interpelam diretamente a mente humana: desde as pinturas do paleolítico superior até as imagens audiovisuais, desde os papiros de hieróglifos até a página *web*, ou desde as inscrições monumentais dos sumérios até as mensagens do correio eletrônico. É certo que as tecnologias de há alguns milhares de anos e as atuais se baseiam em uma mesma idéia fundamental, revolucionária, para o desenvolvimento humano: a criação de sistemas de signos (linguagem, escrita, imagens, notação numérica, notação musical, etc.). O que as diferencia são as novas possibilidades técnicas de representação e de transmissão da informação e da comunicação (NTIC). Mas o que são exatamente as NTIC?

Em uma primeira abordagem, poderíamos dizer que essas novas tecnologias surgem como resultado da integração de duas possibilidades técnicas que experimentaram um progresso espetacular ao longo das últimas décadas: o incremento da capacidade e da rapidez do processamento da informação, graças ao desenvolvimento da informática, e a codificação e a transmissão da informação, graças à digitalização, ao cabo óptico e aos satélites. É verdade que os computadores já têm mais de 50 anos. Contudo, pouco têm a ver os computadores da primeira geração, lentos e portentosos processadores da informação confinados em salas escuras e destinados fundamentalmente a demoradas tarefas de cálculo, com os computadores atuais, menores, de manejo muito mais simples, capazes de processar de forma extremamente mais rápida a informação e suscetíveis de assumir uma extensa gama de tarefas próximas das necessidades de muitas pessoas. Naturalmente, o progresso técnico relacionado com a miniaturização e a potência dos processadores de informação foi paralelo à criação de programas (*software*) cada vez mais elaborados, diversificados e adaptados às necessidades dos usuários.

De modo concomitante, as possibilidades de codificar e de transmitir informação também deram um salto espetacular com o surgimento do cabo óptico (técnica mais segura e rápida de transmitir informação que aquela permitida pelas formas tradicionais); com a digitalização (novas possibilidades de codificar todo tipo de informação de forma muito mais fiel e segura do que aquela utilizada com as formas clássicas, o que facilita sua reprodução e sua transmissão); e com o desenvolvimento da comunicação por meio de satélites, que amplia de forma insuspeitada as possibilidades de transmitir todo tipo de informação de lugares remotos. As NTIC integram os avanços nessas duas frentes técnicas e tornam possível uma nova maneira de interagir com a informação e uma nova maneira de comunicá-la. Talvez as criações mais inovadoras e populares – junto com os telefones móveis – dessas NTIC são as que permitem que vários computadores sejam conectados entre si, configurando redes de conexões potenciais, como a internet, e que possam utilizar tais redes para transmitir e ter acesso de forma integrada a informações que utilizam suportes diversos – língua oral, língua escrita, imagens estáticas, imagens em movimento, som, etc. – como ocorre com as páginas *web*.

Os NTIC não deslocam nem suprimem as tecnologias dominantes até o momento para representar as informações e transmiti-las, mas as modificam em profundidade. Assim, é muito provável que os livros, os jornais e as bibliotecas não estejam destinados a desaparecer, mas a sofrerem profundas modificações devido às novas possibilidades que surgem de escrever, de ler, de transmitir a informação escrita e de armazená-la. É possível também que a televisão, por sua vez, continue reinando nos lares. Mas será certamente uma televisão diferente associada a práticas de uso diferentes; será uma televisão que integrará toda a oferta audiovisual presente na internet e que competirá com outras formas de lazer e de acesso à informação. O mesmo poderíamos dizer das tecnologias do som (telefones, rádio, reprodução de música) ou das imagens estáticas (desenho, reprografia, fotografia). As mudanças técnicas deixam entrever novas maneiras de interagir com as informações. Do mesmo modo que a invenção da escrita, a imprensa ou a televisão inauguraram novas práticas sociais e tiveram claras repercussões no desenvolvimento humano, com as NTIC vislumbram-se novas formas de trabalhar, de comprar, de comunicar, de divertir-se e novas formas de aprender e de ensinar.

Sobre esse pano de fundo, o objetivo do presente capítulo é rever as mudanças e as transformações que estão se produzindo na educação escolar como conseqüência do surgimento das NTIC. Embora nossa abordagem se circunscreva ao olhar próprio da psicologia da educação e se dirija sobretudo a indagar seu impacto nos processos de ensino e aprendizagem, faremos alguns comentários gerais sobre alguns traços distintivos e algumas tendências emergentes da chamada sociedade da informação, da aprendizagem e do conhecimento que se revestem de um interesse especial do ponto de vista da educação escolar e que nos servirão para enquadrar os dois pontos seguintes, que constituem o núcleo do capítulo. Dedicaremos o primeiro deles a indagar as potencialidades que encerram as NTIC para a aprendizagem, isto é, a analisar algumas de suas características que têm uma incidência especial sobre os processos de construção do conhecimento e que permitem compreender por que e como podem ser utilizadas com proveito para promover a aprendizagem. O segundo, por sua vez, será dedicado a mostrar como a incorporação das NTIC à educação escolar[1] admite uma ampla gama de possibilidades que, em alguns casos, podem levar a uma modificação substancial dos ambientes de ensino e aprendizagem. Algumas breves considerações finais sobre os desafios teóricos e práticos das aplicações educacionais das NTIC nos servirão, a título de conclusão, para fechar o capítulo.

A EDUCAÇÃO ESCOLAR NA SOCIEDADE DA INFORMAÇÃO E DO CONHECIMENTO

Já não nos causa estranheza que uma pessoa reserve suas entradas de cinema ou envie sua lista de compras ao supermercado do terminal de seu computador, ou que trabalhe em casa, em vez de deslocar-se até o escritório. Também não nos causa estranheza que uma criança passe horas e horas brincando com um videogame, que aprenda a ler e a escrever suas primeiras palavras utilizando um programa de computador, ou que um jovem participe em um fórum público (*chat*) no qual envia e recebe mensagens de pessoas desconhecidas que se encontram em qualquer lugar do planeta. E não nos causa estranheza que uma pessoa consulte uma enciclopédia multimídia em seu computador lendo o conteúdo de um CD-ROM, envie um arquivo que acaba de escrever a seu colega que se encontra em Upssala ou busque alguma página *web* que o informe das ofertas e das possibilidades turísticas da Ilha Margarita. Esses exemplos apenas refletem casos cotidianos e particulares de um fenômeno mais amplo, que começa a ter repercussões econômicas, sociais e culturais em todo o mundo e que, como anunciaram alguns autores (ver, por exemplo, Castells, 1997), está configurando uma nova sociedade – a chamada "sociedade da informação" –, ou para os mais otimistas, "sociedade da aprendizagem" e até "sociedade do conhecimento". As mudanças inerentes a tal revolução, que por sua magnitude podem ser comparáveis e inclusive ultrapassar aquelas que foram desencadeadas pela invenção da imprensa ou pela revolução industrial, começam apenas a vislumbrar-se e, por isso, é arriscado tentar estabelecer com precisão as transformações econômicas, sociais e culturais que indubitavelmente acarretarão. Mas já é possível identificar com clareza algumas tendências e alguns desafios e tensões que convém levar em conta para entender o papel que pode desempenhar a educação na sociedade da informação e o impacto que o surgimento e generalização das NTIC podem ter sobre a educação escolar.

Da informação ao conhecimento

É evidente que a informação é o principal protagonista da nova sociedade. O armazenamento, o processamento e a transmissão de todo tipo de informação em velocidades cada vez mais altas e a custos cada vez mais baixos permitem uma circulação de informação escrita, audiovisual ou musical e um acesso a elas inimaginável há apenas alguns anos. É certo que as bibliotecas, os arquivos e as filmotecas vinham cumprindo essas funções há muitos anos. As possibilidades que as NTIC oferecem para armazenar e transmitir informação permitem atualmente não apenas ter acesso com mais facilidade aos arquivos, às bibliotecas e às filmotecas, mas também gerar novas bases de dados que reúnem e ordenam todo tipo de informações, tornando-as acessíveis – por exemplo, mediante CD-ROM ou por meio de páginas *web* – a qualquer usuário.

Mas essa situação promissora também esconde seus perigos e suas limitações. Como aponta ironicamente Umberto Eco (1987), e muitas pessoas puderam experimentar navegando pela rede, o excesso da informação pode conduzir ao caos, ao silêncio. Apenas o estabelecimento de critérios de qualidade e de confiabilidade da informação, por um lado, e a organização e a interpretação dessa informação de acordo com esquemas significativos para cada pessoa, por outro, pode evitar que a sociedade da informação se transforme em uma sociedade caótica. Mesmo dando como certa a afirmação de Gardner (1987) de que as pessoas, desde o início da vida, são devoradoras e processadoras incessantes de informação, não é menos certo que da informação ao conhecimento há um longo caminho. Por isso, diante da proliferação cada vez mais desordenada de informações de todo tipo, é urgente que as pessoas adquiram os critérios que possam ajudá-las a estabelecer hierarquias de qualidade e de confiabilidade diante das informações e que, ao mesmo tempo, adquiram estratégias conscientes e efetivas de seleção e de busca da informação. Será cada vez mais importante saber como ter acesso à informação pertinente, e não será tanto saber ou "possuir" tal informação. Diante dos desafios, a educação escolar tem uma grande responsabilidade, pois tanto o uso deliberado e estratégico da informação como o estabelecimento de critérios que permitam avaliar sua qualidade e sua confiabilidade são aquisições complexas que necessitam o apoio de práticas educacionais formais. E o mesmo poderíamos dizer da "aprendizagem". É certo que as possibilidades de aprender, como veremos mais adiante, são estimuladas por essa proliferação de informações facilmente acessíveis. Hoje sabemos que a aprendizagem não é um processo desordenado, espontâneo e aleatório, mas segue certas linhas construtivas cujo desenvolvimento requer, em muitos casos, ajudas educacionais planejadas e sistemáticas (ver os Capítulos 6 e 17 deste volume).

O fato de assinalar tais limitações não implica negar a evidência de que as NTIC abrem novas e interessantes possibilidades de conhecimentos e de aprendizagem. Trata-se simplesmente de reconhecer que a realidade é um pouco mais complexa. Assim, por exemplo, é evidente que as desigualdades no acesso às NTIC podem acrescentar ainda mais, se possível, às dificuldades reais de acesso à informação e ao conhecimento que já têm atualmente os setores sociais mais desfavorecidos. O caso da internet é claro a esse respeito. Sendo, em princípio, um recurso altamente descentralizado, democrático e sem fronteiras, na verdade é apenas para aqueles que podem ter fácil acesso a ele, para os "plugados na rede" (Cebrián, 1998). Além disso, inclusive entre os que têm acesso a elas, as NTIC podem aprofundar outras discriminações, como aquelas relacionadas ao gênero.[2] É muito provável, assim, que as NTIC, apesar de suas potencialidades, aprofundem as divisões já existentes entre grupos de pessoas em sua relação com o conhecimento e a aprendizagem. Mais uma vez, diante desse desafio, a educação escolar tem uma grande responsabilidade como instrumento compensador das desigualdades, desigualdades que afetam também a presença e as possibilidades de acesso à NTIC entre o diferentes setores sociais.[3]

Conectados sem fronteiras

Os avanços na facilidade de acesso à informação que supõem as NTIC mostram seu verdadeiro alcance se levamos em conta que tais tecnologias não apenas proporcionam múltiplas e variadas informações, como se fossem bases de dados inesgotáveis, mas oferecem também a possibilidade de pôr em contato, sem nenhum tipo de restrição espacial ou temporal, uma infinidade de pessoas que compartilham os recursos básicos dessas conexões (telefones móveis ou computadores conectados a uma rede interna – intranet – ou uma rede externa). As possibilidades de comunicação e de troca da informação não são novas. O rádio e a televisão já significaram, na sua época, um salto importante como tecnologias da informação e da comunicação. Do mesmo modo, o intercâmbio "epistolar" (graças a uma pessoa, a um cavalo, a um barco, a um automóvel ou a um avião) e, mais tarde, os telefones e os fax, supuseram formas cada vez mais ágeis de troca da informação. Mas com as NTIC, tais possibilidades se multiplicam e são integradas nas novas formas de comunicação e de troca da informação. Com o surgimento das NTIC, estão-se derrubando as barreiras especiais e temporais existentes. É cada vez mais fácil saber das mudanças da Bolsa de Tóquio no mesmo instante na Bolsa de Madrid, transferir uma infinidade de documentos e dados de uma empresa para outra no mesmo instante, um conferencista da Universidade de San Diego ser ouvido e visto em uma sala da aula da Universidade de Barcelona enquanto faz sua conferência nos Estados Unidos, duas equipes de pesquisadores compartilharem os dados de suas experiências ou um grupo de estudantes espanhóis entrar em contato com outro grupo de estudantes argentinos para trocar experiências, impressões e conhecimentos.

Como veremos mais adiante, as novas possibilidades deixam a porta aberta para que se modifiquem em profundidade as práticas educacionais escolares, mas ao mesmo tempo estão transformado os próprios objetivos da educação e a relação entre os diferentes contextos educacionais. Tudo parece indicar que a formação necessária para que as pessoas possam incorporar-se a um mercado de trabalho em constante transformação se estenderá ao longo da vida com o objetivo de atender a necessidades de formação cada vez mais diversificadas. A formação contínua terá, certamente, mais importância que teve até agora e contará com novos cenários educacionais para realizar-se (por exemplo, a educação a distância mediante a criação de espaços formativos virtuais). Isso não supõe, naturalmente, o objetivo da formação inicial, que continuará tendo uma função essencial na educação básica de todos os cidadãos, mas supõe que alguns aspectos dessa função sofrerão profundas modificações como conseqüência da importância crescente da formação contínua.

Mas, além disso, as NTIC – assim como ocorreu com outras tecnologias como a escrita e, sobretudo, a televisão – estão contribuindo para o surgimento de novos cenários educacionais. De fato, a rapidez com que vêm expandindo-se algumas aplicações concretas das novas tecnologias – como, por exemplo, os consoles de videojogos, os telefones móveis e a internet, como os populares *chats* ou fóruns de fala interativa, o correio eletrônico e a navegação nas páginas *web* – é um indicador da influência que esses novos meios estão começando a ter em crianças e jovens (Casas, 2000). Essas "novas telas" não apenas transmitem, assim como ocorre com a televisão, uma série de conteúdos e de valores suscetíveis de incidir nos conhecimentos e nas atitudes das crianças e dos jovens e em seu processo de socialização, mas também estão criando novas comunidades de relações e interesses entre crianças e, sobretudo, jovens. Emergem, assim, novas culturas infantis e juvenis em torno da NTIC, que se constituem de forma alheia aos contextos de desenvolvimento predominantes, a família e a escola. O fenômeno não é novo, visto que sempre existiram contextos de desenvolvimento alheios à família e à escola baseados nas relações entre iguais, mas está assumindo uma nova dimensão como conseqüência das facilidades de comunicação e de troca que as NTIC oferecem.

Igualmente visível é o fato de que, além de contribuir para que apareçam novos cenários educacionais, as NTIC estão começando a transformar as práticas dos cenários educacionais tradicionais mais consolidados em nossa sociedade, a família e a escola. Em casa, assim como ocorreu com a televisão, mas agora com um meio muito mais potente e multifuncional, é cada vez mais freqüente que as novas telas se tornem um protagonista central nas relações familiares e atuem como potentes mediadores no processo de conhecimento e de socialização das crianças. Assim, levando em conta a novidade que significou o surgimento das NTIC para toda uma geração de pais e a facilidade com que crianças e jovens as adotam sem temor, o fenômeno pode chegar a introduzir uma ruptura entre gerações, além de pôr em questão uma certa hierarquia do saber. Algo similar se pode dizer sobre a educação escolar. Por um lado, as práticas educacionais escolares terão de levar em conta que, graças às possibilidades que essas tecnologias oferecem, os alunos adquirem um volume cada vez mais considerável de conhecimentos – não apenas conhecimentos de fatos ou de conceitos, mas também de procedimentos, de atitudes e de valores – à margem do contexto escolar. Por outro lado, como veremos nos itens seguintes, a incorporação das NTIC aos ambientes escolares de ensino e aprendizagem pode modificar substancialmente tais ambientes.

O POTENCIAL DAS TECNOLOGIAS DA INFORMAÇÃO E DA COMUNICAÇÃO PARA A APRENDIZAGEM

As considerações anteriores adquirem ainda mais relevância, se é possível, devido ao fato de que as NTIC proporcionam, pelo menos potencialmente, um meio de representação e de comunicação inovador, cujo uso pode introduzir modificações importantes em determinados aspectos do funcionamento psicológico das pessoas. Naturalmente, as NTIC não são o único nem o primeiro recurso semiótico criado pelos seres humanos: a escrita, a notação matemática, os sistemas figurativos – desenho, diagramas, mapas, etc. – ou as imagens estáticas ou em movimento foram e continuam sendo, junto com a linguagem oral, potentes mediadores semióticos do comportamento humano. Como mediadores semióticos, sua utilização modifica a maneira de memorizar, de pensar, de relacionar-se e também de aprender (Donald, 1993; Olson, 1986; Vygotsky, 1979). Devido às suas propriedades específicas, cada um desses sistemas semióticos introduz determinadas restrições, e daí suas potencialidades, e também suas limitações, como “instrumentos psicológicos” (Kozulin, 2000). Não é a mesma coisa aprender apoiando-se em um texto escrito e em imagens estáticas ou em imagens em movimento: não apenas pelas exigências de uma ou outra tarefa, mas também pelo tipo de processos cognitivos que cada sistema solicita, potencializa e limita. Tampouco é comparável fazer cálculos mentais, fazê-los utilizando o sistema decimal, utilizando a escrita ou utilizando uma série de desenhos; nem orientar-se no espaço usando um mapa, uma descrição escrita ou uma gravação audiovisual. Além disso, em todos esses casos são determinantes os usos que as pessoas fazem dos recursos semióticos disponíveis, usos que conduzem a determinadas formas de interação com o objeto de conhecimento e que dependem, em boa medida, das práticas sociais e educacionais em que se inserem. Voltaremos a esse aspecto no próximo item. Na seqüência, vamos nos centrar nas características das NTIC do ponto de vista semiótico e em suas potencialidades para a aprendizagem. O que as NTIC têm de especial, então, se as comparamos com outros sistemas semióticos conhecidos, como a língua oral, a língua escrita, a escrita, as imagens estáticas ou as imagens em movimento?

A primeira coisa que chama a atenção é que os componentes semióticos das NTIC nos são familiares: nas telas aparecem letras, toda espécie de signos mais ou menos figurativos, imagens audiovisuais, linguagem, som e, às vezes, alguns números. Nesse sentido, as NTIC não estão criando um sistema de signos. O que elas fazem, de fato, é criar, a partir da integração dos sistemas clássicos, condições totalmente novas de tratamento, de transmissão, de acesso e de uso das informações transmitidas até agora pelos suportes clássicos da escrita, das imagens, do som ou da fala. E essas condições conferem às NTIC características específicas como "instrumentos psicológicos", como mediadoras do funcionamento psicológico das pessoas que as utilizam. O Quadro 25.1 reúne algumas dessas características que têm um interesse especial, a nosso ver, para a aprendizagem escolar (ver, também, Martí, 1992).

Formalismo

Uma característica dos sistemas semióticos minimamente complexos é a sua organização em torno de uma série de propriedades formais que marcam as restrições dentro das quais as expressões desse sistema são aceitáveis e têm sentido. É fácil apreciar tal característica se pensamos, por exemplo, na escrita, na notação matemática ou nos gráficos. Mas o que ocorre com as NTIC é algo peculiar à medida que, como acabamos de assinalar, integram estes e outros sistemas semióticos e os utilizam de forma conjunta e articulada para transmitir informação. Nesse sentido, as exigências e as particularidades de cada um desses sistemas simbólicos são exigências e particularidades que se impõem a qualquer pessoa que interage com as NTIC: diante das telas se lê, escreve-se, escuta-se, calcula-se e interpretam-se imagens. Mas, além dessas exigências, os usos das NTIC requerem, qualquer que seja o dispositivo com o qual se interaja – seja um computador, uma agenda eletrônica ou um telefone móvel –, que sigamos uma série de instruções em seqüência muito definidas, precisas e, em alguns casos, extremamente rígidas, para que a interação com a máquina tenha êxito.

É certo que essa interação, devido sobretudo aos espetaculares avanços durante os últimos anos na criação de *interfaces* cada vez mais intuitivas e próximas do modo de proceder dos usuários, tornou-se progressivamente mais fácil. Contudo, há sempre uma "lógica" do dispositivo tecnológico que exige que determinadas ações – acionar uma tecla, mover e acionar o *mouse* quando o cursor está sobre uma imagem, escrever um nome, escolher uma opção de um menu, etc. – sejam realizadas de modo rigoroso e em uma determinada ordem. A lógica pode variar muito conforme o tipo de recurso tecnológico e conforme o programa que se utiliza, mas exige sempre um certo planejamento das ações e um nível mínimo de tomada de consciência do que se está fazendo para que a máquina responda. Essa exigência pode criar frustração em alguns usuários, que se sentem incomodados diante da pouca flexibilidade da máquina, que se nega a responder se não se faz exatamente o que se tem de fazer. Mas também podem favorecer, como mostram alguns autores, à pessoa que utiliza as NTIC o desenvolvimento de uma maior capacidade de planejamento de suas ações e, sobretudo, que tome consciência da diferença existente entre seus desejos e suas intenções (significado pretendido) e o que tem de fazer para que a máquina responda (significado manifesto), distinção fundamental em qualquer atividade humana, incluída a aprendizagem escolar (Fletcher-Flinn e Suddendorf, 1996; Olson, 1986; Turkle, 1994).

Interatividade

A interatividade é, sem dúvida nenhuma, a característica das NTIC que mais interesse tem despertado do ponto de vista de sua utilização educacional (Greenfield, 1984; Papert, 1981, 1983). Ao contrário do que ocorre com os suportes tecnológicos de outros sistemas semióticos, como a escrita, a notação matemática ou as imagens audiovisuais, as novas tecnologias tornam possível que, entre o usuário e as informações transmitidas por elas, se possa instaurar um constante ir e vir; as ações do sujeito – abrir um documento, ter acesso a uma página *web*, copiar um arquivo, introduzir dados em uma folha de cálculo, consultar uma base de dados, fazer avançar um personagem de videogame, visualizar a perspectiva aérea de uma cidade, etc. – produzem de imediato mudanças visíveis na tela que, por sua vez, exigem novas decisões e ações do sujeito, e assim sucessivamente. A interatividade das NTIC contrasta com as características de outras tecno-

QUADRO 25.1 Principais características das NTIC relevantes para os processos de ensino e aprendizagem. Indicam-se, para cada uma delas, algumas de suas potencialidades para a aprendizagem

FORMALISMO	Exige explicitação e planejamento das ações. Tomada de consciência e auto-regulação.
INTERATIVIDADE	Relação mais ativa com as informações. Primeiro plano. Ritmo individual. Motivação. Auto-estima.
DINAMISMO	Possibilidade de interagir com relações virtuais. Exploração. Experimentação.
MULTIMÍDIA	Possibilidade de passar de um sistema para outro. Integração e complementaridade de formatos de representação. Generalização.
HIPERMÍDIA	Nova organização espacial e temporal da informação. Facilidade de relacionar informações.

logias da informação e da comunicação – pensemos, por exemplo, na informação escrita em um livro, em cálculos realizados em uma folha de papel ou nas imagens da televisão – que não oferecem a possibilidade de estabelecer uma relação recíproca e contingente entre as ações do sujeito e as modificações subseqüentes das informações. Pode-se, isso sim, fechar o livro, escolher um fragmento para ler, apagar e modificar o que se está escrevendo, ou mudar de canal de televisão; mas de modo algum essas tecnologias oferecem as possibilidades que proporcionam as NTIC para estabelecer uma espécie de diálogo contínuo entre as decisões e as intervenções do sujeito e as mudanças que aparecem na tela. Dessa perspectiva, as novas tecnologias são muito mais complexas e autônomas em seu funcionamento que as tecnologias clássicas que sustentam a escrita, o som ou as imagens audiovisuais. Daí, sua capacidade potencial para promover a interação entre o sujeito e as informações, algo essencial se aceitamos a natureza interativa e construtiva do conhecimento e da aprendizagem.

O caráter interativo das NTIC, por si só, não garante um conhecimento mais elaborado e uma aprendizagem mais significativa. Seria muito ingênuo tomar essa potencialidade como um seguro de qualidade e solidez das aprendizagens. Estas não dependem apenas do meio simbólico utilizado; como se evidencia claramente em outros capítulos deste mesmo volume (ver, em particular, os Capítulos 6, 14 e 17), são igualmente essenciais a atividade do aluno e as práticas educacionais em que essa atividade se insere. É inegável, no entanto, que as NTIC favorecem a reciprocidade e a contingência das relações entre o sujeito e o objeto do conhecimento, o que, por sua vez, contribui para reforçar o envolvimento do primeiro no processo de aprendizagem, ao mesmo tempo que lhe permite um maior controle desse processo. Prova disso é a atitude positiva e a maior motivação para aprender que costumam manifestar crianças e jovens quando se envolvem em processos de aprendizagem utilizando as NTIC. Os sentimentos de ser protagonista e de ter o controle – relacionado com o caráter interativo desses meios –, presentes muitas vezes nos sujeitos que utilizam as NTIC, são provavelmente fatores que contribuem de forma decisiva para desenvolver uma atitude positiva diante da aprendizagem.

Dinamismo

Assim como ocorre com outras tecnologias – o rádio, o cinema ou a televisão –, as NTIC têm a particularidade de transmitir informações dinâmicas que se transformam, ou são suscetíveis de transformar-se, ao longo do tempo. Isso contrasta com o caráter mais estático de suportes gráficos, como a escrita, as imagens ou a notação matemática. Se associamos essa característica com o potencial das NTIC para transmitir qualquer tipo de informação simulando os aspectos espaciais e temporais de fenômenos, acontecimentos, situações ou atividades e, além disso, levamos em conta seu caráter interativo, podemos imaginar facilmente as possibilidades que oferecem para o ensino e a aprendizagem da simulação de uma experiência química até a de uma viagem em uma escuna do século XVIII, passando pela confecção, passo a passo, de uma teia de aranha, a visão aérea dos Andes ou as mudanças que experimenta um embrião humano, as NTIC possuem um enorme potencial para recriar, ou mesmo criar, mundos virtuais particularmente sugestivos para ensinar e aprender. Em suma, embora desse ponto de vista o potencial simbólico das NTIC se assemelhe ao de outras tecnologias, o que as distingue é sua capacidade para criar ou recriar, utilizando e articulando diferentes sistemas simbólicos, modelos virtuais de todo tipo de fenômenos e situações, o que tem um interesse evidente para a projeção de situações de ensino e aprendizagem nas quais a observação, a exploração e a experimentação ocupem um lugar de destaque.

Multimídia

Já assinalamos que, mais do que criar um novo sistema semiótico, as NTIC, na realidade, combinam e integram os existentes, obtendo assim o máximo proveito de suas potencialidades sem ser necessariamente afetadas por suas limitações. A capacidade de combinar diferentes sistemas simbólicos para apresentar a informação e a facilidade para transitar sem maiores obstáculos de um para outro são duas características essenciais que, embora já possam ser encontradas de forma incipiente em alguns usos das tecnologias clássicas – por exemplo, na combinação de imagens e de escrita nos suportes gráficos; ou na combinação de som, escrita e imagens na televisão – são fortemente potencializadas nas NTIC graças à digitalização da informação. A natureza "multimídia" – termo usado habitualmente para designar tal característica – das NTIC reveste-se de um interesse especial do ponto de vista da aprendizagem escolar.

De fato, à medida que cada formato de representação introduz suas próprias restrições, apela a um tipo de processamento cognitivo mais do que a outro e é mais adequado para representar um tipo de fenômenos do que outros, a capacidade de combinar formatos de representação e de traduzir as informações de um formato para outro pode favorecer para a compreensão e a generalização de muitos conceitos ensinados habitualmente na escola (Mayer, 1999b). Pensemos, por exemplo, na facilidade com que alguns programas permitem passar de uma equação matemática para sua representação gráfica, ou na possibilidade que oferecem alguns programas para crianças pequenas de relacionar diferentes imagens com a palavra escrita e falada correspondente, ou ainda na possibilidade de obter uma série de informações gráficas que acompanham e complementam um texto; em todos esses casos, a facilidade para integrar formatos de representação de todo tipo e a possibilidade que tem o sujeito de escolher a passagem de um para outro constituem recursos de grande interesse para a aprendizagem. Mais uma vez, contudo, impõe-se uma certa cautela. Não é suficiente que os programas sejam "multimídia" para garantir uma boa aprendizagem. Tudo dependerá da qualidade desses programas, da interação que o aluno estabelece com eles e, em suma, das características das seqüências de ensino e aprendizagem em que se insere a interação (Gómez-Granell e outros, 1997).

Hipermídia

Em nosso acesso habitual à informação e ao conhecimento, estamos acostumados a uma apresentação seqüencial e linear dos conteúdos – própria, sobretudo, dos textos escritos – que requer um processamento cognitivo igualmente linear e seqüencial – embora o sujeito sempre possa introduzir, graças a seus esquemas prévios e às suas capacidade de antecipação e lembrança, uma densidade que rompe com a estrita linearidade de um texto. Com as NTIC – pensemos, por exemplo, em uma página *web* qualquer – a apresentação e a organização das informações seguem muitas vezes uma lógica que não é aquela estritamente linear e seqüencial das informações escritas habituais. Fazendo um paralelismo com o "texto" escrito, a nova forma de apresentar e organizar a informação foi chamada de "hipertexto". À medida que as NTIC permitem combinar vários formatos representativos, os "hipertextos" muitas vezes são também "multimídia", de maneira que cabe falar, em realidade, de uma apresentação e de uma organização "hipermídia". Por um lado, o que aparece na tela, ao combinar diferentes formatos de representação, presta-se facilmente a organizações variadas e não unicamente lineares e seqüenciais; por outro, certos signos facilmente identificáveis na tela – palavras, imagens, símbolos gráficos, etc. – remetem a novas informações, estabelecendo-se, assim, uma rede complexa de elos e de conexões entre informações que podem ser exploradas de múltiplas maneiras pelo sujeito.

Desconhecemos ainda até que ponto essa mudança na forma de apresentar a informação na lógica subjacente pode facilitar a aprendizagem significativa e melhorar a compreensão ou, ao contrário, favorecer uma aprendizagem mecânica e uma compreensão superficial dela (León, 1998; Rouet, 1998). É razoável pensar, no entanto, que, dependendo das estratégias de busca que o aluno utiliza e da qualidade e riqueza das informações que encontra, sua exploração poderá desembocar em descobertas frutíferas ou estancar em uma navegação interminável condenada ao "naufrágio" final. De todo modo, o que está fora de discussão é que com as NTIC se começam a instaurar novas formas de apresentação e de organização da informação que podem chegar a ter um grande impacto na aprendizagem escolar.

Assinalemos ainda, para finalizar este item, que as características comentadas adquirem sua verdadeira dimensão à luz da grande capacidade das NTIC para armazenar todo tipo de informação, processá-la e transmiti-la. Só assim é possível entender o enorme interesse que despertam do ponto de vista educacional e as inúmeras iniciativas e propostas realizadas no transcurso das últimas décadas com o objetivo de promover sua incorporação à educação escolar.

AS TECNOLOGIAS DA INFORMAÇÃO E DA COMUNICAÇÃO E OS PROCESSOS DE ENSINO E APRENDIZAGEM

O desenvolvimento espetacular e a rápida evolução das tecnologias da informação e da comunicação no transcurso das últimas décadas, assim como a enorme variedade de propostas e de experiências da inovação educacional a que deram lugar, tornam especialmente complexa a tarefa de descrever de uma forma compreensível e sistemática a ampla gama de usos dessas tecnologias no contexto escolar e seu impacto sobre os processos de ensino e aprendizagem. Os critérios utilizados pelos autores para classificar e descrever tais usos são extraordinariamente diversas e remetem muitas vezes a dimensões tão heterogêneas, como as características do equipamento tecnológico utilizado – computadores, redes mais ou menos amplas de computadores interconectados, sistemas de comunicação que conectam os computadores, suporte e formato da informação, etc. –, as características das aplicações e das utilidades que o equipamento permite – simulações, materiais multimídia, tabuleiros eletrônicos, correio eletrônico, listas, grupos de notícias, videoconferências, etc. –, a maior ou a menor amplitude e riqueza das interações que possibilitam, o caráter sincrônico ou assincrônico de tais interações, as finalidades ou os objetivos educacionais que perseguem, ou ainda as concepções implícitas ou explícitas da aprendizagem e do ensino que os sustentam.

O mais comum, no entanto, é que se utilizem simultaneamente dois ou mais desses critérios. Assim, por exemplo, Martí (1992), em um trabalho dedicado a rever o papel dos computadores na aprendizagem escolar – e, portanto, limitado às tecnologias informáticas –, distingue entre quatro tipos principais de usos estreitamente vinculados a outras tantas concepções dos processos de aprendizagem: o *ensino assistido por computador* (EAO), orientado para a aprendizagem de conteúdos concretos que requerem muitas vezes fortes doses de exercitação e prática para serem memorizados, tributária de uma concepção behaviorista da aprendizagem e próxima de uma visão do ensino como transmissão de conhecimentos; os *sistemas inteligentes de ensino assistido por computador* (IEAO) ou programas tutoriais, cuja finalidade é similar à da EAO – facilitar a aquisição de uma série de conhecimentos ou de habilidades –, mas que se sustentam em uma visão da aprendizagem inspirada nas teorias do processamento humano da informação e na inteligência artificial – ou seja, como um processo que consiste basicamente em buscar, selecionar, processar, organizar e memorizar a informação – e concebem o ensino como a tarefa que consiste em guiar e orientar esse processo; os *micromundos informáticos* – o mais famoso e conhecido é, sem dúvida, o micromundo chamado "Geometria da Tartaruga", criado por Papert (1981) em linguagem LOGO – e sua utilização em ambientes de exploração, descoberta e aprendizagem em que o aluno pode elaborar seus próprios projetos, modificá-los e melhorá-los, com uma visão da aprendizagem e do ensino inspirada em uma síntese de idéias da inteligência artificial e da teoria genética de Piaget; e *os ambientes de aprendizagem que integram os computadores com outros recursos didáticos para a aquisição de conteúdos escolares específicos* com base em potencializar tanto a atividade auto-estruturante do aluno (ver o Capítulo 2 deste volume), como a atividade de regulação e ajuda do professor e de outros colegas (ver os Capítulos 17 e 16, respectivamente, deste volume), e que o autor relaciona com uma visão da aprendizagem e do ensino fruto da "síntese entre construtivismo, psicologia do ensino e teorias da mediação" (Martí, 1992, p. 63).

Em uma revisão mais recente do tema, referente, nesse caso, à articulação das tecnologias informáticas e da comunicação, Harasim e outros (1995) distinguem três tipos básicos de aplicações educacionais das redes de trabalho com computadores – *computer networks*[4]. Em primeiro lugar, as aplicações cuja finalidade principal é reforçar a oferta dos cursos tradicionais, seja em uma modalidade presencial ou a distância. O exemplo típico são as experiências que consistem em conectar turmas situadas em diferentes lugares geográficos com o objetivo de compartilhar e trocar informação ou recursos, realizar projetos conjuntos ou simplesmente promover a interação social e facilitar a comunicação e o conhecimento mútuos. Esse tipo de aplicações tornou-se extraordinariamente popular no transcurso das duas últimas décadas e, atualmente, existem numerosas redes que conectam turmas de praticamente todos os níveis educacionais, desde a educação infantil até a educação de adultos, situadas em países diferentes.

Em segundo lugar, as aplicações que consistem em utilizar as redes de trabalho com computadores, como aulas ou *campos* virtuais, isto é, como o meio principal para oferecer o ensino de um curso, ou uma parte dele, e para realizar as correspondentes atividades de ensino e aprendizagem, limitadas inicialmente aos cursos de atualização e de formação permanente. Esse tipo de aplicação se estendeu progressivamente à educação inicial de nível universitário e inclusive, nestes últimos anos, ao ensino médio. Essa extensão produziu-se, além disso, em uma dupla direção; por um lado, são cada vez mais numerosas as instituições de educação a distância que utilizam os *campus* virtuais como um meio a mais – e às vezes como o único meio – para realizar seu trabalho; por outro, é cada vez mais freqüente que as instituições de educação inicial, particularmente as de nível universitário e médio, utilizem os ambientes virtuais que permitem criar as redes de trabalho com os computadores visando à realização de algumas tarefas que algumas vezes complementam, e outras vezes substituem, em maior ou menor grau, as atividades de ensino e aprendizagem presenciais[5] (Mason, 1998).

E, finalmente, as aplicações que consistem em estabelecer redes de trabalho com computadores entre diferentes comunidades de ensino e aprendizagem com o objetivo de facilitar e promover a aquisição da informação e a construção conjunta do conhecimento. Enquanto os outros dois tipos de aplicações são compatíveis em princípio, segundo Harasim e seu colaboradores, com uma visão transmissiva e passiva do ensino e da aprendizagem respectivamente, as redes de conhecimento – *knowledge networks* – respondem melhor aos princípios da aprendizagem autodirigida, exigem a participação ativa de seus membros e a aprendizagem colaborativa e promovem a construção conjunta do conhecimento mediante a participação em grupos de discussão, da troca de informações entre iguais ou com especialistas e do livre acesso aos recursos disponíveis na rede.

Uma terceira classificação dos usos e das aplicações educacionais das NTIC, que se reveste, a nosso ver, de um interesse especial é a utilização pelo *Cognition and Technology Group at Vanderbilt* (CTGV, 1996) para rever a pesquisa realizada nesse campo desde os anos 1960. A idéia do CTGV é que as mudanças que se produzem durante esse período nos objetivos e na metodologia das pesquisas e na natureza e nas finalidades das experiências e dos programas objeto de estudo estão diretamente relacionadas com as mudanças experimentadas na tecnologia, nas teorias da aprendizagem e em diversos aspectos da prática educacional. A partir daqui, são duas as dimensões propostas para examinar as aplicações educacionais da NTIC: uma se refere à prática educacional, e mais especificamente aos contextos educacionais em que se situam os programas e experiências pesquisados; a outra, às concepções da aprendizagem e do ensino que sustentam esses programas e experiências, isto é, a seus contextos teóricos.

As três colunas da matriz representada no Quadro 25.2 mostram os valores utilizados para definir a primeira dimensão: as aplicações educacionais das NTIC podem ocorrer e, portanto, ser objeto de estudo e pesquisa, no contexto do laboratório, de turmas ou escolas isoladas e de turmas ou escolas interconectadas. As três linhas indicam os valores escolhidos para definir a segunda dimensão: as aplicações educacionais das NTIC podem ser tributárias de modelos transmissivos ou, ao contrário, de modelos construtivistas da aprendizagem e do ensino e, neste último, caso podem envolver apenas uma parte ou a totalidade das atividades que se realizam durante o período escolar. O cruzamento das duas dimensões dá lugar às nove células da matriz que permitem situar aproximadamente a maioria das pesquisas revistas e proporcionam, ao mesmo tempo, um esquema de conjunto particularmente útil para caracterizar o amplo leque de aplicações educacionais das tecnologias da informação e da comunicação, identificar e avaliar suas semelhanças e diferenças e discernir algumas tendências na evolução que expe-

QUADRO 25.2 Esquema para a análise das aplicações educacionais das NTIC no contexto das teorias da aprendizagem e da prática educacional

	LABORATÓRIO	TURMAS, ESCOLAS ISOLADAS	TURMAS, ESCOLAS CONECTADAS
MODELOS TRANSMISSIVOS	Programas de exercitação e de prática em ortografia, matemática ou outros conteúdos escolares, aplicados por pesquisadores.	Programas de exercitação e de prática em ortografia, matemática ou outros conteúdos escolares, aplicados pelos professores habituais.	Programas de educação a distância com várias turmas ou escolas conectadas, organizados em torno de dar conferências e administrar provas de rendimento clássicas.
MODELOS CONSTRUTIVISTAS: parte do horário escolar	Programas de orientação construtivista (por exemplo, LOGO) nos quais o ensino e a avaliação estão a cargo de pesquisadores.	Programas de orientação construtivista (por exemplo, LOGO) nos quais o ensino e a avaliação estão a cargo dos professores habituais.	Programas de orientação construtivista (por exemplo, LOGO) nos quais o ensino e a avaliação estão a cargo dos professores habituais, e as turmas ou as escolas participantes estão conectadas telematicamente e interagem em torno de um projeto compartilhado.
MODELOS CONSTRUTIVISTAS: todo o horário escolar	Programas de orientação construtivista que ocupam a totalidade do horário escolar, ocorrem em turmas ou em escolas experimentais e estão a cargo de pessoal especialmente treinado.	Programas de orientação construtivista que ocupam a totalidade do horário escolar e ocorrem em turmas ou escolas regulares, mas que operam independentemente umas das outras.	Programas de orientação construtivista que ocupam a totalidade do horário escolar e ocorrem em turmas ou escolas regulares, que interagem em torno de problemas ou de projetos compartilhados.

Fonte: *Cognition and Technology Group at Vanderbilt*, 1996.

rimentaram no transcurso das últimas quatro décadas.

De fato, o esquema do CTGV permite ampliar e matizar as classificações anteriores. Assim, nas células correspondentes à primeira linha (1, 2 e 3), encontramos as propostas e as experiências cujo objetivo principal é oferecer os conteúdos escolares utilizando as NTIC, mas sem renunciar a uma visão transmissiva da aprendizagem. A idéia diretriz, nesse caso, é que a utilização das NTIC no ensino seja substituindo a ação do professor, seja complementando-a, pode mostrar resultados da aprendizagem dos alunos iguais ou superiores aos do ensino tradicional. Situam-se aqui, portanto, as clássicas propostas e experiências de ensino assistido por computador, amplamente difundidas nos anos 1960 e 1970, as experiências mais recentes de educação a distância que inserem as tecnologias informáticas e telemáticas em modelos pedagógicos abertamente transmissivos e as que tratam as NTIC como novos conteúdos de ensino (conhecimento dos computadores e de suas utilidades e aplicações, como os processadores de texto, as folhas de cálculo ou as bases de dados; aprendizagem de linguagens de programação; conhecimento do manejo de redes de trabalho com computadores; e, em geral, programas de alfabetização em NTIC).

A passagem da primeira linha da matriz à segunda é determinada pela mudança no contexto teórico, isto é, dos modelos transmissivos de aprendizagem e sua substituição por modelos de orientação construtivista. Embora de um ponto de vista externo, as aplicações educacionais que se situam nas células desta linha (4, 5 e 6) podem apresentar semelhanças formais com as anteriores, a incorporação do princípios construtivista lhes confere características nitidamente distintas. Assim, os programas de ensino assistido por computador evoluem para os sistemas inteligentes de ensino assistido por computador, às vezes chamados também de tutoriais inteligentes ou simplesmente tutoriais. A diferença fundamental entre uns e outros reside no fato de que os segundos se baseiam em modelos do funcionamento cognitivo dos alunos, de modo que permitem captar ou "diagnosticar" os processos de pensamento subjacentes a suas respostas e atuações e ajustar o ensino subseqüente para que possam continuar avançando em sua aprendizagem (ver, por exemplo, Lajoie e Derry, 1993; Hunt e Minstrell, 1994). Do mesmo modo, as propostas e as experiências centradas na aprendizagem e no domínio das aplicações e das utilidades dos computadores – processadores de texto, aplicações de cálculo, materiais multimídia, etc. – deixam de ser consideradas como um conteúdo a mais para tornar-se um instrumento de aprendizagem, às vezes a serviço da aquisição de outros conteúdos escolares e, às vezes, também, a serviço de objetivos específicos (por exemplo, a resolução de problemas, a criação de textos, a realização de projetos, o desenvolvimento de habilidades e atitudes de trabalho em equipe, etc.).

Além disso, algumas das aplicações educacionais das NTIC que encontramos nas células desta linha estão indissoluvelmente associadas aos modelos construtivistas e são inimagináveis no contexto dos modelos pedagógicos transmissivos. É o caso, por exemplo, da utilização das NTIC para criar micromundos ou ambientes informáticos e multimídia nos quais os estudantes podem dirigir sua própria aprendizagem por meio de processos de descoberta ou de descoberta orientada, assim como explorar situações ou problemas complexos, elaborar seus próprios projetos, modificá-los e melhorá-los. O micromundo da "Geometria da Tartaruga" de Papert, e de maneira mais geral sua proposta de utilizar a linguagem de programação LOGO visando a que os alunos aprendam a pensar e a aprender por si mesmos, é, sem dúvida, a aplicação desse tipo mais conhecida, mas há muitas outras com propósitos e características parecidas (ver CTGV, 1996, p. 819-821).

Algo similar ocorre com o uso das NTIC para configurar redes de trabalho com computadores orientadas para a construção conjunta em colaboração do conhecimento (ver, por exemplo, Brown e Campione, 1994; Brown, Ellery e Campioni, 1998; CTGV, 1994). De particular interesse nesse caso, tanto pela fundamentação teórica explícita de que foi objeto quanto por sua difusão e pela relativa facilidade com que se pode estender aos mais diversos âmbitos da aprendizagem escolar, é o *Computer Supported Intentional Learning Environment* (CSILE), desenvolvido por Scardamalia e Bereiter (Scardamalia e outros,

1989; Scardamalia e Bereiter, 1994; Scardamalia, Bereiter e Lamon, 1994). Basicamente, o ambiente CSILE é formado por um conjunto de computadores conectados em rede – normalmente oito – que oferece uma base de dados única e compartilhada à qual todos os alunos da turma podem dar contribuições, além de consultar aquelas feitas por seu colegas, comentá-las – porém não modificá-las – ou criar grupos de discussão para debatê-las. Em um ambiente desse tipo, a base de dados representa o conhecimento construído em conjunto mediante um processo de colaboração, e os alunos, como co-autores da base, participam de tal processo construtivo, em vez de simplesmente se limitarem a consultar o conhecimento armazenado em bases de dados construídas por outros.

A passagem da segunda para a terceira linha da matriz é menos radical que a anterior, já que não supõe uma mudança de contexto teórico, mas unicamente de contexto de prática educacional. Enquanto que as aplicações próprias da segunda linha se limitam a uma parte do horário escolar – e também, no geral, a apenas algumas turmas das escolas em que se realizam –, nesse caso é a totalidade do processo de escolarização e o ambiente de ensino e aprendizagem em seu conjunto que são afetados pela introdução e pelo uso das NTIC. Vale advertir, no entanto, que as aplicações suscetíveis de ser incluídas nas células da terceira linha (7, 8 e 9) ainda são pouco numerosas e encontram-se em uma fase de desenvolvimento incipiente.[6]

Tomado em seu conjunto, o esquema do CTGV ajuda igualmente a entender a evolução das aplicações educacionais das NTIC no transcurso das quatro últimas décadas. Tal evolução mostra uma dupla tendência. Por um lado, produz-se um deslocamento do interesse majoritário por experiências realizadas no laboratório (células 1, 4 e 7) para outras nas quais participam turmas e escolas interconectadas, formando redes de trabalho com computadores (células 3, 6 e 9); por outro, produz-se uma substituição progressiva dos modelos transmissivos de aprendizagem (células 1, 2 e 3) pelos modelos de orientação construtivista (células 4 e 9). Desse modo, embora as aplicações educacionais das NTIC provavelmente venham a se produzir no futuro em todas as células, a previsão é que se concentrem cada vez mais em torno da região inferior direita da matriz (5, 6, 8 e 9).

As três classificações comentadas são suficientes para ilustrar nossa afirmação inicial sobre o panorama extraordinariamente complexo e heterogêneo que projetam atualmente as aplicações educacionais das NTIC. Por um lado, podem ter um caráter bem mais pontual e um alcance relativamente limitado – como ocorre, por exemplo, quando se transformam em um conteúdo a mais de aprendizagem – ou, ao contrário, configurar ambientes de ensino e aprendizagem completamente distintos dos tradicionais – como ocorre, por exemplo, quando são utilizados para construir redes de aprendizagem e de conhecimento. Por outro lado, como também sugerem em maior ou menor medida as três classificações anteriores, o impacto das NTIC não depende tanto da complexidade das tecnologias utilizadas e das possibilidades que oferecem para a implementação de novos formatos de comunicação e de atividade, quanto o modelo pedagógico em que seu uso se insere. É significativo, a esse respeito, que um dos critérios utilizados nas três classificações comentadas seja justamente o que se refere ao modelo de ensino e aprendizagem de referência, a partir do qual se propõem e se projetam as aplicações educacionais; e também que nos três casos assinala-se a opção entre modelos de tipo transmissivo ou modelos de orientação construtivista como um dos fatores que dão conta – paralelamente à riqueza e à complexidade das tecnologias utilizadas – da existência de aplicações qualitativas distintas e de alcance e repercussão muito diversos sobre o que os alunos efetivamente aprendem e como aprendem.

Coerentemente com essas considerações, e de acordo com os princípios básicos da concepção construtivista do ensino e da aprendizagem apresentados no Capítulo 6 deste volume, a chave para avaliar o alcance e os usos educacionais das NTIC deve ser buscada, a nosso ver, em sua localização relativamente aos três elementos do triângulo interativo – professor, alunos e conteúdos –, e de forma muito particular em sua incidência sobre as relações e as interações que se estabelecem entre esses três elementos; em outras palavras, a chave está em analisar como e até que ponto os diferentes usos das NTIC podem influenciar tanto os processos de construção de significados e de atribuições de sentido que os participantes realizam no transcurso das atividades de ensino e aprendizagem, como também os mecanismos de influência educacional que facilitam, promovem e apóiam esses processos construtivos.

A questão formulada nesses termos, pode ser útil, tendo em vista a indagação do impacto das NTIC sobre os processos de construção do conhecimento, estabelecer uma primeira distinção entre, por um lado, as aplicações educacionais que impõem, pelas próprias características das tecnologias escolhidas, uma mudança das coordenadas espaciais, e eventualmente temporais, em que se estabelecem as relações entre os três elementos do triângulo interativo, e, por outro, as aplicações em que não se dá esta circunstância. Essa distinção, que corresponde em linhas gerais à dicotomia clássica entre ensino telemático e ensino presencial, apresenta zonas obscuras, mas tem a vantagem de chamar a atenção para um fator diferencial das aplicações educacionais das NTIC particularmente relevantes e interessantes para a compreensão dos mecanismos de influência educacional: a natureza e as características das interações que possibilitam e promovem entre os participantes.

As aplicações educacionais das NTIC, e também as mais conhecidas e generalizadas, situam-se na segunda categoria; isto é, consistem em usos diversos dessas tecnologias em ambientes de ensino e aprendizagem em que professor, alunos e conteúdos coincidem no tempo e em um espaço físico determinado, normalmente a sala de aula. Na sala de aula, professor e alunos desenvolvem uma série de atividades e tarefas mediante as quais o primeiro procura exercer sua influência educacional e os segundos buscam apropriar-se dos significados que veiculam os conteúdos escolares e dar-lhes sentido. Do ponto de vista das relações e das interações entre os três elementos do triângulo, esse tipo de ambientes caracteriza-se pelo fato de que a quase totalidade de trocas comunicativas que se produzem entre os participantes – entre professor e alunos e entre alunos – realizam-se mediante uma interação face a face e utilizam como suporte básico a linguagem oral (embora eventualmente outros suportes também possam desempenhar um papel importante, como a linguagem escrita ou outros sistemas semióticos).

A unidade espacial e temporal desse tipo de ambientes de ensino e aprendizagem enquadra os usos possíveis das NTIC, que, no entanto, podem ser ainda muito diversos entre si. Dois critérios complementares nos parecem, por sua vez, particularmente relevantes para distinguir entre esses usos em função de suas possíveis repercussões sobre os processos de construção do conhecimento e os mecanismos de influência educacional. Em primeiro lugar, sua localização prioritária em relação aos três elementos do triângulo. Assim, e limitando-nos à aplicações anteriormente comentadas, as NTIC podem ser introduzidas nesse tipo de ambientes como:

- conteúdos de ensino e aprendizagem (por exemplo, o conhecimento dos computadores e de suas utilidades e aplicações; a aprendizagem de linguagens de programação; o conhecimento e o manejo de redes de trabalho com computadores; a alfabetização em NTIC; etc.);
- apoios ao ensino (EAO, tutoriais, simulações e, em geral, aplicações informáticas e materiais multimídia elaborados com o objetivo de favorecer a aquisição de conteúdos escolares específicos);
- instrumentos para ter acesso à informação e aos conhecimentos não diretamente disponíveis na sala de aula (acesso a bibliotecas, bases de dado, etc.);
- suportes para criar e explorar micromundos apresentados como ambientes de indagação e exploração suscetíveis de promover nos alunos a aquisição e o desenvolvimento de habilidades e habilidades cognitivas e metacognitivas (a "Geometria das Tartarugas" e outros micromundos criados com linguagem LOGO ou outras linguagens de características parecidas);
- recursos para promover a construção conjunta e colaborativa do conhecimento na sala de aula e, eventualmente, para configurá-la como uma comunidade de aprendizagem (a CSILE e outros programas com características e objetivos similares);

- recursos para potencializar e estender a comunicação da sala de aula com o ambiente, abrir-se a outros grupos ou indivíduos e, eventualmente, tecer redes de comunidades virtuais de aprendizagem com outras turmas ou escolas (o *Schools for Thought Project* e outros programas com características e objetivos similares).

Alguns desses usos – especialmente os três últimos – estão histórica e teoricamente associados a uma visão construtivista da aprendizagem, mas outros são, em princípio, compatíveis, tanto com modelos e enfoques pedagógicos construtivistas como não-construtivistas. Assim, é possível fazer uma proposta transmissiva ou construtivista do ensino e da aprendizagem de conteúdos relacionados com as NTIC exatamente da mesma maneira que é possível fazê-lo com qualquer outro tipo de conteúdos; assim como é possível fazer um uso transmissivo ou construtivista das NTIC como apoio ao ensino exatamente da mesma maneira que é possível fazê-lo com qualquer outro tipo de recurso tecnológico. Daí a importância do segundo critério, que não é outro senão o modelo pedagógico de referência – o contexto teórico utilizado pelo CTGV em sua classificação –, para distinguir entre os usos possíveis das NTIC nos ambientes presenciais. Daí também o interesse e a complexidade que supõe a introdução das NTIC nos ambientes escolares de ensino e aprendizagem e o estudo de suas repercussões sobre os processos de construção do conhecimento que ocorrem neles. Por sua natureza e suas características, as NTIC encerram, como vimos no terceiro item deste capítulo, um enorme potencial para a aprendizagem, mas a concretização desse potencial depende em última análise de como as tecnologias se inserem no triângulo interativo e do papel que acabam desempenhando nas relações e interações entre os três elementos do triângulo.

Tal argumento, referente até aqui aos ambientes presenciais, adquire maior força ainda quando consideramos a utilização das NTIC em ambientes não-presenciais. Nesse tipo de ambientes, caracterizados pela falta de unidade espacial do processo de ensino e aprendizagem, alunos, professor e conteúdos não coincidem em um lugar físico concreto, mas a introdução das NTIC permite criar um espaço, um lugar ou uma sala de aula virtual onde se produz o encontro (Tiffin e Rajasingham, 1997; Duart e Sangrà, 1999). Do ponto de vista das relações e das interações entre os três elementos do triângulo, os ambientes desse tipo caracterizam-se pelo fato de que as trocas comunicativas de professores e alunos em torno dos conteúdos e das tarefas que se realizam nesse espaço virtual utilizando tecnologias de telecomunicação. A interação face a face e a linguagem oral como suporte básico de comunicação são substituídos respectivamente pela telemática e pela linguagem escrita e pelas imagens – estáticas e em movimento.[7]

Assim, os ambientes de ensino e aprendizagem não-presenciais baseados na utilização de tecnologias informáticas e telemáticas introduzem mudanças importantes nas relações e nas interações entre os três elementos do triângulo interativo. Contudo o impacto de tais mudanças sobre os processos de construção do conhecimento e sobre os mecanismos de influência educacional não é uniforme, mas depende de uma série de fatores cuja consideração é imprescindível, pelo menos de uma perspectiva construtivista, para analisar e avaliar as propostas e experiências que têm em comum a utilização das NTIC para a preparação de ambientes temáticos de ensino e aprendizagem. Sem nenhuma disposição para sermos exaustivos, duas dimensões parecem-nos particularmente significativas a respeito.

A primeira refere-se à intensidade, à riqueza e à natureza das interações – entre professor e alunos e entre alunos – que os dispositivos e recursos tecnológicos utilizados possibilitam ou exigem. Enquanto alguns ambientes utilizam uma grande variedade de recursos tecnológicos orientados para promover e facilitar tais interações, outros se limitam a oferecer a possibilidade de intercâmbios pontuais – normalmente mediante o uso do correio eletrônico – entre professor e alunos. Quanto à natureza das interações, a distinção crucial é se os recursos e dispositivos utilizados promovem ou exigem interações sincrônicas (que supõem o restabelecimento da unidade temporal dos processos de ensino e aprendizagem no espaço virtual) ou assincrônicas (nas quais a presença dos participantes no espaço virtual não coincide no tempo). A maioria dos ambientes telemáticos utiliza os dois tipos de recursos e, conseqüentemente, promove tanto interações sincrônicas como assincrônicas, mas o peso relativo de uma e outras, e em particular o fato de que se apresentem como uma possibilidade ou uma exigência, introduz claras diferenças entre eles.

A segunda refere-se à fonte de influência educacional a que se dá prioridade na projeção e no funcionamento do ambiente de ensino e aprendizagem. Assim, por exemplo, boa parte dos ambientes temáticos atuais apostam claramente em situar essa fonte nos materiais de aprendizagem; são ambientes caracterizados por oferecer ao aluno materiais escritos ou multimídia mais ou menos sofisticados cujo objetivo é estimular a auto-aprendizagem e nos quais o papel do professor fica reduzido ao de mero consultor diante de eventuais problemas ou dificuldades. Outros, em contrapartida, situam a fonte de influência educacional no professor, considerado o principal responsável por transmitir o conhecimento aos alunos, exatamente da mesma forma como ocorre muitas vezes nos ambientes presenciais, com a única diferença de que, nesse caso, os alunos estão geograficamente distantes, e as tecnologias da educação constituem o instrumento que permite superar tal distância. Outros situam a principal fonte de influência educacional na atividade conjunta que professores e alunos desenvolvem em torno dos conteúdos e dos materiais de aprendizagem; é o caso de ambientes que promovem as interações sincrônicas e assincrônicas entre professores e alunos, e que incluem uma ampla gama de recursos e dispositivos tecnológicos especialmente orientados para esse fim. E outros ainda, para mencionar apenas uma possibilidade a mais entre muitas outras, apostam na interação entre alunos em torno dos materiais, das tarefas ou das atividades de aprendizagem como fonte prioritária de influência educacional, limitando o papel do professor ao de um participante a mais e eventualmente com funções específicas de facilitador ou orientador. Embora também no que se refere a essa dimensão os ambientes temáticos de ensino e aprendizagem costumem ter um caráter misto – particularmente quando se analisam os projeto teóricos e os discursos justificativos correspondentes –, seu funcionamento real muitas vezes evidencia a preponderância de uma ou de outra frente, o que dá lugar a diferenças importantes entre eles quanto aos mecanismos de influência educacional que põem em prática e também, conseqüentemente, quanto a processos e resultados de aprendizagem dos participantes.

O olhar sobre as aplicações educacionais das NTIC que acabamos de esboçar, inspirado nos princípios básicos da concepção construtivista do ensino e da aprendizagem, está longe de fazer justiça à complexidade e à heterogeneidade de propostas e experiências atualmente em andamento, mas é suficiente para mostrar os desafios impostos por essas tecnologias tanto para a pesquisa psicoeducacional e didática como para a prática educativa. Encerraremos este capítulo com alguns breves comentários, a título de conclusão, sobre alguns desses desafios.

AS TECNOLOGIAS DA INFORMAÇÃO E DA COMUNICAÇÃO: ESTÍMULOS E DESAFIOS PARA A TEORIA E A PRÁTICA EDUCACIONAIS

O impacto das NTIC sobre a educação escolar tem duas vertentes distintas, embora complementares. Em primeiro lugar, essas tecnologias, por sua natureza e suas características, anunciam mudanças em profundidade na educação escolar. Do ponto de vista da concepção construtivista adotada como marco teórico de referência neste capítulo, a importância das mudanças reside em sua potencialidade para transformar as relações entre os três elementos do triângulo interativo e, conseqüentemente, no impacto que têm, ou podem chegar a ter, sobre os processos de construção do conhecimento. Além disso, a apresentação realizada deixa entrever que o impacto das NTIC começa a se produzir tanto no que diz respeito ao ensino presencial – quando se mantém a unidade espacial e temporal dos três elementos –, quanto no caso do ensino total ou parcialmente não-presencial – quando se rompe em maior ou em menor medida essa unidade. Em segundo lugar, por suas crescentes ubiqüidade e presença na sociedade da informação e do conhecimento, as NTIC configuram novos espaços e cenários educacionais cada vez mais influentes e decisivos nos processos de desenvolvimento e de socialização das pessoas, em geral, e das novas gerações, em particular. As NTIC, se nos permitem a expressão, não apenas transformam a educação escolar "de dentro", como também estão começando a transformá-la "de fora", forçando uma revisão crítica das funções e das finalidades e que presidiram, e ainda continuam presidindo em boa medida, sua organização, seu funcionamento e seus objetivos.

A dupla vertente do impacto das NTIC sobre a educação escolar certamente abre várias indagações e impõe desafios inéditos para professores, pesquisadores, planejadores e gestores da educação e responsáveis políticos. Se do ponto de vista ideológico e político o desafio fundamental reside em arbitrar medidas urgentes que impeçam que as NTIC acabem se configurando em nossa sociedade como uma nova e poderosa fonte de discriminação social, econômica e cultural – conforme se tenha acesso ou não ao fluxo de informação e conhecimento que proporcionam –, do ponto de vista prático, a urgência concretiza-se em superar as dificuldades que coloca a incorporação efetiva dessas tecnologias às escolas, aos institutos, à universidade e, em geral, a todas as instituições que constituem o sistema educacional. A educação formal, e em particular os ensinos fundamental e médio, é e continuará sendo durante muito tempo o cenário por excelência para garantir o acesso ao conjunto da população ao saber e ao conhecimento. A educação escolar, transformada e melhorada em sua capacidade para satisfazer as necessidades de formação das pessoas como resultado, em parte, da própria incorporação das NTIC, é, sem dúvida, a peça-chave de uma alfabetização que abarca não apenas o conhecimento das novas tecnologias e de suas linguagens, como também, e muito particularmente, de seus usos como instrumentos de acesso ao saber, de construção do conhecimento e de realização pessoal e coletiva. Para isso, será necessário, naturalmente, dotar as escolas com o equipamento e os recursos tecnológicos necessários, mas será preciso, sobretudo, formar adequadamente os professores e impulsionar os processos de informatização e experimentação que incorporam as NTIC aos cenários escolares.

Não menos importantes, contudo, são os desafios que as NTIC trazem para a pesquisa e para a elaboração teórica. As características e o alcance de cenários educativos não-escolares para cuja configuração e extensão contribuem de forma tão decisiva; a influência crescente desses cenários nos processos de desenvolvimento, de socialização e da formação das pessoas; a falta de coordenação entre esses cenários e a educação escolar e as vias para obtê-la; a possibilidade de que se produzam ocultações e contradições entre uns e outra e a forma de superá-los; a eventual colisão entre a figura do professor e outras figuras educacionais que operam nesses cenários e como enfrentá-la; as conseqüências da perda de *status* das instituições educacionais e dos professores como vias fundamentais de acesso ao saber e ao conhecimento; a inevitável redefinição das finalidade, das funções e dos conteúdos da educação escolar que exige essa nova situação são apenas algumas questões, entre muitas outras, em torno das quais confluem atualmente numerosos esforço da pesquisa educacional nesse campo.

Mas é preciso acrescentar ainda a estas questões, relacionadas sobretudo com a segunda vertente que assinalávamos no início deste item, aquelas que dizem respeito mais diretamente à primeira, isto é, ao impacto que têm as NTIC na configuração dos ambientes escolares de ensino e aprendizagem e aos processos de construção do conhecimento que ocorrem neles. Embora o fato de ter dedicado boa parte do capítulo a essa vertente da problemática torne desnecessário neste caso, por ser repetitivo, qualquer empenho de enumeração, pode ser oportuno, em contrapartida, citar mais uma vez, para concluir, as três linhas de trabalho e de pesquisa particularmente relevantes, a nosso ver, do ponto de vista de uma psicologia da educação escolar inspirada nos princípios construtivistas.

A primeira diz respeito ao estudo dos mecanismos de influência educacional nos ambientes de ensino e aprendizagem que utilizam as NTIC. À medida que, como tivemos oportunidade de comprovar no item "As tecnologias da informação e da comunicação e os processos de ensino e aprendizagem" deste capítulo, as tecnologias introduzem mudanças significativas nas relações e nas interações que se estabelecem entre os três elementos do triângulo interativo e também à medida que, como se explica detalhadamente no Capítulo 17 deste volume, tais relações e interações são, ao mesmo tempo, a plataforma e o recurso por excelência de que dispõem professores e alunos para avançar juntos na construção de significados e na atribuição de sentido à aprendizagem escolar, o estudo de mecanismos de influência educacional nesse tipo de ambientes emerge como um tema prioritário de estudo e de pesquisa.

A segunda refere-se ao uso das NTIC para estimular e promover situações de aprendizagem colaborativa. Numerosas pesquisas realizadas no transcurso das últimas décadas (ver o Capítulo 16 deste volume) oferecem resultados conclusivos quanto à superioridade do trabalho colaborativo entre iguais, comparado com outras formas de organização social do trabalho escolar, quanto aos resultados de aprendizagem. As NTIC oferecem possibilidades novas e até há pouco tempo inimagináveis para a colaboração entre iguais, sendo este um dos argumentos utilizados com maior insistência para apoiar sua incorporação à educação escolar (Dillenbourg, 1999; Hansen e outros, 1999; Littleton e Häkkinen, 1999). Contudo, a exploração dessas possibilidades, as condições que permitem concretizá-las e a sua incidência sobre os processos e os resultados da aprendizagem são temas que ainda requerem importantes esforços de estudo e de indagação.

A terceira e última relaciona-se com a ausência significativa que ainda existe de conhecimentos contrastados sobre as repercussões cognitivas e emocionais do uso das NTIC nas atividades escolares de ensino e aprendizagem. Pelo menos no que se refere ao uso dessas tecnologias em ambientes não-presenciais, a maioria dos trabalhos realizados até o momento são em boa medida de natureza não-teórica e enfatizaram sobretudo o projeto e o desenvolvimento de dispositivos e de recursos tecnológicos – materiais multimídia, *chats*, fóruns de debate, videoconferências, ambientes virtuais, etc. – e na descrição de experiências (ver, por exemplo, as revisões de Blanton, Moorman e Woodrow Trathen, 1998; Windschitl, 1999; Fabos e Young, 1999). Como conseqüência disso, os processos biológicos envolvidos na aprendizagem, em sua tripla vertente cognitiva, emocional e relacional, assim como os tipos de atividades e de tarefas que comportam melhor tais recursos e dispositivos tecnológicos, continuam sendo desconhecidos em muitos de seus aspectos essenciais.

NOTAS

1. Assim como em outros capítulos deste livro, a expressão "educação escolar" é utilizada aqui em um sentido amplo para designar as atividades e práticas educacionais formais que ocorrem em instituições especificamente pensadas, projetadas e organizadas para ensinar e aprender, independentemente das idades e de outras características de professores e alunos, e da natureza, da complexidade e da amplitude dos objetivos e dos conteúdos que são objeto de ensino e aprendizagem. Assim, salvo indicação expressa em sentido contrário, utilizamos essa expressão para nos referir indistintamente a atividades e práticas educacionais que ocorrem nas escolas, centros de formação profissional, centros de ensino superior ou universitário e, em geral, qualquer instituição com fins educativos.
2. De fato, existe evidência de que, por razões diversas de ordem educacional e cultural, hoje em dia os homens e as mulheres diferem tanto nas atitudes como na freqüência de uso das novas tecnologias (Bannert e Arbinger, 1996).
3. Um levantamento recente do Centro de Pesquisas Sociológicas (novembro de 2000) assinala que apenas 17% dos espanhóis maiores de 18 anos utilizam a internet, e que 22% dos cidadãos desconhecem o que é a rede. Os que a utilizam o fazem, em ordem de preferência, para buscar informação e notícias, "papear", realizar gestões bancárias, buscar empregos e fazer compras. Dos espanhóis entrevistados, 74% são favoráveis a que se empreendam maiores esforços para que a internet seja acessível à maioria da população. Por outro lado, em um estudo recente do Instituto Municipal de Informática de Barcelona (dezembro de 2000, *El Periódico*, 8 de janeiro de 2001), pode-se observar o avanço na difusão do uso da internet na cidade de Barcelona e sua diferença com a média espanhola: enquanto que, no ano de 1997, apenas 6,4% dos barceloneses tinham acesso à rede, em finais de 2000, a porcentagem eleva-se a 32%, comparável a médias de outros países europeus. Todos esses dados in-

dicam, por um lado, a escassa, mas crescente extensão das NTIC na Espanha, e, por outro, evidenciam as diferenças que pode haver entre grupos distintos de pessoas.

4. Os *computer networks*, e a sua versão educativa, os *learning networks* são definidos como "grupos de pessoas que utilizam redes de trabalho de comunicação mediada por computador [*computer-mediated communication*] com o objetivo de aprender juntos quando, onde e no ritmo que mais lhes convém e é mais apropriado para as tarefas" (Harasin e outros, 1995, p. 4). As redes de aprendizagem "são formadas de *hardware*, *software* e linhas de comunicação. Os elementos tecnológicos básicos de *hardware* são um computador pessoal ou um terminal de trabalho e um modem [...] O segundo componente é o *software* utilizado para a interação entre os membros do grupo [...] O última componente é a própria rede de trabalho que conecta os computadores permitindo a amplos grupos de pessoas utilizarem o *software* compartilhado do sistema para comunicar-se e aprender juntos" (op. cit., p. 16).
5. A *American Open University*, a *British Open University* e a Universidade Nacional de Educação a Distância (UNED) são alguns exemplos, entre muitos outros, de instituições universitárias que apoiaram com força os *campi* virtuais como uma opção a mais para oferecer educação a distância. Já a *Universitat Oberta de Catalunya* (UOC), assim como outras com características similares, é uma universidade a distância, pensada desde seu início exclusivamente como uma "universidade virtual". Por último, a maioria das universidades tradicionais já inclui, em boa parte de seus cursos presenciais, atividades de ensino e aprendizagem que se realizam em ambientes virtuais, isto é, em redes de trabalho com computadores.
6. Um exemplo ilustrativo desse tipo de aplicações é o School for Thought Project, que tira seu nome do conhecido livro de Bruer (1995) e que é fruto da ampliação e da colaboração de outros projetos, como o já mencionado CSILE de Scardamalia e Bereiter, que se situa nas células 5 e 6 do esquema do CTGV (ver, por exemplo, Lin e outros, 1995).
7. As interações telemáticas às vezes também utilizam como suporte a linguagem oral – como ocorre, por exemplo, no caso das videoconferências e da comunicação mediante câmaras *web* –, mas o suporte básico, nesse caso, é quase sempre a linguagem escrita e as imagens.

Referências bibliográficas

Acuña, M. y Rodrigo, M. J. (1996). La organización de las actividades cotidianas de los niños. Un análisis del curriculum educativo familiar, *Cultura y Educación, 4*, 19-31.

Adams, M. J. y Collins, A. M. (1979). A schema-theoretic view of reading. En R. O. Freedle (Ed.), *Discourse processing: Multidisciplinary perspectives* (pp. 1-22). Norwood. New Jersey: Ablex.

Airasian, P. W. (1996). Classroom Assessment. En E. De Corte y F. E. Weinert (Eds.), *International Encyclopedia of Developmental and Instructional Psychology* (pp. 809-813). Nueva York: Pergamon.

Alonso Tapia, J. (1991). *Motivación y aprendizaje en el aula. Cómo enseñar a pensar.* Madrid: Santillana.

________ . (1992a). *¿Qué es lo mejor para motivar a mis alumnos? Análisis de lo que los profesores saben, creen y hacen al respecto.* Madrid: Servicio de Publicaciones de la Universidad Autónoma.

________ . (Dir.) (1992b). *Motivar en la adolescencia: Teoría, evaluación e intervención.* Madrid: Servicio de Publicaciones de la Universidad Autónoma.

________ . (1997). *Motivar para el aprendizaje. Teoría y estrategias.* Barcelona: Edebé.

________ . (1999). ¿Qué podemos hacer los profesores universitarios por mejorar el interés y el esfuerzo de nuestros alumnos por aprender? En Ministerio de Educación y Cultura, *Premios Nacionales de Investigación Educativa,* 1998 (pp.151 187). Madrid: Ministerio de Educación y Cultura.

________ . y López Luengo, O. (1999). Efectos motivacionales de las actividades docentes en función de las motivaciones de los alumnos. En J. I. Pozo y C. Monereo (Eds.), *El aprendizaje estratégico* (pp. 35-57). Madrid: Santillana.

Álvarez, A. y Del Río, P. (1990). Educación y desarrollo: la teoría de Vygotsky y la zona de desarrollo próximo. En C. Coll, J. Palacios y A. Marchesi (Comps.) *Desarrollo Psicológico y Educación. II. Psicología de la Educación* (pp. 93-119). Madrid: Alianza Editorial.

American Association for the Advancement of Science (AAAS) (1990). *The liberal art of science: Agenda for action.* The report of the project on liberal education and the sciences. Washington D. C. Author.

Ames, C. (1992). Classrooms: goals, structures and student motivation. *Journal of Educational Psychology, 84* (3), 261-271.

Anderson, J. R. (1983). *The architecture of cognition.* Cambridge, M.A.: Harvard University Press.

________ . (1985). *Cognitive psychology and its implications.* Nueva York: Freeman and Co.

________ . Greeno, J. G., Reder, L. M. y Simon, H. A. (2000). Perspectives on learning, thinking, and activity. *Educational Researcher, 29* (4), 11-13.

________ . Reder, L. M. y Simon, H. A. (1996). Situated learning and education. *Educational Researcher, 25* (4), 5-11.

Anderson, R. C. y Pearson, P. D. (1984). A schema-theoretic view of basic processes in reading comprehension. En P. D. Pearson (Ed.), *Handbook of Reading Research.* (pp. 255-291). Londres: Longman.

Andrés Pueyo, A. (1996). *Inteligencia y cognición.* Barcelona: Paidós.

Antúnez, S. (1994). *Claves para la organización de los centros escolares.* Barcelona: Horsori/ICE UB.

Ashby, R. y Lee, P. (1987). Children's concepts of empathy and understanding in history. En Ch. Portal (Ed.), *The history curriculum for teachers* (pp. 62-88). Londres: Palmer Press.

Audigier, F. (1999). School disciplines, social representations, and the construction of the didactics of history, geography, and civics. *Instructional Science, 27*, 97-117.

Ausubel, D. P. (1963). *The psychology of meaningful verbal learning.* Nueva York: Grune y Stratton.

________ . (1969). Is there a discipline of Educational Psychology? *Psychology in the Schools, 6*, 232-244.

________ . Novak, J. D. y Hanesian, H. (1983). *Psicología educativa. Un punto de vista cognoscitivo.* México: Trillas [Publicación original en inglés en 1968].

Baena, MªD. (1999). El análisis de la práctica educativa desde las tareas académicas: categorías y dimensiones de estudio. *Investigación en la Escuela, 38,* 107 114.

Bajtín, M. M. (1981). *The Dialogic imagination: Four essays by M. M. Bakhtin.* Austin: University of Texas Press.

Baker, M., Hansen, T., Joiner, R. y Traum, D. (1999). The role of grounding in collaborative tasks. En P. Dillenbourg (Ed.), *Collaborative learning. Cognitive and computational approaches* (pp. 31-63). Oxford: Elsevier.

Bannert, M. y Arbinger, P. R. (1996). Gender-related differences in exposure to and use of computers: results of a survey of secondary school students. *European Journal of Psychology of Education, XI*, 269-282.

Barberà, E. (1997). Carpetas para evaluar las matemáticas. *UNO, revista de didáctica de las matemáticas, 11*, 13-21.

Barberà, E. (1999). *Evaluación de la enseñanza, evaluación del aprendizaje.* Barcelona. Edebé.

________ . y Gómez-Oranell. C. (1996). Las estrategias de enseñanza y evaluación en matemáticas. En C. Monereo e I. Solé (Coords.). *El asesoramiento psicopedagógico: una perspectiva profesional y constructivista* (pp. 383-404). Madrid: Alianza.

Barca. A. (1999). *Escala CEPEA. Manual del cuestionario de evaluación de procesos de estudio y aprendizaje para el alumnado universitario.* A Coruña: Publicaciones de la Revista galego-portuguesa de Psicoloxia e Educacion.

Barnes. D. (1994). *De la comunicación al currículo* (Edición revisada). Madrid: Aprendizaje/Visor [Publicación original en inglés de la primera edición en 1976; de la edición revisada en 1992].

________. y Todd. F. (1977). *Communication and learning in small groups.* Londres: Routledge [edición revisada. publicada por Heinemann, en 1995].

Baroody. A. J. (1988). *El pensamiento matemático de los niños.* Madrid: Aprendizaje/Visor.

Bartlett. F. C. (1932). *Remembering: A study in experimental and social psychology.* Cambridge. MA: Cambridge University Press.

Basil, C. y Coll. C. (1990). La construcción de un modelo prescriptivo de la instrucción: la teoría del aprendizaje acumulativo. En C. Coll. J. Palacios y A. Marchesi (Comps.). *Desarrollo Psicológico y Educación. II. Psicología de la Educación* (pp. 55-67). Madrid: Alianza.

Baumann. J. F. (1990). *La comprensión lectora (cómo trabajar la idea principal en el aula).* Madrid: Aprendizaje/Visor.

Baumgartner. D., Bryan. T., Donahue. M. y Nelson, C. (1993). Thanks for asking: Parents comments about homework, test, and grades. *Exceptionality, 4,* 177-185.

Bearison. D. J., Magzamen. S. y Filardo. E. K. (1986). Socioconflict and cognitive growth in young children. *Merrill-Palmer Quarterly,* 32, 51-72.

Beaty. L., Gibbs, G. y Morgan. A. (1997). Learning orientations and study contracts. En F. Marton. D. J. Hounsell y N. J. Entwistle (Eds.). *The experience of learning.* 2ª edición (pp. 72-88). Edinburgh: Scottish Academic Press.

Becker, J. P. y Selter. C. (1996). Elementary school practices. En A. J. Bishop, K. Clements, Ch. Keitel, J. Kilpatrick y C. Laborde (Eds.), *International Handbook of Mathematics Education* (pp. 511-564). Dordrecht: Kluwer Academic Publishers.

Benejam, P. (1997). Las finalidades de la educación social. En P. Benejam y J. Pagès (Coords.). *Enseñar y aprender ciencias sociales, geografia e historia en la Educación Secundaria* (pp. 33-51). Barcelona: Horsori/ICE UB.

________. (1999). *La oportunidad de identificar conceptos clave que guienla propuesta curricular de las ciencias sociales. IBER,* 21, 5-12.

Bereiter, C. y Scardamalia, M. (1987). *The psychology of written composition.* Hillsdale, NJ: Erlbaum.

Bergin, D. A. (1999). Influences on classroom interest. *Educational Psychologist, 34,* 87-98.

Berliner, D. C. (1983). Developing concetions of classrooms environments: some light on the T in classrooms studies of ATI. *Educational Pychologist, 18,* 1-13.

Bersnstein, B. (1971). *Class, codes and control: theoretical studies towards a sociology of language* (vol. 1). Londres: Routledge.

________. (1973). *Class, codes and control: applied studies towards a sociology of language* (vol. 1). Londres: Routledge.

Biggs, J. B. (1987). *Student Approaches to Learning and Studying.* Melbourne: Australian Council for Educational Research.

________. (1993). What do inventories of students' learning processes really measure? A theoretical review and clarification. *British Journal of Educational Psychology 63,* 3-19.

________. (1996). Assessing learning Quality: reconciling institucional, staff and educational demands. *Assessment and Evaluation in Higher Education, 21*(1), 5-15.

Birenbaum, M. (1996). Assessment 2000: towards a pluralistic approach to assessment. En M. Birenbaum y F. J. R. C. Dochy (Eds.), *Alternatives in assessment of achievements, learning processes and prior knowledge* (pp. 3-29). Dordretcht: Kluwer.

Bishop. A. J. (1999). *Enculturación matemática. La educación matemática desde una perspectiva cultural.* Barcelona: Paidós [Publicación original en inglés en 1991].

Blanton, W. E., Moorman, G. y Trathen, W (1998). Telecommunications and teacher education: a social constructivist review. *Review of Research in Education, 23,* 235-275.

Boekaerts, M. (1996). Affect, Emotions and Learning. En E. De Corte y F. E. Weinert (Eds.), *International Encyclopedia of Developmental and Instructional Psychology* (pp. 585-590). Kidlington, Oxford: Elsevier.

________. y Niemivirta, M. (2000). Self-regulated learning: finding a balance between learning goals and egoprotective goals. En M. Boekaerts, P. R. Pintrich y M. Zeidner (Eds.), *Handbook of Self-regulation* (pp. 417-450). Nueva York: Accademic Press.

Bolivar, A. (1992). *Los contenidos actitudinales en el currículo de la reforma.* Madrid: Escuela Española.

________. (1995). *La evaluación de valores y actitudes.* Madrid: Anaya-Alauda.

________. (1999). *Cómo mejorar los centros educativos.* Madrid: Síntesis.

Boorstin, D. (1983). *The discoverers.* N. York: Random House [Trad. cast.: *Los descubridores.* Barcelona: Crítica, 1986].

Bossert, S. T. (1988). Cooperative activities in the classroom. *Review of Research in Education, 15,* 225-250.

Bransford, J.; Vye, N.; Kinzer, CH. y Risko, V (1990). Teaching Thinking and Content Knowledge: Toward an Integrated Approach. En B. F. Jones y L. Idol (Eds.), *Dimensions of thinking and cognitive instruction* (pp. 381-413). Hillsdale, NJ: Erlbaum.

Bredo, E. (1994). Reconstructing educational psychology: situated cognition and Deweyian pragmatism. *Educational Psychologist, 29,* 23-35.

Brewer, W F. y Nakamura, G. V (1984). The nature and function of schemas. En R. S. Wyer y T. K. Srull (Eds.), *Handbook of Social Cognition* (pp. 119-160). Hillsdale, NJ: Erlbaum.

Britton, B. K. y Graesser, A. C. (1996). *Models of understanding text.* Hillsdale, NJ: L. Erlbaum.

Bronfenbrenner, U. (1987). *La ecología del desarrollo humano.* Barcelona: Paidós [Publicación original en inglés en 1979].

________. (1993). *Educación de los niños en dos culturas.* Madrid: Aprendizaje/Visor [Publicación original en inglés en 1970].

Brophy, J. y Good, T. L. (1986). Teacher behavior and student achievement. En M. C. Wittrock (Ed.), *Handbook of Research on Teaching.* 3rd edition (pp. 328-375). Nueva York: MacMillan.

Brown, A. L. (1978). Knowing when, where and how to remember: A problem of metacognition. En R. Glaser (Ed.), *Advances in Instructional Psychology* .Vol. 1 (pp. 77-165) Hillsdale, NJ: Erlbaum.

_______ . y Campione, J. C. (1990). Interactive learning environments and the teaching of science and mathematics. En M. Gardner, J. G. Greeno, F. Reif, A. H. Shoenfeld, A. diSessa y E. Stage (Eds.), *Toward a scientific practice of science education* (pp. 111-141). Hillsdale, NJ: Erlbaum.

_______ . y Campione, J. C. (1994). Guided discovery in a community of learners. En K. McGilly (Ed.), *Classrooms lessons: integrating cognitive theory and classroom practice* (pp. 229-270). Cambridge, MA: The MIT Press.

_______ . Ellery, S. y Campione, J. C. (1998). Creating zones of proximal development electronically. En J. G. Greeno y S. V Goldman (Eds.), *Thinking practices in mathematics and science learning* (pp. 341-367). Hillsdale, NJ: Erlbaum.

Brown, J. S., Collins, A. y Duguid, E. (1989). Situated cognition and the culture of learning. *Educational Researcher;* 18, 32-42.

Bruer, J. T. (1995). *Escuelas para pensar: Una ciencia del aprendizaje en el aula.* Barcelona: Paidós/MEC [Publicación original en inglés en 1993].

Bruner, J. (1986). *Actual minds, possible worlds.* Cambridge, MA: Harvard University Press. [Trad. cast.: *Realidad mental y mundos posibles.* Barcelona: Gedisa, 1988].

_______ . (1997) *La educación, puerta de la cultura.* Madrid: Aprendizaje/Visor [Publicación original en inglés en 1997] .

Buckingham, D. (1993). *Children talking television. The making of television literacy.* Londres: The Falmer Press.

Calfee, R. (1992). Refining educational psychology: The case of the missing links. *Educational Psychologist,* 27, 163-175.

Calfee, R. C. y Berliner, D. C. (1996). Introduction to a dynamic and relevant educational psychology. En D. C. Berliner y R. C. Calfee (Eds.), *Handbook of Educational Psychology* (pp. 1-11). Nueva York: Simon & Schuster MacMillan.

Campione, J. y Brown, A. (1987). Linking dynamic assessment with school achievement. En C. Lidz (Comp.), *Dynamic assessment* (pp. 82-115). Nueva York: Guilford Press.

Camps, A. y Castelló, M. (1996). Las estrategias de enseñanza-aprendizaje en la escritura. En C. Monereo e I. Solé (Coords.) *El asesoramiento psicopedagógico: una perspectiva profesional y constructivista* (pp. 321-342). Madrid: Alianza.

Cañal, P. (2000). Las actividades de enseñanza, un esquema de clasificación. *Investigación en la Escuela, 40,* 5-21.

_______ . López, J. I., Venero, C. y Wamba, A. M. (1993). El lugar de las actividades en el diseño y desarrollo de la enseñanza: ¿cómo definirlas y clasificarlas? *Investigación en la Escuela, 19,* 7-13.

Carretero, M. (1996). Perspectivas disciplinares, cognitivas y didácticas en la enseñanza de las Ciencias Sociales y la Historia. En M. Carretero, *Construir y enseñar: Las ciencias sociales y la historia.* (pp. 15-30). Madrid: Aprendizaje/Visor.

_______ . Asensio, M. y Pozo, J. I. (1991). Cognitive development, causal thinking and time representation in adolescence. En M. Carretero, M. Pope, R. J. Simons y J. I. Pozo (Eds.), *Learning and Instruction. Vol. 3* (pp. 27-48). Oxford: Pergamon Press.

_______ . y otros (1995). *Construir y enseñar: Las ciencias sociales y la historia.* Buenos Aires: Aiqué.

Carroll, J. B. (1993a). *Human cognitive abilities.* Londres: Cambridge University Press.

_______ . (1993b). Educational Psychology in the 21st Century. *Educational Psychologist, 28,* 89-95.

Casanova, U. y Berliner, D. (1997). La investigación educativa en Estados Unidos: el último cuarto de siglo. *Revista de Educación, 312,* 43-80.

Casas, F. (2000). Children, media and the relational planet: some reflections from the European context. *Child Research Net.* (http:/ /www. childresearch.net).

Castelló, M. (1995a). Estrategias argumentativas: escribir para convencer. *Textos, 6,* 97-106.

_______ . (1995b). Estrategias para escribir pensando. *Cuadernos de Pedagogía, 237,* 22-28.

_______ . y Milian, M. (1997). Enseñar y aprender estrategias a través de la escritura. En Mª Ll. Pérez Cabaní (Comp.), *Las estrategias de aprendizaje a través del curriculum* (pp. 117 -135). Horsori/ICE UB.

_______ . y Monereo, C. (1996). Un estudio empírico sobre la enseñanza y el aprendizaje de estrategias para la composición escrita de textos argumentativos. *Infancia y Aprendizaje, 74,* pp. 39-55.

_______ . y Monereo, C. (1999). El conocimiento estratégico en la toma de apuntes: un estudio en la educación superior. *Infancia y Aprendizaje,* 88, pp. 25-42.

_______ . y Monereo, C. (2000). Modalidades de enseñanza estratégica en educación secundaria. *Ensayos y experiencias,* 33, 78-92.

Castells, M. (1997). *La era de la información: economía, sociedad y cultura. Vol. 1. La sociedad red.* Madrid: Alianza.

Castorina, J. A., Coll, C., Díaz Barriga, A., Díaz Barriga, F., García, B., Hernández G., Moreno, L., Muriá, I., Pessoa de Carvalho, A. M. y Vasco, C. E. (1998). *Piaget en la educación. Debate en torno de sus aportaciones.* México: Paidós/UNAM.

Castro, E. y Castro, E. (1997). Representaciones y modelización. En L. Rico (Coord.), *La educación matemática en la enseñanza secundaria* (pp. 95-124). Barcelona: Horsori/ICE UB.

Cattell, R. B. (1971). *Abilities: their structure, growth and action.* Boston: Houghton Mifflin.

_______ . (1987). *Intelligence: its structure, growth and action.* Amsterdam: NorthHolland.

Cazden, C. B. (1986). Classroom discourse. En M. C. Wittrock (Ed.), *The Handbook of Research on Teaching.* 3rd edition (pp. 432-463). Nueva York: MacMillan [Trad. cast.: *La investigación de la enseñanza, III. Profesores y alumnos* (pp. 627-709). Barcelona: Paidós, 1990].

_______ . (1988). *Classroom discourse: the language of teaching and learning.* Portsmouth, NH: Heinemann [Trad. cast.: *El discurso en el aula. El lenguaje de la enseñanza y del aprendizaje.* Barcelona: Paidós, 1991].

Cazden, C. B., John, V. y Hymes, D. (Eds.) (1972). *Functions of language in the classroom.* Nueva York: Teachers College Press.

Cebrián, J. L. (1998). *La red. Cómo cambiarán nuestras vidas los nuevos medios de comunicación.* Madrid: Santillana/Taurus.

Clarke, D. (1996). Assessment. En A. J. Bishop, K. Clements, Ch. Keitel, J. Kilpatrick y C. Laborde (Eds.), *International Handbook of Mathematics Education* (pp. 327-370). Dordrecht: Kluwer.

Claxton, O. (1994). *Educando mentes curiosas.* Madrid: Aprendizaje/Visor.

Clay, M. (1991). *Becoming literate.* Portsmouth. NH: Heimeann.

Cobb, P., Wood, T. y Yackel, E. (1993). Discourse, mathematical thinking and classroom practice. En E. A. Forman, N. Minick y C. A. Stone (Comps.), *Contexts for learning* (pp. 91-119). Nueva York: Oxford University Press.

Cognition and Technology Group at Vanderbilt (1992). The Jasper Series as an exemple of anchored instruction: theory, program description and assessment data. *Educational Psychologist, 29*, 49-55.

Cognition and Technology Group at Vanderbilt (1994). From visual world to learning communities: changing conceptions of cognitive research. En K. McOilly (Ed.), *Classrooms lessons: integrating cognitive theory and classroom practice* (pp. 157-200). Cambridge, MA: The MIT Press.

Cognition and Technology Group at Vanderbilt (1996). Looking at technology in context: a framework for understanding technology and education. En D. C. Berliner y R. Calfee (Eds.), *Handbook of Educational Psychology* (pp. 807-841). Nueva York: Simon & Schuster MacMillan.

Cohen, E. G. (1982). Expectation states and interracial interaction in school settings. *Annual Review of Sociology, 8*, 109-235.

_______ . (1994). Restructuring the Classroom: Conditions for Productive Small Groups. *Review of Educational Research,* 64(1), 1-35.

Cole, M. (1984). La zona de desarrollo próximo: donde cultura y conocimiento se generan mutuamente. *Infancia y Aprendizaje, 25*, 3-17.

_______ . (1990). Cognitive development and formal schooling: The evidence from cross-cultural research. En L. C. Moll (Ed.), *Vygotsky and education. Instructional implications and applications of sociohistorical psychology* (pp. 89-110). Cambridge, MA: Cambridge University Press.

_______ . (1996). *Cultural Psychology. A once and future discipline.* Cambridge, MA: Harvard University Press.

_______ . (1998). Can cultural psychology help us think about diversity? *Mind, Culture, and Activity, 5*, 291-304.

_______ . Wakai, K. (1984). *Cultural Psychology and Education.* IVème Réunion d'experts sur les Sciences del 'Education. Organisation des Nations Unies pour l'Education, la Science et la Culture, Geneve, 4-7 Dècembre.

Coll, C. (1978). *La conducta experimental en el niño.* Barcelona: Ceac.

_______ . (1981). Naturaleza y planificación de las actividades en el parvulario. *Cuadernos de Pedagogía, 81-82*, 8-12.

_______ . (1983). Psicología de la educación: ciencia, tecnología y actividad técnico-práctica. *Estudios de Psicología, 14/15*, 168-193.

_______ . (Comp.) (1983). *Psicología genética y aprendizajes escolares.* Madrid: Siglo XXI.

_______ . (1984). Estructura grupal, interacción entre alumnos y aprendizaje escolar. *Infancia y Aprendizaje, 27-28*, 119-138.

_______ . (Comp.) (1985). *Jean Piaget. Escrits per a educadors.* Barcelona: Eumo Editorial.

_______ . (1987). *Psicología y Curriculum. Una aproximación psicopedagógica a la elaboración del curriculum escolar.* Barcelona: Laia [Reeditado por la editorial Paidós en 1991].

_______ . (1988a). *Conocimiento psicológico y práctica educativa. Introducción a las relaciones entre psicología y educación.* Barcelona: Barcanova.

_______ . (1988b). Significado y sentido en el aprendizaje escolar. Reflexiones en torno al concepto de aprendizaje significativo. *Infancia y Aprendizaje, 41*, 131-142.

_______ . (1990a). Psicología y educación: aproximación a los objetivos y contenidos de la psicología de la educación. En C. con, J. Palacios y A. Marchesi (Comps.), *Desarrollo Psicológico y Educación. II. Psicología de la Educación* (pp. 15-30). Madrid: Alianza.

_______ . (1990b). Un marco de referencia psicológico para la educación escolar: la concepción constructivista del aprendizaje y la enseñanza. En C. con, J. Palacios y A. Marchesi (Comps.) *Desarrollo Psicológico y Educación. II. Psicología de la Educación* (pp. 435-453). Madrid: Alianza Rditorial.

_______ . (1993a). Psicologia y didácticas: Una relación a debate. *Infancia y Aprendizaje, 62-63*, 59-76

_______ . (1993b). Psicología y didácticas: demarcación e interconexión. *Infancia y Aprendizaje, 62-63*, 237-243.

_______ . (1994). El análisis de la práctica educativa: reflexiones y propuestas en torno a una aproximación multidisciplinar. *Tecnología y Comunicación Educativas, 24*, 3-29.

_______ . (1995) Personalización de la educación: la atención a la diversidad. En *L'educació. El repte del tercer mil. leni* (pp. 21-37). Barcelona: Institució familiar d'Educació.

_______ . (1996a). Piaget, el constructivismo y la educación escolar: ¿dónde está el hilo conductor? *Substratum, III* (8-9), 153-174.

_______ . (1996b). Constructivismo y educación escolar: ni hablamos siempre de lo mismo ni lo hacemos siempre desde la misma perspectiva epistemológica. *Anuario de Psicología,* 69, 153-178.

_______ . (1996c). La concepció constructivista de l'ensenyament i de l'aprenentatge i el curriculum escolar. En T. Mauri (Coord.), *Disseny, desenvolupament i innovació del curriculum. Módul 2.* (pp. 7-63). Barcelona: Universitat Oberta de Catalunya.

_______ . (1996d). Psicopedagogía: confluencia disciplinar y espacio profesional. En C. Monereo el. Solé (Coords.), *El asesoramiento psicopedagógico: una perspectiva profesional y constructivista* (pp. 33-52). Madrid: Alianza.

_______ . (Comp.) (1997a). *Psicologia de la Instrucció.* Barcelona: Ediuoc.

_______ . (1997b) *¿Qué es el constructivismo?* Buenos Aires: Magisterio del Río de la Plata.

_______ . (1997c). La construcció del coneixement a l'escola: cap a l'elaboració d'un marc de referencia per a l'educació escolar. En C. Coll (Coordinador), *Psicologia de la instrucció* (pp. 427-503). Barcelona: Edicions de la Universitat Oberta de Catalunya.

________. (1997d). La psicologia de la instrucció i les práctiques educatives escolars. En C.Coll (Coord.), *Psicologia de la Instrucció* (pp. 21-98). Barcelona: Ediouc.

________. (1998a). El conocimiento psicológico y su impacto en las transformaciones educativas. En OEI (Obra colectiva), *Las transformaciones educativas en Iberoamérica. Tres desafios: Democracia, desarrollo e integración* (pp. 301-338). Buenos Aires: Troquel.

________. (1998b). La psicología de la educación: una disciplina aplicada. En C. Coll (Coord.), *Psicología de la Educación* (pp. 17-57). Barcelona: Ediuoc/Edhasa.

________. (1998c). La teoría genética y los procesos de construcción del conocimiento en el aula. En J. A. Castorina y otros, *Piaget en la educación. Debate en torno a sus aportaciones* (pp. 15-52). México: Paidós/UNAM.

________. (1999a). Algunos desafíos de la educación básica en el umbral del nuevo milenio. *Perfiles Educativos, XXI* (83/84), 8-26.

________. (1999b). La concepción constructivista como instrumento para el análisis de las prácticas educativas escolares. En C. Coll (Coord.), *Psicología de la instrucción: la enseñanza y el aprendizaje en la Educación Secundaria* (pp. 15-44). Barcelona: Horsori/ICE UB.

________. (Coord.) (1999c). *Psicología de la instrucción: la enseñanza y el aprendizaje en la educación secundaria.* Barcelona: Horsori/ICE UB.

________. Barberà, E. y Onrubia, J. (2000). La atención a la diversidad en las prácticas de evaluación. *Infancia y Aprendizaje,* 90, 111-132.

________. Colomina, R., Onrubia, J. y Rochera, M. J. (1992). Actividad conjunta y habla: una aproximación al estudio de los mecanismos de influencia educativa. *Infancia y Aprendizaje, 59-60,* 189-232 [Reproducido en P. Fernández Berrocal y M. A. Melero (Comps.) *La interacción social en contextos educativos* (pp. 194-326). Madrid: Siglo XXI, 1995].

________. y Colomina, R. (1990). Interacción entre alumnos y aprendizaje escolar. En C. Coll, J. Palacios y A. Marchesi (Comps.), *Desarrollo Psicológico y Educación. II. Psicología de la Educación* (pp. 335-352). Madrid: Alianza.

________. y Edwards, D. (Eds.) (1996). *Enseñanza, aprendizaje y discurso en el aula. Aproximaciones al discurso educacional.* Madrid: Fundación Infancia y Aprendizaje.

________. y Martín, E. (1993). *La evaluación del aprendizaje en el curriculum escolar.* En C. Coll y otros, El constructivismo en el aula (pp. 163-183). Barcelona: Graó.

________. y Martín, E. (1996). La evaluación de los aprendizajes: una perspectiva de conjunto. *Signos, 18,* 64-77.

________. y Miras, M. (1990a). La representación mutua profesor/alumno y sus repercusiones sobre la enseñanza y el aprendizaje. En C. Coll, J. Palacios y A. Marchesi (Comps.), *Desarrollo Psicológico y Educación ll, Psicología de la Educación* (pp. 297-313). Madrid: Alianza.

________. y Miras, M. (1990b). Características individuales y condiciones de aprendizaje: la búsqueda de interacciones. En C. con, J. Palacios y A. Marchesi (Comps.), *Desarrollo Psicológico y Educación. II. Psicología de la Educación* (pp. 395-417). Madrid: Alianza.

________. y Onrubia, J. (1994). Temporal dimension and interactive processes in teaching-learning activities: a theoretical and methodological challenge. En N. Mercer y C. Coll (Eds.), *Explorations in Socio-Cultural Studies. Vol. 3: Teaching, learning and interaction* (pp. 107-122). Madrid: Fundación Infancia y Aprendizaje

________. y Onrubia, J. (1999a). L'anàlisi de les pràctiques educatives escolars: paradigmes teories i models. En C. Coll (Coord.), *Observació i anàlisi de les pràctiques d'educació escolar* (pp. 13-54). Barcelona: Ediuoc.

________. y Onrubia, J. (1999b). L'observació i l'anàlisi dels processos instruccionals des d'una perspectiva constructivista. En C. Coll (Coordinador), *Observació i anàlisi de les pràctiques d' educació escolar* (pp. 113-172). Barcelona: Edicions de la Universitat Universitat Oberta de Catalunya.

________. y Onrubia, J.(1999c). Evaluación de los aprendizajes y atención a la diversidad. En C. Coll (Coord.), *Psicología de la Instrucción: la enseñanza y el aprendizaje en la educación secundaria* (pp. 141-168). Barcelona: Horsori/ICE UB.

________. y Onrubia, J. (1999d). Discusión entre alumnos e influencia educativa del profesor. *Textos de Didáctica de la Lengua y de la Literatura,* 20, 19-37.

________. Pozo, J. I., Sarabia, B. y Valls, E. (1992). *Los contenidos en la Reforma.* Madrid: Santillana.

________. y Rochera, M. J, (1990). Estructuración y organización de la enseñanza: las secuencias de aprendizaje. En C. Coll, J. Palacios y A. Marchesi (Comps.), *Desarrollo Psicológico y Educación. II. Psicología de la Educación* (pp. 373-393). Madrid: A)ianza.

________. y Rochera, M. J. (2000). Actividad conjunta y traspaso del control en tres secuencias didácticas sobre los primeros números de la serie natural. *Infancia y Aprendizaje, 92,* 109-130.

________. Solé, I. (1990). La interacción profesor/alumno en el proceso de enseñanza y aprendizaje. En C. Coll, J. Palacios y A. Marchesi (Comps.), *Desarrollo Psicológico y Educación. II. Psicología de la Educación* (pp. 315-333). Madrid: Alianza.

________. y Solé, I. (1997). Factors psicosociològics, relacionals i contextuals implicats en l'aprenentatge escolar. En C. Coll (Coord.), *Psicologia de la lnstrucció* (pp. 179-259). Barcelona: Ediouc.

Collins, A., Brown, J. y Newman, S. (1989). Cognitive apprenticeship: teaching the crafts of reading, writing and mathematics. En L. B. Resnick (Eds.), *Knowing, learnong and instruction: Essays in honour of Robert Glaser* (pp. 453-494). Hillsdale, NJ: Erlbaum.

Coob, P. (1998). Learning from distributed theories of Intelligence. *Mind, Culture, and Activity: An International Journal, 5,* 187-204.

________. y Bowers, J. (1999). Cognitive and situated learning perspectives in theory and practice. *Educational Researcher, 28*(2), 4-15.

________. y Yackel, E. (1996). Constructivist, emergent, and socio-cultural perspectives in the context of developmental research. *Educational Psychologist, 31,* 175-190.

Cooper, C. R., Azmitia, M., García, E. E., Ittel, A., López, E., Rivera, L. y Chávez, R. M. (1994). Aspiratio of low-income Mexican American and European American parents for their children and adolescents. En F. A. Villarruely R. M. Lerner (Eds.), *Promoting community-based programs for socialization and learning. New Directions for Child Development. 63* (pp. 65-83). San Francisco: Jossey-Bass.

Corno, L. y Snow, R. E. (1986). Adapting teaching to individual differences among learners. En M. C. Wittrock (Ed.),

Handbook of Research on Teaching (pp. 605-629). Nueva York: MacMillan.

Correa, N. y Rodrigo, M. J. (en prensa). El cambio de perspectiva conceptual en las teorias implícitas sobre el medio ambiente. *Dossier* temático sobre el cambio representacional en el conocimiento conceptual. *Infancia y Aprendizaje.*

Costello, J. (1991). *Teaching and learning mathematics, 11-16.* Londres: Routledge.

Covington, M. V. (2000). Goal theory, motivation and school achievement: An integrative review. *Annual Review of Psychology, 51*, 171-200.

Craik, F. I. M. y Tulving, E. (1975). Depth of processing and the retention of words in episodic memory. *Journal of Experimental Psychology: General,* 104, 268-294. [Trad. cast.: *Estudios de Psicología,* 1980, *2*, 110-146].

Crismore, A. (1984). The rethoric of textbooks: metadiscourse. *Journal of Curriculum Studies, 16*, 279-296.

Cronbach, L. J. (1957). The two disciplines of scientific psychology. *American Psychologist, 12*, 671-684 [Trad. en cast.: Las dos disciplinas de la psicología científica. *Escritos de Psicología,* 1997, *1*, 2-16] .

Cronbach, L. J. (1967). How can instruction be adapted to individual differences? En R. M. Gagné (Ed.) *Learning and individual differences.* Columbus, Ohio: Merrill.

________. (1975). Beyond the two disciplines of scientific psychology. *American Psychologist, 30,* 116-127 [Trad. en cast.: Más allá de las dos disciplinas de la psicología científica. *Escritos de Psicología,* 1997, *1*, 17-30].

________ . y Snow, R. E. (1977). *Aptitudes and instructional method: a handbook for research* on interaction. Nueva York: Irvington.

Cros Alavedra, A. (2000). El discurso docente: entre la proximidad y la distancia. *Revista Iberoamericana de Discurso y Sociedad, 2*(1), 55-76.

Chevallard, Y., Bosch, M. y Gascón, J. (1997). *Estudiar matemáticas.* Barcelona: Horsori/ICE UB.

Chi, M. T. H., Feltovich, P. J., y Glaser, R. (1981). Categorization and representation of physics problems by experts and novices. *Cognitive Science, 5,* 121-152.

________. Glaser, R. y Farr, M. (Eds.) (1988). *The nature of expertise.* Hillsdale, NJ: Erlbaum.

Damon, W y Phelps, E. (1989). Critical distinctions among three approaches to peer education. *International Journal of Educational Research, 13*, 9-19.

Dansereau, D. F. (1985). Learning Strategy Research. En J. V. Segal, S. F. Chipman, S. F. y R. Glaser (Eds.). *Thinking and Learning Skills.* Vol. I (pp. 209-239). Hillsdale, NJ: Erlbaum.

De Corte, E. (2000). Marrying theory building and the improvement of school practice: a permanent challenge for instructional psychology. *Learning and Instruction, 10*, 249-266.

________. Greer, B. y Verschaffel, L. (1996). Mathematics teaching and learning. En D. C. Berliner y R. C. Calfee (Eds.), *Handbook of Educational Psychology* (pp. 491-549). Nueva York: Simon &Schuster MacMillan.

De Charms, R. (1976). *Enhancing motivation: Change in the classroom.* Nueva York: Irvington.

De Lange, J. (1996). Using and applying mathematics in education. En A. J. Bishop, K. Clements, Ch. Keitel, J. Kilpatrick y C. Laborde (Eds.), *International Handbook of Mathematics Education* (pp. 49-97). Dordrecht: Kluwer Academic Publishers.

De Vega, M. (1984). *Introducción a la psicología cognitiva.* Madrid: Alianza.

________ . Díaz, J. y León, I (1999). Procesamiento del discurso. En M. De Vega y F. Cuetos (Eds.), *Psicolingüística del español* (pp. 271-306). Madrid: Trotta.

________ . Rodrigo, M. J. y Zirmmer, H. (1996). Pointing and labeling directions in egocentric frameworks. *Journal of Memory and Language, 35*, 821-839.

Del Carmen, L. (1996a). *El análisis y secuenciación de contenidos educativos.* Barcelona: Horsori/ICE UB.

________ . (1996b). El trabajo en equipo: aspecto básico para la innovación en los centros. En C. Monereo e I. Solé, (Coords.), *El asesoramiento psicopedagógico: una perspectiva profesional y constructivista* (pp. 153-166). Madrid: Alianza.

________ . y Zabala, A. (1991). *Guía para la elaboración, seguimiento y evaluación de Proyectos Curriculares de Centro.* Madrid: CIDE.

Del Río, Mª. J. (1990). Comportamiento y aprendizaje: teorías y aplicaciones escolares. En C. Coll, J. Palacios y A. Marchesi (Comps.), *Desarrollo Psicológico y Educación. II. Psicología de la Educación* (pp. 33-53). Madrid: Alianza.

Del Río, P. y Álvarez, A. (1992). Tres pies al gato: significado, sentido y cultura cotidiana en la educación. *Infancia y Aprendizaje, 59-60*, 43-61.

Delgado-Gaitan, C. (1990). *Literacy for Empowerment. The role of parents in children's education.* Nueva York: The Falmer Press.

Delval, J. (1983). *Crecer y pensar: La construcción del conocimiento en la escuela.* Barcelona: Laia [Reeditado por Editorial Paidós, Barcelona, 1998].

________ . (2000). *Aprender en la vida y en la escuela.* Madrid: Morata.

Dhand, H. (1994). Critical thinking: research perspective for social studies teachers. *Canadian Social Studies, 28*, 149-154

Dickinson, D. K. (Ed.) (1994). *Bridges to literacy.* Oxford: Blackwell.

Dillenbourg, P. (1999). What do you mean by "collaborative learning"? En P. Dillenbourg (Ed.), *Collaborative learning. Cognitive and computational approaches* (pp. 1-19). Amsterdam: Pergamon.

Doise, W., Mugny, O. y Perret-Clermont, A. N. (1975). Social interaction and the development of cognitive operations. *European Journal of Social Psychology, 5*, 367-383.

Domínguez, J. (1994). La solución de problemas en ciencias sociales. En J. I. Pozo (Coord.) *La solución de problemas* (pp. 134-178). Madrid: Santillana.

Donald, M. (1993). Précis of "Origins of the moderm mind: three stages in the evolution of culture and cognition". *Behavioral and Brain Sciences,* 16, 737-791.

Doyle, W. (1983). Academic work. *Review of Educational Research, 53*, 159-199.

________ . (1986). *Classroom organization and management.* En M. C. Wittrock (Ed.) *Handbook of Research on Teaching* (pp. 453-494) Nueva York: MacMillan.

Driver, R. (1985). *The pupil as scientist.* Filadelfia: Open University Press.

________ . (1986). Psicología cognoscitiva y esquemas conceptuales de los alumnos. *Enseñanza de las Ciencias, 4*(1), 13-15.

________ . Asoko, H., Leach, J., Mortimer, E. y Scott, P. (1994). Constructing scientific knowledge in the classroom. *Educational Researcher; 23* (7), 5-12.

________ . Squires, A., Rushworth, P. y Wood-Robinson, V. (1999). *Dando sentido a la ciencia en secundaria. Investigaciones sobre las ideas de los niños.* Madrid: Aprendizaje/ Visor.

Duckworth, E. (1983). Tener ideas maravillosas. En C. Coll (Compilador), *Psicología genética y aprendizajes escolares* (pp. 43-56). Madrid: Siglo XXI. [Publicación original, 1973].

Duart, J. M. y Sangrà, A. (Eds.) (1999). *Aprenentatge i virtualitat.* Barcelona: Ediuoc/Portic.

Duffy, S. A. (1986). Role of expectations in sentence integration. Journal of Experimental Psychology: *Learning, Memory and Cognition, 12* (2), 208-219.

Duffy, G. G. y Roehler, L. R. (1984). Direct explanation of comprehension processes. En G. G. Duffy, L. R. Roehler y .J. Mason (Eds.), *Comprehension instruction: Perspectives and suggestions* (pp. 265-280). Nueva York: Logman.

Dunkin, M. J. y Biddle, B. J. (1974). *The study of teaching.* Nueva York: Holt, Rinehart and Winston.

Durán, D. (1999). Tutoría entre iguales. *Cuadernos de Pedagogía, 288*, 36-39.

Dweck, C. y Elliot, D. S. (1983). Achievement motivation. En P. H. Mussen (General editor) y E. M. Hetherington (Volume editor), *Handbook of Child Psychology. Vol IV: Social and personality development* (pp. 643-691). Nueva York: Wiley.

Echeita, G. (1995). El aprendizaje cooperativo. Un análisis psicosocial de sus ventajas respecto a otras estructuras de aprendizaje. En P. Fernández Berrocal y A. Melero Zabal (Comps.) *La interacción social en contextos educativos* (pp. 167-189). Madrid: Siglo XXI.

Eco, U. (1987). *Ecrit et média. Ecrit a l'écran, écrit a l'encan?* Ponencia presentada en la Conférence internationale "Livre et alphabétisatlom", Amsterdam.

Edwards, D. (1997). *Discourse and cognition.* Londres: Sage.

Edwards, V. y Furlong, A. (1978). *The language of teaching: meaning in classroom interaction.* Londres: Heinemann.

Edwards, D. y Mercer, N. (1988). *El conocimiento compartido. El desarrollo de la comprensión en el aula.* Barcelona: Paidós/MEC [Publicación original en inglés en 1987].

________ . Middleton, D. (1986). Joint remembering: Constructing an account of shared experience through conversational discourse. *Discourse Processes, 9*, 423-459.

________ . y Potter, J. (1992). *Discursive psychology.* Londres: Sage.

Ehri, L. (1991). Development of the ability to read words. En R. Barr, M. Kamil, P. B. Mosenthal y P. D. Pearson (Eds.) *Handbook of Reading Research .Vol.* 2 (pp. 383-417) Nueva York: Longman.

________ . (1992). Reconceptualizing the development of sight word reading and its relationship to recoding. En P. Gough, L. Ehri y R. Treiman (Eds.), *Reading Acquisition* (pp. 107-144). Hillsdale, NJ: Erlbaum.

Elshout-Mohr, M., Van Hout-Wolters, B. y Broekkamp, H. (1999). Mapping situations in classroom and research: eight types of instructional-learning episodes. *Learning and Instruction, 9*, 57-75.

Elton, L. (1996). Strategies to enhance student motivation: Aconceptual analysis. *Studies in Higher Education, 21* (1), 57-68.

Elliot, E. S. (1999). Approach and avoidance motivation and achievement goals. *Educational Psychologist, 34*, 169-189.

Emihovich, C. (Ed.) (1989). *Locating learning: etnographic perspectives on classroom research.* Norwood, NJ: Ablex.

Entwistle, N. J. (1988). *La comprensión del aprendizaje en el aula.* Barcelona: Paidós/MEC. [Publicación original en inglés en 1987].

________ . (1997). Reconstituting approaches to learning: a response to Webb. *Higher Education, 33*, 213-218.

________ . (1998). Improving teaching through research on student learning. In J. J. F. Forest (Ed.), *University teaching: International perspectives* (pp. 73-112). Nueva York: Garland.

________ . (2000). Approaches to studying and levels of understanding: The influences of teaching and assessment. En J. C. Smart (Ed.), *Higher education: Handbook of Theory and Research. Vol. XV* (pp. 156-218). Nueva York: Agathon Press.

________ . Hanley, M. y Hounsell, D. J. (1979). Identifying distinctive approaches to studying. *Higher Education, 8*, 365-380.

________ . Hanley, M. y Ratcliffe, G. (1979). Approaches to learning and levels of understanding. *British Educational Research Journal, 5*, 99-114.

________ . y Ramsden, P (1983). *Understanding Student Learning.* Londres: Croom Helm.

Epstein, J. (1994). Make Language arts a family affair. Interactive homework that goes to parents's heads! *Instructor,* January 1994, 17-19.

Epstein, K. K. (1989). *Early school leaving: what the leavers say.* Manuscrito no publicado. Barkeley, CA: Universidad de Califomia.

Erickson, F. (1982). Classroom discourse as improvisation: relationships between task structure and social participation structure. En L. Ch. Wilkinson (Comp.) *Communicating in the classroom* (pp. 153-181). Nueva York: Academic Press.

________ . y Shultz, J. (1997). When is a context? Some issues and methods in the analysis of social competence. En M. Cole, Y. Engestrom, y O. Vasquez (Eds.), Mind, culture and *activity. Seminal papers from the laboratory of comparative human cognition* (pp. 22-31). Cambridge, UK: Cambridge University Press.

Ericsson, K. A. (Ed.) (1996). *Road to excellence.* Hillsdale, NJ: Erlbaum.

Fabos, B. y Young, M. D. (1999). Telecommunication in the classroom: rethoric versus reality. *Review of Educational Research, 69*, 217 -259.

Fenstermacher, G. D. y Richardson, V (1994). Promoting confusion in educational psychology: how is it done? *Educational Psychologist, 29*, 49-55.

Fernández Berrocal, P. y Melero, A. (1995). Piaget, el conflicto sociocognitivo y sus límites. En P. Fernández Berrocal y A. Melero Zabal (Comps.) *La interacción social en contextos educativos.* (pp. 3-34). Madrid: Siglo XXI.

Ferreiro, E. (1997). *Alfabetización. Teoría y práctica.* México: Siglo XXI.

________. y Teberosky, A. (1879). *Los sistemas de escritura en el desarrollo del niño.* México: Siglo XXI.

________. y Pontecorvo, C. (1996). Los límites entre las palabras. En E. Ferreiro, C. Pontecorvo, N. Ribeiro e I. García Hidalgo, *Caperucita Roja aprende a escribir* (pp. 43-86). Barcelona: Gedisa.

Feurstein, R., Rand, Y. y Hoffman, M. (1979). *Dynamic assessment of retarded performers.* Baltimore, MD: University Park Press.

Flanders, N. (1977). *Análisis de la interacción didáctica.* Madrid: Anaya.

Flavell, J. H. (1970). Developmental Studies of Mediated Memory. En H. W Reese y L. P. Lipssit (Eds.), *Advances in Child Development and Behaviour* (pp. 324-340). Nueva York: Academic Press.

________. (1987). Speculations about the nature and development of metacognition. En Weinert, F. E. y Kluwe, R. H. (Eds), *Metacognition, Motivation and Understanding* (pp. 21-29). Hillsdale, NJ: Erlbaum.

Fletcher-Flinn, C. M., y Suddendorf, T. (1996). Do computers affect "the mind"? *Journal of Educational Computing Research, 15* (2) , 97 -112.

Flower, L. (1987). Interpretative acts: cognition and the construction of discourse. *Poetics, 16* [Trad. cast.: Actes interpretatius: cognició i la construcció del discurs. *Articles, 5*, 81-102, 1995].

________. y Hayes, J. R. (1981a) The cognition of discovery: Defining a rhetorical problem. *College Composition and Communication, 31*, 21-32.

________. y Hayes, J. R. (1981 b) Plans that guide the cognitive process of composing. En Ch. Frederiksen, M. Witheman y J. F. Dominic (Eds) *The nature, development and teaching of written communication.* (pp. 39-58). Hillsdale, NJ: Erlbaum

Forman, E. (1992). Discourse, intersubjectivity, and the development of peer collaboration: a vygotskian approach. En L. T. Winegar y J. Valsiner (Eds.), *Children within social context. Vol. 2: Research and methodology* (pp. 142-160). Hillsdale, NJ: Erlbaum.

________. y Cazden, C. B. (1985). Exploring Vygotskian perspectives in Education: The cognitive value of peer interaction. En J. V Wertsch (Ed.), *Culture, communication, and cognition: Vygotskian perspectives* (pp. 323-347). Cambridge, MA: Cambridge University Press.

________. y Mcphail, J. (1993). Vygotskyan perspective on children's collaborative problem-solving activities. En E. A. Forman, N. Minick y C. Addison Stone (Eds.), *Contexts for learning. Sociocultural dynamics in children's development* (pp. 213-229). Nueva York: Oxford University Press.

________. Minick, N. y Stone, C. A. (1993). *Contexts for learning.* Nueva York: Oxford University Press.

Fox, D. (1983). Personal theories of teaching. *Studies in Higher Education, 8*, 151-163.

Frederiksen, C. (1981). Inference in preschool children's conversations – a cognitive perspective. En J. L. Oreen y C. Wallat, C. (Eds.). *Ethnography and language in educational settings.* Norwood, NJ: Ablex.

Freiberg, H. J. (Ed.) (1999). *School Climate.* Londres: Falmer Press.

Frith, U. (1985). Beneath the surface of developmental dyslexia. En K. E. Patterson, J. C. Marshall y M. Coltheart (Eds.) *Surface dyslexia. Neuropsychological and cognitive studies of phonological reading* (pp. 301. 330) Hillsdale: *NI:* Erlbaum.

Furió, C. y Vilches, A. (1997). Las actitudes del alumnado hacia las ciencias y las relaciones ciencia, tecnología y sociedad. En L. del Carmen (Coord.), *La enseñanza y el aprendizaje de las ciencias de la naturaleza en la educación secundaria* (pp. 47-72). Barcelona: Horsori/ICE UB.

Gabel, D. L. (Ed.) (1994). *Handbook of Research on Science Teaching and Learning.* Nueva York: MacMillan.

Gage, N. L. (Ed.) (1963). *Handbook of Research on Teaching.* Nueva York: MacMillan.

Gairín, J. (1996). *La Organización escolar como contexto y texto para la actuación.* Madrid: La Muralla.

Gallimore, R. y Goldenberg, C. (1993). Activity settings of early literacy: home and school factors in children's emergent literacy. En E. A. Forman, N. Minick, y C. A. Stone (Eds.), *Context for learning. Sociocultural dynamics in children's developmental* (pp. 315-335). Nueva York: Oxford University Press.

García Madruga, J. A. (1990). Aprendizaje por descubrimiento frente a aprendizaje por recepción: la teoría del aprendizaje verbal significativo. En C. Coll, J. Palacios y A. Marchesi (Comps.) *Desarrrollo psicológico y educación. II. Psicología de la Educación* (pp. 81-92). Madrid: Alianza.

Garcia-Milà, M. (1996). Psicopedagogía de las ciencias fisiconaturales. En J. Escoriza, R. González, A. Barca, y J. A. González (Coords.), *Psicología de la Instrucción.* Vol. 5 (pp. 31-66). Barcelona: Edicions de la Universitat de Barcelona.

________. Izquierdo, M. y Sanmartí, N. (1998). La naturalesa de les ciencies i la ciéncia escolar. En M. Izquierdo (Coord.), *Psicopedagogía de las ciencias fisiconaturales (Módul 1).* Barcelona: Ediuoc.

García, G. E. y Pearson, P. D. (1994). Assessment and diversity. *Review of Research in Education, 20*, 337-391.

Gardner, H. (1983). *Frames of mind. The theory of multiple intelligences.* Nueva York: Basic Books.

________. (1987). *La nueva ciencia de la mente. Historia de la revolución cognitiva.* Barcelona; Paidós [Publicación original en inglés en 1985].

________. (1993). *La mente no escolarizada. Cómo piensan los niños y cómo deberían enseñar las escuelas.* Barcelona. Paidós [Publicación original en inglés en 1991].

________. (1995). *Inteligencias múltiples. La teoría en la práctica.* Barcelona: Paidós [Publicación original en inglés en 1993).

________. (1999a). *The disciplined mind: What all students should understand.* Nueva York: Simon & Schuster. [Trad. cast: *La educación de la mente y el conocimiento de las disciplinas.* Barcelona: Paidós, 2000).

________. (1999b). *Intelligence reframed. Multiple intelligences for the 21 st century.* Nueva York: Basic Books.

Gaskins, I. y Elliot, T. (1999). *Cómo enseñar estrategias cognitivas en la escuela. El manual Benchmark para docentes.* Barcelona: Paidós.

Gee, J. P. (1992). *The social mind: Language, ideology, and social practice.* Nueva York: Bergin & Garvey.

________. y Green, J. L. (1998). Discourse analysis, learning, and social practice: a methodological study. *Review of Research in Education, 23*, 119-169.

Gergen, K. J. (1985). The social constructionism movement in modern Psychology. *American Psychologist, 40*, 226-275.

Gergen, M. M. y Gergen K. J. (1984). The social construction of narrative accounts. En K. J. Gergen y M. M. Gergen (Eds.), *Historical Social Psychology* (pp. 173-189). Hillsdale, NJ: Erlbaurn.

Gibbs, G. (1992). *Improving the quality of Student Learning.* Oxford: The Oxford Centre for Staff Development.

Gil, D. (1993). Psicología educativa y didáctica de las ciencias. Los procesos de enseñanza y aprendizaje de las ciencias como lugar de encuentro. *Infancia y Aprendizaje, 62-63*, 171-186.

________. Carrascosa, J., Furió, C. y Martínez-Torregrosa, J. (1991). *La enseñanza de las ciencias en la educación secundaria.* Barcelona: Horsori/ICE UB.

Gilstrap, R. L. (1991). Writing for social studies. En J. Shaver (Ed.), *Handbook of Research on Social Studies Teaching and Learning* (pp. 578-587). Nueva York: MacMillan.

Gimeno, J. (1988). *El curriculum: una reflexión sobre la práctica.* Madrid: Morata.

________. (1998). *Poderes inestables en educación.* Madrid: Morata.

________ . y Pérez, A. I. (1992). *Comprender y transformar la enseñanza.* Madrid: Morata.

Gipps, C. (1994) *Beyond Testing: Towards a Theory of Educational Assessment.* Londres: The Falmer Press.

Glaser, R. (1977). *Adaptative education: individual diversity and learning.* Nueva York: Holt.

________ . y Silver, E. (1994). Assessment, testing, and instruction: retrospect and prospect. *Review of Research in Education, 20*, 393-419.

Glenberg, A., Meyer, M. y Lindern, K. (1987). Mental models contribute to foregrounding during text comprehension. *Journal of Memory and Language, 26*, 69-83.

Glover, J. A. y Ronning, R. C. (Eds.) (1987). Introduction. En J. A. Glover y R. C. Ronning (Eds.), *Historical Foundations of Educational Psychology* (pp. 3-15). Nueva York: Plenum Press.

Gómez-Granell, C., Martí, E., Garcia-Milà, M. y Steren, B. (1997). Un entorno informático en el curriculum de Ciencias y Matemáticas de Enseñanza Secundaria Obligatoria. *Cultura y Educación, 6/7*, 133-156.

Gómez, I, Mauri, T. y Valls E. (1996). L' aprenentatge dels continguts escolars. En C. Coll (Coord.), *Psicologia de la instrucció.* Modul 5 (pp. 5-62). Barcelona: Universitat Oberta de Catalunya.

________ . y Mauri T. (2000). Regulation of interactivity in the classroom: A case study of strategies to regulate content development. *European Journal of Psychology of Education, XV*, 157-171.

________. Mauri, T. y Valls, E. (1997). L' aprenentatge dels continguts escolars. En C. Coll (Coordinador), *Psicologia de la instrucció* (pp. 351-423). Barcelona: Edicions de la Universitat Oberta de Catalunya.

González Lucini, F. (1993). *Temas transversales y educación en valores.* Madrid: Anaya-Alauda.

Good, T. L. y Brophy, J. E. (2000). *Looking in classrooms* (8th ed.) Nueva York: Longman.

Goodenow, C. (1992). Strengthening the links between educational psychology and the study of social context. *Educational Psychologist, 27*, 177-195.

Gough, P. y Hillinger, M. (1980). Learning to read: An unnatural act. *Bulletin of the Orton Society, 30*, 179-196.

Goustard, M., Gréco, P., Matalon, B. y Piaget, J. (1959). *La logique des apprentissages.* Paris: Presses Universitaires de France.

Graesser, A. C., Gordon, S. E. y Sawyer, J. D. (1979). Recognition memory from typical and atypical actions in scripted activities: test of a script printer-tag hypothesis. *Journal of Verbal Learning and Verbal Behavior; 18*, 319-332.

________. Millis, K. K. y Zwaan, R. A. (1997). Discourse comprehension. *Annual Review of Psychology, 48*, 163-189.

________. Singer, M. y Trabasso, T. (1994). Constructing inferences during narrative text comprehension. *Psychological Review, 3*, 371-395.

Gravemeijer, K. (1994). *Developing Realistic Mathematics Education.* Utrecht: Freudenthal Institute, University of Utrecht.

Green, J. L. (1983). Research on teaching as a linguistic process: a state of the art. *Review of Research in Education, 10*, 151-252.

________. y Dixon, C. N. (1994). Talking knowledge into being: discursive and social practices in classrooms. *Linguistics and Education, 5*, 231-239.

________. y Harker, J. O. (Eds.) (1988). *Multiple perspectives analyses of classroom discourse.* Norwood, NJ: Ablex.

________ . y Wallat, C. (Eds.) (1981). *Ethnography and language in educational settings.* Norwood, NJ: Ablex.

________ . Weade, R. y Graham, K. (1988). Lesson construction and student participation: A sociolinguistic analysis. En J. L. Green y J. 0. Harker (Eds.), *Multiple perspective analysis of classroom discourse* (pp. 11-47). Norwood, NJ: Ablex.

Greene, B. A. y Miller, R. B. (1996). Influences on Achievement: Goals, Perceived Ability, and Cognitive Engagement. *Contemporary Educational Psychology, 21*, 181-192.

Greene, s. (1994). The problems of learning to think like a historian: writing history in the culture of the classroom. *Educational Psychologist, 29*, 89-96.

Greenfield, P. M. (1984). *Mind and media. The effects of television, video games and computers.* Cambridge, MA: Harvard University Press [Trad. cast.: *El niño y los medios de comunicación. Los efectos de la televisión, videojuegos y ordenadores.* Madrid: Morata, 1984] .

Grice, H. P. (1969). Utterer's meaning and intentions. *Philosophical Review, 78*, 147-177.

________. (1975). Logic and conversation. En P. Cole y J Morgan (Comps.), *Syntax and Semantics*, vol 3: *Speech Acts* (pp. 41-58). Nueva York: Academic Press.

Grinder, R. E. (1989). *Educational psychology: the master science.* En M. C. Wittrock y F. Farley (Eds.), *The future of educational psychology* (pp. 3-18). Hillsdale, NJ: Erlbaum.

Gustafson, J. -E. y Undheim, J. O. (1996). Individual differences in cognitive functions. En D. C. Berliner y R. C. Calfee (Eds.), *Handbook of Educational Psychology* (pp. 186-242). Nueva York: Simon & Schuster MacMillan.

Habermas, J. (1988) *Teoria de la acción comunicativa.* Madrid: Taurus.

Hadji, CH. (1992). *L' évaluation des actions éducatives*. Paris: Presses Universitaires de France.

Halldén, 0. (1994). Constructing the learning task in history instruction. En M. Carretero y J. Voss (Eds.), *Cognitive and instructional processes in history and social sciences* (pp. 187 -200). Hillsdale, NJ: Erlbaum.

Halliday, M. A. K. (1993). Toward a language-based theory of learning. *Linguistics and Education, 5*, 93-116.

Hambleton, R. K. (1996). Advances in assessment models, methods, and practices. En D. C. Berliner y R. Calfee (Eds.), *Handbook of Educational Psychology* (pp. 899-925). Nueva York: Simon & Schuster MacMillan.

Hansen, T., Dirckinck-Holmfeld, L., Lewis, R. y Rugelj, J. (1999). Using telematics for collaborative knowledge construction. En En P. Dillenbourg (Ed.), *Collaborative learning. Cognitive and computational approaches* (pp. 169-196). Amsterdam: Pergamon.

Harasim, L., Hiltz, S. R., Teles, L. y Turoff, M. (1995). *Learning networks. A field guide to teaching and learning Online*. Cambridge, MA: The MIT Press.

Hargreaves, D. H. (1995). School culture, school effectiveness and school improvement. *School effectiveness and School Improvement, 6* (1), 23-46.

Harré, R. (1986). The step to social constructionism. En M. Richards y P. Light (Eds.), *Children of social worlds: development in a social context* (pp. 287-296). Cambridge: Harvard University Press.

________ . y Parrot, W G. (1996). *The Emotions. Social, Cultural and Biological Dimensions*. Londres: Sage.

Harter, S. (1990). Causes, correlates and the functional role of self-worth: A life-span perspective. En R. J. Sternberg y J. Kolligian (Eds.), *Competence considered* (pp. 67-97). New Haven, CT: Yale University Press.

Heath, S. B. (1983). *Ways with words: language, life, and work in communities and classrooms*. Cambridge: Cambridge University Press.

Hedegaard, M. (1998). Situated learning and cognition: theoretical learning and cognition. *Mind, Culture, and Activity: An International Journal, 5*, 114-126.

Helmke, A. (1996). Development of the Self-concept. En E. De Corte y F. E. Weinert (Eds.), *International Encyclopedia of Developmental and Instructional Psychology* (pp. 228-232). Kidlington, Oxford: Elsevier.

Hicks, D. (1995). Discourse, learning, and teaching. *Review of Research in Education, 21*, 49-95.

________ . (1996). Introduction. En D. Hicks (Ed.), *Discourse, learning, and schooling* (pp. 1-25). Cambridge: Cambridge University Press.

Hiebert, E. H. (1981). Developmental patterns and interrelationships of preschool children's print awareness. *Reading Research Quaterly, 16*, 236-260.

________ . y Raphael, T. E. (1996). Psychological perspectives on literacy and extensions to educational practice. En D. C. Berliner y R. C. Calfee (Eds.), *Handbook of Educational Psychology*. (pp. 550-602). Nueva York: Simon & Schuster MacMillan.

Hierrezuelo, J. y Montero, A. (1991). *La ciencia de los alumnos. Su utilización en la didáctica de la fisica y química*. Elzevir: Málaga.

Hilgard, R. E. (1996). History of educational psychology. En D. C. Berliner y R. C. Calfee (Eds.), *Handbook of Educational Psychology* (pp. 990-1004). Nueva York: Simon & Schuster MacMillan.

Hoffman, S. (1991). Educational partnerships: Home-school-community. Special issue. Introduction. *The Elementary School Journal*, 91 (3), 193-199.

Holtgraves, T. (1994). Communication in context: effects of speaker status on the comprehension of indirect requests. *Journal of Experimental Psychology: Learning, Memory and Cognition, 20*, 1205-1218.

Hopkins, D., Ainscow, M. y West, M. (1994). *School Improvement in an Era of Change*. Londres: Casell. Horsori/ICE UB.

Huertas, J. A. y Montero, I. (2000). *La interacción en el aula: Aprender con los demás*. Buenos Aires: Aiqué.

Hunt, D. E. y Sullivan, E. V (1974). *Between Psychology and Education*. Hillsdale, Illinois: Dryden Press.

Hunt, E. y Minstrell, J. (1994). A cognitive approach to the teaching of physics. In K. McGilly (Ed.), *Classroom lessons: integrating cognitive theory and classroom practice* (pp. 51-74). Cambridge, MA: The MIT Press.

Hutchins, E. (1995). *Cognition in the wild*. Cambridge, MA: The MIT Press.

Informe del Defensor del Pueblo sobre violencia escolar (2000). Elaborado por C. del Barrio, E. Martín, I. Fernández, L. Hierro, I. Montero, H. Gutiérrez y E. Ochaíta, por encargo del Comité Español del UNICEF. Madrid: Ediciones de la Oficina del Defensor del Pueblo.

Inhelder, B. (1987). Des structures aux procédures. En J. Piaget, P. Mounoud y J-P. Bronckart (Eds.), *Psychologie*. Paris: Gallimard, pp. 654-679.

________ . y Piaget, J. (1955). *De la logique de l'enfant a la logique de l'adolescent. Essais sur la construction des structures opératoires formales*. París: Presses Universitaires de France. [Trad. cast.: *De la lógica del niño a la lógica del adolescente*. Buenos Aires: Paidós, 1972].

________ . Sinclair, H., y Bovet, M. (1975). *Aprendizaje y estructuras del conocimiento*. Madrid: Morata [Publicación original en francés, 1974].

Izquierdo, M. (1998). (Coord.), *Psicopedagogía de las ciencias fisiconaturales*. Barcelona: Ediuoc.

Jackson, F. R. y Cunningham, J. W. (1994). Investigating secondary content teachers' and preservice teachers' conceptions of study stretegy instruction. *Reading Research and lnstruction, 34*(2), 111-135.

Jackson, P. W (1991). *La vida en las aulas*. Madrid: Morata. [Publicación original en inglés en 1968].

Johnson, D. W., Maruyama, G., Johnson, R., Nelson, D. y Skon, L. (1981). Effects of cooperative, competitive, and individualistic goal structure on achievement: A meta-analysis. *Psychological Bulletin, 89*, 47-62.

Johnson-Laird, P. N. (1983). *Mental models*. Cambridge, MA: Harvard University Press.

John-Steiner, V, Wandekker, W L. y Mahn, H. (1998). Concepts, contexts and transformation: Scientific and everyday concepts revisited. Special issue. *Mind, Culture, and Activit: An lnternational Journal, 5* (2), 81-153.

Jorba, J. y Casellas, E. (Eds.) (1996). La regulació i autoregulació dels aprenentatges. Barcelona: ICE UAB.

________ . Gómez, I. y Prats, A. (Eds.) (2000). *Hablar y escribir para aprender:* Madrid: Síntesis/ICE UAB.

_______ . y Sanmartí, N. (1996). *Enseñar; aprender y evaluar: un proceso de regulación continua.* Madrid: Servicio de Publicaciones del MEC.

Jussim, L. (1986). Self-fulfilling prophecies: a theoretical and integrative review. *Psychological Review, 93*, 429-445.

Karmiloff-Smith, A. (1992). *Más allá de la modularidad.* Madrid: Alianza [Publicación original en inglés en 1992].

Karplus, R., Adi, H. y Lawson, A. E. (1980). Intellectual development beyond elementary school: proportional, probabilistic and correlational reasoning. *School Science and Mathematics, 80*, 673-683.

Kellagham, T., Sloane, K., Alvarez, B. y Bloom, B. S. (1993). *The home environment y school learning. promoting parental involvement in the education of children.* San Francisco: Jossey-Bass.

Kember, D. (1998). Teaching beliefs and their impact on students' approach to learning. En B. Dart y G. Boulton-Lewis (Ed.), *Teaching and Learning in Higher Education* (pp. 1-25). Melbourne: The Australian Council for Educational Research Ltd.

Kennedy, E. (1997). A Study of Students' Fears of Seeking Academic Help from Teachers. *Journal of Classroom Interaction, 32*, I, 11-22.

Kennedy, M. M. (1997). The connection between research and practice. *Educational Researcher, 26*, 4-12.

Kintsch, W. (1988). The role of knowledge in discourse processing: a construction-integration model. *Psychological Review, 95*, 163-182.

_______ . y van Dijk, T. A. (1978). Towards a model of text comprehension and production. *Psycholgical Review, 85*, 363-394.

Koestner, R. y McClelland, D. (1992). The affiliation motive. En Ch. P. Smith, J. W Atkinson, D. C. McClelland y J. Veroff (Eds.), *Motivation and personality. Handbook of Thematic Content Analysis* (pp. 211-223). Nueva York: Cambridge University Press.

Kozulin, A. (1994). *La psicología de Vygotsky.* Madrid: Alianza Editorial [Publicación original en inglés en 1990].

_______ . (1996). A literary model for psychology. En D. Hicks (Ed.), *Discourse, learning, and schooling* (pp. 145 - 164). Cambridge, MA: Cambridge University Press.

_______ . (2000). *Instrumentos psicológicos. La educación desde una perspectiva sociocultural.* Barcelona: Paidós [Publicación original en inglés en 1998].

Kuhl, J. (1987). Feeling versus being helpless: metacognitive mediation of failure induced performance deficits. En F. Weinert y R. H. Kluwe (Eds.), *Metacognition, motivation and understanding* (pp. 217-235). Hillsdale, NJ: Erlbaum.

Kuhn, D. (1981). La aplicación de la teoría de Piaget sobre desarrollo cognitivo a la educación. *Infancia y Aprendizaje, Monografia nº 2: Piaget,* 144-161. [Publicación original, 1979].

_______ . Garcia-Milà, M., Zohar, A. y Andersen, C. (1995). Strategies of knowledge acquisition. *Monographs of the Society for Research in Child Development, 60* (4, Serial nº 245).

Kuhn, T. S(1962). *The structure of scientific revolutions.* Chicago: University of Chicago Press [Trad. cast.: *La estructura de las revoluciones científicas.* México: Fondo de Cultura Económica, 1971].

Lacasa, P. (1997). *Familias y escuelas. Caminos de la orientación educativa.* Madrid: Aprendizaje/Visor.

_______ . (1999). Los deberes escolares. Número monográfico Coordinación. Más allá de los deberes escolares. A modo de introducción. *Cultura y Educación, 13*, 5 -20.

_______ . Gómez, M., Reina, A. y Cosano, C. P. (1999). Los deberes escolares en una clase de lengua. *Cultura y educación, 13*, 71 -88.

_______ . y Herranz Ybarra, P. (1995). *Aprendiendo a aprender: resolver problemas entre iguales.* Madrid: CIDE.

Lajoie, S. P. y Derry, S. J. (Eds.) (1993). *Computers as cognitive tools.* Hillsdale, NJ: Erlbaum.

Lane, S. y Glaser, R. (1996). Assessment in the service of learning. En E. De Corte y F.. E. Weinert (Eds.), *International Encyclopedia of Developmental and Instructional Psychology* (pp. 805-808). Nueva York: Pergamon.

Lapointe, A. E., Mead, N. A. y Askew, J. M. (1992). *Learning Mathematics. International Assessment of Educational Progerss (IAEP).* Nueva Jersey: Educational Testing Service.

Larkin, J. H. (1983). The role of representation in physics. En D. Gentner y A. L. Stevens (Eds.), *Mental models* (pp. 75-99). Hillsdale, NJ: Erlbaum.

Lave, J. (1986). *Cognition in practice: mind, mathematics and culture in everyday life.* Cambridge: Cambridge University Press [Trad. cast.: *La cognición en la práctica.* Barcelona: Paidós, 1991].

_______ . (1993). The practice of learning. In S. Chaiklin y J. Lave (Eds.), *Understanding practice. Perspectives on activity and context* (pp. 3-32). Nueva York: Cambridge University Press.

_______ . y Wenger, E. (1991). *Situated Learning. Legitimate perpherical participation.* Cambridge, MA: Cambridge University Press.

Leeper, M. R., Keavney, M. y Drake, M. (1996). Intrinsic motivation and extrinsic rewards: A commentary on Cameron and Pierce's meta-analysis. *Review of Educational Research, 66* (1), 5-32.

Lemke, J. (1997). *Aprender a hablar ciencia. Lenguaje, aprendizaje y valores.* Barcelona: Paidós [Publicación original en inglés en 1993].

León, J. A. (1998). La adquisición del conocimiento a través del material escrito: texto tradicional y sistemas de hipertexto. En C. Vizcarro y J. A. León (Eds.), *Nuevas tecnologías para el aprendizaje* (pp. 65-86). Madrid: Pirámide.

Leontiev, A. N. (1959/1983). *El desarrollo del psiquismo.* Madrid: Akal.

_______ . (1981). The problem of activity in psychology. En J. V Wertsch (Comp.), *The concept of activity in Soviet Psychology* (pp. 37-71). Armonk, NY: Sharpe, M. E.

Lewis, E. L. y Linn, M. C. (1994). Heat energy and temperature. Concepts of adolescents, naive adults and experts: implications for curricular improvements. *Journal of Research in Science Teaching, 31*(4), 657-677.

Linn, M. C., Songer, N. B. y Eylon, B. S. (1996). Shifts and convergences in science learning and instruction. In D. C. Berliner y R. C. Calfee (Eds.), *Handbook of Educational Psychology* (pp. 438-490). Nueva York: Simon & Schuster MacMillan.

Lin, X. D., Bransford, J. D., Hmelo, C., Kantor, R. Hickey, D., Secules, T., Petrosino, A., Goldman, S. R. y el CTGV (1995). Instructional design and the development of learning communities: an invitation to a dialogue. *Educational Technology, 35*(5), 53-63.

Littleton, K. y Häkkinen, P. (1999). Learning together: understanding the processes of computer-based collaborative learning. En P. Dillenbourg (Ed.), *Collaborative learning. Cognitive and computational approaches* (pp. 20-30). Amsterdam: Pergamon.

Lohman, D. F. (1996). Intelligence, learning, and instruction. En E. De Corte y F. E. Weinert (Eds.), *International Encyclopedia of Developmental and Instructional Psychology* (pp. 660-665). Nueva York: Pergamon.

Lomax, R. G. y Mcgee, L. (1987). Young children's concepts about print and reading. *Reading Research Quaterly, 22*, 237-256.

Lou, Y., Abrami, P. C., Spence, J. C., Poulsen, C., Chambers, B. y d'Apollonia, S. (1996). Within-Class grouping. A meta-analysis. *Review of Educational Research, 66* (4), 423-458.

Luke, A. (1995). Text and discourse in education. *Review of Research in Education, 21*, 3-48.

Luria, A. R. y Vygotsky, L. S. (1992). *Ape, primitive man and child. Essays in the history of behavior.* Nueva York y Londres: Harvester y Wheatsheaf [Publicación original en ruso en 1930].

Maclure, S. y Davies, P. (1994). *Aprender a pensar; pensar en aprender.* Barcelona: Gedisa.

Marchesi, A. y Martín, E. (1998). *Calidad de la enseñanza en tiempos de cambio.* Madrid: Alianza.

Markus, H. y Nurius, P. (1986). Possible selves. *American Psychologist, 41*, 954-969.

Marsh, H. W., Byrne, B. M. y Shavelson, R. J. (1988). A multifaceted academic self-concept: Its hierarchical structure and its relation to academic achievement. *Journal of Educational Psychology, 80*, 366-380.

Marshall, H. H. (1996). Implications of diferentiating and understanding constructivist approaches. *Educational Psychologist, 31*, 235-240.

Martí, E. (1992). *Aprender con ordenadores en la escuela.* Barcelona: Horsori/ICE UB.

_______. (1995). Metacognición: entre la fascinación y el desencanto. *Infancia y Aprendizaje, 72*, 9-32.

_______. (1996). Psicopedagogía de las matemáticas. En J. Escoriza, R. González Cabanach, A. Barca y J. A. González Pienda (Eds.), *Psicología de la Instrucción. Volumen 5: Psicopedagogías específicas: áreas curriculares y procesos de intervención* (pp. 1-29). Barcelona: EUB.

_______. (Ed.) (1996). Cien años con Piaget. *Substratum, III*(8-9).

_______. (1999). Metacognición y estrategias de aprendizaje. En J. I. Pozo y C. Monereo (Eds.), *El aprendizaje estratégico* (pp. 111-121). Madrid: Santillana.

_______. y Onrubia, J. (1997). Les teories de l'aprenentatge escolar. En C. Coll (Coord.), *Psicologia de la Instrucció* (pp. 261-349). Barcelona: Ediuoc.

Martín, E. (1999). Estrategias de aprendizaje y asesoramiento psicopedagógico. En J. I. Pozo y C. Monereo (Eds.). *El aprendizaje estratégico* (pp. 339-355). Madrid: Santillana.

_______. (1999). Enseñar a pensar a través del currículo. En A. Marchesi, C. Coll y J. Palacios (Comps.), *Desarrollo Psicológico y Educación, III. Trastornos del desarrollo y necesidades educativas especiales* (pp. 439-468). Madrid: Alianza.

_______. y Solé, I. (1990). Intervención psicopedagógica y actividad docente: claves para una colaboración necesaria. En C. Coll, J. Palacios y A. Marchesi (Comps.), *Desarrollo Psicológico y Educación. II. Psicología de la Educación* (pp. 463-476). Madrid: Alianza.

Marton, F y Booth, S. (1997) *Learning and awareness.* Hillsdale, NJ: Erlbaum.

_______. Dall'Alba, G. y Beaty, E. (1993). Conceptions of learning. *International Journal of Educational Research, 19*, 277 -300.

_______. y Säljö, R. (1976). On qualitative differences in learning: I- Outcome and process. *British Journal of Educational Psychology, 46*, 4-11.

_______. y Säljö, R. (1997). Approaches to learning. En F. Marton, D. J. Hounsell, y NJ Entwistle (Eds.), *The experience of learning. 2º edición* (pp. 39-58). Edinburgh: Scottish Academic Press.

Mason, J. (1992). Reading stories to preliterate children: A proposed connection to reading. En P. Gough, L. Ehri y R. Treiman (Eds.), *Reading Acquisition* (pp. 215-242). Hillsdale, NJ: Erlbaum.

Mason, R. (1998). *Globalising education. Trends and applications.* Londres: Routledge.

Mateos (1999). Metacognición en expertos y novatos. En J. I. Pozo y C. Monereo (Eds.), *El aprendizaje estratégico* (pp. 123-129). Madrid: Santillana.

Mauri, T. (1996). *Curriculum y enseñanza.* Buenos Aires: Magisterio del Río de la Plata.

_______. y Miras, M. (1996). *L'avaluació en el centre escolar.* Barcelona: Graó/ICE UB.

_______. y Solé, I. (1990). La formación psicológica del profesor: un instrumento para el análisis y la planificación de la enseñanza. En C. Coll, J. Palacios y A. Marchesi (Comps.), *Desarrollo Psicológico y Educación. II. Psicología de la Educación* (pp. 455-462). Madrid: Alianza.

Mayer, R. E. (1993). Illustrations that instruct. En R. Glaser (Ed.), *Advances in instructional psychology. Vol. 4* (pp. 253-283). Hillsdale, NJ: Erlbaum.

Mayer, R. L. (1999a). *The promise of educational psychology. Learning in the content areas.* Columbus, Ohio: Merrill/ Prentice Hall.

Mayer, R. E. (1999b). Multimedia aids to problem-solving transfer. *International Journal of Educational Research, 31*, 611-623.

Mccarthey, S. y Raphael, T. (1992). Panorama de la investigación en lectura/escritura. En J. Irwin y M. A. Doyle (Comps.), *Conexiones entre lectura y escritura* (pp. 18-50). Buenos Aires: Aiqué.

McClelland, D. C. (1985). *Human motivation.* Glenview, Ill: Scott, Foresman and Co.

McCloskey, M. (1983). Naive theories of motion. En D. Gentner y A. Stevens (Eds.), *Mental models* (299-324). Hillsdale, NJ: Erlbaum.

McCourt, F. (1996/1999). *Las cenizas de Angela.* Madrid: Maeva Ediciones.

Mcgee, L. y Purcell-Gates, V (1997). So what's going on in research on emergent literacy? *Reading Research Quaterly, 32*, 310-318.

McLeod, D. B. y Adams, V M (1989). *Affect and mathematical problem solving: a new perspective.* Nueva York: Springer.

Mehan, H. (1979). *Learning lessons. Social organization in the classroom.* Cambridge, Mass. : Harvard University Press.

Melero, A. y Fernández Berrocal, P. (1995). El aprendizaje entre iguales: el estado de la cuestión en Estados Unidos. En P. Fernández Berrocal y A. Melero Zabal (Comps.) *La interacción social en contextos educativos* (pp. 35-98). Madrid: Siglo XXI.

Melot, A. M. y Nguyen, A. (1987). El conocimiento de los fenómenos psicológicos. En P. Oleron, *El niño: su saber y su saber hacer* (pp. 226-286). Madrid: Morata.

Mercer, N. (1996). Las perspectivas socioculturales y el estudio del discuso en el aula. En C. Coll y D. Edwards (Eds.), *Enseñanza, aprendizaje y discurso en el aula. Aproximaciones al estudio del discurso educacional* (pp. 11-21). Madrid: Fundación Infancia y Aprendizaje.

________. (1997). *La construcción guiada del conocimiento. El habla de profesores y alumnos.* Barcelona: Paidós. [Publicación original en inglés en 1995].

________. (2000). *Words & Minds. How we use language to think together.* Londres: Routledge.

________. y Coll, C. (Eds.) (1994). Teaching, learning and interaction. In P. del Rio, A. Alvarez & J. V. Wertsch (General Eds.), *Explorations in Socio-Cultural Studies. Volume 3.* Madrid: Fundación Infancia y Aprendizaje.

________. Wegerif, R. y Dawes, L. (1999). Children's talk and the development of reasoning in tbe classroom. *British Educational Research Journal, 25*(1), 95-111.

Mialaret, O. (1976). *Les Sciences de l'Éducation.* París: Presses Universitaires de France.

Miell, D. y Dallos, R. (Eds.) (1996). Social Interaction and Personal Relationships. Londres: Sage.

Miras, M. (1996). Aspectos afectivos y relacionales en los procesos de interacción educativa. En A. Barca, J. A. Gonzalez, R. Gonzalez y J. Escoriza (Eds.), *Psicología de la Instrucción. Vol. 3: Componentes contextuales y relacionales del aprendizaje escolar* (pp. 45-75). Barcelona: Ediciones Universitarias de Barcelona.

________. (2000). La escritura reflexiva. Aprender a escribir y aprender acerca de lo que se escribe. *Infancia y Aprendizaje, 89*, 65-80.

________. y Onrubia, J. (1997). Factors psicologics implicats en l'aprenentatge escolar: les característiques individuals. En C. Coll (Coord.), *Psicologia de la instrucció* (pp. 99-175). Barcelona: Ediuoc.

________. y Onrubia, J. (1998). Desarrollo personal y educación. En C. Coll (Coord.), *Psicología de la Educación* (pp. 76-135). Barcelona: Ediuoc/Edhasa.

________. y Solé, I. (1990). La evaluación del aprendizaje y la evaluación en el proceso de enseñanza y aprendizaje. En C. Coll, J. Palacios y A. Marchesi (Comps.), *Desarrollo Psicológico y Educación. II. Psicología de la Educación* (pp. 419-431). Madrid: Alianza.

Moll, L. C., Amanti, C., Neff, D. y González, N. (1992). Funds of knowedge for teaching: Using a qulittive approach to connect home and classrooms. *Theory into practice, 31*, 131-141.

Moll, L. y Kurland, B. F. (1996). Biliteracy development in classroom. En D. Hicks (Ed.), *Discourse, learning, and schooling* (pp. 220-246). Cambridge, MA: Cambridge University Press.

________. & Greenberg, J. B. (1990). Creating zones of possibilities: Combining social context for instruction. In L. Moll (Ed.), *Vygotsky and education. Instructional implications and applications of socio-historical psychology.* (pp. 318-348). Cambridge, MA: Cambridge University Press.

Monereo, C. (1999a). Enseñar a aprender y a pensar en la Educación Secundaria: las estrategias de aprendizaje. En C. Coll (Coord.), *Psicología de la Instrucción: la enseñanza y el aprendizaje en la Educación Secundaria* (pp. 69-103). Barcelona: Horsori/ICE UB.

________. (1999b). El asesoramiento psicopedagógico en el ámbito de las estrategias de aprendizaje: niveles de intervención. En J. I. Pozo y C. Monereo (Eds.), *El aprendizaje estratégico* (pp. 357-373). Madrid: Santillana.

________. (Coord.) (2001). *Ser estratégico y autónomo aprendiendo. Unidades de enseñanza estratégica para la ESO.* Barcelona: Graó.

________. (Coord.) (1994). *Estrategias de enseñanza y aprendizaje. Formación del profesorado y aplicación en la escuela.* Barcelona: Graó.

________. (Coord.) (2000). *Las estrategias de aprendizaje.* Madrid: Aprendizaje/Visor. ,

________. (en prensa). "Les Demoiselles" de Picasso. Cambio cognitivo y conocimiento estratégico. *Contextos de Educación.*

________. Castelló, M., Clariana, M., Palma, M., Pérez Cabaní, M. L. (1994). Estrategias de enseñanza y aprendizaje. Barcelona: Graó.

________. y Castelló, M. (1997). *Las estrategias de aprendizaje. Cómo incorporarlas a la práctica educativa.* Barcelona: Edebé.

________. y Durán, D. (2001). *Entramados. Métodos de enseñanza cooperativa y colaborativa.* Barcelona: Edebé.

________. y Solé, I. (Coords.) (1996). *El asesoramiento psicopedagógico: una perspectiva profesional y constructivista.* Madrid: Alianza.

Montero, I. (1997). Avaluació de l'autoconcepte i la motivació per l'aprenentatge. En J. Alonso (Coord.), *Diagnostic psicopedagogic i avaluació curricular* (módulo 4, pp. 1-59). Barcelona: Universitat Oberta de Catalunya.

________. y Alonso Tapia, J. (1992). Achievement motivation in high school: contrasting theoretical models in the classroom. *Learning and Instruction, 2*, 43-57.

________. y Huertas, J. A. (1999). *The motivational function of priva te speech.* Comunicación presentada en la Reunión Anual de la AERA. Montreal, Canadá.

Montero, L. (1990a). Comportamiento del profesor y resultados del aprendizaje: análisis de algunas relaciones. En C. Coll, J. Palacios y A. Marchesi (Comps.), *Desarrollo Psicológico y Educación. II. Psicología de la Educación* (pp. 249-271). Madrid: Alianza.

________. (1990b). Los estilos de enseñanza y las dimensiones de la acción didáctica. En C. Coll, J. Palacios y A. Marchesi (Comps.), *Desarrollo Psicológico y Educación. II. Psicología de la Educación* (pp. 273-295). Madrid: Alianza.

Moreira, M. A. (2000). Aprendizaje significativo: un concepto subyacente. Madrid: Morata.

Moreno, M. (Comp.) (1983). *La pedagogía operatoria.* Barcelona: Laia.

Morf, A., Smedslund, J., Vinh-Bang y Wohlwill, J. F. (1959). *L'apprentissage des structures logiques.* Paris: Presses Universitaires de France.

Morrow, D. G., Greenspan, S. L. y Bower, G. H. (1987). Accessibility and situation models in narrative comprehension. *Journal of Memory and Language, 26*, 165-187.

Mortimer, E. (1998). Multivoicedness and univocality in classroom discourse: an example of the theory of matter. *International Journal of Science Education, 20*(1), 67-82.

Mortimore, P. (1991). School effectiveness research: which way at the crossroads? *School effectiveness and School Improvement, 2* (3), 213-229.

Moshman, D. (1982). Exogenus, endogenus and dialectical constructivism. *Developmental Review, 2*, 371-384.

National Council of Teachers of Mathematics (1991). *Professional standards for teaching mathematics.* Reston, V A: Autor.

National Council of Teachers of Mathematics (1995). *Assessment standards for school mathematics.* Reston, VA: Autor.

Nelson Spivey, N. (1997). *The constructivist metaphor.* San Diego: Academic Press.

Newell, A. y Simon, H. (1972). *Human problem solving.* Englewood Cliffs. NJ: Prentice Hall.

Newman, D., Griffin, P. y Cole, M. (1991). *La zona de construcción del conocimiento.* Madrid: MEC/Morata [Publicación orginal en inglés en 1989].

Newman, F. M. (1990). Higher order thinking in teaching social studies: a rationale for the assessment of classroom thoughfulness. *Journal of Curriculum Studies, 22*, 41-56.

Nicholls, J. (1990). What is ability and why are we mindful of it? A developmental perspective. A: R. Sterngerg; J. Kolligian (Eds), *Competence considered* (pp. 11-40). New Haven, CT: Yale University Press.

________ . (1998). Who wants to fight? Who wants to flee? Teaching history from a "thinking skills" perspective. *Teaching History, 95*, 6-13.

Nisbet, J. y Shucksmith, J. (1986) *Learning strategies.* Londres: Routledge and Kegan Paul [Trad. cast.: *Estrategias de aprendizaje.* Madrid: Santillana, 1987].

Niss, M. (1996). Goals of mathematics teaching. En A. J. Bishop, K. Clements, Ch. Keitel, J. Kilpatrick y C. Laborde (Eds.), *International Handbook of Mathematics Education* (pp. 11-47). Dordrecht: Kluwer Academic Publishers.

Novak, J. D. (1982). *Teoría y práctica de la educación.* Madrid: Alianza [Publicación original en inglés en 1977].

________ . (1998). *Conocimiento y aprendizaje. Los mapas conceptuales como herramientas facilitadoras para escuelas y empresas.* Madrid: Alianza [Publicación original en inglés en 1998].

________ . Gowin, D. B. (1988). *Aprendiendo a aprender.* Barcelona: Martínez Roca [Publicación original en inglés en 1984].

________ . y Musonda, D. (1991). A twelve-year longitudinal study of science concept learning. *American Educational Research Journal, (28)1,* 117-153.

Novick, S., y Nussbaum, J. (1978). Junior high school pupils' understanding of the particular nature of matter: an interview study. *Science Education, 62,* 273-281.

Nunes, T. (1992). Ethnomathematics and everyday cognition. En D. A. Grouws (Ed.), *Handbook of Research in Mathematics Teaching and Learning* (pp. 557-574). Nueva York: MacMillan.

Nunziati, G. (1990). Pour construire un dispositif d'évaluation formatrice. *Cahiers Pédagogiques, 280*, 47-64.

Nussbaum, J. y Novick, S. (1982). Alternative frameworks, conceptual conflict and accomodation: toward a principled teaching strategy. *Instructional Science, 11*, 183-200.

Nuthall, G. (1997). Understanding student thinking and learning in the classroom. En B. J. Biddle, Th. L. Good y I. F. Goodson (Eds.), *International Handbook of Teachers and Teaching* (pp. 681-768). Dordrecht: Kluwer [Trad. cast. : *La enseñanza y los profesores* (3 vols.) Barcelona: Paidós, 2000].

O'Connor, M. C. (1998). Can we trace the "efficacy of social constructivism"? *Review of Research in Education, 23*, 25-71.

Oliva, A. y Palacios, J. (1998). Familia y escuela. Padres y profesores. En M. J. Rodrigo y J. Palacios (Coords), *Familia y Desarrollo Humano* (pp. 333-352). Madrid: Alianza.

Olson, D. R. (1986). Intelligence and literacy: the relationships between intelligence and the technologies of representation and communication. En R. J. Sternberg y R. K. Wagner (Eds.), *Practical intelligence: Nature and origins of competence in the everyday world* (pp. 338-360). Cambridge, MA: Cambridge University Press.

________ . (1998). *El mundo sobre el papel.* Barcelona: Gedisa. [Publicación original en inglés en 1994].

________ . y Torrance, N. (1996). Introduction: rethinking the role of psychology in education. En D. R. Olson y N. Torrance (Eds.), *The Handbook of Education and Human Development* (pp. 1-6). Oxford: Blackwell.

Olweus, D. (1998). *Conductas de acoso y amenaza entre escolares.* Madrid: Morata [publicación original en inglés en 1993].

Onrubia, J. (1993). Enseñar: crear zonas de desarrollo próximo. En C. Coll y otros, *El constructivismo en el aula* (pp. 101-124). Barcelona: Graó.

________ . (1995). *Interacción e influencia educativa: aprendizaje de un procesador de textos.* Tesis doctoral microfichada. Barcelona: Universidad de Barcelona.

Osborne, R. y Freyberg, P. (1987). *Learning science. The implications for children's science.* Hong Kong: Heinemann. [Trad. cast.: *El aprendizaje de las ciencias: las implicaciones de la ciencia de los alumnos.* Madrid: Narcea, 1991].

Ouellette, L. -M. (1996). *La communication au coeur de l'évaluation en formation continue.* Paris: Presses Universitaires de France.

Pagès, J. (1997). Líneas de investigación en didáctica de las ciencias sociales. En P. Benejam y J. Pagès (Coords.), *Enseñar y aprender ciencias sociales, geografia e historia en la Educación Secundaria* (pp. 209-226). Barcelona: Horsori/ICE UB.

Pajares, F. (1997). Current directions in self-efficacy research. En P. R. Pintrich y M. I. Maehr (Eds.), *Advances in motivation and achievement, vol. 10* (pp. 1-49). Greenwich, CN: JAI Press.

Palacios, J., González, M. M. y Moreno, C. (1987). Ideas, interacción, ambiente educativo y desarrollo: informe preliminar. *Infancia y Aprendizaje, 39/40*, 159-170.

________ . y Paniagua, *a.* (1993). *Colaboración con los padres. Materiales para la Reforma de la Educación Infantil. Cajas Rojas.* Madrid: M. E. C. Dirección General de Renovación Pedagógica.

Palincsar, A. S. (1998). Social constructivist perspectives on teaching and learning. *Annual Review of Psychology, 49*, 345-375.

_______ . y Brown, A. L. (1984) Reciprocal teaching of comprehension-fostering and comprehension-monitoring activities. *Cognition and Instruction, 1*, 117-175.

Papert, S. (1981). *Desaféo a la mente. Computadoras y educación.* Buenos Aires: Galápago [Publicación original en inglés en 1980].

_______ . (1993). *The children's machine. Rethinking school in the age of computer.* Nueva York; Basic Books [Trad. cast.: *.La máquina de los niños. Replantearse la educación en la era de los ordenadores.* Barcelona: Paidós, 1995].

Pardo, A. y Alonso Tapia, J. (1990). *Motivar en el aula.* Madrid: Servicio de Publicaciones de la Universidad Autónoma.

Paris, S. G., Wasik, B. A. y Turner, J. C. (1991). The development of strategic readers. En R. Barr, M. L. Kamil, P. B. Mosenthal y P. D. Pearson (Eds.), *Handbook of Reading Research. Vol. 2.* (pp. 609-641). Londres: Longman.

Parrilla, A. (1996). *Apoyo a la escuela: un proceso de colaboración.* Bilbao: Mensajero.

Pask, G. (1988). Learning strategies, teaching strategies and conceptual or learning style. En R. R. Schemeck (Ed.), Learning Strategies and Learning Styles (pp. 83-100). Nueva York: Plenum Press.

Pea, R. D. (1993). Practices of distributed intelligences and designs for education. En G. Salomon (Ed.), *Distributed cognitions* (pp. 111-138). Cambridge: Cambridge University Press.

Pekrun, R. (1996). Emotional Development. En E. De Corte y F. E. Weinert, *International Encyclopedia of Developmental and Instructional Psychology* (pp. 213-217). Kidlington, Oxford: Elsevier.

Pellegrino, J. W., Baxter, G. P. y alaser, R. (1999). Addressing the "two disciplines" problem: linking theories of cognition and learning with assessment and instructional practice. *Review of Research in Education, 24*, 307-353.

Pérez Cabaní, M. L., Carretero, R., Palma, M. y Refel, E. (2000). La evaluación de la calidad del aprendizaje en la universidad. *Infancia y Aprendizaje, 91*, 5-30.

Pérez Echevarría, M. P. (1994). La solución de problemas en matemáticas. En J. I. Pozo y otros, *La solución de problemas* (pp. 53-83). Madrid: Santillana.

_______ . y Pozo, J. I. (1994). Aprender a resolver problemas y resolver problemas para aprender. En J. I. Pozo y otros, *La solución de problemas* (pp. 1452). Madrid: Santillana.

Pérez, A. I. (1978). *Las fronteras de la educación. Epistemología y ciencias de la educación.* Madrid: zero/zyx.

_______ . (1983). Paradigmas contemporáneos de investigación didáctica. En J. Gimeno y A. I. Pérez (Eds.), *La enseñanza: su teoría y su práctica.* Madrid: Akal.

_______ . (1995). La interacción teoría-práctica en la formación del docente. En J. Fernández Sierra (Coord.), *El trabajo docente y psicopedagógico en educación secundaria* (pp. 361-387). Málaga: Aljibe.

_______ . (1998). *La cultura escolar en la sociedad neoliberal.* Madrid: Morata.

Perfetti, C. (1986). Continuities in reading acquisition, reading skill, and reading disability. *Remedial and Special Education, 7*, 11-21.

Perkins, D. N. (1991). *Creativity and its development: A dispositional approach.* Actas del Congreso Internacional de Psicologia y Educación: Intervención Educativa. Madrid.

Perret-Clermont, A. N. (1979). *La construction de l'intelligence dans l'interaction sociale.* Berna: Peter Lang [Trad. cast.: *La construcción de la inteligencia en la interacción social.* Madrid: Aprendizaje/Visor, 1984].

Perry, W G. (1970). *Forms of intellectual an ethical development in the college years: A scheme.* Nueva York. Holt, Rinehart and Winston.

_______ . (1978). Sharing in the Costs of Growth. En C. A. Parker (Ed) *Encouraging development in college students* (pp. 267-273). Minneapolis: University of Minnesota Press.

Piaget, J. (1926). *The language and thougth of the child.* Nueva York: Hartcourt Brace [Publicación original en francés en 1923. Trad. cast.: *Lenguaje y pensamiento en el niño.* Madrid: La Lectura, 1929].

_______ . (1956). Les stades du développement intellectuel de l'enfant et de l'adolescent. En *Le probléme des stades en psychologie de l'enfant* (33-42). Symposium de l' Association de Psychologique Scientifique de Langue Française. Paris: Presses Universitaires de France.

_______ . (1969). *Psicología y Pedagogía.* Barcelona: Ariel [Publicación original en francés, 1969].

_______ . (1970). *Sabiduría e ilusiones de la filosofía.* Barcelona: Península [Publicación original en francés, 1965].

_______ . (1971). *El criterio moral en el niño.* Barcelona: Fontanella [publicación original en francés en 1932].

_______ . (1974). *A dónde va la educación.* Barcelona: Teide [Publicación original en francés, 1972].

_______ . (1978a). *Introducción a la epistemología genética (1). El pensamiento matemático.* Buenos Aires: Paidós [Publicación original en francés, 1950].

_______ . (1978b). *La equilibración de las estructuras cognitivas. Problema central del desarrollo.* Madrid: Siglo XXI [Publicación original en francés, 1975].

_______ . (1979). *Tratado de lógica y conocimiento científico (1). Naturaleza y métodos de la epistemología.* Buenos Aires: Paidós [Publicación original en francés, 1967].

_______ . (1983). *Psicología de la inteligencia.* Barcelona: Editorial Crítica [Publicación original en francés, 1947].

_______ . y Gréco, P. (1959). *Apprentissage et connaissance.* Paris: Presses Universitaires de France.

_______ . y Inhelder, B. (1969). *Psicología del niño.* Madrid: Morata [Publicación original en francés, 1966].

Pintrich, P. R. (1994). Continuities and discontinuities: future directions for research in educational psychology. *Educational Psychologist, 29*, 137-147.

_______ . y Schunk, D. H. (1996). *Motivation in Education: Theory, Research and Applications.* New Jersey: Prentice-Hall, Inc.

Pla, L. (1989). *Enseñar y aprender inglés. Bases psicopedagógicas.* Barcelona: Horsori/ICE UB.

Posner, G. J., Strike, K. A., Hewson, P. W. y Gertzog, W A. (1982). Accomodation of a scientific conception: toward a theory of conceptual change. *Science Education 66*, 211-227.

Postigo, Y. y Pozo, J. I. (1996). Codificación de mapas geográficos: diferencias entre expertos y novatos en el aprendizaje de distintos tipos de información. *Cognitiva, 8*(1), 3-24.

_______ . y Pozo, J. I. (1999). Hacia una nueva alfabetización: el aprendizaje de información gráfica. En J. I. Pozo y C. Monereo (Eds.), *El aprendizaje estratégico. Enseñar a aprender desde el currículo* (pp. 251-267). Madrid: Santillana.

Potter, J. (1998). *La representación de la realidad. Discurso, retórica y construcción social.* Barcelona: Paidós [Publicación original en inglés en 1996].

Pozo, J. I. (1987). *Aprendizaje de la ciencia y conocimiento causal.* Madrid: Aprendizaje/Visor.

________. (1989). *Teorías cognitivas del aprendizaje.* Madrid: Morata.

________. (1990). Estrategias de aprendizaje. En C. Coll; J. Palacios y A. Marchesi (Eds.), *Desarrollo Psicológico y Educación. II. Psicología de la Educación* (pp. 199-221). Madrid: Alianza.

________. (1993). Psicología y Didáctica de las ciencias de la naturaleza ¿Concepciones alternativas? *Infancia y Aprendizaje, 62-63*, 187-204.

________. (1994). El cambio conceptual en el conocimiento físico y social: del desarrollo a la instrucción. En M. J. Rodrigo (Ed.), *Contexto y desarrollo social* (pp. 419-449). Madrid: Síntesis.

________. (1996). *Aprendices y maestros. La nueva cultura del aprendizaje.* Madrid: Alianza.

________. y Carretero, M. (1987). Del pensamiento formal a las concepciones espontáneas: ¿Qué cambia en la enseñanza de las ciencias? *Infancia y Aprendizaje,* 38, 35-52.

________. y Gómez Crespo, M. A. (1998). *Aprender y enseñar ciencia. Del conocimiento cotidiano al conocimiento científico.* Madrid: Morata.

________. y Monereo, C. (Eds.) (1999). *El aprendizaje estratégico. Enseñar a aprender desde el currículo.* Madrid: Santillana.

________. y Postigo, Y. (1994). La solución de problemas como contenido procedimental en la educación obligatoria. En: J. I. Pozo (Ed.), *Solución de problemas* (pp. 179-213). Madrid: Santillana.

________. y Postigo, Y. (1997). Las estrategias de aprendizaje a través de diferentes áreas del currículo. En: M. Ll. Pérez Cabaní (Ed.), *Las estrategias a través del currículo* (pp. 83-100). Barcelona: Horsori/ICE UB.

________. y Postigo, Y. (2000). *Los procedimientos como contenidos escolares: el uso estratégico de la información.* Barcelona: Edebé.

________. y Scheuer, N. (1999). Las concepciones sobre el aprendizaje como teorías implícitas. En J. I. Pozo y C. Monereo (Coords.), *El aprendizaje estratégico* (pp. 87-108). Madrid: Aula XXI/Santillana.

Pramling, I. (1996). Understanding and empowering the child as a learner. En D. Olson y N. Torrance (Eds.): *Education and human development* (pp. 565-592). Malden, Massachussets, Blackwell.

Prawat, R. S. (1996). Constructivisms, modern and postmodern. *Educational Psychologist, 31*, 215-225.

________. (1999a). Cognitive theory at the crossroads: head fitting, head splitting, or somewhere in between? *Human Development, 42*, 59-67.

________. (1999b). Social constructivism and the process-content distinction as viewed by Vygotsky and the Pragmatists. *Mind, Culture, and Activity: An International Journal, 6*, 255-273.

________. y Robert, E. F. (1994) Philosophical Perspectives on Constructivism Views of Learning. *Educational Psychologist, 29*, 37 -47.

Pressley, M. (1995). More about the development of self-regulation: complex, long-term and thoroughly social. *Educational Psychologist, 30*, 207-212.

________. Woloshyn, V, Lysynchuk, L. M., Martin, V, Wood, E. y Willoughby, T. (1990). A Primer of Research on Cognitive Strategy Instruction: The Important Issues and How To Address Them. *Educational Psychology Review, 2*(1) 1-58.

Puig, J. M. (1995). *La educación moral en la enseñanza obligatoria.* Barcelona: Horsori/ICE UB.

Purcell-Gates, V. (1996). Stories, coupons, and the TV guide. Relationships between literacy experiences and emergent literacy knowledge. *Reading Research Quarterly, 31*, 406-428.

Putnam, R. T. y Borko, H. (2000). What do new views of knowledge and thinking have to say about research on teacher learning. *Educational Researcher, 29*(1), 4-15.

Qin, Z., Johnson, D. y Johnson, R. (1995). Cooperative versus competitive efforts and problem solving. *Review of Educational Research, 65*(2), 129-143.

Ramírez, J. D. y Cubero, R. (1995). Modes of discourse-ways for thinking. Actual debates in socio-cultural studies. *Philosophica, 55*, 69-87.

________. y Wertsch, J. V (1997). Rhetoric and literacy. The functions of debate in adult education. En C. Coll y D. Edwards (Eds.), *Teaching, learning and classroom discourse. Approaches to the study of educational discourse* (pp. 125-136). Madrid: Fundación Infancia y aprendizaje.

Ramsden, P. (1997). The context of learning in academic departments. En F. Marton, D. J. Hounsell, y N. J. Entwistle (Eds.), *The experience of learning. 2ª edición* (pp. 198-216). Edimburgo: Scottish Academic Press.

Ratner, H. H. y Stettner, L. J. (1991). Thinking and Feeling: Putting Humpty Dumpty Together Again. *Merrill-Palmer Quarterly, 37* (1) 1-26.

Reder, L. M. y Schunn, C. D. (Eds.) (1996). *Implicit memory and metacognition.* Hillsdale, NJ: Erlbaum.

Reigeluth, Ch. M. y Stein, F. S (1983). The elaboration theory of instruction. En Ch. M. Reigeluth (Ed.), *Instructional design; theories and models. An overview of their current status* (pp. 335-381). Hillsdale, NJ: Erlbaum.

Resnick, L. B. (1981). Instructional Psychology. *Annual Review of Psychology, 32*, 659-704.

________. y Collins, A. (1996). Cognición y aprendizaje. *Anuario de Psicología, 69*, 189-197.

________. Levine, J. M. y Teasley, S. D. (Eds.) (1991). *Perspectives on socially shared cognition.* Washington, DC: American Psychological Association.

Reynolds, D., Bollen, R., Creemers, B., Hopkins, D., Stoll, Lagerweij, N. (1997). *Las escuelas eficaces: claves para mejorar la enseñanza.* Madrid: Santillana [Publicación original en inglés en 1996].

Rivière, A. (1984). La psicología de Vygotsky: sobre la larga proyección de una corta biografêa. *Infancia y Aprendizaje, 27-28*, 7-86.

________. (1990). Problemas y dificultades en el aprendizaje de las matemáticas: una perspectiva cognitiva. en A. Marchesi, C. Coll y J. Palacios (Comps.), *Desarrollo Psi-*

cológico y Educación. III. Necesidades educativas especiales y aprendizaje escolar (pp. 155-182). Madrid: Alianza.

Rochera, Mª J. (2000). *Interacción y andamiaje en el aula: el papel de los errores en la influencia educativa. Cultura y Educación, 17-18*, 63-81.

Rodrigo, M. J. (1993). Las categorías de análisis de lo real en el niño. *Cognitiva, 5*, 3-23.

________. (1994) Etapas, contextos, dominios y teorías implícitas en el conocimiento social. En M. J. Rodrigo (Ed.), *Contexto y desarrollo social* (pp. 21-43). Madrid: Síntesis.

________. (1997). Del escenario sociocultural al constructivismo episódico: un paseo de la mano de las teorías implícitas. En M. J. Rodrigo y J. Amay (Eds.), *La construcción del conocimiento escolar* (pp. 177-191). Barcelona: Paidós.

________. y Arnay, J. (Comps.) (1997). *La construcción del conocimiento escolar:* Barcelona: Paidós.

________. y Correa, N. (1999). Teorías implícitas, modelos mentales y cambio educativo. En J. I. Pozo y C. Monereo (Eds.), *El aprendizaje estratégico. Enseñar a aprender desde el currículo* (pp. 75-86). Madrid: Santillana.

________. y Cubero, R. (1998). Constructivismo y enseñanza: reconstruyendo las relaciones. *Con-Ciencia Social, 2*, 23-44.

________. Rodríguez, A. y Marrero, J. (1993). *Las teorías implícitas: una aproximación al conocimiento cotidiano.* Madrid: Aprendizaje/Visor.

________. y Palacios, J. (1998) (Eds.). *Familia y desarrollo humano.* Madrid: Alianza.

Rodríguez Moneo, M. (1999). *Conocimiento previo y cambio conceptual.* Buenos Aires: Aiqué.

Rogers, C. (1987). *Psicología social de la enseñanza.* Madrid. Aprendizaje/Visor.

Rogoff, B. (1993). *Aprendices del pensamiento. El desarrollo cognitivo en el contexto social.* Barcelona: Paidós [Publicación original en inglés en 1990].

________. (1994). Developing understanding of the idea of communities of learners. *Mind, Culture and Activity, 1*, 209-229.

Rohwer, W. D. y Thomas y J. W (1989). The role of autonomous problem solving activities in learning to program. *Journal of Educational Psychology, 81*, 584-593.

Rommetveit, R. (1979). On codes and dynamic residuals in human communication. In R. Rommetveit y R. M. Blakar (Eds.) *Studies of Language, thought, and verbal commnunication* (pp. 163-175). Orlando: Academic Press.

________. (1979). On the architecture of intersubjectivity. En R. Rommetveit y R. M. Blackar (Eds.), *Studies on language, thought and verbal communication* (pp. 93-107). Londres: Academic Press.

Rosales, J., Sánchez, E. y Cañedo, I. (1997). Discurso expositivo e interacción en el aula. El uso de las evaluaciones como forma de mediación en la consecución de comprensiones conjuntas. *Cultura y Educación, 6/7*, 57-76.

Rosenthal, R. y Jacobson, L. (1968). *Pygmalion in the classroom: teacher expectation and pupil's intellectual development.* Nueva York: Holt. [Trad. cast.: *Pygmalion en la escuela: expectativas del maestro y desarrollo intelectual del alumno.* Madrid: Marova].

Rosenshine, B. y Meister, C. (1994). Reciprocal Teaching. A review of the Research. *Review of Educational Research, 64*(4), 479-530.

________. y Stevens, R. (1990). Funciones docentes. En M. C. Wittrock (Ed.), *La investigación de la enseñanza. III. Profesores y alumnos.* Barcelona: Paidós-MEC [Publicación original en inglés en 1896].

Rouet, J. F. (1998). Sistemas hipertexto: de los modelos cognitivos a las aplicaciones educativas. En C. Vizcarro y J. A. León (Eds.), *Nuevas tecnologías para el aprendizaje* (pp. 87 -101). Madrid: Pirámide.

Rumelhart, D. E. (1980). Schemata: The building blocks of cognition. En R. J. Spiro, B. C. Bruce y F. Brewer (Eds.), *Theoretical issues in reading comprehension* (pp. 33-58). Hillsdale, NJ: Erlbaum.

________. y Norman, D. A. (1988). Representation in memory. En R. C. Atkinson, R. J. Herrnstien, G. Lindzey y R. D. Luce (Eds.), *Steven's Handbook of Experimental Psychology: Learning and Cognition* (pp. 511-588). Vol. II. Toronto: Wiley.

________. Smolensky, P., McClelland, J. L. y Hinton, G. E. (1986). Schemata and sequential thought processes in PDP models. En J. L. McClelland, D. E. Rumelhart y the PDP group (Eds.), *Paralled distributed processing* (Vol. 2, pp. 7-57). Cambridge, MA: The MIT Press.

Rust, C. (Ed.) (1998). *Improving student learning. Improving students as learners.* Oxford: The Oxford Centre for Staff Development.

Ryan, R. M. y Deci, E. L. (2000). Self-determination theory and the facilitation of intrinsic motivation, social development and well-being. *American Psychologist, 55* (1), 68-78.

Salomon, G. (1992). Las diversas influencias de la tecnología en el desarrollo de la mente. *Infancia y Aprendizaje, 58*, 143-159.

________. (1993) (Ed.). *Distributed cognitions.* Cambridge: Cambridge University Press.

________. (1993). No distribution without individual's cognition: a dynamic interactional view. En G. Salomon (Ed.), *Distributed cognitions: psychological and educational considerations* (pp. 111-138). Cambridge: Cambridge University Press.

________. (1995). Reflections on the field of educational psychology by the outgoing joumal editor. *Educational Psychologist, 30*, 105-107 .

________. (1998). Novel constructivist learning environments and novel technologies: some issues to be concerned with. *Research Dialogue in Learning and Instruction. 1*(1) 3-12.

________. y Globerson, T. (1989). When teams do not function the way they ought to. *International Journal of Educational Research, 13*, 89-99.

________. y Perkins, D. N. (1998). Individual and social aspects of learning. *Review of Research in Education, 23*, 1-24.

Sánchez, E., Rosales, J. y Cañedo, I. (1999). Understanding and communication in expositive discourse: an analysis of estrategies used by expert and preservice teachers. *Teaching and Teacher Education, 15*, 37-58.

Santos, C. M. M. y Santos, S. L. (1999). Content and contextual dimensions of argument. En J. Andriessen y P. Coirier (Eds.), *Foundations of argumentative text processing.* Amsterdam: Amsterdam University Press.

Scardamalia, M. y Bereiter, C. (1992). A knowledge building architecture for computer supported learning: a challenge for the design of new knowledge media. *The Journal of the Learning Sciences, 1*, 37-68.

________. y Bereiter, C. (1992). Dos modelos explicativos de los procesos de composición escrita. *Infancia y Aprendizaje, 58*, 43-64.

________. y Bereiter, C. (1994). Computer support for knowledge-building communities. *The Journal of the Learning Sciences, 3*, 265-283.

________. Bereiter, C. y Lamon, M. (1994). The CSILE project: trying to bring the classroom into world 3. En K. McGilly (Ed..), *Classrooms lessons: integrating cognitive theory and classroom practice* (pp. 201-228). Cambridge, MA: The MIT Press.

________. M., Bereiter, C., McLean, R. S., Swallow, J. y Woodruff, E. (1989). Computer supported intentional learning environments. *Journal of Educational Computing Research, 5*, 51-68.

Scheuer, N., Pozo, J. I., de la Cruz, M., Sayago, M. y Neira, S. (2000). También los chicos piensan sobre el aprendizaje. *Ensayos y experiencias, 33* (64-67).

Schiefele, u. (1991). Interest, Learning and Motivation. *Educational Psychologist, 26*, 299-323.

Schober, M. F. y Clark, H. H. (1989). Understanding by addressees and overhearers. *Cognitive Psychology, 21*, 211-132.

Schockley, B., Michalove, B. y Allen, J. (1995). *Engaging families. Connecting home and school literacy communities.* Porstmouth, NH: Heinemann.

Schoenfeld, A. H. (1985). *Mathematical problem solving.* Academic Press: Londres.

________. (1987) What's all the fuss about metacognition? En A. H. Schoenfeld, (Ed.), *Cognitive Science and Mathematics Education* (pp. 189-215). Hillsdale, NJ: Erlbaum.

________. (1992). Learning to think mathematically: Problem solving, metacognition and sense in mathematics. En D. A. Grouws (Ed.), *Handbook of Research on Mathematics Teaching and Learning* (pp. 334-370). Nueva York: MacMillan.

Schön, D. (1983). *The reflective practitioner.* Nueva York: Basic Books [Trad. cast.: *El profesional reflexivo.* Barcelona: Paidós, 1998].

Schraw, G. y Moshman, D. (1995). Metacognitive theories. *Educational Psychology Review, 7* (4), 351-371.

Selmes, I. (1988). La mejora de las habilidades para el estudio. Barcelona: Paidós/MEC. [Publicación original en inglés en 1987].

Sénechal, M., Thomas, E. y Lefèvre, J. A (1995). Individual Differences in 4 Year-Old Children's Acquisition of Vocabulary During Storybook Reading. *Journal of Educational Psychology, 87*, 218-229.

Sharan, S. (1980). Cooperative learning in small groups: Recent methods and effects on achievement, attitudes, and ethnic relations. *Review of Educational Research, 50*, 245-271.

Shemilt, D. (1987). Adolescent ideas about evidence and methodology in history. En C. Portal (Ed.), *The history curriculum for teachers* (pp. 39-61). Londres: Palmer Press.

Shepard, A. A. (2000). The role of assessment in a learning culture. *Educational Researcher, 29* (7), 4-14.

Sheurman, G., Heeringa, K., Rocklin, T. y Lohman, D. (1993). Educational psychology: a view from within the discipline. *Educational Psychologist, 28*, 97-115.

Shiffrin, R. M. y Schneider, W. (1977). Controlled and authomatic human information processing II: perceptual learning, automatic attending and a general theory. *Psychological Review, 84* (2), 127-189.

Shuell, T. J. (1988). The role of the student in learning from instruction. Contemporary *Educational Psychology, 13*, 276-295.

________. (1993). Toward an integrated theory of teaching and learning. *Educational Psychologist, 28*, 291-311.

________. (1996). Teaching and learning in a classroom context. En D. C. Berliner y R. C. Calfee (Eds.), *Handbook of Educational Psychology* (pp. 726-764). Nueva York: Simon & Schuster MacMillan.

Shulman, L. S. (1989). Paradigmas y programas de investigación en el estudio de la enseñanza: una perspectiva contemporánea. En M. C. Wittrock (Ed.), *La investigación de la enseñanza, I. Enfoques, teorías y métodos* (pp. 9-91). Barcelona: Paidós [Publicación original en inglés en 1986].

________. y Quinlan, K. (1996). The comparative psychology of school subjects. En D. C. Berliner y R. C. Calfee (Eds.), *Handbook of Educational Psychology* (pp. 399-422). Nueva York: Simon & Schuster MacMillan.

Silver, E. A., Shapiro, L. J. y Deutsch, A. (1993). Sense making and the solution of division problems involving remainders: an examination of middle school students' solution processes and their interpretations of solutions. *Journal of Research in Methematics Education, 24*, 117-135.

Simón, M. I., Triana, B. y Camacho, J. (en prensa). El concepto de familia: de las concepciones implícitas a las explícitas. *Dossier* temático sobre el cambio representacional en el conocimiento conceptual. *Infancia y Aprendizaje.*

Simpson, R. D., Koballa, T. R., Oliver, J. S. y Crawley, F. E. (1994). Research on the affective dimension of science learning. En D. L. Gabel (Ed.), *Handbook of Research on Science Teaching and Learning* (pp. (211-234). Nueva York: MacMillan.

Sinclair, J. McH. y Coulthard, M. (1975). *Towards an analysis of discourse: the English used by teachers and pupils.* Oxford: Oxford University Press.

Slavin, R. E. (1990). *Cooperative learning: theory, research and practice.* Boston: Allyn and Bacon.

Snow, R. E. (1996a). Individual differences, learning, and instruction. En E. De Corte y F. E. Weinert (Eds.), *International Encyclopedia of Developmental and lnstructional Psychology* (pp. 649-660). Nueva York: Pergamon.

________. (1996b). Teaching: Aptitude-Treatment interaction model. En E. De Corte y F. E. Weinert (Eds.), *lnternational Encyclopedia of Developmental and lnstructional Psychology* (pp. 670-674). Nueva York: Pergamon.

Snow, C. E., Bames, W. S., Chandler, J., Goodman, I. F. y Hemphill, L. (1991). *Unfulfilled expectations: home and school influences on literacy.* Cambridge, MA: Harvard University Press.

Snow, R. E., Corno, L. y Jackson III, D. (1996). Individual differences in affective and conative functions. En D. C. Berliner y R. C. Calfee (Eds.), *Handbook of Educational Psychology* (pp. 243-310). Nueva York: Simon & Schuster MacMillan.

Snow, C. y Ninio, A. (1986). The contracts of literacy: What children learn frorn learning to read Bbooks. En W. Teale y E. Sulzby (Eds.), *Emergent Literacy.* Norwood, NJ: Ablex.

Solé, I. (1987). *L 'ensenyament de la comprensió lectora.* Barcelona: CEAC.

________. (1992). *Estrategias de lectura.* Barcelona: Graó.

________. (1993). Disponibilidad para el aprendizaje y sentido del aprendizaje. En C. Coll y otros, *El constructivismo en el aula* (pp. 25-46). Barcelona: Graó.

________. (1998a). *Orientación educativa e intervención psicopedagógica.* Barcelona: Horsori/ICE UB.

________. (1998b). Las prácticas educativas como contextos de desarrollo. En C. Coll (Coord.), *Psicología de la Educación* (pp. 137-224). Barcelona: Ediuoc/Edhasa.

Solomon, D., Watson, M., Scahps, E., Battistich, V. y Solomon, J. (1990). Cooperative learning as part of a comprehensive classroom program designed to pormote prosocial development. En S. Sharan (Ed.), *Cooperative learning: theory and research* (pp. 231-260). Nueva York: Praeger.

Spearman, C. (1927). *The abilities of man.* Nueva York: MacMillan.

Spiro, R. J., Feltovich, P. J., Jacobson, M. J. y Coulson, R. L. (1991). Cognitive flexibility, constructivism and hypertext: Random access instruction for advanced kwnowledge adquisition in ill-structured domains. *Educational Technology, 31*(5), 24-33.

Sperber, D. y Wilson, D. (1994). *La relevancia. Comunicación y procesos cognitivos.* Madrid: Visor [Publicación original en inglés en 1986].

Spoehr, K. T. y Spoehr, L. W (1994). Learning to think historically. *Educational Psychologist, 29*, 71-77.

Sternberg, R. J. (1980). Sketch of a componential subtheory of human intelligence. *Behavioral and Brain Sciences, 3*, 573-584.

________. (1982). *Handbook of Human Intelligence.* Cambridge, MA: Cambridge University Press. [Trad. cast.: *Inteligencia humana* (4 vols.). Barcelona: Paidós, 1987-1989].

________. (1985). *Beyond IQ. A triarchic theory of human intelliigence.* Nueva York: Cambridge University Press. [Trad. cast.: *Más allá del cociente intelectual. Una teoría triárquica de la inteligencia humana.* Bilbao: Desclée de Brouwer, 1990].

________. (1997). *Inteligencia exitosa.* Barcelona: Paidós [Publicación original en inglés en 1996].

________. (1998). Principles of teaching for successful intelligence. *Educational Psychologist, 33*, 65-72.

Stipek, D. J. (1984). The development of achievement motivation. En R. E. Ames y C. Ames (Eds.) *Research on motivation in education. Vol. 1 : Student motivation* (pp. 145-174). Nueva York: Academic Press.

________. (1996). Motivation and Instruction. En D. C. Berliner y R. C. Calfee (Eds.) *Handbook of Educational Psychology* (pp. 85-113). Nueva York: Simon & Schuster MacMillan.

Stodolsky, S. S. (1991). *La importancia del contenido en la enseñanza. Actividades en clases de matemáticas y ciencias sociales.* Barcelona: Paidós/MEC [Publicación original en inglés en 1988].

Stubbs, M. (1983). *Language, schools and classrooms.* Londres: Methuen.

Tait, H., Entwistle, N. J. y McCune, V. (1998). ASSIST: a reconceptualization of the approaches to Studying Inventory. En C. Rust (Ed.), *Improving Student Learning: Improving Students as learners* (pp. 262-271). Oxford: Oxford Brookes University. The Oxford Centre for Staff and Learning Development.

Tang, C. (1994). Assessment and student learning. En G. Gibbs (Ed.), *Improving Student Learning. Theory and Practice* (pp. 151-170). Oxford: The Oxford Centre for Staff Development.

Taylor, N., Blum, I. y Logsdon, D. (1986). The development of written language awareneess: Environmental aspects and program characteristics. *Reading Research Quaterly, 21/2*, 132-149.

Teberosky, A. (1994). *Aprendiendo a escribir.* Barcelona: Horsori/ICE UB.

Thornton, S. J. (1991). Teacher as curricular-instructional gatekeeper in Social Studies. En J. Shaver (Ed.), *Handbook of Research on Social Studies Teaching and Learning* (pp. 237-248). Nueva York: MacMillan.

Thurstone, L. L. (1938). *Primary mental abilities.* Chicago: University of Chicago Press.

Tiffin, J. y Rajasingham, L. (1997). *En busca de la clase virtual. La educación en la sociedad de la información.* Barcelona: Paidós [Publicación original en inglés en 1995].

Torres, J. (1991). *El curriculum oculto.* Madrid: Morata.

Travers, R. M. W. (Ed.) (1973). *Second Hanbook of Research on Teaching.* Nueva York. MacMillan.

Treffers, A. (1987). *Three dimensions: a model of goal and theory description in mathematics instruction. The Wiskobas Project.* Dordrecht: Reidel.

Treiman, R. (1993). *Beginning to spell: A study of first-grade children.* Nueva York: Oxford University Press.

Trigwell, K., Prosser, M., Ramsden, P., y Martin, E. (1998). Improving student learning through a focus on the teaching context. En C. Rust (Ed.), *Improving Student Learning: Improving Students as learners* (pp. 97-103). Oxford: Oxford Brookes University. The Oxford Centre for Staff and Learning Development.

Tudge, J. y Rogoff, B. (1995). Influencias entre iguales en el desarrollo cognitivo: perspectivas piagetiana y vygotskiana. En P. Fernández Berrocal y A. Melero Zabal (Comps.), *La interacción social en contextos educativos* (pp. 99-133). Madrid: Siglo XXI.

Turkle, S. (1984). *The second self Computers and the human spririt.* Nueva York: Simon & Schuster.

Turner, J. C. y Meyer, D. K. (2000). Studying and understanding the instructional contexts of classrooms: using our past to forge our future. *Educational Psychologist, 35*, 69-85.

UNESCO (1996). *La educación encierra un tesoro. Informe de la Comisión Delors.* Madrid: Santillana.

Valsiner, J. (1992). A sociohistorical exercise of reflexivity. Paper presented at the *Symposium on History, psychology and philosophy of science* at First Conference for Sociocultural Research. Madrid, september 15-18.

________. (Ed.) (1998). *Social construction and environmental guidance in development.* Norwood: Ablex.

Valls, E. (1993). *Los procedimientos: aprendizaje, enseñanza y evaluación.* Barcelona: Horsori/ICE UB.

Van der Broek, P. (1990). The causal inference maker: Towards a process model of inference generation in text comprehension. En D. Balota, G. Flores d' Arcais y K. Rayner (Eds.), *Comprehension process in reading* (pp. 423-445). Hillsdale, NJ: Erlbaum.

Van Dijk, T. A. (1983). *La ciencia del texto.* Barcelona: Paidós. [Publicación original en inglés en 1978].

________ . y Kintsch, w. (1983). *Strategies of discourse comprenhension.* Nueva York: Academic Press.

Van Oers, B. (1998). From context to contextualizing. *Learning and Instruction, 8*, 473-488.

Van Sledright, B. y Brophy, J. (1992). Storytelling, imagination, and fanciful elaboration in children's historical reconstructions. *American Educational Research Journal, 29*, 837-861.

Van Velzen, M. G. y otros (1985). *Making school improvement work: a conceptual guide to practice.* Lieja: ACCO.

Vergnaud, G. (1981). *L'enfant, la mathématique et la realité.* Berne: Peter Lang.

Vermunt, J. D. (1996). Metacognitive, cognitive and affective aspects of learning styles and strategies: A phenomenographic analysis. *Higher Education, 31*, 25-50.

________ . y Verloop, N. (1999). Congruence and friction between learning and teaching. *Learning and Instruction, 9*, 257-280.

Vernon, S. (1996). Tres distintos enfoques en las propuestas de alfabetización inicial. *Básica, Revista de la escuela y del maestro, 9*, 63-71.

Verschaffel, L. y de Corte, E. (1996). Number and Arithmetic. En A. J. Bishop, K. Clements, Ch. Keitel, J. Kilpatrick y C. Laborde (Eds.), *International Handbook of Mathematics Education* (pp. 99-137). Dordrecht: Kluwer.

Vila, I. (1998). *Familia, escuela y comunidad.* Barcelona: Horsori/ICE UB.

________ . (1998). Intervención psicopedagógica en el contexto familiar. En J. Palacios y M. J. Rodrigo (Eds.), *Familia y desarrollo humano* (pp. 501-521). Madrid: Alianza.

Vinh-Bang. (1985). La mesure de l'apprentissage en psychologie génétique. *Archives de Psychologie, 53*, 523-526.

________ . (1987). Qu'entend-on par apprentissage opératoire? *Archives de Psychologie, 54*, 27-37.

Volk, D. (1997). Questions in lessons: Activity settings in the homes and school of two Puerto Rican kindergartners. *Antropology and Education Quarterly,* 28 (1), 22-49.

Vonèche, J., y Bovet, M. (1982). Training research and cognitive development: What do piagetians want to accomplish? En S. Modgil y C. Modgil (Eds), *Jean Piaget. Consensus and controversy* (pp. 83-99). Londres, Nueva York, Toronto: Holt Rinehart & Winston.

Vosniadou, S. (1994). Capturing and modeling the process of conceptual change. *Learning and Instruction, 4*, 45-69.

Voss, J. F. (1996). Social Sciences, Learning and Instruction. En E. De Corte y F. E. Weinert (Eds.), *International encyclopedia of developmental and instructional psychology* (pp. 572-574). Nueva York: Pergamon.

________ . Perkins, D. N. y Segal, J. W. (Eds.). (1991). *Informal reasoning and education.* Hillsdale, NJ: Erlbaum.

________ . Wiley, J. y Carretero, M. (1995). Adquiring intellectual skills. *Annual Review of Psychology, 46*, 155-81.

________ . Wiley, J., Ciarrochi, J., Foltz, P. y Silfies, L. (1996). Race and the representation of discourse: Fictitious scenarios and the O. J. Simpson case. *Discourse Processes, 22*, 103-144.

Vygotsky, L. S. (1979). *El desarrollo de los procesos psicológicos superiores.* Madrid: Crítica. [publicación en inglés en 1978].

________ . (1982). *Sobrania Sochinenii Tom vtoroi. Problemi obshei psijologuii.* Moscú: Editorial Pedagógica. [Trad. cast. : *Obras escogidas II.* Madrid: Aprendizaje/Visor, 1993].

________ . (1991). *Obras escogidas I. Problemas teóricos y metodológicos de la psicología. Edición en lengua castellana dirigida por Amelia Alvarez y Pablo del Río.* Madrid: Aprendizaje/Visor.

Vygotsky, L. (1995). *Pensamiento y lenguaje.* Nueva edición a cargo de Alex Kozulin. Barcelona: Paidós [Publicación en inglés en 1986. Publicación original en ruso en 1934].

Wagner, J. (1997). The unavoidable intervention of educational research: a framework for reconsidering researcher-practitioner cooperation. *Educational Researcher, 26*(7), 13-22.

Wall, W D. (1979). Psychology of Education. *Revue Internationale de Pédagogie, 25*, 367-391.

Wandersee, Montzes y Novak (1994). Research on alternativa conceptions in science. En D. L. Gabel (Ed.), *Handbook of Research on Science Teaching and Learning* (pp. 177 -210). Nueva York: MacMillan.

Wang, M. C. (1996). Student diversity and classroom teaching. En E. De Corte y F. E. Weinert (Eds.), *International Encyclopedia of Developmental and Instructional Psychology* (pp. 665-670). Nueva York: Pergamon.

________ . y Lindvall, C. M. (1984). Individual differences and school learning environments. *Review of Research in Education, 11*, 161-225.

Watkins, D. (1998). Assessing Approaches to Learning: A Cross-Cultural Perspective. En B. Dart y G. Boulton-Lewis (Ed.), *Teaching and Learning in Higher Education* (pp. 124-144). Melbourne: The Australian Council for Educational Research Ltd.

Webb, N. M. (1983). Predicting learning from student interaction: Defining the interaction variable. *Educational Psychologist,* 18, 33-41.

________ . (1984). Sex differences in interaction and achievement in cooperative small groups. *Journal of educational Psychology,* 76, 33-44.

________ . (1991). Task-related verbal interaction and mathematics learning in small groups. *Journal of Research in Mathematics Education, 22*, 366-389.

Webb, G. (1997). Deconstructing deep and surface: Towards a critique of phenomenography. *Higher Education, 33*, 195-212.

Webb, N. M. y Palincsar, A. S. (1996). Group processes in the classroom. En D. C. Berliner y R. C. Calfee (Eds.), *Handbook of Educational Psychology* (pp. 841-874). Nueva York: Simon & Schuster MacMillan.

Wegerif, R., Mercer, N. y Dawes, L. (1998). Software design to support discussions in primary classroom. *Journal of Computer Assisted Learning, 14*, 199-211.

________ . Mercer, N. y Dawes, L. (1999). From social interaction to individual reasonng: an empirical investigation of a possible socio-cultural model of cognitive development. *Learning and Instruction, 9*, 493-516.

Weiner, B. (1986). *An attributional theory of motivation and emotion.* Nueva York: Springer-Verlag.

________ . (1991). Methaphors in Motivation and Attribution. *American Psychologist, 46*, 921-930.

Weiner, G. (1996). Gender and racial differences among students. En L. W. Anderson (Ed.), *International Encyclopedia of Teaching and Teacher Education* (pp. 319-323). Nueva York: Pergamon.

Weinert, F. E. y De Corte, E. (1996). Translating research into practice. En E. De Corte y F. E. Weinert (Eds.), *International encyclopedia of development and instructional psychology* (pp. 43-50). Oxford: Elsevier Science.

Weinstein, C. S. (1991). The classroom as a social context for learning. *Annual Review of Psychology, 42*, 493-525.

Weinstein, C. E. y Mayer, R. (1986). The teaching of Learning Strategies. En M. C. Wittrock (Ed.), *Handbook of Research of Teaching* (pp. 315-327). Nueva York: MacMillan.

Wellman, H. (1990). *The childs theory of mind.* Cambridge: Bradford books. [Trad. cast.: *Desarrollo de la teoría del pensamiento en los niños*. Bilbao: Desclée de Brouwer, 1995].

Wells, G. (1993). Reevaluating the IRF sequence: a proposal for the articulation of theories of activity and discourse for the analysis of teaching and learning in the classroom. *Linguistics and Education, 5*, 1-37.

________ . (1994). The complementary contributions of Halliday and Vygotsky to a 'Language-based theory of learning'. *Linguistic and Education, 6*, 41-90.

________ . (1995). Language and the inquiry-oriented curriculum. *Curriculum lnquiry, 25*, 233-269.

________ . (1999). *Dialogic inquiry. Toward a sociocultural practice and theory of education.* Cambridge: Cambridge University Press.

Wenger, E. (1998). *Communities of practice. Learning, meaning and identity.* Cambridge: Cambridge University Press.

Wentzel, K. R. (1997). Student Motivation in Middle School: The Role of Perceived Pedagogical Caring. *Journal of Educational Psychology, 89*, 3, 411-419.

Wertsch, J. V. (1979). From social interaction to higher psychological processes: a clarification and an application of Vygotsky's theory. *Human Development, 22*, 1-22.

________ . (1981). *The concept of activity in Soviet Psychology.* Armonk, Nueva York: Sharpe.

________ . (1988). *Vygotsky y la formación social de la mente.* Barcelona: Paidós [Publicación original en inglés en 1985].

________ . (1989). Semiotic mechanisms in joint cognitive activity. *Infancia y Aprendizaje, 47*, 3-36.

________ . (1990). The voice of rationality in a sociocultural approach to mind. En L. C. Moll (Ed.), *Vygotsky and education. lnstructional implications and applications of sociohistorical psychology* (pp. 111-126). Cambridge: Cambridge University Press.

________ . (1993). *Voces de la mente. Un enfoque sociocultural para el estudio de la acción mediada.* Madrid: Aprendizaje/Visor [Publicación original en inglés en 1991].

________ . (1997). Narrative tolls of history and identity. *Culture & Psychology, 3*, 5-20.

________ . del Río, P., y Álvarez, A. (1995). Sociocultural studies: history, action and mediation. En J. V. Wertsch, P. Del-Río, y A. Alvarez (Eds.), *Perspectives on sociocultural research* (pp. 1 -37). Cambridge: Cambridge University Press.

White, B. T. y Frederiksen, J. R. (1990). Causal model progressions as a foundation for intelligent learning environments. *Artifical Intelligence, 24*(1) 99-157.

Whitehurst, G. y Lonigan, C. (1998). Child development and emergent Literacy. *Child Development, 69*, 848-872.

Wilen, W. y White, J. J. (1991). Interaction and discourse in social studies classrooms. En J. Shaver (Ed.), *Handbook of Research on Social Studies Teaching and Learning* (pp. 237-248). Nueva York: MacMillan.

Wilson, J. D. (1992). *Cómo valorar la calidad de la enseñanza.* Madrid: Paidós/MEC [Publicación original en inglés en 1988].

Wilkinson, L. C. (Ed.) (1982). *Communicating in classrooms.* Nueva York: Academic Press.

Windschitl, M. (1998). The WWW and classroom research: what path should we take? *Educational Researcher, 27*(1), 28-33.

Winneburg, S. S. (1992). The psychology of learning and teaching history. En D. C. Berliner y R. C. Calfee (Eds.), *Handbook of Educational Psychology* (pp. 423-437). Nueva York: Simon & Schuster MacMillan.

________ . y Wilson, S. M. (1991). Subject matter knowledge in the teaching of history. En J. Brophy (Ed.), *Advances in Research on Teaching* (pp. 303-345). Greenwich: JAI.

Wittrock, M. C. (Ed.) (1986). *Handbook of Research on Teaching* (3rd edition). Nueva York: MacMillan.

________ . (1992). An empowering conception of educational psychology. *Educational Psychologist, 27*, 129-141.

________ . (1998). Cognición y aplicación de pruebas. En M. C. Wittrock y E. L. Baker (Comps.), *Test y cognición. Investigación cognitiva y mejora de las pruebas psicológicas* (pp. 17-20). Barcelona: Paidós [Publicación original en inglés en 1990).

________ . y Farley F. (Eds.) (1989). Toward a blueprint for educational psychology. En M. C. Wittrock y F. Farley *(Eds.), The future of educational psychology* (pp. 193-199). Hillsdale, NJ: Erlbaum.

Wolf, D., Bixby, J., Glenn, J. y Gardner, H. (1991). To use their minds well: investigating new forms of student assessment. *Review of Research in Education, 17*, 31-74.

Wood, D. J., Bruner, J. S. y Ross, G. (1976). The role of tutoring in problem solving. *Journal of Child Psychology and Psychiatry, 17*, 89-100.

Yuste, C. (1994). *Los programas de mejora de la inteligencia.* Madrid: CEPE.

Zabala, A. (1990). Materiales curriculares. En T. Mauri, I. Solé, L. del Carmen y A. Zabala, *El curriculum en el centro educativo.* Barcelona: Horsori/ICE UB.

________ . (1995). *La práctica educativa.* Barcelona: Graó.

Índice onomástico

Índice analítico